金蝶 K3 Wise 财务管理案例全程实训

刘玉红　胡同夫　编　著

清华大学出版社

北　京

内 容 简 介

本书旨在为有志于从事财务电算化的人员和有一定财务电算化知识的人员提供操作入门和提高工作效率的指南，本书以金蝶 K3 财务软件的 Wise 版为蓝本，是广大财务工作者学习电算化知识的工具宝典。

本书主要包括：会计应具备的基本技能、金蝶 K3 Wise 版的安装与卸载、公司账套的创建与管理、金蝶 K3 Wise 主控台与系统设置、公司总账的凭证与期末处理、公司财务账表的查询与管理、公司固定资产的管理、公司往来业务中的应收款管理、公司往来业务中的应付款管理、公司员工薪资的管理、公司现金的管理、编制公司财务报表和金蝶软件的安全管理等几个方面的内容，每部分均配有相应的具体操作步骤。全文采用图文并茂的方式，逻辑流程脉络清晰、内容衔接紧密，具有极强的整体感。本书实例丰富、布局合理、图文相得益彰，叙述内容深入浅出，注重理论与实际操作相结合，涵盖金蝶 K3 Wise 版财务处理的难点和热点。

本书适合于零基础的财务人员进行会计电算化学习，也可作为广大会计工作者和从事财务工作爱好者的自学教材，还可作为各类大、中专院校及培训班的教材。

图书在版编目(CIP)数据

金蝶 K3 Wise 财务管理案例全程实训/刘玉红，胡同夫编著.--北京：清华大学出版社，2015
（2017.8重印）
ISBN 978-7-302-40570-2

Ⅰ. ①金… Ⅱ. ①刘… ②胡… Ⅲ. ①财务软件 Ⅳ. ①F232

中国版本图书馆 CIP 数据核字(2015)第 145849 号

责任编辑：张彦青
封面设计：杨玉兰
责任校对：陈立静
责任印制：刘祎淼

出版发行：清华大学出版社
　　　网　　址：http://www.tup.com.cn, http://www.wqbook.com
　　　地　　址：北京清华大学学研大厦 A 座　　　邮　编：100084
　　　社 总 机：010-62770175　　　邮　购：010-62786544
　　　投稿与读者服务：010-62776969, c-service@tup.tsinghua.edu.cn
　　　质量反馈：010-62772015, zhiliang@tup.tsinghua.edu.cn
印 刷 者：北京鑫丰华彩印有限公司
装 订 者：三河市溧源装订厂
经　　销：全国新华书店
开　　本：185mm×260mm　　　印　张：28.25　　　字　数：687 千字
版　　次：2015 年 7 月第 1 版　　　印　次：2017 年 8 月第 2 次印刷
印　　数：3001～4000
定　　价：49.00 元

产品编号：063014-01

前　　言

本书以实际应用为主线，以如何进行账务系统处理为基石，全面介绍金蝶 K3 财务软件 Wise 版的账务处理实务流程和以总账系统为基础的设计案例。本书采用以实例操作流程导入会计实务范例的讲解方式，既包括会计电算化的基础知识，又介绍如何使用会计电算化软件进行实际操作的典型流程。这是作为一个现代会计人员所必须掌握的知识。

本书特色

知识丰富全面：知识点由浅入深，涵盖了金蝶 K3 Wise 系统的所有基础知识，可以使读者由浅入深地掌握金蝶 K3 Wise 软件的相关知识，提高财务管理能力。

图文并茂：在介绍案例的过程中，每一步操作均有对应的插图。这种方式使读者在学习的过程中能够直观、清晰地看到操作的过程以及效果，便于更快地理解和掌握。

易学易用：颠覆传统"看"书的观念，变成一本能"操作"的图书。

案例丰富：把知识点融汇于案例实训中，并且结合综合案例进行讲解和拓展，进而达到"知其然，并知其所以然"的效果。

提示技巧、贴心周到：本书对读者在学习过程中可能遇到的疑难问题以"提示"和"技巧"的形式进行了说明，避免读者在学习的过程中走弯路。

超值的专家在线指导：为了解决读者在自学中的疑惑，作者专门提供了一个技术支持QQ：357975357，读者可以和作者在线交流，解决自学中的困惑。

读者对象

本书适合广大财务管理人员、软件实施顾问阅读，也适合作为中职、高职院校或社会培训班的教材，还适合具有一定财务基础知识的人员进行现代会计学习。

作者团队

本书由刘玉红、胡同夫编著，付红、郭广新、侯永岗、蒲娟、王月娇和周浩浩也参与了编写工作。本书倾注了作者的努力，但由于水平有限，书中难免有错漏之处，请读者指出，以便我们再版时修订。如果遇到问题或有意见和建议，敬请与我们联系。

编　者

目　　录

第1章

会计应具备的基本技能

要成为一名合格的会计，首先要了解的基础知识包括：会计工作的内容、会计必须掌握的知识、会计科目和账簿。另外，还要了解常用的财务软件，如金蝶、用友等。

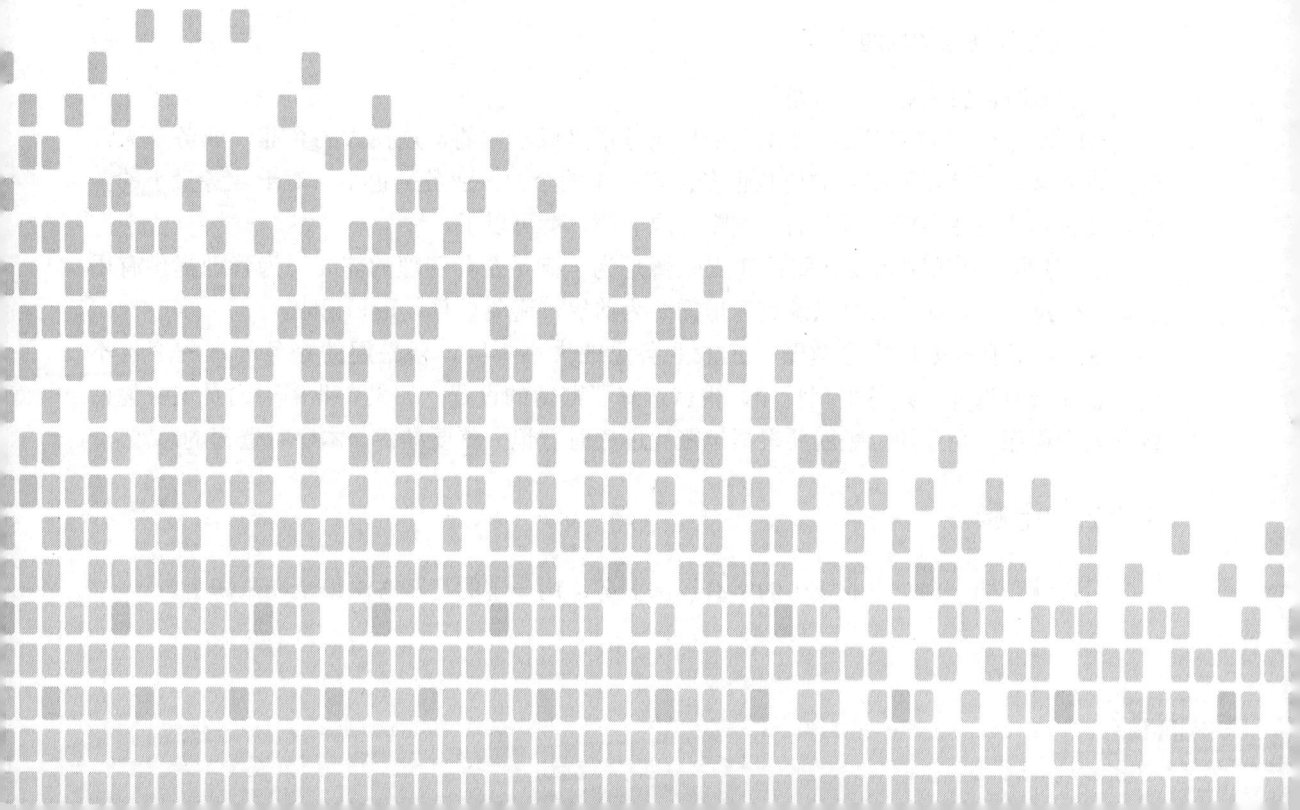

1.1　会计的基本工作

目前在企业中，会计一般负责建账、记账、稽核、结账、报表、报税等基本工作。下面讲述上述工作的具体内容。

1.1.1　建账

所谓建账，是指在企业年度开始时，会计人员根据核算工作的需要设置的应用账簿。

1. 建账的基本流程

步骤 1：根据需要使用的各种账簿的格式要求，预备各种账页，并将活页的账页用账夹装订成册。

步骤 2：在账簿的"启用表"上，写明单位名称、账簿名称、册数、编号、起止页数、启用日期以及记账人员和会计主管人员的姓名，并加盖名章和单位公章。记账人员或会计主管人员在本年度调动工作时，应注明交接日期、接办人员和监交人员的姓名，并由交接双方签名或盖章，以明确经济责任。

步骤 3：按照会计科目表的顺序、名称，在总账账页上建立总账账户，并根据总账账户明细核算的要求，在各个所属明细账户上建立二三级明细账户。在年度开始建立各级账户的同时，应将上年的账户余额结转过来。

步骤 4：启用订本式账簿，应从第一页起到最后一页止顺序编定号码，不得跳页、缺号；使用活页式账簿，应按账户顺序编本户页次号码。各账户编列号码后，应填"账户目录"，将账户名称页次登入目录内，并粘贴索引纸，写明账户名称，以便检索。

2. 建账须注意的问题

在建账时需要注意以下问题。

(1) 根据企业规模建账：企业规模与业务量是成正比的，规模大的企业，业务量大，分工也复杂，会计账簿需要的册数也多；规模小的企业，业务量也小。对于业务量小的企业，没有必要设许多账，所有的明细账合成一两本就可以了。

(2) 依据企业管理需要建账：建立账簿是为了满足企业管理的需要，为管理提供有用的会计信息，所以在建账时以满足管理需要为前提，避免重复设账和记账。

(3) 依据账务处理程序建账：企业业务量的大小不同，所采用的账务处理程序也不同。企业一旦选择了账务处理程序，也就选择了账簿的设置，如果企业采用的是记账凭证账务处理程序，企业的总账就要根据记账凭证序时登记，就要准备一本序时登记的总账。

1.1.2　记账

记账就是把一个企事业发生的所有经济业务运用一定的记账方法记录在账簿上。

1. 常见的记账方法

(1) 借贷记账法：用"借"和"贷"作为记账符号，以"有借必有贷，借贷必相等"为记账规则的一种复式记账法，是国际上通用的记账方法。

(2) 收付记账法：用"收"和"付"作为记账符号的一种复式记账法，是在我国传统收付记账法的基础上发展起来的一种复式记账法，现已停用。

(3) 增减记账法：用"增"和"减"作为记账符号的一种复式记账法，是我国 20 世纪 60 年代商业系统采用的记账方法，现已停用。

2. 填制凭证

填制凭证就是将发生的经济业务在设置的会计凭证中进行登记。会计凭证是交易活事项的书面证明，用来记载经济业务的发生，以明确经济责任，并作为记账根据的书面证明。会计凭证也是登记账簿的依据。填制凭证有以下几方面的要求。

(1) 原始凭证所填列的经济业务内容和数字，必须真实可靠，符合实际情况。

(2) 原始凭证所要求填列的项目必须逐项填列齐全，不得遗漏和省略。

(3) 凭证手续要完备。

(4) 凭证书写要清晰、规范。

(5) 凭证编号要连续。

(6) 凭证不得涂改、刮擦、挖补。

(7) 凭证填制要及时。

图 1-1 所示为金蝶系统中的记账凭证界面。

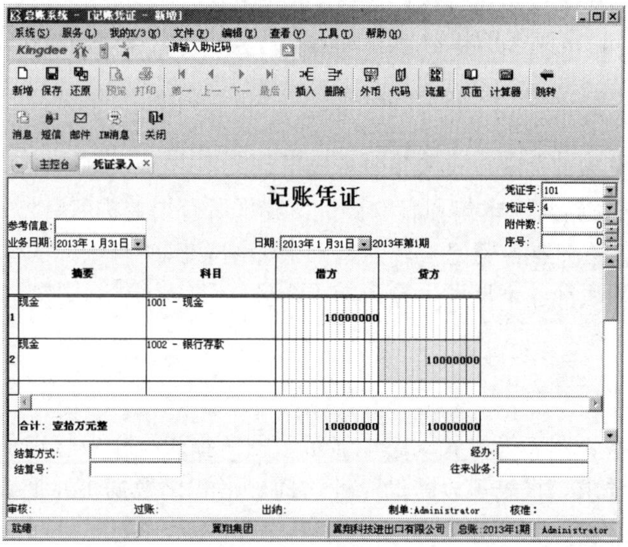

图 1-1　记账凭证界面

3. 登记账簿

登记账簿是指根据审核无误的原始凭证及记账凭证，按照国家统一会计制度规定的会计科目，运用复式记账法将经济业务序时、分类地登记到账簿中。

(1) 账簿登记应及时和完整。账簿登记的间隔时间，原则上越短越好。一般而言，总账是每日或隔几日定期登记，应根据企事业单位所采用的会计核算形式，结合实际情况自行确定。

(2) 账簿登记要连续。各种账簿应按事先所编定的页码顺序连续登记，不得跳行或隔页。

(3) 账簿的书写要整洁和规范。登记账簿时，必须用蓝黑墨水或碳素墨水钢笔书写，不得用铅笔或圆珠笔记账。

1.1.3　稽核

稽核是稽查和复核的简称。内部稽核制度是内部控制制度的重要组成部分，因此各单位应该建立、健全内部稽核制度。

稽核工作本身对从业人员的要求很高，要求从业人员具备企业管理、财务、投资、法律等综合知识，对企业经营有深刻的了解和实际经验，通晓企业运营管理和财务管理，精通企业内部控制制度和相关的业务流程，有较强的领导、沟通、协调能力和事业心。

1.1.4　结账

结账是在把一定时期内发生的全部经济业务登记入账的基础上，计算并记录本期发生额和期末余额。

在会计的日常工作中，结账主要包含以下内容。

(1) 检查本期内日常发生的经济业务是否已全部登记入账，若发现漏账、错账，应及时补记、更正。

(2) 在实行权责发生制的单位，应按照权责发生制的要求，进行账项调整的账务处理，以确定本期的成本、费用、收入和财务成果。

(3) 将损益类科目转入"本年利润"科目，结平所有损益类科目。

(4) 在本期全部经济业务登记入账的基础上，结算出所有账户的本期发生额和期末余额。计算并登记各种账簿的本期发生额和期末余额。

1.1.5　报表

报表就是用表格、图表等格式动态地显示数据。报表是企业管理的基本措施和途径，是企业的基本业务要求。报表可以帮助企业访问、格式化数据，并把数据信息以可靠和安全的方式呈现给使用者。

如图 1-2 所示为金蝶 K3 系统的资产负债表。

图 1-2　资产负债表

1.1.6　报税

企业会计人员必须在法律、行政法规规定或税务机关依法确定的纳税期限内，按照税收法律、行政法规的规定，到主管税务机关办理企业纳税申报。

在企业报税中，增值税按月申报。其中，工业企业增值税的公式为"开具发票金额/(1+6%)×6%"；商业企业增值税的公式为"开具发票金额/(1+3%)×3%"。

企业所得税是按照季度申报，每年年底清缴。所得税的征收方式可以分为查账征收和核定征收。如果实行查账征收，需要报送的报表很多，并且需要出具由注册会计师查账的会计报告。

1.1.7　会计工作流程

要从事企业财务工作，需要了解会计的工作流程。会计的工作流程如图 1-3 所示。

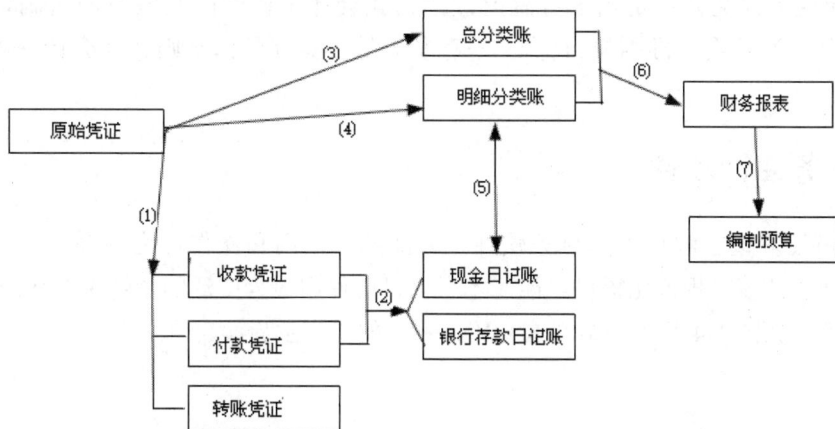

图 1-3　会计工作流程

会计工作流程的具体含义如下。

(1) 会计人员根据原始凭证或原始凭证汇总表填制记账凭证。

(2) 会计人员根据收付记账凭证登记现金日记账和银行存款日记账。

(3) 会计人员根据原始凭证制作总分类账。

(4) 会计人员根据记账凭证登记明细分类账。

(5) 会计人员核对明细分类账和明细分类账。

(6) 会计人员根据总账和明细分类账编制财务报表。

(7) 会计人员为企业下一个会计期间编制企业预算。

1.2　会计岗位知识储备

要成为合格的会计，除了要懂得会计专业知识外，还必须了解相关的法律法规和掌握财务会计软件。

1.2.1　会计法律法规

目前我国的会计法律法规如下。

(1) 会计法律：由人大常委会制定，是最高层次的法律，如《会计法》。

(2) 会计行政法规：由国务院制定发布，如《总会计师条例》《企业财务会计报告条例》等。

(3) 会计规章：由财政部制定，并以财政部部长签署命令的形式公布，如 2005 年 1 月 22 日财政部第 26 号令发布的《会计从业资格管理办法》，2006 年 2 月 15 日财政部第 33 号令发布的《企业会计准则——基本准则》等。

(4) 地方性会计法规：由省财政厅制定并发布的会计法规，如《河南省会计从业资格管理办法》等。

(5) 会计规范性文件：是指国务院财政部门就会计工作中的某些方面所制定的会计法律制度，如《企业会计准则第 1 号——存货》等 38 项具体准则、《会计基础工作规范》等。

1.2.2　财务会计软件

财会人员还应该了解相关的财务软件，并能熟练使用和操作，为提高工作效率做准备，并为企业会计核算规范化提供可能。本书以目前使用最为广泛的金蝶 K3 Wise 版软件为例进行讲解。如图 1-4 所示为金蝶 K3 Wise 系统的工作主界面。

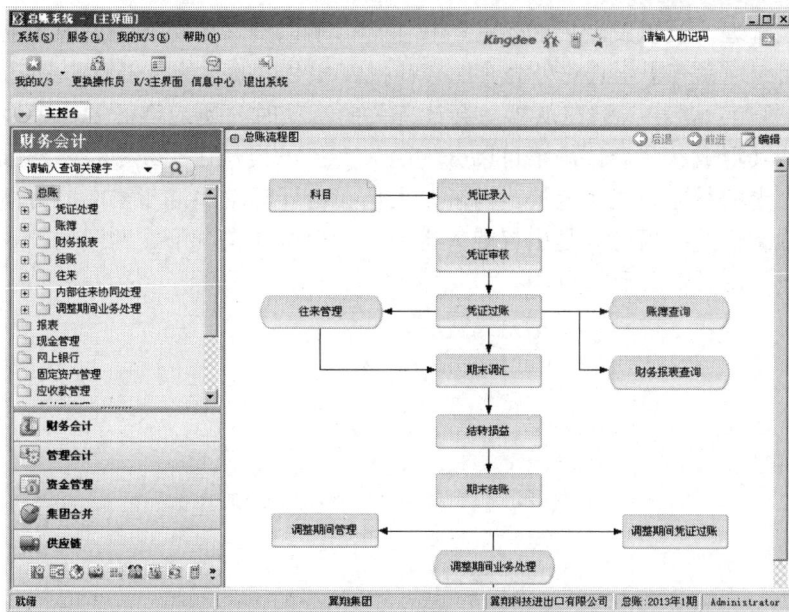

图 1-4　金蝶 K3 Wise 系统的工作主界面

1.3　疑 难 解 惑

疑问 1：新手如何快速入门？

首先，新手要注重理论知识的学习，然后熟练掌握财务软件的应用。会计作为一门专业基础课，相关的基本概念很多，对于这些概念，一定要深刻理解其含义，只有很好地把握基本理论知识，才能更好地熟练操作。

在学习的过程中，要注重理论联系实际。理论知识非常抽象，不容易把握，因此要注重理论联系实际，加强操作，培养动手能力。

疑问 2：会计理论知识包括哪几个层次？

会计理论知识包括会计本质、会计目标和会计规范三个层次。

(1) 会计本质：会计本身所固有的、决定其性质和发展的根本属性。和任何事物的本质一样，会计的本质是通过现象来表现的，必须透过现象去把握。

(2) 会计目标：全面地把握会计"节约交易费用"的目标，另外还需要分析构成和制约会计目标的三个要素，即会计目标的主体、客体及实现方式。

① 会计目标的主体：主要包括会计信息的使用主体和提供会计信息的主体两个方面。

② 会计目标的客体：会计信息的使用者为节约交易费用，必然对会计信息提出要求，他们从自身利益出发，希望会计信息是客观的、公允的以及所需要的。因此，具备客观性、公允性、相关性的会计信息构成了会计目标的客体。

③ 会计目标的实现方式：主要强调的是会计信息的提供方式及用途。由于已明确会计信息的使用主体为和企业产权相关的投资者、债权人、政府、接受委托经营管理企业的

企业内部各级管理人员以及众多的潜在产权主体，所以会计信息在考虑各方的需求之后，其提供方式相应地就有了正式对外公布的会计报表和对内的会计报告及非簿记方式。

(3) 会计规范：是指人们在从事与会计有关的活动时，所应遵循的约束性或指导性的行为准则。从其形成看，会计规范可以分为两大类：一类是在实践中自发形成的，另一类是人们通过一定的程序方式制定的。前者是人们在会计活动中逐步形成的习惯、规则和惯例，它是非强制性的；后者则是由权威人士或专业机构在自发形成的惯例的基础上经过归纳、提炼、抽象及引申后形成的。

第2章

金蝶 K3 Wise 版的安装与卸载

金蝶 K3 WISE 版是一套财务管理软件，是管理信息化、系统化、智能化的象征，值得我们认真学习和研究。在学习之前，需要先安装金蝶软件。

2.1　金蝶 K3 Wise 的运行环境

不同版本的金蝶 K3 系统对硬件、软件、网络等运行环境的需求是不一样的：高版本金蝶 K3 系统通常对运行环境要求更高。下面介绍金蝶 K3 Wise 各个产品的运行环境。

2.1.1　客户端的运行环境支持

如表 2-1 所示列出了金蝶 K3 Wise 客户端的运行环境要求。

表 2-1　客户端的运行环境要求

组　件	要　求
处理器	处理器类型： Pentium 4 兼容处理器或速度更快的处理器 处理器速度： 最低：单核 1.7GHz；双核 1.0GHz 推荐：双核 2.0GHz 或更快
内存	物理内存： 最少：512MB 推荐：1.0GB 或更大
存储	存储空间： 最少：4GB 空闲空间 推荐：8GB 空闲空间
网络	网络质量： 速率：100Mbps 延时：< 20ms (以大小为 1024 字节的测试数据包的返回结果为准) 丢包：< 0.1% (以大小为 1024 字节的测试数据包的返回结果为准)
操作系统	K3 客户端支持的操作系统： Windows XP Professional SP2/SP3 Windows XP Professional 64 位 x64 SP2 Windows Vista Ultimate/Enterprise/Business SP1 Windows Vista Ultimate/Enterprise/Business 64 位 x64 SP1 Windows 7 Home Basic/Home Premium/Professional/Ultimate Windows 7 Home Basic/ Home Premium/Professional/Ultimate 64 位 Windows Server 2003 Standard/Enterprise/DataCenter SP1/SP2 Windows Server 2003 Standard/Enterprise/DataCenter 64 位 x64 SP1/SP2 Windows 2000 Professional/Server/Advanced Server/DataCenter Server SP4

续表

组　件	要　求
Web 浏览器	K3 HR/CRM/Portal/Ebos 支持的 Web 浏览器版本： Microsoft Internet Explorer 6.0 SP1/SP2 - 32 位 Microsoft Internet Explorer 7.0 - 32 位 Microsoft Internet Explorer 8.0 - 32 位 注意：仅 HR/Web 客户端需要 Web 浏览器，普通 K3 GUI 客户端并不需要

2.1.2　中间层服务器的运行环境支持

如表 2-2 所示列出了金蝶 K3 Wise 中间层服务器的运行环境要求。

表 2-2　中间层服务器的运行环境要求

组　件	要　求
处理器	处理器类型： Intel Xeon 或 AMD Opteron 处理器速度： 最低：1.6GHz 推荐：2.4GHz 或更快处理器 处理器核心总数： 最低：2 核心 推荐：4 核心(200 并发以内) 8 核心(200～400 并发) 400 并发以上请增加中间层服务器，下同
内存	物理内存： 最少：1GB 推荐：2GB(200 并发以内) 　　　4GB(200～400 并发)
存储	存储类型： SCSI 或更快企业级存储，并推荐设置为 RAID1 或 RAID5 存储空间： 最少：10GB 空闲空间 推荐：20GB 空闲空间
网络	网络质量： 速率：100Mbps，推荐以 1000Mbps 的速率与数据库服务器连接 延时：< 20ms (以大小为 1024 字节的测试数据包的返回结果为准) 丢包：< 0.1% (以大小为 1024 字节的测试数据包的返回结果为准)

续表

组　件	要　求
操作系统	K3 中间层服务器支持的操作系统： Windows Server 2003 Standard/Enterprise/DataCenter SP1/SP2 Windows Server 2003 Standard/Enterprise/DataCenter 64 位 SP1/SP2 Windows Server 2008 Standard/Enterprise/DataCenter Windows Server 2008 Standard/Enterprise/DataCenter 64 位 Windows 2000 Server/Advanced Server/DataCenter Server SP4

2.1.3　HR/Web 服务器的运行环境支持

如表 2-3 所示列出了金蝶 K3 Wise HR/Web 服务器的运行环境要求。

表 2-3　服务器的运行环境要求

组　件	要　求
处理器	处理器类型： Intel Xeon 或 AMD Opteron 处理器速度： 最低：1.6GHz 推荐：2.4GHz 或更快处理器 处理器核心总数： 最低：2 核心 推荐：8 核心
内存	物理内存： 最少：1GB 推荐：4GB
存储	存储类型： SCSI 或更快企业级存储，并推荐设置为 RAID1 或 RAID5 存储空间： 最少：10GB 空闲空间 推荐：20GB 空闲空间
网络	网络质量： 速率：100Mbps，推荐以 1000Mbps 的速率与中间层服务器连接 延时：< 20ms (以大小为 1024 字节的测试数据包的返回结果为准) 丢包：< 0.1% (以大小为 1024 字节的测试数据包的返回结果为准)

续表

组　件	要　求
操作系统	K3 HR/Web 服务器支持的操作系统： Windows Server 2003 Standard/Enterprise/DataCenter SP1/SP2 Windows Server 2003 Standard/Enterprise/DataCenter 64 位 SP1/SP2 Windows Server 2008 Standard/Enterprise/DataCenter Windows Server 2008 Standard/Enterprise/DataCenter 64 位 Windows 2000 Server/Advanced Server/DataCenter Server SP4

2.1.4　数据库服务器运行环境支持

如表 2-4 所示列出了金蝶 K3 Wise 数据库服务器的运行环境要求。

表 2-4　数据库服务器的运行环境要求

组　件	要　求
处理器	处理器类型： Intel Xeon 或 AMD Opteron 或 Intel Itanium 2 处理器速度： 最低：1.6GHz (对于 Itanium 处理器是 1.4GHz) 推荐：2.4GHz 或更快处理器 (对于 Itanium 处理器是 1.6GHz) 处理器核心总数： 最低：2 核心 推荐：4 核心(100 并发以内或数据库实体 10GB 以内) 8 核心(100~200 并发或数据库实体 10~20GB) 16 核心(200~400 并发或数据库实体 20~40GB)
内存	物理内存： 最少：2GB 推荐：4GB(100 并发以内或数据库实体 10GB 以内) 8GB(100~200 并发或数据库实体 10~20GB) 16GB(200~400 并发或数据库实体 20~40GB)
存储	存储类型： SCSI 或更快企业级存储，数据盘推荐设置为 RAID10，并至少建立两个 LUN，分别放置生产数据库与临时数据库(TempDB) 存储空间： 最少：10GB 空闲空间 推荐：50GB 或更多空闲空间
网络	网络质量： 速率：100Mbps，推荐与中间层服务器以 1000Mbps 的速率连接 延时：< 20ms (以大小为 1024 字节的测试数据包的返回结果为准) 丢包：< 0.1% (以大小为 1024 字节的测试数据包的返回结果为准)

组　件	要　求
操作系统	K3 数据库服务器支持的操作系统： Windows Server 2003 Standard/Enterprise/DataCenter SP1/SP2 Windows Server 2003 Standard/Enterprise/DataCenter 64 位 SP1/SP2 Windows Server 2003 Enterprise/DataCenter 64 位 IA64 SP1/SP2 Windows Server 2008 Standard/Enterprise/DataCenter Windows Server 2008 Standard/Enterprise/DataCenter 64 位 Windows Server 2008 Enterprise/DataCenter 64 位 IA64 Windows 2000 Server/Advanced Server/DataCenter Server SP4 Windows 2000 Advanced Server/DataCenter Server 64 位 SP4
数据库引擎	K3 数据库服务器支持的数据库引擎： SQL Server 2005 Standard/Enterprise SP3 SQL Server 2005 Standard/Enterprise 64 位 x64 SP3 SQL Server 2005 Enterprise 64 位 IA64 SP3 SQL Server 2008 Standard/Enterprise SQL Server 2008 Standard/Enterprise 64 位 SQL Server 2008 Enterprise 64 位 IA64 SQL Server 2000 Standard/Enterprise SP4 SQL Server 2000 Enterprise 64 位 IA64 SP4

2.2　配置金蝶 K3 Wise 的运行环境

在金蝶 K3 软件之前，需要配置金蝶 K3 Wise 的运行环境。本书金蝶 K3 Wise 版的运行操作系统为 Windows Server 2003 系统。

2.2.1　实训 1　安装 IIS 组件

由于金蝶 K3 Wise 系统的 Web 服务器必须运行在 IIS 基础上，因此，在安装金蝶 K3 Wise 软件之前，还需安装 IIS 组件。

安装 IIS 组件的具体操作步骤如下。

步骤 1：选择【开始】➢【设置】➢【控制面板】菜单项，打开【控制面板】窗口，如图 2-1 所示。

步骤 2：双击【添加或删除程序】图标按钮，打开【添加或删除程序】窗口，如图 2-2 所示。

步骤 3：单击左侧的【添加/删除 Windows 组件】按钮，打开【Windows 组件向导】对话框，如图 2-3 所示。

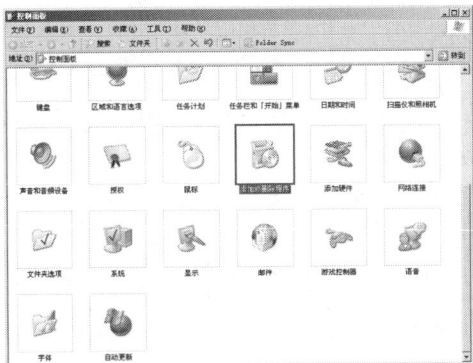

图 2-1　【控制面板】窗口

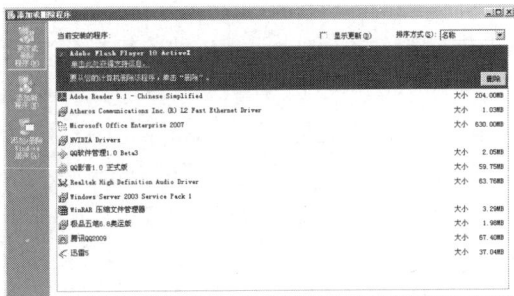

图 2-2　【添加或删除程序】窗口

步骤 4：选中【应用程序服务器】选项，单击【详细信息】按钮或直接双击该项，打开【应用程序服务器】对话框，从中勾选要安装的 IIS 信息服务组件，如图 2-4 所示。

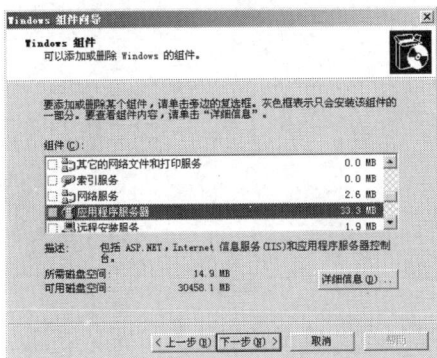

图 2-3　【Windows 组件向导】对话框

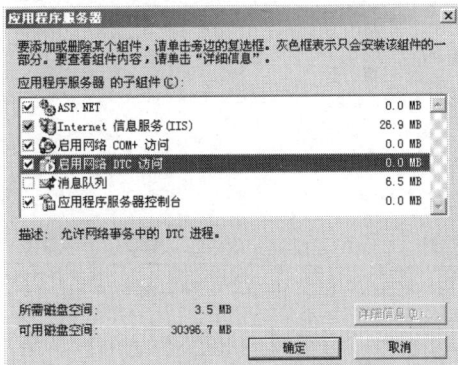

图 2-4　【应用程序服务器】对话框

步骤 5：单击【确定】按钮，返回【Windows 组件向导】对话框，单击【下一步】按钮，即可开始安装所选的组件程序，如图 2-5 所示。

步骤 6：安装完成后，将会进入【完成"Windows 组件向导"】界面，单击【完成】按钮，结束 IIS 组件的安装操作，如图 2-6 所示。

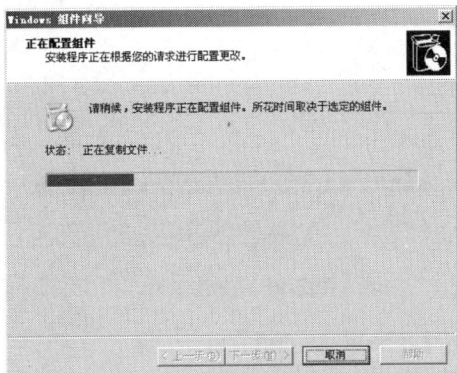

图 2-5　【Windows 组件向导】对话框

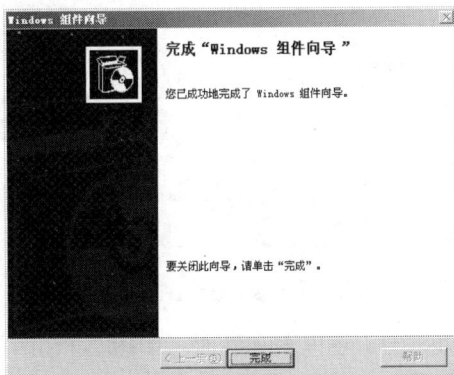

图 2-6　【完成"Windows 组件向导"】界面

2.2.2　实训 2　安装 SQL Server 2005

金蝶 K3 Wise 的运行必须依赖相应的数据库，下面就以 SQL Server 2005 作为其数据库，并介绍安装 SQL Server 2005 的具体操作步骤。

步骤 1：把金蝶 K3 Wise 的安装盘放到光驱中，会弹出自动安装界面，如图 2-7 所示。如果不弹出上述界面，可以双击安装盘开始安装。

步骤 2：单击【SQL Server2005 X86 企业版 CD1(W)】链接，即可进入【最终用户许可协议】界面，如图 2-8 所示，单击【下一步】按钮。

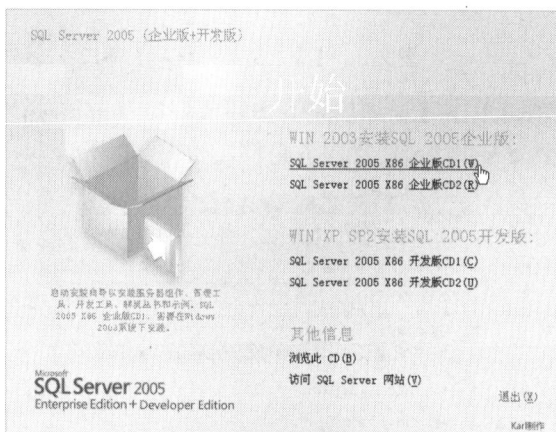

图 2-7　安装界面

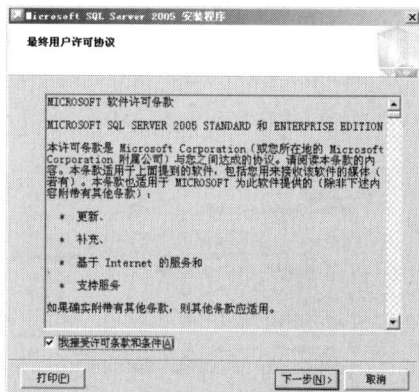

图 2-8　【最终用户许可协议】界面

步骤 3：进入【安装必备组件】界面，如图 2-9 所示，单击【安装】按钮。

步骤 4：组件安装完成后，如图 2-10 所示，单击【下一步】按钮。

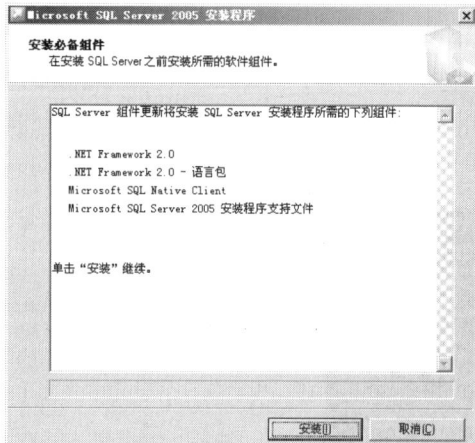

图 2-9　【安装必备组件】界面

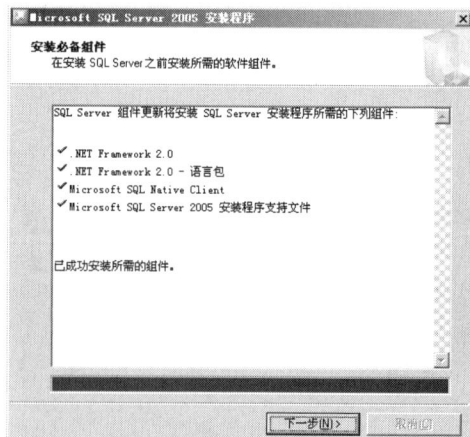

图 2-10　安装组件

步骤 5：进入欢迎界面，如图 2-11 所示，单击【下一步】按钮。

步骤 6：进入【系统配置检查】界面，如果没有错误提示，可以直接单击【下一步】按钮，如图 2-12 所示。

图 2-11   欢迎安装界面

图 2-12   【系统配置检查】界面

步骤 7：系统自动开始安装，并显示相关的进度，如图 2-13 所示。

步骤 8：进入【注册信息】界面，输入姓名和公司名称后，单击【下一步】按钮，如图 2-14 所示。

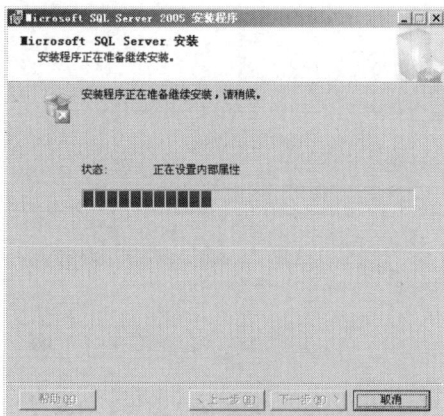

图 2-13   开始安装

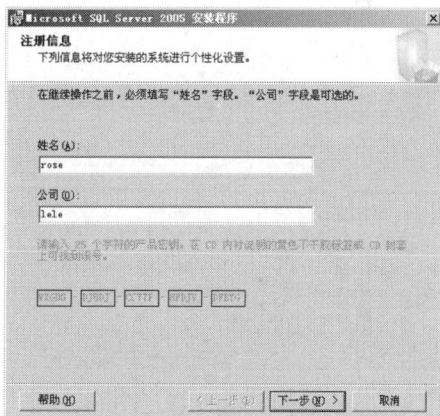

图 2-14   输入姓名与公司名称

步骤 9：进入【要安装的组件】界面，选择所有的复选框后，单击【下一步】按钮，如图 2-15 所示。

步骤 10：进入【实例名】界面，单击【下一步】按钮，如图 2-16 所示。

步骤 11：进入【服务账户】界面，选择启动的服务，单击【下一步】按钮，如图 2-17 所示。

步骤 12：进入【身份验证模式】界面，选择【混合模式】单选按钮，然后输入两次相同的密码后，单击【下一步】按钮，如图 2-18 所示。

步骤 13：进入【排序规则设置】界面，单击【下一步】按钮，如图 2-19 所示。

步骤 14：进入【报表服务器安装选项】界面，单击【下一步】按钮，如图 2-20 所示。

步骤 15：进入【准备安装】界面，确认将要安装的组件无误后，单击【安装】按钮。如图 2-21 所示。

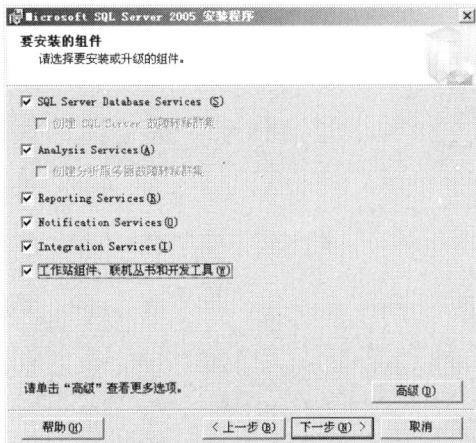

图 2-15　选择要安装的组件

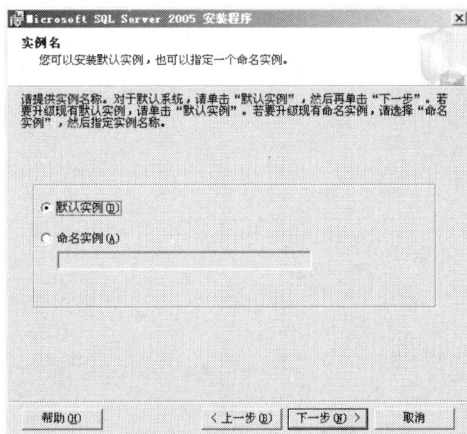

图 2-16　【实例名】界面

图 2-17　【服务账户】界面

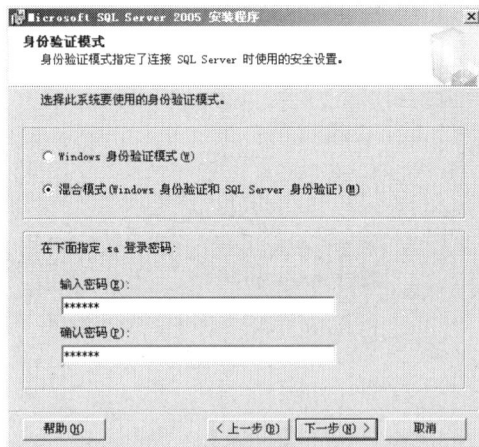

图 2-18　【身份验证模式】界面

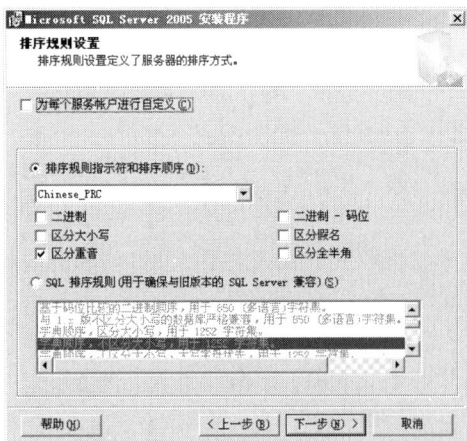

图 2-19　【排序规则设置】界面

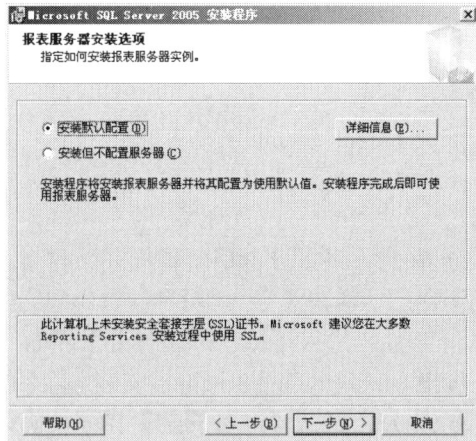

图 2-20　【报表服务器安装选项】界面

步骤 16：系统开始自动安装，并显示安装的进度和安装的细节状态，如图 2-22 所示。

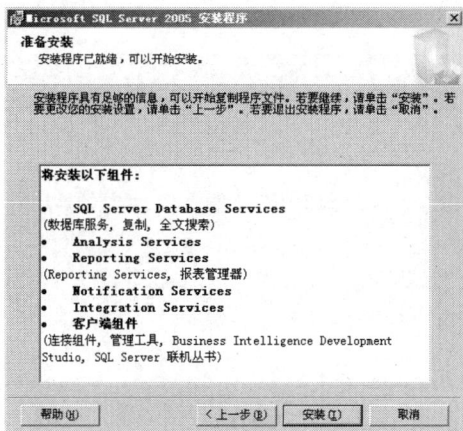

图 2-21　【准备安装】界面

图 2-22　【安装速度】界面

步骤 17：安装完成后，单击【完成】按钮即可，如图 2-23 所示。

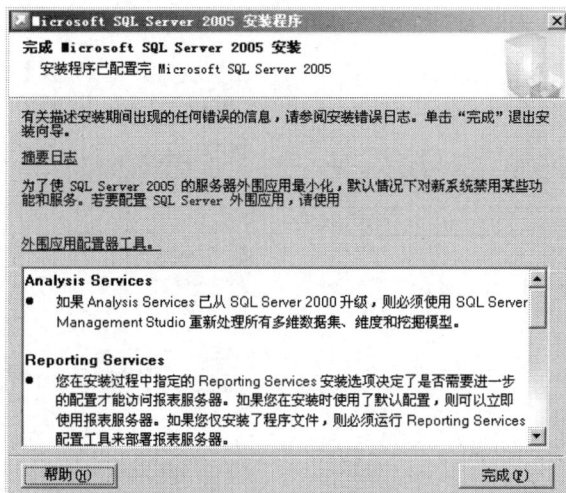

图 2-23　完成安装

2.2.3　实训 3　安装 SQL Server 2005 SP2 补丁

SQL Server 2005 安装完成后，还需要安装 SQL Server 2005 SP2 补丁，具体操作步骤如下。

步骤 1：双击 SQL Server 2005 SP2 补丁的安装程序，打开【欢迎】界面，如图 2-24 所示。

步骤 2：单击【下一步】按钮，进入【许可条款】界面，在其中可以看到相关的条款信息，选中【我接受该协议(A)】单选按钮，如图 2-25 所示。

步骤 3：单击【下一步】按钮，进入【功能选择】界面，采用默认的设置，如图 2-26 所示。

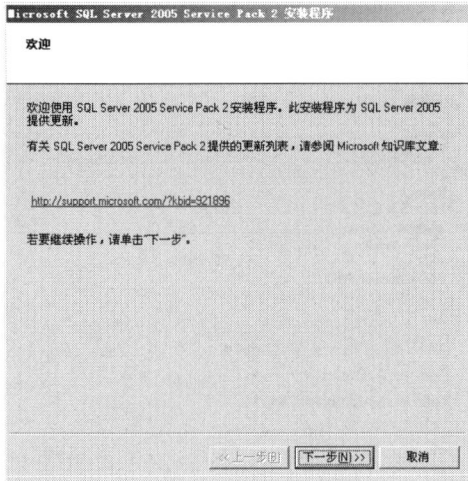

图 2-24　【欢迎】界面

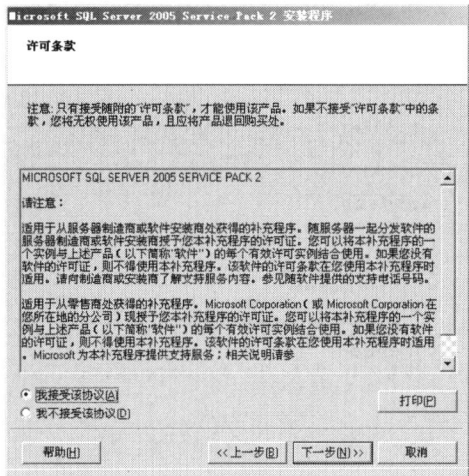

图 2-25　【许可条款】界面

步骤 4：单击【下一步】按钮，进入【身份验证】界面，采用默认的设置，单击【测试】按钮，确认无误，如图 2-27 所示。

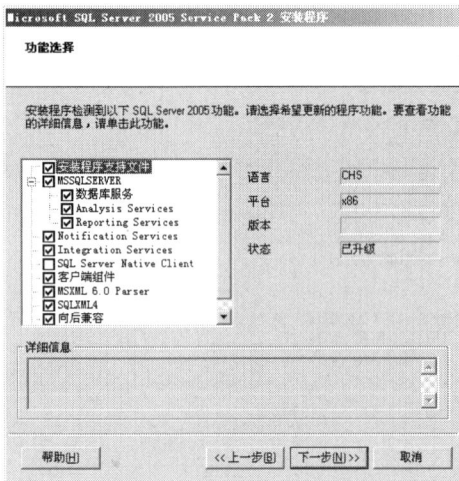

图 2-26　【功能选择】界面

图 2-27　【身份验证】界面

步骤 5：单击【下一步】按钮，进入【错误和用法报告设置】界面，采用默认的设置，如图 2-28 所示。

步骤 6：单击【下一步】按钮，进入【准备安装】界面，如图 2-29 所示。

步骤 7：单击【安装】按钮，系统开始自动安装，并显示安装的进度，如图 2-30 所示。

步骤 8：安装完成后，单击【下一步】按钮，进入【附加信息】界面，单击【完成】按钮即可，如图 2-31 所示。

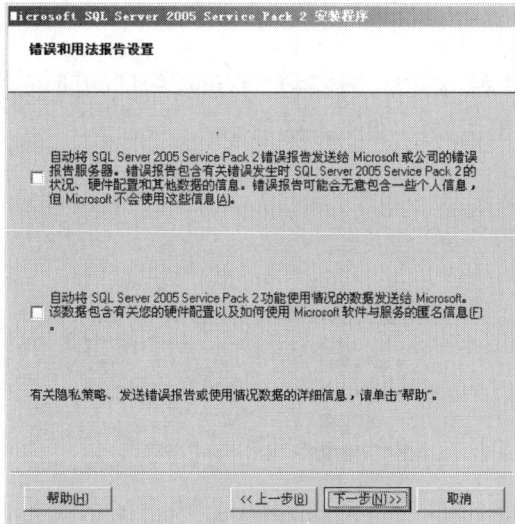

图 2-28　【错误和用法警告设置】界面

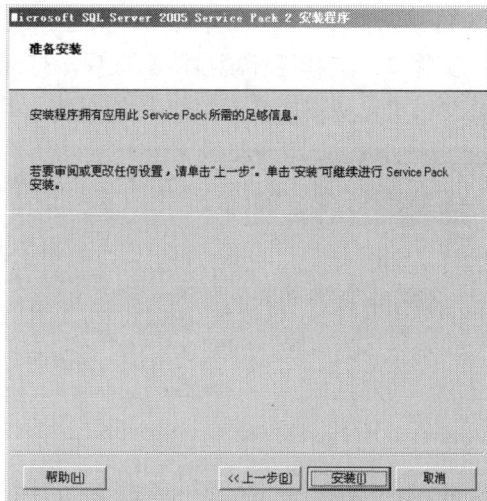

图 2-29　【准备安装】界面

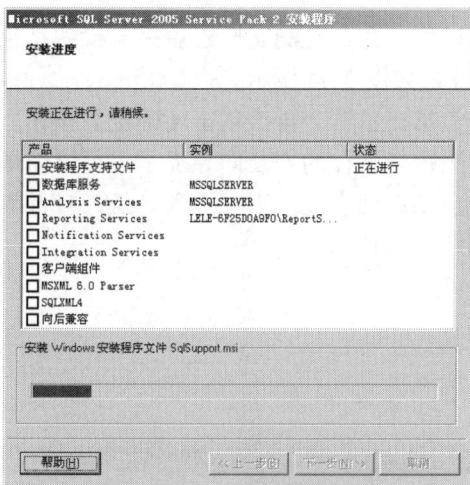

图 2-30　【安装进度】界面

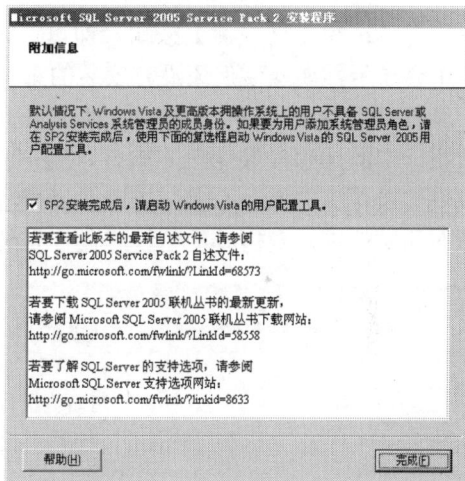

图 2-31　【附加信息】界面

2.3　安装金蝶 K3 Wise 软件

在金蝶 K3 Wise 软件的运行环境配置完成后，就可以安装金蝶 K3 Wise 软件了。

2.3.1　实训 4　检测金蝶 K3 Wise 的安装环境

通过金蝶 K3 软件的环境检测功能，可以搜索当前操作系统中没有的第三方软件，并自动进行安装。

其具体的操作步骤如下。

步骤 1：将金蝶 K3 Wise 软件安装盘放入光驱，弹出【金蝶 K3 安装程序】界面，如图 2-32 所示。

步骤 2：选择【环境检测】选项，打开【金蝶 K3 环境检测】对话框，可以根据安装的计算机角色确定所需安装的部件(这里选择全部组件)，如图 2-33 所示。

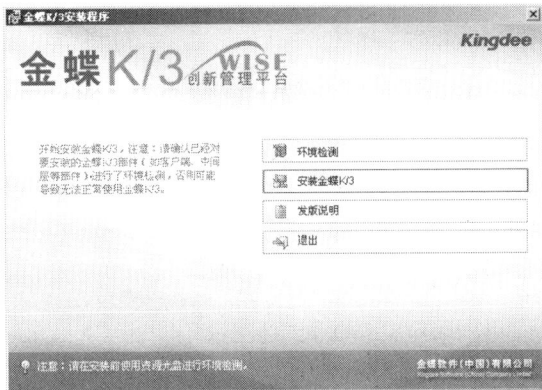

图 2-32　【金蝶 K3 安装程序】界面　　　图 2-33　【金蝶 K3 环境检测】对话框

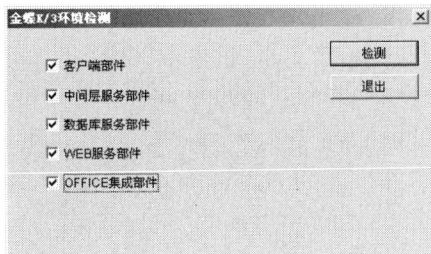

步骤 3：单击【检测】按钮，即可进入检测过程，并在检测完毕之后报告检测结果，在其中会显示需要安装但还没有安装的第三方软件，如图 2-34 所示。

步骤 4：单击【确定】按钮，即可出现一个信息提示框。再次单击【确定】按钮，即可按照一定的顺序安装第三方软件，用户只要按照每个软件的安装向导提示进行操作即可完成安装操作。若某一个第三方软件不能由系统自动启动安装，则可进入光盘，打开该软件所在的文件夹，双击其安装程序进行安装，如图 2-35 所示。

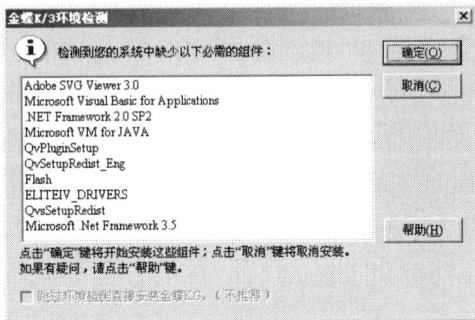

图 2-34　检测组件结果　　　　　　　图 2-35　【金蝶提示】对话框

步骤 5：如果用户将客户端安装在了服务器上，或用户使用的 Windows 2003 Server 数据库没有启动金蝶 K3 所需的服务，则将显示如图 2-36 所示的对话框，并在单击【确定】按钮之后，才开始进行系统检测。

步骤 6：当将每一个需要安装的第三方软件都安装完毕之后，即可出现如图 2-37 所示的信息提示框。单击【确定】按钮，即可安装金蝶 K3 Wise 软件。

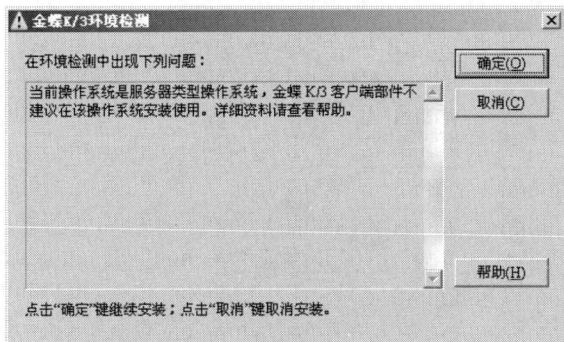

图 2-36　金蝶 K3 环境检测结果

图 2-37　环境更新完毕

2.3.2　实训 5　安装金蝶 K3 Wise 软件

所有的准备工作就绪后，接下来就可以安装金蝶 K3 Wise 软件了。不过，安装金蝶 K3 Wise 软件需要以本机系统管理员的身份登录系统，然后关闭其他应用程序，特别是防病毒软件及相关防火墙。

其具体的操作步骤如下。

步骤 1：将金蝶 K3 软件安装盘放入光驱，弹出【金蝶 K3 安装程序】界面，如图 2-38 所示。

步骤 2：选择【安装金蝶 K3】选项，开始配置相关的安装程序。如图 2-39 所示。

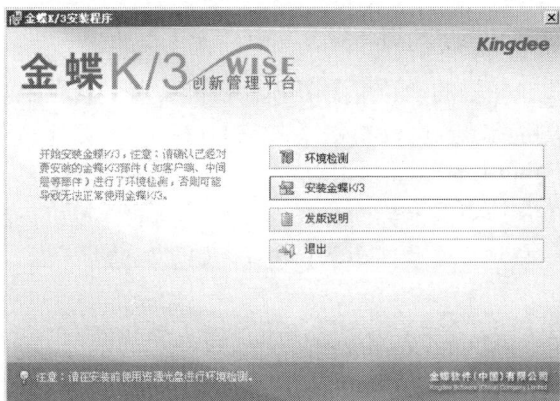

图 2-38　【金蝶 K3 安装程序】对话框

图 2-39　配置相关程序

步骤 3：配置完成后，弹出【欢迎使用 Kingdee K3】界面，如图 2-40 所示。

步骤 4：单击【下一步】按钮，进入【许可证协议】界面，在其中显示了金蝶 K3 的相应安装协议，如图 2-41 所示。

步骤 5：用户查看完毕之后，单击【是】按钮，即可进入【信息】界面，在其中可以查看金蝶 K3 各种角色计算机的配置要求以及安装与卸载等内容，如图 2-42 所示。

步骤 6：用户查看完毕之后，单击【下一步】按钮，进入【客户信息】界面，在其中根据提示输入相应的用户名和公司名称，如图 2-43 所示。

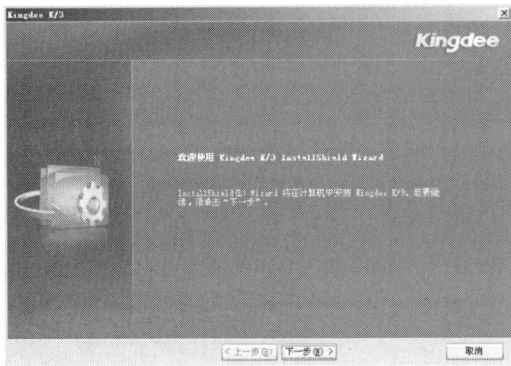

图 2-40　【欢迎使用 Kingdee K3】界面

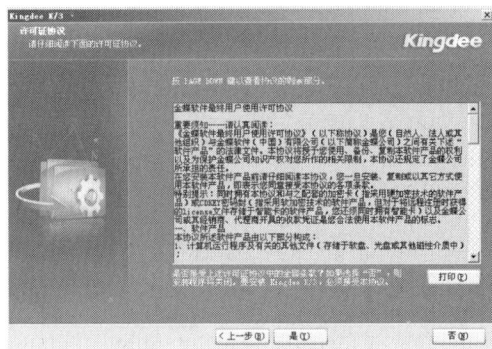

图 2-41　【许可证协议】界面

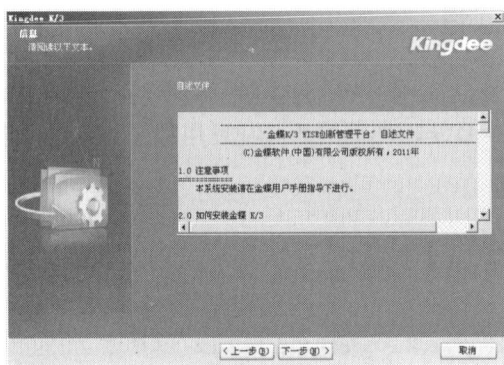

图 2-42　【信息】界面

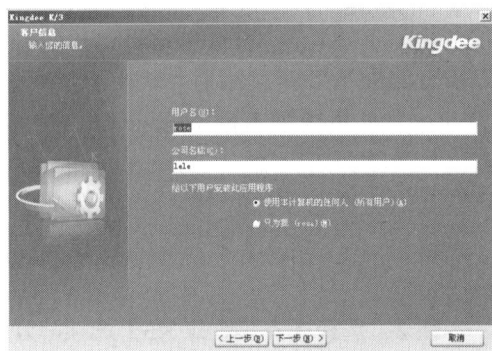

图 2-43　【客户信息】界面

步骤 7：单击【下一步】按钮，进入【选择目的地位置】界面，在其中可以设置金蝶 K3 的安装路径。用户可以选择系统默认的路径，也可以单击【浏览】按钮，在打开的对话框中指定金蝶 K3 系统的安装路径，如图 2-44 所示。

步骤 8：单击【下一步】按钮，进入【安装类型】界面，在其中根据当前计算机在整个系统中的角色，来选择不同的安装组件，这里选择【全部安装】选项，如图 2-45 所示。

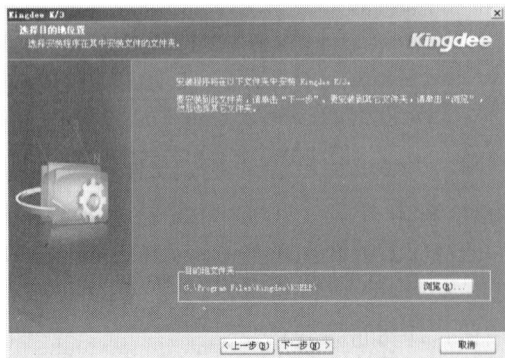

图 2-44　【选择目的地位置】界面

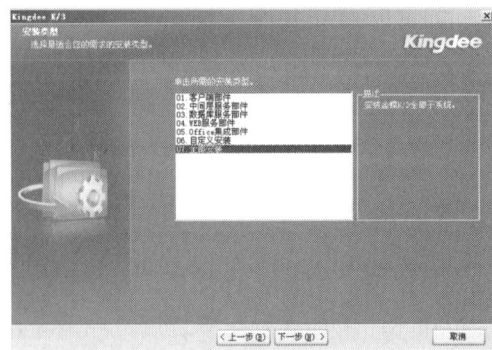

图 2-45　【安装类型】界面

步骤 9：单击【下一步】按钮，即可自动进行安装，并显示安装的进度，如图 2-46

所示。

步骤 10：在安装完毕之后，弹出【安装完毕】对话框。单击【完成】按钮，即可自动进入中间层组件的安装，如图 2-47 所示。

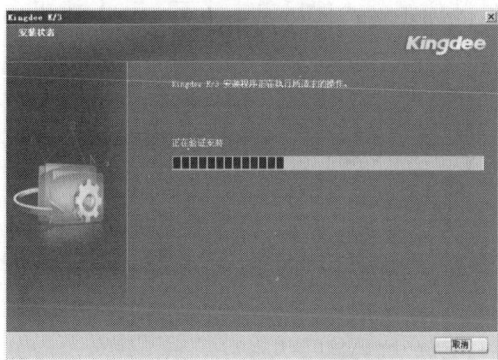

图 2-46　显示安装的进度

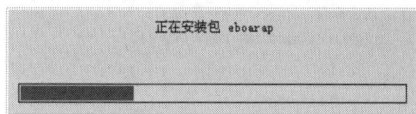

图 2-47　开始安装

步骤 11：当中间层组件安装完毕之后，弹出【金蝶提示】对话框，单击【确定】按钮，完成金蝶 K3 的整个安装过程，如图 2-48 所示。

注意： 如果在安装的过程中没有自动安装中间层服务组件，则可以在安装完成后选择【开始】➢【程序】➢【金蝶 K3 Wise 创新管理平台】➢【金蝶 K3 服务器配置工具】➢【中间层组件注册】菜单命令，即可打开【金蝶 K3 系统-中间层组件安装】对话框，在其中选择需要安装的组件，然后单击【安装】按钮即可，如图 2-49 所示。

图 2-48　安装完成

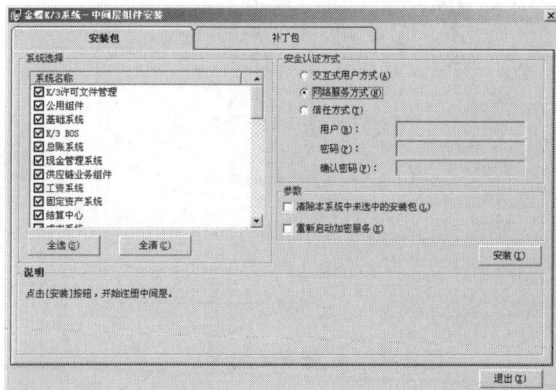

图 2-49　【金蝶 K3 系统-中间层组件安装】对话框

2.4　实训 6　卸载金蝶 K3 Wise 软件

与其他版本一样，金蝶 K3 Wise 软件也提供了修改、修复或删除功能，具体步骤如下。

步骤 1：选择【开始】➢【所有程序】➢【金蝶 K3Wise 创新管理平台】➢【添加或删

除金蝶 K3】选项，启动金蝶 K3 Wise 软件的"修改、修复或删除程序向导"。如果要修改安装的金蝶组件，只需选中【修改】单选按钮，然后单击【下一步】按钮，如图 2-50 所示。

步骤 2：进入【选择功能】界面。选择要安装的组件，然后单击【下一步】按钮，系统即可自动添加或删除金蝶 K3 部件，如图 2-51 所示。

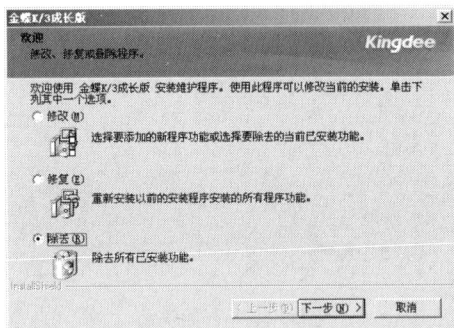

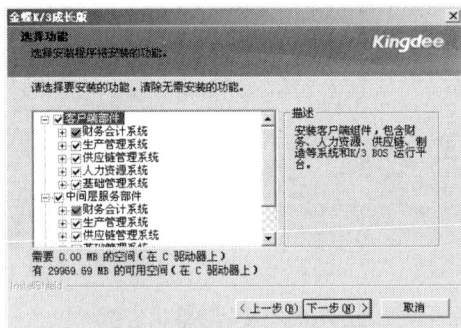

图 2-50　【欢迎】界面　　　　　　图 2-51　【选择功能】界面

步骤 3：用户如果要重新安装以前安装程序安装的所有程序组件，则需要在图 2-50 所示的【欢迎】界面中选中【修复】单选按钮，然后单击【下一步】按钮，系统即可自动修复金蝶 K3 系统存在的问题，如图 2-52 所示。

步骤 4：用户如果要卸载金蝶 K3 系统，则需要在图 2-50 中选中【除去】单选按钮，然后单击【下一步】按钮，在弹出的信息提示框中单击【是】按钮，即可将金蝶 K3 软件安装的组件删除，如图 2-53 所示。

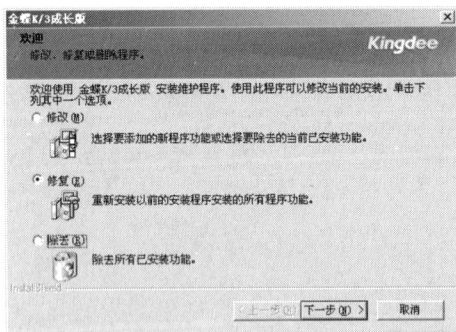

图 2-52　修复安装程序　　　　　　图 2-53　信息提示框

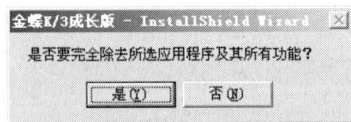

2.5　疑　难　解　惑

疑问 1：登录 K3 主控台时提示应用服务器连接到一个错误的数据库。

答：出现该错误提示的原因是 com+组件被破坏了。解决这一问题的操作步骤如下。

步骤 1：进入【控制面板】窗口，双击【添加或删除程序】图标，即可打开【添加或删除程序】窗口，如图 2-54 所示。

步骤 2：双击【添加/删除 Windows 组件】图标，打开【Windows 组件向导】对话框，选中【应用程序服务器】复选框，如图 2-55 所示。

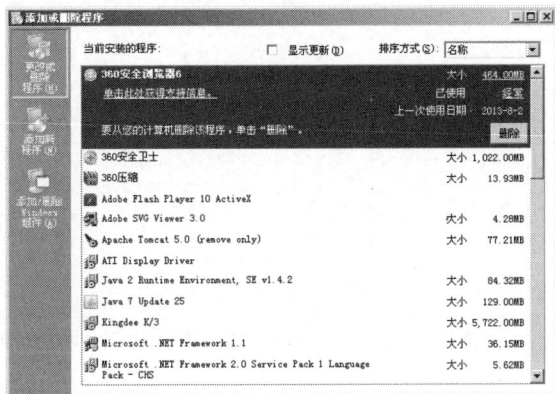

图 2-54　【添加或删除程序】窗口　　　　　图 2-55　【Windows 组件向导】对话框

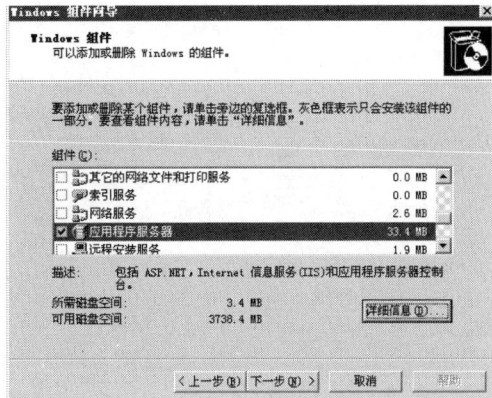

步骤 3：单击【详细信息】按钮，打开【应用程序服务器】对话框，选中【启用网络 DTC 访问】复选框，如图 2-56 所示。

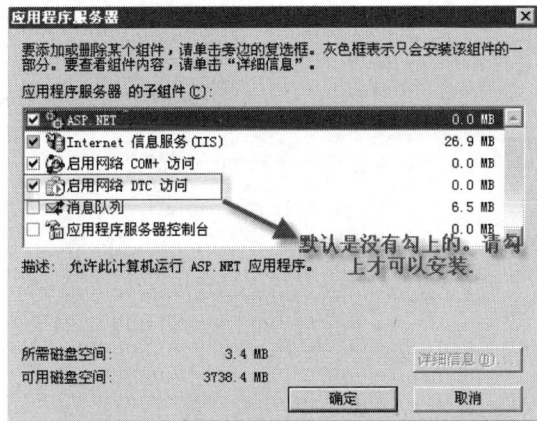

图 2-56　【应用程序服务器】对话框

步骤 4：单击【确定】按钮，重新启动系统就可以正常登录金蝶 K3 主控台了。

疑问 2：客户端登录不到中间层服务器。

答：如果金蝶 K3 系统的数据库服务器与中间层服务器不在同一台机器上，且不在同一域(或工作组模式)中，则需要在数据库服务器的注册表中添加注册项：在 HKEY_LOCAL_MACHINE\SOFTWARE\Microsoft\MSDTC 下新建 TurnOffRpcSecurity 项，并将其值设置为 1(十六进制)。

第 3 章

公司账套的创建与管理

　　账套是财务管理软件的基础，在实现了财务电算化后，可以使得财务管理更有条理，数据分析更加准确、快速，报表制作也更加简便，从而提高了企事业单位的工作效率。要想使用财务软件，必须对账套进行相应的管理。

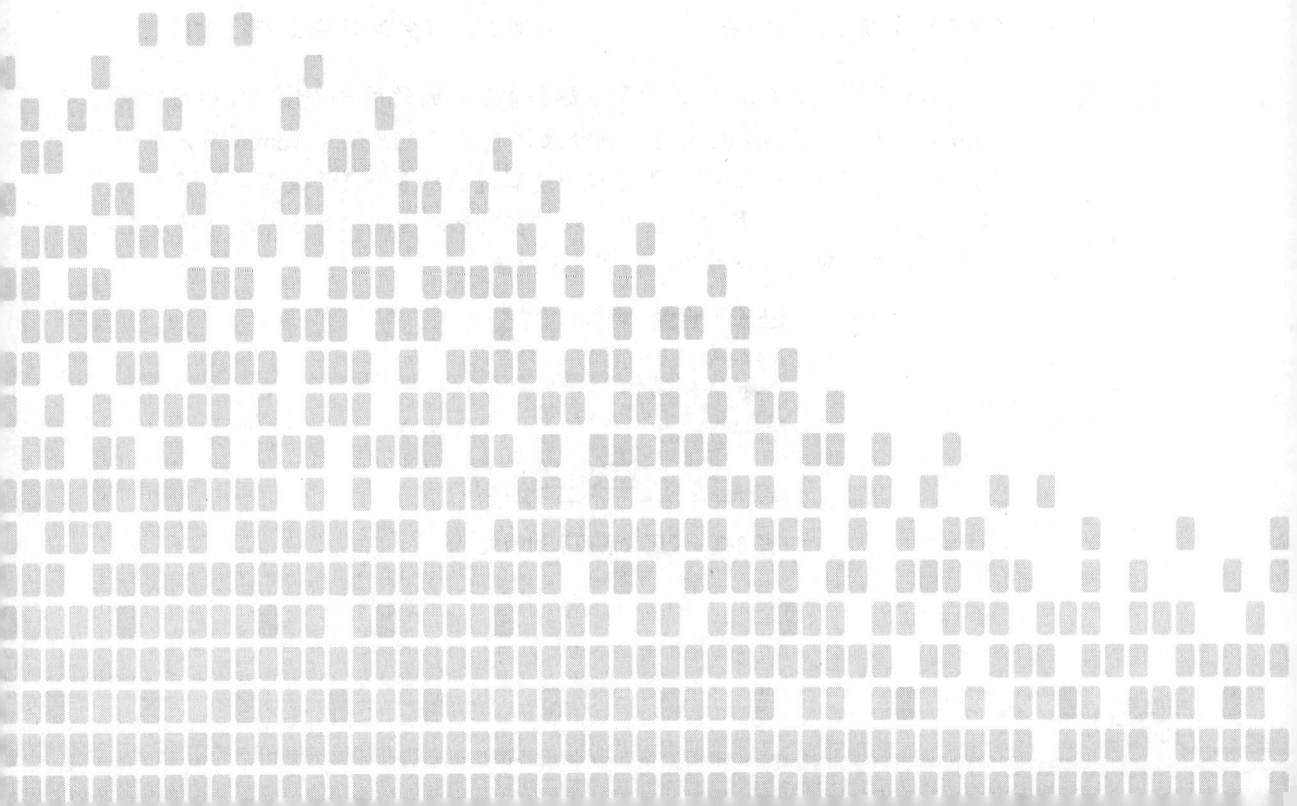

3.1　账套管理系统

账套管理的所有操作都是在账套管理系统中进行的，系统管理操作主要包括系统参数的设置与系统用户的管理。

3.1.1　实训 1　登录账套管理系统

登录账套管理系统是管理账套的第一步，具体的操作步骤如下。

步骤 1：选择【开始】➢【所有程序】➢【金蝶 K3 WISE 创新管理平台】➢【金蝶 K3 服务器配置工具】➢【账套管理】菜单项，打开【金蝶 K3 系统登录】对话框，在【用户名】文本框中输入"Admin"，在【密码】文本框中保持空密码，如图 3-1 所示。

步骤 2：单击【确定】按钮，进入【金蝶 K3 账套管理】窗口，如图 3-2 所示。

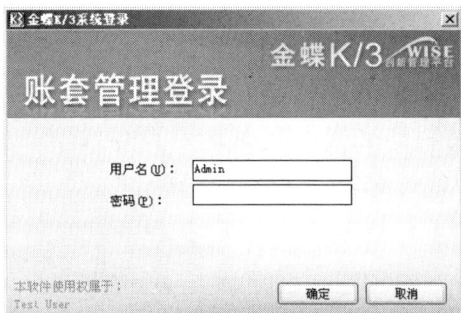

图 3-1　【金蝶 K3 系统登录】对话框

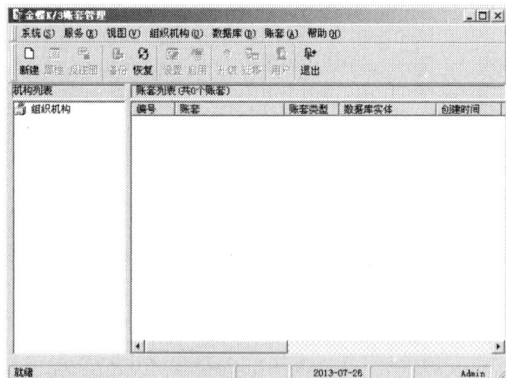

图 3-2　【金蝶 K3 账套管理】窗口

提示：　金蝶 K3 系统将 Admin 预设为登录账套管理界面的用户名称，其初始登录密码为空。不过，系统管理员可以在登录账套管理系统后为 Admin 用户添加密码。在【金蝶 K3 账套管理】窗口中选择【系统】➢【修改密码】菜单项，在弹出的【更改密码】对话框中输入旧密码和新密码，然后单击【确定】按钮即可完成密码的修改操作，如图 3-3 所示。

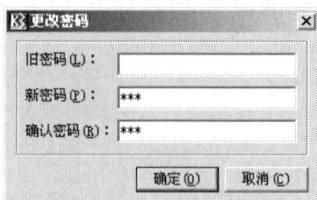

图 3-3　【更改密码】对话框

3.1.2　实训 2　系统参数设置

通过设置系统参数，可以对账套管理工具中的一些通用参数进行维护，具体的操作步骤如下。

步骤 1：在【金蝶 K3 账套管理】窗口中，选择【系统】➤【系统参数设置】菜单项，打开【系统参数设置】对话框，如图 3-4 所示。

步骤 2：用户可以根据实际需要设置上机日志记录提示数、有效性检测和权限管理等选项，并根据实际需要输入相应的后台服务器和登录界面个性化标题等内容。

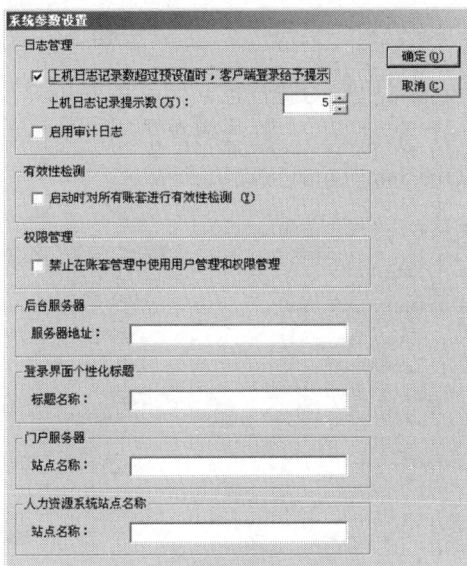

图 3-4　【系统参数设置】对话框

3.1.3　实训 3　系统用户设置

在账套管理系统中，除了默认的用户外，还可以添加其他用户，并为用户赋予一定的权限，具体的操作步骤如下。

步骤 1：在【金蝶 K3 账套管理】窗口中，选择【系统】➤【系统用户管理】菜单项，打开【系统用户管理】窗口，如图 3-5 所示。

步骤 2：如果要添加新的用户，只需单击【用户】菜单，从弹出的菜单中选择【新增】选项，打开【新增用户】对话框，并根据需要输入用户名称和相应的描述性语言，同时还要根据需要选择相应的登录方式，如图 3-6 所示。

步骤 3：单击【确定】按钮，返回【系统用户管理】窗口，可以看到新添加的用户，如图 3-7 所示。

提示： 新增用户之后，用户的名称就不能再修改了，因此在创建用户时一定要慎重设置用户的名称。

图 3-5　【系统用户管理】窗口

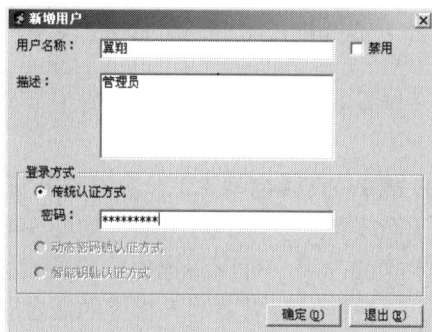

图 3-6　【新增用户】对话框

步骤 4：如果希望修改某一用户的属性，只需选中此用户，然后选择【用户】➢【属性】菜单项，打开【用户属性】对话框，修改用户描述，然后单击【确定】按钮，即可完成用户属性的修改操作，如图 3-8 所示。

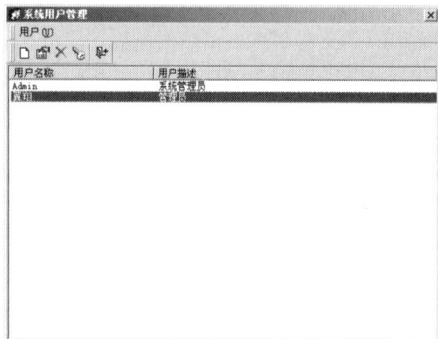

图 3-7　显示新添加的用户

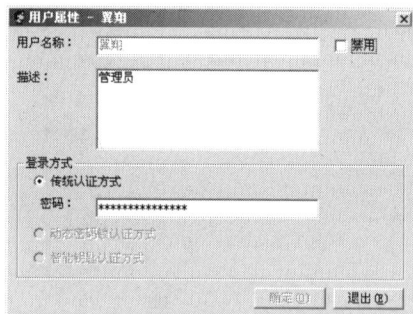

图 3-8　【用户属性】对话框

步骤 5：当不需要某一用户信息时，可以选中该信息，然后选择【用户】➢【删除】菜单项，即可弹出提示信息对话框，单击【是】按钮，即可完成删除操作，如图 3-9 所示。

步骤 6：如果需要给某个用户授予一定的权限，就需要选中该用户，然后选择【用户】➢【授权】菜单项，打开【授权用户】对话框，如图 3-10 所示。

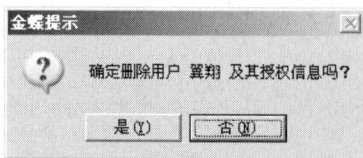

图 3-9　【金蝶提示】对话框

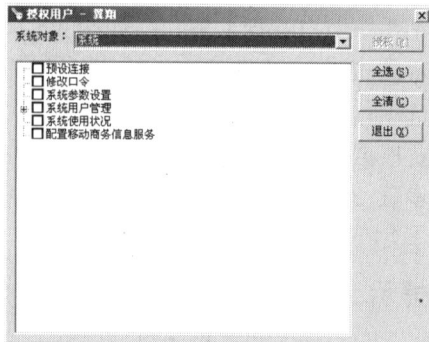

图 3-10　【授权用户】对话框

步骤 7：在【系统对象】下拉列表框中选择需要授权的系统对象，然后在下面的列表框中选择需要授权的项目。单击【授权】按钮，即可完成新添用户的授权操作，如图 3-11 所示。

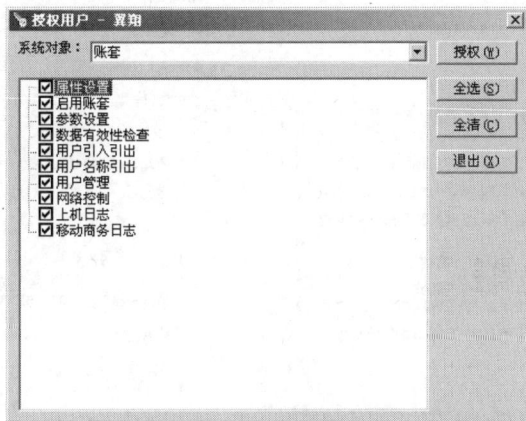

图 3-11　选择需要授权的项目

3.2　账套数据库的管理

在金蝶软件中，各种财务数据、业务数据等都存放在账套中，另外，账套本身也是一个 SOL Server 数据库，所以对数据库的管理，实际上就是对这个软件的账套进行管理。

3.2.1　实训 4　新建账套

要实现数据库的管理，首先需要创建存放各种数据载体的账套，其方法很简单，具体的操作步骤如下。

步骤 1：在【金蝶 K3 账套管理】窗口中，选择【数据库】➤【新建账套】菜单项，打开【信息】对话框，显示成长企业解决方案的特点及其功能，如图 3-12 所示。

步骤 2：查看完毕后单击【关闭】按钮，打开【新建账套】对话框。在【账套号】文本框中输入新建账套的序号，在【账套名称】文本框中输入新建账套的名称(账套名称一般为公司的全称或简称)，如图 3-13 所示。

步骤 3：在【数据库文件路径】和【数据库日志文件路径】文本框中，分别指定其文件的保存路径，也可单击右侧的 按钮，在弹出的对话框中选择数据库文件或数据库日志文件的保存路径，如图 3-14 所示。

步骤 4：在【系统账号】选项区中建议选择【SQL Server 身份验证】单选项，并输入系统用户名和登录密码，在指定【数据服务器】并选择【数据库类型】以及【账套语言类型】之后，单击【确定】按钮，即可完成账套的创建，如图 3-15 所示。

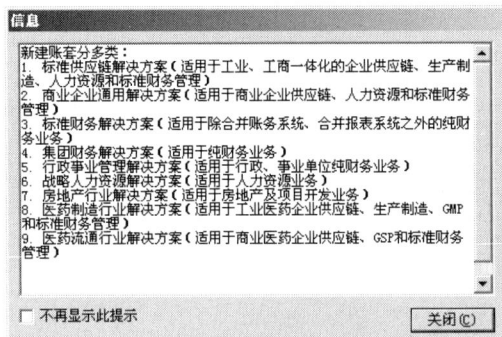

图 3-12 【信息】对话框

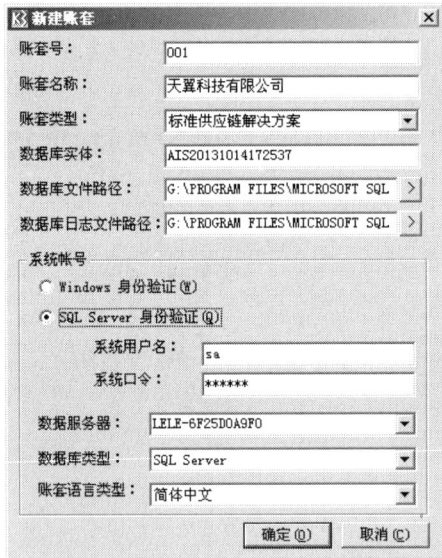

图 3-13 【新建账套】对话框

图 3-14 【选择数据库文件路径】对话框

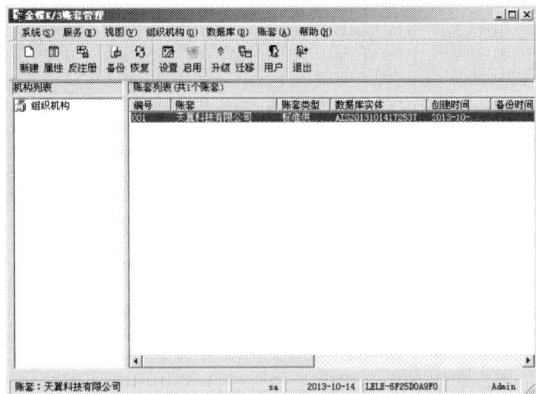

图 3-15 【金蝶 K3 账套管理】窗口

3.2.2 实训 5 修改账套属性

账套创建完毕后并不是一成不变的，用户还可以根据实际需要对创建的账套进行相应的修改，具体的操作步骤如下。

步骤 1：在【金蝶 K3 账套管理】窗口中，选择需要修改的账套，然后选择【数据库】➤【账套属性】菜单项，打开【账套属性】对话框，可以对账套进行相应信息的修改操作，如图 3-16 所示。

步骤 2：单击【确定】按钮，完成修改操作。

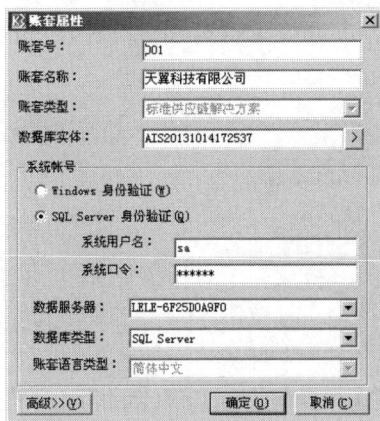

图 3-16　【账套属性】对话框

3.2.3　实训 6　优化账套

众所周知，机器使用时间长了，需要保养才能更好地为人们服务，账套也是如此。面对使用时间较长的账套，需要对其进行优化，这样可以有效地阻止账套使用性能的下降。

其具体的操作步骤如下。

步骤 1：在【金蝶 K3 账套管理】窗口中，选择需要优化的账套，然后选择【数据库】➤【优化账套】菜单项，如图 3-17 所示。

步骤 2：弹出信息提示对话框，单击【是】按钮，即可开始优化账套，如图 3-18 所示。

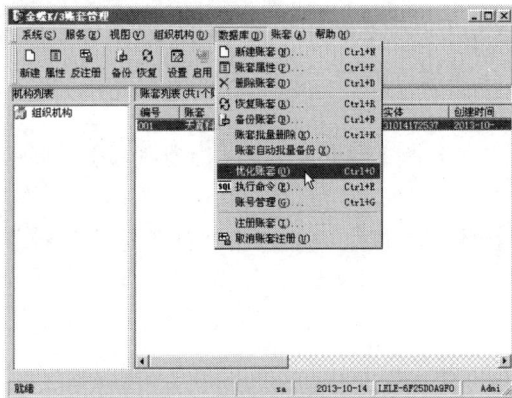

图 3-17　优化账套菜单命令

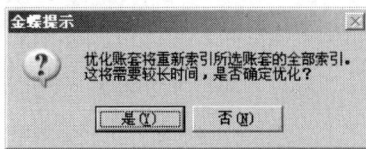

图 3-18　【金蝶提示】对话框

3.2.4　实训 7　账号管理

账套管理系统提供了简单的用户管理工具，在账号管理中，可以新建账号、删除账号和修改账号密码。

其具体的操作步骤如下。

步骤 1：在【金蝶 K3 账套管理】窗口中选择【数据库】➤【账号管理】菜单项，打开【数据库账号管理】对话框，如图 3-19 所示。

步骤 2：单击【修改】按钮，打开【修改 SQL Server 口令】对话框，从中修改相应的口令，如图 3-20 所示。

图 3-19　【数据库账号管理】对话框

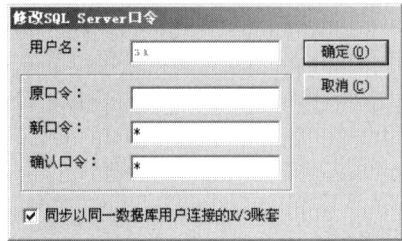

图 3-20　【修改 SQL Server 口令】对话框

步骤 3：在【数据库账号管理】对话框中单击【增加】按钮，在打开的【新增用户】对话框中设置新的用户信息，增加用户，如图 3-21 所示。

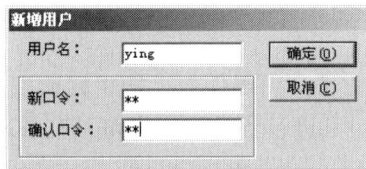

图 3-21　【新增用户】对话框

3.2.5　实训 8　注册账套

金蝶 K3 的注册账套功能，是将已经存在于其他数据服务器上的金蝶账套加入当前的账套管理环境中，从而实现一个中间层对多个数据服务器、多个账套的管理。

注册账套的具体操作步骤如下。

步骤 1：在【金蝶 K3 账套管理】窗口中，选择【数据库】➤【注册账套】菜单项，打开【注册账套】对话框，如图 3-22 所示。

步骤 2：单击【数据库实体】文本框右侧的 ▷ 按钮，弹出【选择数据库实体】对话框，在其中选择需要注册的账套，如图 3-23 所示。

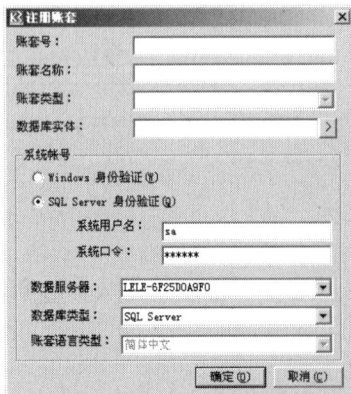

图 3-22　【注册账套】对话框

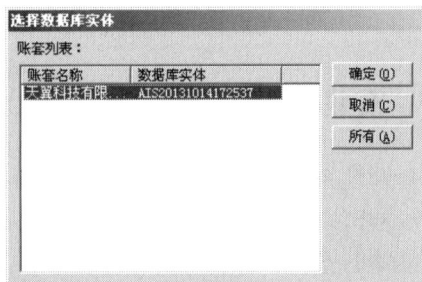

图 3-23　【选择数据库实体】对话框

步骤 3：单击【确定】按钮返回到【注册账套】对话框，在其中输入【账套号】，并更改账套名称，然后选择系统身份验证方式，并从【数据服务器】下拉列表框中选择数据服务器名称，从【数据库类型】下拉列表框中选择数据库类型，如图 3-24 所示。

步骤 4：单击【确定】按钮，即可成功注册账套，如图 3-25 所示。

图 3-24　【注册账套】对话框　　　　　　　图 3-25　账套注册成功

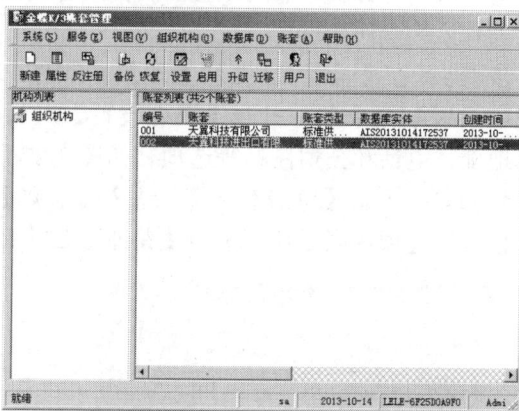

💡 注意：　【注册账套】对话框和【新建账套】对话框的界面类似，但少了一个数据库文件路径的内容，而且账套类型不可选择，这是因为对于要进行注册的账套来说，该账套已经创建成功，其数据内容已经存在。

3.2.6　实训 9　取消账套注册

取消注册账套与注册账套的功能作用正好相反，是将当前账套从账套管理工具中取消。其具体的操作步骤如下。

步骤 1：选中需要取消注册的账套，然后选择【数据库】➤【取消账套注册】菜单项，弹出一个信息提示框，如图 3-26 所示。

步骤 2：单击【是】按钮即可完成操作。

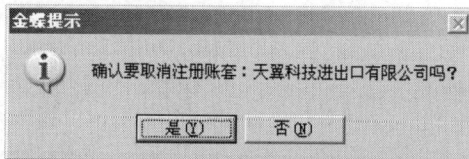

图 3-26　取消账套注册

3.3　账 套 管 理

账套管理的内容较多，包括账套属性的设置、账套的启用、账套参数的设置、账套数据有效性检查等。

3.3.1　实训 10　设置账套属性

账套属性有别于账套资料，账套一旦被启用，其账套的属性就不能再更改，所以在启用账套之前，有必要对启用账套的属性进行设置。

其具体的操作步骤如下。

步骤 1：在【金蝶 K3 账套管理】窗口中，选中需要启用的账套，然后选择【账套】➢【属性设置】菜单项，打开【属性设置】对话框，在【系统】选项卡中可以设置机构名称、地址、电话和公司图标等选项，如图 3-27 所示。

步骤 2：单击【总账】标签，进入【总账】选项卡，设置记账本位币代码、名称、小数点位数等选项，同时还可选中【凭证过账前必需审核】复选框，如图 3-28 所示。

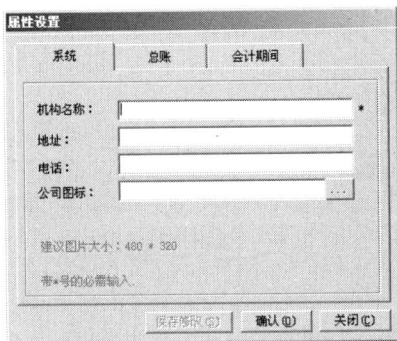

图 3-27　【系统】选项卡

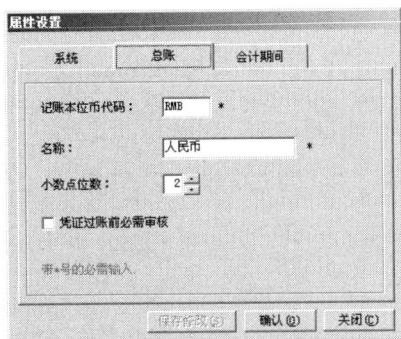

图 3-28　【总账】选项卡

步骤 3：单击【会计期间】标签，进入【会计期间】选项卡，如图 3-29 所示。

步骤 4：如果需要更改会计期间，可以单击【更改】按钮，在弹出的对话框中设置启用会计年度、启用会计期间。若取消选中【会计期间数】复选框，用户可以任意设置会计期间的开始日期，如图 3-30 所示。

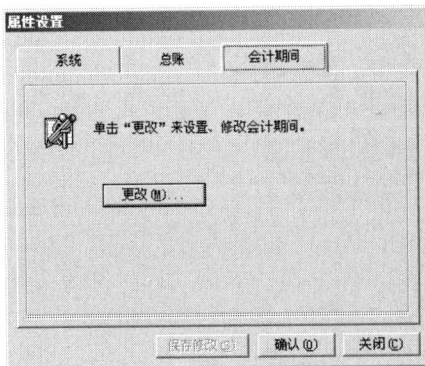

图 3-29　【会计期间】选项卡

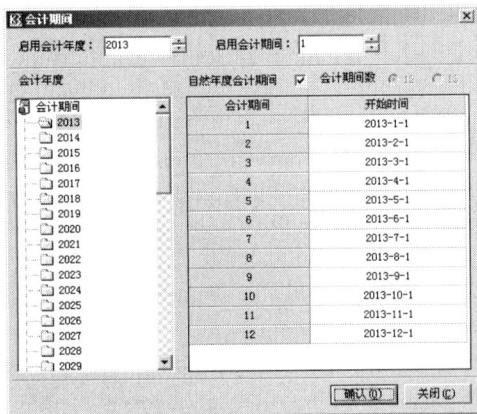

图 3-30　【会计期间】对话框

步骤 5：单击【确认】按钮，即可保存用户的设置并返回【属性设置】对话框。继续单击【确认】按钮，即可保存用户设置的账套属性，并关闭【属性设置】对话框。

3.3.2　实训 11　启用账套

创建的账套要想应用于实践，还需要对其进行启用，具体的操作步骤如下。

步骤 1：在【金蝶 K3 账套管理】窗口中选择新建的账套，然后单击【启用账套】按钮，就会出现一个信息提示框，如图 3-31 所示。

步骤 2：单击【是】按钮，即可启用账套，并弹出启用成功的提示，单击【确定】按钮即可完成账套的启用操作，如图 3-32 所示。

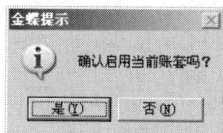

图 3-31　启用账套提示信息

图 3-32　启用账套

3.3.3　实训 12　设置参数

参数控制着用户管理身份认证方式，如果用户希望使用此功能，就需要先对账套的参数进行相应的设置。

其具体的操作步骤如下。

步骤 1：在【金蝶 K3 账套管理】窗口中，选择新建的账套之后，选择【账套】➤【参数设置】菜单项，打开【参数设置】对话框，如图 3-33 所示。

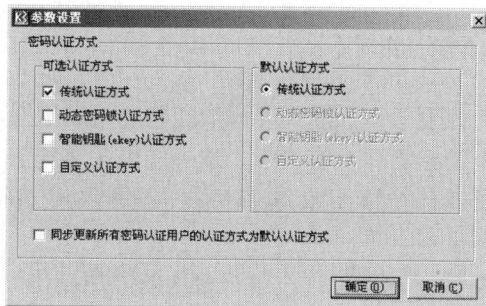

图 3-33　【参数设置】对话框

【参数设置】对话框中各主要参数的含义如下。

(1) 在【可选认证方式】选项区中，控制着当前账套允许使用哪一种或哪几种认证方式。系统可以允许一个账套同时使用不同的认证方式进行登录。

(2) 在【默认认证方式】选项区中，控制着当前账套新建用户的默认认证方式。新建用户若是密码认证方式，则默认方式为【传统认证方式】；若希望默认为动态密码锁或智能钥匙方式，则可将此处设置为【动态密码锁认证方式】或【智能钥匙(ekey)认证方式】。

(3) 【同步更新所有密码认证用户的认证方式为默认认证方式】复选框的作用是，账套中用户的密码认证方式统一更改为当前的默认认证方式。

步骤 2：在设置好所需的选项之后，单击【确定】按钮，即可完成账套参数的设置。

3.3.4 实训 13 检查账套数据有效性

在进行账套的结转之前，可以对账套数据的有效性进行检查，以确保账套中数据的正确性。

其具体的操作步骤如下。

步骤 1：在【金蝶 K3 账套管理】窗口中，选择新建账套之后，选择【账套】➢【数据有效性检查】菜单项，即可打开检查结果提示，如图 3-34 所示。

图 3-34　【金蝶提示】对话框

步骤 2：单击【确定】按钮，即可完成数据有效性的检查。

3.4　组织机构管理

进入【金蝶 K3 账套管理】窗口中可以发现，在该窗口中有一个【组织机构】选项，运用这种功能，用户可以按组织机构对各种账套进行分类管理。

3.4.1 实训 14 新建组织机构

要想运用组织机构进行账套管理，就需要添加相应的组织机构，具体的操作步骤如下。

步骤 1：在【金蝶 K3 账套管理】窗口中，选择【组织机构】➢【添加机构】菜单项，即可打开【添加机构】对话框，然后根据实际情况输入相应的机构代码、机构名称和访问口令等信息，如图 3-35 所示。

步骤 2：单击【确定】按钮，即可完成组织机构的添加操作，如图 3-36 所示。

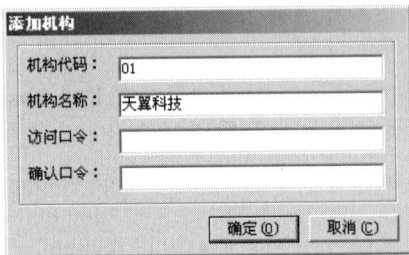

图 3-35　【添加机构】对话框

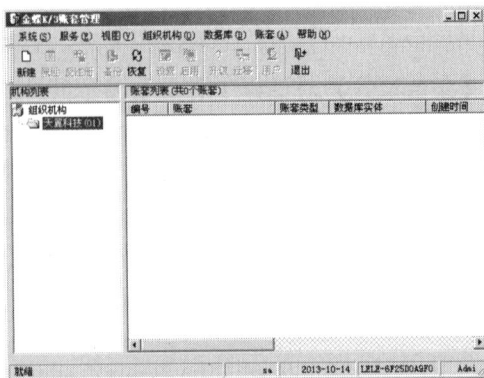

图 3-36　添加组织机构

3.4.2　实训 15　编辑组织机构属性

修改组织机构属性的操作步骤如下。

步骤 1：在【金蝶 K3 账套管理】窗口中，选中需要修改的机构信息，然后选择【组织机构】➤【编辑机构属性】菜单项，如图 3-37 所示，打开【机构属性】对话框，在其中根据实际情况修改相应的选项。

步骤 2：单击【确定】按钮，即可完成组织机构的修改操作，如图 3-38 所示。

图 3-37　编辑机构属性

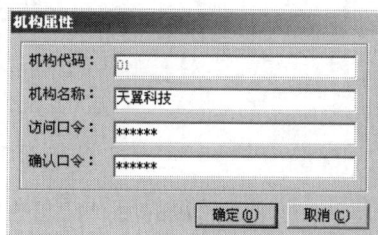

图 3-38　【机构属性】对话框

3.4.3　实训 16　删除组织机构

如果不需要某个组织机构，可以将其删除，方法很简单，只需在【金蝶 K3 账套管理】窗口中，选中需要删除的机构信息，然后选择【组织机构】➤【删除机构】菜单项，从打开的提示对话框中单击【是】按钮即可删除，如图 3-39 所示。

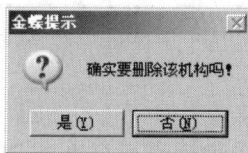

图 3-39　【金蝶提示】对话框

注意：如果删除的组织机构下存在账套，则不能直接删除该组织机构，必须首先将组织机构下的所有账套都删除之后，才能够删除该组织机构。

3.5　用 户 管 理

此处的用户管理是指对具体账套的用户进行管理，即对用户使用某一个具体账套的权限进行控制。它可以控制哪些用户允许登录到指定的账套中、对账套中的哪些子系统或者哪些模块有使用或者管理的权限等。

选择一个账套，然后选择【账套】➤【用户管理】菜单命令，就可以进入【用户管理】窗口。在其中可以看到一些已经存在的用户和用户组，如 Guest、Administrator 等，这些都是系统预设的用户和用户组，可以直接使用，如图 3-40 所示。

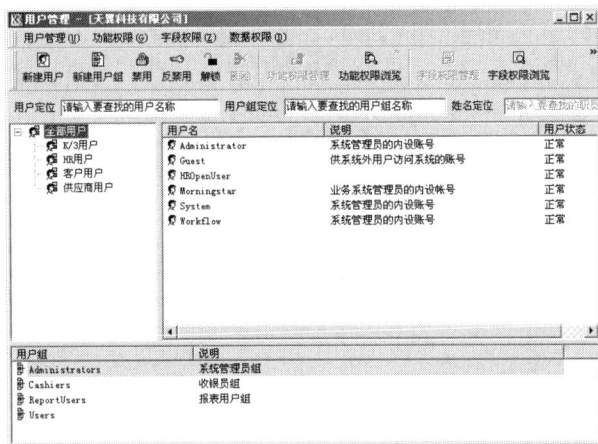

图 3-40　【用户管理】窗口

表 3-1 对这些预设的用户信息的作用进行了详细说明。

表 3-1　用户管理中的预设用户或用户组

用户(用户组)名称	说　明
Guest	供外部用户访问系统的账号，可以修改 Guest 的用户组的信息和权限
Morningstar	业务系统管理员的账号，拥有系统的所有权限，可以修改其所有属性和权限
Administrator	系统管理员的内设账号，拥有系统的所有权限，不允许修改其信息和权限
Users	默认用户组，没有任何权限，不能修改其权限
Administrators	系统管理员组，拥有使用系统的所有权限，不能修改其权限

3.5.1　实训 17　新增用户

除了系统预设的用户外，还可以根据情况新建自己的用户。

其具体的操作步骤如下。

步骤 1：在【用户管理】窗口中，选择【用户管理】➤【新建用户】菜单项，打开【新增用户】对话框，输入用户姓名、用户说明，指定用户有效期和密码有效期，如图 3-41 所示。

步骤 2：单击【用户类别】文本框右侧的按钮，在打开的对话框中为用户指定所属类别，如图 3-42 所示。

步骤 3：在【认证方式】选项卡中，可以指定新用户登录账套的认证方式(只有在账套的【参数设置】对话框中指定了有效的认证方式，才能使用这些认证方式)，如图 3-43 所示。

步骤 4：在【权限属性】选项卡中，可以指定新用户的操作权限，如图 3-44 所示。

图 3-41　【新增用户】对话框

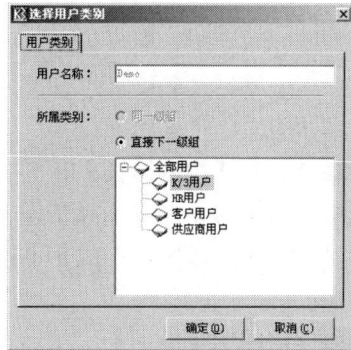

图 3-42　【选择用户类别】对话框

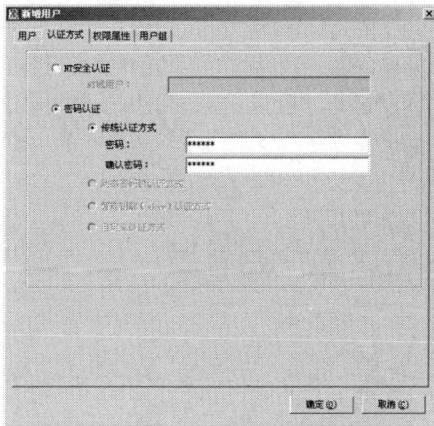

图 3-43　【认证方式】选项卡

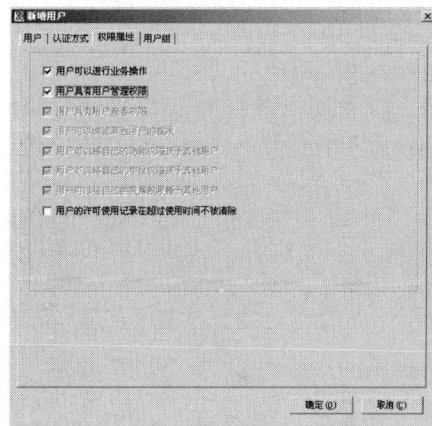

图 3-44　【权限属性】选项卡

步骤 5：在【用户组】选项卡中，可以指定新用户隶属于哪一个用户组。当某个用户属于一个组之后，该用户即可具有该用户组所具有的权限，如图 3-45 所示。

步骤 6：单击【确定】按钮，即可完成新增用户的操作，如图 3-46 所示。

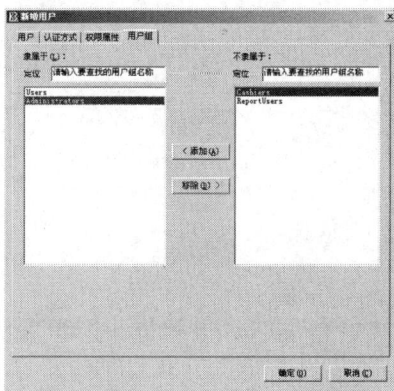

图 3-45　【用户组】选项卡

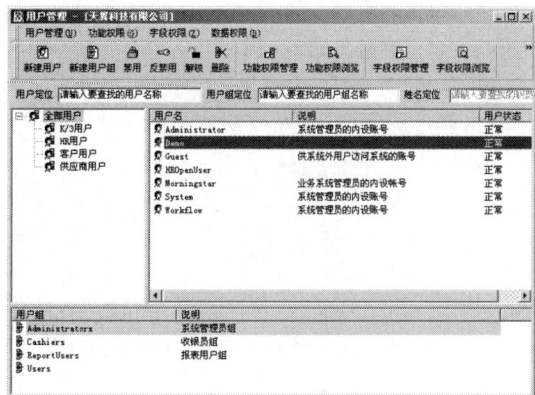

图 3-46　【用户管理】窗口

3.5.2 实训 18 新增用户组

通过创建用户组，系统管理员可以将操作权限相同的用户都添加到一个用户组中，并对该用户组进行属性和权限的设置，从而控制某些用户的操作行为。

其具体的操作步骤如下。

步骤 1：在【用户管理】窗口中，选择【用户管理】➤【新建用户组】菜单项，打开【新建用户组】对话框，在其中根据提示输入相应的用户组名、新增用户组的相关说明文字等内容，在【不隶属于该组】用户列表中选择需要指定给新建用户组的用户，如图 3-47 所示。

步骤 2：单击【添加】按钮，即可将选择的用户添加到需要指定给新建用户组的用户列表中，如图 3-48 所示。

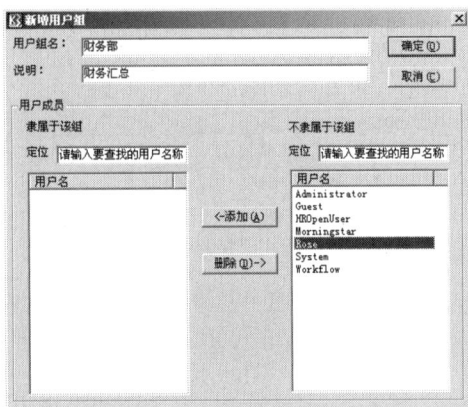

图 3-47 【新增用户组】对话框

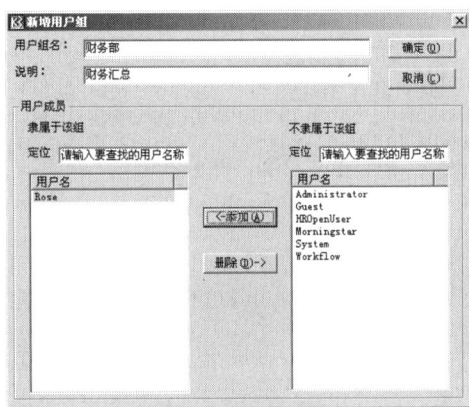

图 3-48 添加用户

步骤 3：若要将隶属于新建用户组的用户删除，则可在【隶属于该组】用户列表中将其选中，然后单击【删除】按钮将其删除，如图 3-49 所示。

步骤 4：单击【确定】按钮，即可完成用户组的添加操作，如图 3-50 所示。

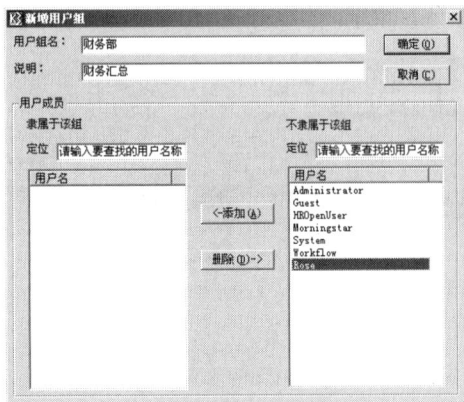

图 3-49 删除【隶属于该组】的用户

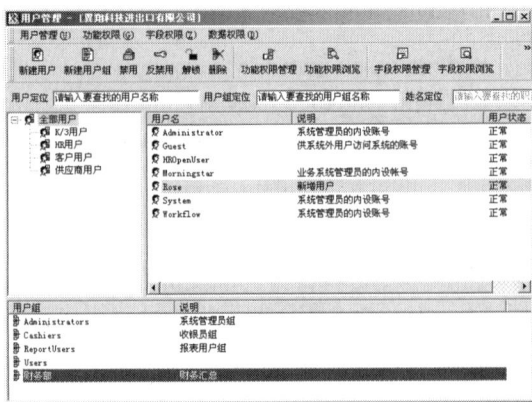

图 3-50 完成用户组的添加

3.5.3 实训 19 新增用户类别

使用用户类别功能可以对用户进行分组。选中用户类别节点时，用户管理浏览界面中只显示当前用户类别下的用户。

其具体的操作步骤如下。

步骤 1：选择【用户管理】➤【新建用户类别】菜单项，打开【新增用户类别】对话框，输入用户类别的名称并选择相应的组别，如图 3-51 所示。

步骤 2：单击【确定】按钮，即可完成用户类别的新增操作，如图 3-52 所示。

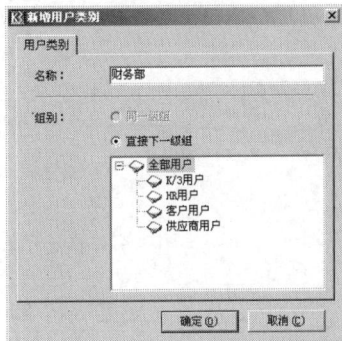

图 3-51 【新增用户类别】对话框

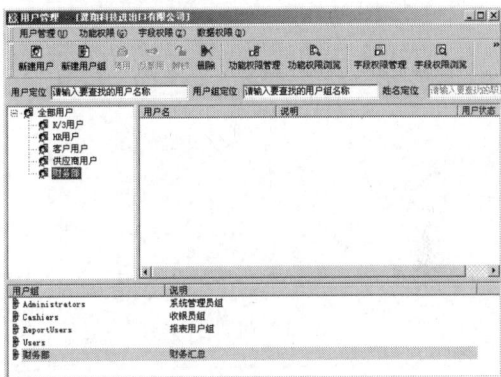

图 3-52 完成用户类别的增加

3.5.4 实训 20 复制用户或用户组

系统管理员可以对用户或用户组进行复制操作，具体的操作步骤如下。

步骤 1：在【用户管理】窗口中选中需要复制的用户或用户组，然后选择【用户管理】➤【复制用户】或【复制用户组】菜单项，如图 3-53 所示。

步骤 2：打开【复制用户】对话框，在【用户】选项卡中输入复制的用户名称、说明信息以及用户类别等信息，如图 3-54 所示。

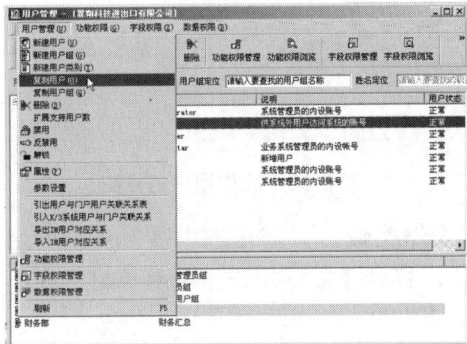

图 3-53 用户管理菜单

图 3-54 【复制用户】对话框

步骤 3：切换到【认证方式】选项卡，在打开的界面中设置复制用户的认证方式，如图 3-55 所示。

💡 **注意**：　复制用户的认证方式与原用户相同，这里不能更改复制用户的认证方式。

步骤 4：切换到【权限属性】选项卡，在打开的界面中设置复制用户的权限，如图 3-56 所示。

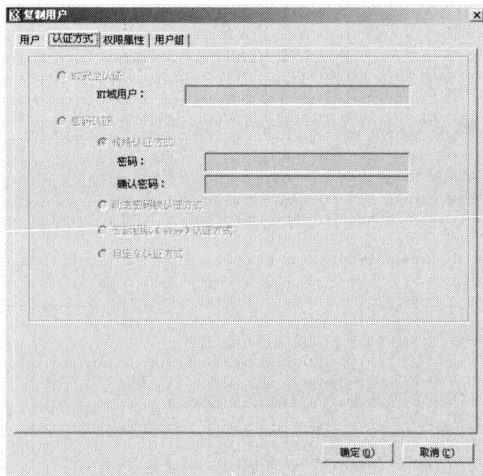

图 3-55　【认证方式】选项卡　　　　图 3-56　【权限属性】选项卡

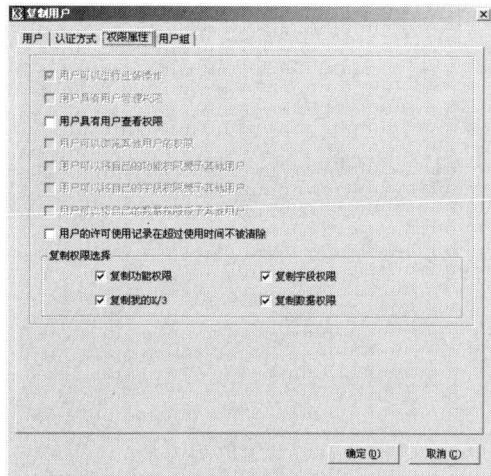

步骤 5：切换到【用户组】选项卡，在打开的界面中设置复制用户所隶属的用户组，如图 3-57 所示。

步骤 6：单击【确定】按钮，即可完成用户的复制操作，如图 3-58 所示。

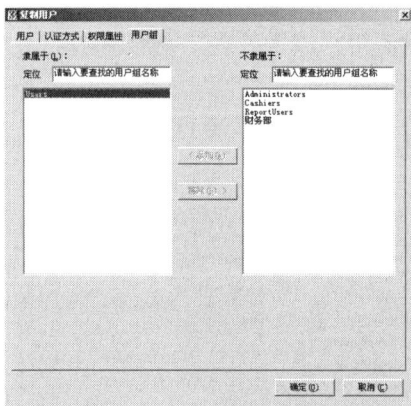

图 3-57　【用户组】选项卡　　　　图 3-58　完成用户的复制

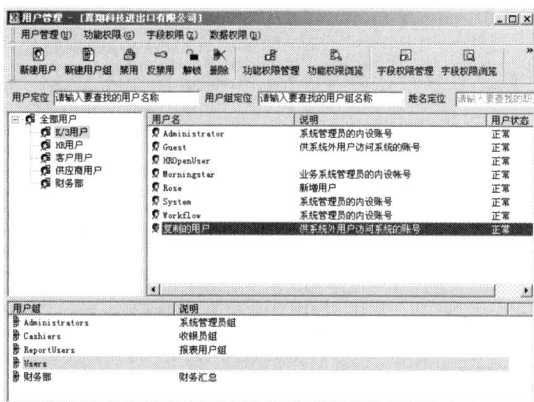

步骤 7：复制用户组的操作与复制用户的操作类似，只需在选中需要复制的用户组后，选择【用户管理】➤【复制用户组】菜单项，打开【复制用户组】对话框，在其中输入复制的用户组名称、说明信息等，如图 3-59 所示。

步骤 8：单击【确定】按钮，即可复制选中的用户组，如图 3-60 所示。

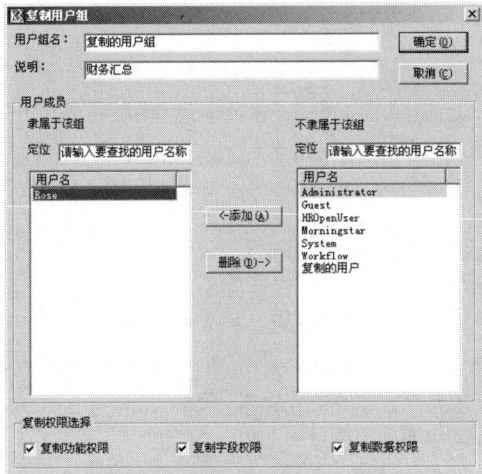

图 3-59 复制用户组

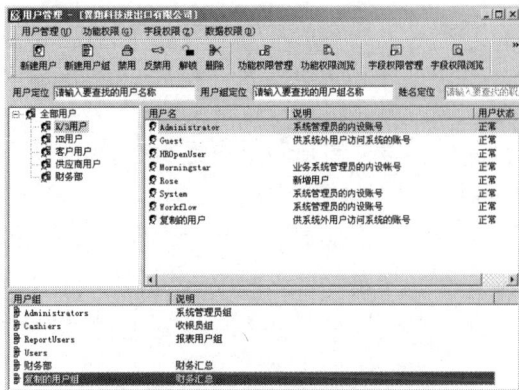

图 3-60 完成复制用户组操作

3.5.5 实训 21 修改用户或用户组属性

随着使用的需要或提高，原先创建的用户或用户组并不能完全满足使用需要，这时就需要用户在【用户管理】窗口中，选择需要修改的用户或用户组进行属性修改。

其具体的操作步骤如下。

步骤 1：在【用户管理】窗口中，选中需要修改属性的用户，然后选择【用户管理】➢【属性】菜单项，打开【用户属性】对话框，根据实际需要修改相应的选项，如图 3-61 所示。

步骤 2：选中需要修改属性的用户组，然后选择【用户管理】➢【属性】菜单项，打开【用户组属性】对话框，根据实际需要修改相应的选项。单击【确定】按钮，即可完成用户或用户组的修改操作，如图 3-62 所示。

图 3-61 【用户属性】对话框

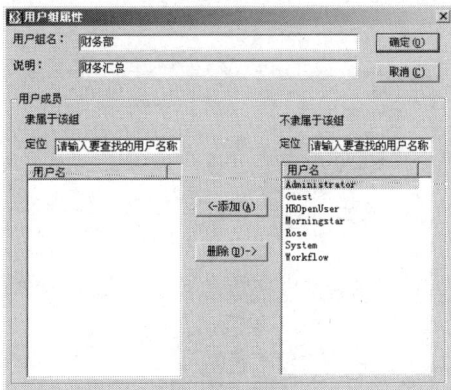

图 3-62 【用户组属性】对话框

3.5.6 实训 22 删除用户或用户组

如果不再需要某个用户组，可以将其删除。在【用户管理】窗口中选择需要删除的用户组之后，选择【用户管理】➤【删除】菜单项，即可弹出一个信息提示框，单击【是】按钮，即可将其删除，如图 3-63 所示。

系统预设的用户和用户组均不能被删除。若用户组中已经存在用户，则需将该组中的所有用户移出后才能删除。

如果不允许或不需要某个用户对当前账套进行操作，就可以将该用户删除。在【用户管理】窗口中选择需要删除的用户之后，选择【用户管理】➤【删除】菜单项，即可弹出一个信息提示框，单击【是】按钮，即可将该用户删除，如图 3-64 所示。

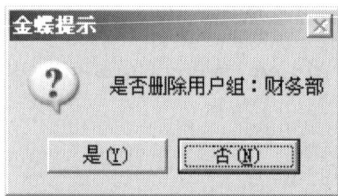

图 3-63 是否删除用户组

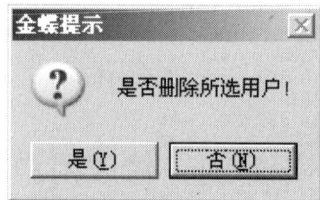

图 3-64 是否删除所选用户

3.5.7 实训 23 删除用户类别

用户类别也可以删除，具体的操作步骤如下。

步骤 1：在【用户管理】窗口中，选中需要删除的用户类别并右击，在弹出的快捷菜单中选择【删除】菜单命令，如图 3-65 所示。

步骤 2：系统弹出一个信息提示框，提示"是否删除用户类别：财务部"，如图 3-66 所示。

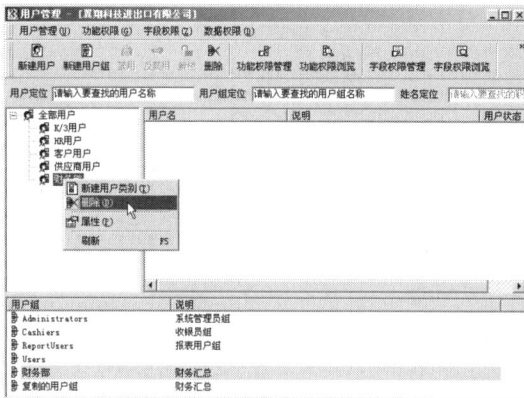

图 3-65 选择【删除】命令

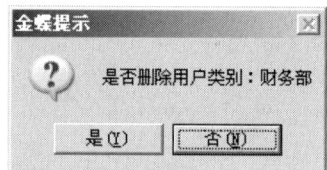

图 3-66 是否删除用户类别

步骤 3：单击【是】按钮，即可删除选中的用户类别。

3.5.8　实训 24　用户的禁用与反禁用

如果不想让某个用户使用，但是又不能删除该用户，就需要对该用户进行禁用操作。其具体的操作步骤如下。

步骤 1： 在【用户管理】窗口中，选择需要禁用的用户，然后选择【用户管理】➤【属性】菜单项，打开【用户属性】对话框，选中【此账号禁止使用】复选框，如图 3-67 所示。

步骤 2： 单击【确定】按钮，即可完成用户的禁用操作，如图 3-68 所示。

图 3-67　【用户属性】对话框　　　　　图 3-68　【用户管理】窗口

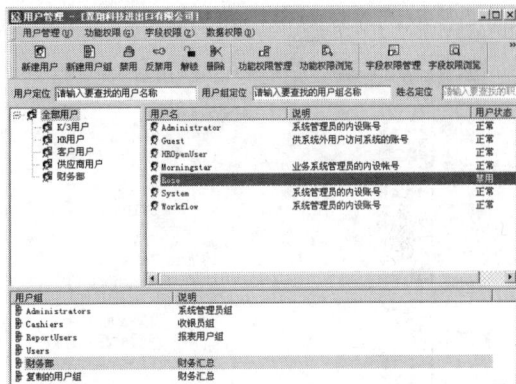

步骤 3： 反禁用的操作比较简单，选中需要反禁用的用户，在【用户管理】窗口中单击【反禁用】按钮，弹出提示对话框，单击【确定】按钮，即可反禁用用户，如图 3-69 所示。

图 3-69　【金蝶提示】对话框

3.6　权　限　管　理

通过前面的介绍，已经创建了相应的用户组和用户，但是用户不同，其功能权限也不尽相同，这时就需要对每个用户赋予不同的权限，实现权限的合理分配。

3.6.1　实训 25　设置功能权限

功能权限是指对各子系统中功能模块的功能进行操作的权限，用户只有拥有了子系统的功能模块的功能权限时，才能对相应的模块进行功能操作。

1. 功能权限管理

功能权限管理指的是对子系统的每一个具体功能进行授权，从而允许用户可以进入哪些子系统使用哪些功能。

其具体的操作步骤如下。

步骤 1：在【用户管理】窗口中，选取已经创建的用户，然后选择【功能权限】➤【功能权限管理】菜单项，打开【用户管理_权限管理】对话框，根据当前用户或用户组的职责，选取相应模块的操作权限。单击【授权】按钮，即可将所选项目的管理权或查询权赋予当前用户，如图 3-70 所示。

步骤 2：单击【高级】按钮，打开【用户权限】对话框，在【系统对象】列表框中选择需要授权的系统对象，在右侧窗格中选择需要授权的功能，如图 3-71 所示。

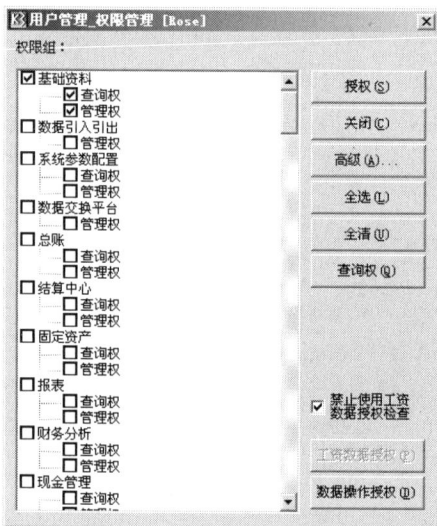

图 3-70　【用户管理_权限管理】对话框

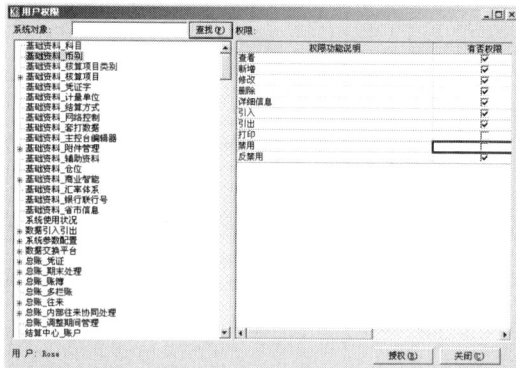

图 3-71　【用户权限】对话框

步骤 3：单击【授权】按钮，即可将授权设置保存到系统中。单击【关闭】按钮，即可返回【用户管理_权限管理】对话框。取消选中【禁止使用工资数据授权检查】复选框，如图 3-72 所示。

步骤 4：单击【工资数据授权】按钮，打开【项目授权】对话框，在【授权项目列表】下拉列表框中，选择需要授权的项目。若选择的授权项目是【工资项目】，则可以根据需要选取相应工资项目的查看权或修改权；若选择的授权项目是【部门职员】，则可以赋予当前用户对某些部门和职员的操作权限，如图 3-73 所示。

步骤 5：单击【授权】按钮，即可完成操作。单击【退出】按钮，则返回到【用户管理_权限管理】对话框。单击【数据操作权限】按钮，打开【项目使用授权】窗口，其中显示了所有已经建立的科目和每个科目的权限，如图 3-74 所示。

步骤 6：选择需要控制授权的会计科目，然后单击【选择】按钮，打开【项目使用授权设置】对话框，选择相应的功能和范围。单击【确定】按钮，即可给所有项目或当前选定的项目设置使用权，如图 3-75 所示。

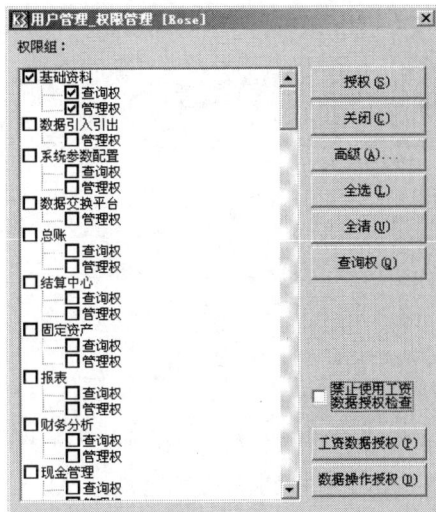

图 3-72　【用户管理_权限管理】对话框

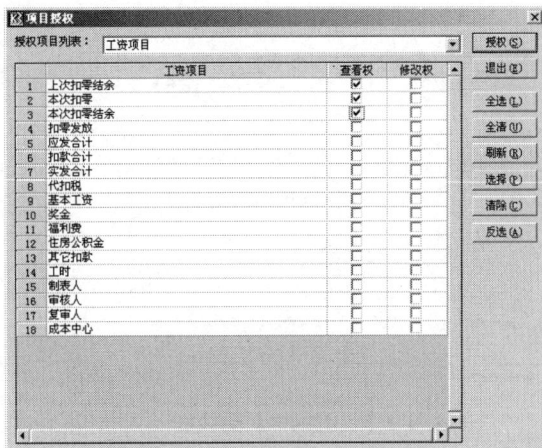

图 3-73　【项目授权】对话框

图 3-74　【用户使用授权】窗口

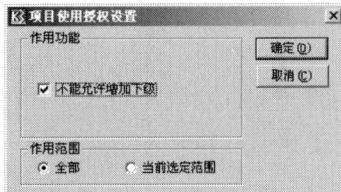

图 3-75　【项目使用授权设置】对话框

2. 功能权限浏览

如果要查看授权用户的功能权限，可以通过功能权限浏览功能来实现。

其具体的操作步骤如下。

步骤 1：在【用户管理】窗口中，选择【功能权限】➤【功能权限浏览】菜单项，打开【用户功能权限列表】窗口并显示【过滤条件】对话框，如图 3-76 所示。

步骤 2：授权用户可以选择【按用户方式浏览】或者【按系统方式浏览】两种方式，系统会根据用户的选择显示出更加详细的过滤条件。选择用户，然后单击【确定】按钮，将显示出用户功能权限的详细情况，如图 3-77 所示。

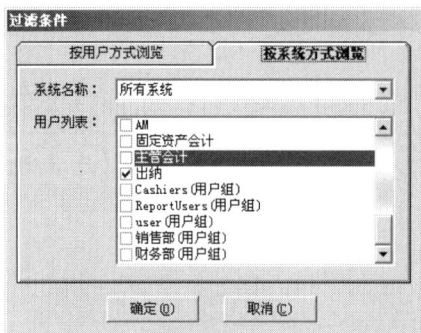

图 3-76 【过滤条件】对话框

图 3-77 【用户功能权限列表】窗口

3.6.2 实训 26 设置数据权限

数据权限是指对系统中具体数据的操作权限，包括数据查询权、数据修改权和数据删除权。在金蝶 K3 系统中，默认情况下所有的数据都不进行数据权限控制，即用户拥有数据类别的功能操作权限就可以进行该类别下所有数据的操作。

其具体的操作步骤如下。

步骤 1：在【用户管理】窗口中，选择【数据权限】➢【设置数据权限控制】菜单项，打开【设置数据权限控制】对话框，选择需要启用数据权限控制的【子系统】及其【数据类别】，如图 3-78 所示。

步骤 2：单击【应用】按钮保存设置之后，单击【退出】按钮，即可关闭该对话框，结束启用数据权限控制操作。选择【数据权限】➢【数据权限管理】菜单项，打开【数据授权】窗口，如图 3-79 所示。

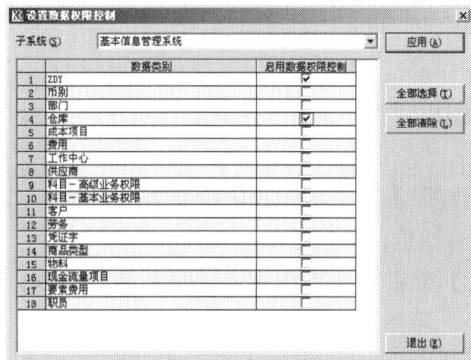

图 3-78 【设置数据权限控制】对话框

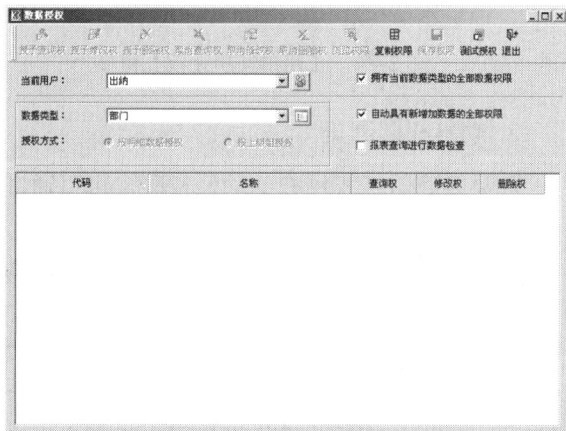

图 3-79 【数据授权】窗口

步骤 3：单击【当前用户】下拉列表框右侧的【选择用户或用户组】按钮，在弹出的

对话框中选择需要授权的用户或用户组，如图 3-80 所示。单击【确定】按钮，即可返回
【数据授权】窗口。

步骤 4：单击【数据类型】下拉列表框右侧的【选择数据类型】按钮，在弹出的对话
框中选择需要授权的数据类型，如图 3-81 所示。单击【确定】按钮，即可返回【数据授
权】窗口。

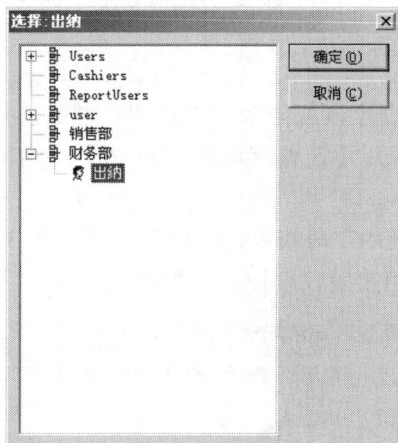

图 3-80　选择出纳

图 3-81　选择部门

步骤 5：在授权设置完毕之后，单击【测试授权】按钮，即可调出相应的功能窗口并
对其中的内容进行操作，以检验授权的正确性，如图 3-82 所示。

步骤 6：在【数据授权】窗口中，单击【浏览权限】按钮，则可在窗口下方的字段列
表框中查看当前数据类型的授权情况。单击【复制权限】按钮，即可在打开的对话框中选
择相应的用户或用户组，如图 3-83 所示。

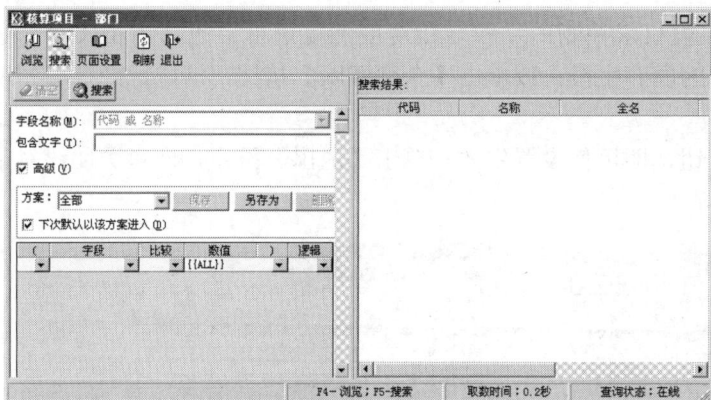

图 3-82　【核算项目-部门】窗口

图 3-83　选择 Users

步骤 7：单击【复制】按钮，即可将所选用户或用户组的权限复制给【数据授权】窗
口中的当前用户或用户组。为了减少系统管理员授权的重复操作，可以选取【自动具有新
增加数据的全部权限】复选框。单击【保存】按钮，即可使设置生效。单击【退出】按
钮，即可关闭【数据授权】窗口。

3.6.3 实训 27 设置字段权限

字段权限是指对各子系统中某数据类别的字段操作权限进行控制，默认情况下，系统不进行字段权限检查。当授权用户对指定字段设置了字段权限控制之后，其他用户若对该数据类别的指定字段进行操作，系统将进行权限检查。只有当用户拥有了该字段的字段权限时，才能对该字段进行相应的操作。

其具体的操作步骤如下。

步骤 1：在【用户管理】窗口中，选择需要设置字段权限控制的用户，然后选择【字段权限】➤【设置字段权限控制】菜单项，即可打开【设置字段权限控制】对话框，如图 3-84 所示。

步骤 2：在【子系统】下拉列表框中选择需要启用字段权限控制的项目，如图 3-85 所示。在【数据类别】下拉列表框中可以选择需要启用字段权限控制的数据类别。

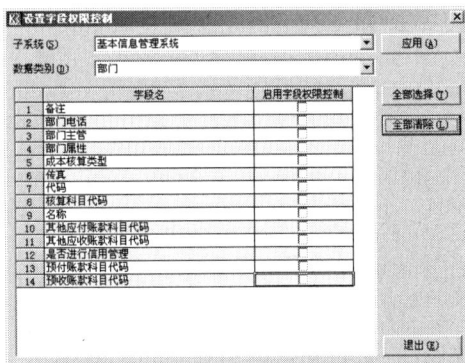

图 3-84 【设置字段权限控制】对话框   图 3-85 选择需要启用字段权限控制的项目

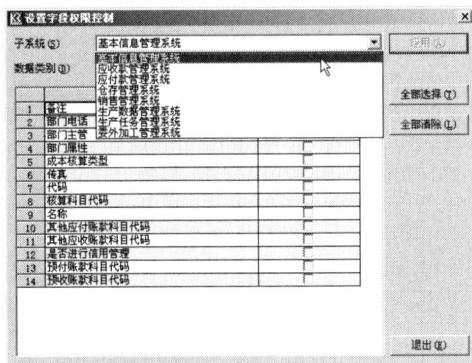

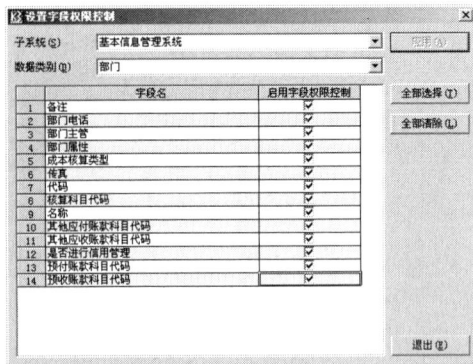

步骤 3：选取需要启用字段权限控制的字段名所对应的复选框，也可单击【全部选择】按钮，选取当前数据类别的所有字段；或单击【全部清除】按钮，清除已经选取的所有字段，如图 3-86 所示。

步骤 4：单击【应用】按钮，即可使设置生效。单击【退出】按钮，即可关闭该对话框，如图 3-87 所示。

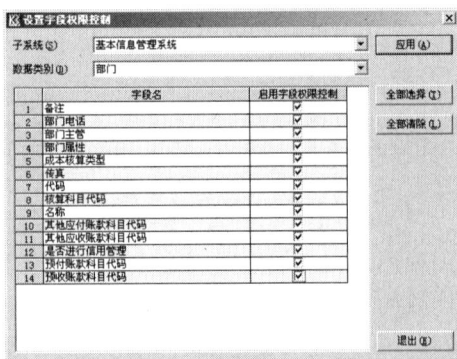

图 3-86 启用字段权限控制   图 3-87 设置生效

[**提示**：] 设置好一个数据类别的字段权限控制之后，单击【应用】按钮，使设置生效，才能转向另一个数据类别的字段，否则系统会提示管理员保存先前的设置。

步骤 5：选择【字段权限】➢【字段权限管理】菜单项，打开【字段授权-出纳】对话框，可以看到已经启用字段权限控制的所有数据类别及其字段，如图 3-88 所示。

步骤 6：在左侧用户和用户组列表中，选取需要进行字段权限设置的用户或用户组，在【子系统】下拉列表框中选择功能模块，在【数据类别】下拉列表框中选择该功能模块下的数据类别，再在具体字段列表中赋予相应字段的查询权或编辑权。系统管理员也可单击【全部选择】按钮，将鼠标选中列的所有字段全部选取；若单击【全部清除】按钮，则可将鼠标选中列的所有已经选取的字段全部清除。例如鼠标分别选择【查询】列和【编辑】列，然后单击【全部清除】按钮，结果如图 3-89 所示。

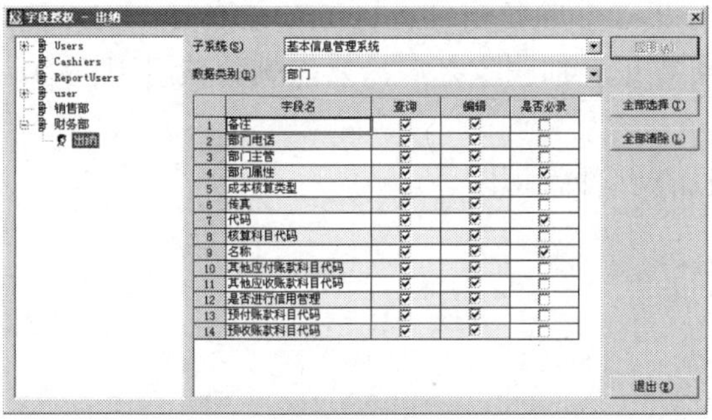

图 3-88　【字段授权-出纳】对话框

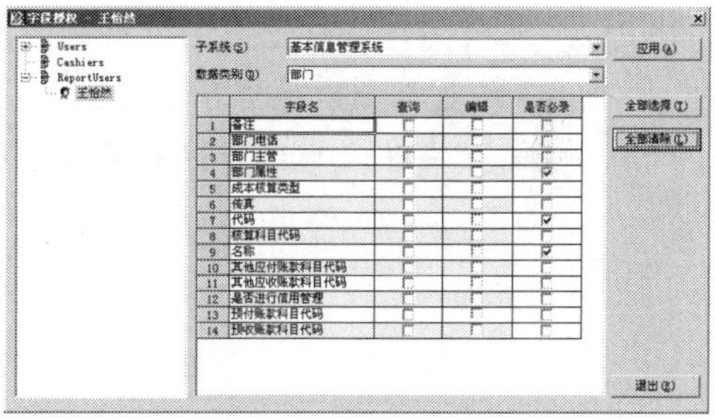

图 3-89　清除字段

步骤 7：单击【退出】按钮，即可结束字段权限的设置操作，如图 3-90 所示。

图 3-90　【用户字段权限列表】窗口

[**提示**：] 【字段权限】对话框中的"是否必录"列的背景颜色为淡黄色，表示该列不需要设置。另外，若对某个字段具有编辑权限，则必须也具有相应的查询权限，但具有查询权限不一定要有编辑权限。

3.7 疑 难 解 惑

疑问 1：不能更改账套属性。

答：检查一下要更改账套资料的账套是否已经启用，如果启用的话，其账套资料将不能被更改。

疑问 2：不能删除不需要的用户组。

答：当出现这样的问题时，用户最好检查一下这个用户组中是否已经存在用户了，如果存在用户，则需要将该组中的所有用户移出后才能删除；另外还要检查一下删除的用户组是否是系统预设的用户组，如果是系统预设的用户组，则不能删除。

疑问 3：有些组织机构不能被删除。

答：在对组织机构进行清理的过程中，如果要删除的组织机构下存在账套，则不能直接删除该组织机构，只有先将组织机构下的所有账套都删除之后，才能删除该组织机构。

疑问 4：账套管理系统登录不进去。

答：删除安装目录下的 KDCOM\AcctCtl.dat 文件就可以了。

第 **4** 章

金蝶 **K3 Wise** 主控台与系统设置

账套建好后，用户就可以登录金蝶 K3 Wise 的主控台，然后录入公共资料，包括录入会计科目、币别、凭证字、计量单位、结算方式、客户档案、供应商档案、部门档案和职员档案等信息。

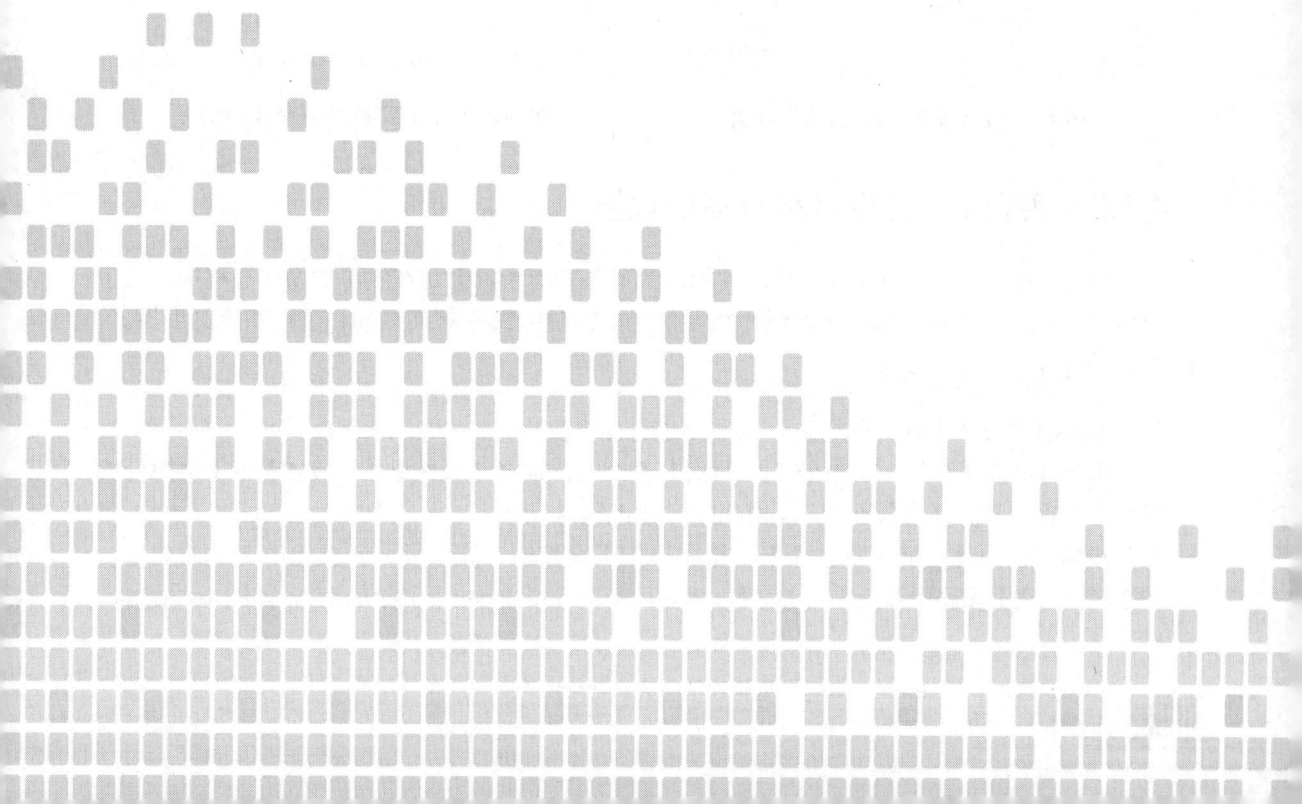

4.1　金蝶 K3 Wise 的主控台

主控台是金蝶 K3 Wise 软件的焦点，因为几乎所有的财务功能都是通过主控台这个平台来实现的，所以要领略金蝶财务软件的风范，就必须要认识这个主控台，并学会对这个主控台进行相应的设置操作。

4.1.1　实训 1　登录金蝶 K3 Wise 的系统主控台

账套创建完毕之后，就可以运用创建的账套登录金蝶 K3 Wise 的系统主控台了，具体的操作步骤如下。

步骤 1：双击桌面上的金蝶 K3 主控台图标，打开【金蝶 K3 系统登录】界面。在【组织机构】下拉列表框中选择需要的机构名称，在【当前账套】下拉列表框中选择相应的账套，然后选择域用户身份登录的方式，并输入相应的用户名以及密码，如图 4-1 所示。

步骤 2：单击【确定】按钮，即可打开【K3 系统-[主界面]】窗口，如图 4-2 所示。

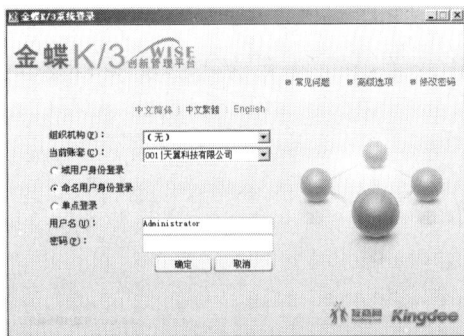

图 4-1　【金蝶 K3 系统登录】界面　　　　图 4-2　【K3 系统-[主界面]】窗口

4.1.2　实训 2　主控台编辑器的设置

登录主控台之后，就可以运用软件相应的财务功能了，但是在实际的操作过程中，为了能够使软件更符合自己的工作习惯，需要使用主控台编辑器对某些项目进行相应的编辑。

1. 修改功能项目名称

如果要更改某个项目的名称，则需要进行如下操作。

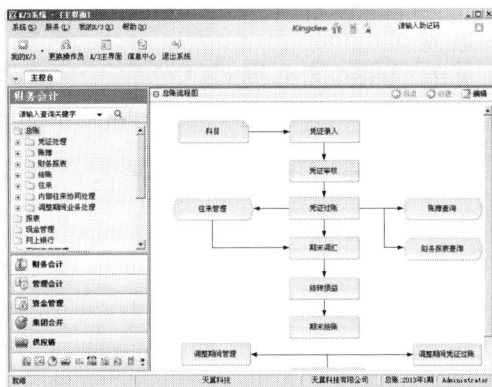

步骤 1：在【金蝶 K3 系统-[主界面]】窗口中，选择【系统】➤【设置】➤【主控台编辑】菜单项，打开【主控台编辑器】窗口，如图 4-3 所示。

步骤 2：在【功能名称列表】窗格中单击折叠按钮，逐级展开需要更改名称的项目，在【属性列表】窗格中双击项目的名称，即可使该项目名称处于可编辑状态，如图 4-4 所示。

图 4-3　【主控台编辑器】窗口

图 4-4　双击项目名称

步骤 3：直接删除项目的原有名称，输入新的项目名称，然后单击【应用】按钮，即可使修改生效。如果没有单击【应用】按钮就转向其他项目操作时，将会弹出保存提示，单击【是】按钮，即可将设置保存到系统中，如图 4-5 所示。

2. 设置功能项目排序

除了可以更改项目的名称外，还可以更改项目的排列顺序，具体的操作步骤如下。

步骤 1：在【属性列表】窗格中选中需要更改排列顺序的项目，然后单击工具栏上的【向上移动】或【向下移动】按钮，即可调整项目原有的排列顺序，如图 4-6 所示。

步骤 2：单击【应用】按钮，即可保存设置。

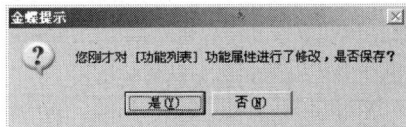

图 4-5　【金蝶提示】对话框

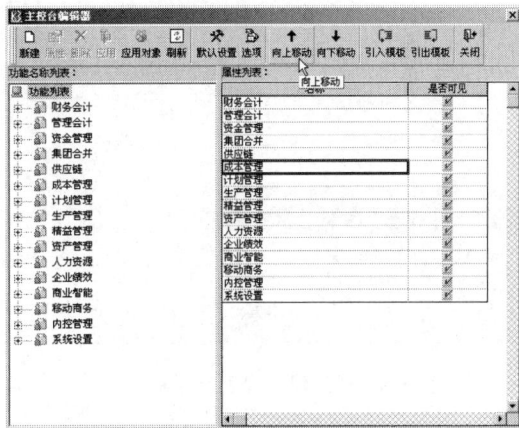

图 4-6　调整项目的顺序

3. 添加第三方程序

如果在使用金蝶 K3 系统时经常需要调用某个第三方程序，则可以直接将该程序的链接添加到主控台中。

其具体的操作步骤如下。

步骤 1：在【主控台编辑器】中选择需要添加自定义项目的功能项，然后单击【新建】按钮，打开【新建项目】对话框，并输入相应的项目名称，如图 4-7 所示。

步骤 **2**：单击【确定】按钮，新添加的项目即可显示在列表中，如图 4-8 所示。

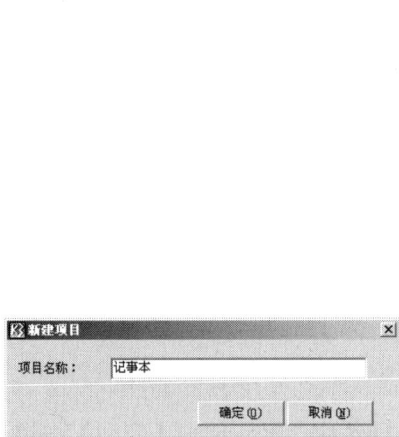

图 4-7 【新建项目】对话框   图 4-8 【主控台编辑器】窗口

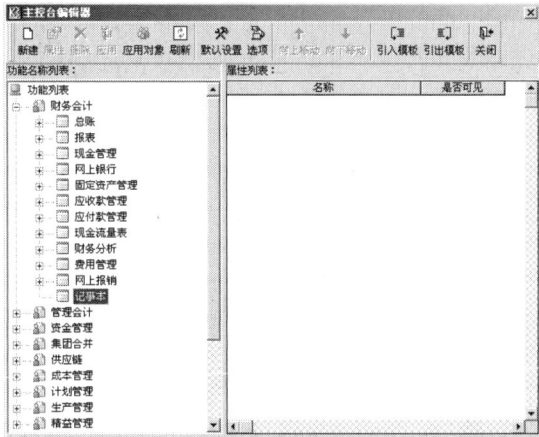

步骤 **3**：由于添加的项目位于【功能名称列表】窗格下并且还是明细功能项，所以还需要选择新建的项目名称，再次单击【新建】按钮，在打开的【新建项目】对话框中输入项目名称，如图 4-9 所示。

步骤 **4**：单击【确定】按钮，即可完成明细功能项的创建，如图 4-10 所示。

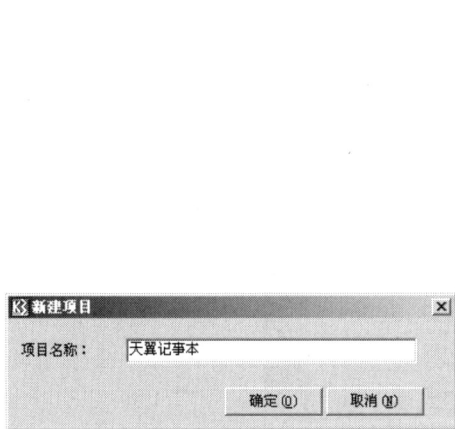

图 4-9 【新建项目】对话框   图 4-10 【主控台编辑器】窗口

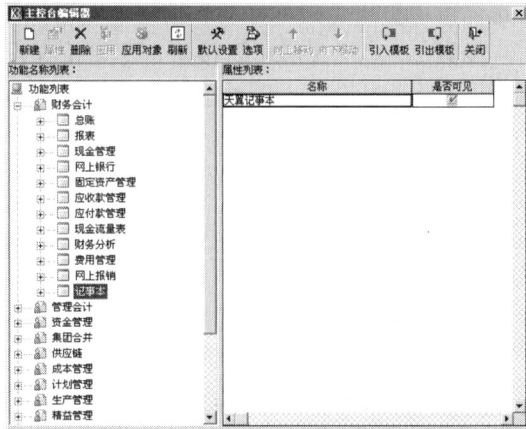

4. 引出与引入模板

用户使用的计算机如果是公用计算机的话，就需要将自己设置的个人操作习惯和使用权限通过引出和引入功能保存起来，这样既不影响别人使用计算机，同时也能满足自己的操作习惯。

其具体的操作步骤如下。

步骤 **1**：当用户设置好一个主控台显示窗口后，可以单击【引出模板】按钮，打开【选择目录】对话框，并输入一个文件名，然后设置文件保存路径。单击【保存】按钮，即可将当前的主控台显示界面保存到指定目录中，如图 4-11 所示。

　　步骤 2：当需要使用保存的模板时，单击【主控台编辑器】对话框中的【引入模板】按钮，从弹出的对话框中选择保存的模板文件，然后单击【打开】按钮即可进入主控台显示界面，如图 4-12 所示。

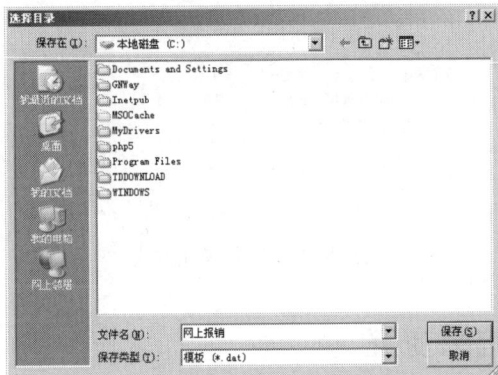

图 4-11　【选择目录】对话框　　　　　　　　　　图 4-12　【选择目录】对话框

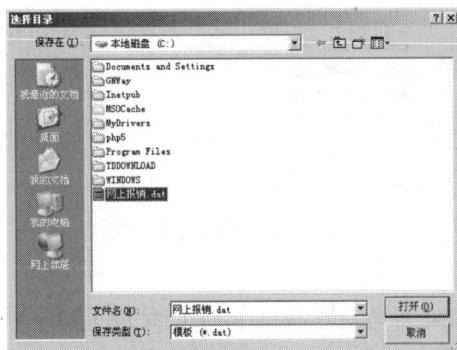

5. 设置界面选项

　　在【主控台编辑器】对话框中单击【选项】按钮，打开【选项】对话框，在其中根据需要选择相应的复选框，如图 4-13 所示。

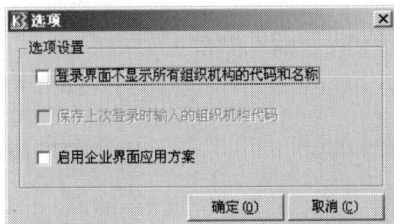

图 4-13　【选项】对话框

　　提示：　如果选中【登录界面不显示所有组织机构的代码和名称】复选框，则在金蝶 K3 登录界面中将看不到该客户端连接中间层服务器上的组织机构的代码和名称，只能手工输入。如果选中【启用企业界面应用方案】复选框，则在登录主控台时，可以使用用户自定义的企业 Logo 功能。

4.1.3　实训 3　主控台选项的设置

　　在金蝶 K3 主控台窗口中，用户还可以根据实际情况设置主控台选项，具体的操作步骤如下。

　　步骤 1：选择【系统】➢【设置】➢【选项设置】菜单项，打开【选项设置】对话框，如图 4-14 所示。

　　步骤 2：在该对话框中用户可以根据实际需要设置相应的选项，如图 4-15 所示。

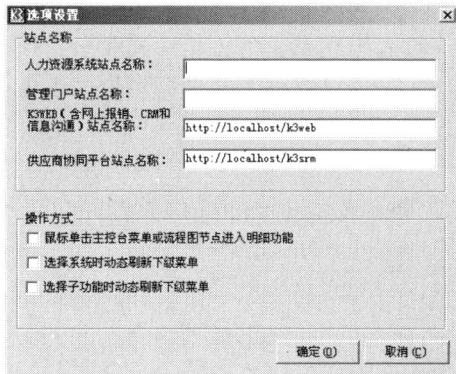

图 4-14 【选项设置】对话框

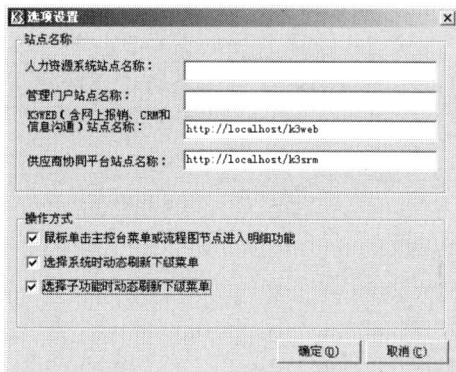

图 4-15 设置操作方式

4.1.4 实训 4 通过消息中心实现信息交互

金蝶 K3 Wise 软件在主控台窗口中为用户提供了消息查询功能，通过消息中心可以实现信息的交互。

1. 查看消息

其具体的操作步骤如下。

步骤 1：在【主控台】界面中单击【信息中心】按钮，打开信息中心窗格，如图 4-16 所示。

步骤 2：选择【已收到消息】选项，即可在右侧的窗格中查看相应的消息，如图 4-17 所示。

图 4-16 信息中心窗格

图 4-17 选择【已收到消息】选项

2. 发送消息

如果要发送消息给其他工作人员，则可按照如下操作步骤进行。

步骤 1：在信息中心窗格中，单击【消息】按钮，打开【准备发送公告消息】对话框，并设置消息的字体、大小和颜色，如图 4-18 所示。

步骤 2：单击【收件人】按钮，打开【请选择接收人】对话框，从【用户列表】列表框中选择收件人，如图 4-19 所示。

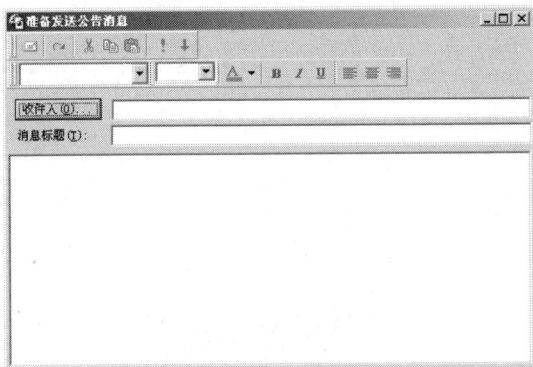

图 4-18 　 【准备发送公告消息】对话框

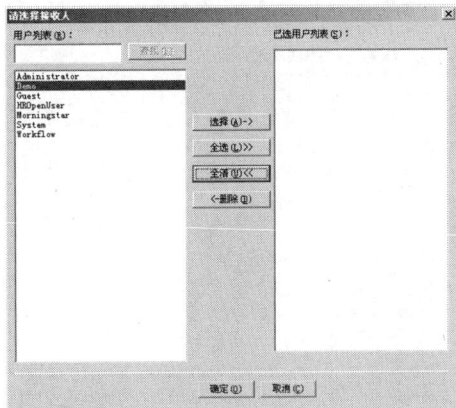

图 4-19 　 【请选择接收人】对话框

步骤 3：单击【选择】按钮，即可将选择的用户添加到【已选用户列表】列表框中，如图 4-20 所示。

步骤 4：单击【确定】按钮，返回【准备发送公告消息】对话框，在【消息标题】文本框中输入发送消息的标题，在下面的文本框中输入消息的具体内容，如图 4-21 所示。

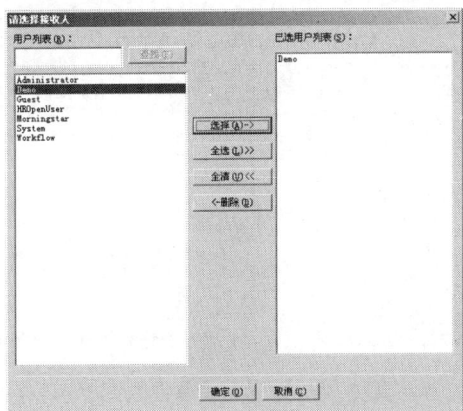

图 4-20 　 【请选择接收人】对话框

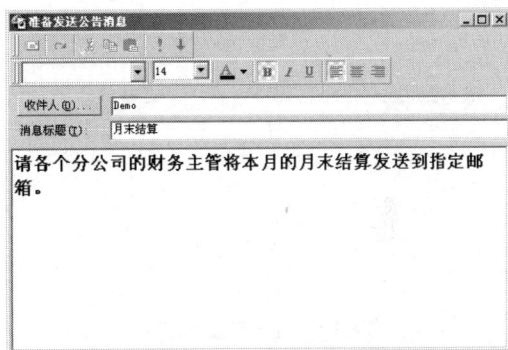

图 4-21 　 【准备发送公告消息】窗口

步骤 5：单击【发送】按钮 ，即可将写好的消息发送出去，选择【已发送消息】列表中的【普通消息】选项，可以在右侧的窗格中查看发送的消息，如图 4-22 所示。

3. 删除消息

在信息中心窗口中选中需要删除的消息，单击【删除】按钮，弹出如图 4-23 所示的信息提示，单击【是】按钮即可将所选消息删除。

4. 查找消息

如果收到的消息比较多，要快速找到所需要的消息，就需要借助消息的查找功能了。查找消息的具体操作步骤如下。

步骤 1：在信息中心窗口中单击【查找】按钮，打开【查询】对话框，在该对话框中输入需要查找的消息的相关信息，如图 4-24 所示。

步骤 2：单击【搜索】按钮，即可查找到符合条件的信息，如图 4-25 所示。

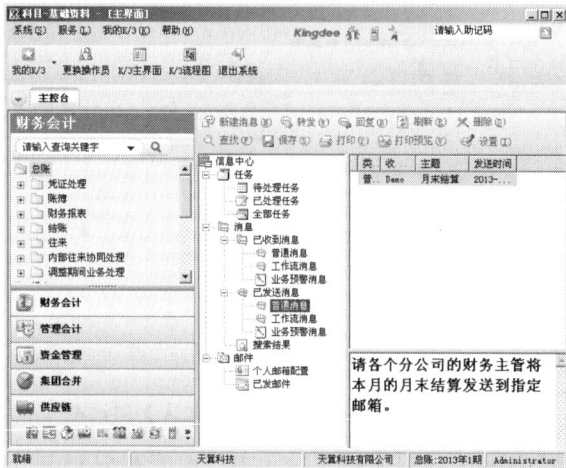

图 4-22　查看发送的消息

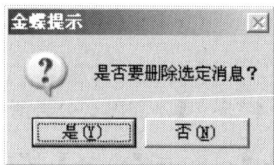

图 4-23　【金蝶提示】对话框

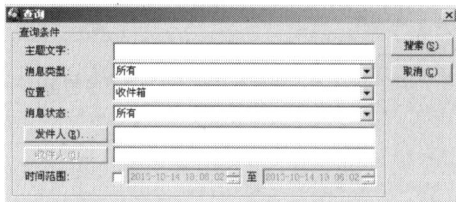

图 4-24　【查询】对话框

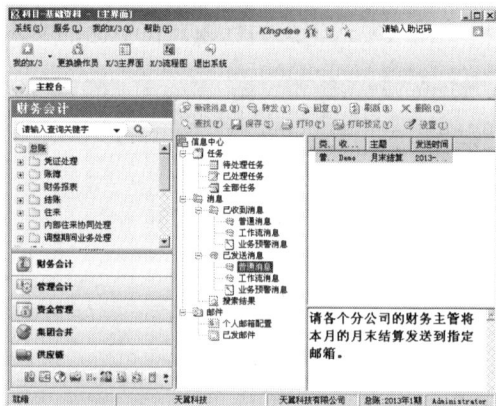

图 4-25　查看符合条件的信息

4.1.5　实训 5　设置我的 K3 标签

在【主控台】界面中有一个【我的 K3】标签，通过对该标签的设置，可以将常用的功能集中在一起，为以后的使用提供方便。

其具体的设置步骤如下。

步骤 1：在【主控台】界面中，单击【我的 K3】标签，进入【我的 K3】界面，如图 4-26 所示。

步骤 2：单击【功能设置】选项，进入【功能设置】界面，如图 4-27 所示。

步骤 3：双击【常用功能设置】选项，打开【常用功能设置】对话框，如图 4-28 所示。

步骤 4：单击【新建】按钮，打开【新增常用功能组】对话框，在其中输入自定义的常用功能组名称，如图 4-29 所示。

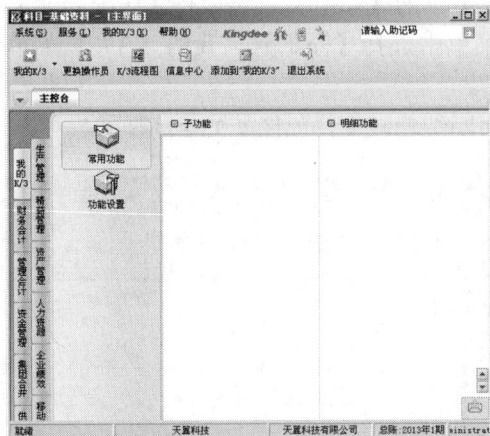

图 4-26　【我的 K3】界面

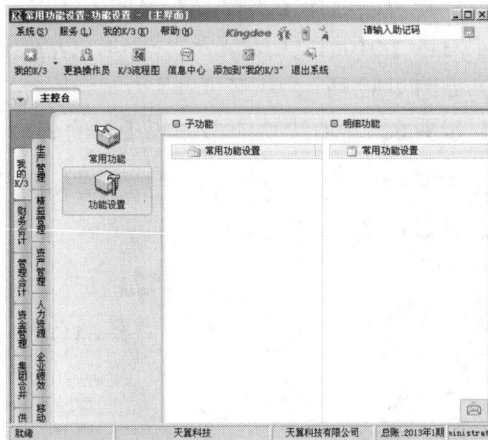

图 4-27　【功能设置】界面

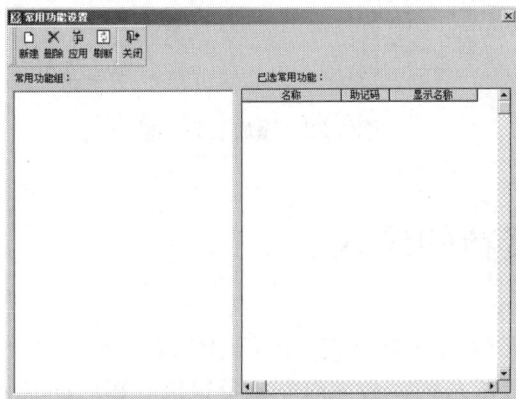

图 4-28　【常用功能设置】对话框

图 4-29　【新增常用功能组】对话框

步骤 5：单击【确定】按钮，即可建立一个自定义的常用功能组，如图 4-30 所示。

步骤 6：在【常用功能设置】对话框中单击【关闭】按钮，返回【主控台】界面中，结果如图 4-31 所示。

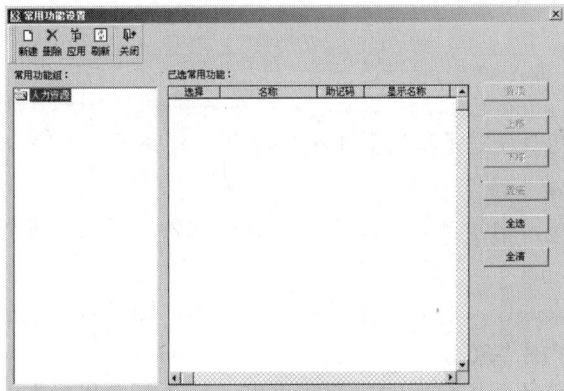

图 4-30　【常用功能设置】对话框

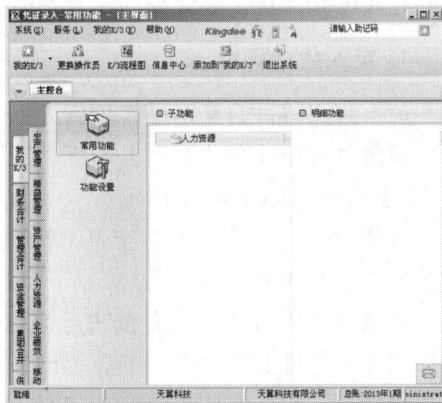

图 4-31　添加功能组

步骤 7：选择【主控台】界面中【财务会计】下的【总账】，然后在【明细功能】列表中右击【01001 凭证录入】选项，从弹出的菜单中选择【添加到"我的 K3"】菜单命令，如图 4-32 所示。

步骤 8：将所选功能添加到【我的 K3】常用明细功能中，如图 4-33 所示。

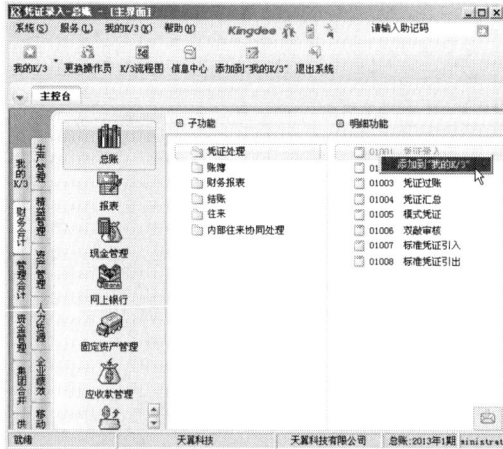

图 4-32 选择【添加到"我的 K3"】菜单命令

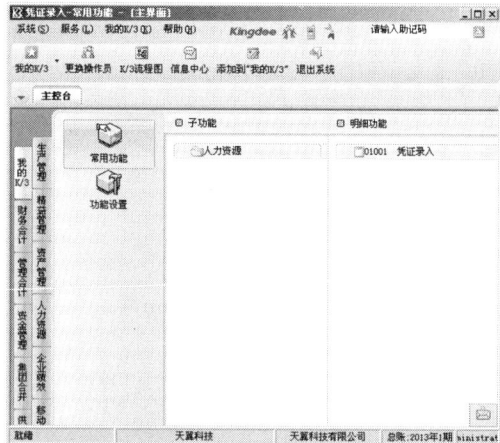

图 4-33 添加所选功能

4.2 公共资料的录入

基础资料是总账系统以及其他各财务系统在操作中共同使用的基础数据，在整个操作中占据着举足轻重的作用，所以要想初始化总账系统，必须对基础资料进行相应的录入操作。

4.2.1 实训 6 录入会计科目

在金蝶 K3 系统中，会计科目是财务软件系统中重要的基础资料，因为所有的财务数据都是通过会计科目来管理的，它是财务系统的基础。

1. 录入会计科目

录入会计科目的具体操作步骤如下。

步骤 1：在【公共资料】明细功能列表中双击【科目】明细功能项，打开【基础平台-[科目]】窗口，如图 4-34 所示。

步骤 2：单击【新增】按钮，打开【科目组新增】对话框，在其中输入科目组的编码和名称，如图 4-35 所示。

步骤 3：单击【确定】按钮，即可完成操作，然后单击【刷新】按钮，即可将新增的科目组在"科目资料"列表中显示出来，如图 4-36 所示。

步骤 4：右击左侧窗格中的具体会计科目，从弹出的快捷菜单中选择【新增科目】菜单项，打开【会计科目-新增】对话框，在其中输入"科目代码"(在系统中必须唯一，由

"上级科目代码+本级科目代码"组成，中间用小数点进行分隔)、"助记码""科目名称"等信息。通过下拉按钮选择"科目类别""余额方向""计量单位"等选项，并根据需要选取相应的复选框，如图 4-37 所示。

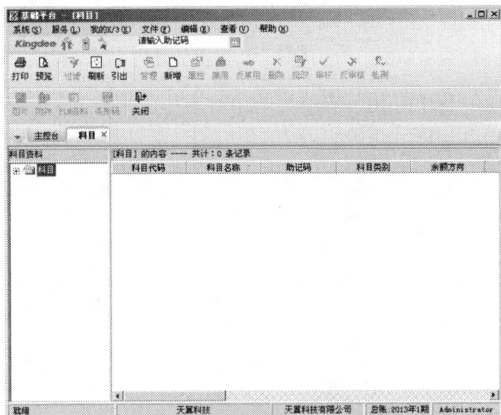

图 4-34　【基础平台-[科目]】窗口

图 4-35　【科目组新增】对话框

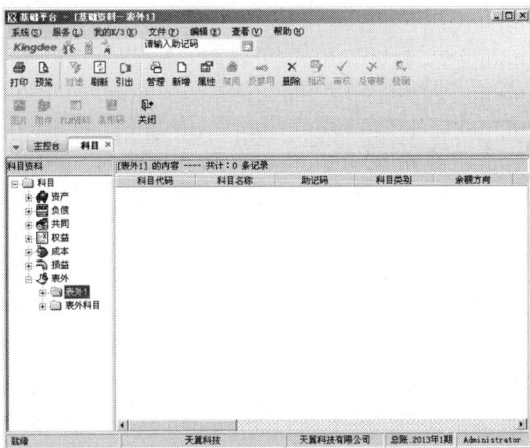

图 4-36　显示新增的科目组

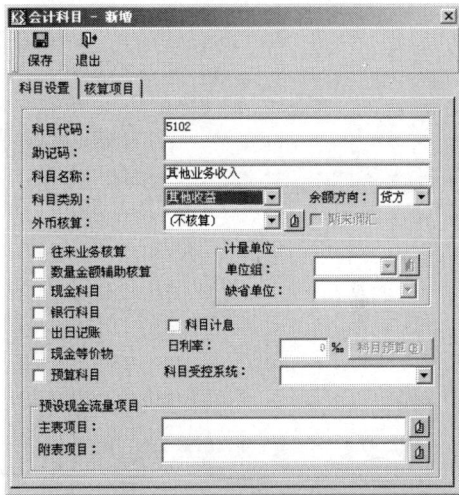

图 4-37　【会计科目-新增】对话框

步骤 5： 单击【核算项目】标签，进入【核算项目】选项卡，如图 4-38 所示。

步骤 6： 单击【增加核算项目类别】按钮，打开【核算项目类别】对话框，在其中选择需要核算的项目类别，如图 4-39 所示。

步骤 7： 单击【确定】按钮，返回【会计科目-新增】对话框，如图 4-40 所示。

步骤 8： 单击【保存】按钮，即可完成新增科目的设置，如图 4-41 所示。

步骤 9： 如果要修改某个科目，只需双击此科目，打开【会计科目-修改】对话框，从中对需要修改的内容进行更改即可，如图 4-42 所示。

2. 从模板中引入科目

新建账套后，系统中只有预设的科目组，而没有具体的科目。如果用户不想一个一个地设置，则可引入金蝶 K3 系统为用户预设的科目体系，然后在此基础上对科目属性进行修改、增加或删除，从而制作出适合本企业的会计科目体系。

图 4-38　【核算项目】选项卡

图 4-39　【核算项目类别】对话框

图 4-40　【会计科目-新增】对话框

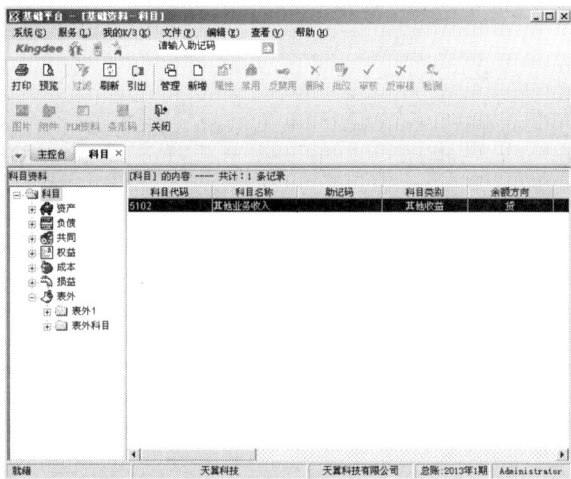

图 4-41　显示新增科目

引入金蝶 K3 系统的会计科目体系的具体操作步骤如下。

步骤 1：在科目设置窗口中，执行【文件】➤【从模板中引入科目】菜单项，打开【科目模板】对话框，如图 4-43 所示。

步骤 2：在【行业】下拉列表框中选择合适的会计科目体系，如图 4-44 所示。

步骤 3：若想预先浏览一下所选行业的科目体系，可单击【查看科目】按钮，展开所选行业科目体系预设的科目列表，如图 4-45 所示。

步骤 4：单击【引入】按钮，打开【引入科目】对话框，在其中选取需要引入的科目，如图 4-46 所示。

步骤 5：单击【确定】按钮，即可将所选科目引入新建账套中，如图 4-47 所示。

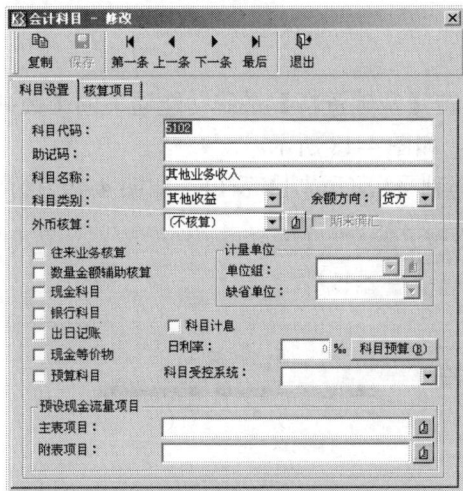

图 4-42   【会计科目-修改】对话框

图 4-43   【科目模板】对话框

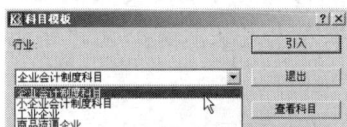

图 4-44   选择合适的行业

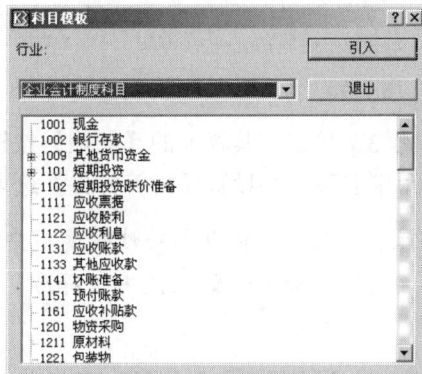

图 4-45   查看科目

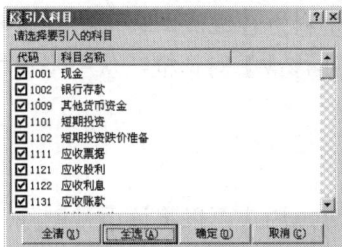

图 4-46   【引入科目】对话框

图 4-47   正在引入科目

4.2.2   实训 7   录入币别

币别是金蝶 K3 基础资料中的一种，因为所有的财务数据都是通过"钱"表示出来的。没有了币别，账套将无法进行操作。

1. 增加币别

增加币别的具体操作步骤如下。

步骤 1：在【金蝶 K3 主控台】界面中，单击【基础资料】系统功能项下的【公共资料】子功能项，进入【公共资料】明细功能列表，如图 4-48 所示。

步骤 2：双击【币别】明细功能项，打开【基础平台-[币别]】窗口，如图 4-49 所示。

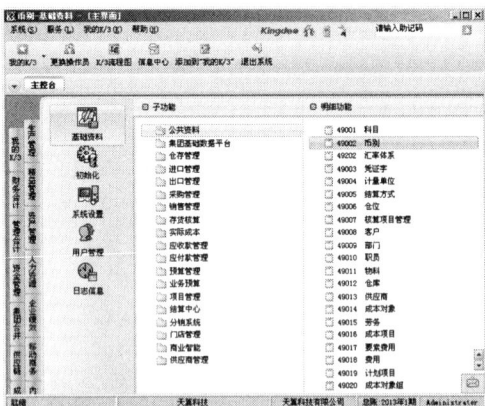

图 4-48　【币别-基础资料】窗口　　　　图 4-49　【基础平台-[币别]】窗口

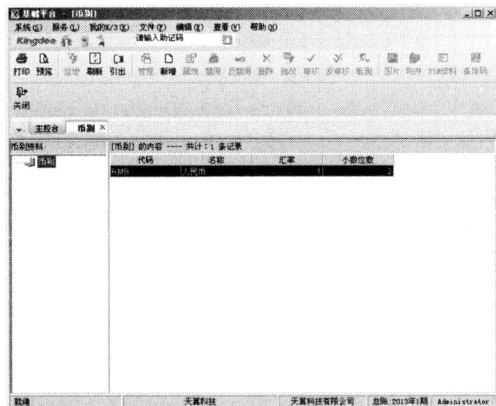

步骤 3：单击工具栏上的【新增】按钮，打开【币别-新增】对话框，在其中输入币别代码、币别名称，并设置【折算方式】选项，如图 4-50 所示。

💡 **注意**：　在输入货币代码时尽量不要使用$符号，因为该符号在自定义报表中已有特殊含义，如果使用该符号，则在自定义报表中定义取数公式时可能会遇到麻烦。

步骤 4：单击【确定】按钮，即可完成币别的添加操作，如图 4-51 所示。

2. 修改币别

在账套的使用过程中，若想要对某个币别的属性资料进行修改，只需选取需要修改的币种之后，单击工具栏上的【属性】按钮，打开【币别-修改】对话框，从中修改相应的币别内容即可，如图 4-52 所示。

3. 删除币别

当账套中不再需要某个币种，且账套也没有使用时，用户可以将该币种删除。选取需要删除的币种，单击工具栏上的【删除】按钮，即可弹出一个信息提示框，单击【是】按钮，即可完成删除操作，如图 4-53 所示。

4. 管理币别

除了可以在工具栏中单击相应的按钮，对币别进行添加、修改、删除外，用户还可以单击工具栏上的【管理】按钮，在打开的【币别】对话框中完成币别的增加、修改、删除操作，如图 4-54 所示。

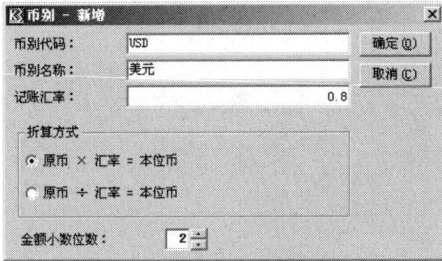

图 4-50　【币别-新增】对话框

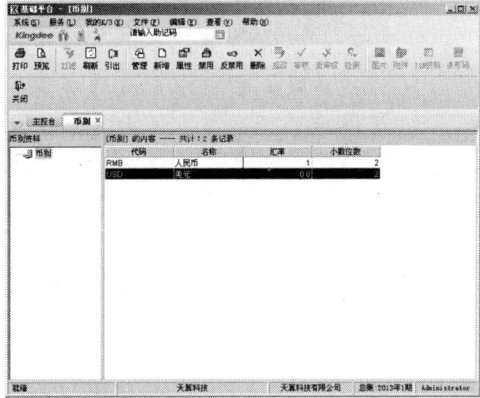

图 4-51　显示添加的币别

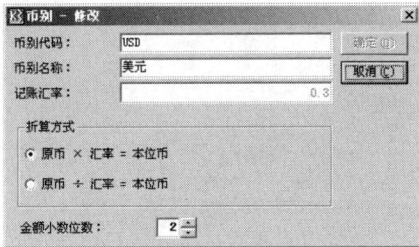

图 4-52　【币别-修改】对话框

图 4-53　【金蝶提示】对话框

5. 禁用与反禁用币别

对于某些暂时不需要的币别，可以将其暂时禁用，待需要使用时，再将其解禁。
其具体的操作步骤如下。

步骤 1：在【基础平台-[币别]】窗口中单击工具栏上的【禁用】按钮，即可弹出一个
信息提示框，单击【是】按钮，即可完成操作，如图 4-55 所示。

图 4-54　【币别】对话框

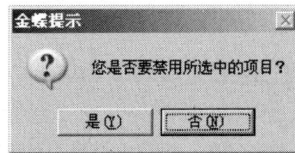

图 4-55　【金蝶提示】对话框

步骤 2：如果要将禁用的币别恢复使用，可以单击【反禁用】按钮，打开【管理币别
禁用】对话框，在其中选取需要恢复使用的币别，如图 4-56 所示。

步骤 3：单击【取消禁用】按钮即可完成操作，单击【关闭】按钮即可返回【基础平
台-[币别]】窗口。

注意： 本位币不能被删除和禁用，禁用后的币别在浏览界面上是看不到的，其他系统也不能使用。如果需要将禁用的币别在浏览界面中显示出来，可以在【系统参数】窗口中选择【查看】➤【选项】菜单项，在打开的【基础资料查询选项】对话框中选中【显示禁用基础资料】复选框，则所有被禁用的基础资料就都能够在浏览界面中显示出来了，如图 4-57 所示。

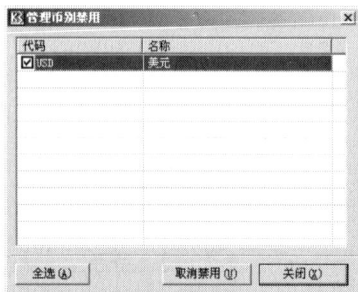

图 4-56 【管理币别禁用】对话框　　　　　　图 4-57 【基础资料查询选项】对话框

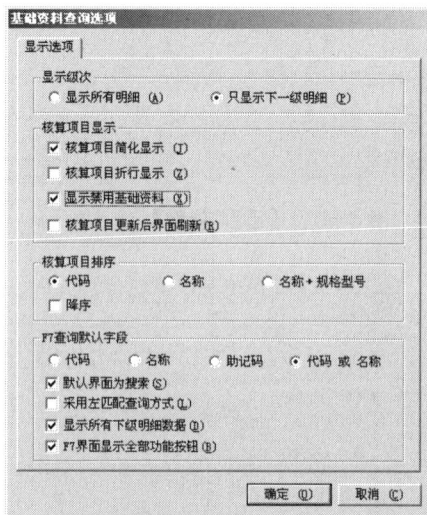

4.2.3 实训 8 录入凭证字

凭证字是指在录入凭证时使用的用于标记凭证类别的文字，与实际工作中所使用的凭证字的含义是相同的。

录入凭证字的具体操作步骤如下。

步骤 1： 在【公共资料】明细功能列表中双击【凭证字】明细功能项，打开【基础平台-[凭证字]】窗口，如图 4-58 所示。

步骤 2： 单击工具栏上的【新增】按钮，打开【凭证字-新增】对话框，输入添加的凭证字，并在【科目范围】选项区中设置各项的科目范围，如果不输入则表示无限制，如图 4-59 所示。

步骤 3： 选中【限制多借多贷凭证】复选框，如图 4-60 所示，则在总账系统进行凭证录入时，系统将对当前凭证进行判断。如是多借多贷凭证，则该凭证不允许保存。对于一借一贷、一借多贷、多借一贷的凭证，系统不做限制。

提示： 若用户设置有多个凭证字，则可将某一个使用频率最高的凭证字设置为默认凭证字，以方便凭证录入。

步骤 4： 输入完毕后，单击【确定】按钮，即可完成凭证字的添加操作，如图 4-61 所示。

图 4-58　【基础平台-[凭证字]】窗口

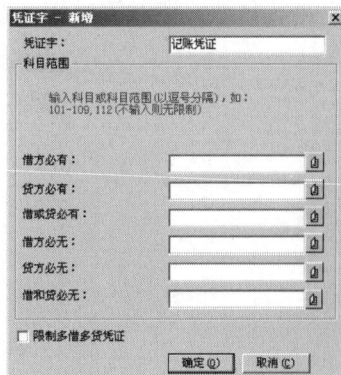

图 4-59　【凭证字-新增】对话框

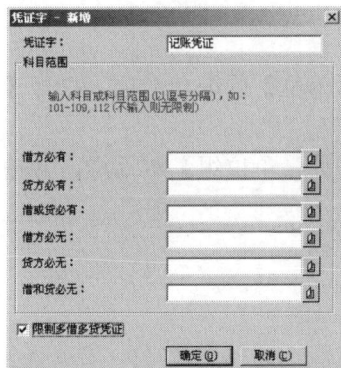

图 4-60　【凭证字-新增】对话框

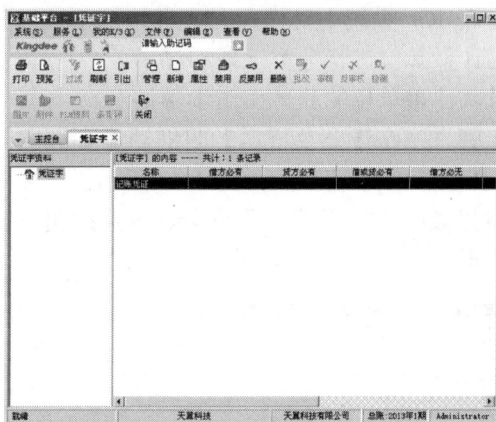

图 4-61　【基础平台-[凭证字]】窗口

步骤 5：如果需要对某个凭证字进行修改，只需选中此凭证字，然后单击工具栏上的【属性】按钮，打开【凭证字-修改】对话框，然后进行相应内容的更改操作即可，如图 4-62 所示。

步骤 6：如果不需要某个凭证字，只需选中此凭证字，然后单击工具栏上的【删除】按钮，即可弹出删除凭证字提示，单击【是】按钮，即可完成删除操作，如图 4-63 所示。

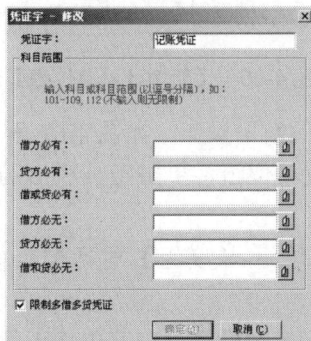

图 4-62　【凭证字-修改】对话框

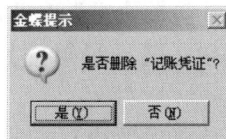

图 4-63　【金蝶提示】对话框

步骤 7：单击工具栏上的【管理】按钮，打开【凭证字】对话框，在其中可以完成凭证字的新增、修改、删除等操作，如图 4-64 所示。

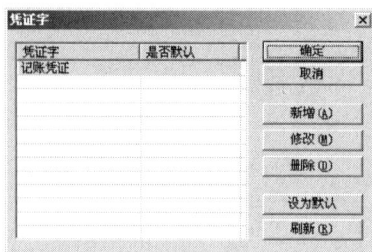

图 4-64　【凭证字】对话框

4.2.4　实训 9　录入计量单位

金蝶 K3 系统中允许存在多种计量单位，为了便于管理，用户可以通过计量单位组对不同的计量单位进行分类管理和显示。

录入计量单位的具体操作步骤如下。

步骤 1：在【公共资料】明细功能列表中双击【计量单位】明细功能项，打开【基础平台-[计量单位]】窗口，如图 4-65 所示。

步骤 2：单击工具栏上的【新增】按钮，打开【新增计量单位组】对话框，并输入计量单位组名称，如图 4-66 所示。

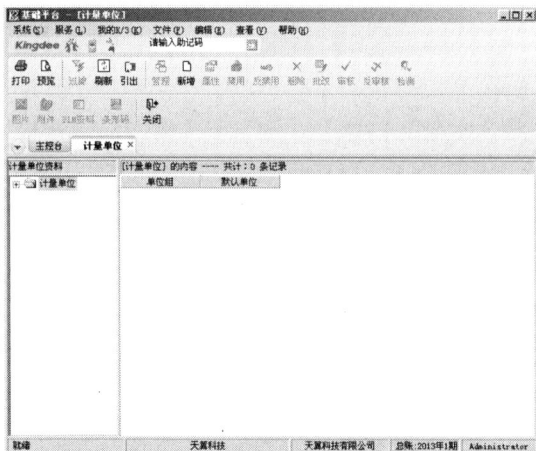

图 4-65　【基础平台-计量单位】窗口

图 4-66　【新增计量单位组】对话框

步骤 3：单击【确定】按钮，即可完成计量单位组的新增操作，如图 4-67 所示。

步骤 4：在【计量单位资料】列表中选中某一计量单位组，单击工具栏上的【管理】按钮，打开【计量单位组】对话框，如图 4-68 所示。

步骤 5：单击【计量单位】按钮，打开【计量单位组-长度组】对话框，如图 4-69 所示。

步骤 6：单击【新增】按钮，打开【计量单位-新增】对话框，在其中输入计量单位的代码、名称、换算率、类别等信息，如图 4-70 所示。

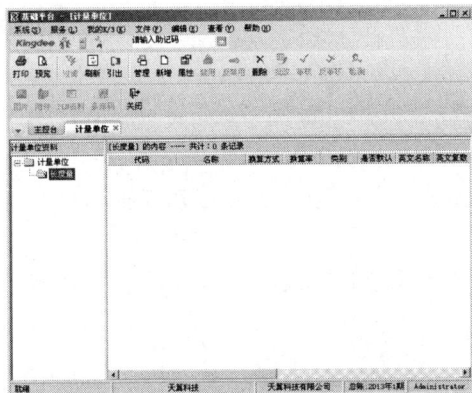

图 4-67　【基础平台-[计量单位]】窗口

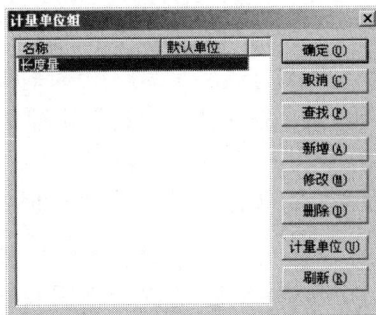

图 4-68　【计量单位组】对话框

图 4-69　【计量单位组-长度组】对话框

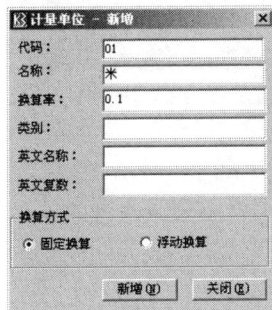

图 4-70　【计量单位-新增】对话框

步骤 7：单击【新增】按钮，返回【计量单位组-长度组】对话框中，在其中即可添加一个计量单位，如图 4-71 所示。

提示：　用户在【计量单位组】对话框中单击【修改】按钮，可以对选择的计量单位进行修改、删除、设置默认值等操作。

步骤 8：单击【关闭】按钮，返回【基础平台-[计量单位]】窗口，在其中即可添加一个计量单位，如图 4-72 所示。

图 4-71　【计量单位组-长度量】对话框

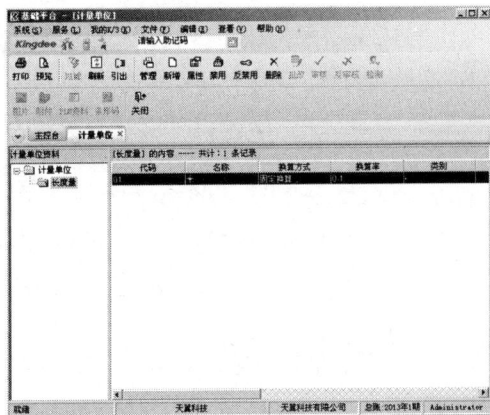

图 4-72　【基础平台-[计量单位]】窗口

4.2.5 实训 10 录入结算方式

结算方式指的是企业往来业务中的结款方式。

录入结算方式的具体操作步骤如下。

步骤 1：在【公共资料】明细功能列表中双击【结算方式】明细功能项，打开【基础平台-[结算方式]】窗口，如图 4-73 所示。

步骤 2：单击工具栏上的【新增】按钮，打开【结算方式-新增】对话框，在其中输入"代码""名称"等，如图 4-74 所示。

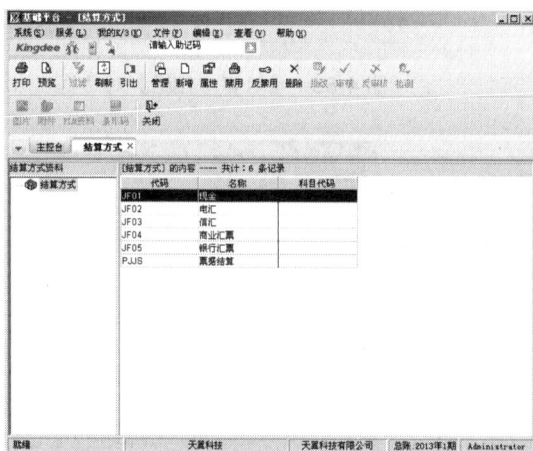

图 4-73 【基础平台-[结算方式]】窗口

图 4-74 【结算方式-新增】对话框

步骤 3：单击【确定】按钮，即可完成结算方式的添加操作，如图 4-75 所示。

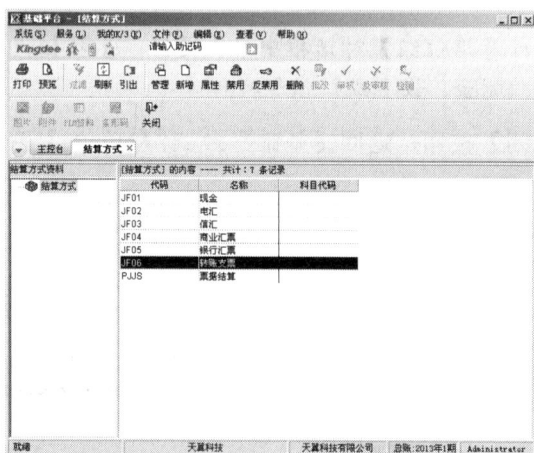

图 4-75 【基础平台-[结算方式]】窗口

4.2.6 实训 11 录入客户档案

所谓客户档案，是指包括客户代码、名称、地址、电话等内容的客户信息，是对客户进行往来管理的基础，客户档案的建立直接关系到客户数据的统计、汇总和查询的处理，所以录入客户档案资料就成了财务核算操作中的一项重要任务。

录入客户档案的具体操作步骤如下。

步骤 1：在【公共资料】明细功能列表中双击【客户】明细功能项，打开【基础平台-[客户]】窗口，如图 4-76 所示。

步骤 2：单击【新增】按钮，打开【客户-新增】对话框，如图 4-77 所示。

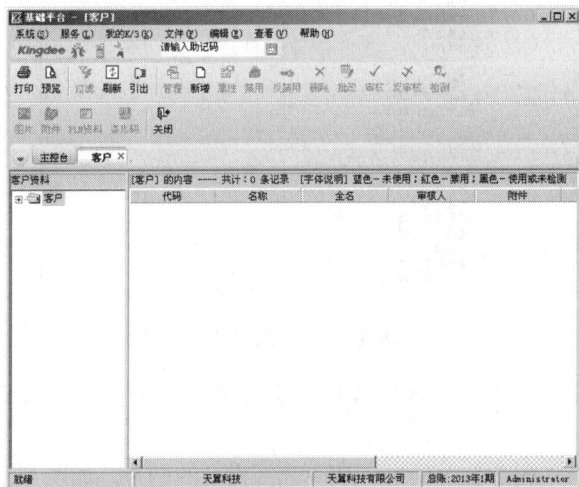

图 4-76　【基础平台-[客户]】窗口

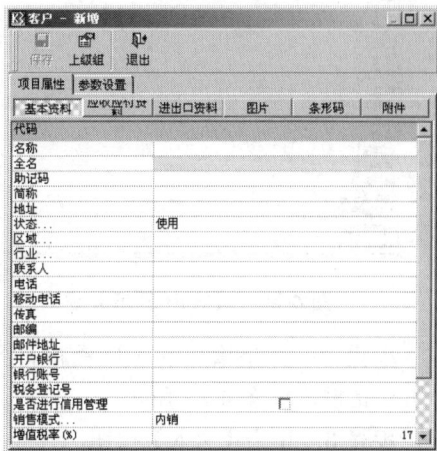

图 4-77　【客户-新增】对话框

步骤 3：单击【上级组】按钮，可以增加客户组，在【代码】栏中输入新增客户组的代码，在【名称】栏中输入新增客户组的名称，如图 4-78 所示。

步骤 4：单击【保存】按钮，即可将新增客户组保存到系统中，如果用户需要连续增加客户组，可在保存后再次输入新的客户组资料，重复上述操作，如图 4-79 所示。

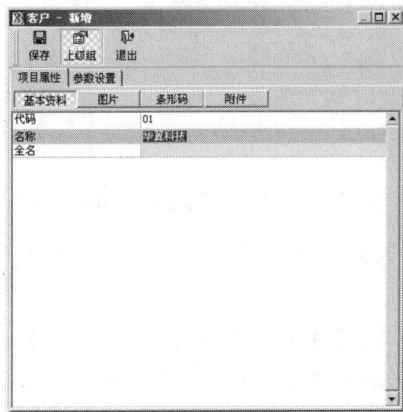

图 4-78　输入客户组信息

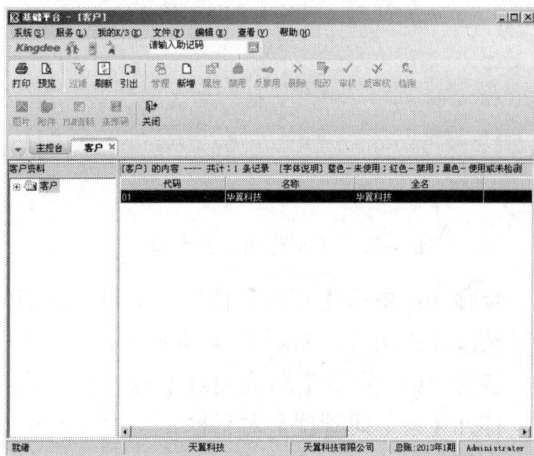

图 4-79　显示客户组

步骤 5：选择需要增加客户资料的客户组，单击工具栏上的【新增】按钮，即可打开【客户-新增】对话框，根据实际情况输入相应的基本资料，如图 4-80 所示。

步骤 6：选择【应收应付资料】标签，进入【应收应付资料】选项卡，根据实际情况输入新增客户的应收应付资料，如图 4-81 所示。

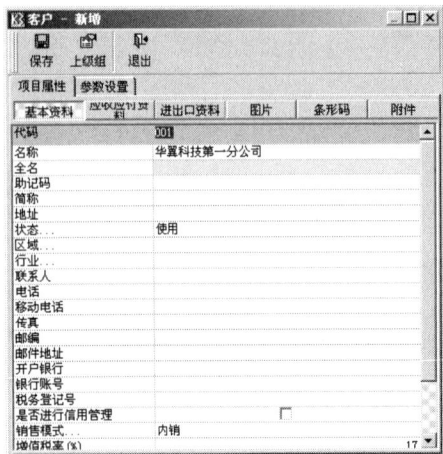

图 4-80 【客户-新增】窗口

图 4-81 输入应收应付资料

步骤 7：如果增加的客户资料有图片，则可以切换到【图片】选项卡，打开【浏览图片】对话框，如图 4-82 所示。

步骤 8：单击【引入】按钮，打开【引入图片】对话框，从中选择需要的图片，如图 4-83 所示。

图 4-82 【浏览图片】窗口

图 4-83 【引入图片】对话框

步骤 9：单击【打开】按钮，即可添加成功，并返回到【浏览图片】窗口，在其中可以看到添加的图片，如图 4-84 所示。

步骤 10：关闭【浏览图片】窗口后，在【客户-新增】窗口中单击【条形码】选项卡，打开【条形码管理】对话框，从中设置相应的条形码内容，如图 4-85 所示。

步骤 11：单击【保存】按钮，即可将新增的客户资料保存到系统中，如图 4-86 所示。

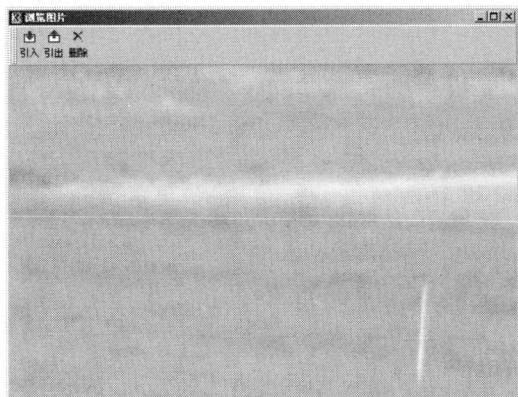

图 4-84　添加图片

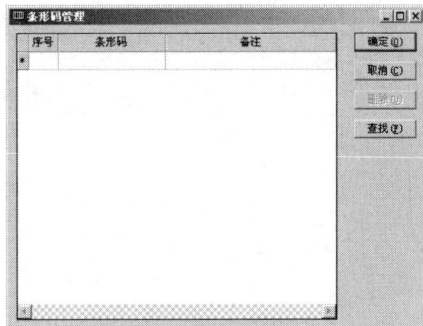

图 4-85　【条形码管理】对话框

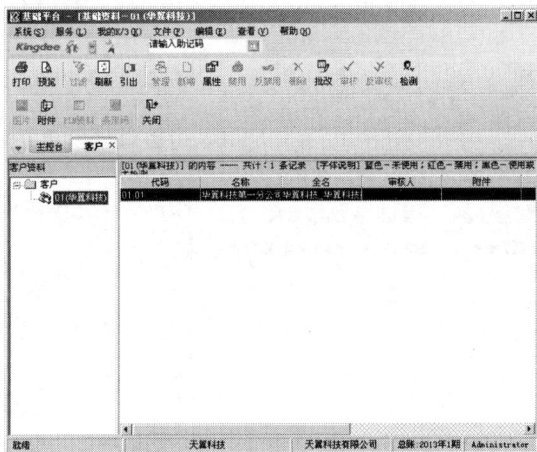

图 4-86　查询新增的客户信息

4.2.7　实训 12　录入供应商档案

在对总账系统初始化的过程中，除了需要输入客户档案之外，还需要录入供应商档案，以满足管理的需要。

录入供应商档案的具体操作步骤如下。

步骤 1：在【公共资料】明细功能列表中双击【供应商】明细功能项，打开【基础平台-[供应商]】窗口，如图 4-87 所示。

步骤 2：单击【新增】按钮，打开【供应商-新增】对话框，然后单击【上级组】按钮，在【代码】栏中输入新增供应商组的代码，在【名称】栏中输入新增供应商组的名称，如图 4-88 所示。

步骤 3：单击【保存】按钮，即可将新增供应商组保存到系统中，如图 4-89 所示。

步骤 4：选择需要增加供应商资料的供应商组(即区域)，然后单击工具栏上的【新增】按钮，打开【供应商-新增】对话框，输入供应商的资料，如图 4-90 所示。

步骤 5：单击【保存】按钮，即可将新增供应商的资料保存到系统中，如图 4-91 所示。

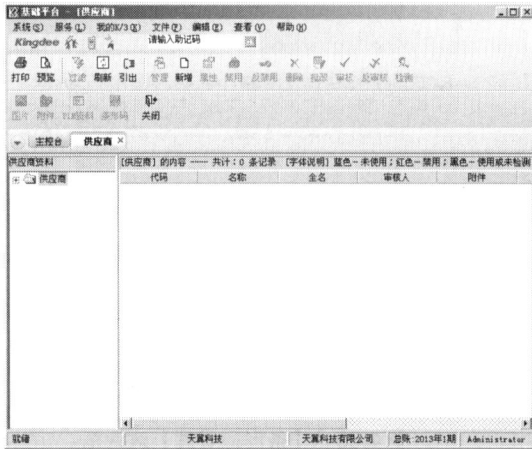

图 4-87 【基础平台-[供应商]】窗口

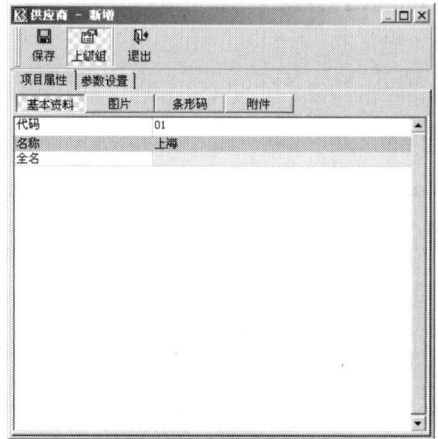

图 4-88 【供应商-新增】对话框

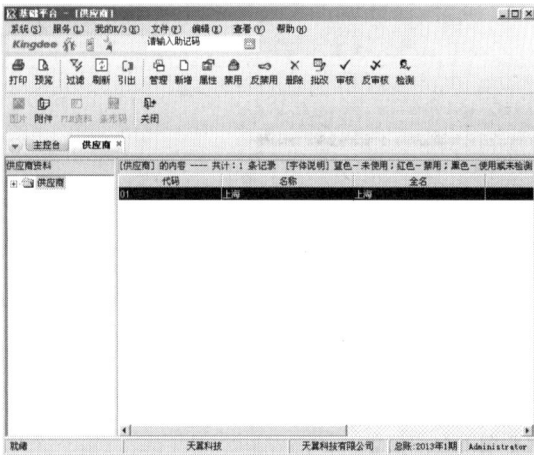

图 4-89 显示供应商组

图 4-90 【供应商-新增】对话框

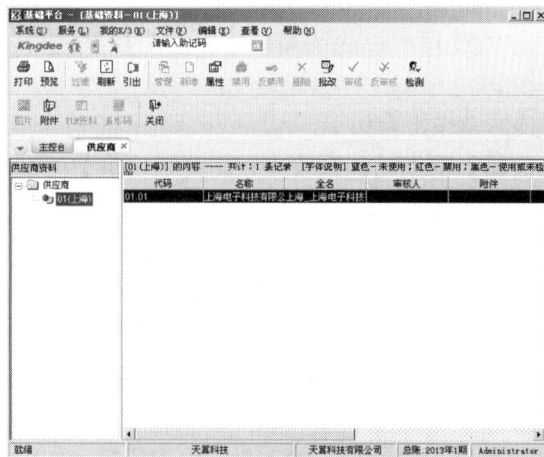

图 4-91 显示供应商信息

4.2.8　实训 13　录入部门档案

录入部门档案的具体操作步骤如下。

步骤 1：在【公共资料】明细功能列表中双击【部门】明细功能项，打开【基础平台-[部门]】窗口，如图 4-92 所示。

步骤 2：单击【新增】按钮，打开【部门-新增】对话框，然后单击【上级组】按钮，在其中输入新增部门组的代码和名称，如图 4-93 所示。

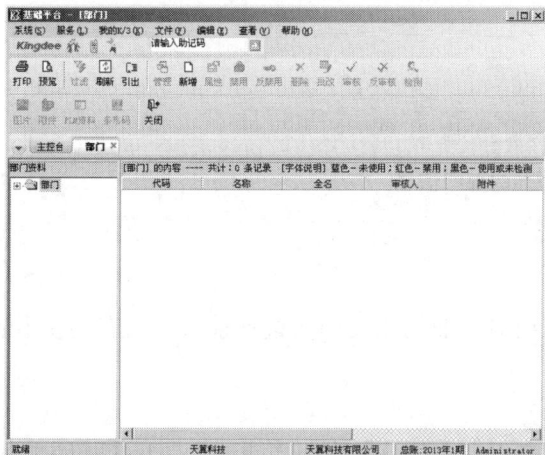

图 4-92　【基础平台-[部门]】窗口　　　　　　图 4-93　【部门-新增】对话框

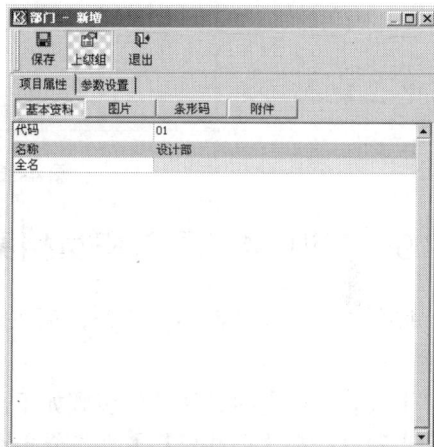

步骤 3：单击【保存】按钮，即可将新增部门组保存到系统中，如图 4-94 所示。

步骤 4：选择需要增加部门资料的部门组(即区域)，单击工具栏上的【新增】按钮，即可打开【部门-新增】对话框录入部门的具体资料，如图 4-95 所示。

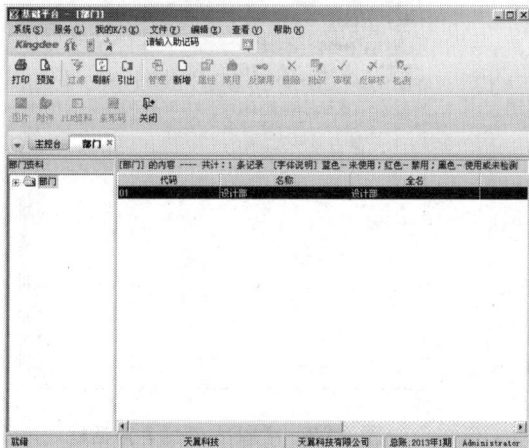

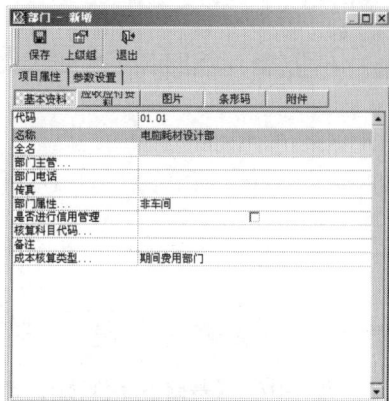

图 4-94　显示部门组　　　　　　　　　　图 4-95　【供应商-新增】对话框

步骤 5：单击【保存】按钮，即可将新增部门资料保存到系统中，如图 4-96 所示。

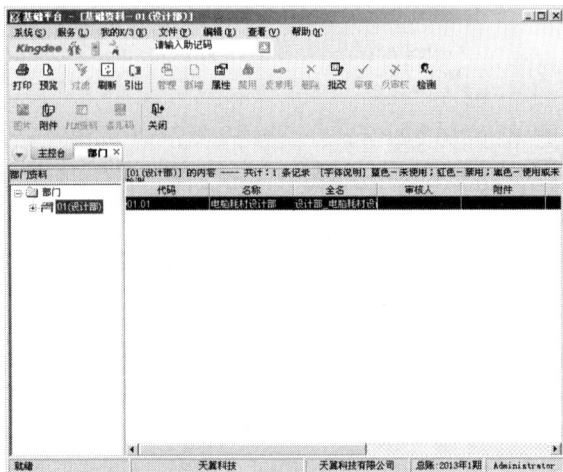

图 4-96　添加的部门信息

4.2.9　实训 14　录入职员档案

每个企业的职员都不止一个，所以还需要对企业的职员档案进行录入，以满足使用的需要。

录入职员档案的具体操作步骤如下。

步骤 1： 在【公共资料】明细功能列表中双击【职员】明细功能项，打开【基础平台-[职员]】窗口，如图 4-97 所示。

步骤 2： 单击【新增】按钮，打开【职员-新增】对话框，然后单击【上级组】按钮，输入增加职员组的代码和名称，如图 4-98 所示。

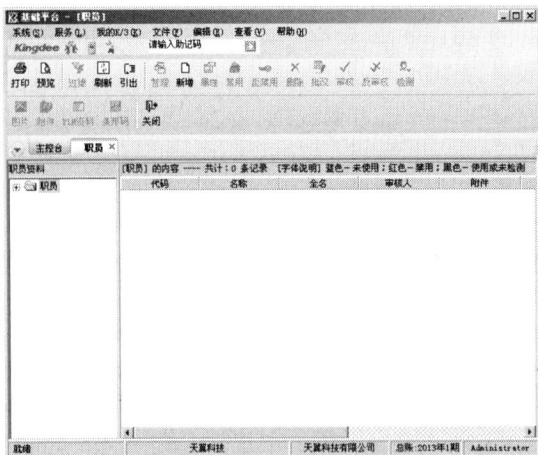

图 4-97　【基础平台-[职员]】窗口

图 4-98　【职员-新增】对话框

步骤 3： 单击【保存】按钮，即可将新增职员组保存到系统中，如图 4-99 所示。

步骤 4： 选择需要增加职员资料的职员组(即区域)之后，单击工具栏上的【新增】按钮，打开【职员-新增】对话框，在其中可录入职员的具体资料，如图 4-100 所示。

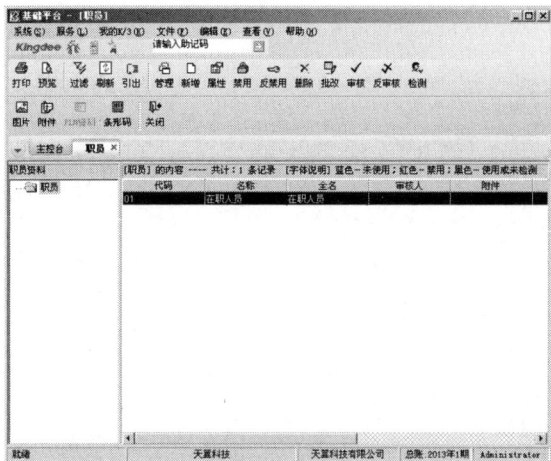

图 4-99　显示职员组

图 4-100　【职员-新增】对话框

步骤 5：单击【保存】按钮，即可将新增职员的资料保存到系统中，如图 4-101 所示。

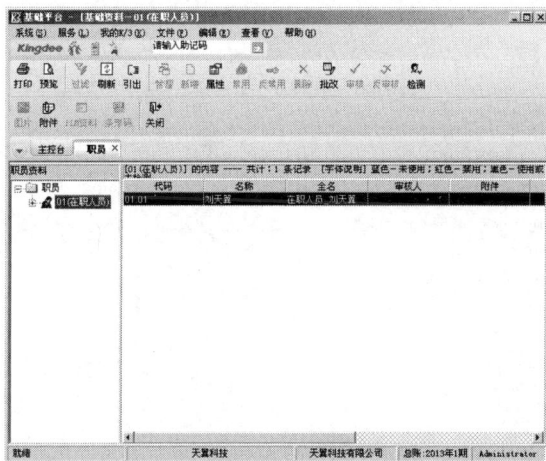

图 4-101　显示职员信息

4.3　实训 15　查询日志信息

为了更好地维护账套数据，保证账套数据的安全，系统还提供了上机日志查看功能。其具体的操作步骤如下。

步骤 1：在【主控台】界面中选择【日志信息】选项，即可进入【日志信息】界面，如图 4-102 所示。

步骤 2：双击【上机日志】选项，即可进入上机日志浏览窗口，同时显示【过滤】对话框，如图 4-103 所示。

步骤 3：在其中根据提示设置相应的选项，然后单击【确定】按钮，即可在【上机日志】界面中显示所查找到的所有上机记录，如图 4-104 所示。

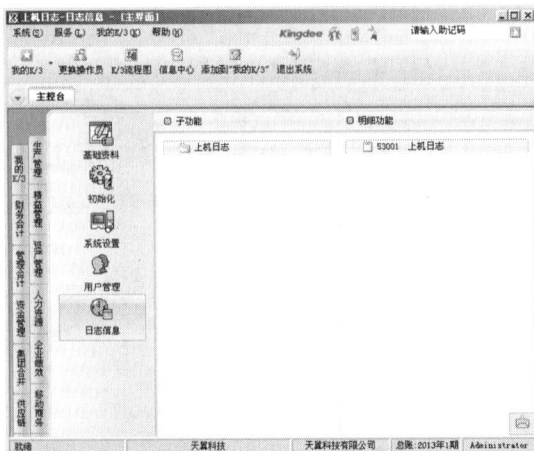

图 4-102　【日志信息】界面

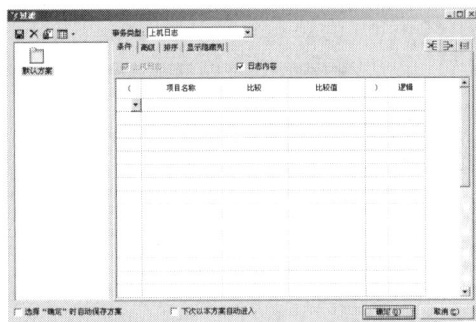

图 4-103　【过滤】对话框

步骤 4：单击工具栏上的【过滤】按钮，可以再次打开【过滤】对话框，再在其中设置过滤条件，查询其他上机日志信息，结果如图 4-105 所示。

图 4-104　显示上机日志信息

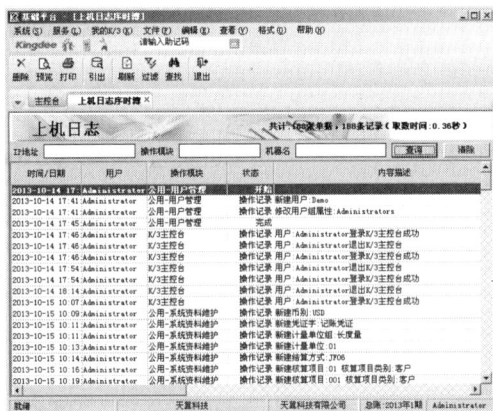

图 4-105　不通过滤条件显示的上机日志信息

4.4　疑难解惑

疑问 1：禁用的币别在浏览界面不显示怎么办？

答：禁用后的币别在浏览界面看不到，其他系统也不能使用。如果需要将禁用的币别在浏览界面中显示出来，则只需在【系统参数】窗口中选择【查看】➤【选项】菜单项，在打开的【基础资料查询选项】对话框中选中【显示禁用基础资料】复选框，则所有被禁用的基础资料就都能够在浏览中显示出来了，如图 4-106 所示。

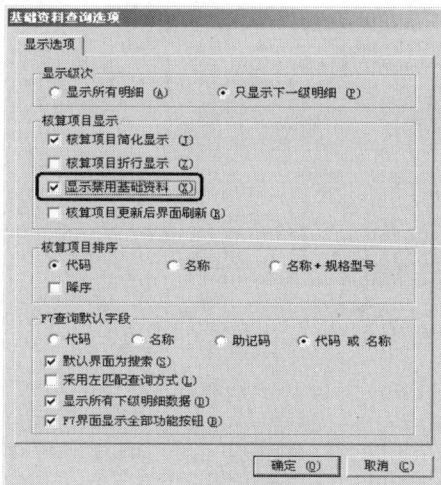

图 4-106　【基础资料查询选项】对话框

疑问 2：客户端计算机不能登录金蝶 K3 主控台怎么办？

答：遇到这种情况首先需要检查客户端计算机与中间层服务器的网络连接是否正常，若客户端计算机与中间层服务器的网络连接正常，则通过【开始】菜单，执行【金蝶 K3 Wise】➤【金蝶 K3 工具】➤【远程组件配置工具】菜单项，打开测试中间层服务器对话框，根据系统的检测结果及给出的提示来寻找相应的对策，即可解决不能登录中间层服务器的问题，如图 4-107 所示。

(1) 选中【使用单一的中间层服务器】单选项，在【中间层服务器】下拉列表中选择需要测试的中间层服务器之后，单击【测试】按钮即可开始测试。

(2) 选中【按模块设置中间服务器】单选项，则可在下面的模块列表中选择需要测试的模块，单击该模块行中显示的【测试】按钮，即可检查客户端与中间层服务器的连接情况。

如果中间层服务组件没有在系统注册，则可执行【开始】➤【所有程序】➤【金蝶 K3Wise】➤【金蝶 K3 服务器配置工具】➤【中间层组件注册】菜单项，对中间层组件重新注册，如图 4-108 所示。

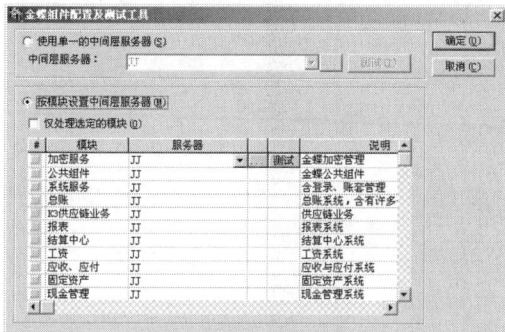

图 4-107　【金蝶组件配置及测试工具】对话框

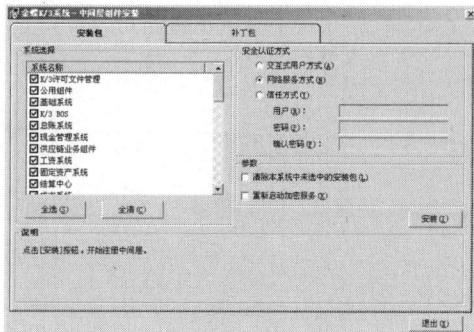

图 4-108　【金蝶 K3 系统-中间层组件安装】对话框

第 5 章

公司总账的凭证与期末处理

总账系统是金蝶 K3 系统的基础部分，与其他业务系统通过凭证进行衔接，所以对总账系统实施日常业务处理就显得尤为重要。

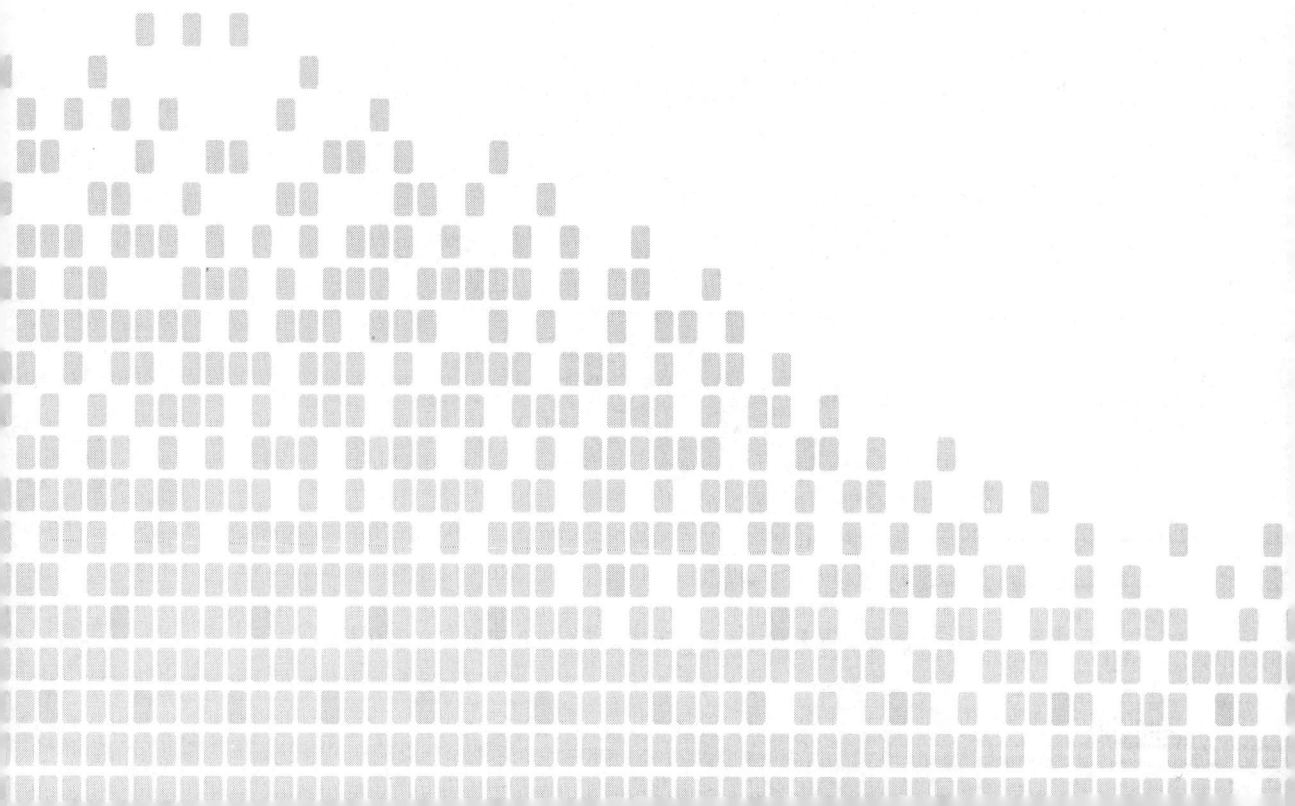

5.1 总账系统初始化配置

总账系统的初始化设置是 K3 系统进行所有业务操作的第一步,只有经过初始化才能设置企业财务的背景和启用账套会计期间的期初数据。

5.1.1 初始化总账系统的流程

总账系统的初始化是有一定顺序的,具体的操作流程如图 5-1 所示。

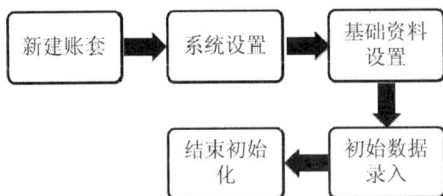

图 5-1 总账系统的初始化流程

新建账套的操作已经在前面章节中介绍过,这里不再赘述。

5.1.2 实训 1 系统设置

总账系统的参数设置关系到所有财务业务和流程的处理,用户在设置前要慎重考虑。系统设置的具体操作步骤如下。

步骤 1:双击桌面上的金蝶 K3 Wise 图标,打开【金蝶 K3 系统登录】界面,在【组织机构】下拉列表框中选择需要的机构名称,在【当前账套】下拉列表框中选择相应的账套,然后选择身份登录的方式,并输入相应的用户名以及密码,如图 5-2 所示。

步骤 2:单击【确定】按钮,登录【主控台】界面,如图 5-3 所示。

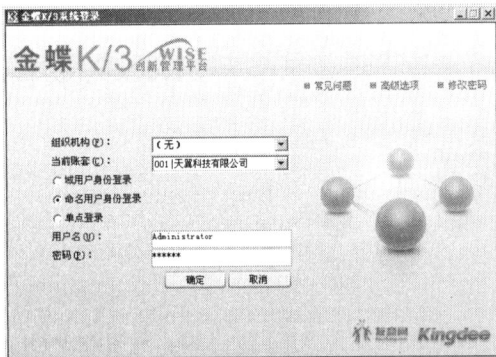

图 5-2 【金蝶 K3 系统登录】界面

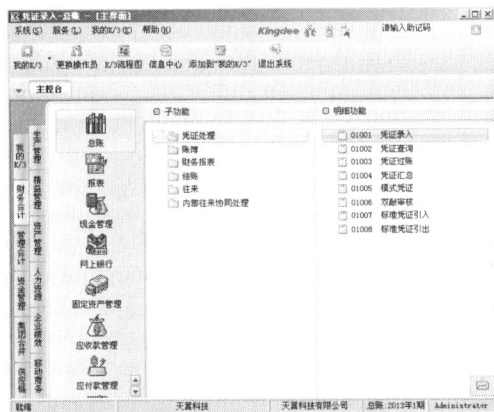

图 5-3 【主控台】界面

步骤 3:选择【系统设置】选项,单击【总账】子功能项,如图 5-4 所示。

步骤 4：双击【系统参数】明细功能项，打开【系统参数】对话框，在【系统】选项卡下设置账套公司的名称、地址以及电话等信息，如图 5-5 所示。

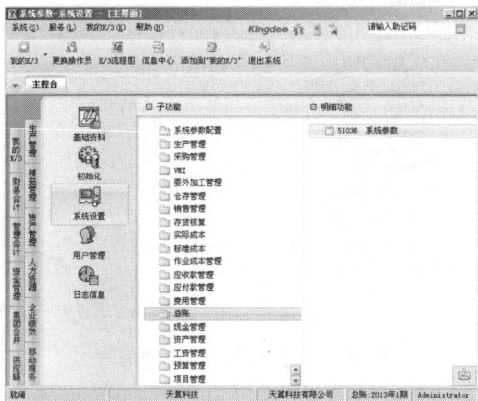

图 5-4　选择【总账】子功能项

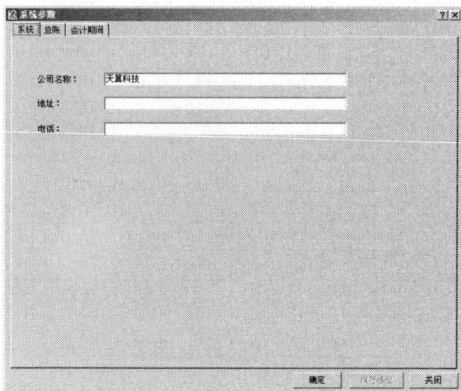

图 5-5　【系统参数】对话框

步骤 5：选择【总账】标签，进入【总账】选项卡，其中包含【基本信息】、【凭证】、【预算】和【往来传递】四个标签，如图 5-6 所示。

步骤 6：在【基本信息】界面用户需要输入本年利润科目和利润分配科目，或是单击【本年利润科目】和【利润分配科目】右侧的■按钮，从打开的【会计科目】对话框中选择相应的科目，如图 5-7 所示。

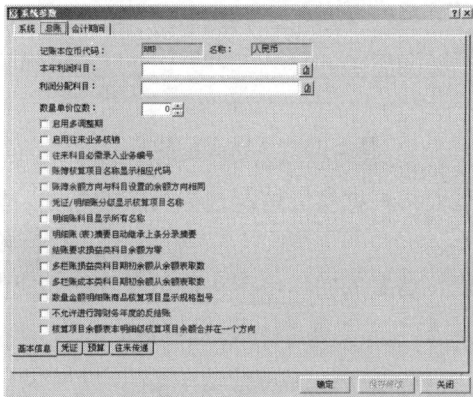

图 5-6　【总账】设置界面

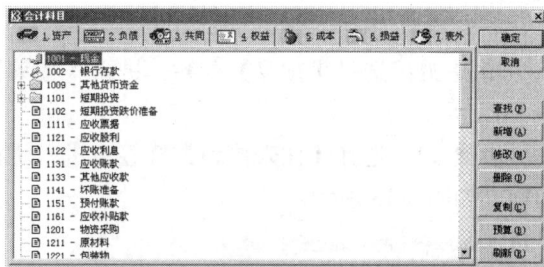

图 5-7　【会计科目】对话框

步骤 7：选择完毕后，单击【确定】按钮，返回到【总账】选项卡下的【基本信息】界面，然后根据企业实际需要选取相应的复选框，如图 5-8 所示。

步骤 8：如果选中【启用多调整期】复选框，则【系统参数】对话框中会多出一个【调整期间】选项卡，如图 5-9 所示。

步骤 9：切换到【调整期间】选项卡，即可对总账的调整期间进行相应的设置，如图 5-10 所示。

步骤 10：选择【总账】选项卡中的【凭证】标签，进入【凭证】界面，根据需要设置相应的复选框，如图 5-11 所示。

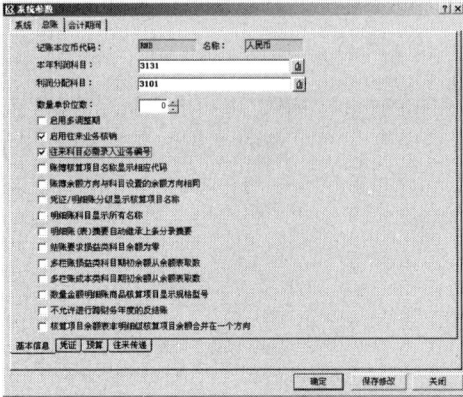

图 5-8　【总账】选项卡

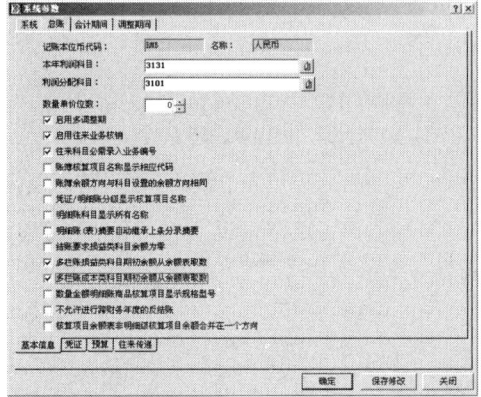

图 5-9　【调整期间】选项卡

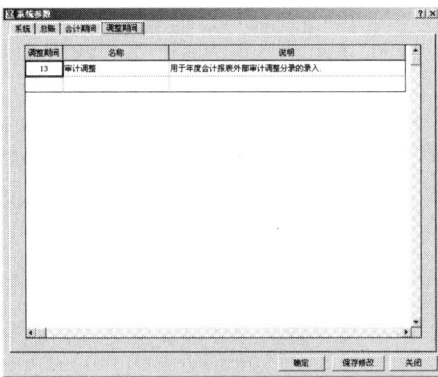

图 5-10　对调整期间进行设置

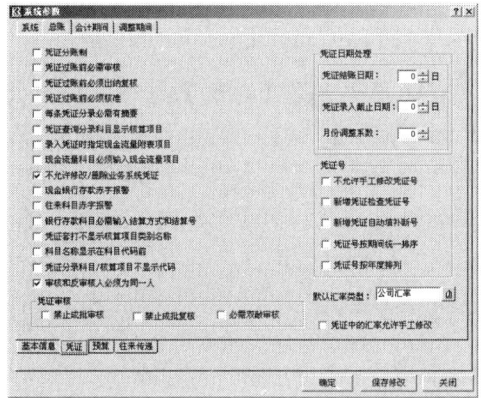

图 5-11　【凭证】界面

步骤 11：选择【预算】标签，进入【预算】界面，根据实际情况选择相应的选项，如图 5-12 所示。

步骤 12：选择【往来传递】标签，进入【往来传递】界面，根据实际情况选择相应的选项，如图 5-13 所示。

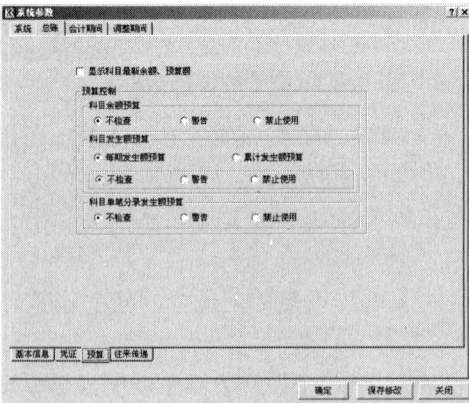

图 5-12　【预算】界面

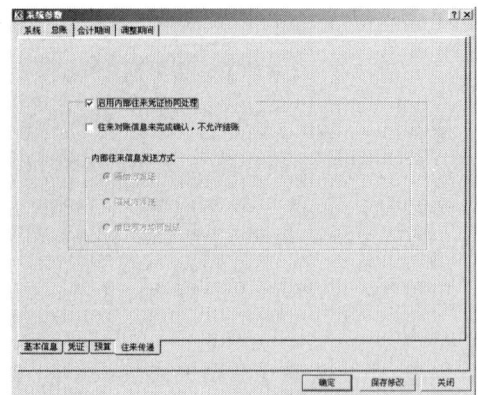

图 5-13　【往来传递】界面

步骤 13：选择【会计期间】标签，进入【会计期间】选项卡，由于在启用账套时已经设置了账套的会计期间、启用会计年度、启用会计期间等参数，因此这里只能查看而不能修改，如图 5-14 所示。

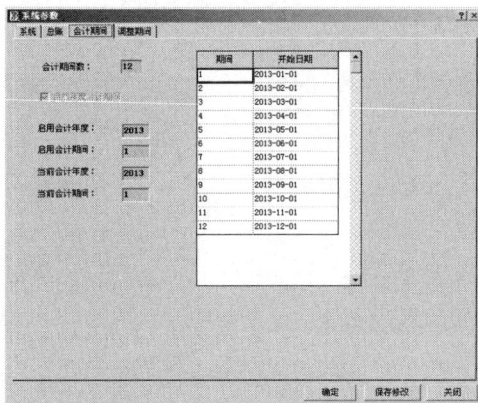

图 5-14　【会计期间】选项卡

步骤 14：单击【保存修改】按钮，可以将用户所做的设置保存到系统中，但不关闭系统设置对话框；单击【确定】按钮，则可在保存用户设置的同时关闭【系统设置】对话框。

5.1.3　实训 2　录入科目初始数据

录入科目初始数据的具体操作步骤如下。

步骤 1：在【主控台】界面中，选择【初始化】系统功能项下的【总账】子功能项，进入到总账初始化界面，如图 5-15 所示。

步骤 2：双击【科目初始数据录入】选项，进入【初始余额录入】窗口，如图 5-16 所示。

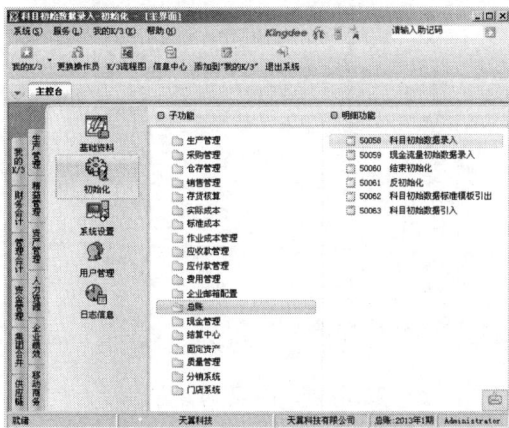

图 5-15　总账初始化界面

图 5-16　【初始余额录入】窗口

步骤 3：在【币别】下拉列表框中选择币种，在【原币】列中输入初始数据，如图 5-17 所示。

提示： 初始数据录入窗口最左侧显示的数字按钮 1、2 表示科目级次，选择不同的数字可以录入不同级次科目的初始数据。

步骤 4： 单击工具栏上的【过滤】按钮，打开【过滤条件】对话框，在其中设置科目的级次和代码等内容，如图 5-18 所示。

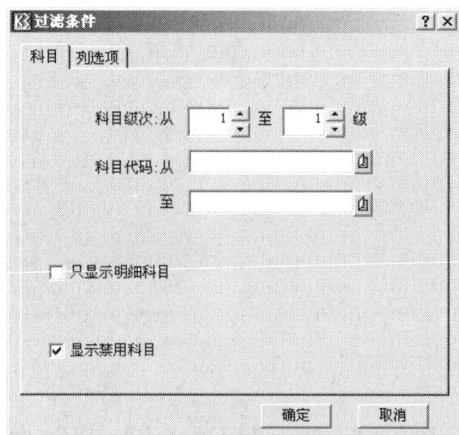

图 5-17　【原币】栏目　　　　　　　　图 5-18　【过滤条件】对话框

步骤 5： 切换到【列选项】选项卡，在其中设置科目的【数量列】和【损益列】，如图 5-19 所示。

步骤 6： 单击【确定】按钮，科目初始余额录入窗口中显示出所需要的科目，如图 5-20 所示。

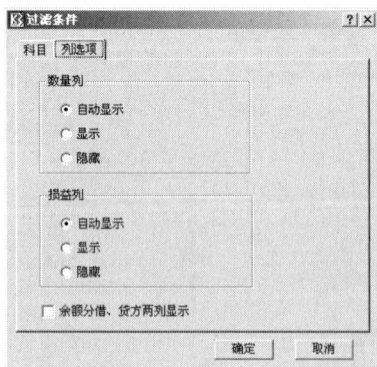

图 5-19　【列选项】选项卡　　　　　　图 5-20　显示所需要的科目

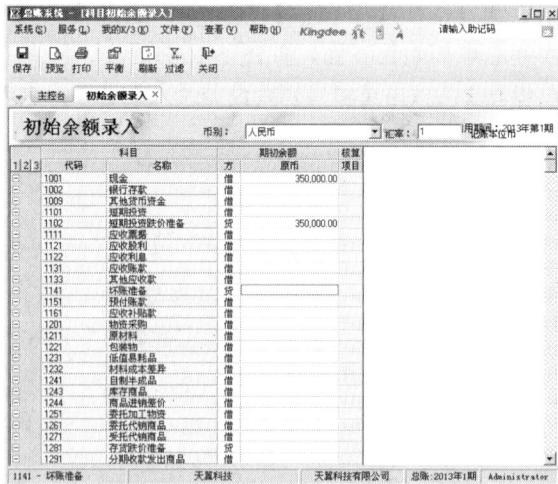

步骤 7： 当数据全部录入之后，单击工具栏上的【平衡】按钮，系统将对录入的数据进行试算平衡，并弹出试算平衡表以报告试算结果，如果试算不平衡，则总账系统不能结束初始化，如图 5-21 所示。

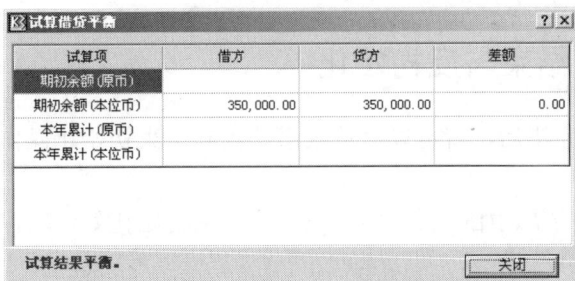

图 5-21   【试算借贷平衡】对话框

5.1.4   实训 3   录入现金流量初始余额

如果用户新建账套不是启用会计年度的第一个会计期间，则需要录入现金流量初始数据。

其具体的操作步骤如下。

步骤 1：在总账的【初始化】界面中双击【现金流量初始数据录入】选项，即可进入【现金流量初始余额录入】界面，在其中选择币别，然后在显示的白色栏中输入相应项目的初始数据，如图 5-22 所示。

步骤 2：当初始数据录入完毕之后，单击工具栏上的【检查】按钮，即可检查现金流量项目间的勾稽关系的正确性。如果数据相等，则给出检查正确的提示，如图 5-23 所示。

图 5-22   【现金流量初始余额录入】界面

图 5-23   提示数据检查正确

步骤 3：如果数据检查结果不正确，则不允许系统初始化，并会提示不正确的原因，如图 5-24 所示。

图 5-24   提示数据不正确的原因

5.1.5 实训 4 结束与反初始化

所有的数据输入完毕后，就可以对总账系统实施结束初始化操作，方法很简单，具体的操作步骤如下。

步骤 1：在总账的【初始化】界面中双击【结束初始化】选项，打开【初始化】对话框，如图 5-25 所示。

步骤 2：单击【开始】按钮，即可完成初始化的结束操作，如图 5-26 所示。

步骤 3：完成初始化后，在尚未进行日常业务处理之前，如果发现初始化的数据存在错误，可以双击【反初始化】选项，打开【初始化】对话框，单击【开始】按钮即可完成反初始化操作，并给出如图 5-27 所示的提示。

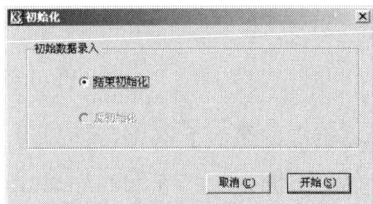

图 5-25 【初始化】对话框   图 5-26 金蝶提示   图 5-27 金蝶提示

💡 **注意**： 只有在没有进行日常业务处理前，才能够进行结束初始化和反初始化的操作。

5.2 凭 证 处 理

会计凭证是整个会计核算系统的主要数据来源，是整个核算系统的基础，会计凭证的正确性将直接影响整个会计信息系统的真实性、可靠性，因此必须保证会计凭证录入数据的正确性。

5.2.1 实训 5 填制凭证

金蝶 K3 系统的凭证录入功能为用户提供了一个仿真的凭证录入环境，在这里，用户可以将制作好的记账凭证录入电脑，也可以根据原始单据直接在这里制作记账凭证。

凭证录入的具体操作步骤如下。

步骤 1：在【主控台】界面中，选择【财务会计】标签，单击【总账】系统功能项下的【凭证处理】子功能项，进入凭证处理界面，如图 5-28 所示。

步骤 2：双击【凭证录入】选项，打开【总账系统-[记账凭证-新增]】窗口，在其中选择相应的凭证字、凭证日期、业务日期，并输入该凭证的"参考消息"，如图 5-29 所示。

💡 **注意**： 若在总账【系统参数】对话框中选中【不允许手工修改凭证号】复选框，则在凭证录入窗口中不允许更改系统自动产生的凭证号，如图 5-30 所示。

步骤 3：单击第 1 条分录的【摘要】栏，输入凭证摘要。若用户已经设置了凭证摘要库，则可以按 F7 快捷键，打开【凭证摘要库】对话框，在其中选择相应的凭证摘要，如图 5-31 所示。

图 5-28　凭证处理界面

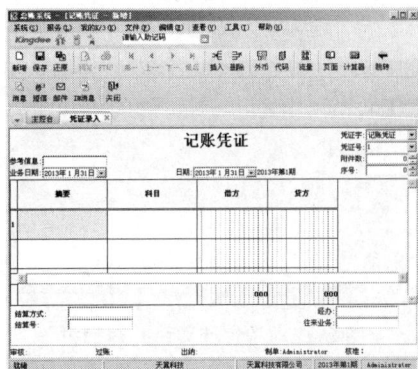

图 5-29　【总账系统-[记账凭证-新增]】窗口

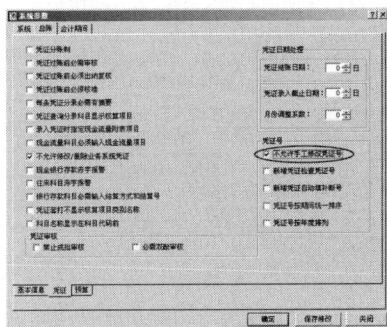

图 5-30　【系统参数】对话框

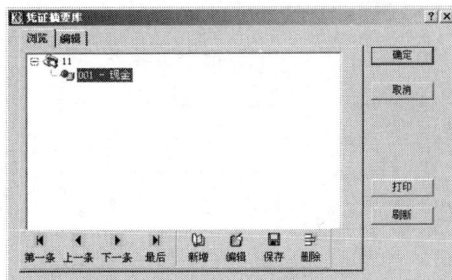

图 5-31　【凭证摘要库】对话框

步骤 4：单击第 1 条分录的【科目】栏或按 F7 快捷键，打开【会计科目】对话框，在其中选择具体的会计科目，如图 5-32 所示。

步骤 5：若录入的币别是外币，则需先单击工具栏上的【外币】按钮，将凭证格式显示为外币格式，然后在【原币金额】栏中输入外币金额，由系统自动计算出本位币金额。若录入的币别是本位币，可直接在【借方】或【贷方】栏中输入金额，如图 5-33 所示。

步骤 6：在录入好第 1 条分录之后，单击第 2 条分录的【摘要】栏并输入该分录的摘要，按照上述步骤录入该分录的科目和金额。重复上述步骤，直至录入完毕该凭证中包含的所有分录，如图 5-34 所示。

提示：若分录过多，可单击工具栏上的【插入】按钮，插入一条空白分录。若插入的空白分录条过多，可将光标置于多余的分录条中，单击工具栏上的【删除】按钮，将当前分录删除。

步骤 7：单击工具栏上的【保存】按钮，即可将录入的凭证保存到系统中，如图 5-35 所示。

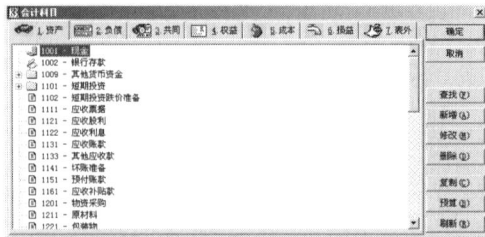

图 5-32　【会计科目】对话框

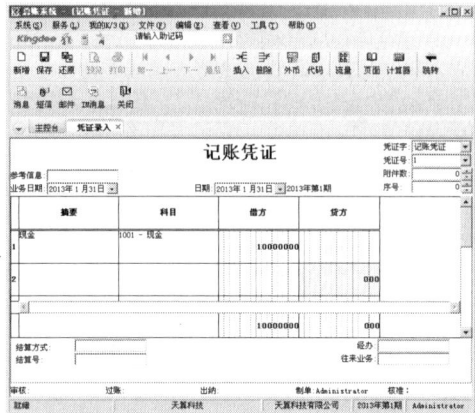

图 5-33　【凭证录入】界面

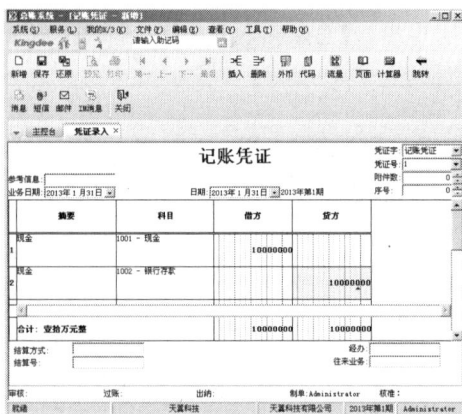

图 5-34　录入内容

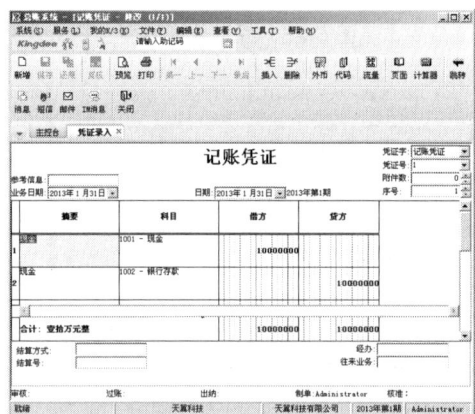

图 5-35　保存凭证

步骤 8：单击【新增】按钮，若当前凭证已经保存，则会再显示一张新的空白凭证，如图 5-36 所示；若当前凭证没有保存，则出现提示信息，单击【是】按钮，保存凭证后新增一张空白凭证；单击【否】按钮，则不保存当前凭证，并新增空白凭证。

图 5-36　新增凭证

5.2.2　实训 6　查询凭证

在金蝶 K3 系统中，运用凭证查询功能，可以快速查找到需要的凭证，具体的操作步骤如下。

步骤 1：在【凭证处理】界面中，双击【凭证查询】选项，打开【会计分录序时簿】窗口，同时弹出【会计分录序时簿 过滤】对话框，设置凭证查询的相关条件，如图 5-37 所示。

步骤 2：如果用户需要将过滤条件进行排序，可以切换到【排序】选项卡，选择需要进行排序的字段，单击 按钮，添加到【排序字段】列表框中，如图 5-38 所示。

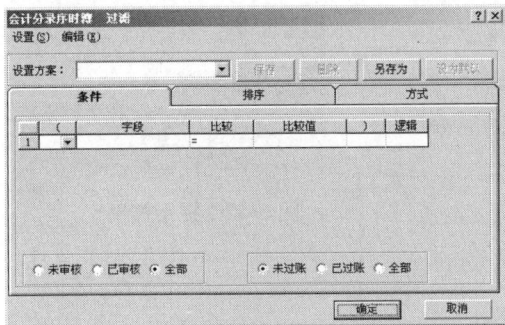

图 5-37　【会计分录序时簿 过滤】对话框

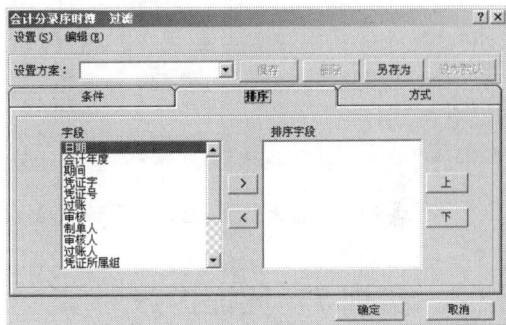

图 5-38　【排序】选项卡

步骤 3：切换到【方式】选项卡，可以设置凭证过滤的方式，如图 5-39 所示为选择【按凭证过滤】单选按钮时的对话框。若选择【按分录过滤】单选项，则无【凭证过滤】选项区。

步骤 4：单击【确定】按钮，将打开【会计分录序时簿】界面，在其中会显示出所有符合过滤条件的凭证，如图 5-40 所示。

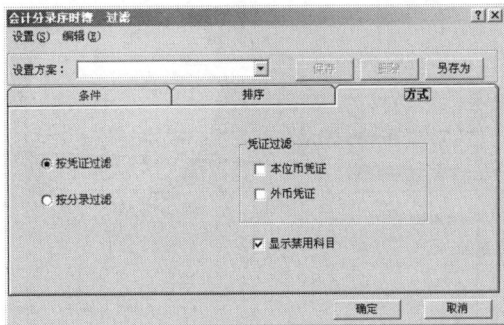

图 5-39　【方式】选项卡

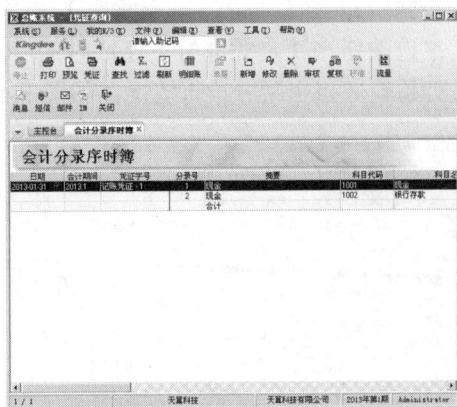

图 5-40　【会计分录序时簿】界面

步骤 5：在凭证的运用过程中，如果需要修改凭证的某些信息，可以在【会计分录序时簿】窗口中选择需要修改的凭证，单击工具栏上的【修改】按钮，打开【总账系统-[记账凭证-修改]】窗口，在其中进行相应信息的修改，如图 5-41 所示。

步骤 6：如果需要删除某一凭证，可以在【会计分录序时簿】界面中选择需要删除的凭证，然后单击工具栏上的【删除】按钮，在弹出的信息提示框中单击【是】按钮，完成删除操作，如图 5-42 所示。

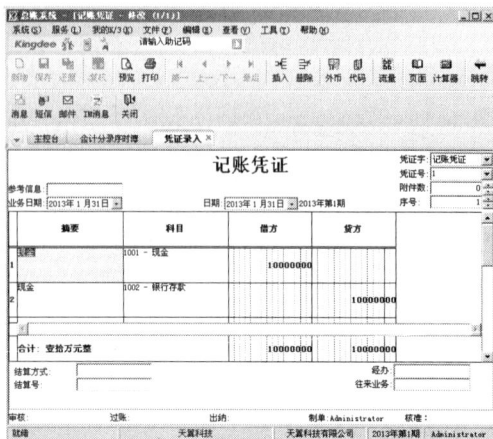

图 5-41　【总账系统-[记账凭证-修改]】窗口

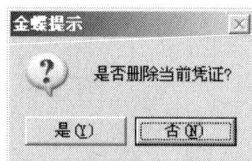

图 5-42　提示信息

5.2.3　实训 7　凭证过账

凭证过账是指系统将录入的记账凭证根据其会计科目登记到相关的明细账簿中的过程。在过账前应对记账凭证的内容仔细审核，因为系统只能检验出记账凭证中的数据关系错误，而无法检查业务逻辑关系。

进行凭证过账的具体操作步骤如下。

步骤 1：在【凭证处理】界面中，双击【凭证过账】选项，打开【凭证过账】对话框，在其中可以选择过账模式、凭证范围等参数，如图 5-43 所示。

步骤 2：在【凭证号不连续时】选项组中，可以通过选中【停止过账】或【继续过账】单选按钮来决定凭证号不连续时的应对措施。若单击【断号检查】按钮，则可对凭证号进行检查并报出断号检查情况，如图 5-44 所示。

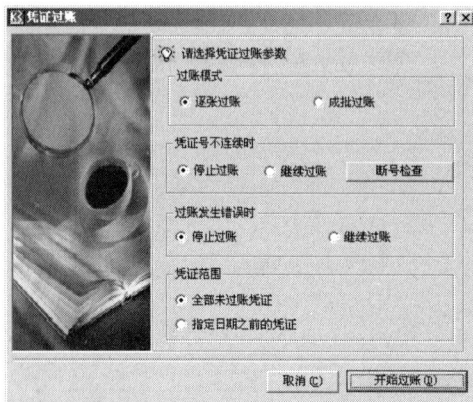

图 5-43　【凭证过账】对话框

图 5-44　【凭证断号检查】对话框

步骤 3：在【过账发生错误时】选项组中，可以通过选中【停止过账】或【继续过账】单选按钮来决定检查出凭证错误时的应对措施，如图 5-45 所示。

步骤 4：单击【开始过账】按钮，进入过账过程。此时可对所有记账凭证的数据关系进行检查，结果如图 5-46 所示。若在【过账发生错误时】选项区中选中【停止过账】单选项，则一旦发现错误将会给出错误提示信息并中止过账，更正错误之后则重新开始过账。

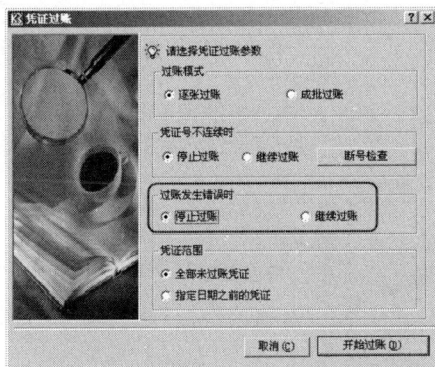

图 5-45   【过账发生错误时】选项组   图 5-46   凭证过账检查结果

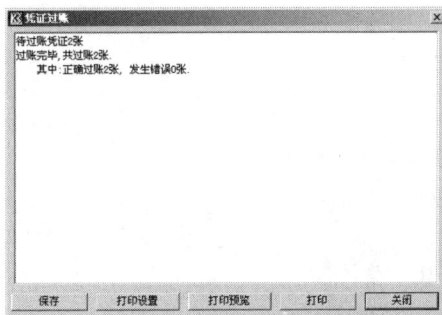

5.2.4   实训 8   凭证汇总

凭证汇总是指将记账凭证按照指定的范围和条件，汇总凭证中会计科目所对应的一级科目的借贷方发生额，并生成会计科目汇总表的过程。

进行凭证汇总的具体操作步骤如下。

步骤 1：在【凭证处理】界面中，双击【凭证汇总】明细功能项，打开【过滤条件】对话框，在其中选择过滤凭证的日期、科目级别、币别、范围以及凭证字范围，如图 5-47 所示。

步骤 2：单击【确定】按钮，即可显示系统自动生成的凭证汇总表，如图 5-48 所示。

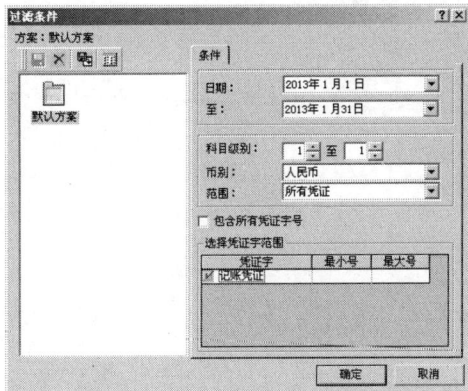

图 5-47   【过滤条件】对话框   图 5-48   显示凭证汇总表

5.2.5　实训 9　引出标准凭证

企业财务作为 MIS(管理信息系统)的一部分，需要与 MIS 系统中的其他业务系统进行数据交换，这就需要借助金蝶的引入与引出标准凭证功能，使得财务系统可以从其他模块引入数据和引出数据。

引出标准凭证的具体操作步骤如下。

步骤 1：在【凭证处理】明细功能项中双击【标准凭证引出】明细功能项，打开【引出到标准凭证】对话框，如图 5-49 所示。

步骤 2：单击【下一步】按钮，进入第一步，用户需要指定凭证库或格式文件的保存路径，如图 5-50 所示。

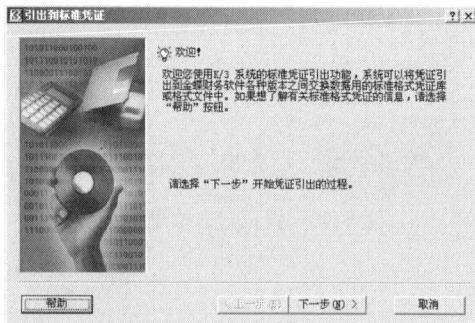

图 5-49　【引出标准凭证】对话框

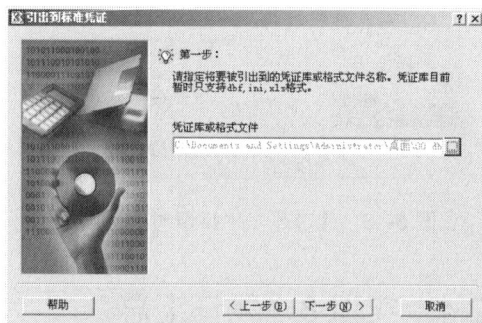

图 5-50　设置路径选择

步骤 3：单击【下一步】按钮，进入第二步，从中设置引出凭证的范围，如图 5-51 所示。

步骤 4：单击【下一步】按钮，进入第三步，从中选择操作方式，如图 5-52 所示。

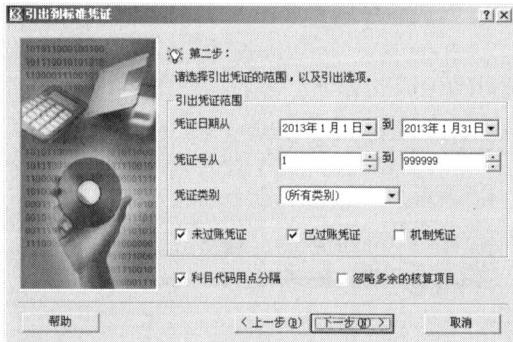

图 5-51　设置引出凭证范围

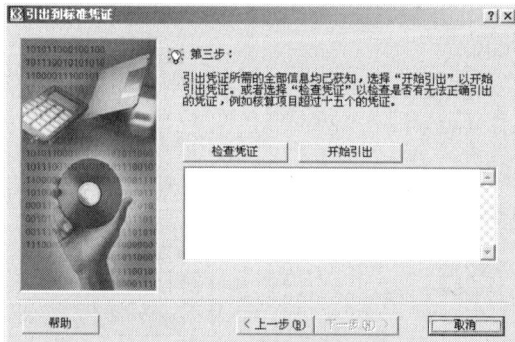

图 5-52　选择操作方式

步骤 5：单击【检查凭证】按钮，即可检验凭证的信息，如图 5-53 所示。

步骤 6：单击【开始引出】按钮，即可实现标准凭证的引出操作，如图 5-54 所示。

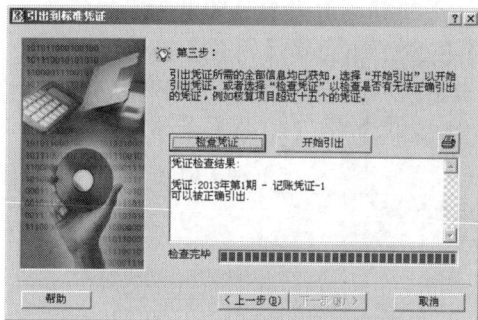

图 5-53　检验凭证的信息

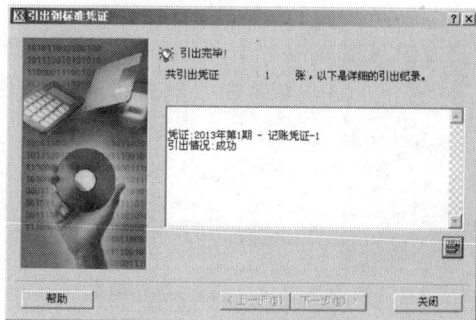

图 5-54　引出凭证

5.2.6　实训 10　引入标准凭证

引入标准凭证的具体操作步骤如下。

步骤 1：在【凭证处理】明细功能项中双击【标准凭证引入】明细功能项，打开【引入标准凭证】对话框，如图 5-55 所示。

步骤 2：单击【下一步】按钮，进入【第一步】界面，指定凭证库或格式文件的保存路径，如图 5-56 所示。

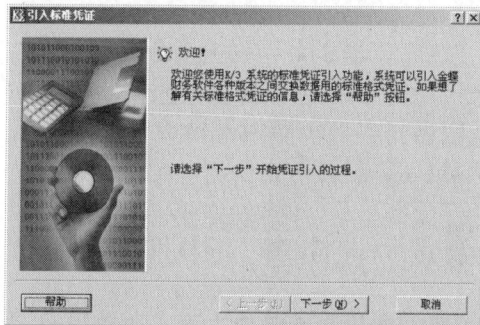

图 5-55　【引入标准凭证】对话框

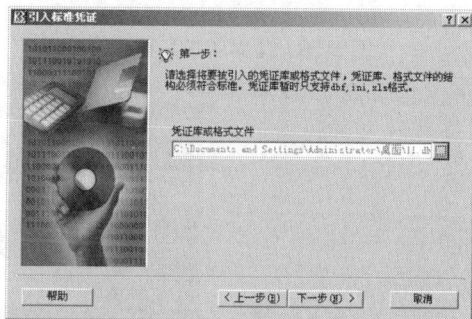

图 5-56　【第一步】界面

步骤 3：单击【下一步】按钮，进入【第二步】界面，设置引入凭证的范围，如图 5-57 所示。

步骤 4：单击【下一步】按钮，进入【第三步】界面，选择在凭证引入过程中，若凭证有错误时的处理方式，如图 5-58 所示。

步骤 5：单击【下一步】按钮，进入【第四步】界面，如图 5-59 所示。

步骤 6：单击【检查凭证错误】按钮，即可检查引入凭证是否有错误，并把检查结果显示出来，如图 5-60 所示。

步骤 7：单击【开始引入】按钮，即可将标准凭证引入到总账系统中，如图 5-61 所示。

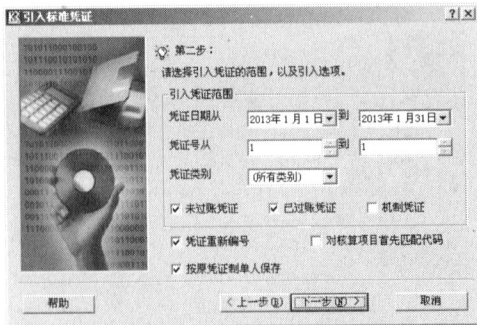

图 5-57　【第二步】界面

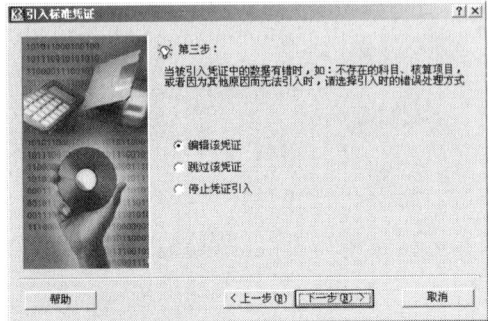

图 5-58　【第三步】界面

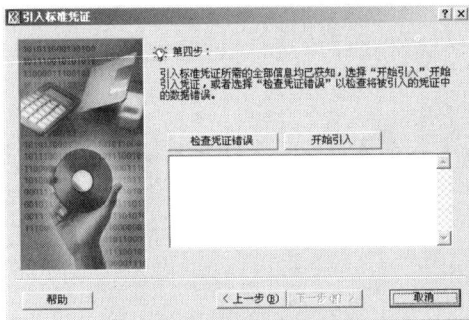

图 5-59　【第四步】界面

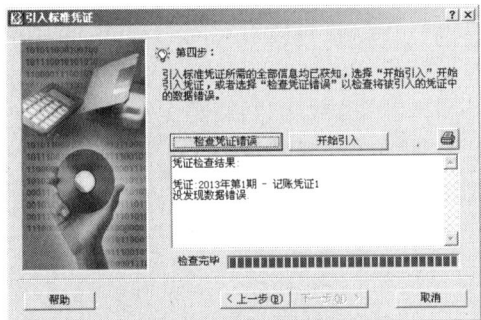

图 5-60　凭证检查结果

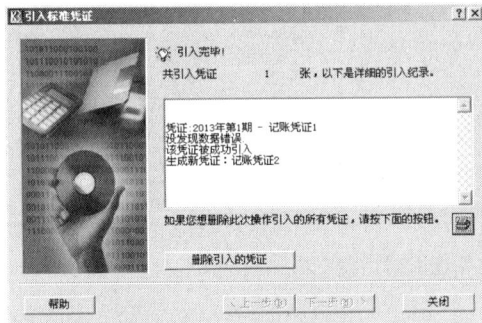

图 5-61　凭证引入完毕

5.3　凭证审核

制作完一张凭证后，如果确认无误，下一步就要对凭证进行审核。需要注意的是，凭证审核与制单不能是同一个人，而且要有审核权限，因此需要更改登录人员。

5.3.1　实训 11　普通审核

具体的操作步骤如下。

步骤 1：在【会计分录序时簿】窗口中选中需要审核的凭证，然后单击工具栏上的【审核】按钮，进入凭证审核窗口，如图 5-62 所示。

步骤 2：单击【审核】按钮，在凭证下方的审核人处即可显示出当前操作员的名字，如图 5-63 所示。

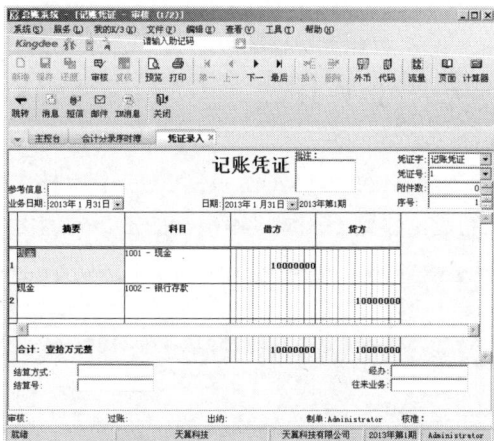

图 5-62　需要审核的凭证

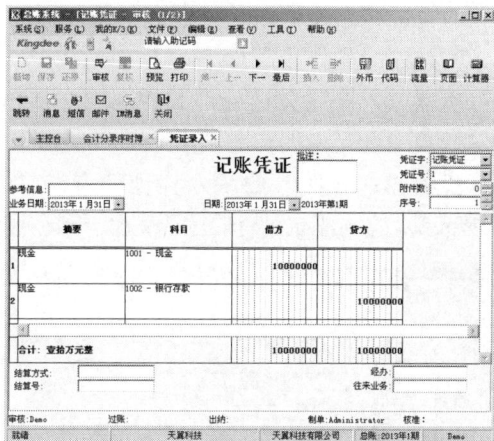

图 5-63　记账凭证

步骤 3：用户如果要取消审核，只需再次单击工具栏上的【审核】按钮，即可取消凭证审核(即反审核)，如图 5-64 所示。

步骤 4：选择【编辑】➤【成批审核】菜单项，将弹出【成批审核凭证】对话框，在其中可以成批地审核凭证或反审核凭证，如图 5-65 所示。

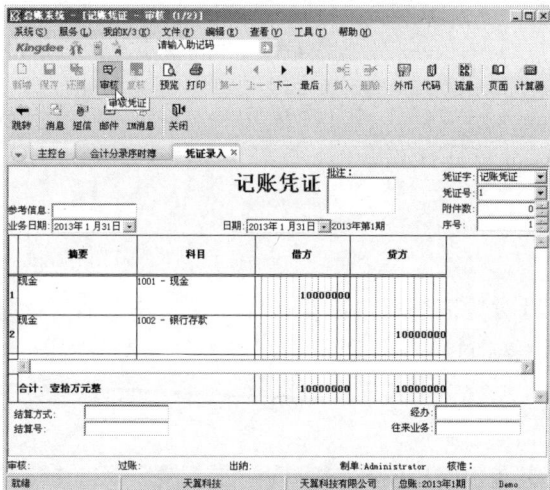

图 5-64　取消凭证审核

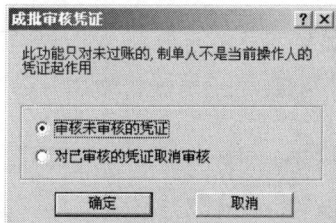

图 5-65　【成批审核凭证】对话框

💡 **注意：** 在审核凭证时，若发现凭证有错则审核不会通过。在凭证上提供了一个文本编辑框，即批注录入框，可以在批注录入框中注明凭证出错的地方，以便凭证制单人修改。凭证修改后批注内容自动清空，凭证就可以审核通过。

5.3.2　实训 12　双敲审核

在金蝶 K3 系统中，除了可以对凭证进行普通审核之外，还可以进行双敲审核。双敲审核是指通过二次录入凭证的方式对已录入的凭证进行审核，只有第二次录入的凭证与已录入的凭证完全相同时，才能通过审核。

其具体的操作步骤如下。

步骤 1：在【凭证处理】界面中，双击【双敲审核】明细功能项进入【凭证审核】界面，在其中选择未经审核的凭证字和凭证号，如图 5-66 所示。

步骤 2：按照一般录入凭证的方法录入会计分录，然后单击工具栏上的【审核】按钮，若录入的凭证与已有的凭证完全一致，则审核通过，否则不能通过审核，如图 5-67 所示。

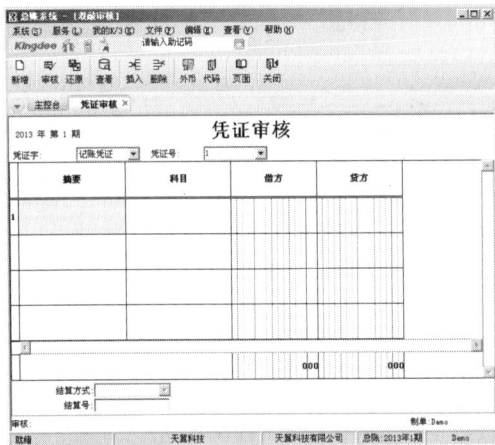

图 5-66　【凭证审核】界面	图 5-67　审核通过

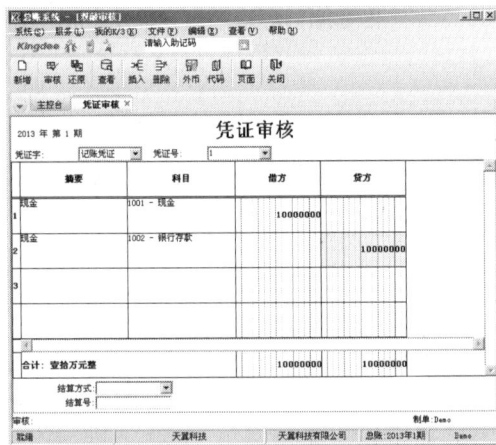

> **提示**：用户可以在该窗口中连续审核多张凭证，进行【双敲审核】操作时也应遵循审核人和制单人不为同一个人的原则。

5.3.3　实训 13　出纳复核

如果登录的用户具有出纳权限，还可以对凭证进行出纳复核操作，但是出纳复核是有条件的，就是在系统初始化时必须选中【凭证过账前必须出纳复核】复选框，如图 5-68 所示。

其具体的操作步骤如下。

步骤 1：在【会计分录序时簿】界面中选中需要复核的审核凭证，然后单击【复核】按钮，进入【总账系统-[记账凭证-复核]】窗口，如图 5-69 所示。

步骤 2：单击工具栏上的【复核】按钮，在出纳人处显示操作员的名字，即可完成复核操作，如图 5-70 所示。

> **注意**：当凭证经过复核后，如果再次进入凭证复核界面，结算方式和结算号都不允许再修改。如果要修改，则需要取消复核标记。

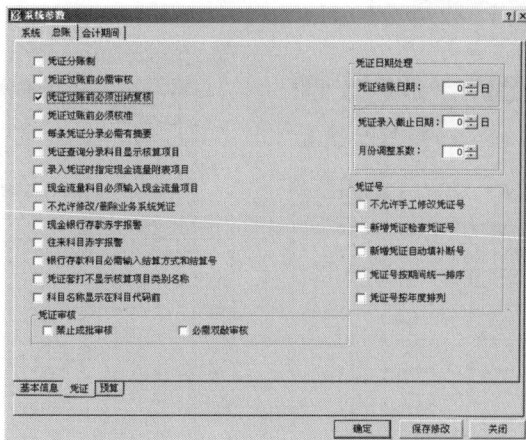

图 5-68　【系统参数】对话框

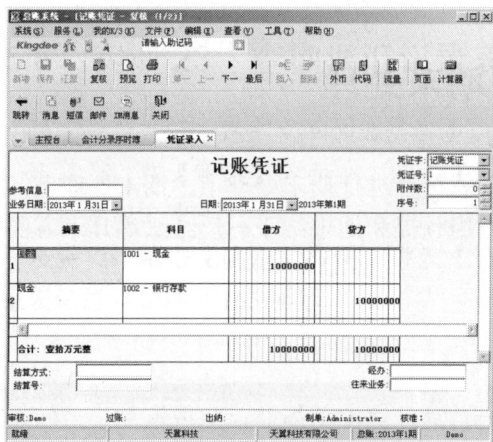

图 5-69　【总账系统-[记账凭证-复核]】窗口

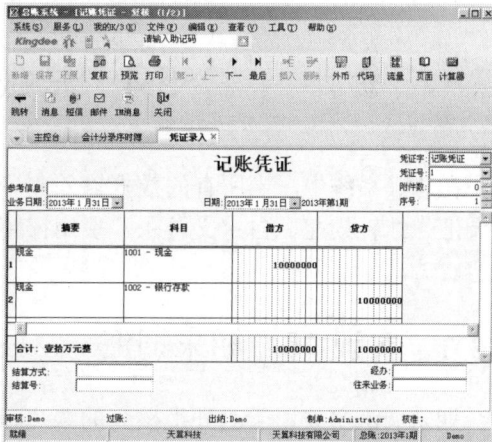

图 5-70　完成复核操作

5.3.4　实训 14　主管核准

凭证核准是指在审核的基础上增加的会计主管核准的功能，对于已结账的凭证，不允许使用该功能。

其具体的操作步骤如下。

步骤 1：在【会计分录序时簿】界面中选择已审核过的凭证，然后单击工具栏上的【核准】按钮，进入记账凭证核准窗口，如图 5-71 所示。

步骤 2：单击工具栏上的【核准】按钮，在核准人处即可显示当前操作员的名字，如图 5-72 所示。

提示：　用户如果要撤销核准操作，则只需再次单击【核准】按钮即可。核准与反核准必须是同一个人，否则不能反核准。

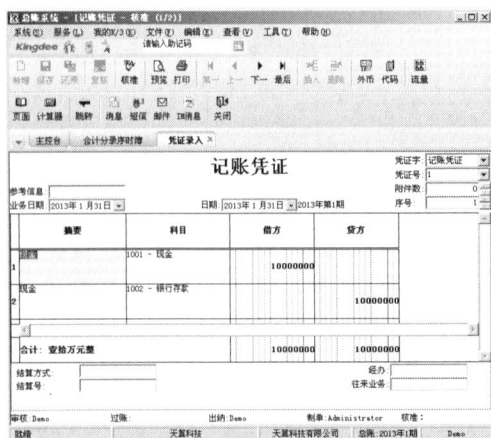

图 5-71 【记账凭证】界面

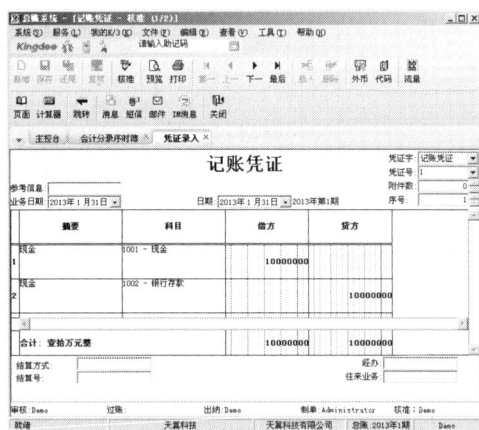

图 5-72 完成核准记账凭证

5.4 总账的期末处理

在总账系统中,当所有的数据输入完毕后,就可以进行期末处理了。期末处理包括期末调汇、结转损益、自定义转账、费用摊销、费用预提和期末结账与反结账等几个方面的内容。

5.4.1 实训 15 期末调汇

期末调汇主要用于对外币核算的账户在期末自动计算汇兑损益,生成汇兑损益转账凭证及期末汇率调整表。

1. 指定期末调整汇率

由于只有在【会计科目】中设定为【期末调汇】的科目才会进行期末调汇处理,而且所有涉及外币业务的凭证和要调汇的会计科目必须全部录入完毕并审核过账。因此,指定期末调整汇率的操作需要在【基础资料】的【币别-新增】对话框中进行,如图 5-73所示。

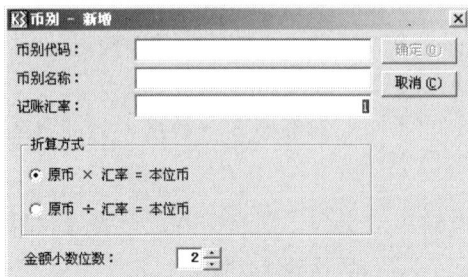

图 5-73 【币别-新增】对话框

2. 生成汇兑损益凭证

在指定期末调整汇率后，就可以生成汇兑损益凭证了，具体的操作步骤如下。

步骤 1：在【主控台】界面中，选择【财务会计】标签，单击【总账】系统功能项下的【结账】子功能项，进入【结账】界面，如图 5-74 所示。

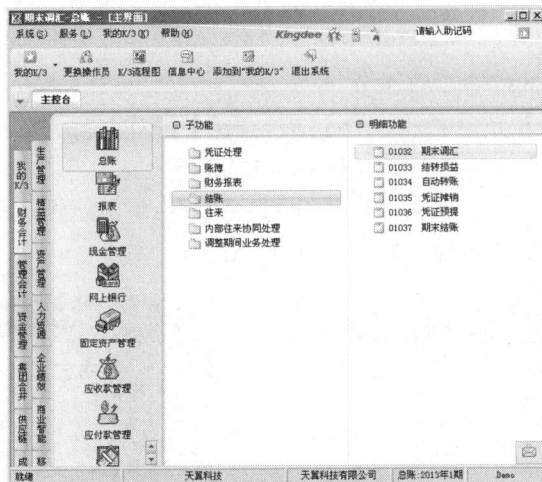

图 5-74　【结账】界面

步骤 2：双击【期末调汇】选项，打开【期末调汇】对话框，在其中根据实际需要调整汇率，如图 5-75 所示。

步骤 3：单击【下一步】按钮，在其中选择汇兑损益科目以及生成凭证的类型，并设置生成凭证的日期、凭证字、凭证摘要等选项，如图 5-76 所示。

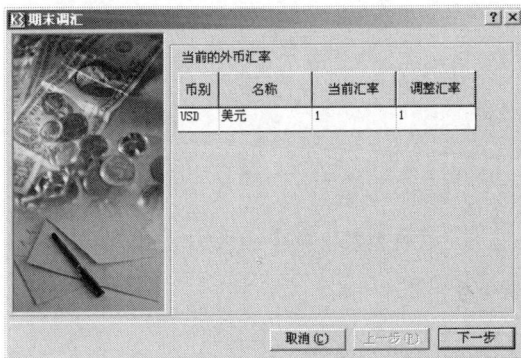

图 5-75　【期末调汇】对话框

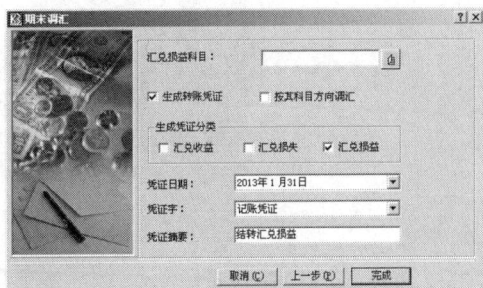

图 5-76　设置凭证的参数

步骤 4：单击【完成】按钮，即可生成一个新凭证。

注意：(1) 参与期末调汇的会计科目及核算项目下的汇兑差额转入汇兑损益科目，暂不实现下设核算项目的对应结转。

(2) 只有在【会计科目】中设定为【期末调汇】的科目，才会进行期末调汇处理。

(3) 所有涉及外币业务的凭证和要调汇的会计科目，需要全部录入并审核过账。

5.4.2　实训 16　结转损益

期末时，应将各损益类科目的余额转入"本年利润"科目，以反映企业在一个会计期间内实现的利润或亏损总额。

1. 设置结转损益参数

设置结转损益参数的操作步骤如下。

步骤 1：在【结账】界面中，双击【结转损益】选项，打开【结转损益】对话框，在其中查看有关结转损益的说明性信息，如图 5-77 所示。

步骤 2：单击【下一步】按钮，在打开的对话框中将显示损益类科目对应本年利润科目列表，在其中选择相应的科目，如图 5-78 所示。

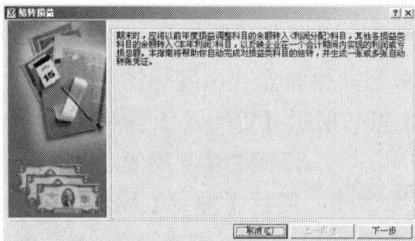

图 5-77　【结转损益】对话框

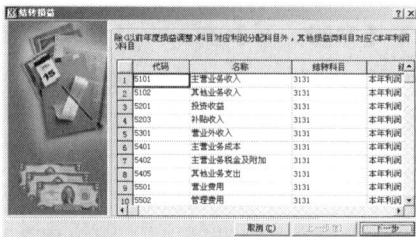

图 5-78　选择相应的科目

步骤 3：单击【下一步】按钮，即可设置生成凭证的相关选项参数，如图 5-79 所示。

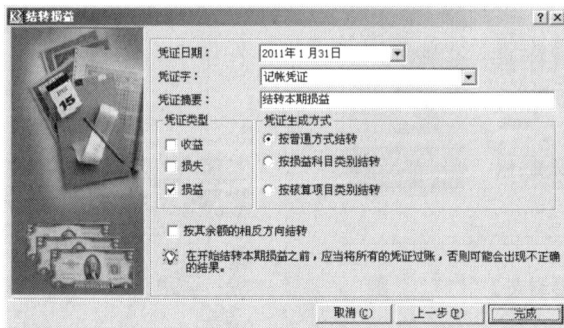

图 5-79　设置生成凭证

2. 生成结转损益凭证

结转损益参数设置完成后，下面就可以生成结转损益凭证了。操作步骤为：在【结转损益】对话框中单击【完成】按钮，系统将自动完成结转损益，并提示生成转账凭证的信息，再次单击【确定】按钮，完成结转过程，如图 5-80 所示。

💡 **注意：**　如果需要进行结转损益操作，则必须在系统参数中设置本年利润科目，如图 5-81 所示。在生成凭证时，系统将会提示生成的凭证号，可以在会计分录序时簿中进行结转损益生成的凭证的查询。

图 5-80　金蝶提示

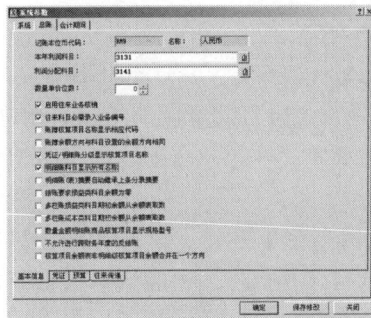

图 5-81　【系统参数】对话框

5.4.3　实训 17　自定义转账

为了总结某一会计期间(如月度和年度)的经营活动情况，必须定期进行结账。结账之前，按企业财务管理和成本核算的要求，必须进行制造费用、产品生产成本的结转，期末调汇及损益结转等工作。为了方便用户，金蝶 K3 系统提供了能够自动生成可按比例转出指定科目的"发生额""余额""最新发生额""最新余额"等项数值，并生成会计凭证的功能——"自动转账"功能。

1. 手动转账

在日常账务处理过程中，手工转账的具体操作步骤如下。

步骤 1：在【结账】界面中，双击【自动转账】选项，打开【自动转账凭证】对话框，如图 5-82 所示。

步骤 2：单击【编辑】标签，进入【编辑】选项卡，如图 5-83 所示。

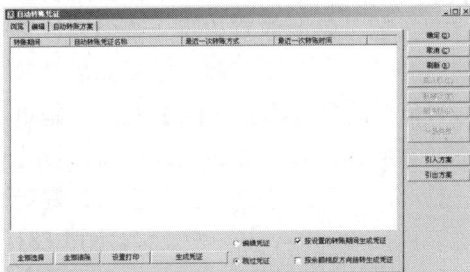

图 5-82　【自动转账凭证】对话框

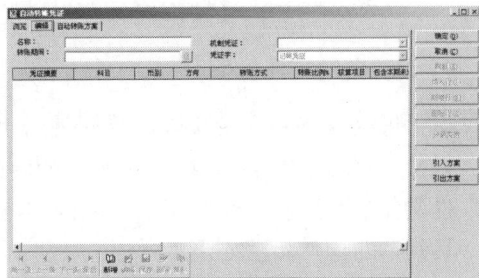

图 5-83　【编辑】设置界面

步骤 3：单击【新增】按钮，在【编辑】选项卡中插入一新行，在其中设置转账凭证的相关选项，如图 5-84 所示。

步骤 4：单击【转账期间】右侧的 ⬜ 按钮，打开【自动转账凭证】对话框，在其中选择需要转账的会计期间，如图 5-85 所示。

步骤 5：展开【机制凭证】下拉列表框，可选择【否】、【期末调汇】、【结转损益】、【自动转账】等选项，并选择相应的凭证字，然后在下面的文本框中添加相应的科目内容，如图 5-86 所示。

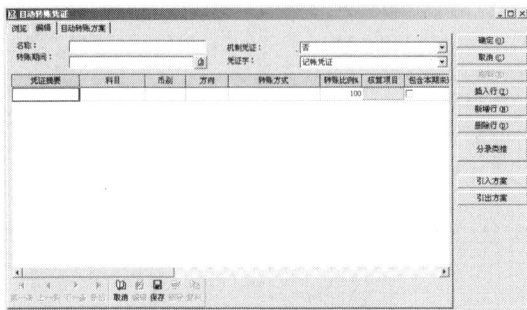

图 5-84　设置转账凭证

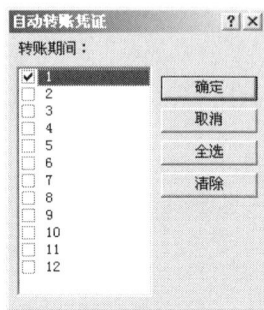

图 5-85　【自动转账凭证】对话框

步骤 6：单击【保存】按钮，即可将设置保存到系统中，并在【浏览】选项卡的列表框中显示出来。在选取一个或几个凭证名称之后，单击【生成凭证】按钮，即可完成自动转账操作，如图 5-87 所示。

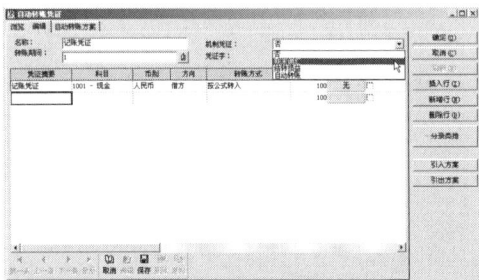

图 5-86　选择凭证信息

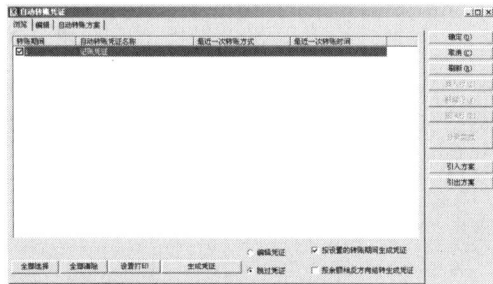

图 5-87　完成自动转账

💡 **注意：**　　【按余额相反方向结转生成凭证】复选框只对自定义转账中的【按比例转出余额】、【按比例转出借方发生额(贷方发生额)】有效。

2. 设置自动转账方案

除了可以进行手动转账外，用户还可以在【自动转账方案】选项卡中设置自动转账方案，以让系统在指定的时间，将所选的转账凭证进行自动转账，从而减少了自己的工作量，也避免了因某些原因而忘记转账的问题。

其具体的操作步骤如下。

步骤 1：在【自动转账凭证】对话框中切换到【自动转账方案】选项卡，如图 5-88 所示。

步骤 2：单击【新建方案】按钮，打开【自动转账方案设置】对话框，在其中选择需要进行自动转账的凭证，如图 5-89 所示。

步骤 3：单击【增加】按钮，将其从左侧列表框添加到右侧列表框，同时还可以指定自动转账方案执行的时间，并在【方案名称】文本框中输入方案的名称，如图 5-90 所示。

步骤 4：单击【保存】按钮，即可关闭该对话框并返回到【自动转账凭证】对话框中。

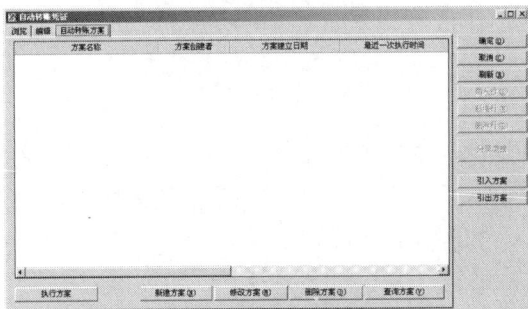

图 5-88　【自动转账方案】选项卡

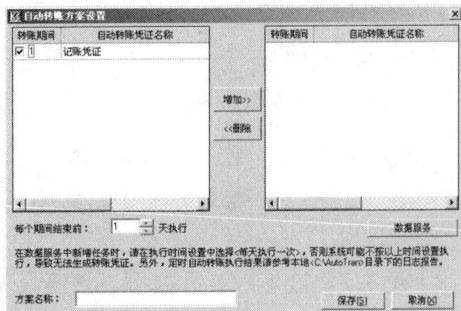

图 5-89　【自动转账方案设置】对话框

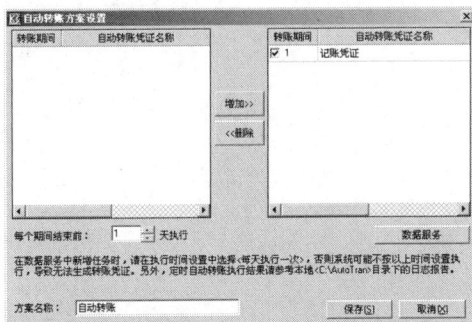

图 5-90　输入方案的名称

3. 生成自动转账凭证

在设置完自动转账凭证方案后，就可以在【自动转账方案】选项卡中显示出设置好的自动转账方案，如图 5-91 所示。

单击【执行方案】按钮，即可启动自动转账操作，转账结果如图 5-92 所示。单击【确定】按钮，即可保存转账方案并退出【自动转账凭证】对话框。

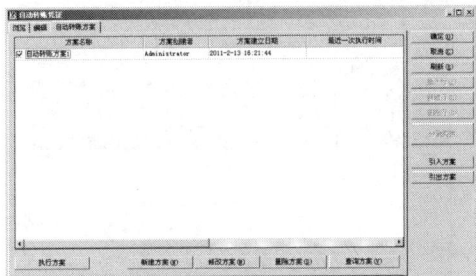

图 5-91　【自动转账方案】选项卡

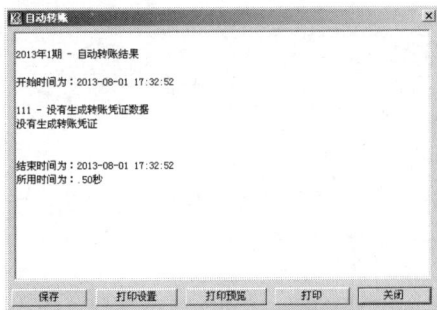

图 5-92　【自动转账】对话框

5.4.4　实训 18　费用摊销

凭证摊销是指对已经计入待摊费用的数据进行每一期的摊销，将其转入费用类科目，例如预付保险费、固定资产修理费用等。通过系统的处理，可以减少用户每个期间都需要手工录入类似凭证的工作量。系统既提供了手工执行费用摊销功能，也可以设置由系统在后台定时自动执行。

1. 设置费用摊销方案

实现凭证摊销的第一步是制作摊销凭证，具体的操作步骤如下。

步骤 1：在【结账】界面中，双击【凭证摊销】选项，打开【凭证摊销】窗口，并弹出【过滤条件】对话框，设置相应的过滤条件，如图 5-93 所示。

步骤 2：单击【确定】按钮，进入【凭证摊销】窗口，如图 5-94 所示。

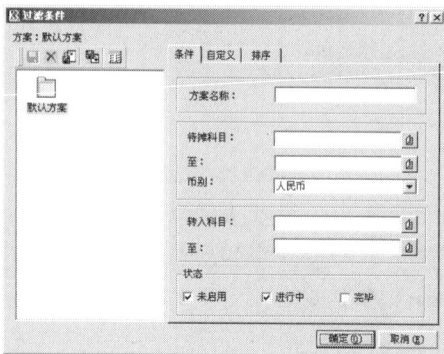

图 5-93 【过滤条件】对话框

图 5-94 【凭证摊销】窗口

步骤 3：单击工具栏上的【新增】按钮，打开【方案设置-新增】对话框，在其中输入方案名称、凭证摘要，选择凭证字、币别之后，再设置待摊科目及其总金额、转入费用科目、摊销金额等选项，如图 5-95 所示。

步骤 4：单击【保存】按钮，即可将设置保存到系统中，单击【关闭】按钮，返回【凭证摊销】窗口，在其中可以看到新增的摊销方案，如图 5-96 所示。

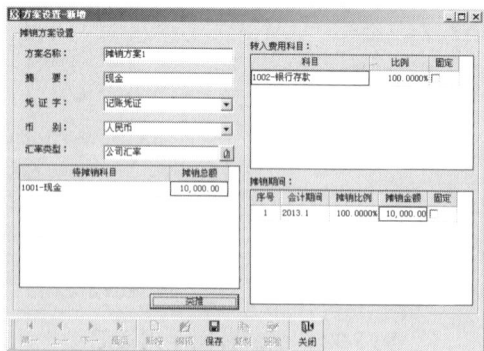

图 5-95 【方案设置-新增】对话框

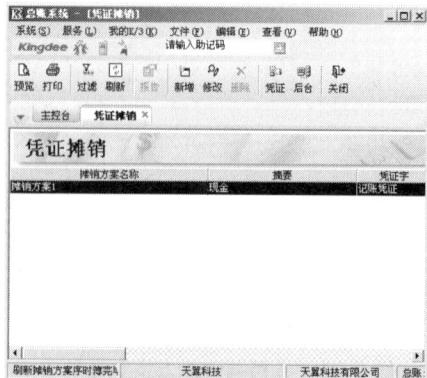

图 5-96 【凭证摊销】窗口

步骤 5：单击工具栏上的【过滤】按钮，重新设置过滤条件，使设置的摊销方案显示出来，此时，就可以对摊销方案进行管理了，即新增、修改或删除，如图 5-97 所示。

2. 生成摊销凭证

在费用摊销方案设置完成后，下面就可以生成摊销凭证了，具体的操作步骤如下。

步骤 1：选择一个凭证摊销方案，单击工具栏上的【凭证】按钮，即可弹出记事本窗口，在其中会提示按摊销方案生成凭证的相关信息，如图 5-98 所示。

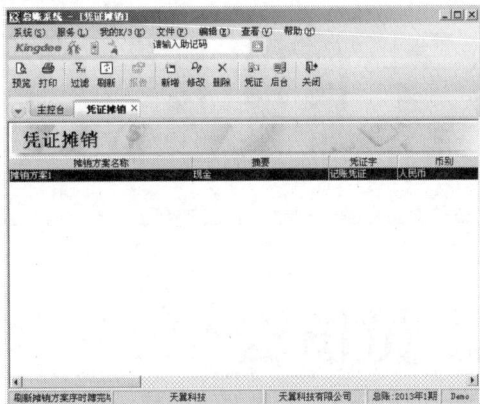

图 5-97　管理摊销方案　　　　　　　　　　　图 5-98　记事本

步骤 2：若要后台自动生成凭证，需要单击工具栏上的【后台】按钮，打开【后台服务设置】对话框，在其中输入服务器名称、用户名和登录密码，如图 5-99 所示。

步骤 3：单击【登录】按钮，在对话框中输入任务名称，设置执行时间，如图 5-100 所示。

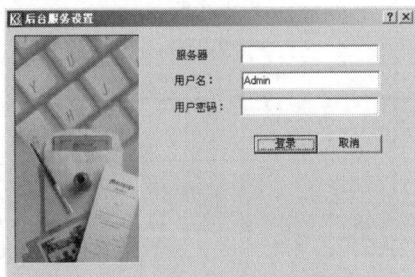

图 5-99　【后台服务设置】对话框　　　　　　图 5-100　设置后台服务

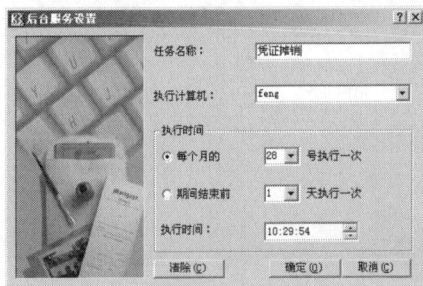

步骤 4：单击【确定】按钮，就可以在金蝶 K3 的代理服务系统工具启动的情况下，在指定时间内自动执行所选凭证摊销方案。

3. 查看凭证摊销报告

查看凭证摊销报告的具体操作步骤如下。

步骤 1：在【凭证摊销】窗口中单击工具栏上的【过滤】按钮，在弹出的对话框中重新设置过滤条件，并选中【完毕】复选框，如图 5-101 所示。

步骤 2：单击【确定】按钮，即可使需要查看报告的凭证摊销方案显示在窗口中，如图 5-102 所示。

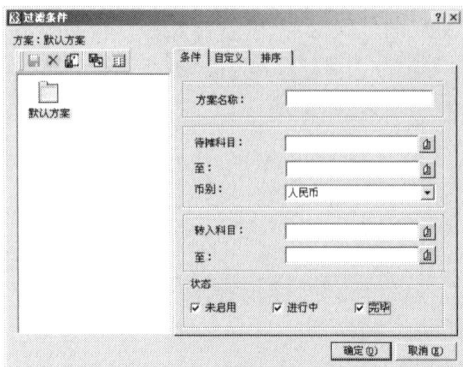

图 5-101 【过滤条件】对话框

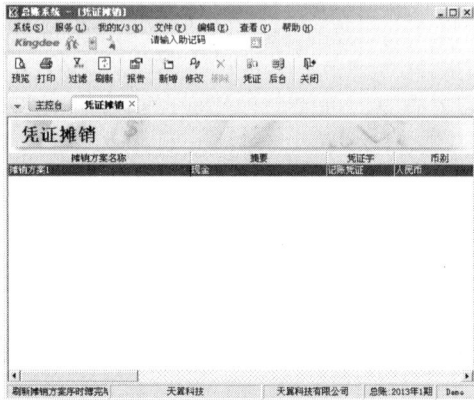

图 5-102 查看摊销方案

步骤 3：选择需要查看报告的方案，然后单击工具栏上的【报告】按钮，进入【总账系统-[凭证摊销报告]】窗口，在其中选取生成的摊销凭证记录，如图 5-103 所示。

步骤 4：单击工具栏上的【凭证】按钮，打开【凭证录入】界面，在其中可以查看生成的摊销凭证信息，如图 5-104 所示。

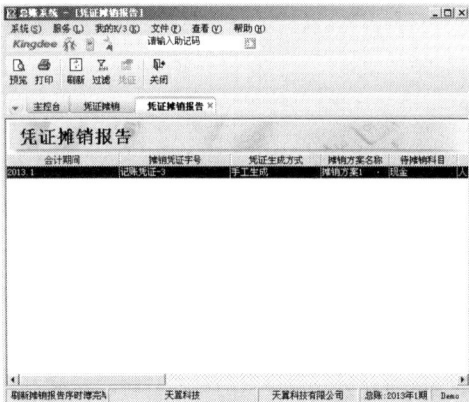

图 5-103 【总账系统-[凭证摊销报告]】窗口

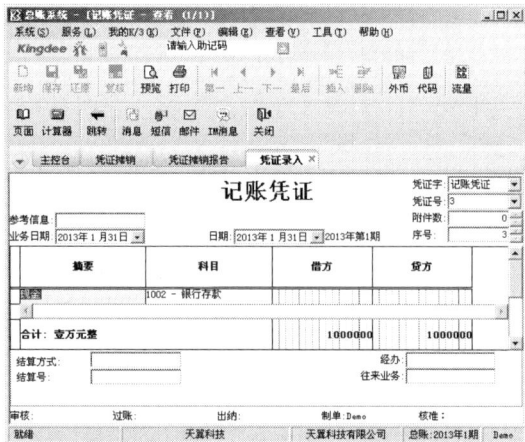

图 5-104 【凭证录入】界面

提示： 如果要查看其他摊销方案，则可单击【过滤】按钮设置过滤条件，过滤出其他的摊销报告。

5.4.5 实训 19 费用预提

凭证预提是用来帮助用户处理每期对租金、保险费、借款利息、固定资产修理费等的预提，将其按一定金额计入预提费用。金蝶 K3 系统提供了手工执行，也可以设置由系统在后台定时自动执行。

1. 设置费用预提方案

同样的，实现凭证预提的第一步是制作预提凭证，具体的操作步骤如下。

步骤 1：在【结账】界面中，双击【凭证预提】选项，打开【总账系统-[凭证预提]】窗口，并弹出【过滤条件】对话框，设置相应的过滤条件，如图 5-105 所示。

步骤 2：单击【确定】按钮，进入【总账系统-[凭证预提]】窗口。单击工具栏上的【新增】按钮，打开【方案设置-新增】对话框，在其中输入方案名称、凭证摘要，选择凭证字、币别之后，再设置预提科目及其总金额、转入费用科目、预提金额等选项，如图 5-106 所示。

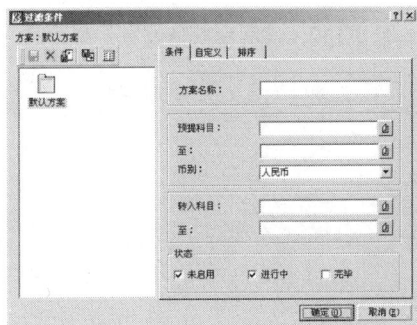

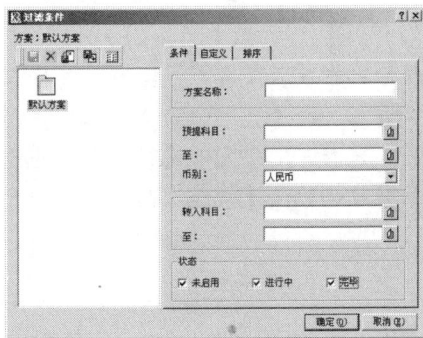

图 5-105　【过滤条件】对话框　　　　　图 5-106　【方案设置-新增】对话框

步骤 3：单击【保存】按钮，即可将设置保存到系统中。单击【关闭】按钮，返回【总账系统-[凭证预提]】窗口，在其中可以看到新增的预提方案，如图 5-107 所示。

步骤 4：单击工具栏上的【过滤】按钮，重新设置过滤条件，使设置的预提方案显示出来，此时就可以对预提方案进行管理了，即新增、修改或删除，如图 5-108 所示。

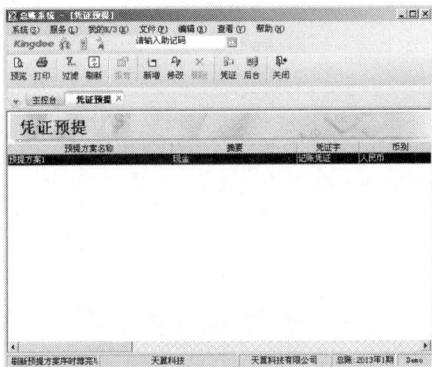

图 5-107　【总账系统-[凭证预提]】窗口　　　　图 5-108　【过滤条件】对话框

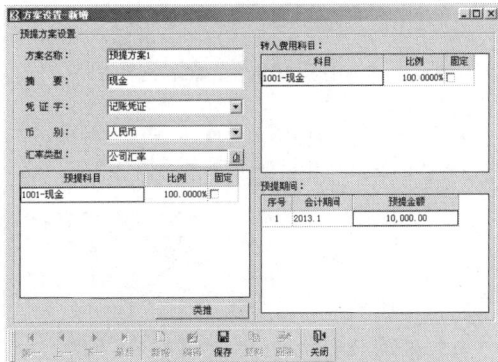

2. 生成预提凭证

在设置好费用预提方案后，下面就可以生成预提凭证了，具体的操作步骤如下。

步骤 1：选择一个凭证预提方案，单击工具栏上的【凭证】按钮，即可弹出记事本窗口，在其中会提示按预提方案生成凭证的相关信息，如图 5-109 所示。

步骤 2：若要后台自动生成凭证，需要单击工具栏上的【后台】按钮，打开【后台服务设置】对话框，在其中输入服务器名称、用户名和登录密码，如图 5-110 所示。

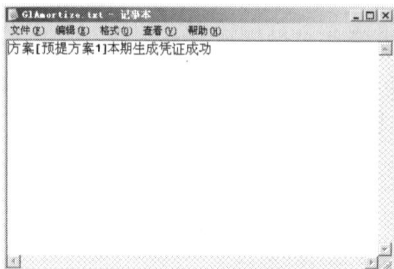

图 5-109　记事本

图 5-110　【后台服务设置】对话框

步骤 3：单击【登录】按钮，进入【后台服务设置】对话框，在其中输入任务名称，设置执行时间，如图 5-111 所示。

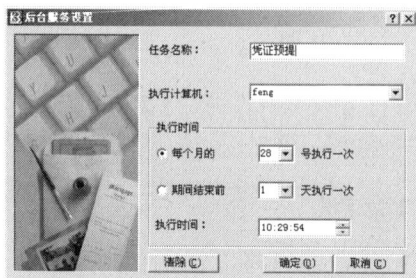

图 5-111　【后台服务设置】对话框

步骤 4：单击【确定】按钮，就可以在金蝶 K3 的代理服务系统工具启动的情况下，在指定的时间内自动执行所选凭证的预提方案。

3. 查看凭证预提报告

查看凭证预提报告的具体操作步骤如下。

步骤 1：在【凭证预提】窗口中单击工具栏上的【过滤】按钮，在弹出的对话框中重新设置过滤条件，并选中【完毕】复选框，如图 5-112 所示。

步骤 2：单击【确定】按钮，即可使需要查看报告的凭证预提方案显示在窗口中，如图 5-113 所示。

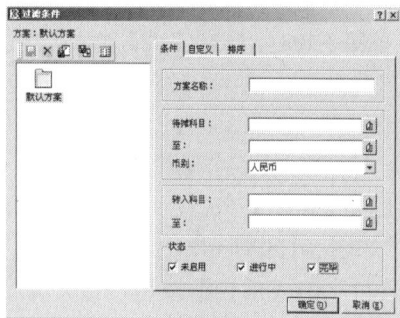

图 5-112　【过滤条件】对话框

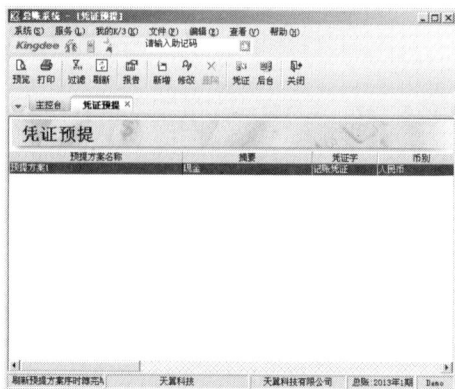

图 5-113　【凭证预提】窗口

　　步骤 3：选择需要查看报告的方案，然后单击工具栏上的【报告】按钮，进入【凭证预提报告】窗口，在其中选取生成的预提凭证记录，如图 5-114 所示。

　　步骤 4：单击工具栏上的【凭证】按钮，打开【凭证录入】界面，在其中查看生成的预提凭证信息，如图 5-115 所示。

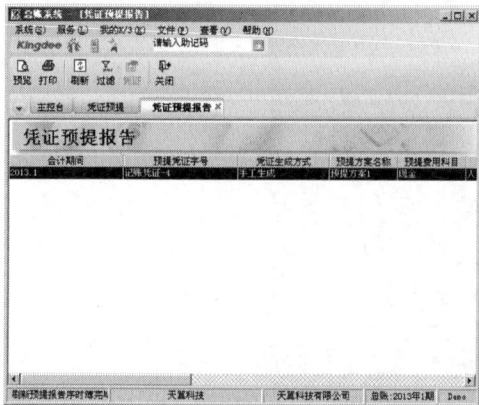

图 5-114　【凭证预提报告】窗口

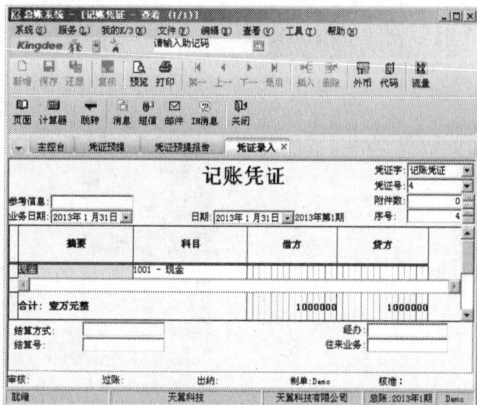

图 5-115　【凭证录入】界面

　　提示：　如果要查看其他预提方案，可以单击【过滤】按钮重新设置过滤条件，过滤出其他预提报告。

5.4.6　实训 20　期末结账与反结账

　　本期所有的会计业务全部处理完毕之后，就可以进行期末结账了。系统的数据处理都是针对于本期的，要进行下一期间的处理，必须将本期的账务全部进行结账处理，系统才能进入下一期间。

1. 期末结账

　　期末转账的具体操作步骤如下。

　　步骤 1：在【结账】界面中，双击【期末结账】选项，打开【期末结账】对话框，如图 5-116 所示。

　　步骤 2：单击【开始】按钮，即可弹出结账提示，如图 5-117 所示。

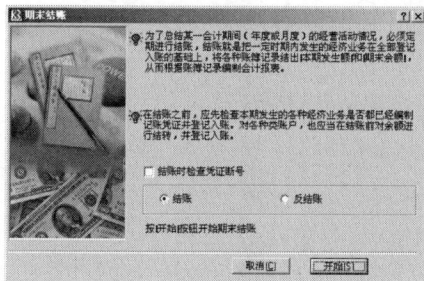

图 5-116　【期末结账】对话框

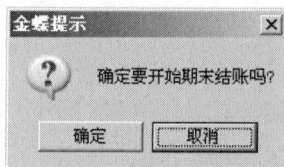

图 5-117　结账提示

步骤 3：单击【确定】按钮，系统即可自动进行结账操作。

2. 取消结账(反结账)

若本期结账之后，发现账务有问题，还可在【期末结账】对话框中选中【反结账】单选按钮，如图 5-118 所示，单击【开始】按钮，将本期账务进行反结账操作。有结账权限的都可以进行反结账操作，包括系统管理员。

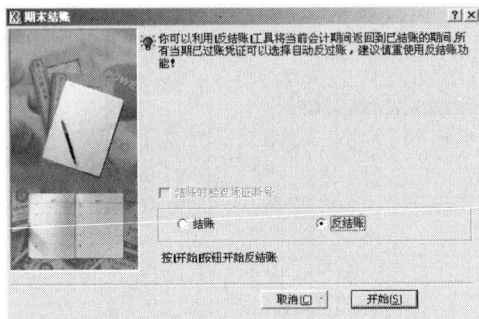

图 5-118　选中【反结账】单选按钮

5.5　疑 难 解 惑

疑问 1：为什么不能进行结转损益操作？

答：当出现这种情况时，用户最好检查一下要进行结转损益的凭证是否已经录入完毕，并且是否已经审核过账，因为只有录入完毕并且已经审核过账的凭证才能进行结转损益操作。

疑问 2：为什么不能使用往来业务核销功能？

答：在使用往来业务核销之前，用户必须先在总账系统的【系统参数】对话框中选取【启用往来业务核销】复选框，否则不能进行往来业务核销的操作。

第 6 章

公司财务账表的查询与管理

在总账系统中录入凭证，并经过审核、过账之后，就可以在总账系统的账簿中查询到凭证所产生的数据，并可以在总账系统中设置适当的过滤条件，生成所需要的报表。通过查看这些账簿与报表，公司领导可以了解本企业当前的财务状况，以及企业的运营情况。

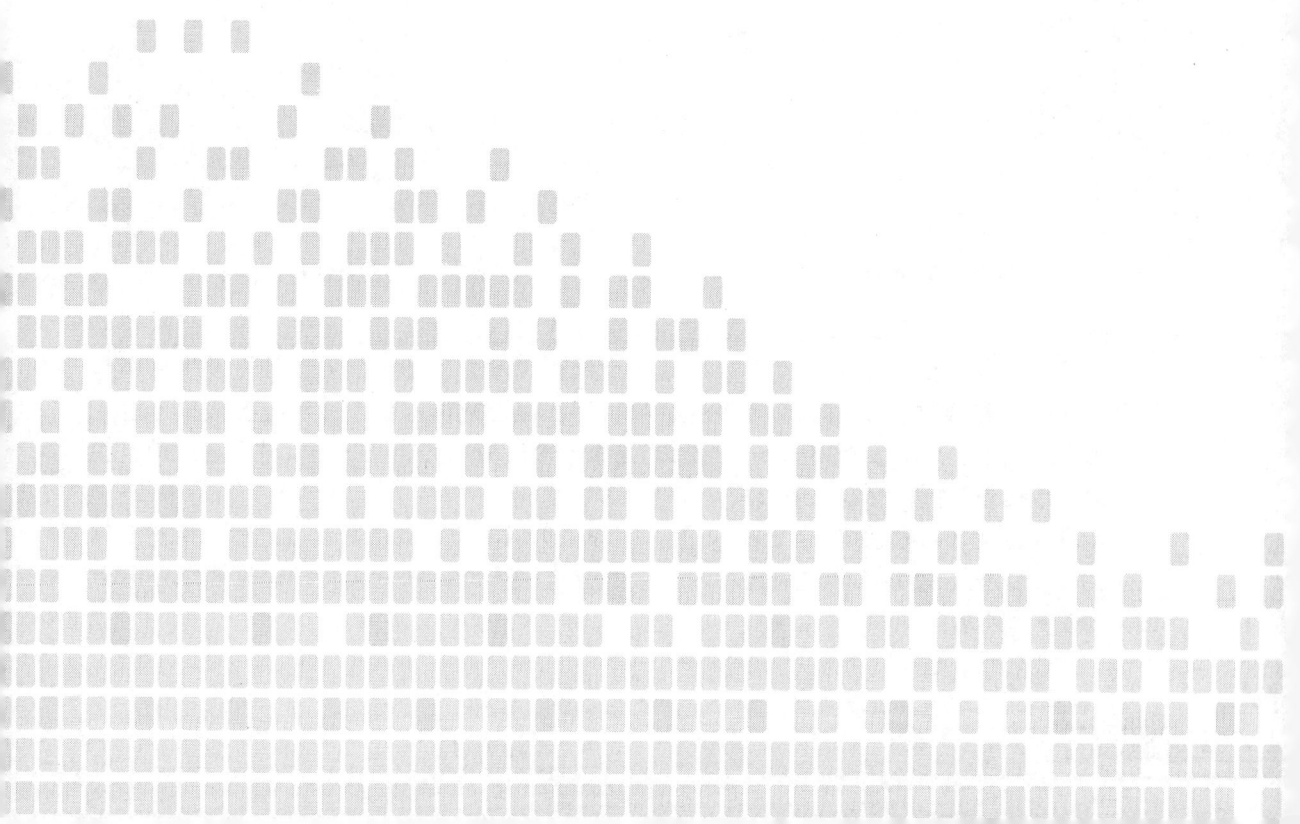

6.1 财务账簿的查询

金蝶 K3 提供了多种账簿，用户可以对总分类账、明细分类账、数量金额账、多栏账、核算项目账及其明细账等进行多方面查询，以了解本企业的财务状况。

6.1.1 实训 1 查询总分类账

通过总分类账可以查询总账科目的本期借方发生额、本期贷方发生额、本年借方累计、本年贷方累计、期初余额和期末余额等项目的总账数据。

1. 查询总分类账

查询总分类账的具体操作步骤如下。

步骤 1：在【主控台】界面中，选择【财务会计】标签，单击【总账】系统功能项下的【账簿】选项，进入【账簿】明细功能项，所有的账簿处理都是在此功能项中实现的，如图 6-1 所示。

步骤 2：双击【总分类账】选项，打开【总分类账】窗口，并弹出【过滤条件】对话框，如图 6-2 所示。

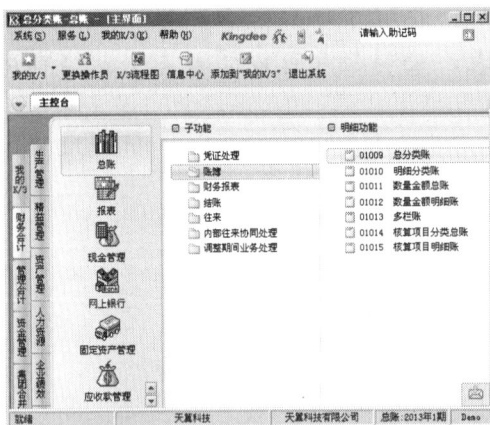

图 6-1 【主控台】界面

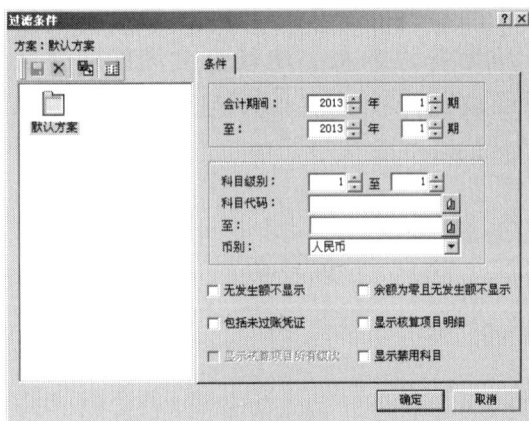

图 6-2 【过滤条件】对话框

步骤 3：设置会计期间、科目范围、币别等选项，并根据需要选中【无发生额不显示】、【包括未过账凭证】、【显示核算项目所有级次】、【余额为零且无发生额不显示】、【显示核算项目明细】、【显示禁用科目】等复选框，单击【确定】按钮，进入【总账系统-[总分类账]】窗口。如果选择本位币，输出的总分类账只是本位币的原币发生额，而不包括外币折合的本位币数额，如图 6-3 所示。

步骤 4：在【总账系统-[总分类账]】，窗口中选取要查询的总账科目之后，单击工具栏上的【明细账】按钮，即可调出相应的明细分类账界面，在其中可以进行明细账的查询，如图 6-4 所示。

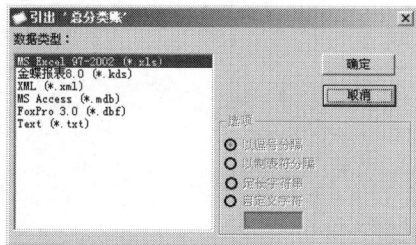

图 6-3　【总账系统-[总分类账]】窗口

图 6-4　明细分类账界面

步骤 5：如果用户需要查看其他总分类账，单击工具栏上的【过滤】按钮，即可重新设置过滤条件，并生成一个新的总分类账。

2．引出总分类账

为了以后的重复查看使用，也为了保存方便，用户可以将需要的总分类账以一种特定的文件格式保存起来。

其具体的操作步骤如下。

步骤 1：在【总账系统-[总分类账]】窗口中选择【文件】➢【引出】菜单项，打开【引出'总分类账'】对话框，在其中选择需要保存的文件格式，如图 6-5 所示。

步骤 2：若选取 Text 文件格式，则还需要设置其相应的选项，如图 6-6 所示。

图 6-5　【引出'总分类账'】对话框

图 6-6　【选择 Text 文件】对话框

步骤 3：单击【确定】按钮，在弹出的对话框中设置文件名和保存路径之后，再单击【保存】按钮，即可将当前的总分类账引出。

6.1.2　实训 2　查询明细分类账

查询各科目的明细分类账账务数据，可以输出现金日记账、银行存款日记账和其他各科目三栏式明细账的账务明细数据。在明细分类账查询功能中，还可以按照各种币别输出某一币别的明细账；同时系统还提供了按非明细科目输出明细分类账的功能。

其具体的操作步骤如下。

步骤 1：在【账簿】明细功能项中，双击【明细分类账】选项，打开【明细分类账】窗口并弹出【过滤条件】对话框，在其中设置相应的过滤条件，如图 6-7 所示。

步骤 2：单击【高级】标签，进入【高级】选项卡，在其中选取【显示业务日期】、【显示凭证业务信息】、【显示核算项目明细】等复选框，同时还可以设置单项核算项目的过滤条件，如图 6-8 所示。

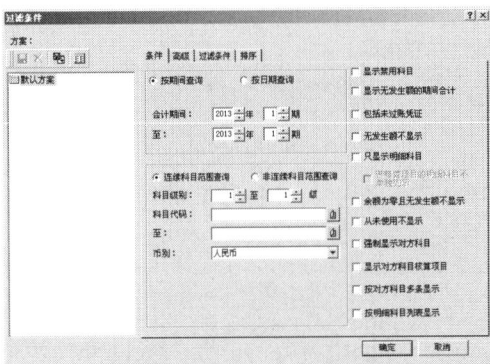

图 6-7　【过滤条件】对话框

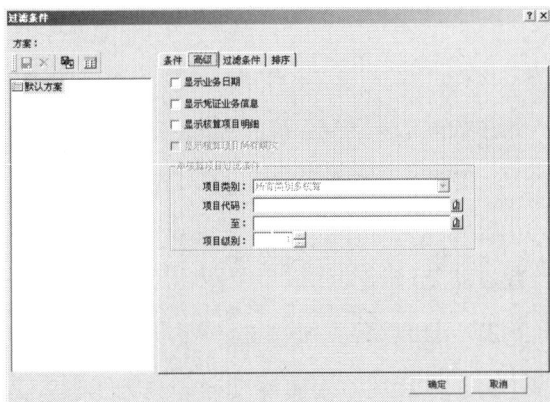

图 6-8　【高级】选项卡

步骤 3：单击【过滤条件】标签，进入【过滤条件】选项卡，具体设置明细分类账的过滤条件，如图 6-9 所示。

步骤 4：单击【排序】标签，进入【排序】选项卡，在其中设置排序字段及排序方式，如图 6-10 所示。

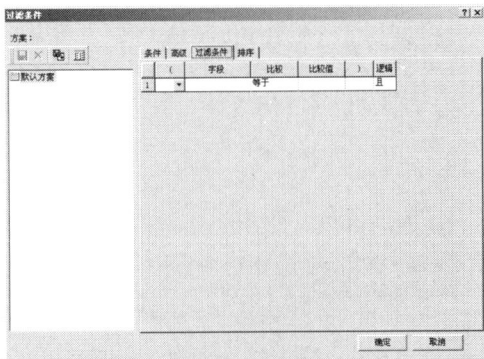

图 6-9　【过滤条件】选项卡

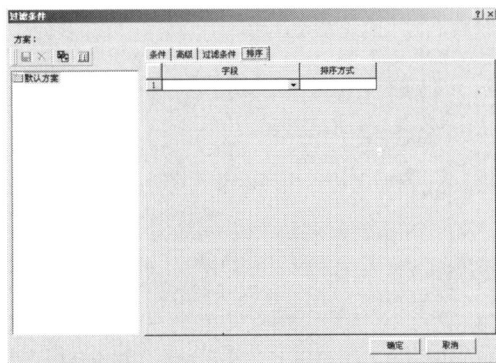

图 6-10　【排序】选项卡

步骤 5：单击【确定】按钮，进入【明细分类账】界面，如图 6-11 所示。

步骤 6：单击工具栏上的【总账】按钮，即可查看当前科目的总账内容，如图 6-12 所示。

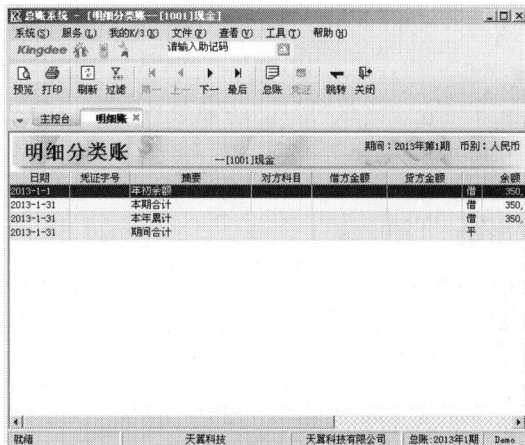

图 6-11　【明细分类账】界面

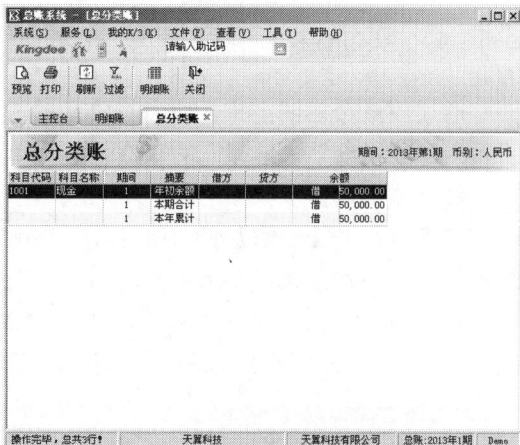

图 6-12　查看当前科目的总账内容

6.1.3　实训 3　查询数量金额总账

通过数量金额总账可以查询设置为数量金额核算科目的"期初结存""本期收入""本期发出""本年累计收入""本年累计发出"以及"期末结存"的数量及单价、金额数据。

查看数量金额总账的具体操作步骤如下。

步骤 1：在【账簿】明细功能项中，双击【数量金额总账】选项，打开【数量金额总账】窗口，并弹出【过滤条件】对话框，在其中设置会计期间、科目范围、币别等选项，如图 6-13 所示。

步骤 2：单击【确定】按钮，进入【数量金额总账】界面并按过滤条件生成相应数量金额总账，如图 6-14 所示。

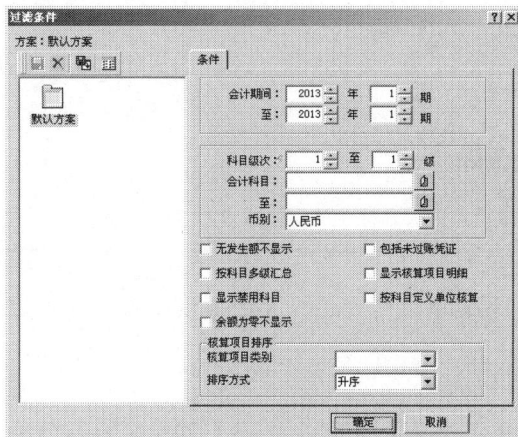

图 6-13　【过滤条件】对话框

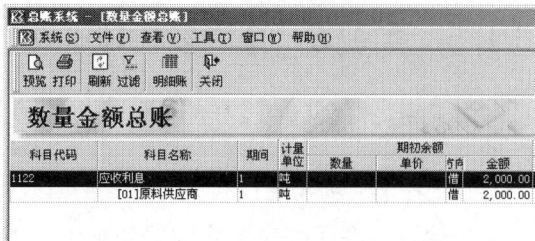

图 6-14　【数量金额总账】界面

6.1.4 实训4 查询数量金额明细账

通过数量金额明细账，可以查询下设数量金额的辅助核算科目的明细账务数据，包括"收入""发出""结存"的"数量""单价""金额"等各项数据。

其具体的操作步骤如下。

步骤 1：在【账簿】明细功能项中，双击【数量金额明细账】选项，打开【数量金额明细账】窗口并弹出【过滤条件】对话框，根据实际情况设置相应的条件，如图 6-15 所示。

步骤 2：单击【高级】标签，进入【高级】选项卡，设置核算项目的过滤条件，如图 6-16 所示，然后在【过滤条件】和【排序】选项卡中设置相应的选项。

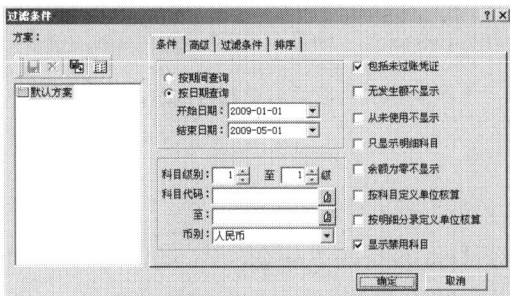

图 6-15 【过滤条件】对话框

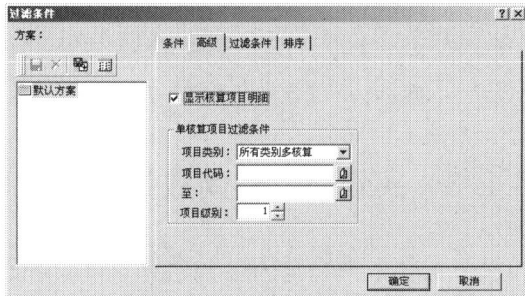

图 6-16 【高级】选项卡

步骤 3：单击【确定】按钮，即可按过滤条件生成数量金额明细账，如图 6-17 所示。

图 6-17 数量金额明细账

6.1.5 实训5 查询多栏账

为了满足财会日常工作的需要，方便对明细科目的综合查询，系统提供了多栏账查询功能。

其具体的操作步骤如下。

步骤 1：在【账簿】明细功能项中，双击【多栏账】选项，打开【多栏式明细分类账】对话框，根据实际情况设置相应的选项，如图 6-18 所示。

步骤 2：单击【设计】按钮，打开【多栏式明细账定义】对话框。在【编辑】选项卡中设计需要的多栏式明细账，如图 6-19 所示。

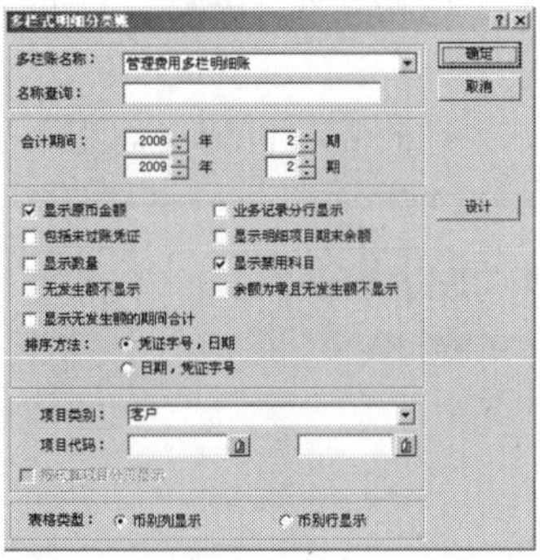

图 6-18　【多栏式明细分类账】对话框 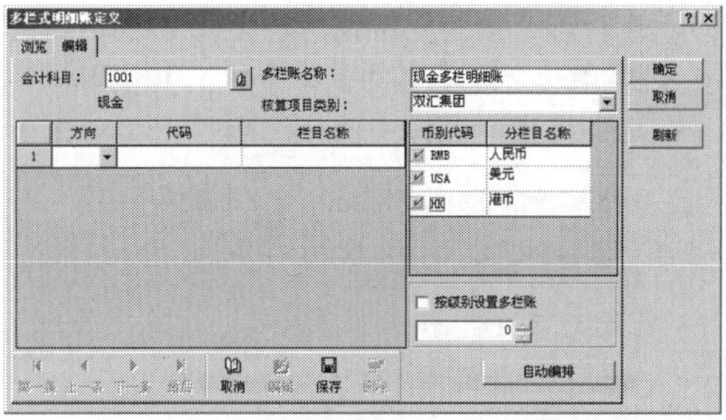　　　　　图 6-19　【多栏式明细账定义】对话框

步骤 3：单击【确定】按钮，即可生成多栏式明细账，如图 6-20 所示。

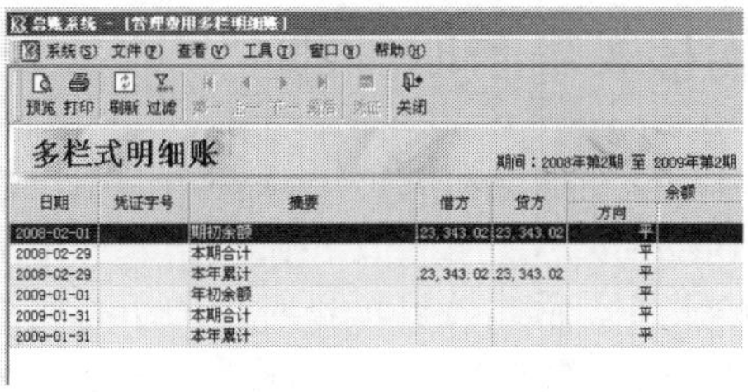

图 6-20　多栏式明细账

6.1.6　实训 6　查询核算项目分类总账

核算项目分类总账是以核算项目为依据，全面反映核算项目所涉及的科目中的借、贷方发生额及余额数据。

核算项目分类总账查询的具体操作步骤如下。

步骤 1：在【账簿】明细功能项中，双击【核算项目分类总账】选项，打开【核算项目分类总账】窗口，并弹出【过滤条件】对话框，如图 6-21 所示。

步骤 2：设置会计期间、核算项目、会计科目、币别、排序方法等选项，然后单击【确定】按钮，即可生成核算项目分类总账，如图 6-22 所示。

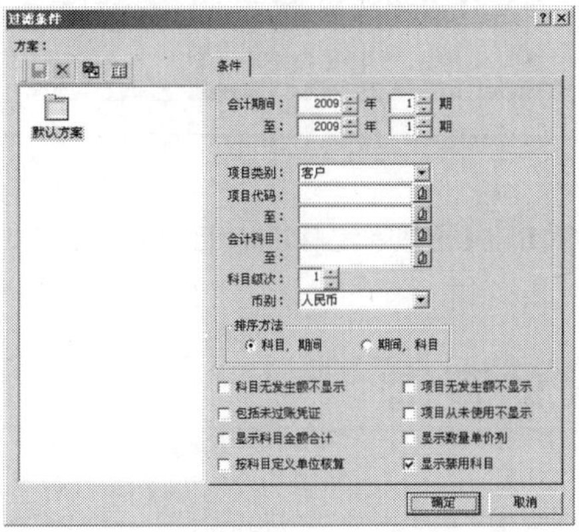

图 6-21　【过滤条件】对话框 　　　　　图 6-22　核算项目分类总账

步骤 3：双击核算项目分类总账中的记录，即可进入【总账系统-[核算项目明细账]】窗口，查看该记录的明细信息，如图 6-23 所示。

步骤 4：选择【文件】➤【引出】菜单项，打开【引出'核算项目分类总账'】对话框，在其中将当前窗口中的核算项目分类总账引出，如图 6-24 所示。

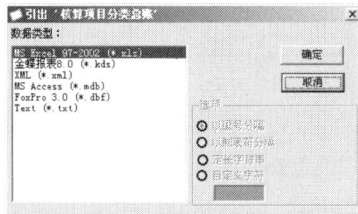

图 6-23　【总账系统-[核算项目明细账]窗口　　图 6-24　【引出'核算项目分类总账'】对话框

6.1.7　实训 7　查询核算项目明细账

核算项目明细账支持同一核算项目对应的所有科目在同一账簿中显示，过滤条件中的科目范围可以多选，如果不选则表示所有科目。在过滤条件中选择核算项目后，如果不选择科目范围，核算项目明细账将显示此核算项目对应的所有明细科目所选查询期间的明细发生情况，并显示所有科目的合计数。

其具体的操作步骤如下。

步骤 1：在【账簿】明细功能项中双击【核算项目明细账】选项，弹出【过滤条件】对话框，如图 6-25 所示。

步骤 2：在设置相应的过滤条件之后，单击【确定】按钮，进入【总账系统-[核算项目明细账]】窗口，显示结果如图 6-26 所示。

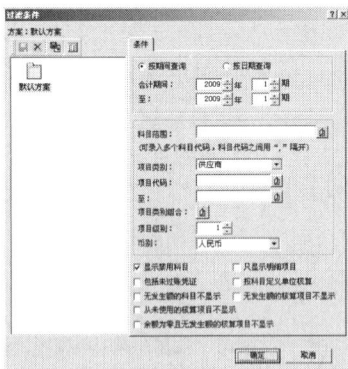

图 6-25　【过滤条件】对话框　　图 6-26　【总账系统-[核算项目明细账]】窗口

6.2　财务报表的查询

会计报表是以货币为计量单位，总括反映企业在某一时点资产状况以及一定时期内财务状况、经营成果和现金流量的表式报告。会计报表所提供的指标，比其他会计资料更具综合性，能全面地反映企业经营活动的情况和成果。

6.2.1　实训 8　查询科目余额表

通过科目余额表，可以查询本期末结账之后的数据，但暂时不提供实时计算期初余额的功能。

查询科目余额表的具体操作步骤如下。

步骤 1：在【主控台】界面中选择【财务会计】标签，单击【总账】系统功能项下的【财务报表】选项，进入【财务报表】明细功能项，所有财务报表的处理都是在此功能项中实现的，如图 6-27 所示。

步骤 2：双击【科目余额表】选项，打开【科目余额表】窗口并弹出【过滤条件】对话框，在其中设置会计期间、科目范围、币别等选项，如图 6-28 所示。

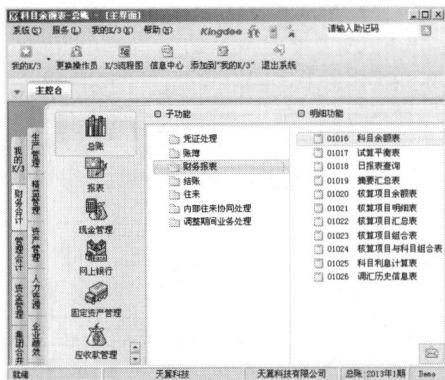

图 6-27　【财务报表】明细功能项

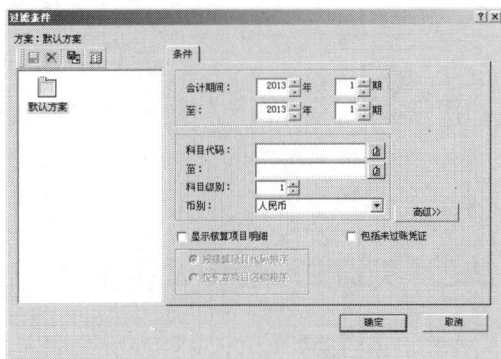

图 6-28　【过滤条件】对话框

步骤 3：单击【高级】按钮，展开该对话框的高级选项区，从中选取相应的复选框。单击方案列表框上方的【保存】按钮，即可将自定义的过滤方案保存下来，以便日后使用，如图 6-29 所示。

步骤 4：单击【确定】按钮，即可生成相应的科目余额表，如图 6-30 所示。

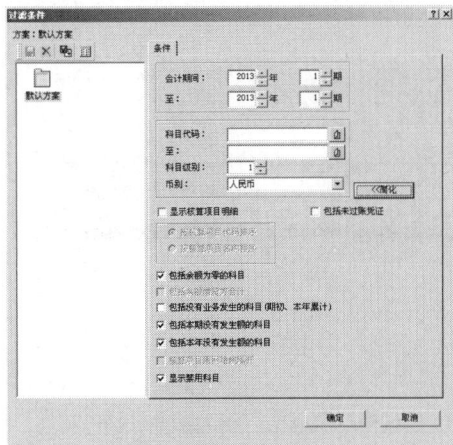

图 6-29　高级过滤条件设置

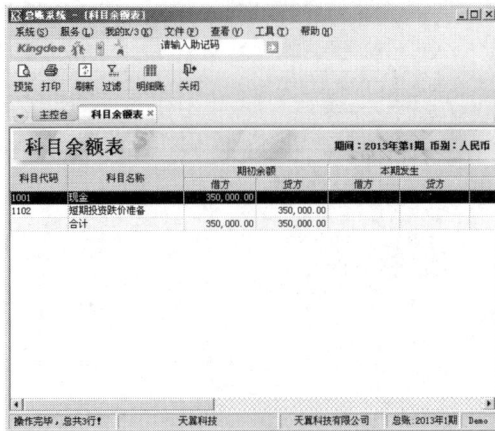

图 6-30　科目余额表

步骤 5：如果要查看某科目的明细账，只需选中此科目，然后单击工具栏上的【明细账】按钮，即可查看该科目的明细账信息，如图 6-31 所示。

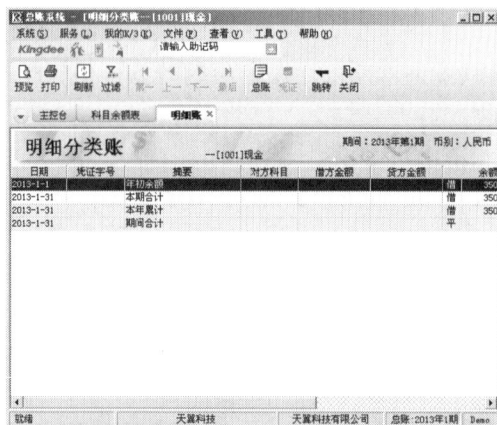

图 6-31　查看科目的明细账信息

提示：　包含当期的跨期查询，期初余额为当期的期初数(即上期的期末数)，如当期为启用期间，则为初始余额中录入的数据。未包含当期的跨期查询，期初余额为 0。

6.2.2　实训 9　查询试算平衡表

试算平衡表用于输出和查询所选期间各科目的期初余额、本期发生额和期末余额数据。通过试算平衡表，可以查询不同会计期间以及不同币别的试算平衡表数据。

其具体的操作步骤如下。

步骤 1：在【财务报表】明细功能项中双击【试算平衡表】选项，打开【试算平衡表】对话框，在其中设置会计期间、科目级别、币别等选项，并根据需要选取所需的复选框，如图 6-32 所示。

步骤 2：单击【确定】按钮，即可生成试算平衡表。若试算平衡表不平衡，则应查明原因，直到试算平衡表平衡为止，如图 6-33 所示。

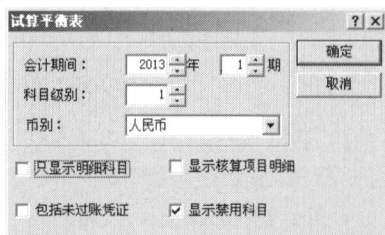

图 6-32　【试算平衡表】对话框

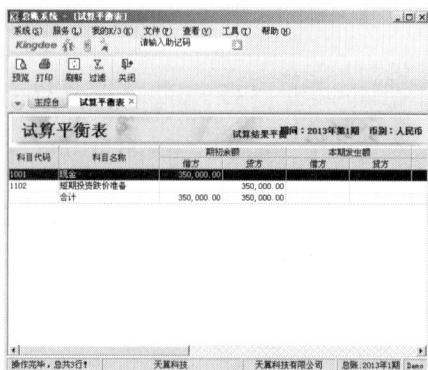

图 6-33　查看试算平衡表

6.2.3　实训 10　查询日报表

利用日报表可查询某些科目某天的日初余额、本日借贷方发生额、日末余额及业务发生笔数，查询时还可选择科目级次、科目范围、是否包含未过账凭证、是否无发生额不显示、是否输出合计金额选项等。其具体的操作步骤如下。

步骤 1：在【财务报表】明细功能项中双击【日报表查询】选项，打开【过滤条件】对话框，在其中设置查询日期范围、科目范围、币别等选项，并选中所需的复选框，如图 6-34 所示。

步骤 2：单击【确定】按钮，进入【总账系统-[日报表]】窗口，在其中查看相关信息，如图 6-35 所示。

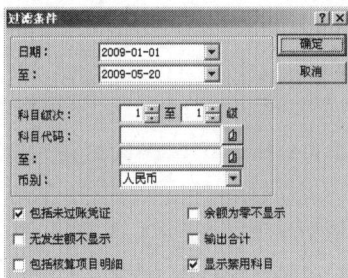

图 6-34　【过滤条件】对话框

图 6-35　【总账系统-[日报表]】窗口

6.2.4　实训 11　查询摘要汇总表

利用摘要汇总表可按凭证摘要过滤后汇总查询一定期间内科目的发生金额，以方便查询某项特定业务在指定期间的发生情况。其具体的操作步骤如下。

步骤 1：在【财务报表】明细功能项中双击【摘要汇总表】选项，打开【总账系统-[摘要汇总表]】窗口，并弹出【过滤条件】对话框，在其中设置查询日期范围、科目范围、摘要等选项，并根据需要选取所需的复选框，如图 6-36 所示。

步骤 2：单击【自定义】标签，进入【自定义】选项卡，在其中设置相应的选项，如图 6-37 所示。

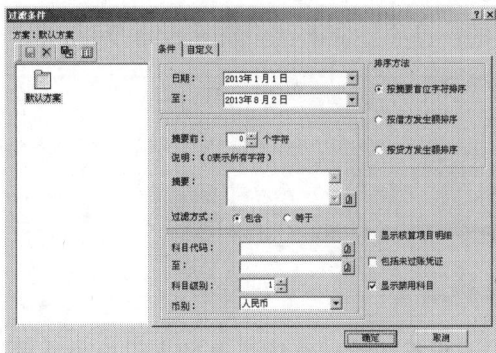

图 6-36　【过滤条件】对话框

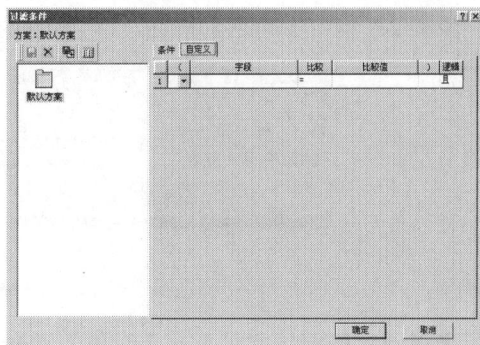

图 6-37　【自定义】选项卡

步骤 3：单击【确定】按钮，进入【总账系统-[摘要汇总表]】窗口，如图 6-38 所示。

步骤 4：如果要查看某摘要的详细信息，只需选择此摘要，然后单击工具栏上的【明细账】按钮，即可查看该科目的明细账信息，如图 6-39 所示。

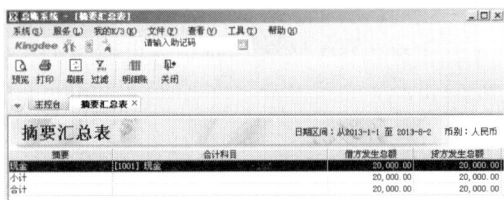

图 6-38　【总账系统-[摘要汇总表]】窗口　　　　图 6-39　查看科目的明细账信息

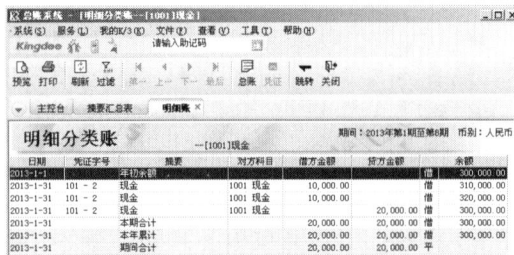

6.2.5　实训 12　查询核算项目余额表

核算项目余额表可用于帮助用户进行核算项目余额的分析，可用于预算管理等。

其具体的操作步骤如下。

步骤 1：在【财务报表】明细功能项中，双击【核算项目余额表】选项，打开【总账系统-[核算项目余额表]】窗口，并弹出【过滤条件】对话框，设置会计期间、会计科目范围、币别、核算项目、排序方法等选项(设置过滤条件时，必须指定会计科目)，如图 6-40 所示。

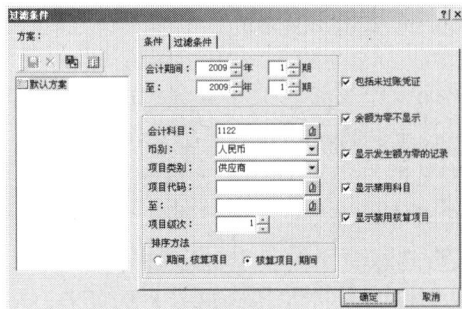

图 6-40　【过滤条件】对话框

步骤 2：单击【确定】按钮，即可生成相应的核算项目余额表，如图 6-41 所示。

图 6-41　核算项目余额表

步骤 3：选择【文件】➤【引出】菜单项，即可将当前核算项目余额表引出。如果要查看某核算项目余额表的详细信息，只需选中此项目，然后单击【明细账】按钮，即可查看该核算项目的明细账，如图 6-42 所示。

图 6-42　查看核算项目的明细账

6.2.6　实训 13　查询核算项目明细表

核算项目明细表是以报表的形式展示出全部最明细资料，提供了任意角度分析、过滤、实时显示功能，并可保存查询方案，特别适合在线数据分析和数据采集与决策分析使用。

其具体的操作步骤如下。

步骤 1：在【财务报表】明细功能项中，双击【核算项目明细表】选项，打开【总账系统-[核算项目明细表]】窗口，并弹出【过滤条件】对话框，在其中设置会计期间、会计科目、币别等选项之后，选中【包括未过账凭证】、【显示禁用科目】复选框，如图 6-43 所示。

步骤 2：单击【显示项目】标签，进入【显示项目】选项卡，在其中可以选择在核算项目明细表中显示的字段，如图 6-44 所示。

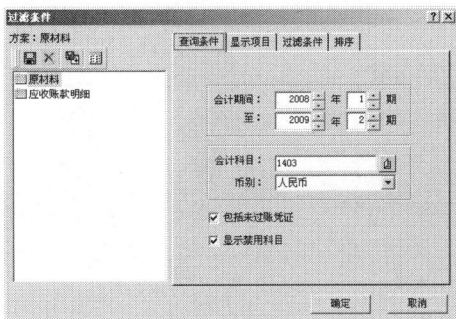

图 6-43　【过滤条件】对话框

图 6-44　【显示项目】选项卡

步骤 3：单击【过滤条件】标签，进入【过滤条件】选项卡，在其中设置相应的过滤条件，如图 6-45 所示。

步骤 4：单击【排序】标签，进入【排序】选项卡，在其中可以设置排序字段及排序方式，如图 6-46 所示。

步骤 5：单击【确定】按钮，查询到的核算项目明细表，如图 6-47 所示。

步骤 6：如果要查询某核算项目明细表记录的凭证信息，只需选中此记录，然后单击【凭证】按钮，即可打开相应的凭证查看需要的信息，如图 6-48 所示。

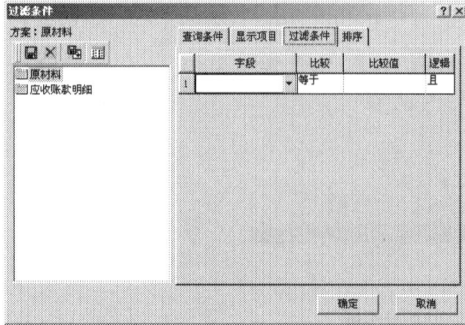

图 6-45 【过滤条件】选项卡

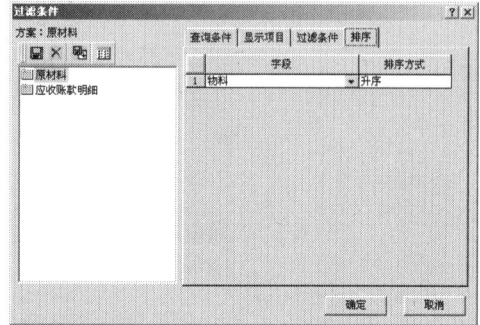

图 6-46 【排序】选项卡

图 6-47 核算项目明细表

图 6-48 查看凭证信息

6.2.7　实训 14　查询核算项目汇总表

核算项目汇总表是以报表的形式展示对明细资料的汇总分析，并提供了任意角度分析过滤实时显示，和可保存查询方案的特点，特别适合在线数据分析、数据采集与决策分析。

查询核算项目汇总表的具体操作步骤如下。

步骤 1：在【财务报表】明细功能项中双击【核算项目汇总表】选项，打开【总账系统-[核算项目汇总表]】窗口，并弹出【过滤条件】对话框，如图 6-49 所示。

步骤 2：单击【增加】按钮，打开【核算项目分析】对话框，在其中设置【过滤名称】，并在【组合项目】选项卡和【条件】选项卡中设置相应的条件，如图 6-50 所示。

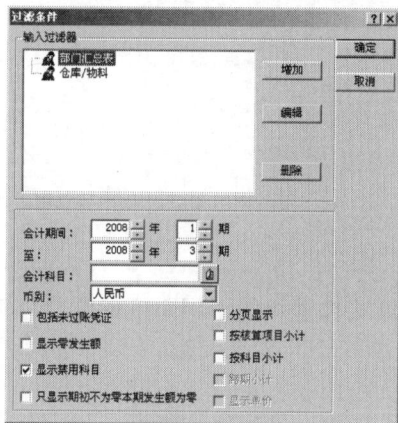

图 6-49　【过滤条件】对话框

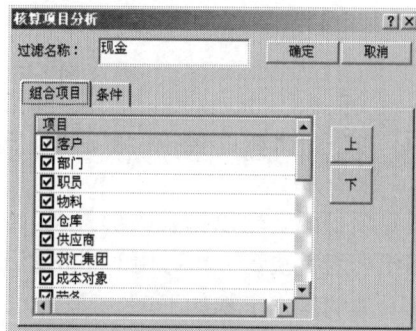

图 6-50　【核算项目分析】对话框

步骤 3：单击【确定】按钮，即可弹出一个信息提示框，如图 6-51 所示。

步骤 4：单击【确定】按钮，即可增加一个核算项目分析过滤器，如图 6-52 所示。

图 6-51　金蝶提示信息框

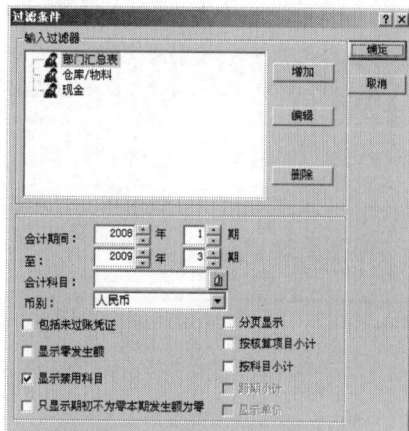

图 6-52　核算项目分析过滤器

步骤 5：在【输入过滤器】列表框中选择一个过滤器，设置会计期间范围、会计科目、币别，并根据需要选取所需的复选框，单击【确定】按钮，即可生成核算项目汇总表，如图 6-53 所示。

图 6-53　核算项目汇总表

6.2.8　实训 15　查询核算项目组合表

核算项目组合表以报表的形式展示出对不同核算项目进行的不同角度的组合分析，核算项目组合表是决策分析必用的报表之一。

其具体的操作步骤如下。

步骤 1：在【财务报表】明细功能项中双击【核算项目组合表】选项，打开【总账系统-[核算项目组合表]】窗口(每一组合条件只能选定两个组合项目)，并弹出【过滤条件】对话框，如图 6-54 所示。

步骤 2：单击【增加】按钮，打开【核算项目分析】对话框，在其中设置【过滤名称】并在【组合项目】选项卡及【条件】选项卡中设置相应的条件，如图 6-55 所示。

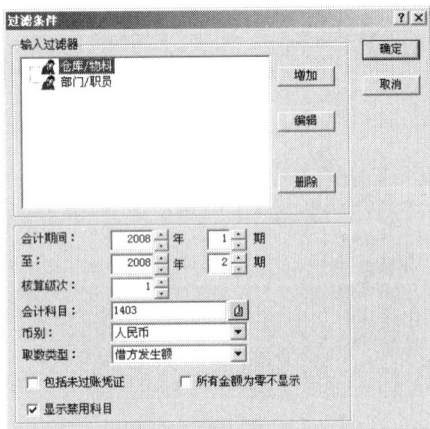

图 6-54　【过滤条件】对话框

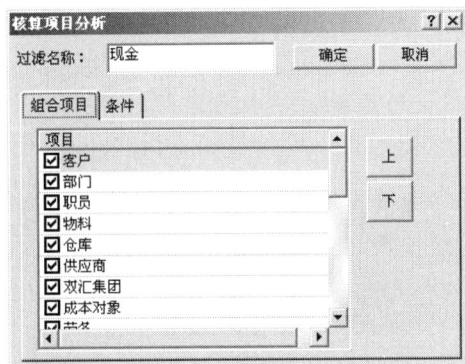

图 6-55　【核算项目分析】对话框

步骤 3：单击【确定】按钮，即可增加一个核算项目分析过滤器。在【输入过滤器】列表框中选择一个过滤器，设置会计期间范围、会计科目、币别、取数类型、核算级次等选项，并根据需要选中【包括未过账凭证】、【显示禁用科目】、【所有金额为零不显示】复选框，然后单击【确定】按钮，即可生成核算项目组合表，如图 6-56 所示。

图 6-56　核算项目组合表

6.2.9　实训 16　查询核算项目与科目组合表

核算项目与科目组合表是核算项目与会计科目的二维组合报表，既可以反映指定类别的核算项目涉及的所有或多个会计科目的发生额及期初期末余额，又可以反映指定会计科目对应的所有或多个核算项目的发生情况及余额。

其具体的操作步骤如下。

步骤 1：在【财务报表】明细功能项中双击【核算项目与科目组合表】选项，打开【总账系统-[核算项目科目组合表]】窗口，并显示其【过滤条件】对话框，在其中可以根据实际需要设置相应的选项，如图 6-57 所示。

步骤 2：单击【项目类别组合】右侧的 按钮，在打开的对话框中指定核算类别，如图 6-58 所示。

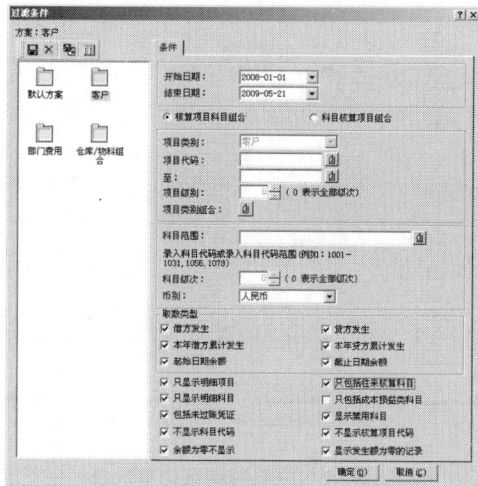

图 6-57　【过滤条件】对话框

图 6-58　【核算项目组合选择】对话框

步骤 3：单击【确定】按钮，即可按用户设置的条件生成核算项目科目组合表，如图 6-59 所示。

步骤 4：在该报表中单击【数据列表】右侧的下拉按钮，在显示的下拉列表框中选择需要显示的内容，单击 √ 按钮，则报表中只显示选择的字段内容，如图 6-60 所示。

图 6-59 核算项目科目组合表

图 6-60 显示选择的字段内容

步骤 5：单击【科目名称】右侧的下拉按钮，即可决定报表中显示的科目，如图 6-61 所示。

步骤 6：单击【仓库】或【物料】右侧的下拉按钮，即可决定报表显示的核算项目内容，并可以将核算项目科目组合表打印输出和引出，如图 6-62 所示。

图 6-61 显示选择的科目

图 6-62 显示的核算项目内容

6.2.10 实训 17 查询科目利息计算表

科目利息计算表是为了适应企业对资金时间价值管理的需要，对某一特定会计科目设定日利率及计息区间，计算利息，以达到控制资金成本的目的。

其具体的操作步骤如下。

步骤 1：在【财务报表】明细功能项中，双击【科目利息计算表】选项，打开【总账系统-[科目利息计算]】窗口，并弹出【科目利息区间】对话框，设置计息的日期范围、科目范围、核算项目范围、币别等选项之后，选中【利息为零的不显示】、【显示禁用科目】复选框。若选取【用户决定开始日期】复选框，则用户可以设置计息开始日期，如图 6-63 所示。

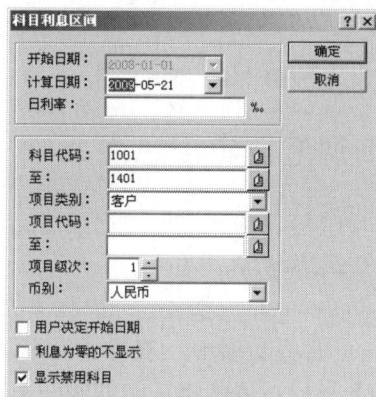

图 6-63　【科目利息区间】对话框

步骤 2：单击【确定】按钮，即可生成科目利息计算表，如图 6-64 所示。

图 6-64　科目利息计算表

步骤 3：单击工具栏上的【计算】按钮，打开【科目利息区间】对话框，如图 6-65 所示，重新设置条件之后，将生成新的科目利息表。

步骤 4：选取窗口中的科目利息资料之后，单击工具栏上的【修改利息】按钮，打开【科目利息资料】对话框，可以修改所选科目的利息值，如图 6-66 所示。

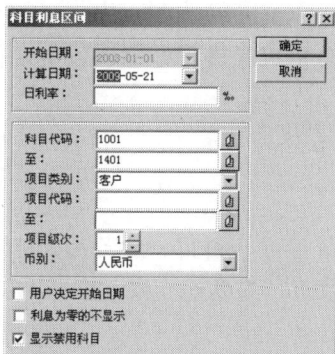

图 6-65　【科目利息区间】对话框

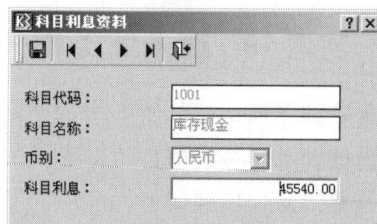

图 6-66　【科目利息资料】对话框

步骤 5：选取窗口中的科目利息资料，并单击工具栏上的【删除利息】按钮，将弹出一个提示对话框，单击【是】按钮，即可将所选科目利息资料删除，如图 6-67 所示。

图 6-67 金蝶提示

6.2.11 实训 18 查询调汇历史信息表

调汇历史信息表主要用来反映科目的调汇历史记录情况，根据调汇记录，可以完整地反映汇率的变动及汇兑损益的变动情况。

其具体的操作步骤如下。

步骤 1：在【财务报表】明细功能项中，双击【调汇历史信息表查询】选项，打开【总账系统-[调汇历史信息表]】窗口，并弹出【过滤条件】对话框，在其中设置会计期间范围、科目范围、币别等选项之后，再选中【显示禁用科目】复选框，如图 6-68 所示。

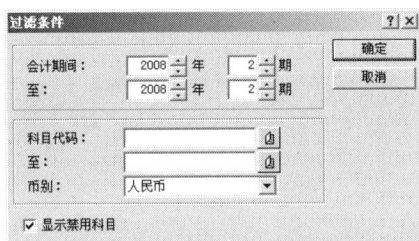

图 6-68 【过滤条件】对话框

步骤 2：单击【确定】按钮，即可生成调汇历史信息表。

6.3 往来业务的管理

往来业务管理是财务管理中的重要职能之一。金蝶 K3 系统为用户提供了往来业务管理功能，通过该功能可以对总账系统中的账单、账龄分析表等进行处理，以实现往来业务的管理。

6.3.1 实训 19 往来业务相关设置

总账管理系统中与往来业务相关的设置包括对系统参数、科目、业务初始化以及凭证中与核销处理等相关的项目的设置，该操作和初始化系统时的设置一致，这里不再赘述。

其具体的操作步骤如下。

步骤 1：首先在【系统参数】对话框中选中【启用往来业务核销】复选框，否则核销管理功能将不能使用，如图 6-69 所示。

步骤 2：如果需要进行往来业务核算，则在设置科目时必须选中【往来业务核算】复选框，在科目下必须至少设置一个核算项目类别，如图 6-70 所示。

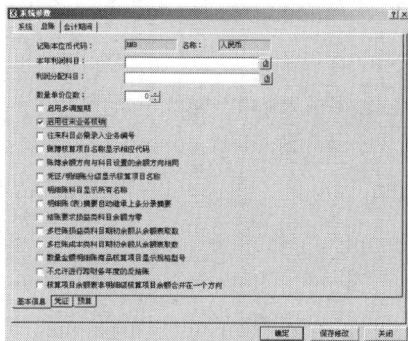

图 6-69　【系统参数】对话框　　　　　　　图 6-70　【会计科目-修改】对话框

步骤 3：只有在初始数据完整的情况下，才能进行业务数据的核销处理，进行账龄的分段计算。

步骤 4：在录入核算项目的初始化资料时，必须录入相应的业务编号和业务发生日期，否则无法计算出正确的余额数据和账龄。

步骤 5：如果在录入凭证时必须录入业务编号，则需要在系统参数设置中选中【往来科目必需录入业务编号】复选框，选中此项后，如果往来科目没有业务编号，则不能保存凭证，如图 6-71 所示。

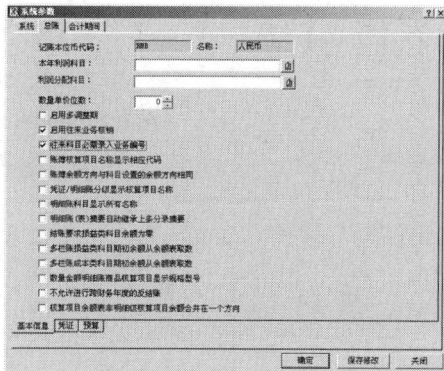

图 6-71　【系统参数】对话框

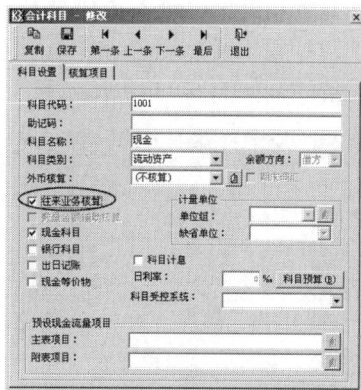

步骤 6：在录入凭证时，系统提供了业务发生日期录入功能，如果没有指定业务的发生日期，则默认凭证的记账日期为业务发生日期。

6.3.2　实训 20　核销管理

往来业务的核销可以对企业的往来账款进行综合管理，及时、准确地提供客户、供应商的往来账款余额资料；实现部门、项目、往来单位、货品、员工等多种辅助核销功能，提高数据管理效率。

对往来业务进行核销管理的具体操作步骤如下。

步骤 1：在【主控台】界面中，选择【财务会计】标签，单击【总账】系统功能项下的【往来】子功能项，进入【往来】界面，如图 6-72 所示。

步骤 2：双击【核销管理】选项，打开【过滤条件】对话框，在其中设置核销日志查询的过滤条件，如图 6-73 所示。

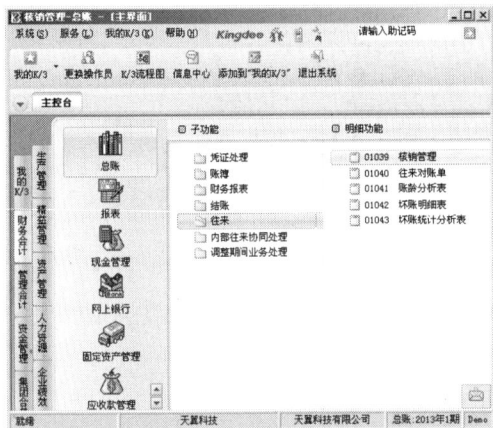

图 6-72 【往来】界面

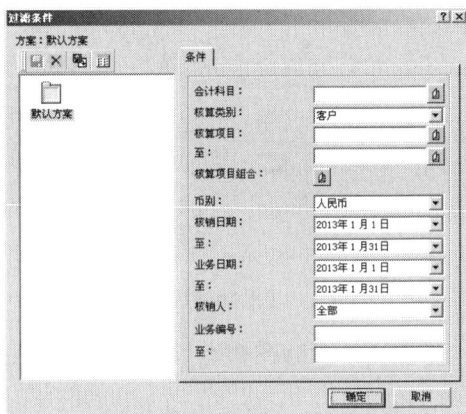

图 6-73 【过滤条件】对话框

💡 **注意**：　在【过滤条件】对话框中设置的过滤条件不是进行核销处理的过滤条件。

步骤 3：如果不需要查询核销日志，则单击【取消】按钮，退出核销日志的查询操作，直接进入【核销管理】界面，如图 6-74 所示。

步骤 4：单击工具栏上的【核销】按钮，打开【过滤条件】对话框，输入核销过滤条件，如图 6-75 所示。

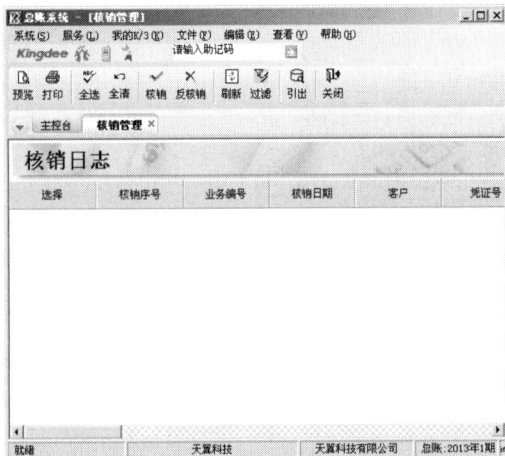

图 6-74 【总账系统-[核销管理]】窗口

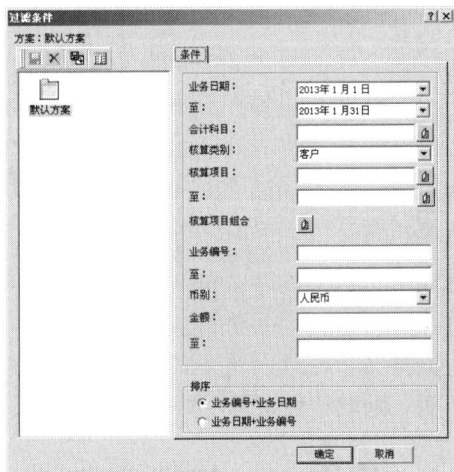

图 6-75 输入核销过滤条件

步骤 5：单击【确定】按钮，打开【往来业务核销】窗口，并显示出应核销的记录，如图 6-76 所示。

步骤 6：如果用户未输入业务编号或输入了错误的业务编号，则可选中【业务编号不相同核销】复选框，如图 6-77 所示。

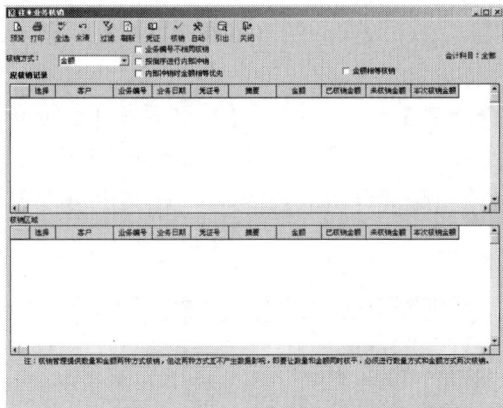

图 6-76　【往来业务核销】窗口　　　图 6-77　选中【业务编号不相同核销】复选框

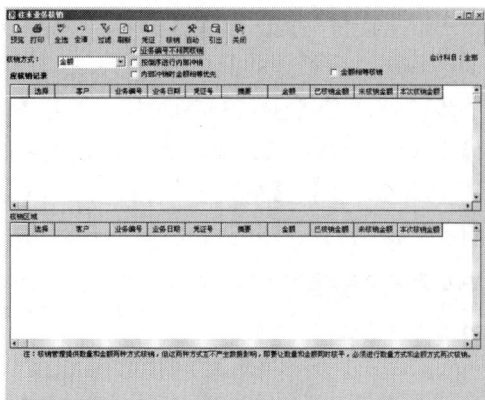

步骤 7：如果是手动核销，则可以在核销区域选取与业务记录相反的记录后，单击工具栏上的【核销】按钮即可。如果单击工具栏上的【自动】按钮，则系统自动对所有业务编号相同但业务发生相反的记录进行核销，余额为未核销金额。

6.3.3　实训 21　往来对账单

往来业务管理在企业财务管理中占据重要的地位，往来业务资料的准确与否直接关系企业财务工作的各个方面。

查看往来对账单的具体操作步骤如下。

步骤 1：在【往来】界面中，双击【往来对账单】选项，打开【总账系统-[往来对账单]】窗口，并弹出【过滤条件】对话框，设置相应的过滤条件，如图 6-78 所示。

步骤 2：单击【确定】按钮，进入【往来对账单】界面，在其中可以查看当前会计期间的往来对账单，如图 6-79 所示。

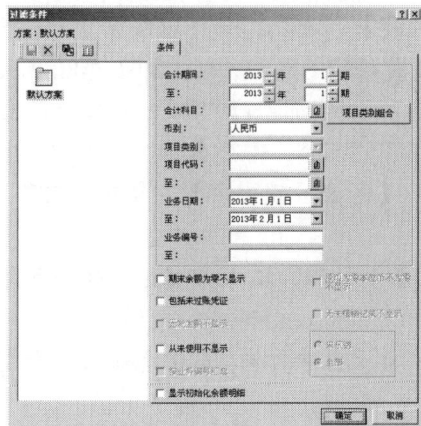

图 6-78　【过滤条件】对话框　　　图 6-79　【往来对账单】界面

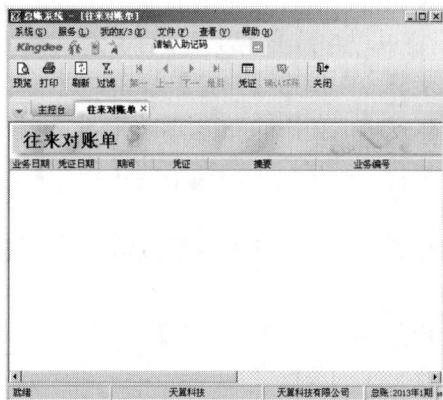

6.3.4 实训 22 账龄分析表

账龄分析表主要用来对往来核算科目的往来款项余额的时间分布进行分析，在账龄分析表中，只提供核算的账龄分析表，或把往来核算科目下设置的所有核算项目都列示出来。

查看账龄分析表的具体操作步骤如下。

步骤 1：在【往来】界面中，双击【账龄分析表】选项，打开【总账系统-[账龄分析表]】窗口，并弹出【过滤条件】对话框，在其中设置相应的过滤条件，如图 6-80 所示。

步骤 2：单击【确定】按钮，进入【总账系统-[账龄分析表]】窗口，在其中可以查看当前会计期间的账龄分析表，如图 6-81 所示。

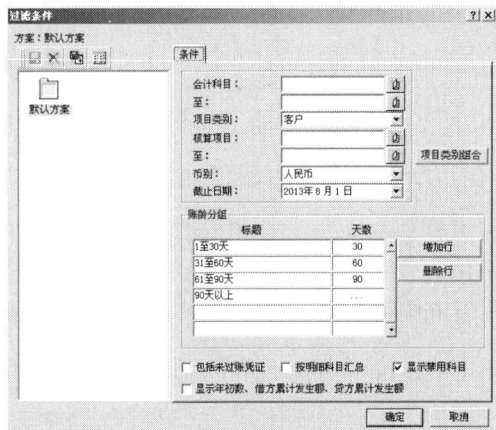

图 6-80　【过滤条件】对话框

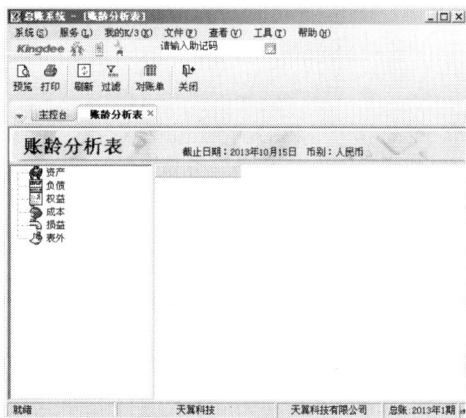

图 6-81　【总账系统-[账龄分析表]】窗口

6.3.5 实训 23 坏账明细表

坏账明细表主要用于反映已记录的坏账明细数据，便于用户对坏账的发生情况进行查询及统计分析。

查看坏账明细表的具体操作步骤如下。

步骤 1：在【往来】界面中，双击【坏账明细表】选项，打开【总账系统-[坏账明细表]】窗口，并弹出【过滤条件】对话框，在其中设置相应的过滤条件，如图 6-82 所示。

步骤 2：单击【确定】按钮，进入【总账系统-[坏账明细表]】窗口，并显示符合条件的坏账记录，如图 6-83 所示。

步骤 3：单击工具栏上的【图表】按钮，打开【图表反映报表】对话框，如图 6-84 所示。

步骤 4：单击【新建】按钮，打开【图表向导】对话框，输入方案的名称，选择图表的类型，如图 6-85 所示。

步骤 5：单击【下一步】按钮，打开如图 6-86 所示的对话框，从中选择系列产生的位置以及相应的关键字。

步骤 6：单击【下一步】按钮，在进入的界面中选择相应的项目，如图 6-87 所示。

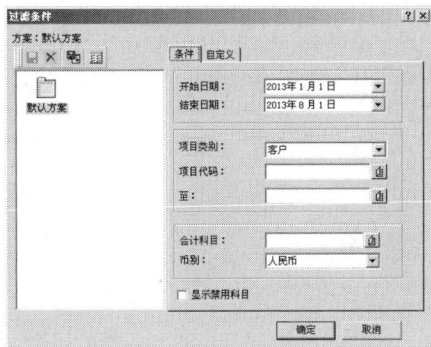

图 6-82　【过滤条件】对话框

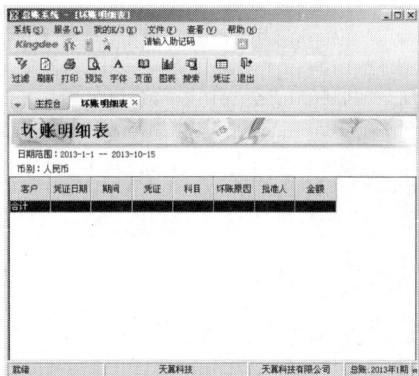

图 6-83　【总账系统-[坏账明细表]】窗口

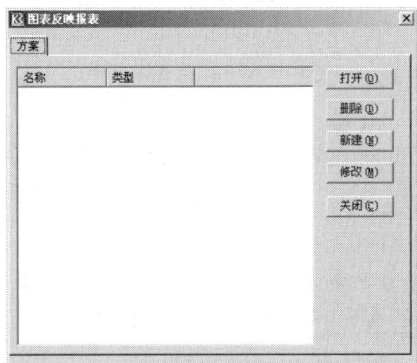

图 6-84　【图表反映报表】对话框

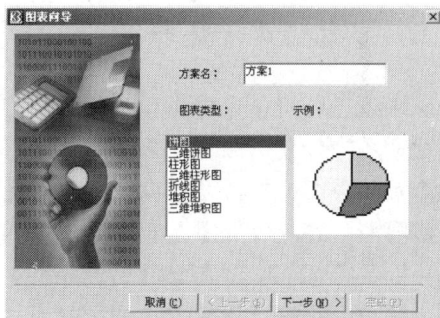

图 6-85　【图表向导】对话框

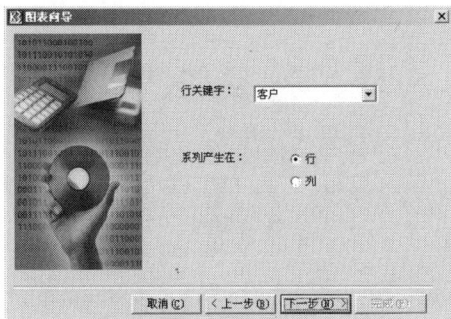

图 6-86　选择关键字

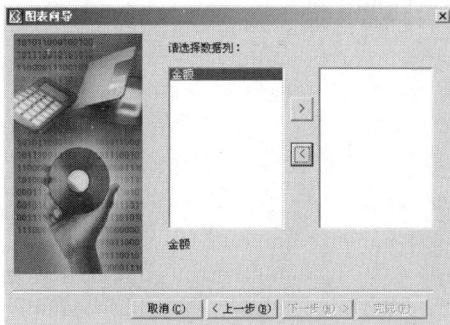

图 6-87　选择数据列

步骤 7：单击 按钮，选择相应的项目，然后单击【完成】按钮，即可完成图表方案的制作，如图 6-88 所示。

步骤 8：设置好图表方案之后，在【图表反映报表】对话框中选中设置好的图表方案，如图 6-89 所示，单击【打开】按钮，即可查看根据坏账明细表数据生成的图表。

注意：　坏账的有关处理过程均需在金蝶 K3 系统的应收款管理系统中进行，只有在应收款管理系统中将有关坏账生成了凭证，才能在此处对其进行查看。

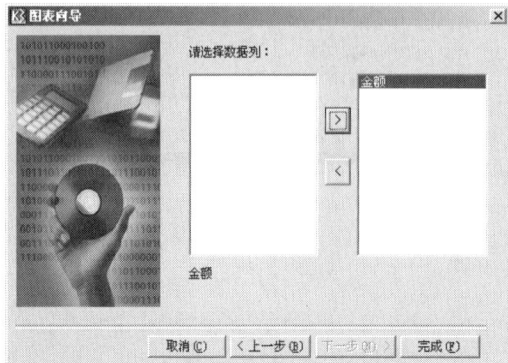

图 6-88　完成图表方案的制作

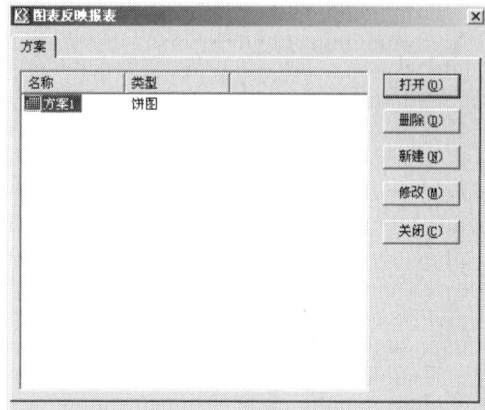

图 6-89　【图表反映报表】对话框

6.3.6　实训 24　坏账统计分析表

坏账统计分析表可提供往来核算项目所有应收的总金额、已经确认的坏账、已经收回来的款项及应收款余额。

查看坏账统计分析表的具体操作步骤如下。

步骤 1：在【往来】界面中，双击【坏账统计分析表】选项，打开【总账系统-[坏账统计分析表]】窗口，并弹出【过滤条件】对话框，设置相应的过滤条件，如图 6-90 所示。

步骤 2：单击【确定】按钮，打开【总账系统-[坏账统计分析表]】窗口，可以查看当前会计期间的坏账统计分析信息，如图 6-91 所示。

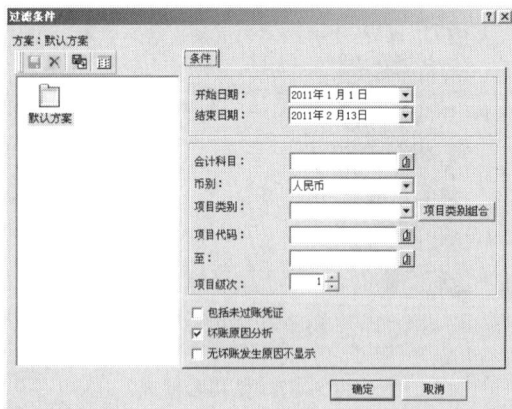

图 6-90　【过滤条件】对话框

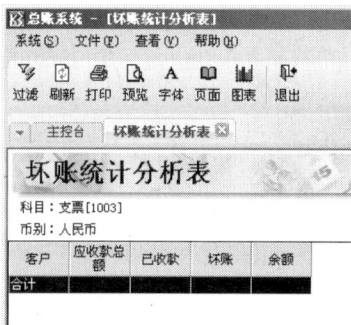

图 6-91　【总账系统-[坏账统计分析表]】窗口

步骤 3：单击工具栏上的【图表】按钮，同样可以通过图表的方式查看有关坏账统计数据，如图 6-92 所示。

步骤 4：选择【查看】➤【显示/隐藏列】菜单项，打开【显示/隐藏列】对话框，可以设置显示哪些列字段，隐藏哪些列字段，如图 6-93 所示。

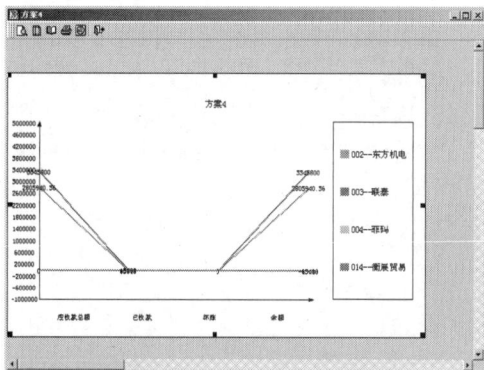

图 6-92　查看坏账统计数据

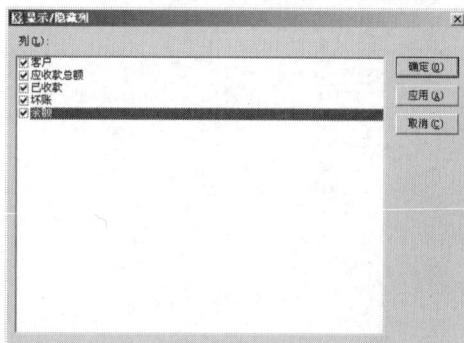

图 6-93　【显示/隐藏列】对话框

6.4　打　印　账　表

公司的财务报表不仅可以查询，还可以将其打印出来。下面以打印总分类账为例，介绍打印账表的操作步骤。

其具体的操作步骤如下。

步骤 1：在【总分类账】窗口中选择【查看】➢【页面设置】菜单项，打开【页面设置】对话框，如图 6-94 所示。

步骤 2：单击【前景色】、【背景色】、【合计色】按钮，即可在【颜色】对话框中选择相应的颜色，如图 6-95 所示。

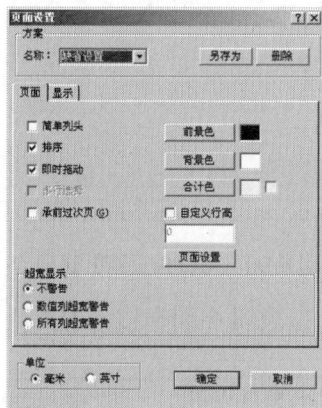

图 6-94　【页面设置】对话框

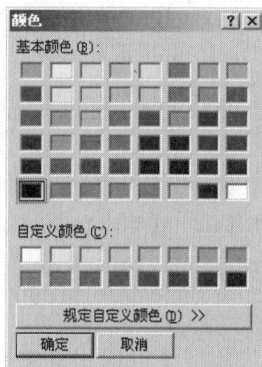

图 6-95　【颜色】对话框

步骤 3：单击【页面设置】按钮，打开【页面选项】对话框，在其中设置【打印选项】、【打印页选择】、【居中方式】、【页边距】、【缩放比例】等内容，如图 6-96 所示。

步骤 4：单击【颜色/尺寸】标签，进入【颜色/尺寸】选项卡，如图 6-97 所示。

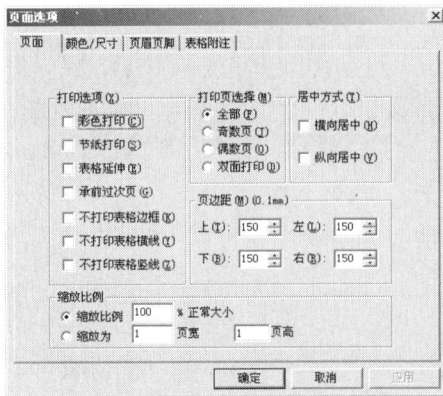

图 6-96　【页面选项】对话框

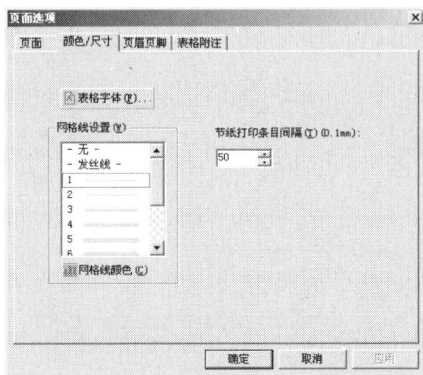

图 6-97　【颜色/尺寸】选项卡

步骤 5：单击【表格字体】按钮，打开【字体】对话框，设置表格字体的字形、大小、颜色等内容，如图 6-98 所示。单击【网格线颜色】按钮，打开【颜色】对话框，在其中选择网格线的颜色与类型，若在【页面】选项卡中选中【节纸打印】复选框，则还可以设置打印条目间隔。

步骤 6：单击【页眉页脚】标签，进入【页眉页脚】选项卡，在其中可以设置页眉页脚的不同打印方式，如图 6-99 所示。

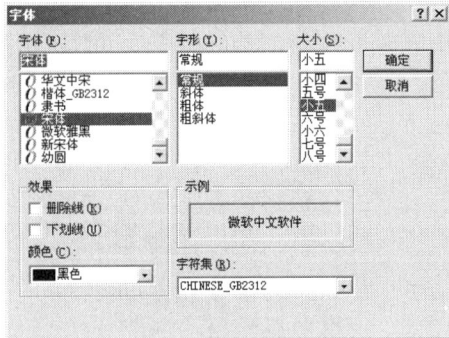

图 6-98　【字体】对话框

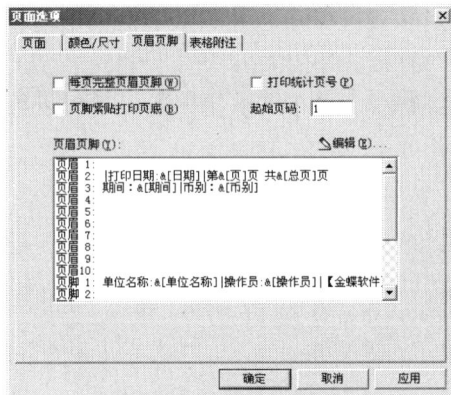

图 6-99　【页眉页脚】选项卡

步骤 7：单击【编辑】按钮，打开【页眉 1】窗口，在其中编辑相应的页眉或页脚，然后单击【确定】按钮，如图 6-100 所示。

步骤 8：单击【表格附注】标签，进入【表格附注】选项卡，可以输入表格附注内容，该内容将显示在最后一页的表格下方，如图 6-101 所示。

步骤 9：单击【确定】按钮，即可关闭【页面选项】对话框并返回【页面设置】对话框。切换到【显示】选项卡，在其中可以设置所选字段列的列宽，如图 6-102 所示。

步骤 10：单击【确定】按钮，即可关闭【页面设置】对话框。若要使用套打格式打印总分类账，则选择【工具】➤【套打设置】菜单项，打开【套打设置】对话框，在其中设置总分类账的套打格式，如图 6-103 所示。

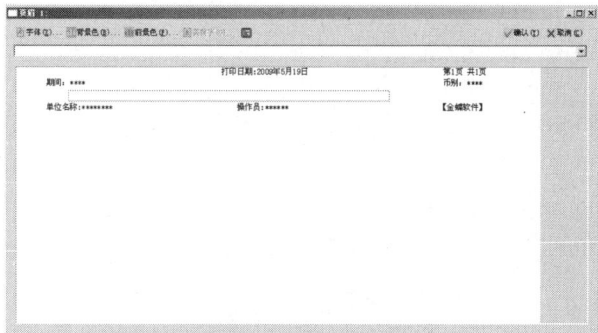

图 6-100　【页眉 1】窗口

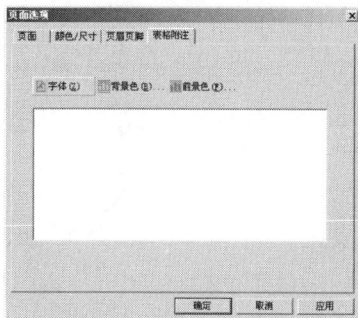

图 6-101　【表格附注】选项卡

图 6-102　【页面设置】对话框

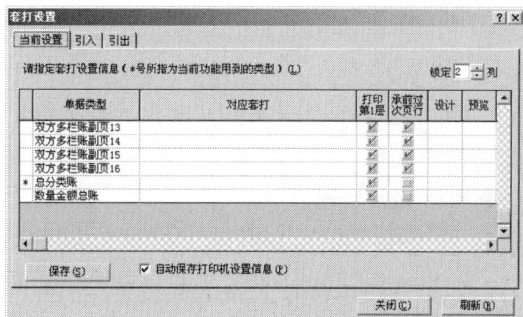

图 6-103　【套打设置】对话框

步骤 11：选择【文件】▶【打印设置】菜单项，打开【打印设置】对话框，在其中选择打印机，设置纸张及其方向等选项，如图 6-104 所示。

步骤 12：选择【文件】▶【打印预览】菜单项，即可在显示窗口中浏览打印效果，如图 6-105 所示。

图 6-104　【打印设置】对话框

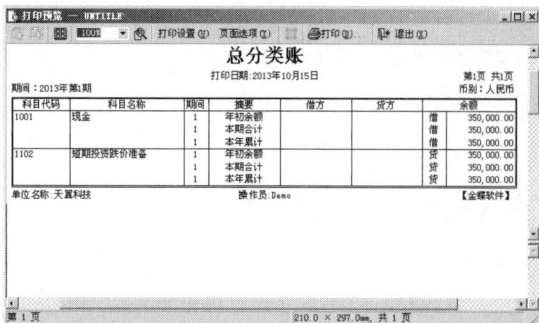

图 6-105　浏览打印效果

步骤 13：选择【文件】▶【打印】菜单项，调出【打印】对话框，在其中设置相关选项。单击【确定】按钮，即可将总分类账打印输出，如图 6-106 所示。

图 6-106　【打印】对话框

6.5　疑 难 解 惑

疑问 1：为什么无论怎样设置过滤条件，都无法生成科目利息计算表？

答：因为科目利息计算表是在基于科目属性中选中"科目计息"复选框，并设置了利率的科目而生成的。若用户账套的所有科目属性中都没有选中"科目计息"复选框，则不能生成科目利息计算表。

疑问 2：如何控制账簿与报表中的字段打印？

答：如果打印账簿时不需要某些字段，即可将其隐藏，且打印输出的内容与当前屏幕上显示的内容相同。使用该方法，用户可以任意打印输出想要的内容，从而可以避免因显示内容太多、纸张太小而不能打印需要的内容，出现浪费纸张的现象。

第 7 章

公司固定资产的管理

固定资产是指使用年限较长、单位价值较高，并且在使用过程中能够保持原有实物形态的资产。在企业中，实现固定资产管理是整个财务管理工作中的一个重要环节。由于其折旧消耗计入生成成本，因此，要想准确地计算产品的生成成本，了解企业的盈利情况，就必须对固定资产进行管理。

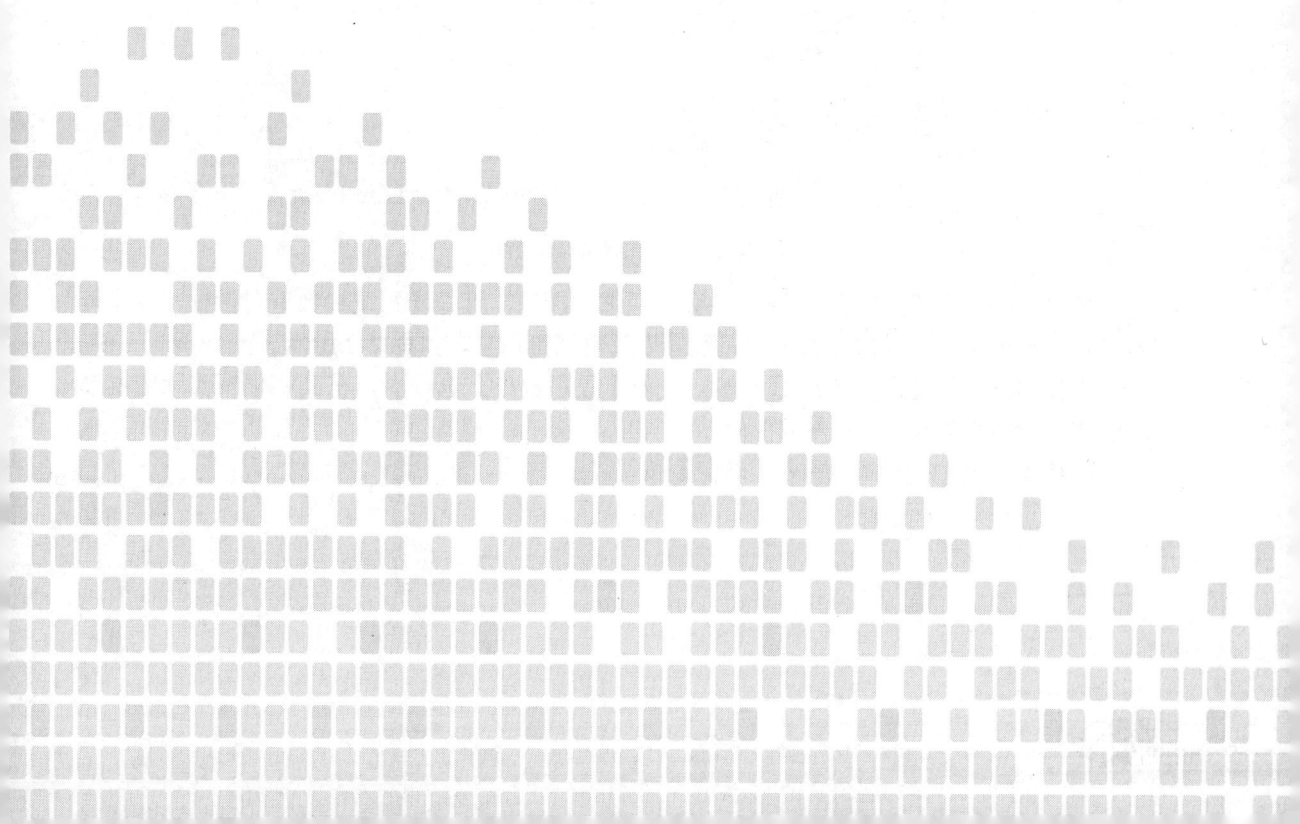

7.1　固定资产管理系统初始化配置

固定资产管理系统的初始化设置是进行固定资产管理操作的第一步，只有这样才能进行固定资产的变动、查询、报表等日常处理。

7.1.1　实训 1　固定资产管理系统的设置

在对固定资产进行日常业务处理之前，必须对固定资产管理系统进行基础参数设置，这些参数是固定资产系统的基础，关系到企业中所有财务业务的管理，因此必须慎重。

其具体的设置步骤如下。

步骤 1：在【主控台】界面中选择【系统设置】标签，单击【系统设置】下的【资产管理】子功能项，进入【资产管理】界面，如图 7-1 所示。

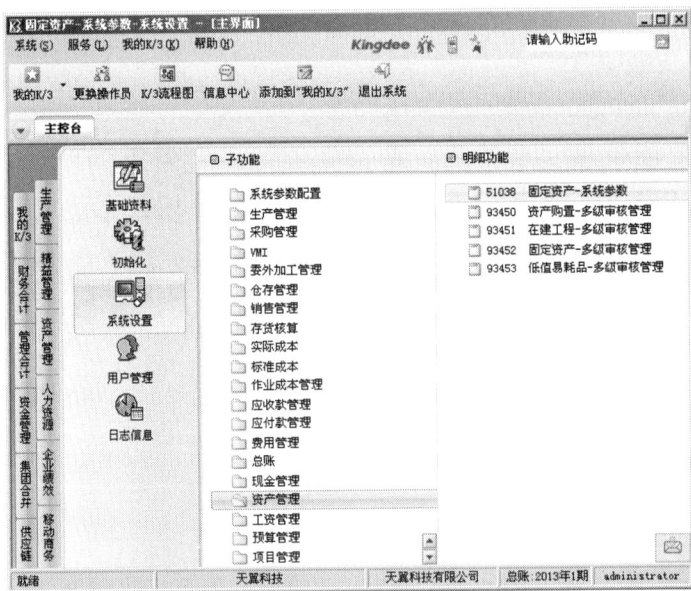

图 7-1　【资产管理】界面

步骤 2：双击【固定资产-系统参数】明细功能项，打开【系统参数】对话框，在【基本设置】选项卡下设置公司的名称、地址以及电话等信息，如图 7-2 所示。

步骤 3：选择【固定资产】标签，进入【固定资产】选项卡，在其中根据实际需要设置固定资产的相关参数，如图 7-3 所示。

步骤 4：设置完毕后，单击【确定】按钮。

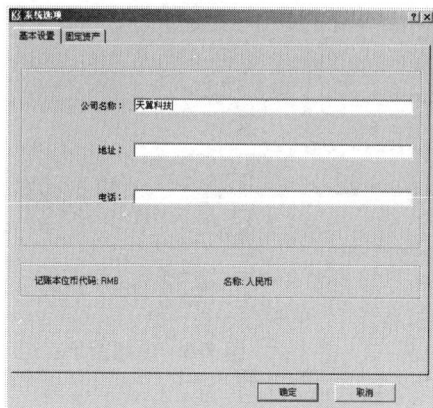

图 7-2　【系统参数】对话框

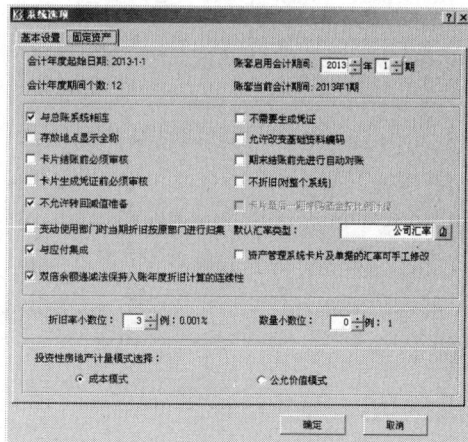

图 7-3　【固定资产】选项卡

7.1.2　实训 2　初始化固定资产管理系统

当所有的固定资产数据输入完毕后，就可以对固定资产管理系统实施结束初始化操作，方法很简单，具体的操作步骤如下。

步骤 1：在【主控台】界面中选择【系统设置】标签，单击【系统设置】下的【初始化】子功能项，进入【初始化】界面，如图 7-4 所示。

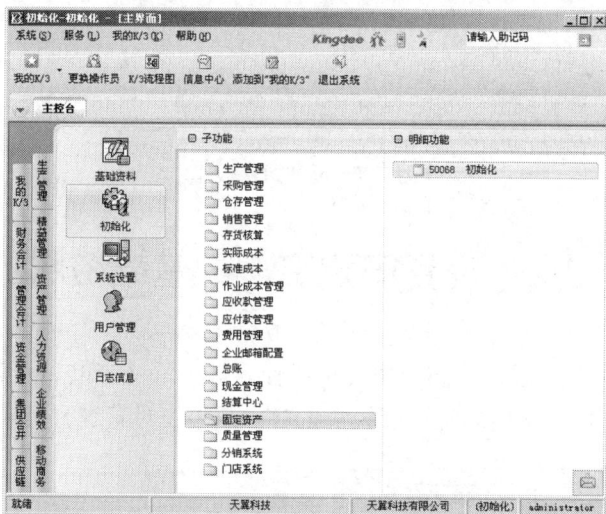

图 7-4　【初始化】界面

步骤 2：双击【初始化】明细功能项，打开【结束初始化】对话框，在其中选择【结束初始化】单选按钮，如图 7-5 所示。

步骤 3：单击【开始】按钮，即可开始进行结束初始化的操作，操作完毕后，弹出一个信息提示框，提示用户结束初始化成功，如图 7-6 所示。

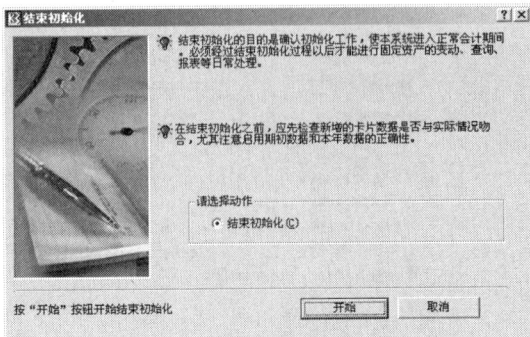

图 7-5　【结束初始化】对话框

图 7-6　金蝶提示

提示：　如果发现结束初始化完毕后，系统中又有必须要修正的数据，则可以再次双击【结束初始化】明细功能项，在打开的【结束初始化】对话框中选择【反初始化】单选按钮，进行反初始化操作，如图 7-7 所示。

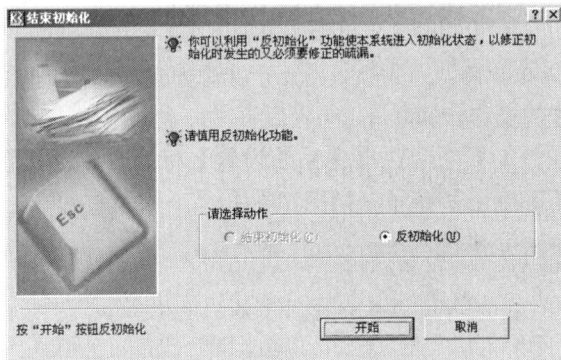

图 7-7　反初始化操作

7.2　设置固定资产的基础资料

在金蝶 K3 系统中，固定资产模块既可以独立运行，又可以与总账等模块无缝连接，实现财务数据共享。但在使用固定资产模块之前，必须先对其进行基础资料的设置。

7.2.1　实训 3　变动方式类别的设置

固定资产的变动方式是指固定资产发生新增、变动或减少的方式，是固定资产卡片上的属性资料。固定资产系统默认有增加、减少、其他等三大类别。

设置变动方式类别的具体操作步骤如下。

步骤 1：在【主控台】界面中，选择【财务会计】标签，单击【固定资产管理】下的【基础资料】子功能项，进入【基础资料】界面，如图 7-8 所示。

步骤 2：双击【变动方式类别】选项，打开【变动方式类别】对话框，如图 7-9 所示。

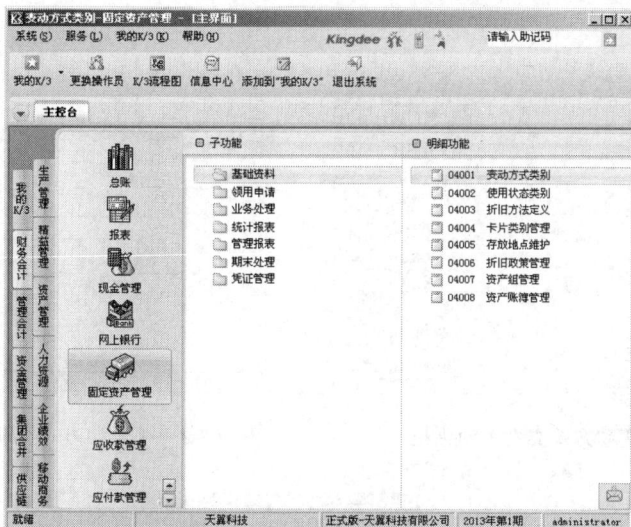

图 7-8　　【基础资料】界面

步骤 3：单击【新增】按钮，打开【变动方式类别-新增】对话框，输入代码、名称、凭证字、摘要、对方科目、核算项目等信息，如图 7-10 所示。

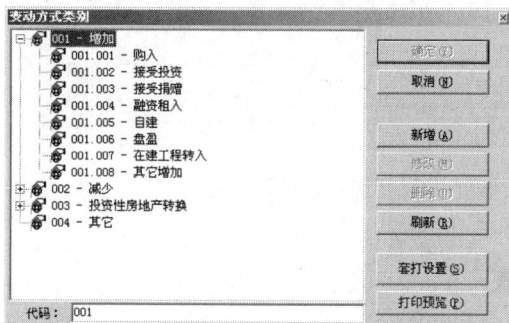

图 7-9　【变动方式类别】对话框

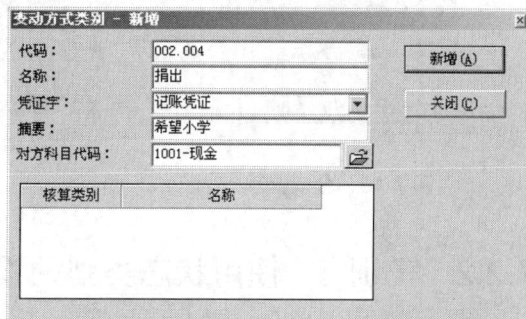

图 7-10　【变动方式类别-新增】对话框

提示： 若要求系统对固定资产变动业务自动生成相应的记账凭证，则必须在【变动方式类别】对话框中输入【对方科目代码】，同时也应输入该类业务所产生记账凭证的凭证字、摘要内容和核算项目。

步骤 4：单击【新增】按钮，即可继续增加变动方式类别，单击【关闭】按钮，则返回【变动方式类别】对话框，则新增的变动方式类别即可显示在该对话框中，如图 7-11 所示。

步骤 5：对于已经增加的变动方式类别，可以在选中需要修改的变动方式类别后，单击【修改】按钮，打开【变动方式类别-修改】对话框，在其中改变所选变动方式类别的属性，如图 7-12 所示。

步骤 6：对于需要删除的类别，在选中该类别后，单击【删除】按钮，将弹出一个信息提示框，单击【是】按钮即可完成删除操作，如图 7-13 所示。

步骤 7：单击【套打设置】按钮，打开【套打设置】对话框，设置其套打格式，如

图 7-14 所示。

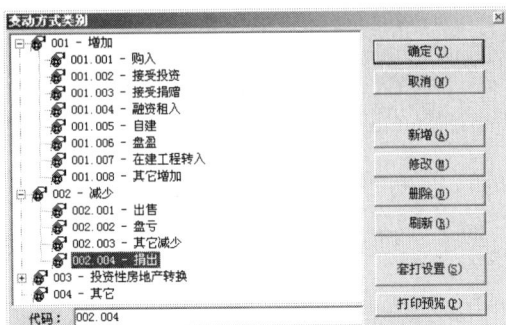

图 7-11 【变动方式类别】对话框

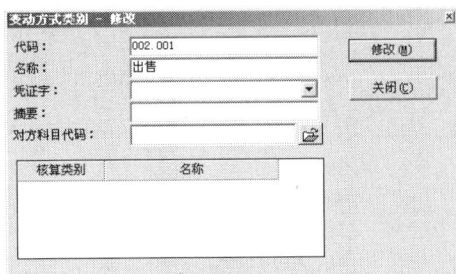

图 7-12 【变动方式类别-修改】对话框

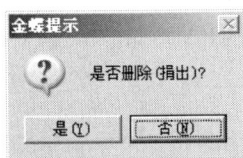

图 7-13 金蝶提示

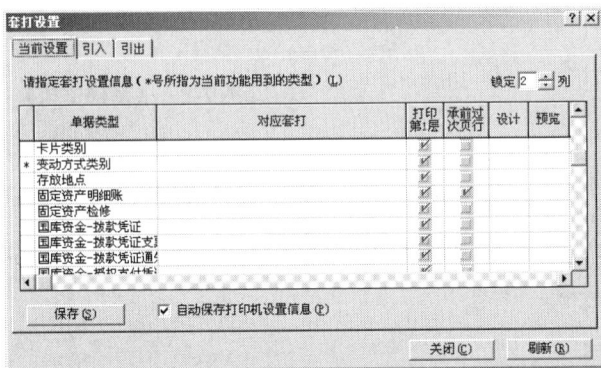

图 7-14 【套打设置】对话框

7.2.2 实训 4 使用状态类别的设置

固定资产的使用状态是指固定资产当前的使用情况，包括使用中、未使用、不需用、出租等。固定资产的使用状态有时会决定固定资产是否计提折旧，一般在使用中的固定资产要计提折旧，未使用的固定资产不提折旧。当然，也有特殊的，如房屋及建筑，无论是否使用均要提取折旧，土地则一定不提折旧。

设置使用状态类别的具体操作步骤如下。

步骤 1：在【基础资料】界面中，双击【使用状态类别】选项，打开【使用状态类别】对话框，如图 7-15 所示。

步骤 2：单击【新增】按钮，打开【使用状态类别-新增】对话框，在其中输入代码和名称，并选择是否计提折旧，如图 7-16 所示。

步骤 3：单击【新增】按钮，即可连续增加使用状态的类别。单击【关闭】按钮，返回【使用状态类别】对话框，则新增的使用状态类别将显示在该对话框中，如图 7-17 所示。

步骤 4：如果要修改某一使用状态类别，只需选中该类别，然后单击【修改】按钮，打开【使用状态类别-修改】对话框，在其中进行相应信息的修改，如图 7-18 所示。

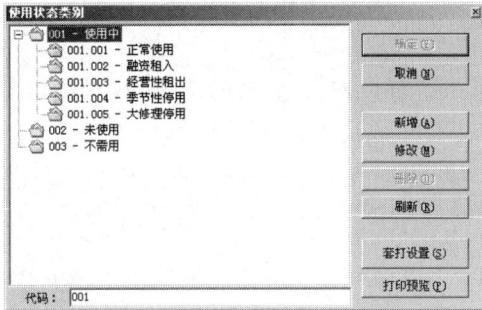

图 7-15　【使用状态类别】对话框

图 7-16　【使用状态类别-新增】对话框

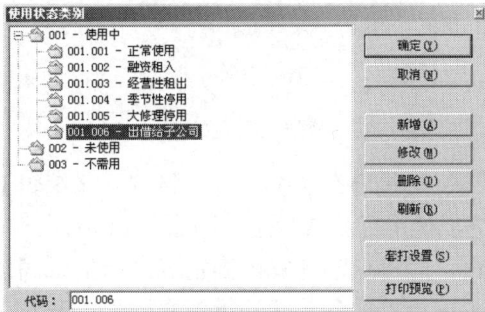

图 7-17　【使用状态类别】对话框口

图 7-18　【使用状态类别-修改】对话框

7.2.3　实训 5　折旧方法定义的设置

固定资产系统为用户提供了自动计提折旧和分摊折旧费用的功能。为了实现自动计提折旧的功能，必须预先设置好要用的固定资产折旧方法。

其具体的操作步骤如下。

步骤 1：在【基础资料】界面中，双击【折旧方法定义】选项，打开【折旧方法定义】对话框，系统预设了几种常用的固定资产折旧方法，如图 7-19 所示。

步骤 2：选择【折旧方法定义说明】标签，进入【折旧方法定义说明】选项卡，其中显示了对固定资产的折旧方法较为详尽的文字说明，如图 7-20 所示。

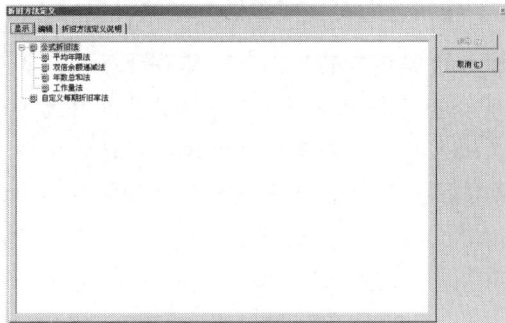

图 7-19　【折旧方法定义】对话框

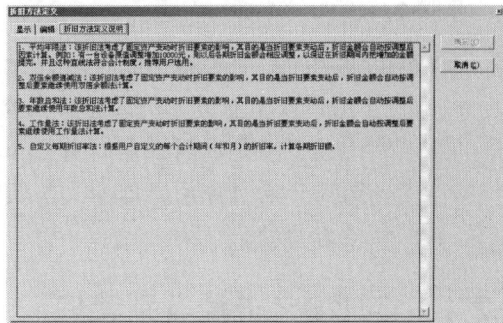

图 7-20　【折旧方法定义说明】选项卡

步骤 3：选择【编辑】标签，进入【编辑】选项卡，单击【新增】按钮，用户可以自定义折旧方法，如图 7-21 所示。

步骤 4：若在【显示】选项卡中，选择了一种系统预设的折旧方法，则可在【编辑】选项卡中单击【编辑】按钮，对已存在的折旧方法进行修改，如图 7-22 所示。

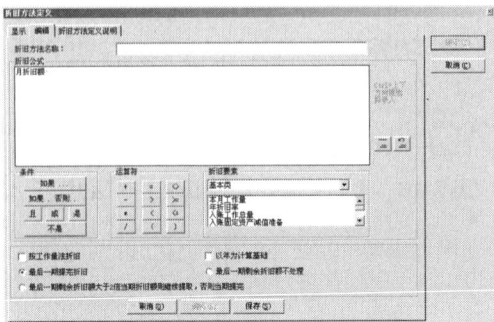

图 7-21　【编辑】选项卡

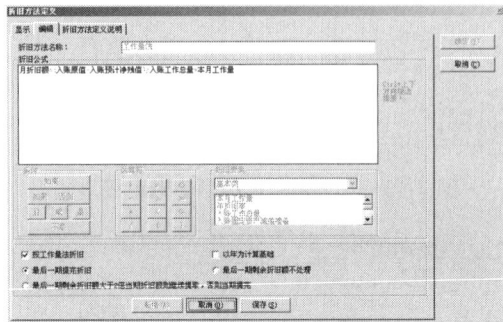

图 7-22　修改已存在的折旧方式

步骤 5：在【显示】选项卡中，双击【自定义每期折旧率法】项目，将打开【编辑】选项卡，单击【新增】按钮，则该对话框中的各选项处于可编辑状态，如图 7-23 所示。

步骤 6：在其中输入折旧方法名称及使用寿命，即可自动计算出固定资产折旧期间的总数，并在【各年度折旧率】栏中显示按平均年限法计算的各年度的折旧率数值，其右边显示鼠标所选定会计年度中各个会计期间的折旧率，如图 7-24 所示。

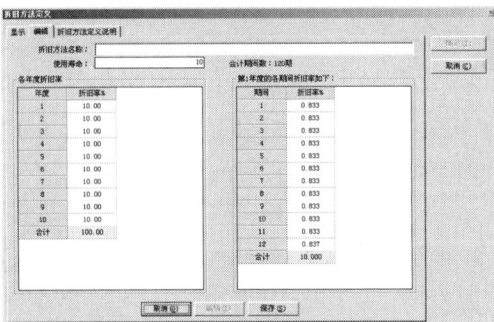

图 7-23　【编辑】选项卡

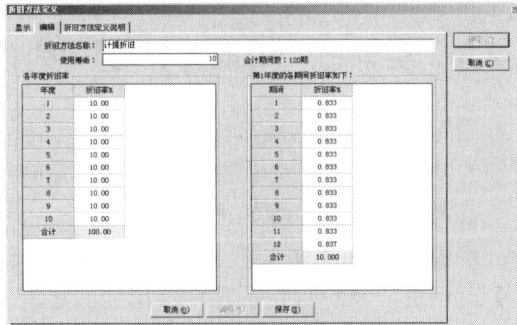

图 7-24　【各年度折旧率】栏

步骤 7：输入全部折旧率之后，单击【确定】按钮，即可完成折旧方法的设置操作。

💡 注意：　用户可以在左边表格中输入该折旧方法各年度的折旧率，其合计数必须等于100%；右边表格为各会计年度设置分会计期间的折旧率，其合计数必须等于该会计年度的折旧率。用户如果只输入年度折旧率，则右边的对话框中将自动显示会计期间折旧率，其数值是根据年折旧率/该年度内会计期间数算出的平均数。

7.2.4　实训 6　卡片类别管理

在金蝶 K3 系统中，为用户提供了固定资产卡片按类别的多级管理方式，用户可以自定义分类的规则，并将同一类别的相同属性在卡片类别上一次录入，省去了一张张地录入的烦琐，避免了大量的重复工作。

对卡片类别进行管理的具体操作步骤如下。

步骤 1：在【基础资料】界面中，双击【卡片类别管理】选项，打开【固定资产类别】对话框，如图 7-25 所示。

步骤 2：单击【新增】按钮，打开【固定资产类别-新增】对话框，在其中输入卡片类别的代码、名称、使用年限等参数，如图 7-26 所示。

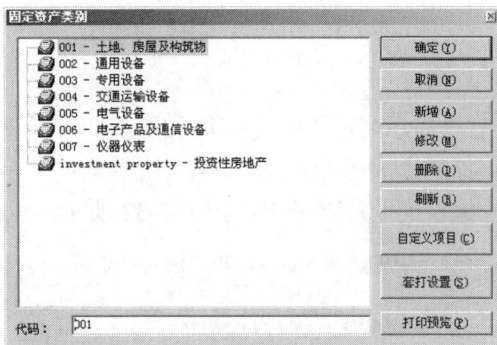

图 7-25　【固定资产类别】对话框

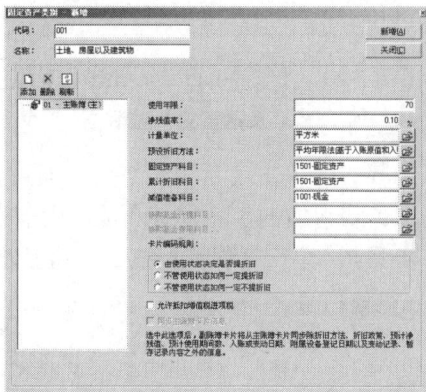

图 7-26　【固定资产类别-新增】对话框

步骤 3：单击【新增】按钮，可以连续增加固定资产卡片类别；单击【关闭】按钮，将返回【固定资产类别】对话框，则新增的固定资产类别即可显示在该对话框中，如图 7-27 所示。

步骤 4：如果要修改某固定资产卡片类别，只需选中该类别，然后单击【修改】按钮，打开【固定资产类别-修改】对话框，在其中修改相应的信息，如图 7-28 所示。

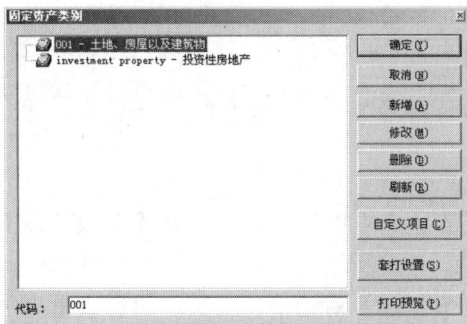

图 7-27　【固定资产类别】对话框

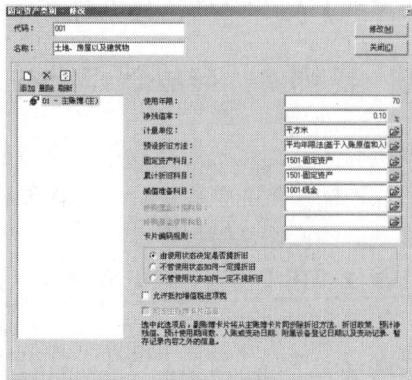

图 7-28　【固定资产类别-修改】对话框

步骤 5：单击【自定义项目】按钮，打开【卡片项目定义-土地、房屋以及建筑物】对话框，如图 7-29 所示。

步骤 6：单击【增加】按钮，将弹出【卡片项目】对话框，如图 7-30 所示。

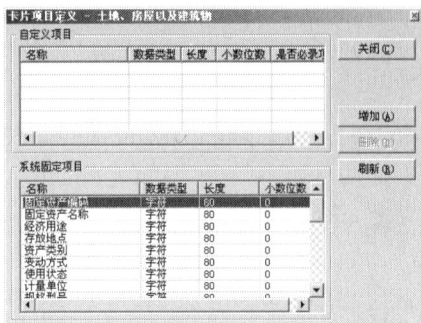

图 7-29 【卡片项目定义-土地、房屋
以及建筑物】对话框

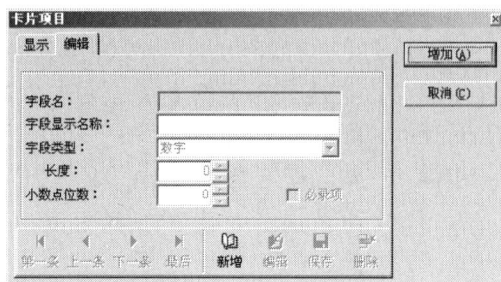

图 7-30 【卡片项目】对话框

步骤 7：单击【新增】按钮，即可设置【字段显示名称】、【字段类型】、【长度】等选项。若新增的字段为必录项，则需选取【必录项】复选框，如图 7-31 所示。

步骤 8：单击【保存】按钮，将新增的字段保存到卡片项目中，如图 7-32 所示。

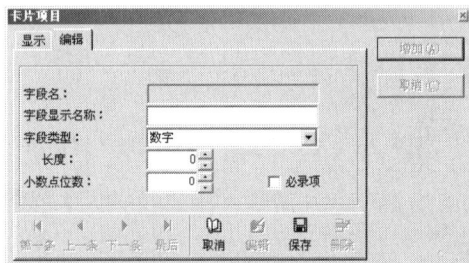

图 7-31 【编辑】选项卡

图 7-32 【显示】选项卡

步骤 9：单击【取消】按钮，则可取消先前的设置并返回【卡片项目定义】对话框当中。再单击【关闭】按钮，则返回【固定资产类别】对话框。

7.2.5 实训 7 存放地点维护

众所周知，固定资产实物都有存放的地点，金蝶 K3 系统对存放地点进行了一系列的管理，以辅助用户加强固定资产的管理。

其具体的操作步骤如下。

步骤 1：在【基础资料】界面中，双击【存放地点维护】选项，打开【存放地点】对话框，如图 7-33 所示。

步骤 2：单击【新增】按钮，打开【存放地点-新增】对话框，在其中可以设置存放地点的代码和名称，如图 7-34 所示。

步骤 3：单击【新增】按钮，将连续增加存放地点资料，单击【关闭】按钮，则可返回【存放地点】对话框，在其中显示了增加的存放地点，如图 7-35 所示。

步骤 4：如果要修改某一存放地点，只需选中该地点，然后单击【修改】按钮，打开【存放地点-修改】对话框，在其中修改相应的信息，如图 7-36 所示。

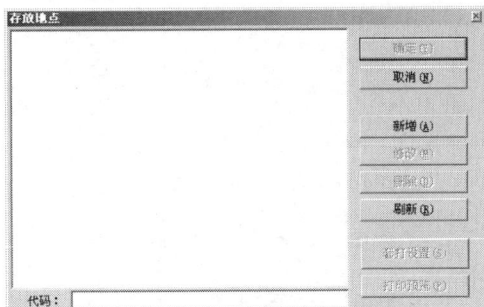

图 7-33　【存放地点】对话框

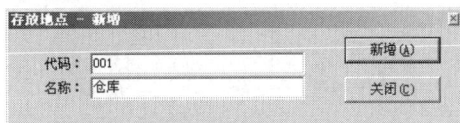

图 7-34　【存放地点-新增】对话框

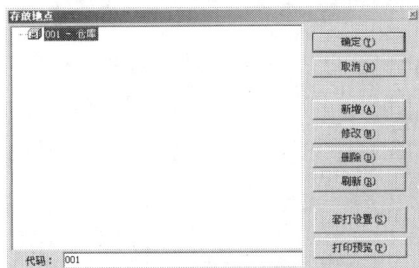

图 7-35　【存放地点】对话框

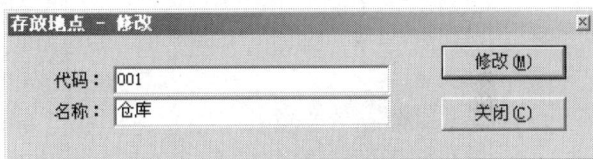

图 7-36　【存放地点-修改】对话框

步骤 5：如果想要删除某一存放地点，只需选中该地点，然后单击【删除】按钮，将弹出一个信息提示框，单击【是】按钮即可，如图 7-37 所示。

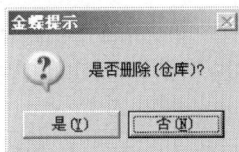

图 7-37　金蝶提示信息框

7.2.6　实训 8　折旧政策管理

金蝶 K3 成长版为用户提供了折旧政策方案的管理，包括新增、修改和删除等。

其具体的操作步骤如下。

步骤 1：在【基础资料】界面中，双击【折旧政策管理】选项，打开【折旧政策方案】对话框，如图 7-38 所示。

步骤 2：单击【新增】按钮，打开【折旧政策方案-新增】对话框，在其中输入折旧方案的代码、名称，并选中相应的折旧政策复选框，如图 7-39 所示。

步骤 3：输入完毕后，单击【新增】按钮，将弹出一个信息提示框，提示用户数据保存成功，如图 7-40 所示。

步骤 4：单击【确定】按钮，返回到【折旧政策方案】对话框，在其中显示出新增的折旧政策方案，如图 7-41 所示。

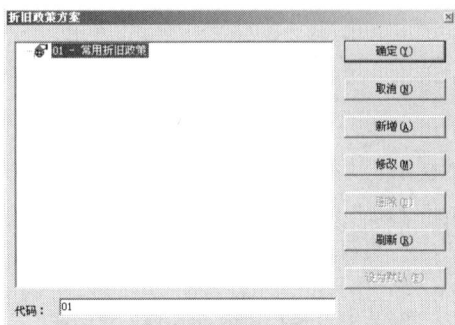

图 7-38 【折旧政策方案】对话框

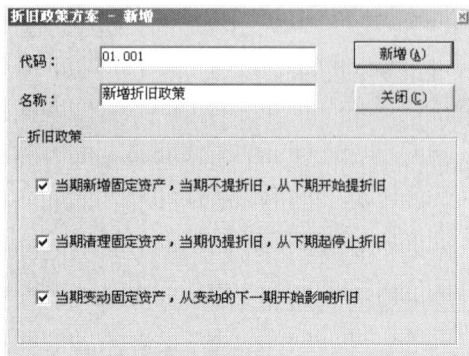

图 7-39 【折旧政策方案-新增】对话框

图 7-40 金蝶提示信息框

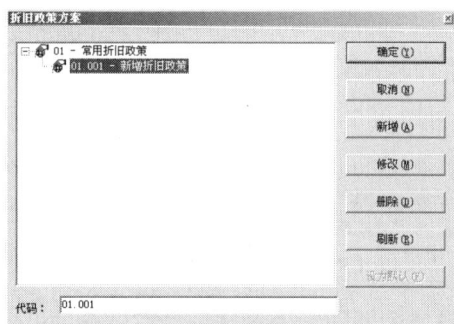

图 7-41 【折旧政策方案】对话框

步骤 5：如果想要修改某一折旧政策方案，只需选中该折旧政策方案，然后单击【修改】按钮，打开【折旧政策方案-修改】对话框，在其中进行相应的修改操作，如图 7-42 所示。

步骤 6：如果想要删除某一折旧政策方案，只需选中该折旧政策方案，然后单击【删除】按钮，弹出一个信息提示框，单击【是】按钮即可，如图 7-43 所示。

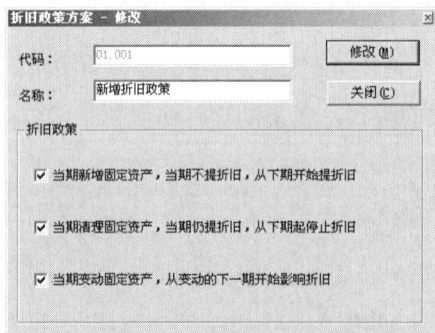

图 7-42 【折旧政策方案-修改】对话框

图 7-43 金蝶提示信息框

提示： 对资产组和资产账簿的管理与折旧政策的管理相似，用户可以参照对折旧政策的管理操作进行，这里不再赘述。

7.3　固定资产的业务处理

当设置好固定资产的基础资料后，下面就可以对固定资产进行业务处理了，主要包括固定资产卡片的新增、修改、删除、固定资产的清理、报废等变动处理，以及与之相关的凭证管理、设备检修等。

7.3.1　实训 9　新增卡片

如果用户单位在使用金蝶 K3 财务系统之前已经购进了固定资产，则在固定资产管理系统结束初始化之前，还必须将已经存在的固定资产数据录入系统中。

新增卡片的具体操作步骤如下。

步骤 1：在【主控台】界面中，选择【财务会计】标签，单击【固定资产管理】系统功能项下的【业务处理】子功能项，进入【业务处理】界面，如图 7-44 所示。

步骤 2：双击【新增卡片】选项，进入【卡片管理】窗口，并弹出【卡片及变动-新增】对话框，设置资产账簿、固定资产类别、编码、名称、变动方式等信息，如图 7-45 所示。

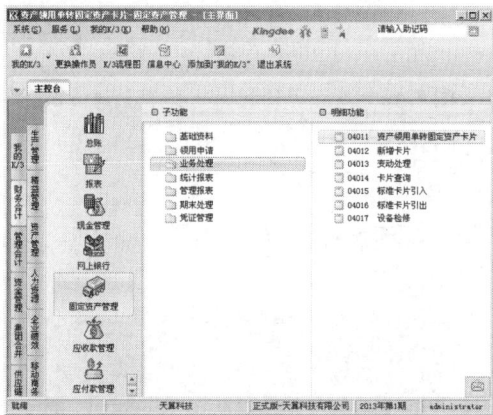

图 7-44　【业务处理】界面　　　　　图 7-45　【卡片及变动-新增】对话框

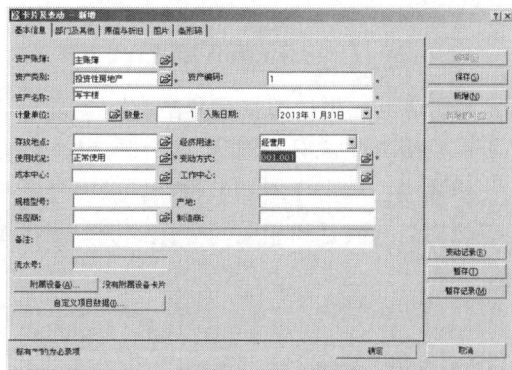

💡 **注意：**　录入初始固定资产卡片时，入账日期只能是初始化以前的日期。

步骤 3：选择【部门及其他】标签，进入【部门及其他】选项卡，在其中设置固定资产科目、累计折旧科目、使用部门和折旧费用分配等，如图 7-46 所示。

步骤 4：如果使用的部门有两个以上，则选取【多个】单选项，单击 ⋯ 按钮，打开【部门分配情况-编辑】对话框，如图 7-47 所示。

步骤 5：单击【增加】按钮，打开【部门分配情况-新增】对话框，在其中输入使用部门及分配比例，如图 7-48 所示。

步骤 6：单击【保存】按钮，将设置信息添加到部门分配情况列表中，如图 7-49 所示。

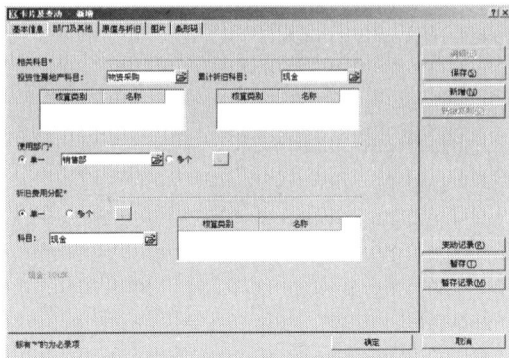

图 7-46 【部门及其他】选项卡

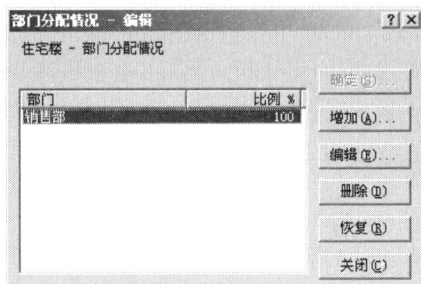

图 7-47 【部门分配情况-编辑】对话框

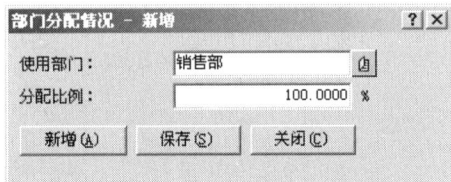

图 7-48 【部门分配情况-新增】对话框

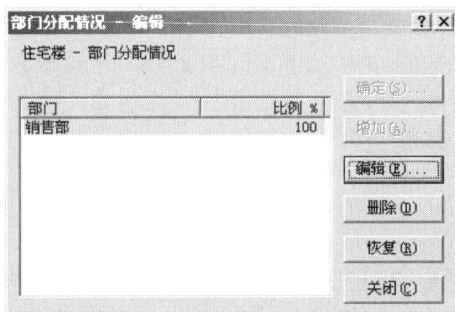

图 7-49 【部门分配情况-编辑】对话框

步骤 7：如果折旧费用分配有两个以上，则选取【多个】单选项，单击 [...] 按钮，打开【折旧费用分配情况-编辑】对话框，如图 7-50 所示。

步骤 8：单击【增加】按钮，打开【折旧费用分配情况-新增】对话框，根据提示输入相应的部门、科目和相应的分配比例，如图 7-51 所示。

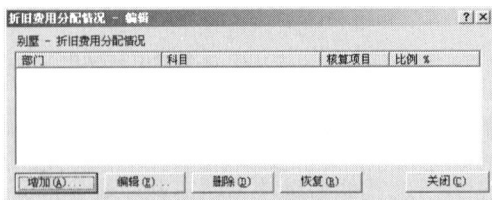

图 7-50 【折旧费用分配情况-编辑】对话框

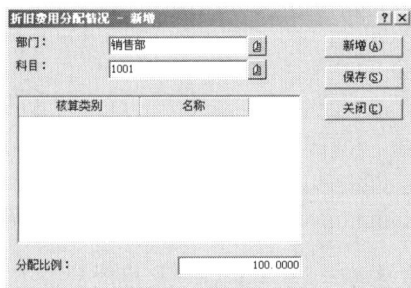

图 7-51 【折旧费用分配情况-新增】对话框

步骤 9：单击【保存】按钮，即可将设置信息添加到折旧费用分配情况列表中，如图 7-52 所示。

💡 **注意**：一定要保证使每一个使用部门的所有费用科目的分配比例之和均为 100%，否则不能完成多费用科目的设置。

步骤 10：选择【原值与折旧】标签，进入【原值与折旧】选项卡，在其中设置固定资产原币金额、币别、汇率、开始使用日期等信息，如图 7-53 所示。

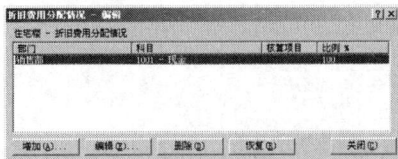

图 7-52　折旧费用分配情况列表

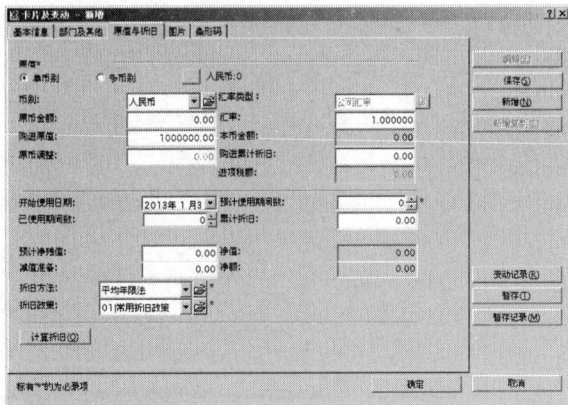

图 7-53　【原值与折旧】选项卡

步骤 11：单击【保存】按钮，返回【卡片管理】窗口，在其中显示出所增加的固定资产记录，如图 7-54 所示。

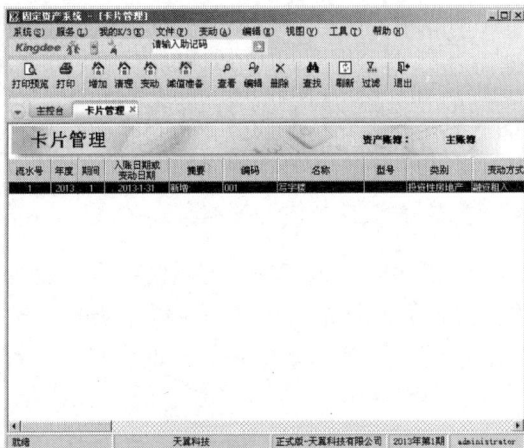

图 7-54　固定资产记录

步骤 12：选择【工具】➤【将初始数据传送总账】菜单项，将弹出一个信息提示框，如图 7-55 所示。

步骤 13：单击【是】按钮完成操作，并弹出传送成功的提示，如果总账系统已经结束初始化，则不能进行数据传递，如图 7-56 所示。

图 7-55　金蝶提示信息框

图 7-56　金蝶提示信息框

7.3.2　实训 10　变动处理

固定资产变动业务包括两个方面，即对价值信息的变更和非价值信息的变更。

固定资产变动处理的具体操作步骤如下。

步骤 1：在【业务处理】界面中，双击【变动处理】选项，打开【卡片管理】界面，在其中显示了所有已经录入的固定资产卡片，包括初始化前录入的数据，如图 7-57 所示。

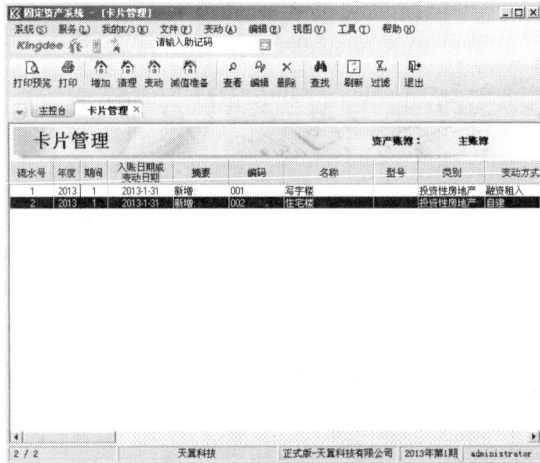

图 7-57　【卡片管理】窗口

💡 **注意：**　在【卡片管理】界面中显示黄色背景的记录，只能变动，不能修改或删除。而显示白色背景的记录则可修改或删除。

步骤 2：如果显示的记录过多时，为了便于寻找需要变动处理的记录，可单击工具栏上的【过滤】按钮，打开【过滤】对话框，在其中设置相应的过滤条件，如图 7-58 所示。

步骤 3：单击【确定】按钮，则【卡片管理】界面中只显示符合过滤条件的记录，如图 7-59 所示。

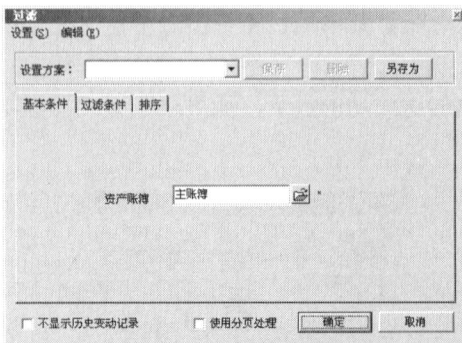

图 7-58　【过滤】对话框

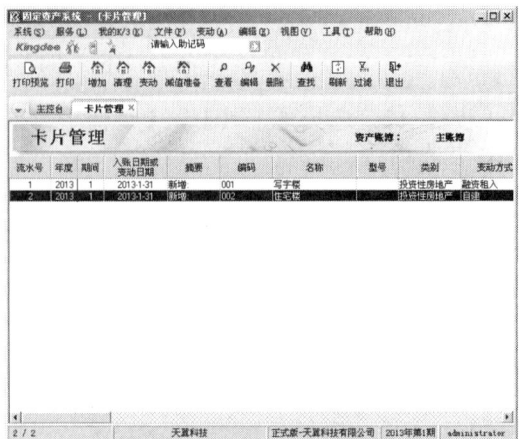

图 7-59　【卡片管理】界面

步骤 4：选择需要变动的记录，单击工具栏上的【变动】按钮，则打开该固定资产卡片，对需要变动的项目进行修改，如图 7-60 所示。

步骤 5：检查无误之后单击【确定】按钮，即可完成该卡片的变动处理，变动后的固定资产记录，在【卡片管理】界面的【摘要】栏中，将显示【变动】字样，如图 7-61 所示。

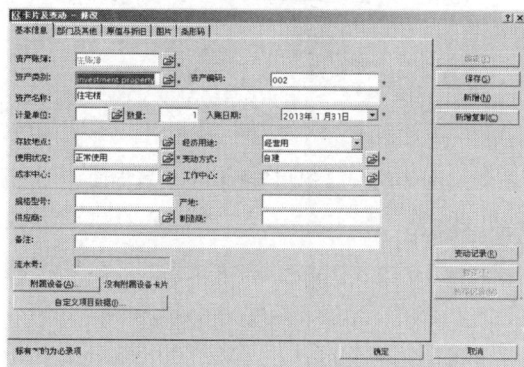

图 7-60　【卡片及变动-修改】对话框

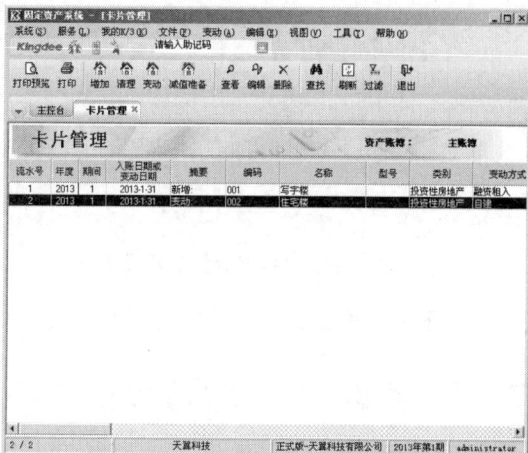

图 7-61　【卡片管理】界面

注意：　在对固定资产进行变动时，固定资产的资产编码不允许变动；涉及原值、累计折旧、减值准备、预计净残值、使用寿命等折旧要素变动时，可能还需要考虑是否有必要对折旧公式进行相应的变动；卡片变动后，如果当期该卡片已经计提过折旧，还需要重新计提折旧。

在【卡片管理】界面中还提供了【批量变动】的功能，若多个固定资产需要变动同一属性，且变动后的属性值相同时，就可以使用【批量变动】功能。

批量变动的具体操作步骤如下。

步骤 1：在【卡片管理】界面中同时选取多条需要变动的记录，然后选择【变动】➢【批量变动】菜单项，打开【批量变动】对话框，设置批量变动的基本信息，如图 7-62所示。

步骤 2：选择【部门与科目】标签，进入【部门与科目】选项卡，在其中设置相关科目和使用部门的信息，如图 7-63 所示。

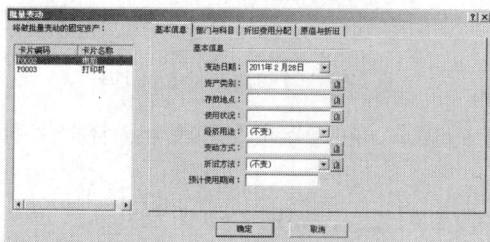

图 7-62　【批量变动】对话框

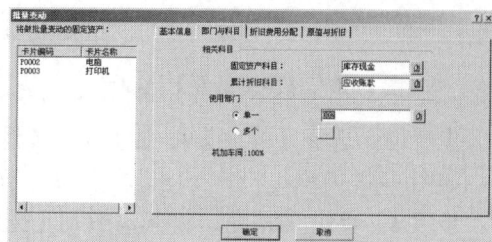

图 7-63　【部门与科目】选项卡

步骤 3：选择【折旧费用分配】标签，进入【折旧费用分配】选项卡，并根据实际需要设置相应的选项，如图 7-64 所示。

步骤 4：选择【原值与折旧】标签，进入【原值与折旧】选项卡，设置相应的选项，如图 7-65 所示。

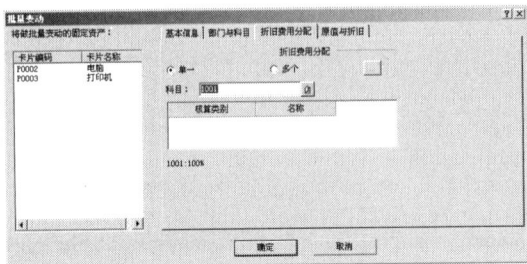

图 7-64　【折旧费用分配】设置界面

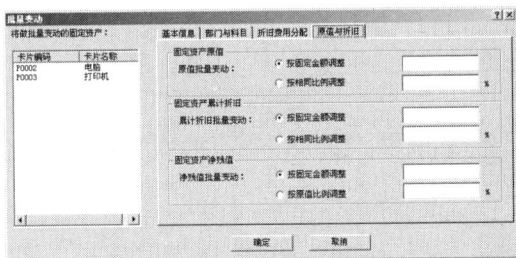

图 7-65　【原值与折旧】设置界面

步骤 5：单击【确定】按钮，即可实现批量变动操作。

7.3.3　实训 11　卡片查询

当录入的卡片很多时，要想查看某一卡片，一张张地翻阅就显得很麻烦了，这时利用金蝶 K3 系统的卡片查询功能，用户就可以根据自己的需要查询想要查看的卡片。

其具体的操作步骤如下。

步骤 1：在【业务处理】界面中，双击【卡片查询】选项，打开【卡片管理】窗口，并弹出【过滤】对话框，在【基本条件】选项卡中设置相应的查询条件，如图 7-66 所示。

步骤 2：选择【过滤条件】标签，进入【过滤条件】选项卡，在其中设置相应的过滤条件，如图 7-67 所示。

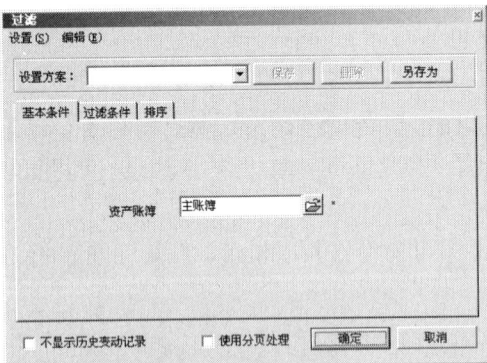

图 7-66　【基本条件】选项卡

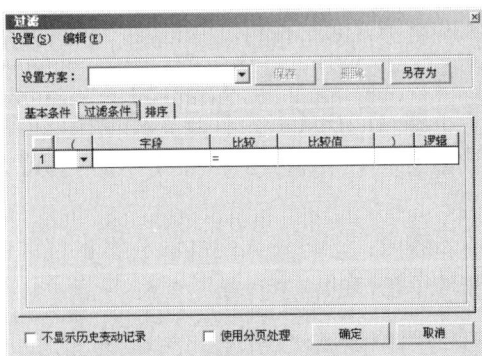

图 7-67　【过滤条件】选项卡

步骤 3：选择【排序】标签，进入【排序】选项卡，在【字段】列表中选择排序的字段，如图 7-68 所示。

步骤 4：单击 > 按钮，将其添加到【排序字段】列表中，如图 7-69 所示。

步骤 5：单击【确定】按钮，即可将符合条件的卡片显示在【卡片管理】界面中，如图 7-70 所示。

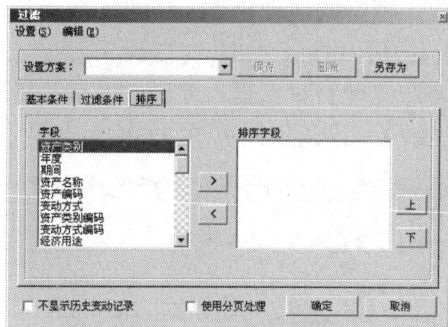

图 7-68　【排序】选项卡

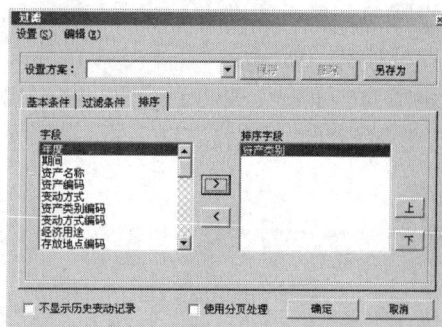

图 7-69　【排序字段】列表

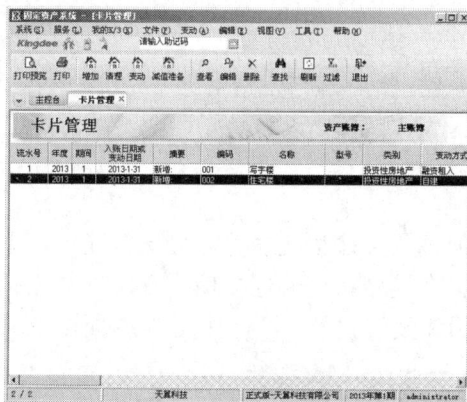

图 7-70　【卡片管理】界面

7.3.4　实训 12　固定资产清理

对固定资产管理的过程中，有时还需要将固定资产清理出去，对固定资产进行清理的具体操作步骤如下。

步骤 1：在【卡片管理】窗口中，选择需要清理的固定资产卡片，单击工具栏上的【清理】按钮，打开【固定资产清理-新增】对话框，在其中根据实际情况设置相应的清理日期，然后输入清理费用、残值收入等信息，如图 7-71 所示。

步骤 2：单击【保存】按钮，弹出一个信息提示框，如图 7-72 所示。

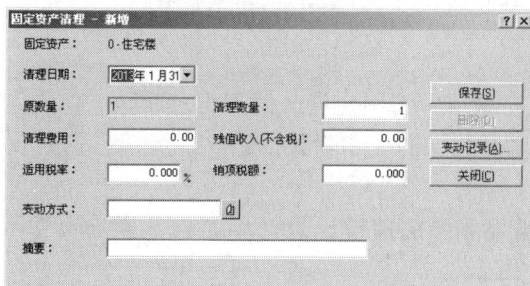

图 7-71　【固定资产清理-新增】对话框

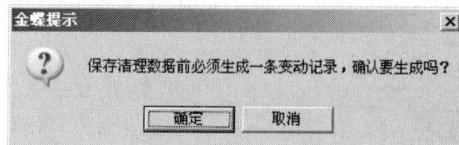

图 7-72　金蝶提示信息框

步骤 3：单击【确定】按钮，即可完成所选固定资产的清理操作。单击【变动记录】按钮，将打开当前固定资产卡片，在其中可以查看其具体信息，如图 7-73 所示。

步骤 4：单击【关闭】按钮，将退出【固定资产清理】对话框，此时在【卡片管理】界面中，被清理的固定资产记录的【摘要】栏中将显示【完全清理】字样，如图 7-74 所示。

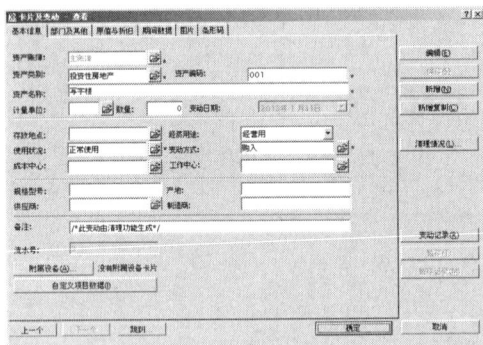

图 7-73　固定资产卡片

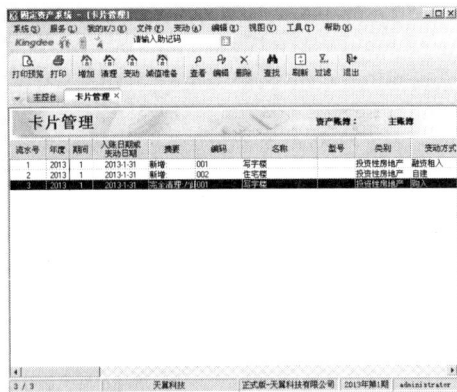

图 7-74　【卡片管理】窗口

步骤 5：若用户要同时清理多个固定资产，则选择【变动】➤【批量清理】菜单项，打开【批量清理】对话框，在其中指定清理日期、变动方式，并输入摘要信息，然后分别输入各固定资产的清理费用和残值收入金额，如图 7-75 所示。

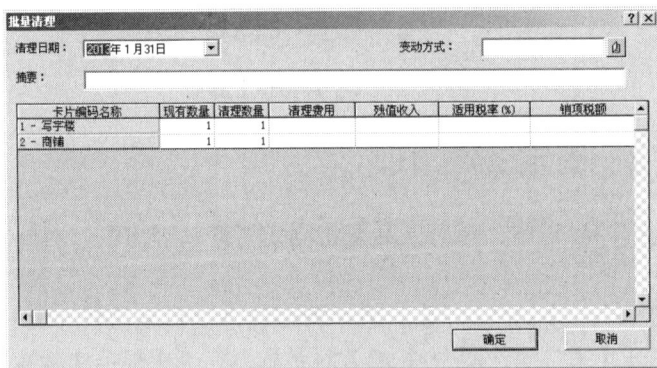

图 7-75　【批量清理】对话框

步骤 6：单击【确定】按钮，即可完成所选固定资产的清理操作。

2. 删除固定资产清理记录

由于误操作或清理业务取消了，这时需要在系统中将固定资产清理记录删除。但是，删除清理记录不能直接使用【卡片管理】界面工具栏上的【删除】按钮。

其具体的操作步骤如下。

步骤 1：在【卡片管理】界面中，选取需要删除的清理记录，单击工具栏上的【清理】按钮，将弹出一个信息提示框，如图 7-76 所示。

步骤 2：单击【是】按钮，打开【固定资产清理-编辑】对话框，如图 7-77 所示。

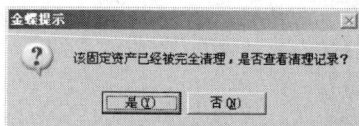

图 7-76　金蝶提示信息框

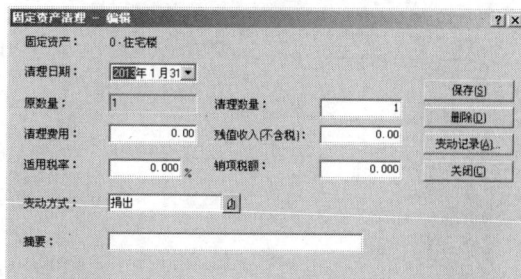

图 7-77　【固定资产清理-编辑】对话框

步骤 3：单击【删除】按钮，将弹出一个提示信息框，单击【是】按钮即可，如图 7-78 所示。

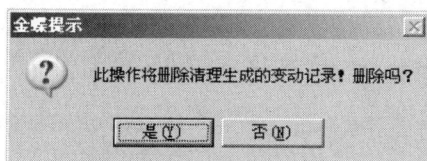

图 7-78　金蝶提示信息框

7.3.5　实训 13　标准卡片的引出

利用金蝶 K3 标准卡片引出功能，可以将卡片引出到金蝶财务软件各种版本之间交换数据用的标准格式卡片库或格式文件中。

将标准卡片引出的具体的操作步骤如下。

步骤 1：在【业务处理】界面中，双击【标准卡片引出】选项，打开【引出到标准卡片】对话框，如图 7-79 所示。

步骤 2：单击【下一步】按钮，进入【第一步】界面，输入指定引出文件的存放路径，如图 7-80 所示。

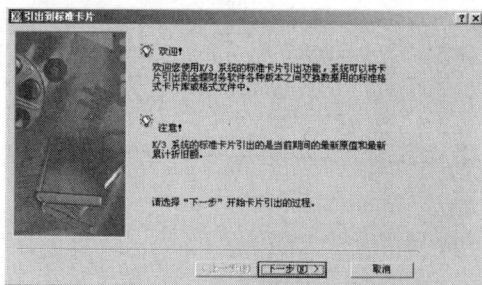

图 7-79　【引出到标准卡片】对话框

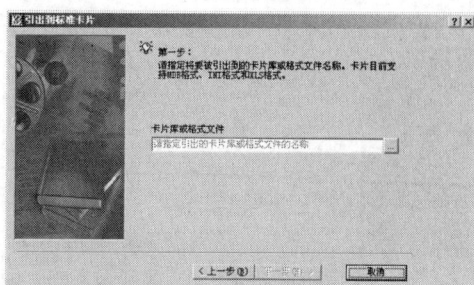

图 7-80　【第一步】界面

步骤 3：还可以单击文本框右侧的 ▭ 按钮，打开【指定输出卡片库】对话框，在其中选择相应的保存路径、输入文件的名称以及选择文件保存的类型，如图 7-81 所示。

步骤 4：单击【保存】按钮，返回【引出到标准卡片】对话框中，在其中可以看到添加的存放路径，如图 7-82 所示。

图 7-81　【指定输出卡片库】对话框

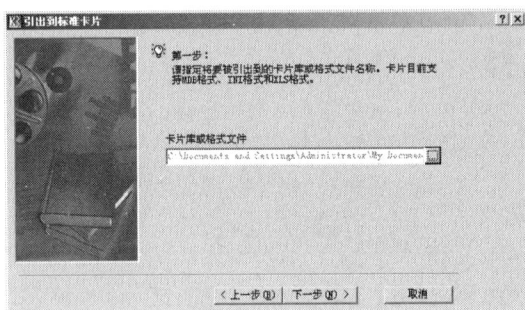

图 7-82　【引出到标准卡片】对话框

步骤 5：单击【下一步】按钮，进入【第二步】界面，根据实际情况设置引出卡片的相应范围，如图 7-83 所示。

步骤 6：单击【下一步】按钮，进入【第三步】界面，如图 7-84 所示。

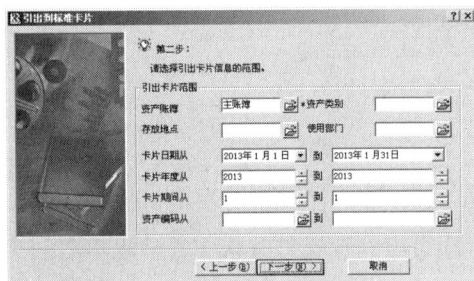

图 7-83　【第二步】界面

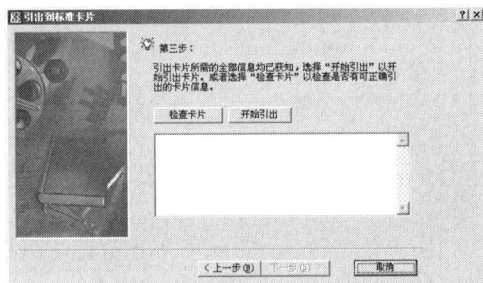

图 7-84　【第三步】界面

步骤 7：单击【检查卡片】按钮，即可检查卡片信息是否有错误，并把检查结果显示出来，如图 7-85 所示。

步骤 8：单击【开始引出】按钮，开始引出卡片，当引出完毕后会弹出【引出完毕】对话框，单击【完成】按钮彻底完成引出操作，如图 7-86 所示。

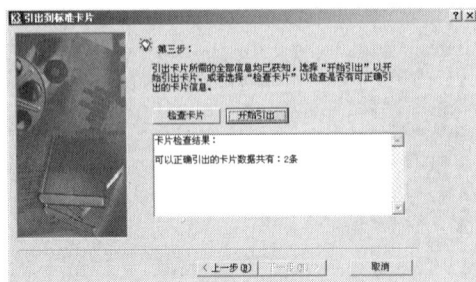

图 7-85　检查卡片

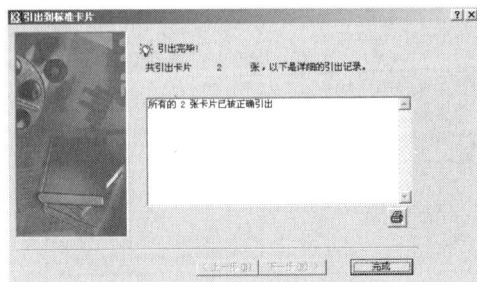

图 7-86　引出完毕

7.3.6　实训 14　标准卡片的引入

在金蝶 K3 系统当中，可以引入金蝶财务软件各种版本之间交换数据用的标准格式卡片。这种卡片按基础资料的编码引入，在卡片数据引入之前需要确认待引入的卡片数据中的基础资料是否与账套中基础资料的数据一致。

将标准卡片引入的具体操作步骤如下。

步骤 1：在【业务处理】界面中，双击【标准卡片引入】选项，打开【引入标准卡片】对话框，如图 7-87 所示。

步骤 2：单击【下一步】按钮，进入【第一步】界面，在其中输入指定引入文件的存放路径，如图 7-88 所示。

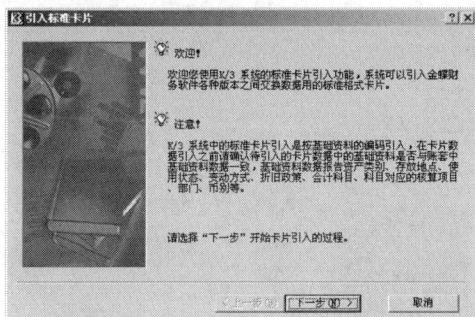

图 7-87　【引入标准卡片】对话框

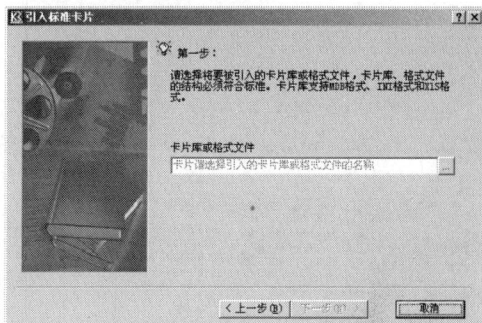

图 7-88　【第一步】界面

步骤 3：如果不知道引入文件存放的路径，可以单击文本框右侧的██按钮，打开【选择卡片库】对话框，在其中选择需要引入的卡片，如图 7-89 所示。

步骤 4：单击【打开】按钮，返回【第一步】界面，在其中可以看到添加的文件路径，如图 7-90 所示。

图 7-89　【选择卡片库】对话框

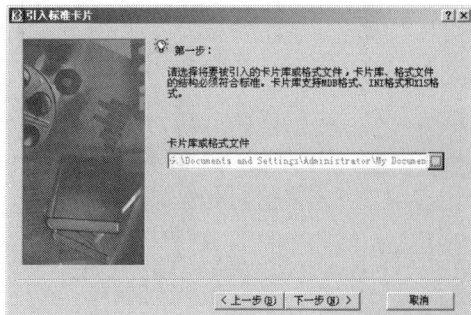

图 7-90　【第一步】界面

步骤 5：单击【下一步】按钮，进入【第二步】界面，根据实际情况设置引入卡片的相应范围，如图 7-91 所示。

步骤 6：单击【下一步】按钮，进入【第三步】界面，在其中设置当引入卡片有错误时的处理方式，以及与已有卡片编码重复时添加的尾数，如图 7-92 所示。

步骤 7：单击【下一步】按钮，进入【第四步】界面，如图 7-93 所示。

步骤 8：单击【检查卡片】按钮，即可检查卡片信息是否有错误，并把检查结果显示出来，如图 7-94 所示。

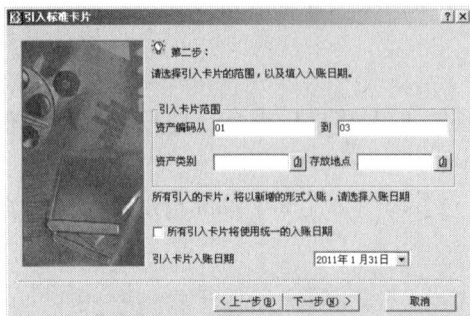

图 7-91　【第二步】界面

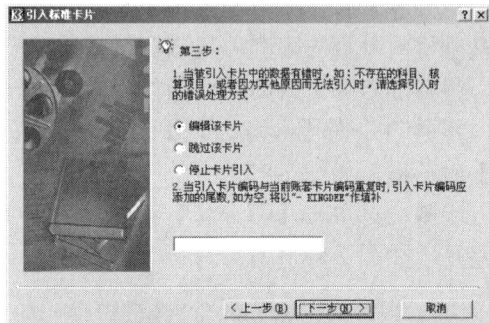

图 7-92　【第三步】界面

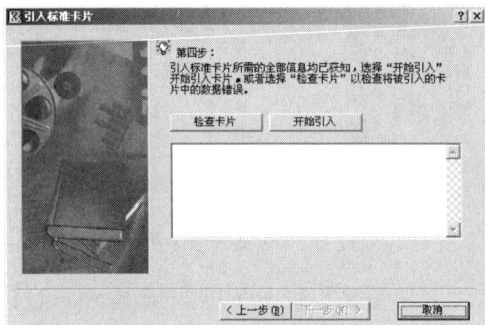

图 7-93　【第四步】界面

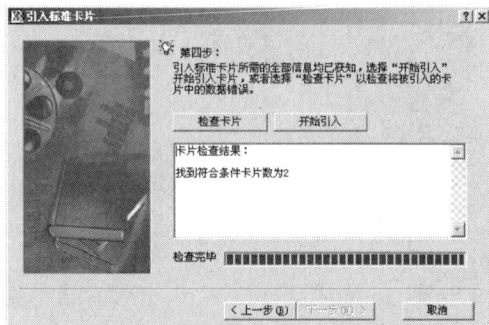

图 7-94　检查卡片信息是否有错误

步骤 9：单击【开始引入】按钮，则可完成卡片的引入操作并显示引入报表，如图 7-95 所示。

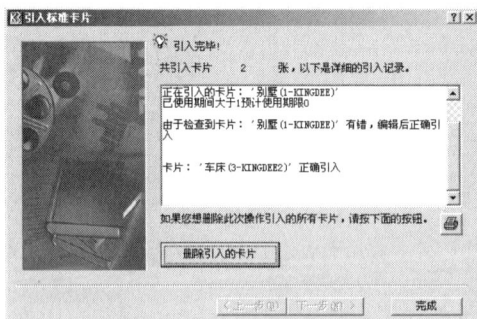

图 7-95　引入卡片操作

步骤 10：若不想保存本次引入的卡片，则可单击【删除引入的卡片】按钮，再单击【完成】按钮，完成引入操作。

7.3.7　实训 15　设备检修

固定资产在生产经营过程中，会发生损坏或自然磨损，为了延长固定资产的使用寿命，或使产品的质量得到实质性提高，或使产品成本得到实质性降低，需要定期对重要的生产设备进行检修。为了帮助企业跟踪设备的检修情况，有计划地安排对设备的维护保养，系统提供了【设备检修】模块，记录每一次设备检修的情况，并提供设备检修记录表，供用户从不同的角度查询设备检修情况。

设备检修的具体操作步骤如下。

步骤 1：在【业务处理】界面中，双击【设备检修】选项，打开【固定资产设备检修表】窗口，弹出【设备检修】对话框，设置设备检修日期的范围，并根据需要选取所需的复选框，如图 7-96 所示。

步骤 2：单击【确定】按钮，打开【固定资产设备检修表】界面，在其中将显示符合条件的设备检修记录，如图 7-97 所示。

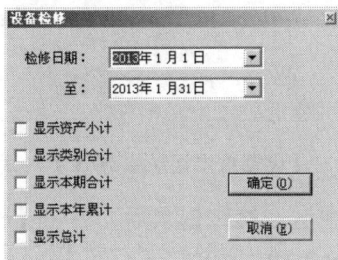

图 7-96　【设备检修】对话框

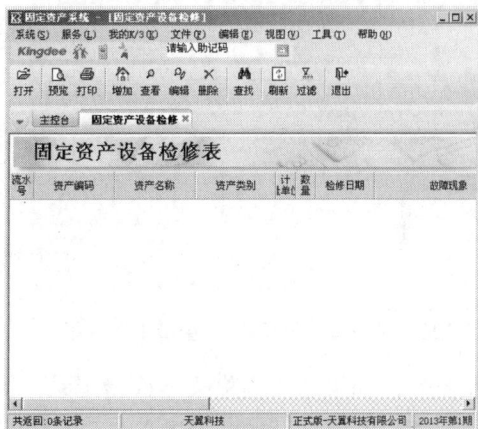

图 7-97　【固定资产设备检修表】界面

步骤 3：单击工具栏上的【增加】按钮，打开【设备检修记录单-新增】对话框，在其中选择需要检修的设备，并录入检修员、故障现象、分析原因、检修情况等选项，如图 7-98 所示。

步骤 4：单击【保存】按钮，即可增加一条设备检修记录，此时，在【固定资产设备检修表】界面中将显示所录的设备检修记录，如图 7-99 所示。

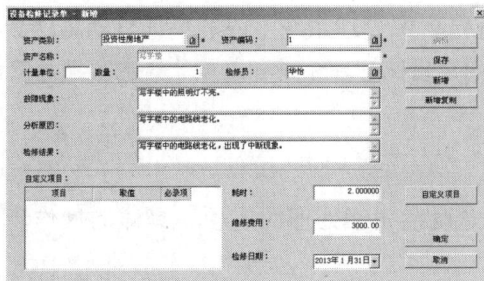

图 7-98　【设备检修记录单-新增】对话框

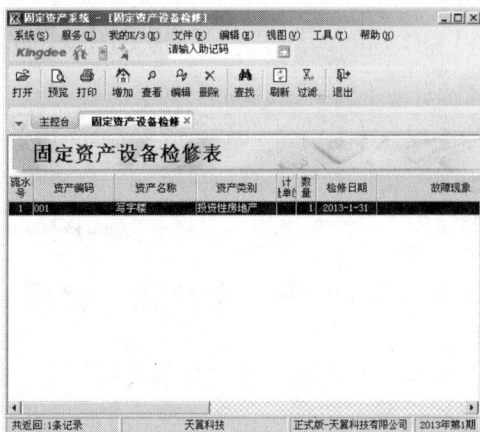

图 7-99　【固定资产设备检修表】界面

提示：如果想要继续录入其他设备检修记录，则可以再次单击对话框中的【新增】按钮，最后单击【确定】按钮，即可将当前记录保存，并退出设备检修记录单。

步骤 5：如果想要查看某一检修记录，则可以在选中这一检修记录后，单击【查看】按钮，打开【设备检修记录单-查看】对话框，从中查看该记录的详细信息，如图 7-100 所示。

步骤 6：如果想要修改某一检修记录，则可以在选中这一检修记录后，单击【编辑】按钮，打开【设备检修记录单-修改】对话框，从而对该记录进行修改，如图 7-101 所示。

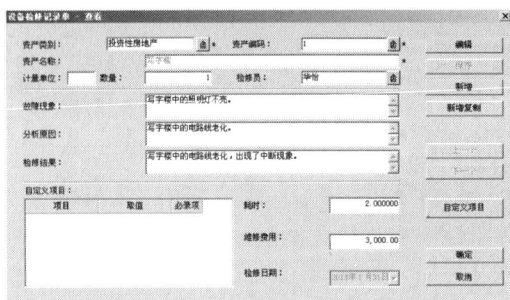

图 7-100　【设备检修记录单-查看】对话框　　　图 7-101　【设备检修记录单-修改】对话框

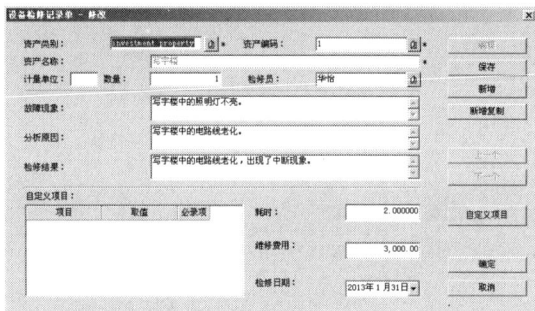

步骤 7：如果想要删除某一检修记录，则可以在选中这一检修记录后，单击【删除】按钮，在弹出的信息提示框中单击【是】按钮即可，如图 7-102 所示。

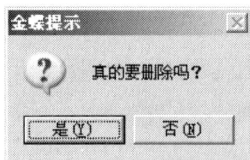

图 7-102　金蝶提示信息框

7.4　凭证管理

金蝶 K3 固定资产管理系统除了完成对固定资产的新增、减少和变动的业务处理外，还提供了凭证管理功能，利用这一功能可以将固定资产管理系统生成的凭证自动传递到总账系统中，以实现财务业务的一体化管理，保证固定资产管理系统和总账系统的数据相符。

7.4.1　实训 16　卡片凭证管理

在正式开始固定资产核算处理之前，需要先设置凭证处理的选项，具体的操作步骤如下。

步骤 1：在【主控台】界面中，选择【财务会计】标签，单击【固定资产管理】系统功能项下的【凭证管理】子功能项，进入【凭证管理】界面，如图 7-103 所示。

步骤 2：双击【卡片凭证管理】选项，打开【凭证管理】窗口，并弹出过滤条件设置对话框，如图 7-104 所示。

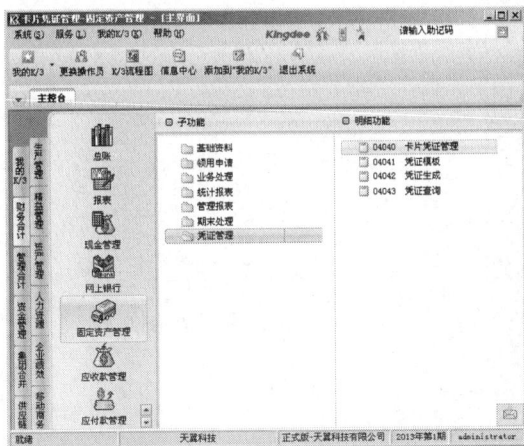

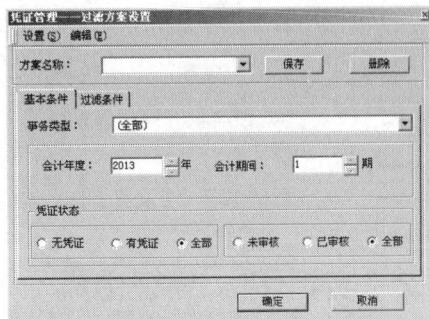

图 7-103　【凭证管理】界面　　　　　图 7-104　【凭证管理——过滤方案设置】对话框

步骤 3：单击【确定】按钮，进入【凭证管理】界面，如图 7-105 所示。

步骤 4：选择【文件】➤【选项】菜单项，打开【凭证管理——选项方案设置】对话框，在其中设置相应的异常处理选项，如图 7-106 所示。

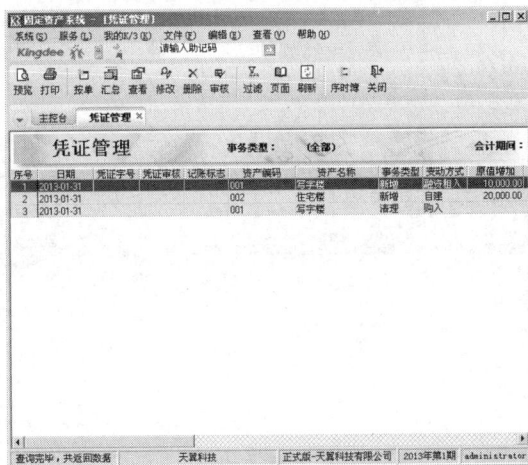

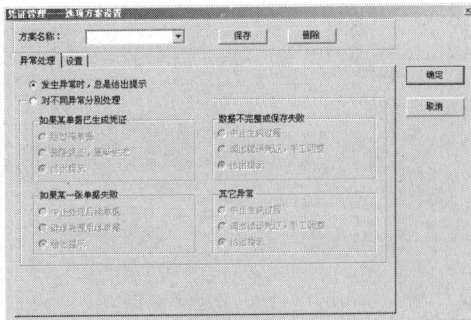

图 7-105　【凭证管理】界面　　　　　图 7-106　【凭证管理-选项方案设置】对话框

步骤 5：选择【设置】标签，进入【设置】选项卡，在其中设置相应的科目选项，如图 7-107 所示。

步骤 6：单击【保存】按钮，即可将设置保存下来，然后单击【确定】按钮，即可完成选项设置，如图 7-108 所示。

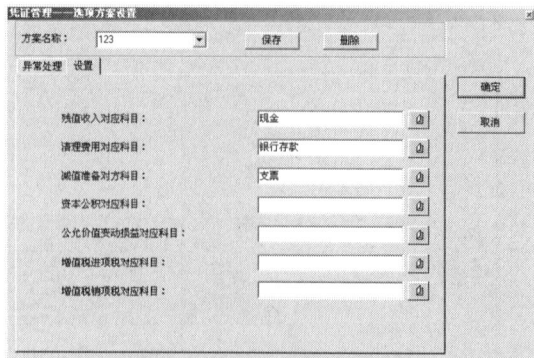

图 7-107　【设置】选项卡

图 7-108　金蝶提示信息框

7.4.2　实训 17　凭证生成

在设置好凭证管理的选项后，就可以开始生成凭证了，具体的操作步骤如下。

步骤 1：在【业务处理】界面中，双击【凭证管理】选项，打开【凭证管理】窗口，并弹出【凭证管理——过滤方案设置】对话框，选择卡片的事务类型，设置会计年度、会计期间、凭证状态等选项，如图 7-109 所示。

步骤 2：单击【确定】按钮，即可在【凭证管理】界面中显示出符合条件的卡片记录，如图 7-110 所示。

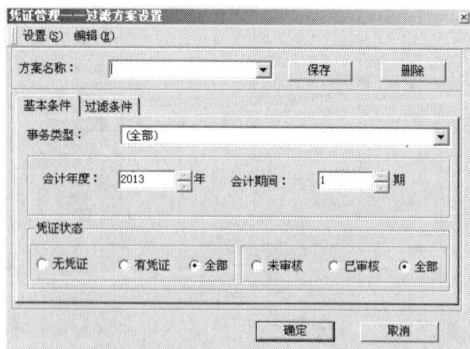

图 7-109　【凭证管理——过滤方案设置】对话框

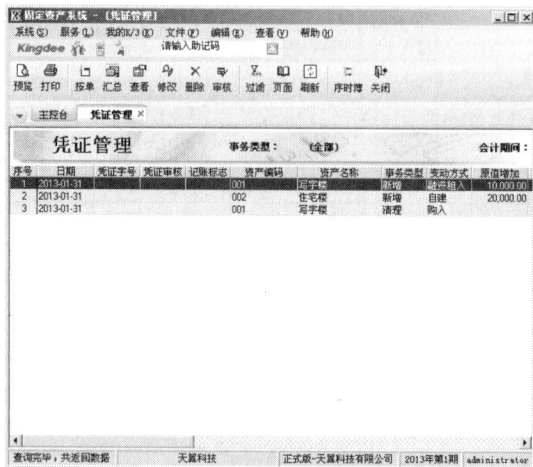

图 7-110　【凭证管理】界面

步骤 3：选择需要生成凭证的记录，然后单击【按单】按钮或【汇总】按钮，打开【凭证管理——按单生成凭证】对话框，如图 7-111 所示。

步骤 4：单击【开始】按钮，即可自动生成所需凭证。单击【查看报告】按钮，将在打开的【凭证生成报告】对话框中了解生成凭证的情况，如图 7-112 所示。

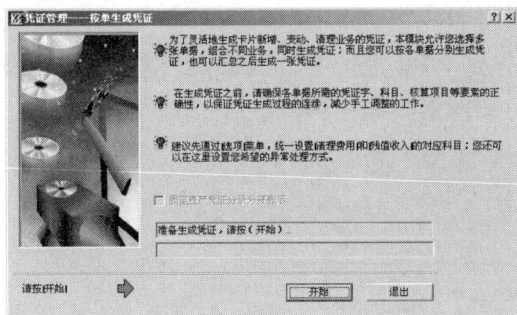

图 7-111　【凭证管理——按单生成凭证】对话框

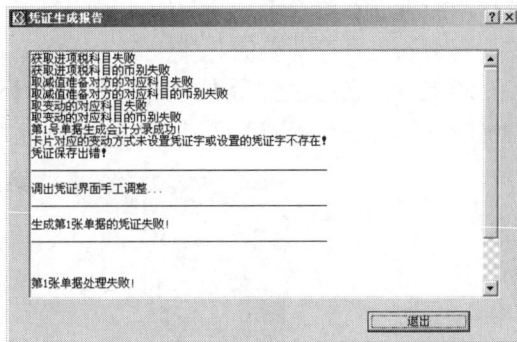

图 7-112　【凭证生成报告】对话框

7.4.3　实训 18　凭证查询

生成凭证之后，授权用户可以对已生成的凭证进行查看、修改、删除、审核等操作。在【凭证管理】界面中双击【凭证查询】明细功能项，打开【会计分录序时簿 过滤】对话框，在其中设置过滤条件，单击【确定】按钮，即可进入固定资产的【会计分录序时簿】窗口，在其中就可以对凭证进行查看、修改、删除、审核等操作，如图 7-113 所示。

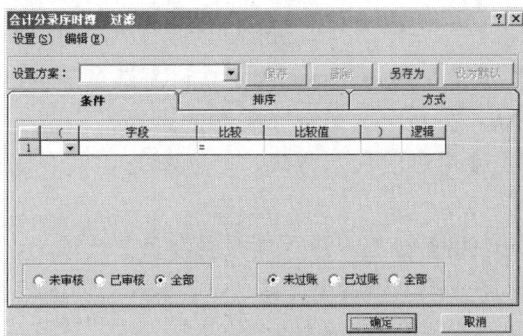

图 7-113　【会计分录序时簿 过滤】对话框

7.5　查询固定资产的统计报表

固定资产的统计报表包含固定资产清单、固定资产价值变动表、固定资产数量统计表、固定资产到期提示表、固定资产处理情况表、固定资产附属设备明细表和固定资产修购基金计提情况表七个报表。

7.5.1　实训 19　查询固定资产清单

固定资产清单提供对指定期间，企业各类固定资产信息的详细查询，并可按固定资产类别、资产组、使用部门、存放地点、经济用途、变动方式、使用状态等数据项进行多级汇总(要能进行多级汇总设置，必须要先设置按项目升序或降序排序)。固定资产清单上的数据来源于固定资产卡片和折旧计提的数据。

查询固定资产清单的具体操作步骤如下。

步骤 1：在【主控台】界面中，选择【财务会计】标签，单击【固定资产管理】系统功能项下的【统计报表】子功能项，进入【统计报表】界面，如图 7-114 所示。

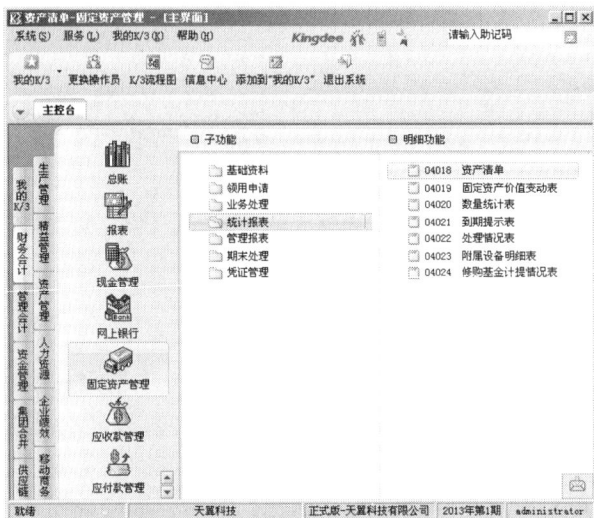

图 7-114　【统计报表】界面

步骤 2：双击【资产清单】选项，打开【固定资产清单】窗口，并弹出【固定资产清单——方案设置】对话框，在其中选择资产账簿的种类，设置查询的会计年度和会计期间，选择固定资产多部门使用时的显示方式、机制标志，以及固定资产的在册状态，如图 7-115 所示。

步骤 3：选择【报表项目】标签，进入【报表项目】选项卡，在其中选择需要显示的内容，并可指定字段的排序方式，是否小计和多级汇总等，如图 7-116 所示。

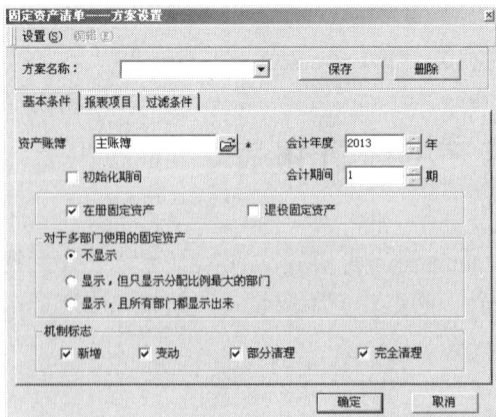

图 7-115　【固定资产清单——方案设置】对话框

图 7-116　【报表项目】选项卡

步骤 4：选择【过滤条件】标签，进入【过滤条件】选项卡，在其中设置适当的过滤条件，如图 7-117 所示。

步骤 5：单击【确定】按钮，进入【固定资产清单】界面，在其中显示了符合查询条件的固定资产清单，如图 7-118 所示。

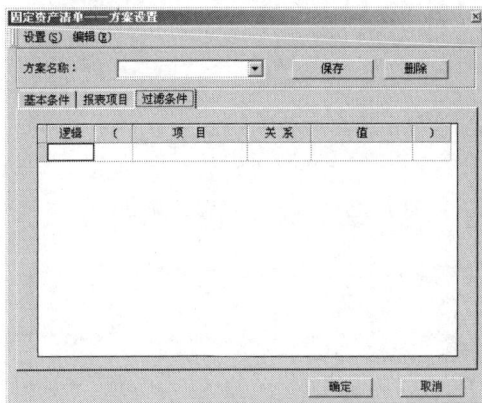

图 7-117　【过滤条件】选项卡

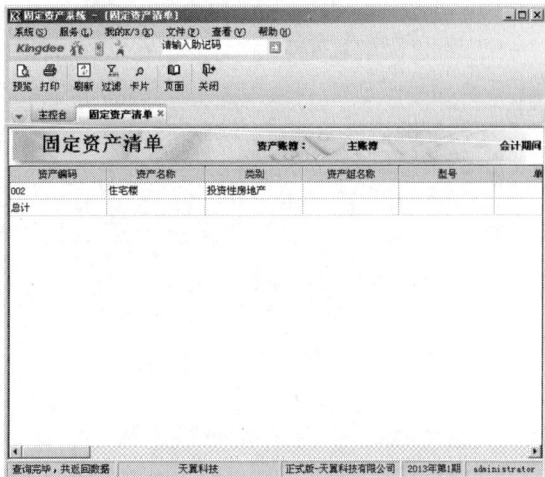

图 7-118　【固定资产清单】界面

提示：　固定资产清单与固定资产卡片序时簿不同之处在于：固定资产清单是查询某一期间企业固定资产的信息，并可从不同的角度进行多级汇总和排序；而固定资产卡片序时簿是从卡片记录角度，列示一个或多个期间的卡片记录(包括制单人、审核人等信息)，一项固定资产发生多次变动的，将以不同的记录显示出来。

7.5.2　实训 20　查询固定资产价值变动表

固定资产价值变动表用于查询各项固定资产原值、累计折旧、减值准备在指定期间的变化情况。

查询固定资产价值变动表的具体操作步骤如下。

步骤 1：在【统计报表】界面中，双击【固定资产价值变动表】选项，打开【固定资产价值变动表】窗口，并弹出【固定资产价值变动表——方案设置】对话框，选择资产账簿，设置查询的会计年度和会计期间，并可选择【包含本期已清理的卡片】复选框，如图 7-119 所示。

步骤 2：选择【汇总设置】标签，进入【汇总设置】选项卡，在其中选择汇总的项目，并可在项目对应的【级次】栏中设置该项目的显示级次，如图 7-120 所示。

步骤 3：选择【过滤条件】标签，进入【过滤条件】选项卡，在其中设置查询条件，如图 7-121 所示。

步骤 4：单击【确定】按钮，即可进入【固定资产价值变动表】界面，并显示符合查询条件的记录，如图 7-122 所示。

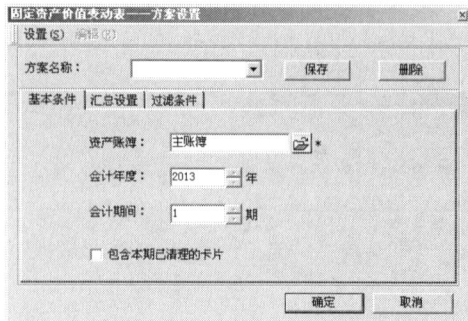

图 7-119　【固定资产价值变动表——方案设置】对话框

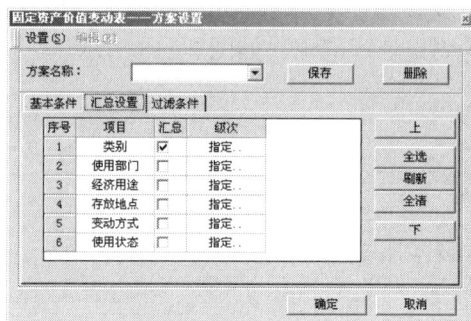

图 7-120　【汇总设置】选项卡

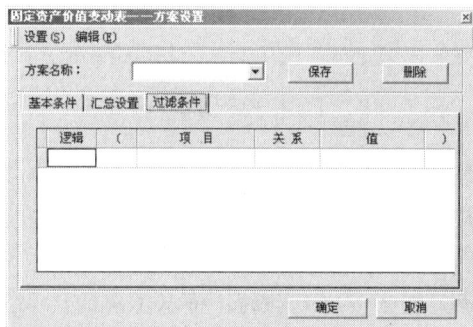

图 7-121　【过滤条件】选项卡

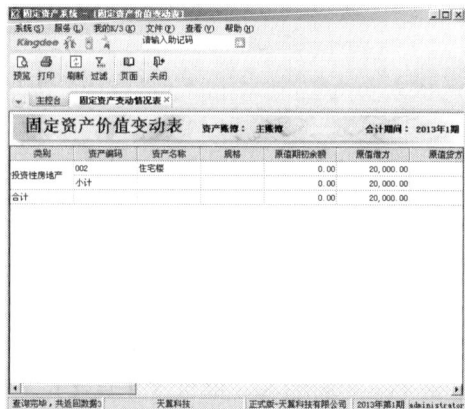

图 7-122　【固定资产价值变动表】界面

7.5.3　实训 21　查询数量统计表

数量统计表反映指定期间固定资产的数量(包括计量单位)及原值信息,该表的数据依据固定资产卡片最后一次变动后的信息。

查询数量统计表的具体操作步骤如下。

步骤 1:在【统计报表】界面中,双击【数量统计表】选项,打开【固定资产数量统计表】窗口,并弹出【固定资产数量统计表——方案设置】对话框,设置相应的查询条件,如图 7-123 所示。

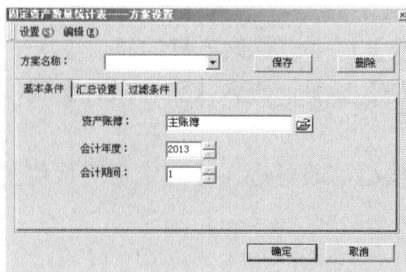

图 7-123　【固定资产数量统计表——方案设置】对话框

步骤 2：单击【确定】按钮，进入【固定资产数量统计表】界面，并显示符合查询条件的记录，如图 7-124 所示。

图 7-124　【固定资产数量统计表】界面

7.5.4　实训 22　查询到期提示表

到期提示表反映按使用寿命计算，在指定期间到期的全部固定资产资料，包括到期固定资产的使用时间、到期时间、原值、折旧等信息。

查询到期提示表的具体操作步骤如下。

步骤 1：在【统计报表】界面中，双击【到期提示表】选项，打开【固定资产到期提示表】窗口，并弹出【固定资产到期提示表——方案设置】对话框，设置相应的查询条件，如图 7-125 所示。

步骤 2：单击【确定】按钮，进入【固定资产到期提示表】界面，在其中显示了符合查询条件的记录，如图 7-126 所示。

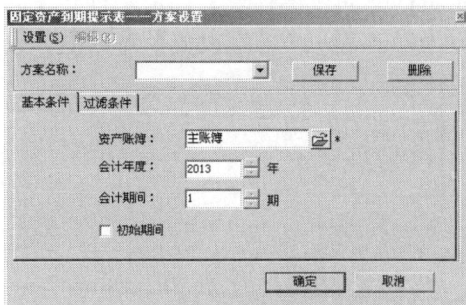

图 7-125　【固定资产到期提示表——
方案设置】对话框

图 7-126　【固定资产到期提示表】界面

7.6　管理固定资产报表

在金蝶 K3 系统中，除了可以对固定资产报表进行查看外，还可以对其进行管理操作。在【主控台】界面中，选择【财务会计】标签，单击【固定资产管理】系统功能项下的【管理报表】子功能项，将进入【管理报表】界面，就可以在其中对固定资产报表进行管理了，如图 7-127 所示。

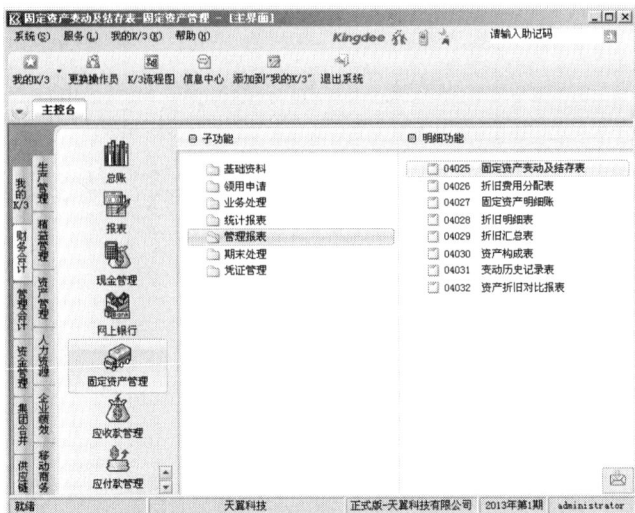

图 7-127　【管理报表】界面

7.6.1　实训 23　查询固定资产变动及结存表

固定资产变动及结存表反映指定会计期间，企业固定资产的变动(包括增加和减少)的金额，以及当期结存的金额，同时对于当期新增，当期又减少了的固定资产，在该表中会包含这一进一出的数据。

查询固定资产变动及结存表的操作步骤如下。

步骤 1：在【管理报表】界面中，双击【固定资产变动及结存表】选项，打开【固定资产变动及结存表】界面，并弹出【固定资产变动及结存表——方案设置】对话框，设置相应的查询条件，如图 7-128 所示。

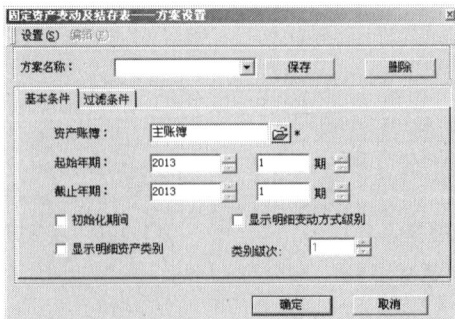

图 7-128　【固定资产变动及结存表——方案设置】对话框

步骤 2：单击【确定】按钮，进入【固定资产变动及结存表】界面，在其中显示了符合设置条件的固定资产变动及结存表，如图 7-129 所示。

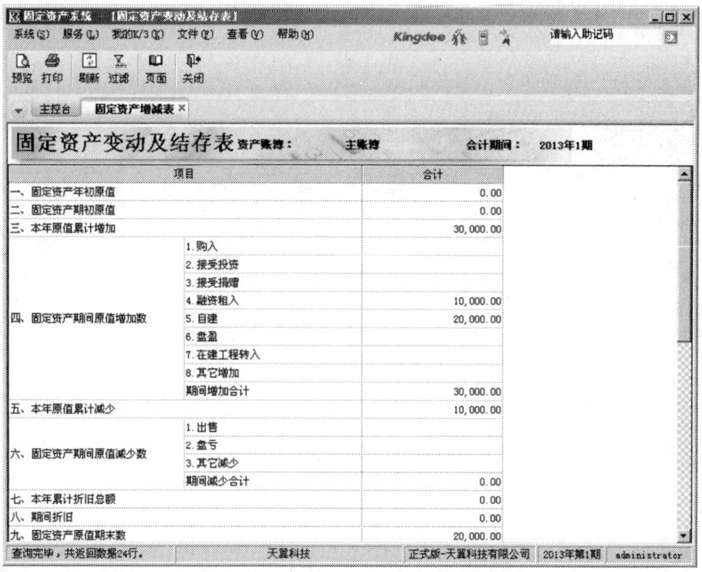

图 7-129　【固定资产变动及结存表】界面

提示：　这张表根据固定资产卡片、固定资产变动和清理、减值准备计提以及折旧计
提等综合统计得到。

7.6.2　实训 24　查询固定资产明细账

固定资产明细账用于查询一个或多个会计期间，固定资产业务的财务数据，同时在当
期进行了凭证处理的，还可以看到对应的凭证信息。

查询固定资产明细账的操作步骤如下。

步骤 1：在【管理报表】界面中，双击【固定资产明细账】选项，打开【固定资产及
累计折旧明细账】界面，并弹出【固定资产及累计折旧明细账——方案设置】对话框，在
其中设置相应的查询条件，如图 7-130 所示。

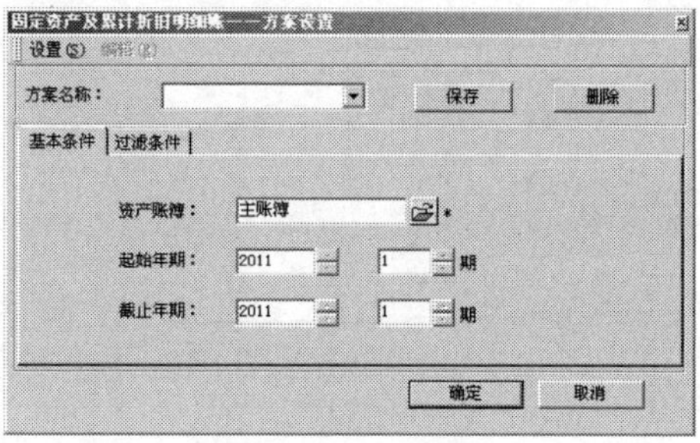

图 7-130　【固定资产及累计折旧明细账——方案设置】对话框

步骤 2：单击【确定】按钮，进入【固定资产及累计折旧明细账】界面，在其中显示
了符合设置条件的固定资产明细账表，如图 7-131 所示。

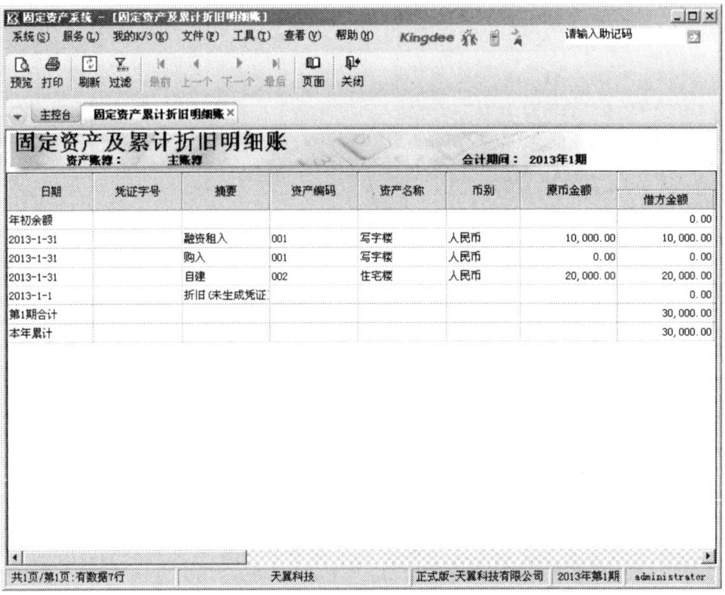

图 7-131 【固定资产及累计折旧明细账】界面

7.6.3 实训 25 查询变动历史记录表

卡片变动历史记录表以分页形式，反映某一固定资产的历史变动情况(包括基础信息变更、价值变更、减值准备等)。

查询卡片历史记录的操作步骤如下。

步骤 1： 在【管理报表】界面中，双击【变动历史记录表】选项，打开【卡片历史记录】窗口，并弹出【卡片历史记录——方案设置】对话框，在其中设置相应的查询条件，如图 7-132 所示。

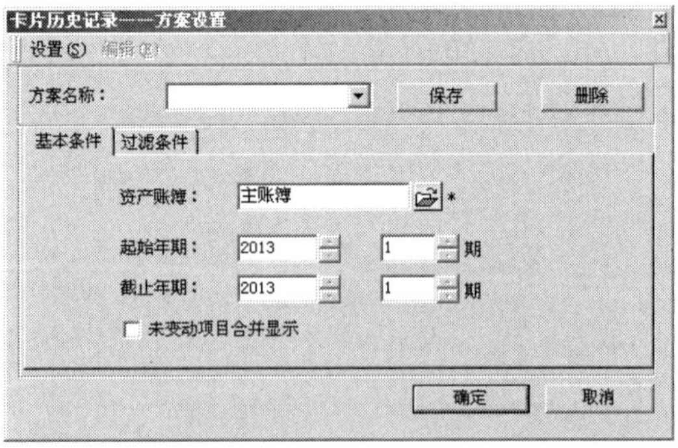

图 7-132 【卡片历史记录——方案设置】对话框

步骤 2： 单击【确定】按钮，进入【卡片历史记录】界面，在其中显示了符合设置条件的卡片历史记录，如图 7-133 所示。

图 7-133 　【卡片历史记录】界面

7.6.4　实训 26　查询资产构成表

资产构成表反映指定会计期间，固定资产按照不同项目(按类别、使用部门、存放地点、经济用途、变动方式、使用状态等)分类后，固定资产原值的构成比例，帮助企业掌握固定资产的价值分布。

查询资产构成表的操作步骤如下。

步骤 1：在【管理报表】界面中，双击【资产构成表】选项，打开【固定资产构成分析表】界面，并弹出【固定资产构成分析表——方案设置】对话框，在其中设置相应的查询条件，如图 7-134 所示。

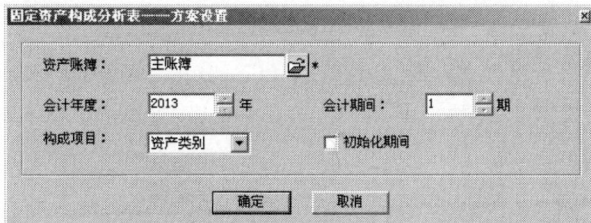

图 7-134 　【固定资产构成分析表——方案设置】对话框

步骤 2：单击【确定】按钮，进入【固定资产构成分析表】界面，在其中显示了符合设置条件的固定资产构成分析表信息，如图 7-135 所示。

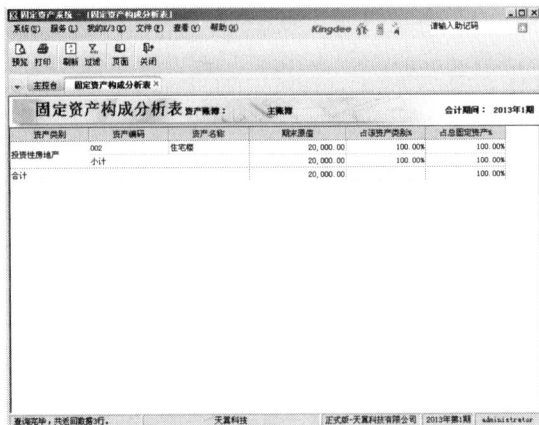

图 7-135　【固定资产构成分析表】界面

7.7　固定资产的期末处理

固定资产的所有账务处理操作都已经完成，最后就可以对处理的固定资产进行期末处理，彻底完成对固定资产系统的管理操作。

7.7.1　实训 27　工作量管理

系统提供了工作总量查询功能，该功能供用户查询各项固定资产在各会计期间的工作量及累计工作量的数据。不过，只有在系统中录入了折旧方法为"工作量法"的固定资产，才能查看其工作量。

其具体的操作步骤如下。

步骤 1：在【主控台】界面中，选择【财务会计】标签，单击【固定资产管理】系统功能项下的【期末处理】子功能项，进入【期末处理】界面，如图 7-136 所示。

图 7-136　【期末处理】界面

步骤 2：双击【工作量管理】选项，打开【工作量管理】窗口，并弹出【工作量编辑过滤】对话框，设置适当的过滤条件，使需要输入工作量的固定资产显示在窗口中，若不设置任何过滤条件，则将显示本期所有以工作量法为折旧方法的固定资产，如图 7-137 所示。

步骤 3：选择【排序】标签，进入【排序】选项卡，设置固定资产的排序方式，如图 7-138 所示。

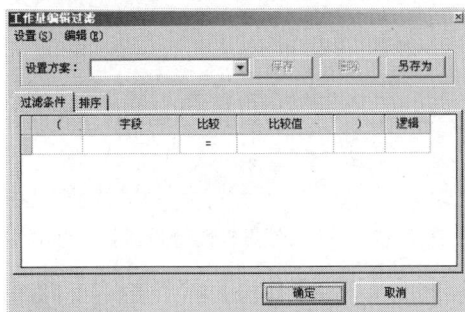

图 7-137　【工作量编辑过滤】对话框

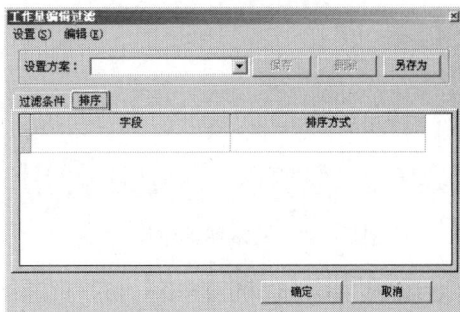

图 7-138　【排序】选项卡

步骤 4：单击【确定】按钮，打开【方案名称】对话框，在其中确定输入的方案名称，如图 7-139 所示。

步骤 5：单击【确定】按钮，进入【工作量管理】界面，在其中显示了符合过滤条件的固定资产记录，如图 7-140 所示。

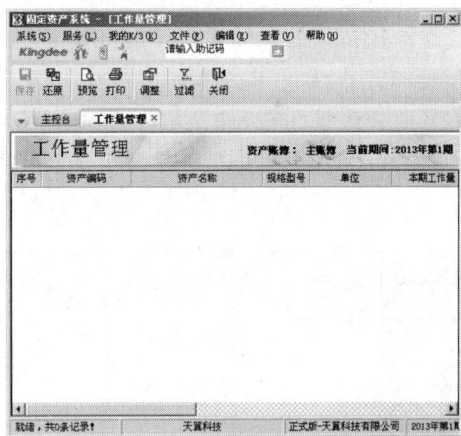

图 7-140　【工作量管理】界面

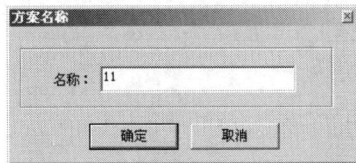

图 7-139　【方案名称】对话框

步骤 6：单击需要输入工作量数据的固定资产所对应的【本期工作量】栏之后，输入该固定资产在本期完成的工作量数据，单击工具栏上的【保存】按钮，即可将输入的工作量保存到系统中。单击工具栏上的【还原】按钮，则用户刚输入的工作量数据将被清除，并恢复到上次保存时的状态，如图 7-141 所示。

步骤 7：输入选取需要批量指定工作量的固定资产记录，单击工具栏上的【调整】按钮，即可打开【工作量辅助计算器】对话框，输入工作量数据并选取【当前选定范围】单选项，如图 7-142 所示。

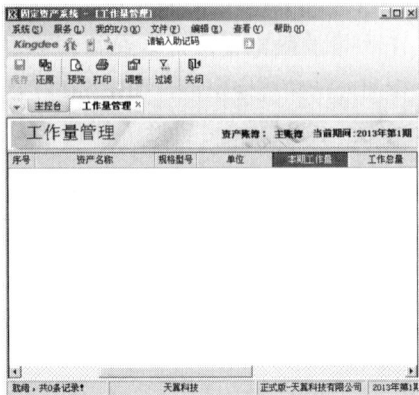

图 7-141 【本期工作量】栏

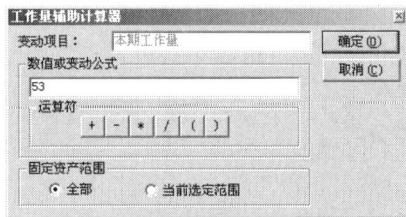

图 7-142 【工作量辅助计算器】对话框

步骤 8：单击【确定】按钮，即可在所选固定资产的【本期工作量】栏中输入相同数值。

7.7.2 实训 28 计提折旧

对于企业来说，计提折旧是每期固定资产管理必须要进行的工作，系统为用户提供了计提折旧和费用分摊向导，在各项数据设置的基础上，能够自动计提本期各项固定资产的折旧，并将折旧费用根据使用部门的情况分别计入有关的费用科目，自动生成计提折旧的转账凭证并传送到账务系统中去。

进行计提折旧的具体操作步骤如下。

步骤 1：在【期末处理】界面中，双击【计提折旧】选项，打开【计提折旧】对话框，并从左列表框中选择需要折旧的账簿，如图 7-143 所示。

步骤 2：单击 ＞ 按钮，即可将选择的折旧账簿添加到右侧的列表框中，如图 7-144 所示。

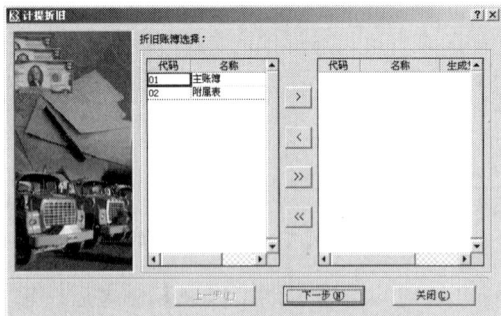

图 7-143 【计提折旧】对话框

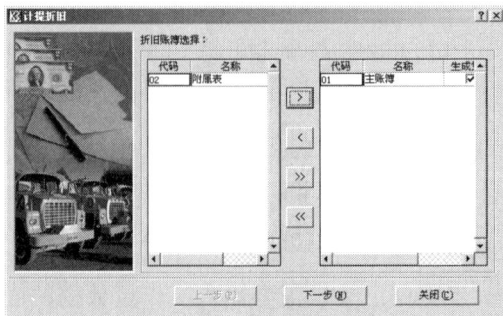

图 7-144 添加折旧账簿

步骤 3：单击【下一步】按钮，将进入【计提折旧】向导对话框，如图 7-145 所示。

步骤 4：单击【下一步】按钮，在打开的对话框中为将要生成的凭证指定凭证摘要和凭证字，如图 7-146 所示。

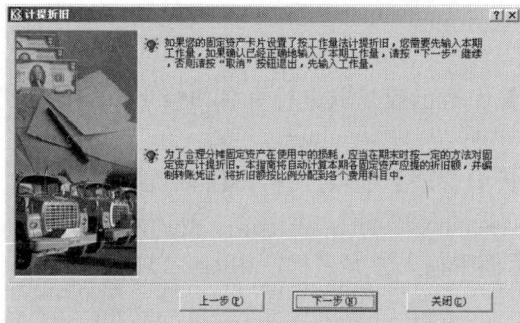

图 7-145　【计提折旧】向导对话框

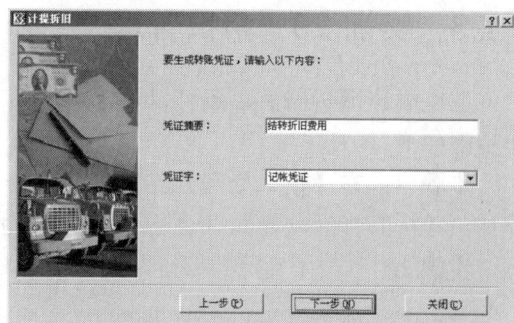

图 7-146　指定凭证摘要和凭证字

步骤 5：单击【下一步】按钮，开始计提折旧，如图 7-147 所示。

步骤 6：单击【计提折旧】按钮，即可开始本期的折旧计提。若选取【保留修改过的折旧额】复选框，则不再计提本期已经修改过的折旧额，若选择了生成凭证，则可能导致固定资产系统与总账系统的余额不等。在计提过程中，如果本期已经过折旧计提操作，则会弹出信息提示框，询问是否要重新计算折旧，如图 7-148 所示。

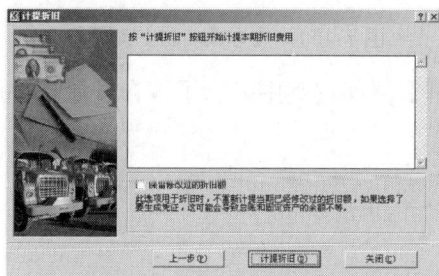

图 7-147　开始计提折旧

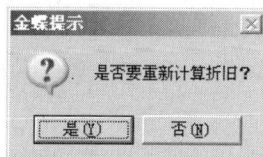

图 7-148　金蝶提示信息框

步骤 7：单击【是】按钮，系统即可开始计提折旧操作，并给出计提结果，单击【完成】按钮，结束计提折旧操作，如图 7-149 所示。

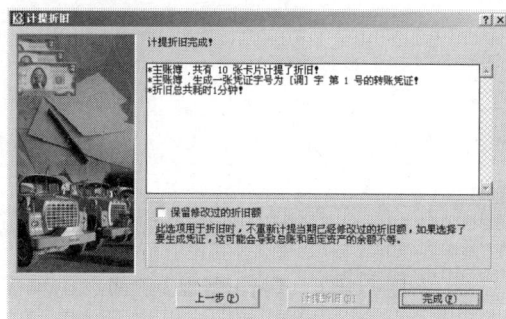

图 7-149　结束计提折旧操作

💡 **注意**：　为了保证折旧数据的正确性，计提折旧时不允许其他用户同时使用系统，如果此时有用户使用，系统将给出提示。这时需要联系系统管理员，在中间层服务器上用"账套管理"中的"网络控制"来清除并发操作。

7.7.3 实训 29 折旧管理

在完成计提折旧后，还可以在【折旧管理】中对已提折旧进行查看和修正，具体的操作步骤如下。

步骤 1：在【期末处理】界面中，双击【折旧管理】选项，打开【折旧管理】窗口，并弹出【折旧管理过滤】对话框，在其中设置适当的过滤条件，如图 7-150 所示。

步骤 2：单击【确定】按钮，在弹出的对话框中输入方案名称，如图 7-151 所示。

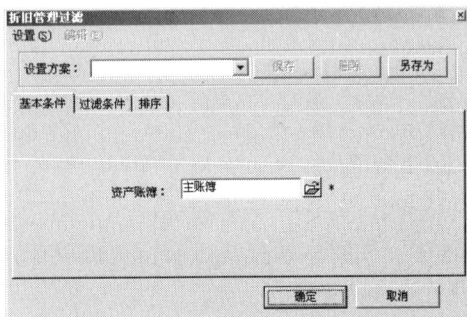

图 7-150 【折旧管理过滤】对话框   图 7-151 【方案名称】对话框

步骤 3：单击【确定】按钮，进入【折旧管理】界面，其中显示了符合过滤条件的固定资产记录，如图 7-152 所示。

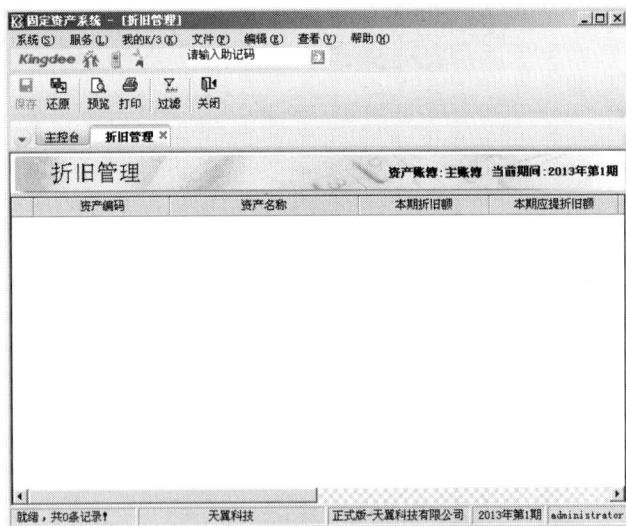

图 7-152 【折旧管理】界面

7.7.4 实训 30 工作总量查询

通过工作总量查询，用户可以查看各项固定资产在各个会计期间的工作量，以及累计工作量的数据。

其具体的操作步骤如下。

步骤 1：在【期末处理】界面中，双击【工作总量查询】选项，打开【工作总量查询】窗口，并弹出【工作量查询汇总过滤】对话框，设置相应的查询条件，如图 7-153 所示。

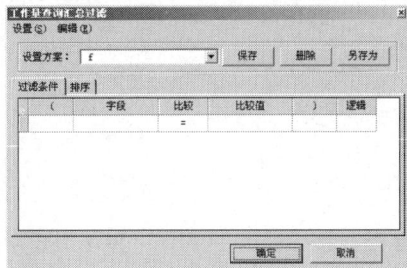

图 7-153　【工作量查询汇总过滤】对话框

步骤 2：单击【确定】按钮，进入【工作量汇总查询】界面，其中显示了符合设置条件的固定资产记录，如图 7-154 所示。

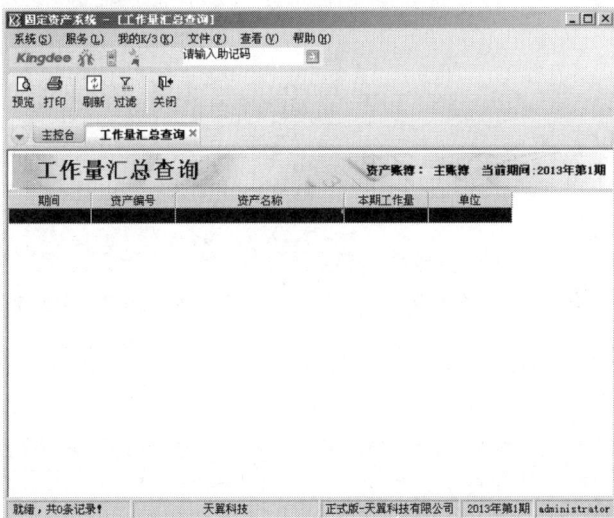

图 7-154　【工作量汇总查询】界面

7.7.5　实训 31　自动对账

固定资产管理系统实现了固定资产业务处理和总账财务核算处理的无缝连接，但为了防止用户不通过固定资产系统，直接在总账系统录入固定资产凭证，导致业务与财务数据核对不上，系统提供了自动对账功能，帮助用户将固定资产系统的业务数据与总账系统的财务数据进行核对，以便及时发现错误。

进行固定资产系统和总账系统对账的具体操作步骤如下。

步骤 1：在【期末处理】界面中，双击【自动对账】选项，打开【自动对账】窗口，并弹出【对账方案】对话框，如图 7-155 所示。

步骤 2：单击【增加】按钮，打开【固定资产对账】对话框，输入方案名称，如图 7-156 所示。

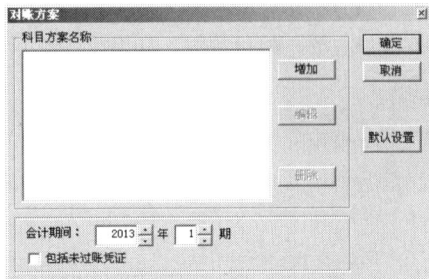

图 7-155　【对账方案】对话框

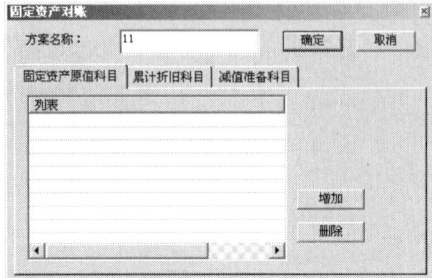

图 7-156　【固定资产对账】对话框

步骤 3：单击【增加】按钮，打开【会计科目】对话框，选择需要添加的科目，如图 7-157 所示。

步骤 4：单击【确定】按钮，返回【固定资产对账】对话框中，如图 7-158 所示。

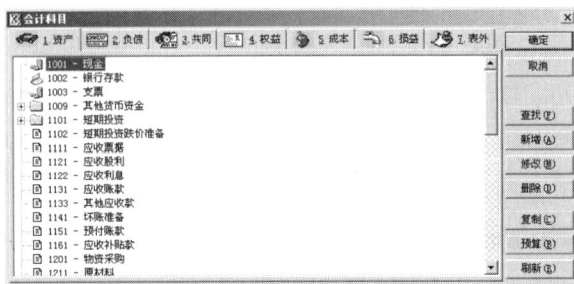

图 7-157　【会计科目】对话框

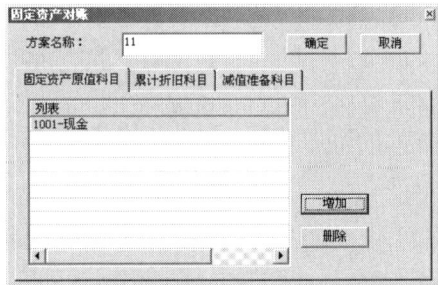

图 7-158　【固定资产对账】对话框

步骤 5：用同样的方法为【累计折旧科目】和【减值准备科目】选项卡添加相应的会计科目，如图 7-159 和图 7-160 所示。

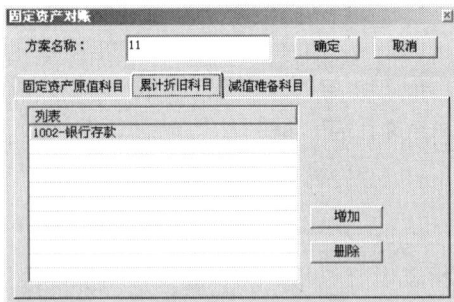

图 7-159　【累计折旧科目】选项卡

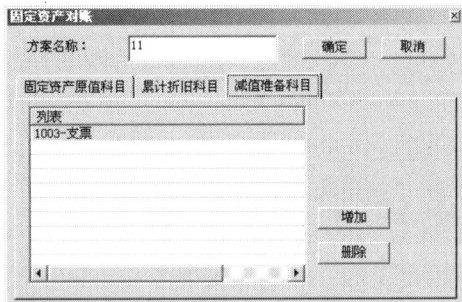

图 7-160　【减值准备科目】选项卡

步骤 6：单击【确定】按钮，会弹出一个信息提示框，如图 7-161 所示。

步骤 7：单击【确定】按钮，即可将自己设置的对账方案添加到【对账方案】对话框中，在其中指定会计期间，并根据需要选取【包括未过账凭证】复选框，如图 7-162 所示。

步骤 8：单击【确定】按钮，进入【自动对账】界面，在其中显示出了对账后的结果，如图 7-163 所示。

图 7-161　金蝶信息提示框

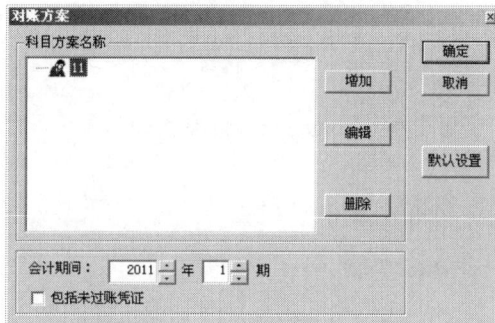

图 7-162　【对账方案】对话框

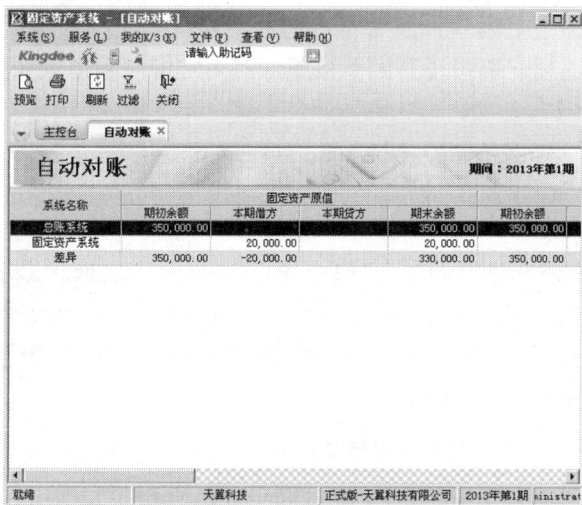

图 7-163　【自动对账】界面

注意：　如果对账后发现数据不平，用户应及时对两系统数据进行检查，找出错误并及时更正，避免将数据错误累积到以后期间，系统将会控制对前期数据的修改。如果对账平衡了，就可以进行结账处理了。

7.7.6　实训 32　期末结账

期末结账是指在完成当前会计期间的业务处理后，将当期固定资产的有关账务处理，如折旧或变动等信息转入已结账状态，即不允许再进行修改和删除，并进入下一期间，开始新业务的处理。

期末结账的具体操作步骤如下。

步骤 1： 在【期末处理】界面中，双击【期末结账】选项，打开【期末结账】对话框，如图 7-164 所示。

步骤 2： 单击【开始】按钮，系统即可自动完成固定资产管理系统的结账操作，如图 7-165 所示。

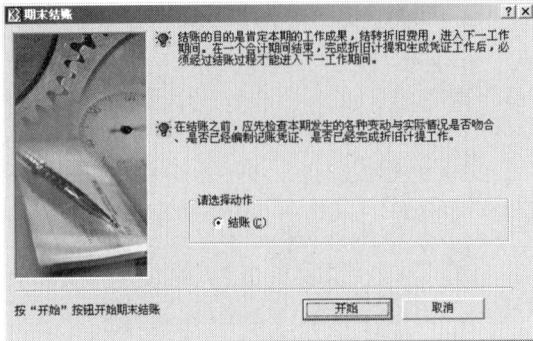

图 7-164 【期末结账】对话框

图 7-165 金蝶信息提示框

步骤 3：若在结账之后发现财务数据有问题，则可再次打开【期末结账】窗口，选择其中的【反结账】单选项，单击【开始】按钮，对固定资产管理系统进行反结账操作。

7.8 疑 难 解 惑

疑问 1：在对固定资产进行期末结账时，出现无法结账的信息提示。

答：当出现这种情况时，用户最好检查一下固定资产的相应数据是否输入正确，是否已经全部进行计提操作，因为如果存在一项数据没有计提，就不能进行结账操作，并弹出相应的信息提示框，如图 7-166 所示。

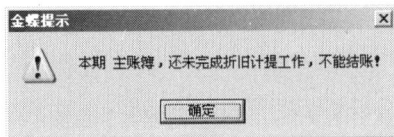

图 7-166 金蝶提示信息框

疑问 2：在【卡片管理】窗口中对无用的卡片进行删除操作时，发现不能删除这些卡片。

答：当出现这种现象时，用户需要检查一下删除的卡片是否已经被审核过，因为已经审核的记录不能删除，只有执行反审核操作才能进行删除。另外，还要检查一下删除的卡片是不是已经进行清理操作了。因为固定资产清理记录不能使用该方法删除，需要通过【固定资产清理】对话框，并单击其中的【删除】按钮进行删除。

第 **8** 章

公司往来业务中的应收款管理

应收款管理系统，通过销售发票、其他应收单、收款单等单据的录入，对企业的往来账款进行综合管理，及时、准确地提供给客户往来账款余额资料，同时提供各种分析报表，通过各种分析报表，帮助用户合理地进行资金的调配，提高资金的利用效率。

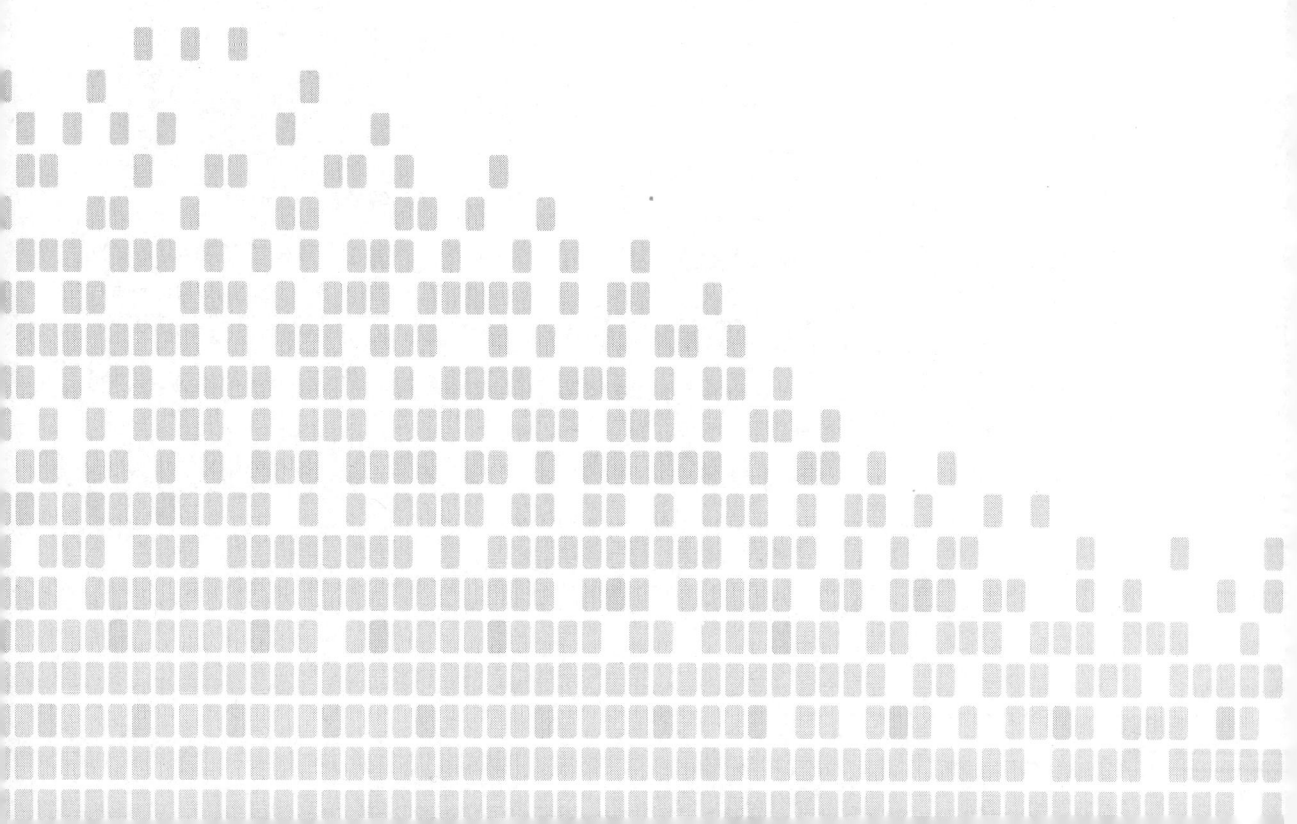

8.1 应收款管理系统初始化配置

应收款管理系统可以独立运行，也可与销售系统、总账系统、现金管理等其他系统结合运用，提供完整的业务处理和财务管理信息。独立运行时，通过与金税系统的接口，可以避免发票的重复录入。

8.1.1 实训 1 应收款管理系统的参数设置

应收款管理系统的参数设置比较复杂，不仅需要系统参数的设置，还需要对初始数据进行录入，保存系统参数的设置、编码规则的设置和多级审核管理。

1. 系统参数设置

设置应收款管理系统参数的具体操作步骤如下。

步骤 1：在【主控台】界面中，选择【系统设置】标签，单击【系统设置】系统功能项下的【应收款管理】子功能项，进入【应收款管理】界面，如图 8-1 所示。

步骤 2：双击【系统参数】选项，打开【系统参数】对话框，在其中输入公司名称、地址等信息，并设置启用会计期间和当期会计期间，如图 8-2 所示。

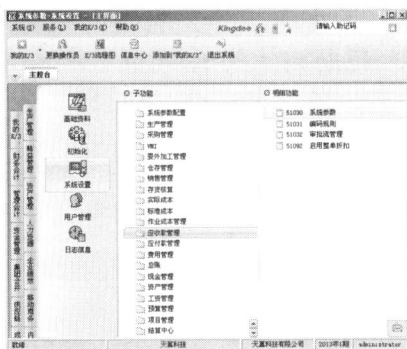

图 8-1 【应收款管理】界面　　　　图 8-2 【系统参数】对话框

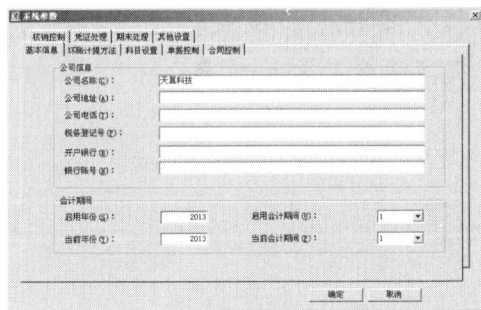

步骤 3：选择【坏账计提方法】标签，进入【坏账计提方法】选项卡，在其中输入坏账损失和坏账准备科目的代码，选择相应的坏账计提方法和备抵法选项，并设置相应的计提坏账科目、借贷方向和计提比率，如图 8-3 所示。

步骤 4：选择【科目设置】标签，进入【科目设置】选项卡，在其中输入相应的科目代码，并选择相应的核算项目类别，如图 8-4 所示。

💡 **注意**：　在【坏账计提方法】选项卡和【科目设置】选项卡中输入的科目代码，必须是【应收应付】科目受控系统，如图 8-5 所示。

步骤 5：选择【单据控制】标签，进入【单据控制】选项卡，设置税率来源、折扣率的精度、专用发票单价精度以及其他的单据控制选项，如图 8-6 所示。

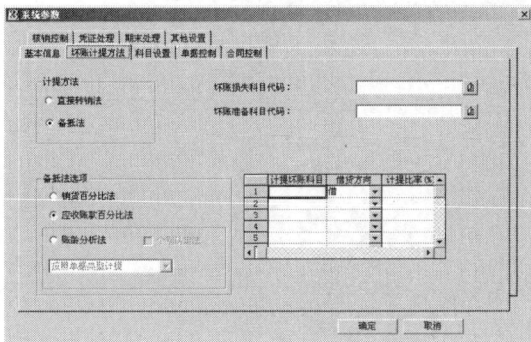

图 8-3　【坏账计提方法】选项卡

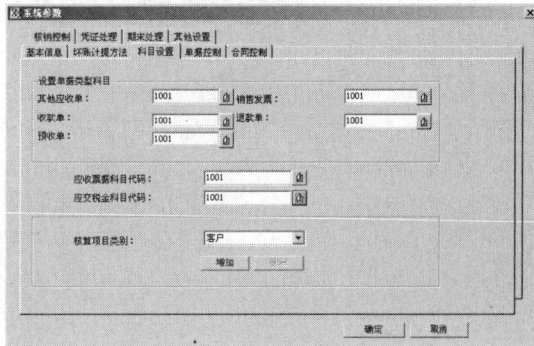

图 8-4　【科目设置】选项卡

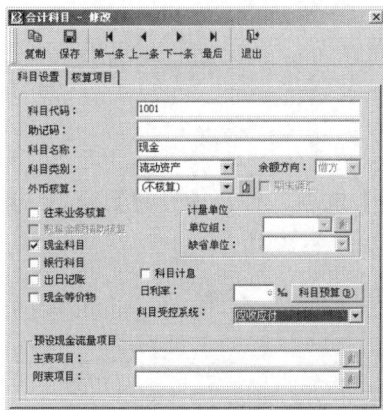

图 8-5　【科目设置】选项卡

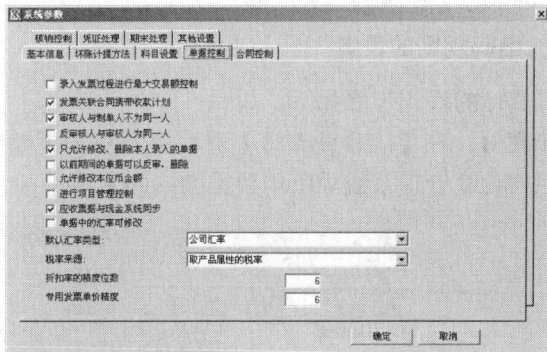

图 8-6　【单据控制】选项卡

步骤 6：选择【核销控制】标签，进入【核销控制】选项卡，选择相应的复选框，如图 8-7 所示。

步骤 7：选择【凭证处理】标签，进入【凭证处理】选项卡，根据实际情况选取与凭证处理有关的复选框，如图 8-8 所示。

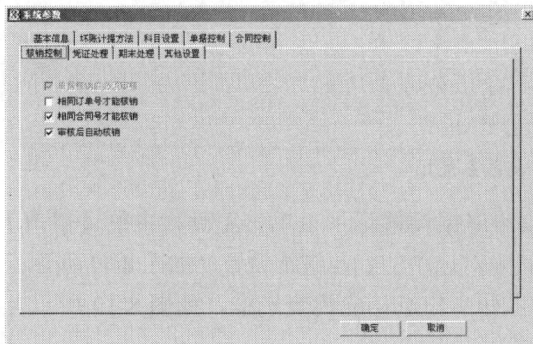

图 8-7　【核销控制】选项卡

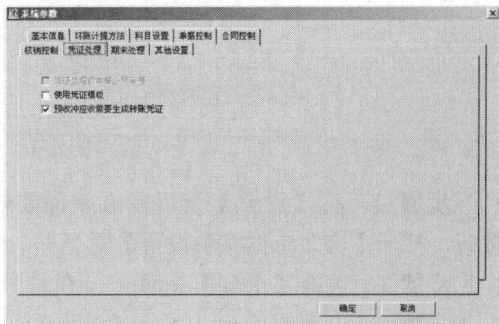

图 8-8　【凭证处理】选项卡

步骤 8：选择【期末处理】标签，进入【期末处理】选项卡，在其中设置期末处理的方式，如图 8-9 所示。

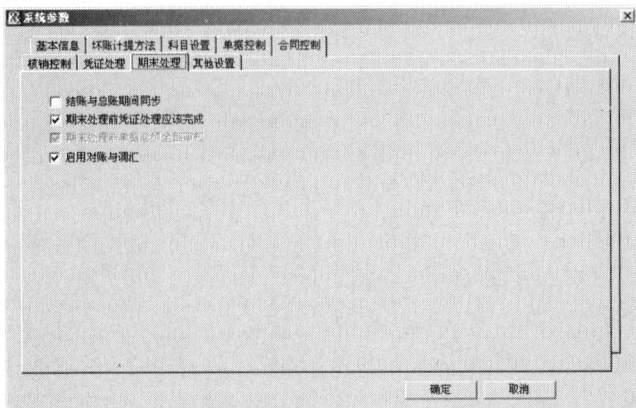

图 8-9   【期末处理】选项卡

步骤 9：单击【确定】按钮，即可完成系统参数的设置操作。

2. 编码规则的设置

其具体的操作步骤如下。

步骤 1：在【应收款管理】界面中，双击【编码规则】选项，打开【设置】窗口，在其中对应收款管理系统中所用票据的编码规则进行设置，如图 8-10 所示。

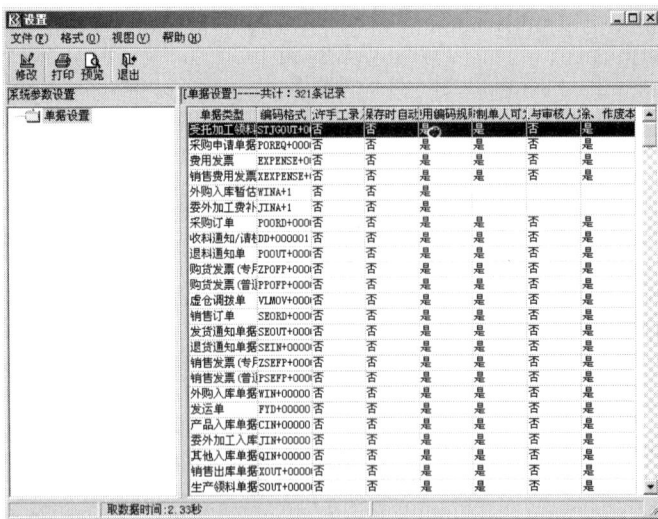

图 8-10   【设置】窗口

步骤 2：在【设置】窗口中选中需要修改的单据设置记录，单击工具栏中的【修改】按钮，打开【修改单据参数设置】对话框，在其中对选中的编码进行设置，如图 8-11 所示。

步骤 3：选择【选项】选项卡，在打开的界面中勾选相应的复选框，如图 8-12 所示。

步骤 4：设置完毕后，单击【保存】按钮即可。

图 8-11　【修改单据参数设置】对话框

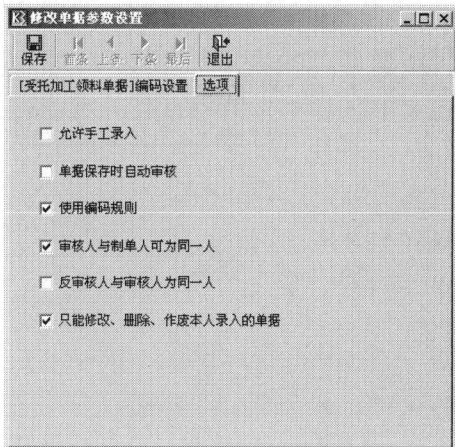

图 8-12　【选项】选项卡

8.1.2　实训 2　应收款基础资料的设置

在正式使用应收款管理系统之前，用户还需要设置一下与该系统有关的基础数据，包括收款条件、类型维护、凭证模版等。

1. 收款条件

设置收款条件的具体操作步骤如下。

步骤 1：在【主控台】界面中，选择【系统设置】标签，单击【基础资料】系统功能项下的【应收款管理】子功能项，进入系统设置下的【应收款管理】界面，如图 8-13 所示。

步骤 2：双击【收款条件】选项，打开【收款条件】窗口，如图 8-14 所示。

图 8-13　【应收款管理】界面

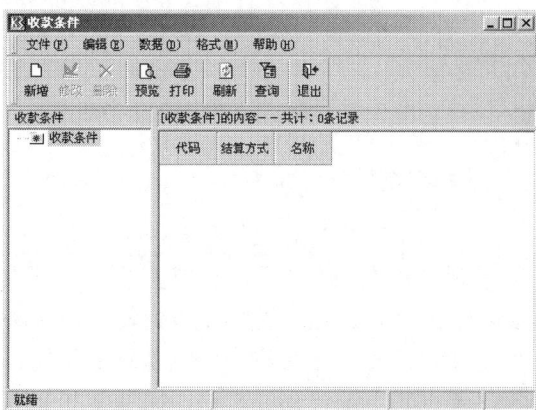

图 8-14　【收款条件】窗口

步骤 3：单击【新增】按钮，打开【收款条件-新增】对话框，在其中输入收款条件的代码、名称以及结算方式等内容，如图 8-15 所示。

步骤 4：单击【保存】按钮，即可完成收款条件的新增操作，如图 8-16 所示。

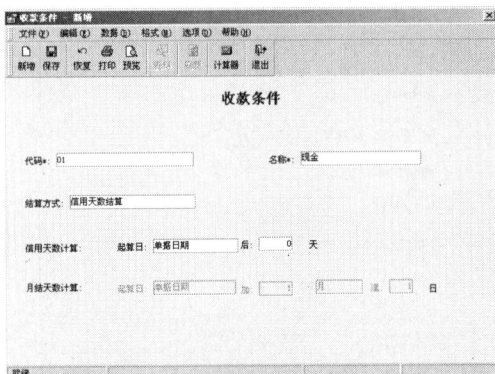

图 8-15　【收款条件-新增】对话框

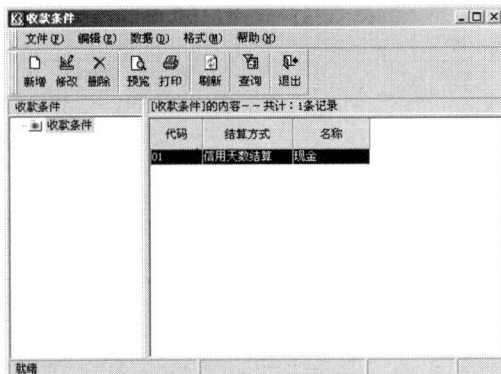

图 8-16　完成收款条件的新增操作

步骤 5：如果要修改某一收款条件，只需选中该记录，然后单击【修改】按钮，打开【收款条件-修改】对话框，在其中进行修改操作，如图 8-17 所示。

步骤 6：如果要删除某一收款条件，只需选中该记录，然后单击【删除】按钮，弹出一个信息提示框，单击【是】按钮，即可完成删除操作，如图 8-18 所示。

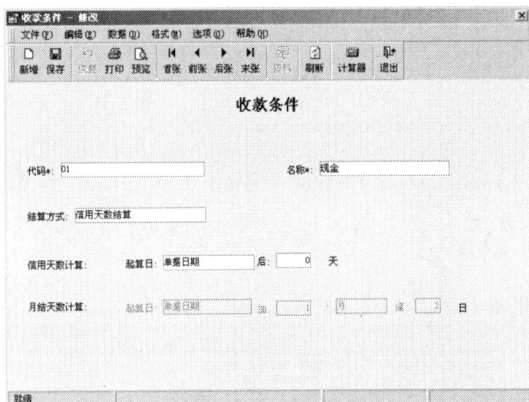

图 8-17　【收款条件-修改】对话框

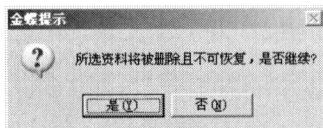

图 8-18　金蝶信息提示框

2. 类型维护

类型维护主要是对应收款管理系统的一些特殊项目进行维护，具体的操作步骤如下。

步骤 1：在系统设置下的【应收款管理】界面中，双击【类型维护】选项，打开【类型维护】对话框，在左侧的类型列表中，选择需要操作的类型，如图 8-19 所示。

步骤 2：单击工具栏上的【新增】按钮，打开相应类型的【新增项目】对话框，在其中输入新增项目的代码、名称，如图 8-20 所示。

步骤 3：单击【确定】按钮，即可完成项目的新增操作，在其中选择需要修改的具体项目，如图 8-21 所示。

步骤 4：单击工具栏上的【修改】按钮，或直接双击，打开【修改项目】对话框，在其中修改相应的内容，如图 8-22 所示。

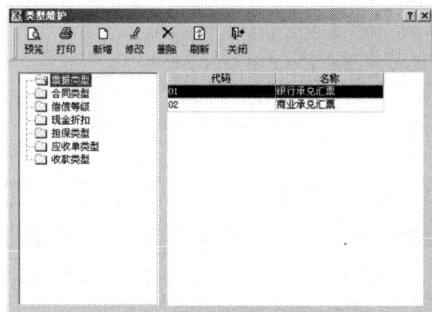

图 8-19　【类型维护】对话框

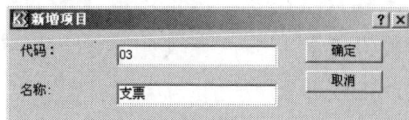

图 8-20　【新增项目】对话框

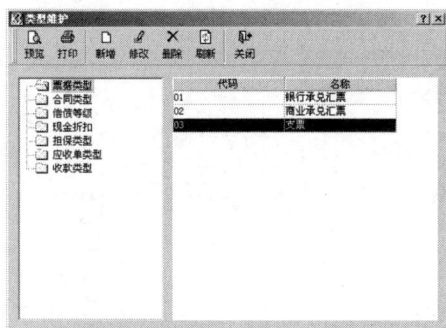

图 8-21　【类型维护】对话框

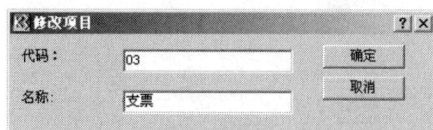

图 8-22　【修改项目】对话框

步骤 5：如果想要删除某一项目，只需选取需要删除的具体项目，单击工具栏上的【删除】按钮，弹出一个提示信息框。单击【是】按钮，即可将所选项目删除，如图 8-23 所示。

☀ **注意：** 对于系统预设的项目，用户不能删除，但可以修改。用户自己增加的项目，可以随意修改和删除。

步骤 6：单击工具栏上的【预览】按钮，即可预览当前窗口中显示内容的打印效果，如图 8-24 所示。

图 8-23　金蝶提示信息框

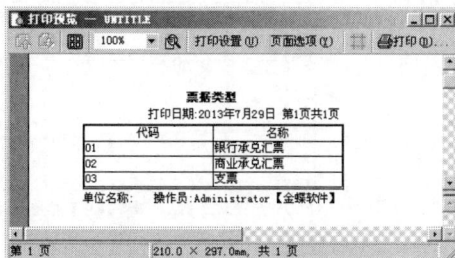

图 8-24　【打印预览】窗口

步骤 7：单击【打印】按钮，即可将当前窗口中显示的内容打印输出。操作完毕后，单击工具栏上的【关闭】按钮，即可退出类型维护的操作。

3. 凭证模板

应收款管理系统提供了凭证模板功能，用户可以根据实际需要对系统提供的模板进行增加修改或删除等操作。

其具体的操作步骤如下。

步骤 1：在系统设置下的【应收款管理】界面中，双击【凭证模板】选项，打开【凭证模板设置】窗口，在其中显示了系统预设的在应收款管理系统中所用到的所有的票据的模板，如图 8-25 所示。

步骤 2：在左侧票据列表窗口中，单击需要操作的票据类型，如销售普通发票，单击工具栏上的【新增】按钮，打开【记账凭证模板】界面，设置新的票据样式，如图 8-26 所示。

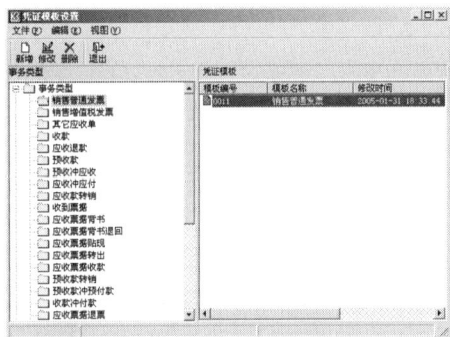

图 8-25　【凭证模板设置】窗口

图 8-26　【记账凭证模板】界面

步骤 3：在左侧票据列表栏中，单击需要修改的票据类型，如销售普通发票，单击工具栏上的【修改】按钮，打开相应的凭证模板进行修改，如图 8-27 所示。

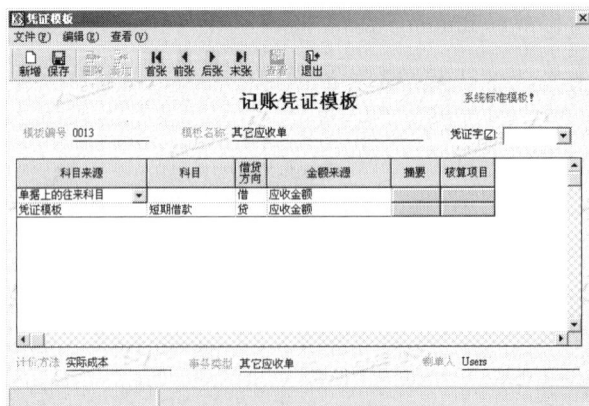

图 8-27　修改凭证模板

步骤 4：在左侧票据列表栏中，单击需要操作的票据类型，单击工具栏上的【删除】按钮，在弹出的提示信息框中单击【是】按钮，即可将所选的凭证模板删除。

4．信用管理

目前，赊销已经成为各行业市场中主要的交易方式。作为一种有效的竞争手段和促销手段，赊销能够为企业带来巨大利润。同时，伴随着赊销产生的商业信用风险，对这种风险的管理就变得越来越重要，K3 供应链系统提供了完善的信用管理功能。

设置信用管理的具体操作步骤如下。

步骤 1：在系统设置下的【应收款管理】界面中，双击【信用管理】选项，打开【系统基本资料(信用管理)】窗口，如图 8- 28 所示。

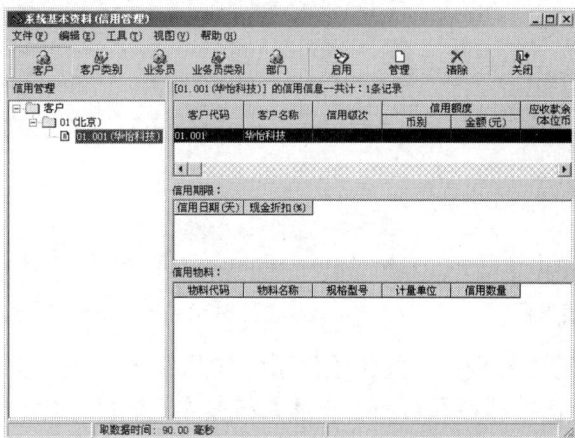

图 8-28   【系统基本资料(信用管理)】窗口

注意：   在【基础资料】➤【公共资料】➤【客户】菜单项中，只有选取了客户属性中的【是否进行信用管理】项后，该客户的名称才能在【信用管理】窗口中显示，如图 8-29 所示。

步骤 2：单击【客户】按钮，在客户列表框中选择需要进行设置的客户，然后单击工具栏上的【管理】按钮，打开【信用管理】窗口，在其中设置信用级次、币别、信用额度、期限控制，并在【信用期限】选项区中设置信用期限和现金折扣率，如图 8-30 所示。

图 8-29   【客户-修改】窗口

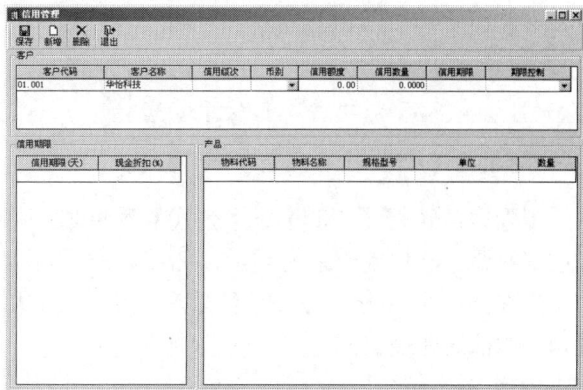

图 8-30   【信用管理】窗口

步骤 3：设置完毕后，单击【保存】按钮，将设置的信用资料保存到系统中，如图 8-31 所示。

步骤 4：在【信用管理】窗口中的【信用期限】选项区中，用户可以单击工具栏上的【新增】按钮或【删除】按钮，增加或删除行，如图 8-32 所示。

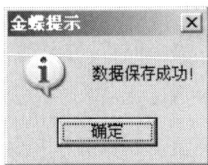

图 8-31 金蝶提示信息框

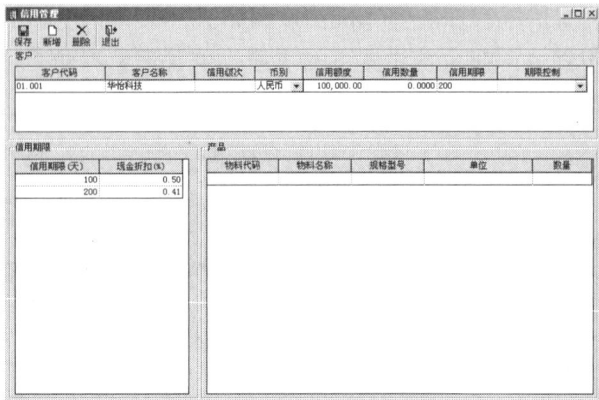

图 8-32 【信用期限】选项区

步骤 5：单击【退出】按钮，关闭【信用管理】窗口，返回【系统基本资料(信用管理)】窗口，则设置的信用资料即可显示在【系统基本资料(信用管理)】窗口，如图 8-33 所示。

步骤 6：选择【工具】➤【选项】菜单项，打开【选项设置】对话框，在其中设置信用管理的对象、信用控制的强度以及信用管理选项，如图 8-34 所示。

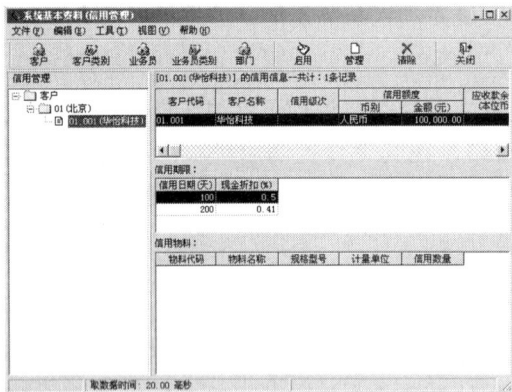

图 8-33 【系统基本资料(信用管理)】窗口

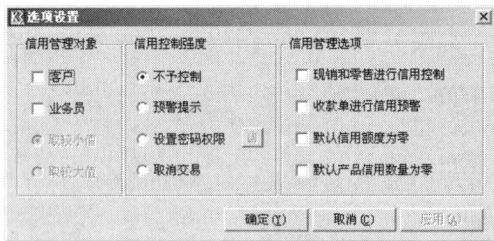

图 8-34 【选项设置】对话框

步骤 7：选择【工具】➤【公式】菜单项，打开【信用公式设置】对话框，在其中选择控制的票据和控制时点的类型，如图 8-35 所示。

步骤 8：选择【信用额度】标签，进入【信用额度】选项卡，在其中根据实际情况设置相应的信用额度公式，如图 8-36 所示。

步骤 9：选择【信用期限】标签，进入【信用期限】选项卡，在其中设置相应的信用期限公式，如图 8-37 所示。

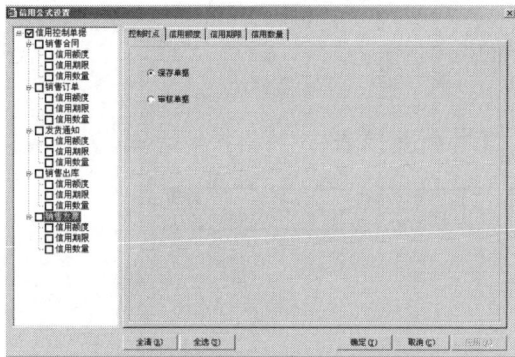

图 8-35　【信用公式设置】对话框

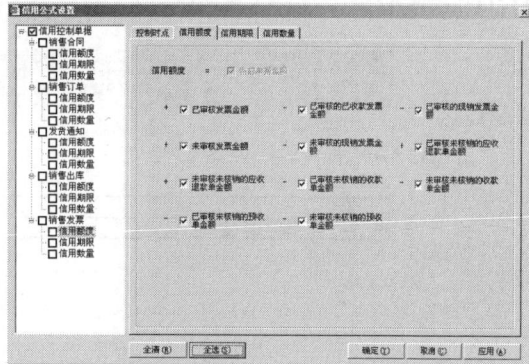

图 8-36　【信用额度】选项卡

步骤 10：单击【确定】按钮，返回【系统基本资料(信用管理)】窗口，然后单击工具栏上的【启用】按钮，即可启用信用管理功能，如图 8-38 所示。

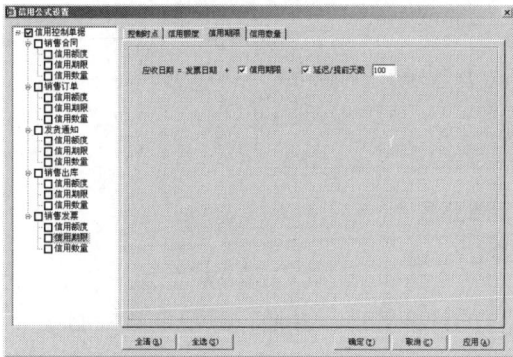

图 8-37　【信用期限】选项卡

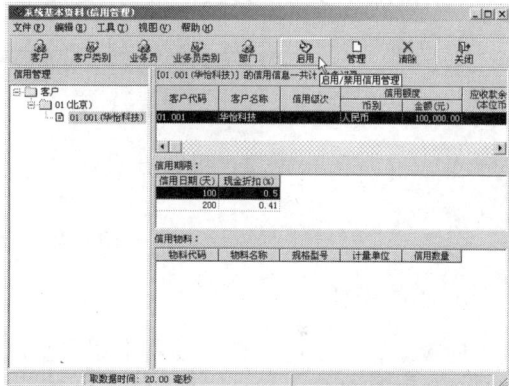

图 8-38　【系统基本资料(信用管理)】窗口

步骤 11：单击工具栏上的【清除】按钮，弹出一个提示信息框，在其中单击【是】按钮，可将所选对象的信用资料删除，如图 8-39 所示。

步骤 12：选择【文件】➤【预览】菜单项，打开【过滤】对话框，在其中设置信用对象、代码范围，如图 8-40 所示。

图 8-39　金蝶信息提示框

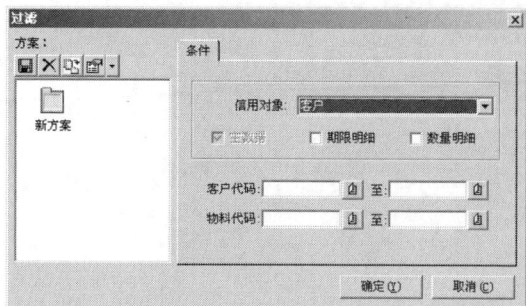

图 8-40　【过滤】对话框

步骤 13：单击【确定】按钮，进入【打印预览】窗口，在其中可以看到信用额度报表的打印预览效果，如图 8-41 所示。

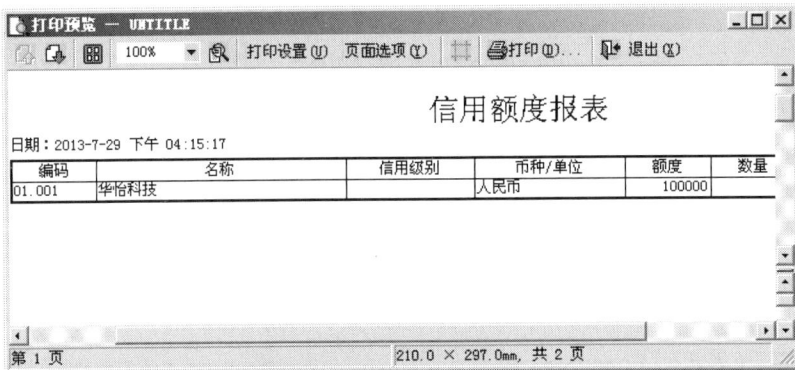

图 8-41　【打印预览】窗口

💡 **注意：** 在应收款管理系统没有结束初始化之前，不能启用信用管理功能。用户需要在结束系统初始化后，再启用信用管理功能，如图 8-42 所示。

图 8-42　金蝶提示信息框

5. 价格资料

应收款管理系统对销售发票根据账套启用各自的价格管理，并通过系统参数中的【启用价格管理】进行控制是否使用。

设置价格资料的具体操作步骤如下。

步骤 1： 在系统设置下的【应收款管理】界面中，双击【价格资料】选项，打开【过滤】窗口，在其中设置相关的过滤条件，如图 8-43 所示。

步骤 2： 单击【确定】按钮，进入【价格方案序时簿】窗口，在其中查看相关的价格方案，如图 8-44 所示。

图 8-43　【过滤】窗口

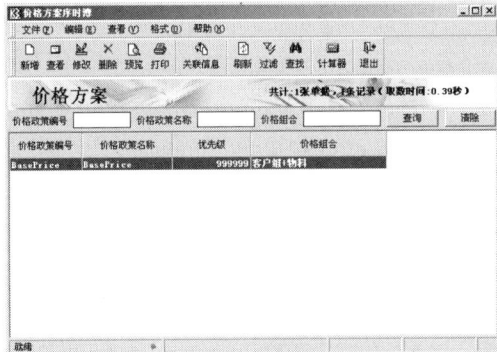

图 8-44　【价格方案序时簿】窗口

步骤 3：单击工具栏上的【新增】按钮，打开【价格方案维护】窗口，在其中输入价格政策编号、名称、优先级、组合类型等，如图 8-45 所示。

步骤 4：设置完毕后，单击【保存】按钮，弹出提示信息框，即可将新增的价格方案保存到系统当中，如图 8-46 所示。

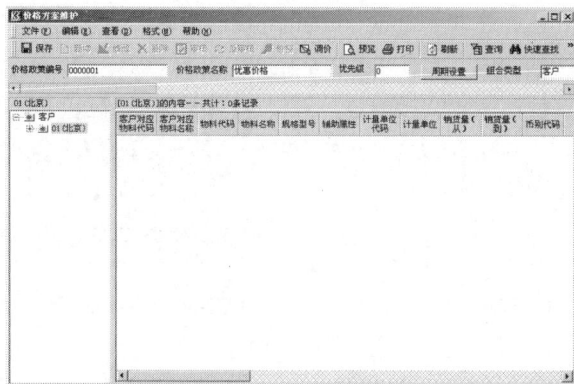

图 8-45　【价格方案维护】窗口

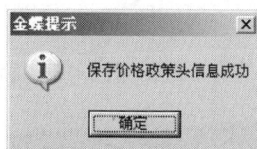

图 8-46　金蝶提示信息框

步骤 5：在【价格方案维护】窗口中单击【退出】按钮，返回【价格方案】界面中，在其中可以看到新增加的价格方案，如图 8-47 所示。

步骤 6：如果想要对某一价格方案进行查看，则可以在选中该方案后，单击【查看】按钮，在打开的窗口中查看其详细信息，如图 8-48 所示。

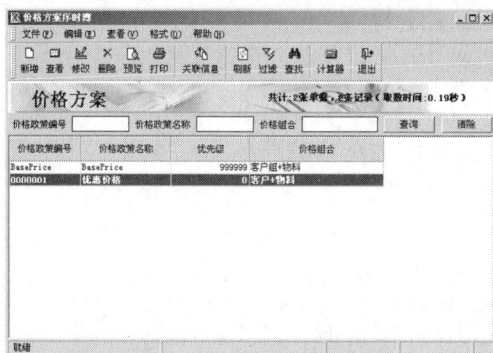

图 8-47　【价格方案】界面

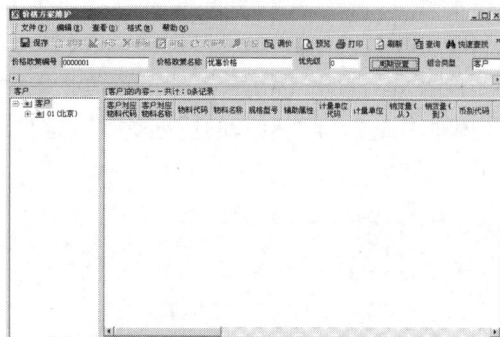

图 8-48　查看方案详细信息

步骤 7：如果想要修改某一价格方案，则可以选中该方案后，单击【修改】按钮，打开【价格方案维护】窗口，在其中进行相应的修改操作，如图 8-49 所示。

步骤 8：如果想要删除某一价格方案，则可以选中该方案后，单击【删除】按钮，弹出一个信息提示框，单击【是】按钮，即可删除选中的方案，如图 8-50 所示。

提示：　对折扣资料的设置与价格资料的设置相似，用户可以参照设置价格资料的操作方式对折扣资料进行设置。

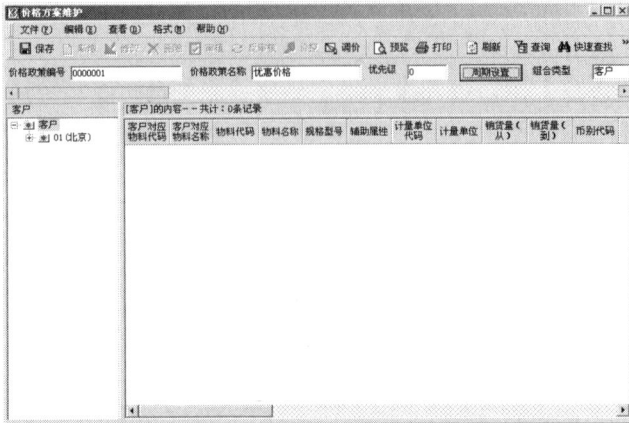

图 8-49 【价格方案维护】窗口

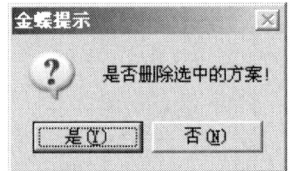

图 8-50 金蝶提示信息框

8.1.3 实训 3 初始数据的录入

在应收款管理系统中，初始数据的录入主要包括初始单据、初始票据和初始坏账三种数据。

1. 录入初始单据

录入初始数据首先操作就是对初始单据进行录入操作，具体的操作步骤如下。

步骤 1：在【主控台】界面中，选择【系统设置】标签，单击【初始化】系统功能项下的【应收款管理】子功能项，进入【应收款管理初始化】界面，如图 8-51 所示。

步骤 2：双击【初始应收单据-维护】选项，打开【过滤】对话框，在【事务类型】下拉列表框中选择需要录入的单据类型，这里选择【初始化_销售普通发票】选项，如图 8-52 所示。

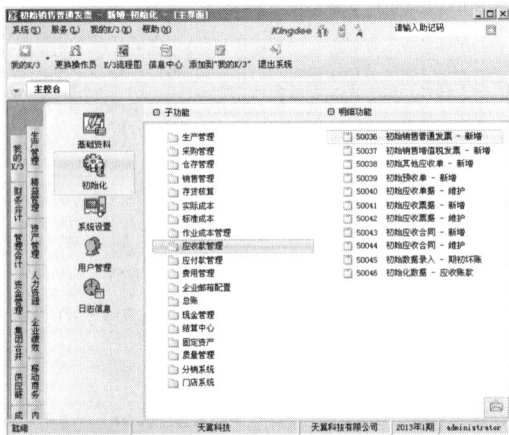

图 8-51 【应收款管理初始化】界面

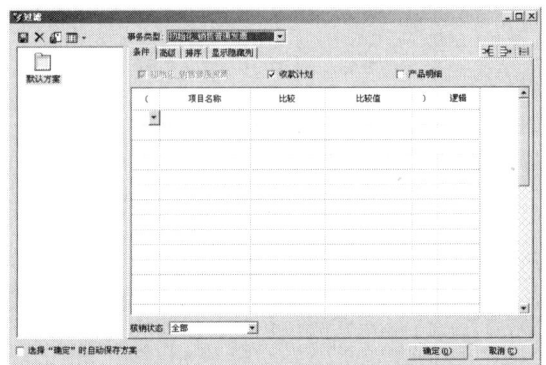

图 8-52 【过滤】对话框

步骤 3：单击【确定】按钮，进入【初始化_销售普通发票】界面，如图 8-53 所示。

步骤 4：单击【新增】按钮，打开【初始化_销售普通发票-修改】窗口，在其中设置单据日期、财务日期、核算项目类别、核算项目等选项，如图 8-54 所示。

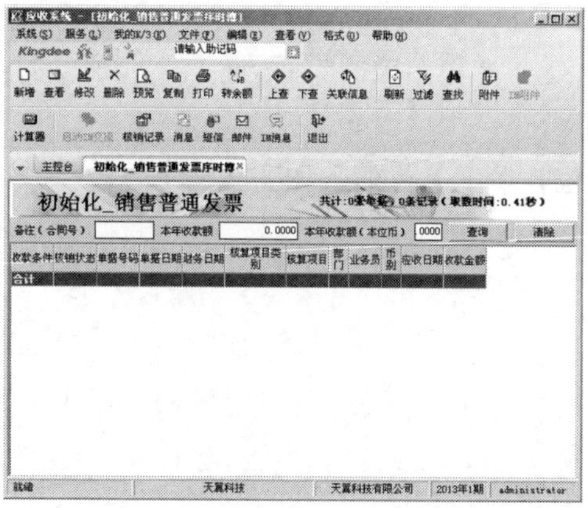

图 8-53　【初始化_销售普通发票】界面 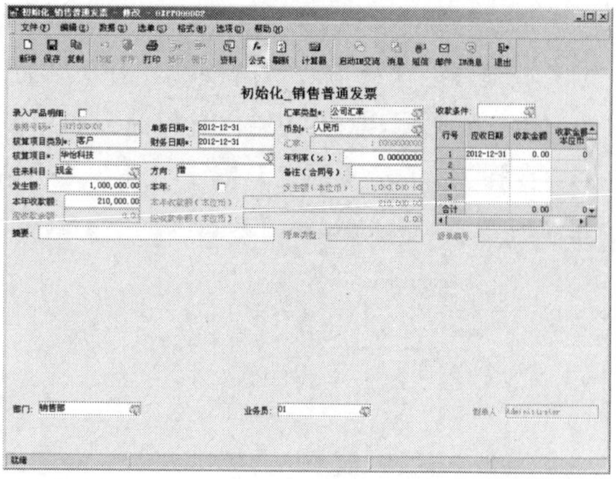　　　　图 8-54　【初始化_销售普通发票-修改】窗口

步骤 5：单击【保存】按钮，将录入的单据保存到系统中，单击【新增】按钮可继续录入新的单据，单击【退出】按钮将返回【初始化_销售普通发票】界面，则新增加的单据即可显示在该界面，如图 8-55 所示。

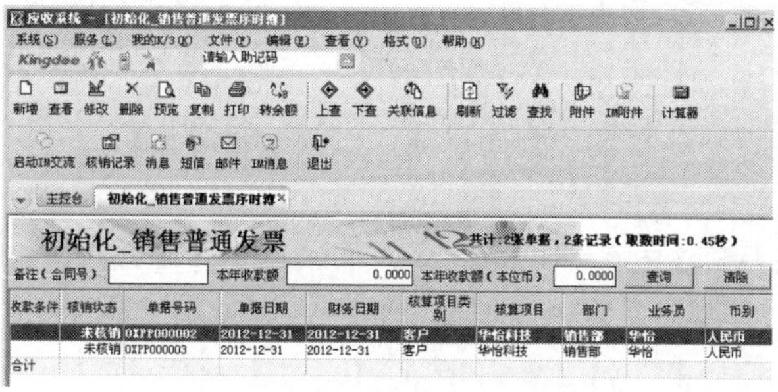

图 8-55　【初始化_销售普通发票】界面

步骤 6：单击【过滤】按钮，再次打开【过滤】对话框，在其中重新选择需要录入的初始数据的单据类型，然后参照上述步骤即可完成单据的录入操作，如图 8-56 所示。

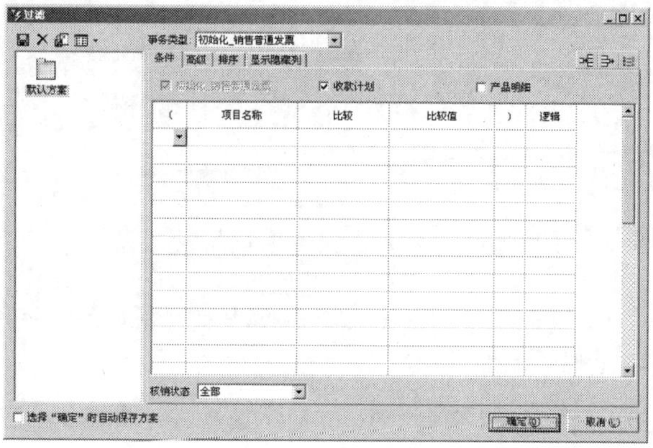

图 8-56　录入单据操作

2. 录入初始票据

初始票据的录入操作非常简单，具体的操作步骤如下。

步骤 1：在【应收款管理初始化】界面中，双击【初始应收票据-维护】选项，打开【初始应收票据-维护-初始化】窗口，如图 8-57 所示。

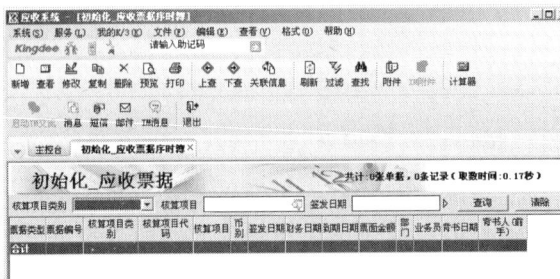

步骤 2：单击【确定】按钮，进入【初始化_应收票据】界面，如图 8-58 所示。

图 8-57 【初始应收票据-维护-初始化】窗口　　图 8-78 【初始化_应收票据】界面

步骤 3：单击【新增】按钮，打开【初始化_应收票据-新增】窗口，在其中选择票据类型，设置签发日期、财务日期、到期日期、付款期限等信息，并设置部门与业务员等选项，如图 8-59 所示。

步骤 4：单击【保存】按钮，即可将录入的票据保存到系统中，单击【新增】按钮，即可继续录入新的应收票据，单击【退出】按钮，则返回【初始化_应收票据】界面，新增的票据将显示在该窗口中，如图 8-60 所示。

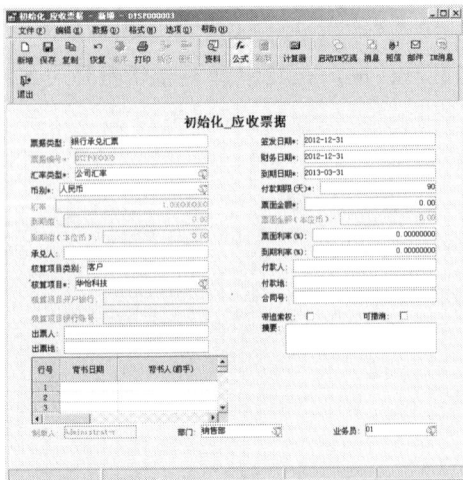

图 8-59 【初始化_应收票据-新增】窗口　　图 8-60 【初始化_应收票据】界面

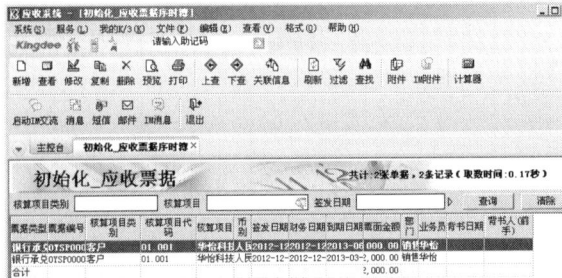

3. 录入初始坏账

在应收款管理系统中，如果有坏账，则还需要将这些坏账录入，具体的操作步骤如下。

步骤 1：在【应收款管理初始化】界面中，双击【初始数据录入-期初坏账】选项，打开【坏账备查簿】窗口，并弹出【过滤条件】对话框，如图 8-61 所示。

步骤 2：单击【确定】按钮，进入【坏账备查簿】界面，如图 8-62 所示。

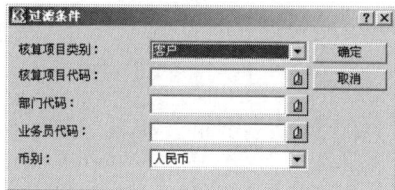

图 8-61　【过滤条件】对话框

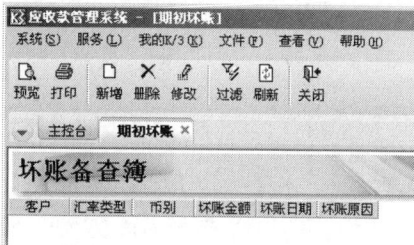

图 8-62　【坏账备查簿】界面

💡 **注意**：　期初坏账结束初始化后还可以继续录入。

步骤 3：单击【新增】按钮，打开【期初坏账录入】对话框，在其中输入核算项目名称，部门、业务员、坏账日期、金额、坏账原因等选项，如图 8-63 所示。

步骤 4：单击【存盘】按钮，就可以将录入的坏账数据存入系统，并继续录入下一条坏账记录。当把所有的坏账记录输入完毕后，单击【关闭】按钮将返回【坏账备查簿】界面，则录入的坏账记录即可显示在该窗口中，如图 8-64 所示。

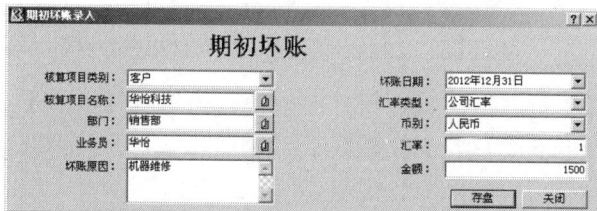

图 8-63　【期初坏账录入】对话框

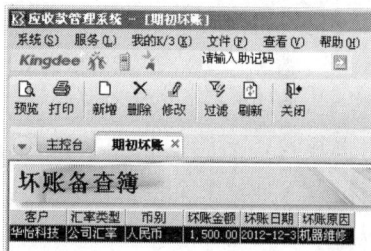

图 8-64　【坏账备查簿】界面

4. 查看初始数据

当初始数据录入完毕后，用户还可以对录入的初始数据进行查看，具体的操作步骤如下。

步骤 1：在【应收款管理初始化】界面中，双击【初始化数据-应收账款】选项，打开【初始化数据-应收账款】窗口，并弹出【过滤条件】对话框，在其中设置核算项目代码范围、部门代码范围、业务员代码范围等选项，如图 8-65 所示。

步骤 2：单击过滤方案列表框上方的【保存】按钮，打开【保存方案】对话框，在其中输入方案名称，将设置的过滤方案保存下来，如图 8-66 所示。

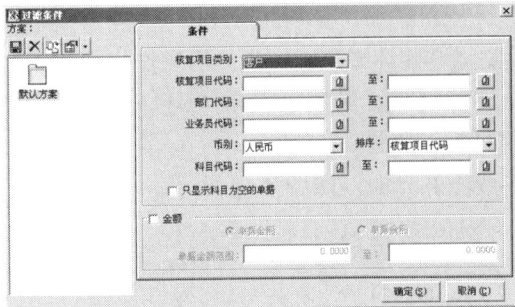

图 8-65　【过滤条件】对话框

图 8-66　【保存方案】对话框

步骤 3：单击【确定】按钮，进入【初始化数据_应收账款】界面，在其中显示出按过滤条件汇总出的初始数据记录，如图 8-67 所示。

步骤 4：选择需要查看的记录，单击【明细】按钮，打开【初始化数据_应收账款明细】界面，在其中查看其明细数据，如图 8- 68 所示。

图 8-67　【初始化数据_应收账款】界面

图 8-68　【初始化数据_应收账款明细】界面

步骤 5：当确认初始数据无误之后，即可将初始数据打印输出。若选择【文件】➤【引出内部数据】菜单项，打开【引出'初始化数据_应收账款明细'】对话框，在其中选择相应的数据类型，如图 8-69 所示。

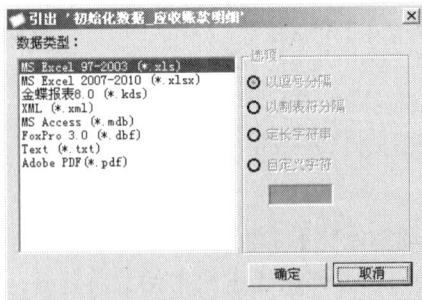

图 8-69　【引出'初始化数据_应收账款明细'】对话框

步骤 6：单击【确定】按钮，可将初始数据引出。

8.1.4　实训 4　结束系统初始化

录入完初始数据后，就可以将应收款管理系统结束初始化了。

其具体的操作步骤如下。

步骤 1：在【主控台】界面中，选择【财务会计】标签，单击【应收款管理】系统功能项下的【初始化】子功能项，进入【初始化】界面，如图 8-70 所示。

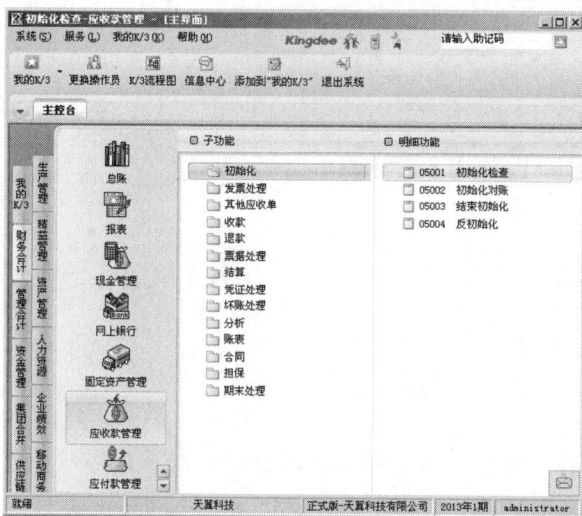

图 8-70　【初始化】界面

步骤 2：双击【初始化检查】选项，系统将对初始设置进行检查，并给出相应的提示，如图 8-71 所示。

步骤 3：双击【初始化对账】选项，打开【初始化对账-过滤条件】对话框，在其中设置对账的科目代码，如图 8-72 所示。

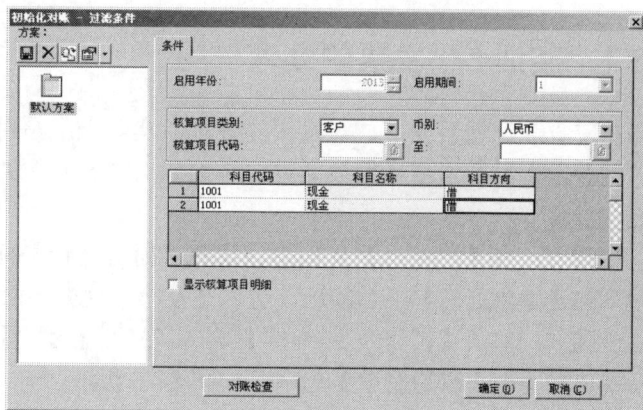

图 8-71　金蝶提示信息框　　　　**图 8-72　【初始化对账-过滤条件】对话框**

步骤 4：单击【确定】按钮，进入【初始化对账】界面。在该界面中即可查看应收款管理系统与总账系统相同科目的数据是否有差异，若有差异应查明原因，纠正错误之后，再次对账，直到应收款管理系统与总账系统的数据平衡，如图 8-73 所示。

步骤 5： 双击【结束初始化】选项，从弹出的信息提示框中连续单击【否】按钮，表示已经查看过初始检查结果与初始对账结果，即可完成初始化操作，启用应收款管理系统，如图 8-74 所示。

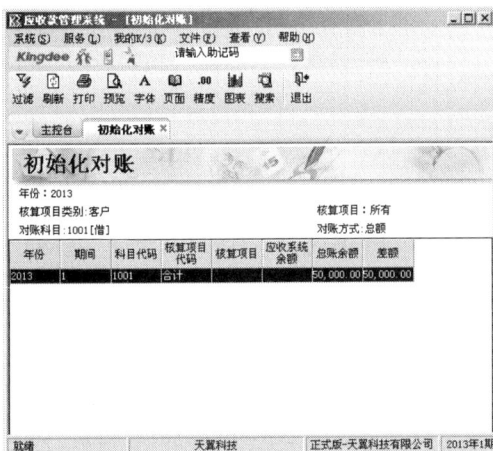

图 8-73　【初始化对账】界面　　　　　　　图 8-74　金蝶提示信息框

💡 **注意：** 若因某种原因，需要对初始数据进行修改，则可双击【初始化】明细功能项中的【反初始化】选项，使系统返回到未初始化状态。

8.2　应收款管理系统的单据处理

在应收款管理系统中，单据的处理包括对发票、票据、其他应收单、收款单、应收退款单等单据进行处理。

8.2.1　实训 5　发票的处理

在应收款管理系统中，对发票的处理，实际上就是对销售发票进行处理，这里销售发票包括普通发票和增值税发票两种，下面以对普通发票的处理为例，来介绍发票处理的具体操作步骤。

步骤 1： 在【主控台】界面中，选择【财务会计】标签，单击【应收款管理】系统功能项下的【发票处理】子功能项，进入【发票处理】界面，如图 8-75 所示。

步骤 2： 双击【销售发票-维护】选项，打开【过滤】对话框，在【事务类型】下拉列表框中选择【销售普通发票】选项，如图 8-76 所示。

步骤 3： 单击【确定】按钮，进入【销售普通发票序时簿】界面，如图 8-77 所示。

步骤 4： 单击【新增】按钮，打开【销售普通发票-新增】窗口，在其中指定开票日期、财务日期、应收日期，设置核算项目、往来科目、摘要、结算方式，并录入该发票所销售的产品清单(包括数量与价格)，系统将自动计算出应收金额，然后录入销售部门与业务员，如图 8-78 所示。

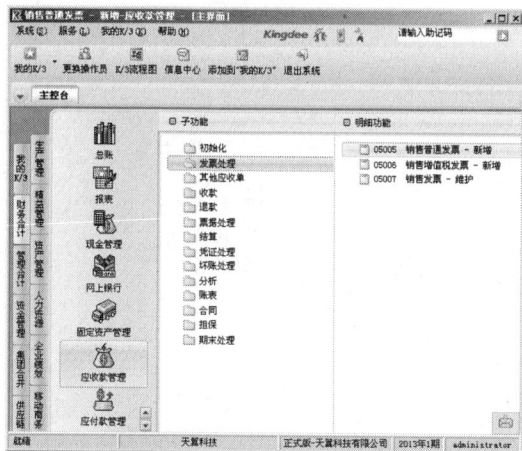

图 8-75　【发票处理】界面

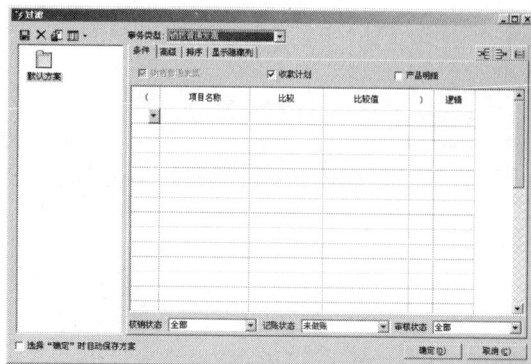

图 8-76　【过滤】对话框

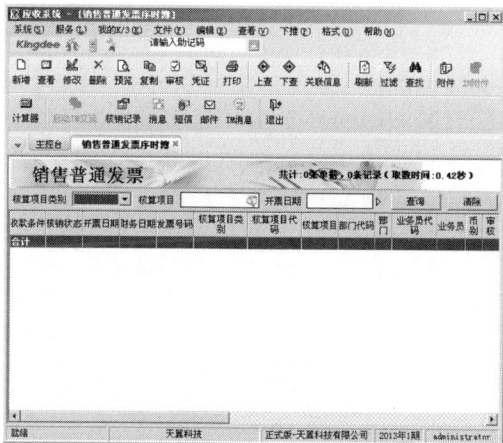

图 8-77　【销售普通发票序时簿】界面

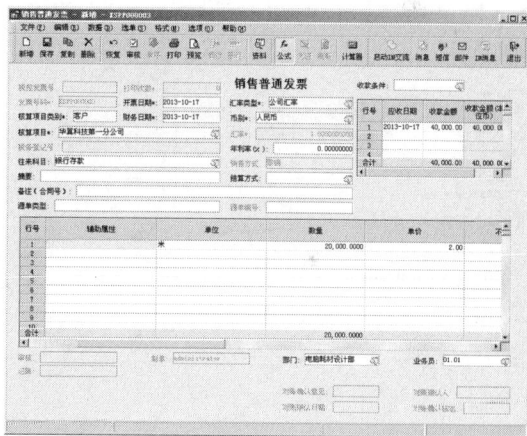

图 8-78　【销售普通发票-新增】窗口

提示： 若该发票使用外币结算，则还需要设置币别与汇率等内容。

　　步骤 5：单击【保存】按钮，即可将录入完毕的发票保存到系统中，继续录入下一张发票。发票录入完毕后，单击【退出】按钮，则新录入的发票即可显示在【销售普通发票序时簿】界面中，如图 8-79 所示。

　　步骤 6：如果要查看某发票的具体内容，只需选中该发票，然后单击工具栏中的【查看】按钮，打开【销售普通发票-查看】窗口，在其中查看该发票的详细信息，如图 8-80 所示。

　　步骤 7：如果要修改某发票的具体内容，只需选中该发票，然后单击工具栏中的【修改】按钮，打开【销售普通发票-修改】窗口，在其中进行相应信息的修改操作，如图 8-81 所示。

　　步骤 8：如果要删除某发票，只用选中该发票，然后单击工具栏中的【删除】按钮，从弹出的删除信息提示框中单击【是】按钮，即可完成删除操作，如图 8-82 所示。

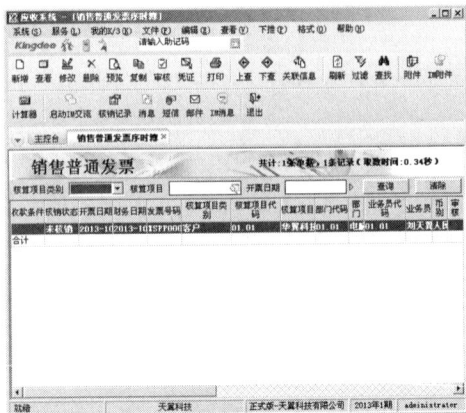

图 8-79　【销售普通发票序时簿】界面

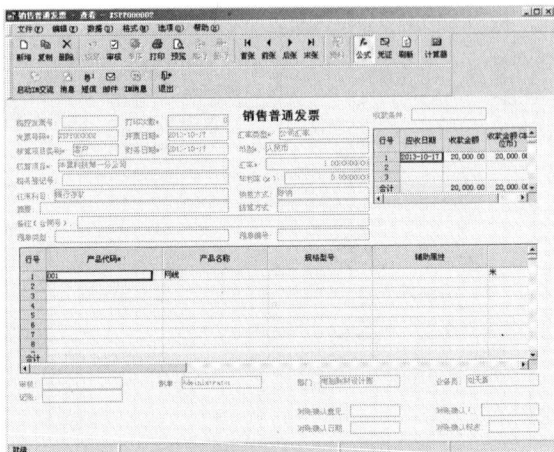

图 8-80　【销售普通发票-查看】窗口

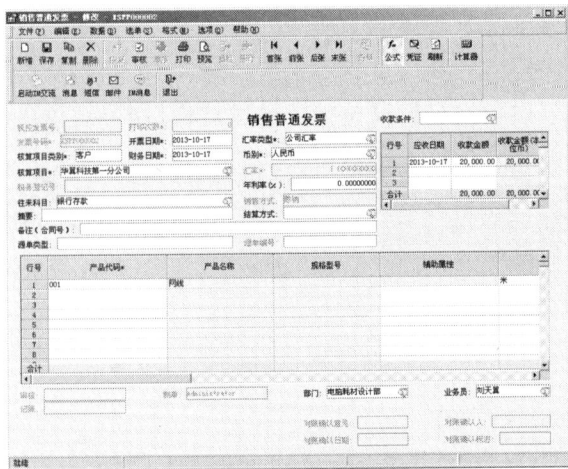

图 8-81　【销售普通发票-修改】窗口

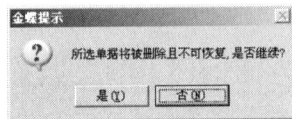

图 8-82　金蝶提示信息框

步骤 9：如果想要审核某一发票，需要以具有审核权限的用户登录后，在【销售普通发票序时簿】界面中选取需要审核的发票，然后单击【审核】按钮，即可完成发票的审核操作，如图 8-83 所示。

步骤 10：如果要同时审核多条记录，只需选中需要审核的多条记录，然后选择【编辑】➤【成批审核】菜单项，即可完成成批审核操作，如图 8-84 所示。

💡 **注意**：　在具体的应用过程中，用户如果需要对已经审核的记录进行修改或删除操作，则需要先选择【编辑】➤【取消审核】菜单项取消审核，然后才能实现修改或删除操作。

步骤 11：如果需要对审核过的记录制成相应的凭证，只需选中相应的记录，然后单击【凭证】按钮，打开【记账凭证-新增】窗口，即可完成此凭证的制作操作，如图 8-85 所示。

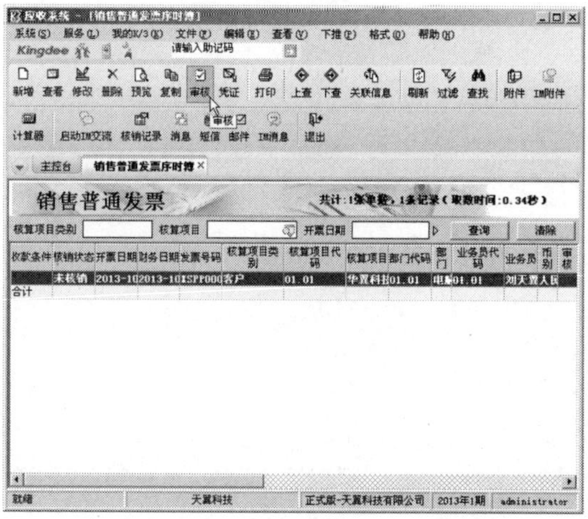

图 8-83　【销售普通发票序时簿】界面

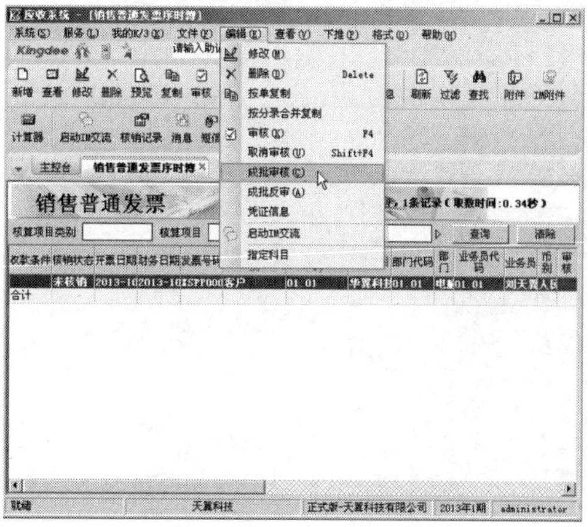

图 8-84　完成成批审核操作

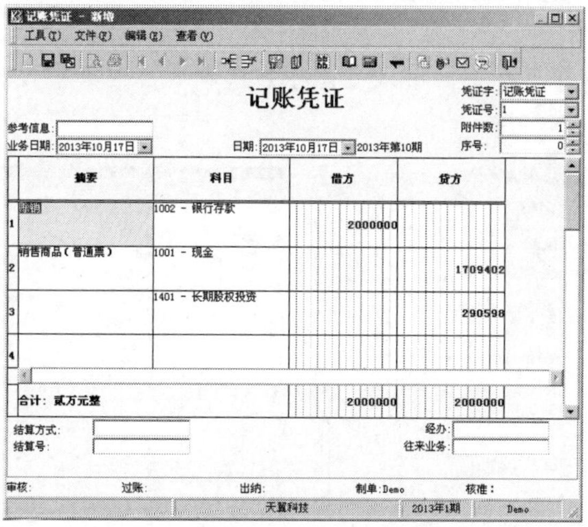

图 8-85　【记账凭证-新增】窗口

8.2.2　实训 6　其他应收单的处理

其他应收单主要是指一些不涉及存货内容的单据，如应收管理费等，可在其他应收单模块中录入，但大多数其他应收单都是从应收款管理系统的其他模块生成的，不需要用户输入。

管理其他应收单的具体操作步骤如下。

步骤 1：在【主控台】界面中，选择【财务会计】标签，单击【应收款管理】系统功能项下的【其他应收单】子功能项，进入【其他应收单】界面，如图 8-86 所示。

步骤 2：双击【其他应收单-维护】选项，打开【过滤】对话框，从中可以设置过滤的相应条件，如图 8-87 所示。

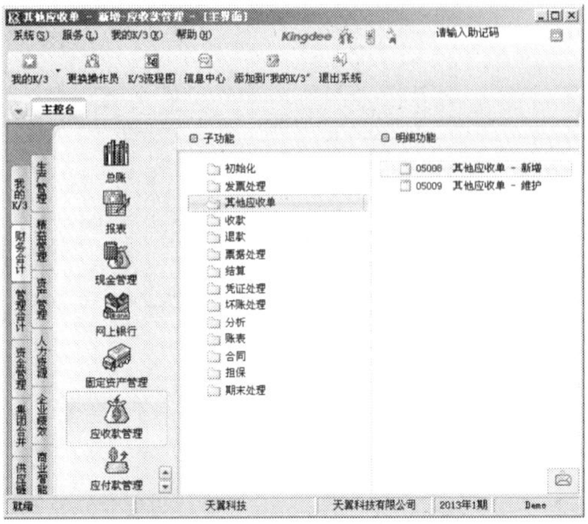

图 8-86　【其他应收单】界面

图 8-87　【过滤】对话框

步骤 3：选择【高级】标签，进入【高级】选项卡，设置相应的高级选项，如图 8-88 所示。

步骤 4：选择【排序】标签，进入【排序】选项卡，在其中设置相应的排序方式，如图 8-89 所示。

图 8-88　【高级】选项卡

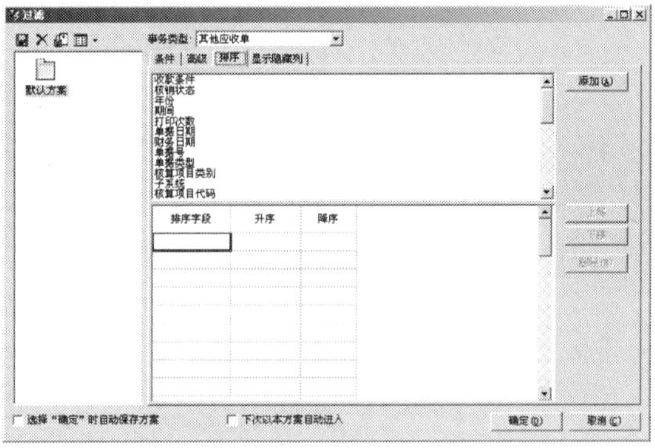

图 8-89　【排序】选项卡

步骤 5：选择【显示隐藏列】选项卡，进入【显示隐藏列】选项卡，如果要显示某项目，只用在此项目的【显示】列中选中【显示】复选框，如图 8-90 所示。

步骤 6：单击【确定】按钮，进入【其他应收单序时簿】界面，如图 8-91 所示。

步骤 7：单击【新增】按钮，打开【其他应收单-新增】窗口，选择核算项目类别、单据类别，设置单据日期、财务日期等，并指定部门与业务员，如图 8-92 所示。

步骤 8：单击【保存】按钮，将增加的应收单保存到系统中，如图 8-93 所示。

步骤 9：选取需要查看的记录，单击【查看】按钮，在打开的窗口中查看该应收单的详细信息，如图 8-94 所示。

步骤 10：选取需要修改的记录，单击【修改】按钮，打开【其他应收单-修改】窗口，对该单据进行修改，并可添加附件，如图 8-95 所示。

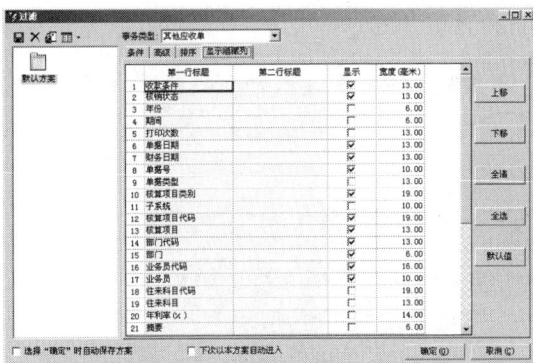

图 8-90 【显示隐藏列】设置界面

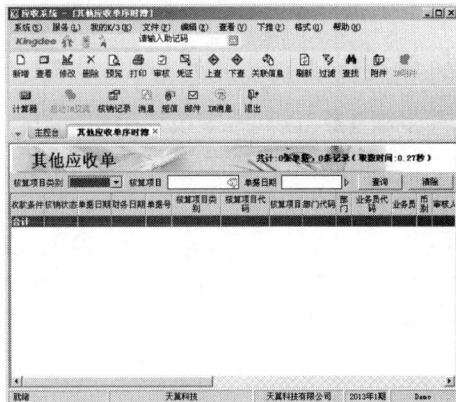

图 8-91 【其他应收单序时簿】界面

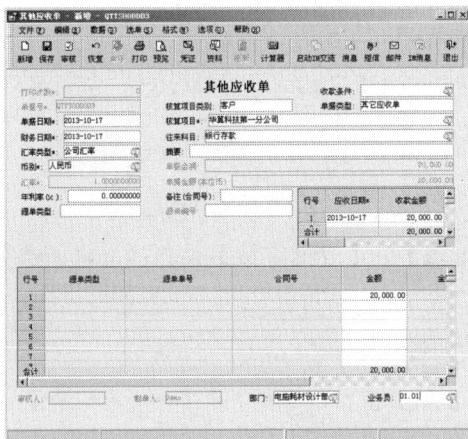

图 8-92 【其他应收单-新增】窗口

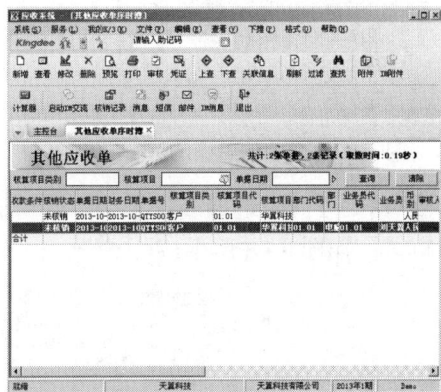

图 8-93 保存应收单

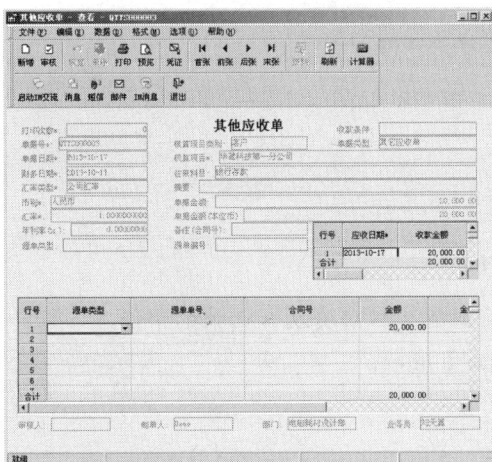

图 8-94 查看该应收单的详细信息

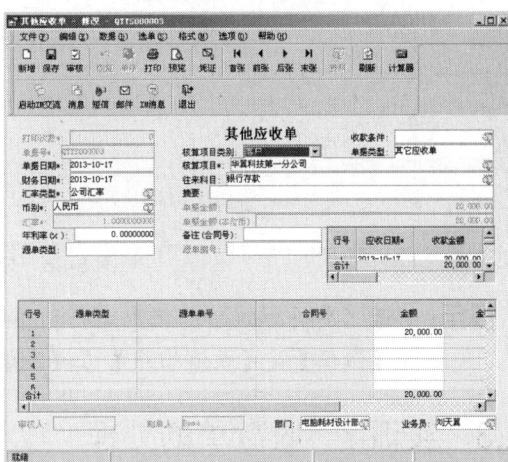

图 8-95 【其他应收单-修改】窗口

步骤 11：选取需要删除的记录，单击【删除】按钮，弹出一个提示信息框，然后单击

【是】按钮，即可将选中的单据删除，如图8-96所示。

提示：　由系统自动生成的其他应收单不能修改和删除。

　　步骤 12：以具有审核权限的用户登录到金蝶 K3 系统，在【其他应收单序时簿】界面中，选取需要审核的单据，单击工具栏上的【审核】按钮，即可完成所选记录的审核操作，如图8-97所示。

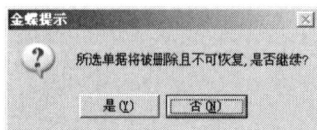

图 8-96　金蝶信息提示框　　　　图 8-97　【其他应收单序时簿】界面

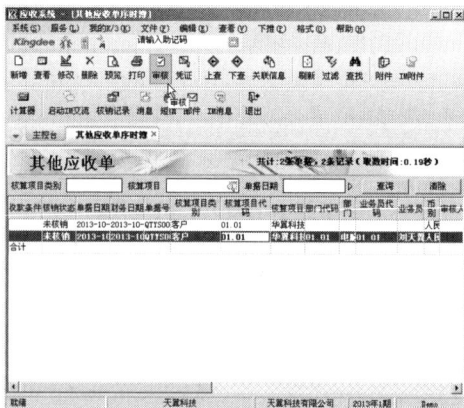

　　步骤 13：若同时选取多条记录，则可选择【编辑】➤【成批审核】菜单项，将所选记录同时审核，如图8-98所示。

图 8-98　成批审核

提示：　若需要将审核后的记录进行反审核，则在选取需要反审记录的条件下，选择【编辑】➤【取消审核】或【成批反审】选项。

8.2.3　实训 7　收款单的处理

　　在应收款管理系统中，对收款进行处理实际上就是对收款单和预收单进行添加、修改和删除操作，具体的操作步骤如下。

步骤 1：在【主控台】界面中，选择【财务会计】标签，单击【应收款管理】系统功能项下的【收款】子功能项，进入【收款】界面，如图 8-99 所示。

步骤 2：双击【收款单-维护】选项，打开【收款单过滤】对话框，在【事务类型】下拉列表框中用户可以选择【收款单】、【预收单】和【全部收款单】三个选项，这里选择【收款单】选项，如图 8-100 所示。

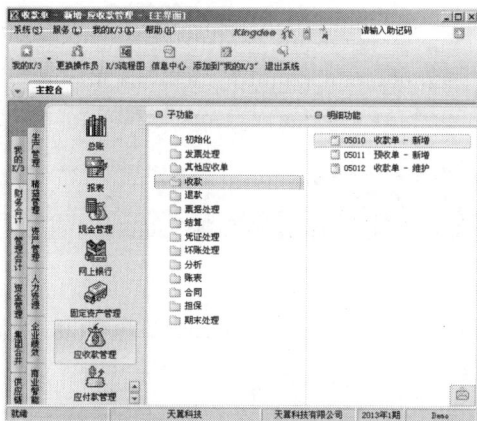

图 8-99　【收款】界面

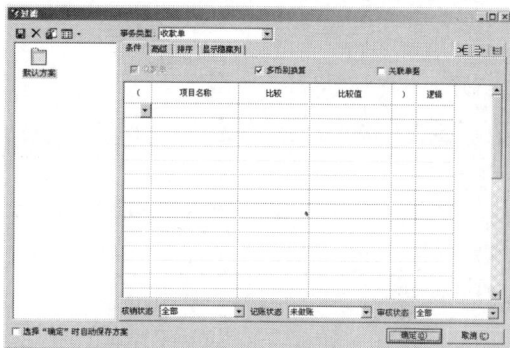

图 8-100　【收款单过滤】对话框

提示：　(1) 如果选取【收款单】选项，则打开【收款单序时簿】窗口，在其中可以增加收款单。

　　　　(2) 如果选取【预收单】选项，则可打开【预收单序时簿】窗口，在其中增加预收单。

　　　　(3) 如果选取【全部收款单】选项，则可打开【全部收款单序时簿】窗口，在其中查看符合条件的收款单和预收单，但不能增加单据。

步骤 3：单击【确定】按钮，进入【收款单序时簿】界面，如图 8-101 所示。

步骤 4：单击【新增】按钮，打开【收款单-新增】窗口，在其中指定单据日期、财务日期、核算项目类别、核算项目等选项，如图 8-102 所示。

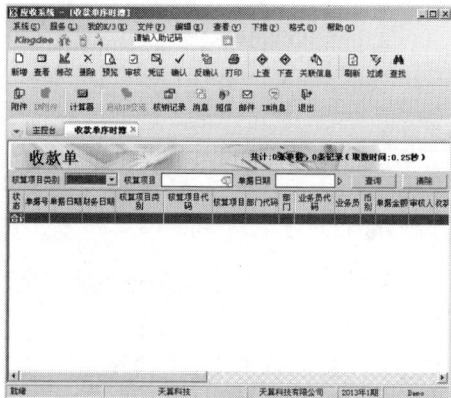

图 8-101　【收款单序时簿】界面

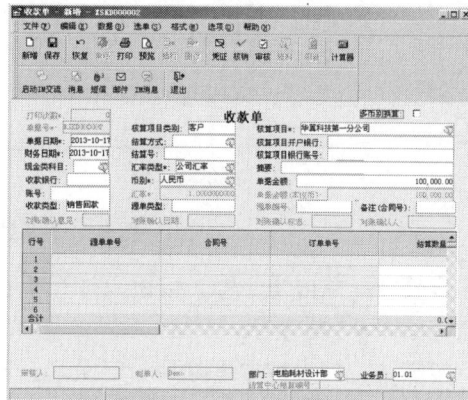

图 8-102　【收款单-新增】窗口

步骤 **5**：单击【保存】按钮将该单据保存到系统中。若选取【多币别核算】复选框，则可将外币结算为人民币，如图 8-103 所示。

步骤 **6**：单击【退出】按钮，返回【收款单序时簿】界面，在其中可以看到增加的收款单，如图 8-104 所示。

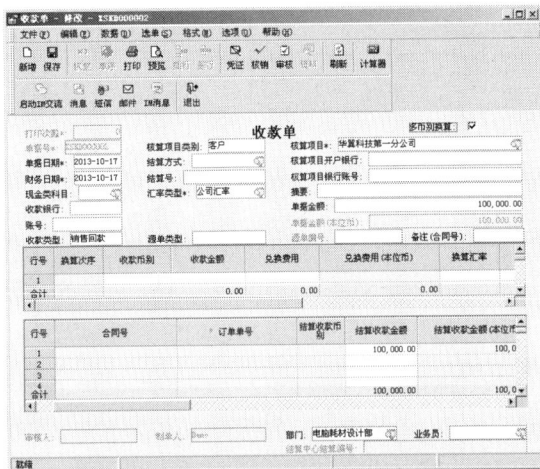

图 8-103　【收款单-修改】窗口

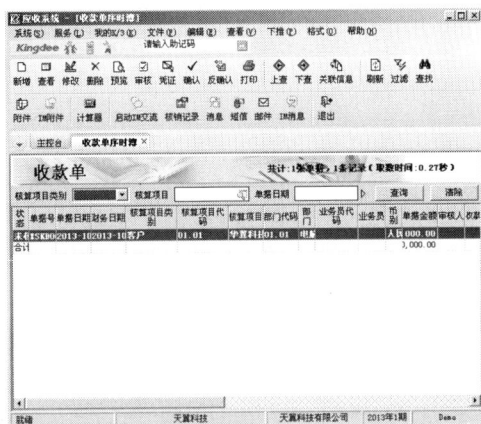

图 8-104　【收款单序时簿】窗口

步骤 **7**：如果需要修改某一条记录，只需选取该记录后，单击工具栏中的【修改】按钮，打开【收款单-修改】窗口进行修改，如图 8-105 所示。

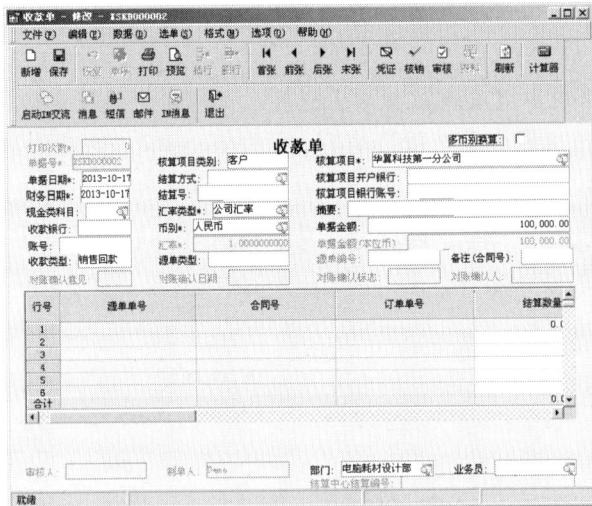

图 8-105　【收款单-修改】窗口

步骤 **8**：单击【查看】按钮，打开【收款单-查看】窗口，在其中查看该收款单的详细信息，如图 8-106 所示。

步骤 **9**：如果想要删除某一记录，只需选中该记录，然后单击【删除】按钮，弹出一个信息提示框，单击【是】按钮，即可将所选记录删除，如图 8-107 所示。

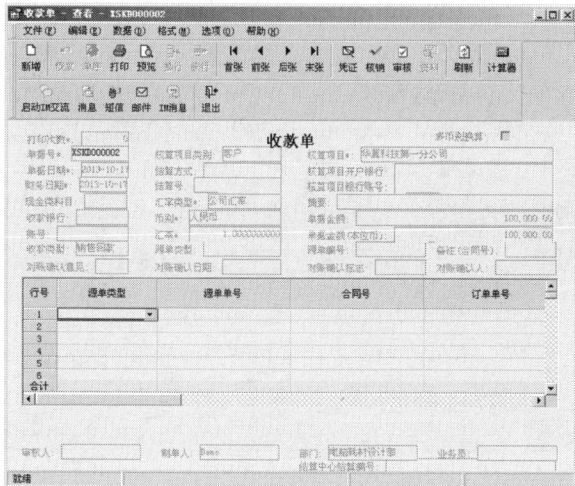

图 8-106　【收款单-查看】窗口

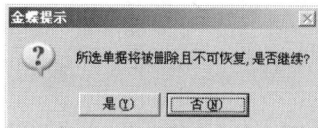

图 8-107　金蝶提示信息框

8.2.4　实训 8　退款单的处理

退款单处理与收款单处理的方法相似，具体的操作步骤如下。

步骤 1：在【主控台】界面中，选择【财务会计】标签，单击【应收款管理】系统功能项下的【退款】子功能项，进入【退款】界面，如图 8-108 所示。

步骤 2：双击【退款单-维护】选项，打开【过滤】对话框，在其中设置相关的过滤条件，如图 8-109 所示。

图 8-108　【退款】界面

图 8-109　【过滤】对话框

步骤 3：单击【确定】按钮，进入【应收退款单序时簿】界面，如图 8-110 所示。

步骤 4：单击工具栏上的【新增】按钮，打开【应收退款单-新增】窗口，在其中指定单据日期、财务日期、核算项目类别等选项，如图 8-111 所示。

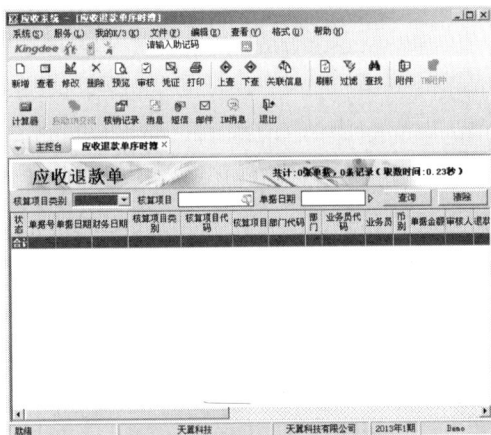

图 8-110 【应收退款单序时簿】界面

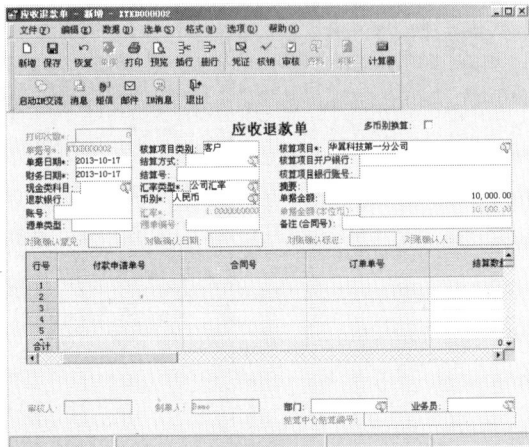

图 8-111 【应收退款单-新增】窗口

步骤 5：单击【保存】按钮将该单据保存到系统中，如图 8-112 所示。

步骤 6：如果想要修改某一记录，只需选取该记录，然后单击工具栏中的【修改】按钮，打开【应收退款单-修改】窗口，在其中对退款单进行修改，如图 8-113 所示。

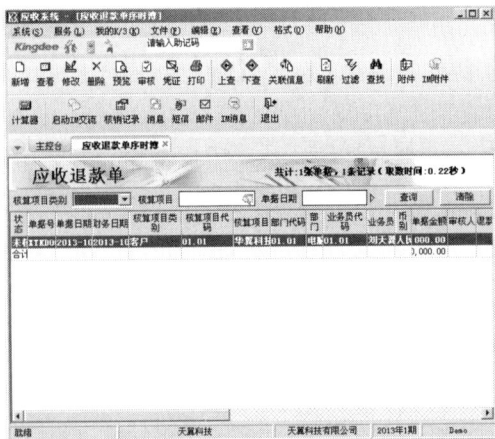

图 8-112 保存单据

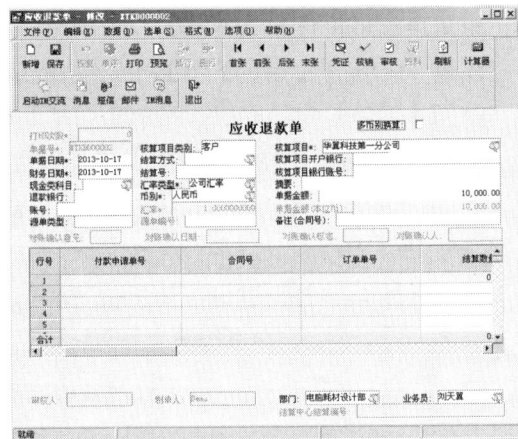

图 8-113 【应收退款单-修改】窗口

步骤 7：如果想要查看某一退款单，只需选中该记录，然后单击工具栏中的【查看】按钮，打开【应收退款单-查看】窗口，在其中查看其详细信息，如图 8-114 所示。

步骤 8：如果想要删除某一收款单，只需选中该记录，然后单击【删除】按钮，在弹出的提示信息框中单击【是】按钮，即可将所选记录删除，如图 8-115 所示。

💡 **注意**： 用户不能删除和修改已经审核、核销、生成凭证的等业务操作的单据，也不能删除系统自动生成的单据。

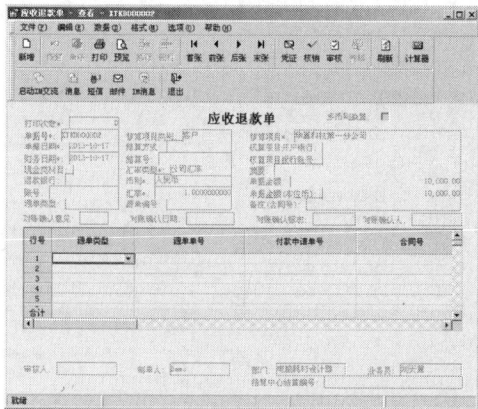

图 8-114　【应收退款单-查看】窗口

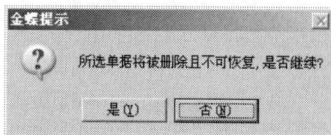

图 8-115　金蝶信息提示框

8.2.5　实训 9　票据的处理

应收票据用来核算公司因销售商品、产品、提供劳务等而收到的商业汇票，包括银行承兑汇票和商业承兑汇票。

票据处理的具体操作步骤如下。

步骤 1：在【主控台】界面中，选择【财务会计】标签，单击【应收款管理】系统功能项下的【票据处理】子功能项，进入【票据处理】界面，如图 8-116 所示。

步骤 2：双击【应收票据-维护】选项，打开【过滤】对话框，在【事务类型】下拉列表框中选择【初始化_应收票据】或【应收票据】，如果选择【应收票据】选项，则进入【应收票据序时簿】窗口，在其中不能新增应收票据。这里选取【应收票据】选项，如图 8-117 所示。

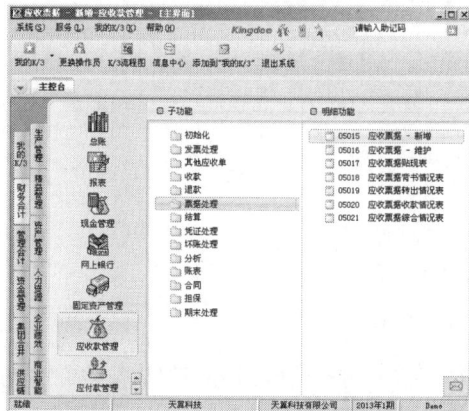

图 8-116　【票据处理】界面

图 8-117　【应收票据序时簿】窗口

步骤 3：单击【确定】按钮，进入【应收票据序时簿】界面，如图 8-118 所示。

步骤 4：单击【新增】按钮，打开【应收票据-新增】窗口，在其中选择票据类型，设置签发日期、财务日期、到期日期，输入票面金额、摘要信息，指定承兑人、出票人、付款人、部门与业务员。若该票据允许撤销，则可选取【可撤销】复选框，如图 8-119 所示。

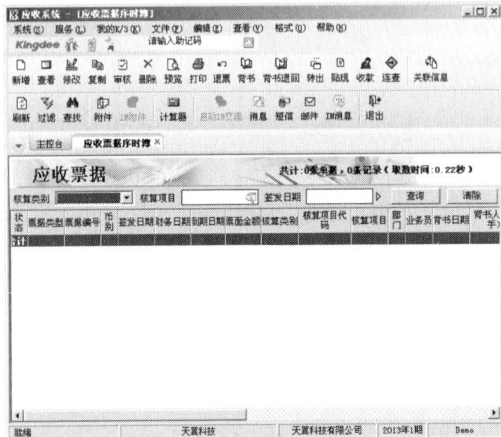

图 8-118　【应收票据序时簿】界面

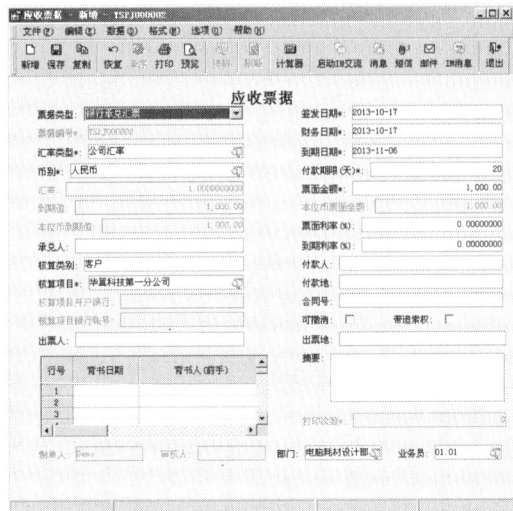

图 8-119　【应收票据-新增】窗口

步骤 5：单击【保存】按钮，将票据保存到系统中。单击【退出】按钮，返回【应收票据序时簿】窗口中，则增加的应收票据信息将显示在该窗口中，如图 8-120 所示。

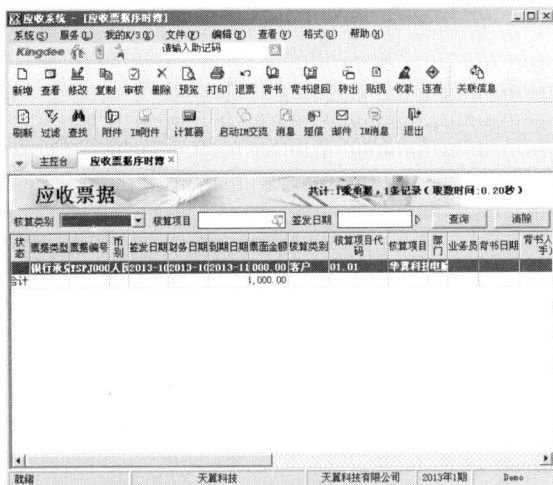

图 8-120　【应收票据序时簿】窗口

步骤 6：如果想要修改某一票据，则只需选中需要修改的票据，然后单击工具栏中的【修改】按钮，打开【应收票据-修改】窗口，在其中进行相应的修改操作，如图 8-121 所示。

步骤 7：如果想要删除某一票据，只需选择该票据后，然后单击工具栏中的【删除】按钮，弹出一个信息提示框，单击【是】按钮，即可将所选票据删除，如图 8-122 所示。

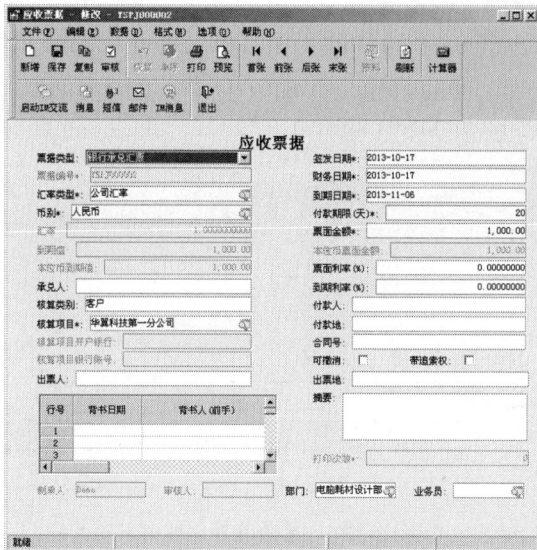

图 8-121　【应收票据-修改】窗口

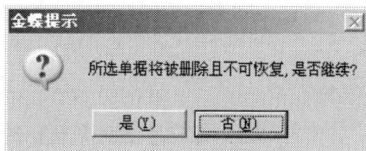

图 8-122　金蝶提示信息框

　　步骤 8：如果想要审核某一票据，只需选取需要审核的票据后，然后单击工具栏中的【审核】按钮，打开【请选择】对话框，在其中选择将所选单据生成收款单还是预收单，如图 8-123 所示。

　　步骤 9：单击【确定】按钮，即可完成票据的审核。若需要修改已经审核的票据，则可选取该票据后，选择【编辑】➢【取消审核】菜单项，取消票据的审核操作，如图 8-124 所示。

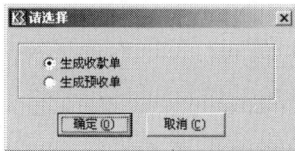

图 8-123　【请选择】对话框

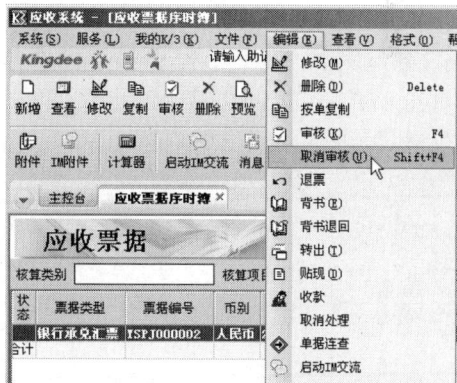

图 8-124　【取消审核】菜单项

　　步骤 10：如果需要将票据作退票处理，则在序时簿窗口中选取该票据之后，单击【退票】按钮，打开【应收票据退票】对话框，在其中设定退票日期与退回金额，单击【确定】按钮，即可完成退票操作，如图 8-125 所示。

💡 **注意**：　若所选应收票据没有进行审核或审核后生成的相应单据没有进行审核，则不能作退票处理。若是将背书后的票据进行退票处理，则不能查看原背书记录。

步骤 11：如果需要在某张票据上进行背书，则在【应收票据序时簿】界面中选取该票据之后，单击【背书】按钮，打开【应收票据背书】对话框，在其中设置背书日期、背书金额、核算类别、被背书单位、利息、费用、对应科目，并选取生成单据的类型，单击【确定】按钮，即可完成背书操作，如图 8-126 所示。

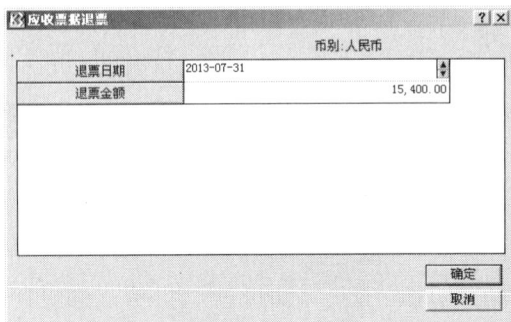

图 8-125　【应收票据退票】对话框　　　　图 8-126　【应收票据背书】对话框

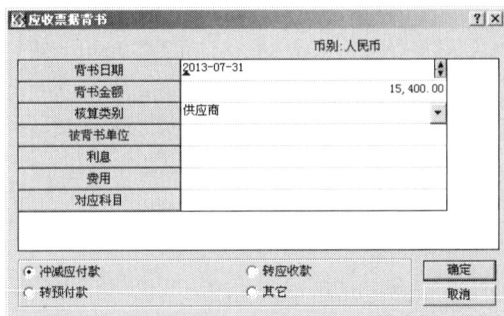

步骤 12：在【应收票据序时簿】界面中选取需要转出的票据，单击【转出】按钮，打开【应收票据转出】对话框，在其中设置转出日期、核算类别、转出单位等选项，单击【确定】按钮，即可完成应收票据的转出操作，如图 8-127 所示。

💡 **注意**：　只有当应收票据到期后仍不能收到钱款，才能在应收票据模块进行转出处理，即再重新增加应收账款。当然，这种业务也可以通过背书转应收款来进行处理。

步骤 13：在【应收票据序时簿】界面中选取需要进行贴现处理的票据，单击【贴现】按钮，即可打开【应收票据贴现】对话框，在其中设置贴现日期、贴现银行、贴现率、贴现净额、贴现利息、费用、结算科目，单击【确定】按钮即可完成应收票据的贴现操作，如图 8-128 所示。

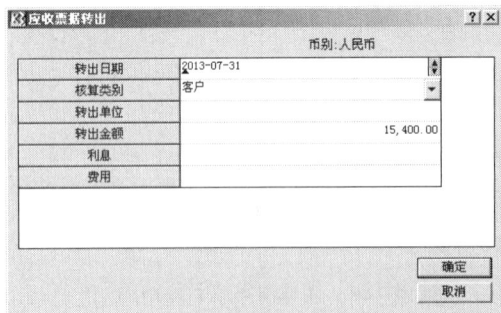

图 8-127　【应收票据转出】对话框　　　　图 8-128　【应收票据贴现】对话框

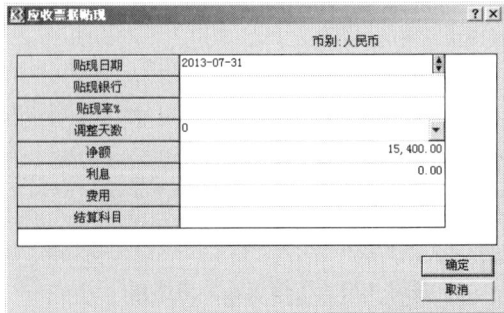

步骤 14：在【应收票据序时簿】界面中选取需要进行收款处理的票据，单击工具栏上的【收款】按钮，打开【应收票据到期收款】对话框，在其中指定结算日期、金额、利息、费用、结算科目等选项，单击【确定】按钮，即可完成应收票据的收款操作，如图 8-129 所示。

注意： 应收票据收款凭证只能在凭证处理模块生成。应收票据进行收款处理后，不
在应收款管理系统产生任何单据，只是状态变为【收款】。在此处进行了应
收票据收款处理后，也不用再进行收款单的录入。

步骤 15： 如果需要取消票据的收款处理，只需在【应收票据序时簿】界面中选择【编
辑】➤【取消处理】菜单项即可，如图 8-130 所示。

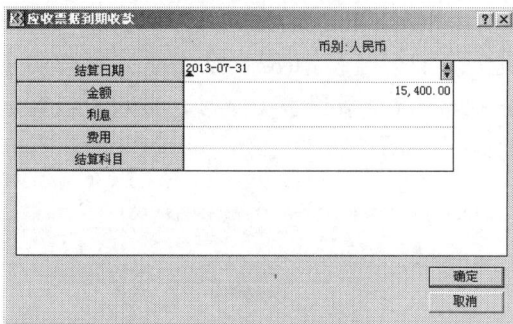

图 8-129　【应收票据到期收款】对话框

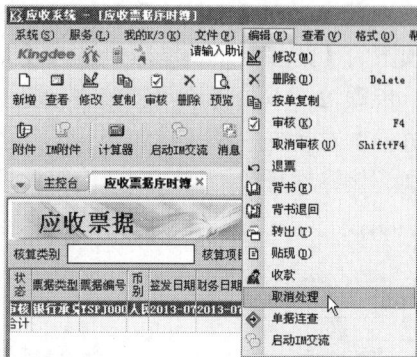

图 8-130　【取消处理】菜单项

步骤 16： 如果所选票据已经生成其他单据或凭证，则单击【连查】按钮，即可自动调
出相应的窗口，并显示应收票据在各种状态下生成的相应单据，如图 8-131 所示。

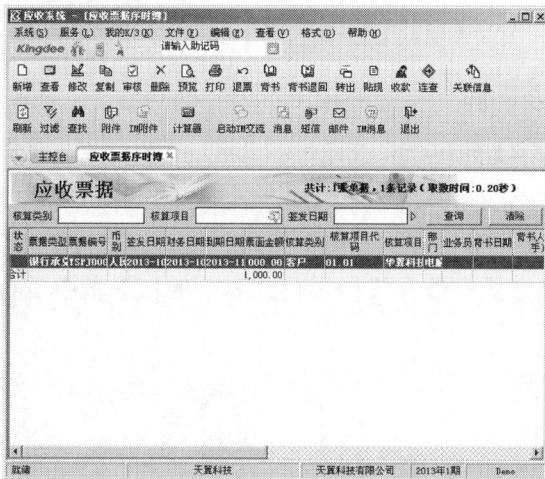

图 8-131　连查单据

8.3　应收账款的结算

应收款管理系统提供的结算管理主要是基于应收款的核销处理及凭证处理。进行核销
处理后才能正确计算账龄分析表、到期债权列表、应收计息表。进行凭证处理后，相应的
往来数据才可以传入总账系统。

8.3.1　实训 10　应收款的核销管理

核销管理模块主要是用来对往来账款进行各种形式的核销处理，只有经过核销的应收单据才真正作为收款处理，同时核销日期也作为计算账龄分析的重要依据。

对应收款单据进行处理的具体操作步骤如下。

步骤 1：在【主控台】界面中，选择【财务会计】标签，单击【应收款管理】系统功能项下的【结算】子功能项，进入【结算】界面，如图 8-132 所示。

步骤 2：双击【应收款核销-到款结算】选项，打开【核销(应收)】界面，并弹出【单据核销】对话框，在【核销类型】下拉列表框中选取【到款结算】选项，并设置核算项目类别、核算项目代码范围、部门等选项，如图 8-133 所示。

图 8-132　【结算】界面

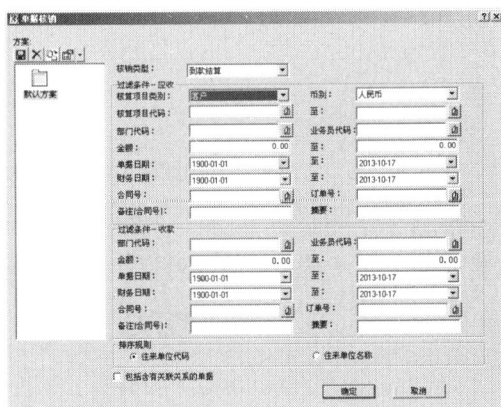

图 8-133　【单据核销】对话框

步骤 3：单击【确定】按钮，可进入【核销(应收)】界面，如图 8-134 所示。

步骤 4：在【核销方式】下拉列表框中，用户还可以选择【单据】、【存货数量】、【关联关系】三种核销方式，并在【核销日期】后的日期框中设置相应的核销日期，如图 8-135 所示。

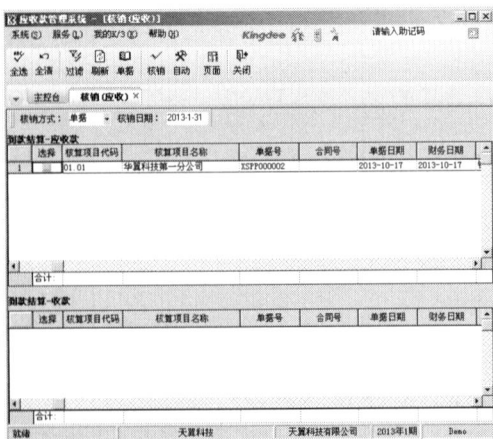

图 8-134　【核销(应收)】界面

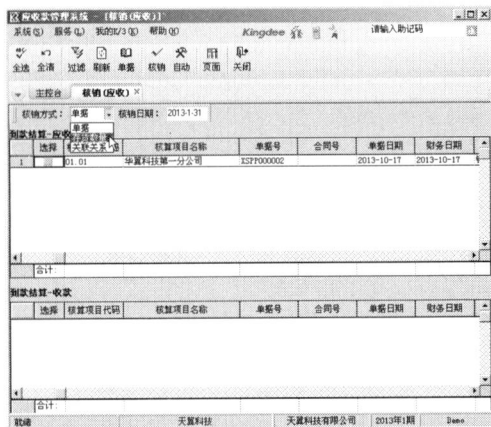

图 8-135　选择核销方式和日期

步骤 5：若要使用自动核销方式，则可单击【自动】按钮，按往来单位余额自动进行核销。若要手动核销，则可在【应收款单据列表】窗口和【收款单据列表】窗口中，分别将符合核销条件的单据标上√记号，单击【核销】按钮完成核销操作，如图 8-136 所示。

步骤 6：在【核销操作】窗口中，如果要查看某核销记录的详细信息，只需选中该记录，然后单击【单据】按钮，打开该单据，在其中查看其详细信息，如图 8-137 所示。

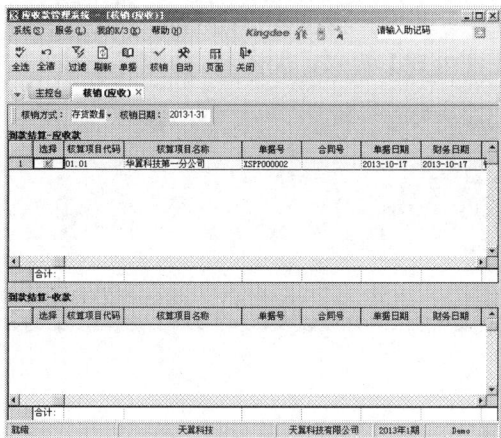

图 8-136　核销操作

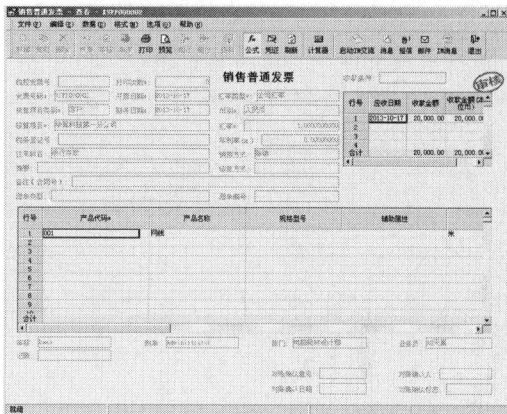

图 8-137　查看详细信息

步骤 7：单击【页面】按钮，打开【页面选项】对话框，在其中可设置不同单据列表窗口中显示的字段及其宽度，如图 8-138 所示。

图 8-138　【页面选项】对话框

步骤 8：单击【关闭】按钮，退出【核销操作】窗口。

8.3.2　实训 11　应收款的凭证处理

为了保证应收款管理系统与总账系统的数据保持一致，在应收款管理系统新增单据之后，必须通过凭证处理把单据生成凭证传入总账系统。

1. 应收单据的凭证生成

在应收款管理系统中，集中进行凭证处理时可以分为采用凭证模板的处理方式与不采用凭证模板的处理方式两种，下面以采用凭证模板的处理方式进行介绍。

其具体的操作步骤如下。

步骤 1：在【主控台】界面中，选择【财务会计】标签，单击【应收款管理】系统功能项下的【凭证处理】子功能项，进入【凭证处理】界面，如图 8-139 所示。

步骤 2：双击【凭证-生成】选项，打开【凭证处理】窗口，如图 8-140 所示。

图 8-139 【凭证处理】界面

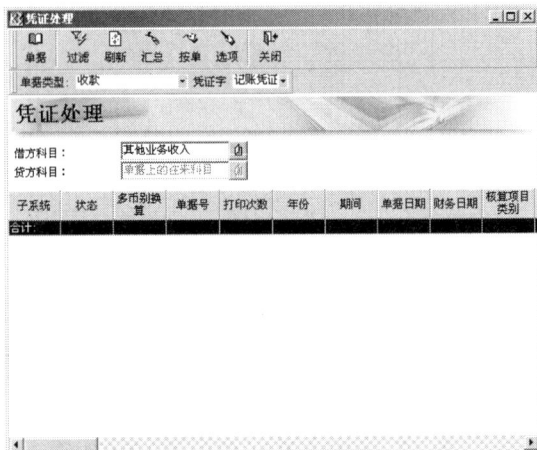

图 8-140 【凭证处理】窗口

步骤 3：在该窗口中单击【选项】按钮，打开【选项】对话框，在其中选择凭证的生成模式，如图 8-141 所示。

步骤 4：选择【科目合并选项】标签，进入【科目合并选项】选项卡，在其中选择相应的复选框，从而设置科目合并选项，如图 8-142 所示。

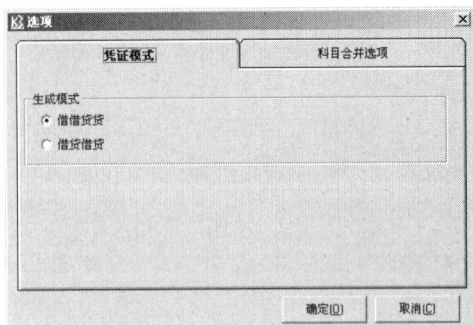

图 8-141 【选项】对话框

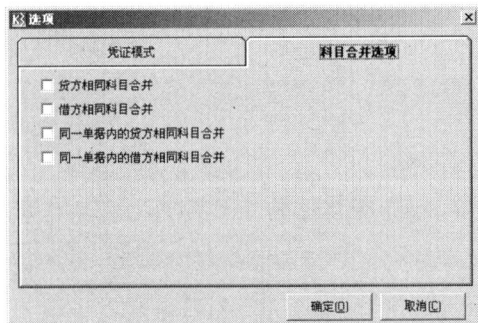

图 8-142 【科目合并选项】选项卡

步骤 5：单击【确定】按钮即可完成设置操作。

2. 应收单据的凭证查询

将当期的应收单据制成凭证后，用户还可以通过会计序时簿对生成的凭证信息进行查询。

其具体的操作步骤如下。

步骤 1：在【凭证处理】界面中，双击【凭证维护】选项，打开【会计分录序时簿】窗口，并弹出【会计分录序时簿-过滤条件】对话框，在其中设置过滤条件和排序方式，以及凭证的状态，如图 8-143 所示。

步骤 2：单击【确认】按钮，即可进入【会计分录序时簿(应收)】界面，并显示符合条件的凭证记录，如图 8-144 所示。

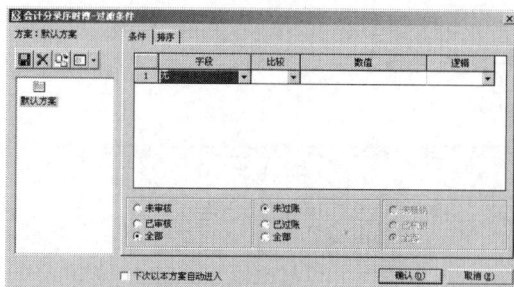

图 8-143　【会计分录序时簿-过滤条件】对话框　　　　图 8-144　【会计分录序时簿(应收)】界面

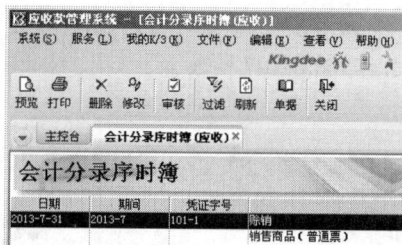

8.4　应收账款的坏账处理

应收款管理系统提供的坏账管理主要是基于坏账的处理，包括坏账损失、坏账收回、计提坏账准备及生成坏账的相关凭证等。

在【主控台】界面中，选择【财务会计】标签，单击【应收款管理】系统功能项下的【坏账处理】子功能项，进入【坏账处理】界面，则所有的坏账处理都在此进行，如图 8-145 所示。

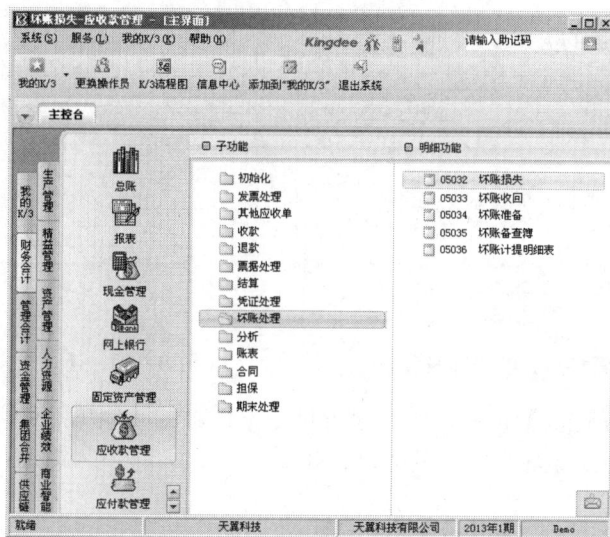

图 8-145　【坏账处理】界面

8.4.1　实训 12　坏账损失的处理

对于长期不能收回的货款，则需要将其作为坏账来处理，日后将这笔货款收回之后，再将其做相应的坏账收回处理。

其具体的操作步骤如下。

步骤 1：在【坏账处理】界面中，双击【坏账损失】选项，打开【过滤条件】对话框，在其中设置核算项目类别、核算项目代码等选项，如图 8-146 所示。

步骤 2：单击【确定】按钮，则在【坏账损失处理】窗口中将显示出符合条件的坏账记录，如图 8-147 所示。

图 8-146　【过滤条件】对话框

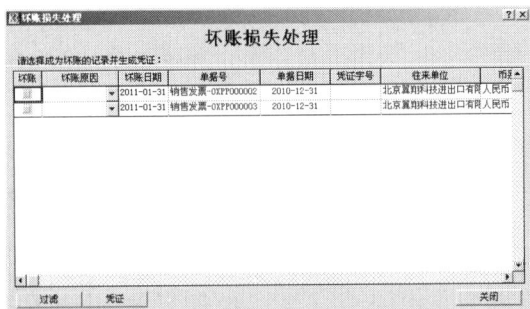

图 8-147　【坏账损失处理】窗口

步骤 3：在需要作为坏账处理的记录的【坏账】栏中单击，打上✓标记之后，在【坏账原因】下拉列表框中选择该坏账产生的原因，并设置坏账日期和坏账金额，如图 8-148 所示。

步骤 4：单击【凭证】按钮，进入【记账凭证-新增】窗口，将此坏账记录生成凭证，如图 8-149 所示。

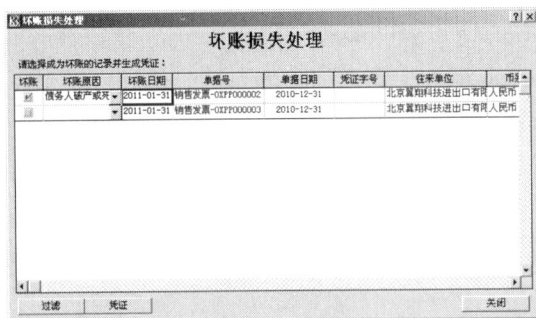

图 8-148　设置坏账日期和坏账金额

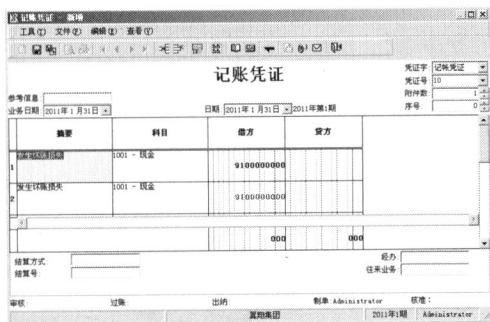

图 8-149　【记账凭证-新增】窗口

步骤 5：单击【过滤】按钮，重新设置过滤条件，将其他坏账做坏账损失处理，单击【关闭】按钮，即可结束坏账损失的处理操作。

8.4.2　实训 13　坏账收回的处理

如果已经进行坏账损失处理的应收账款又收回了，此时可将原来进行坏账损失处理的账款撤销或红冲。

其具体的操作步骤如下。

步骤 1：在【坏账处理】界面中，双击【坏账收回】选项，打开【坏账收回】窗口，并弹出【过滤条件】对话框，在其中设置核算项目类别、核算项目代码、凭证号、币别等选项，如图 8-150 所示。

步骤 2：单击【确定】按钮，在【坏账收回】对话框中显示出符合条件的坏账记录，如图 8-151 所示。

图 8-150　【过滤条件】对话框

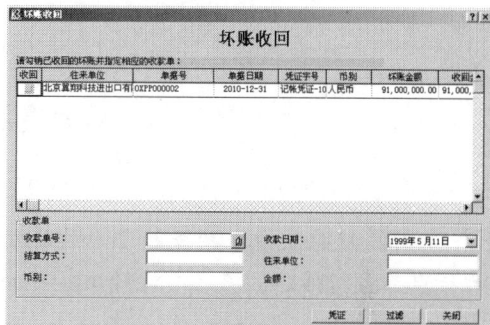

图 8-151　【坏账收回】对话框

步骤 3：在已经收回的坏账记录所对应的【收回】栏中打上 √ 标记之后，在【收回金额】栏中输入收回的金额，并在坏账记录列表框下设置收款单号、收款日期等选项，如图 8-152 所示。

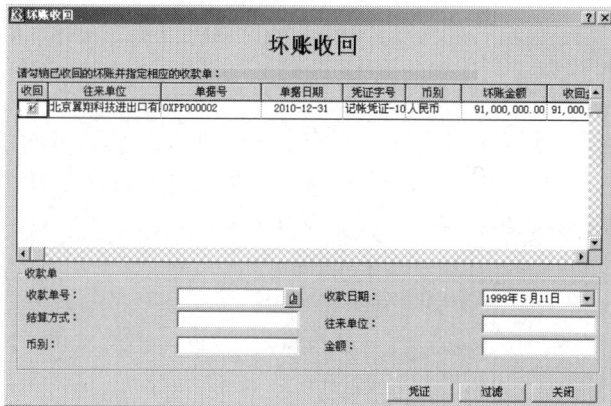

图 8-152　输入收回金额信息

步骤 4：单击【凭证】按钮，打开记账凭证窗口，将收回的坏账生成凭证。单击【过滤】按钮，重新设置过滤条件，将其他收回的坏账进行处理。单击【关闭】按钮，即可结束坏账损失的处理操作。

8.4.3　实训 14　坏账准备的处理

坏账准备可以一年一次，也可以随时计提。坏账准备的计提方法也可以随时更改。系统根据设置的方法计提坏账准备，并产生相应的凭证。

其具体的操作步骤如下。

步骤 1：在【坏账处理】界面中，双击【坏账准备】选项，打开【坏账计提准备】窗口，如图 8-153 所示。

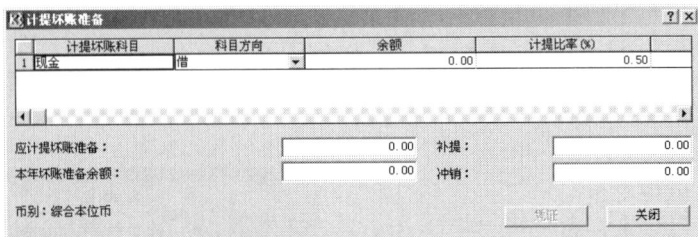

图 8-153　【坏账计提准备】窗口

提示：　不同的计提方法，所显示的操作窗口不同，下面逐一进行介绍。

(1) 若在应收款管理系统的参数设置对话框中使用了"销货百分比法"，则显示【坏账计提准备】对话框，用户不能修改其中的数据，如图 8-154 所示。

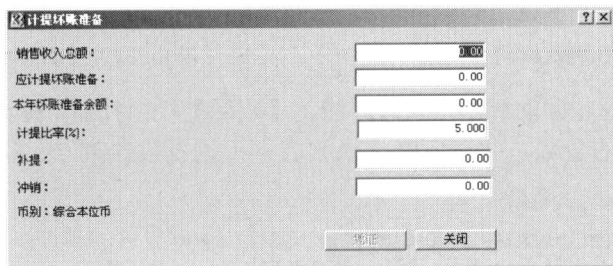

图 8-154　使用"销货百分比法"

(2) 若在应收款管理系统的参数设置对话框中使用了"账龄分析法"，则显示【应收账款账龄分析法】对话框。用户可以设置不同账龄所对的应收货款余额和坏账损失百分比、其他应收款余额和坏账损失百分比，如图 8-155 所示。

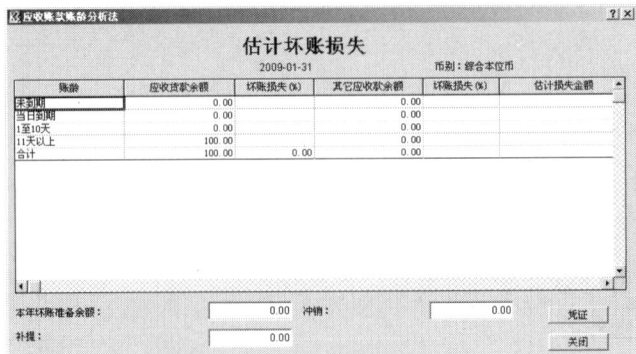

图 8-155　使用"账龄分析法"

(3) 若在应收款管理系统的参数设置对话框中使用了"应收账款百分比法"，则显示【坏账计提准备】对话框，用户不能修改其中的数据，如图 8-156 所示。

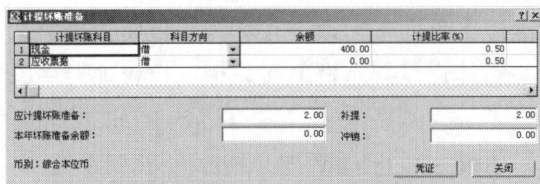

图 8-156　使用"应收账款百分比法"

步骤 2：单击【凭证】按钮，将自动打开【记账凭证】窗口，并生成一张坏账计提的凭证。单击【保存】按钮，即可完成坏账计提准备操作，如果要取消计提的坏账准备，只需删除坏账准备的计提凭证即可。

8.4.4　实训 15　坏账备查簿

坏账备查簿主要是用来浏览查询坏账损失、坏账收回的相关记录。

查询坏账备查簿的具体操作步骤如下。

步骤 1：在【坏账处理】界面中，双击【坏账备查簿】选项，打开【坏账备查簿】窗口，并弹出【坏账备查簿-过滤条件】对话框，在其中设置过滤条件和排序方式，如图 8-157 所示。

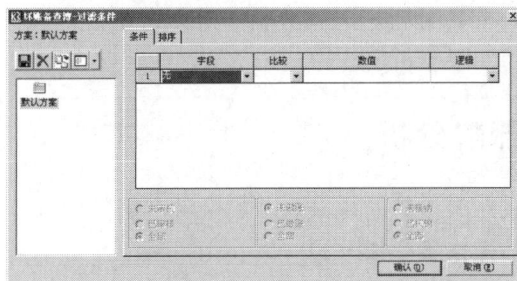

图 8-157　【坏账备查簿-过滤条件】对话框

步骤 2：单击【确认】按钮，进入【坏账备查簿】界面，在其中显示符合条件的坏账记录，如图 8-158 所示。

图 8-158　【坏账备查簿】界面

8.4.5　实训 16　坏账计提明细表

坏账计提明细表主要是用来查看已计提的坏账准备记录，具体的操作步骤如下。

步骤 1：在【坏账处理】界面中，双击【坏账计提明细表】选项，打开【坏账计提明细表】窗口，并弹出【坏账计提过滤条件】对话框，设置计提年度范围和选择计提方法，如图 8-159 所示。

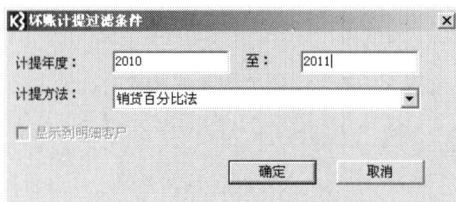

图 8-159　【坏账计提过滤条件】对话框

步骤 2：单击【确定】按钮，进入【坏账计提明细表】窗口，并显示符合条件的坏账计提记录。

8.5　应收款分析

应收款管理系统提供的分析管理主要是提供各种分析的查询，分析管理主要由以下几个功能模块：账龄分析、周转分析、欠款分析、坏账分析、回款分析、收款预测、销售分析、信用余额分析、信用期限分析等。

8.5.1　实训 17　账龄分析

账龄分析主要是用来对未核销的往来账款的余额、账龄进行分析。

查看账龄分析的具体操作步骤如下。

步骤 1：在【主控台】界面中，选择【财务会计】标签，单击【应收款管理】系统功能项下的【分析】子功能项，进入【分析】界面，所有的分析都在此界面中进行，如图 8-160 所示。

步骤 2：在【分析】界面中，双击【账龄分析】选项，打开【过滤条件】对话框，在其中设置过滤条件、分析对象，以及是否包括未审核单据、是否取查询截止日期的单据余额等选项，如图 8-161 所示。

步骤 3：选择【账龄取数条件】标签，进入【账龄取数条件】选项卡，在其中设置账龄的分组方式，排序字段、汇总类型，如图 8-162 所示。

步骤 4：单击【确定】按钮，进入【账龄分析】窗口，在其中可以查看账龄分析情况。然后选择【查看】➤【显示/隐藏列】菜单项，打开【显示/隐藏列】对话框，在其中设置表格中显示或隐藏的列标题，如图 8-163 所示。

步骤 5：选择【查看】菜单，在弹出的子菜单中用户可以设置表格的行高、冻结的列数、启用超宽预警等，如图 8-164 所示。

步骤 6：选择【文件】菜单，在弹出的子菜单中用户可以将当前窗口中显示的账龄分析表打印输出和引出，如图 8-165 所示。

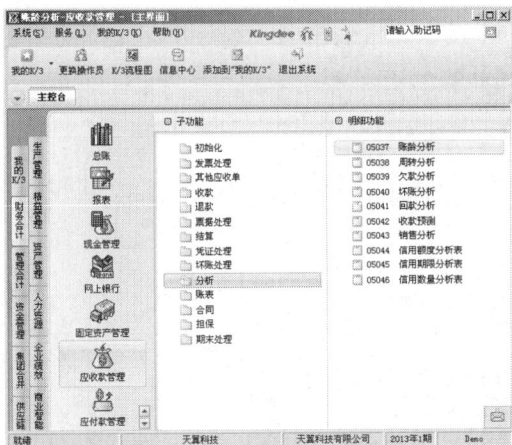

图 8-160　【分析】界面

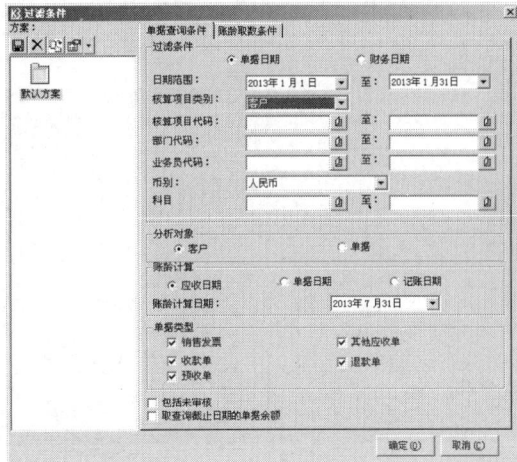

图 8-161　【过滤条件】对话框

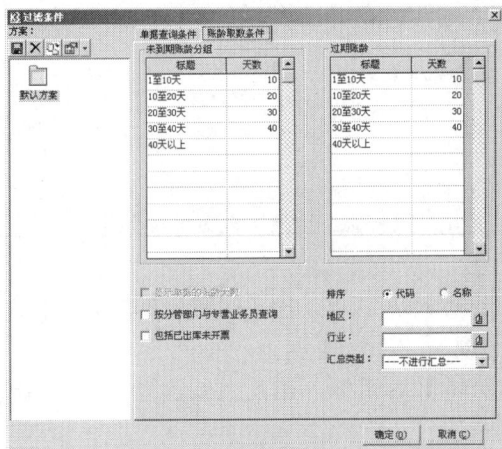

图 8-162　【账龄取数条件】选项卡

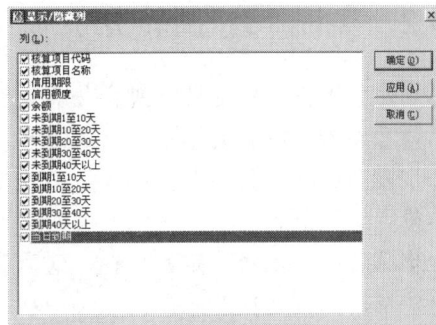

图 8-163　【显示/隐藏列】对话框

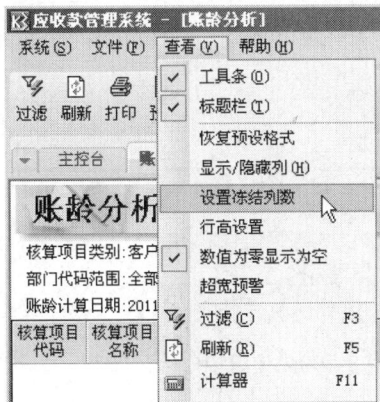

图 8-164　【查看】菜单

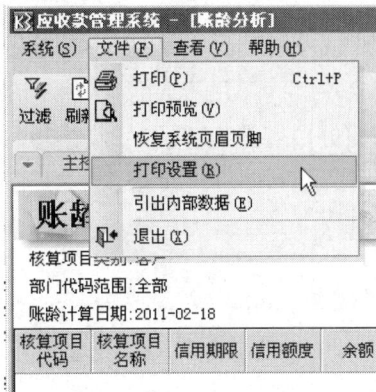

图 8-165　【文件】菜单

步骤 7：单击工具栏上的【过滤】按钮，可以再次打开【过滤】对话框，在其中重新设置过滤条件，单击工具栏上的【退出】按钮，即可关闭【账龄分析】窗口，如图 8-166 所示。

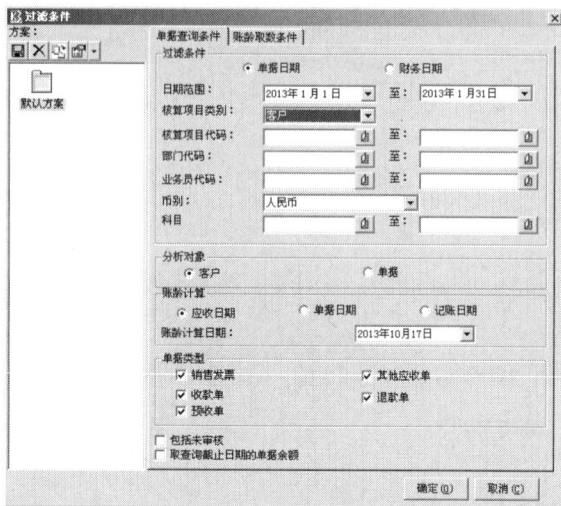

图 8-166 关闭【账龄分析】窗口

8.5.2 实训 18 周转分析

周转分析主要是用来反映往来单位在某段时间的应收账款周转率及周转天数。

查看周转分析的具体操作步骤如下。

步骤 1：在【分析】界面中，双击【周转分析】选项，打开【周转分析】对话框，在其中设置会计期间范围、核算项目类别等选项，如图 8-167 所示。

步骤 2：单击【确定】按钮，进入【周转分析】对话框，在其中显示符合条件的周转分析信息，如图 8-168 所示。

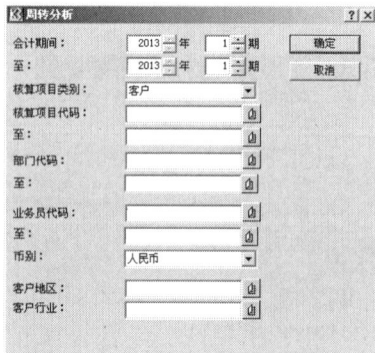

图 8-167 【周转分析】对话框

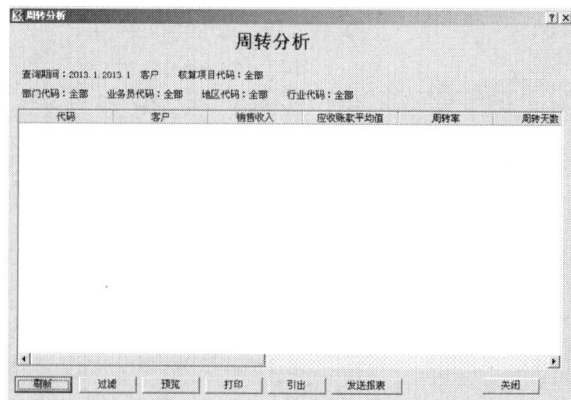

图 8-168 【周转分析】对话框

步骤 3：单击【引出】按钮，可以将当前周转分析表引出。单击【关闭】按钮，可以退出【周转分析】窗口。

8.5.3　实训 19　欠款分析

欠款分析主要是用来反映往来单位在某段时间内的欠款情况。查看欠款分析信息的具体操作步骤如下。

步骤 1：在【分析】界面中，双击【欠款分析】选项，打开【欠款分析】对话框，选择分析标准、客户类别及排序字段等，如图 8-169 所示。

步骤 2：单击【确定】按钮，进入【欠款分析】界面，在其中拖拽窗口中的垂直滚动条和水平滚动条查看账龄分析情况，如图 8-170 所示。

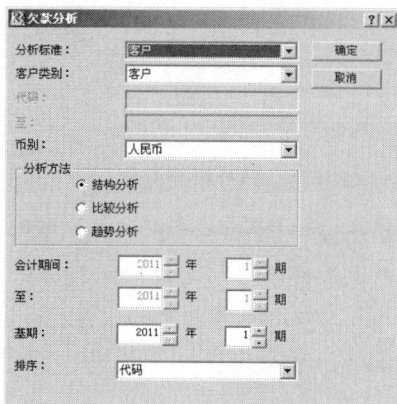

图 8-169　【欠款分析】对话框

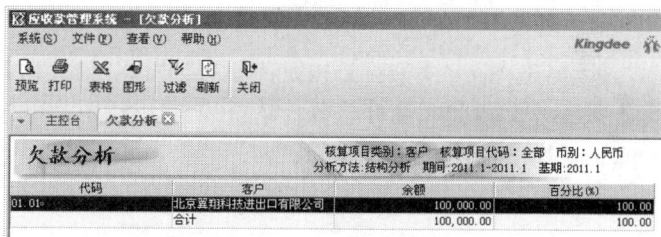

图 8-170　【欠款分析】界面

步骤 3：单击【图形】按钮，即可将分析数据以图形的方式表示出来，如图 8-171 所示。

步骤 4：在图形方式下，单击工具栏上的【表格】按钮，返回原来的表格状态。通过【文件】菜单下的子菜单项，可以将当前欠款分析表打印输出。单击工具栏上的【关闭】按钮，即可退出欠款分析表窗口，如图 8-172 所示。

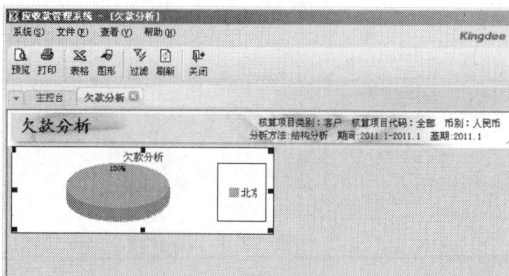

图 8-171　图形显示

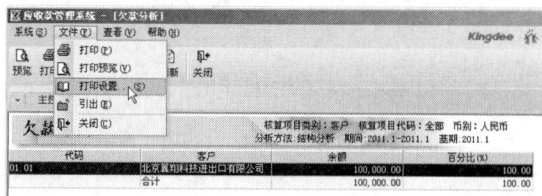

图 8-172　打印设置

8.5.4　实训 20　坏账分析

坏账对企业来说是一种损失，所以尽量避免坏账的出现。坏账分析主要是区分客户、行业、地区等来统计坏账发生的金额。

查看坏账分析信息的具体操作步骤如下。

步骤 1：在【分析】界面中，双击【坏账分析】选项，打开【坏账分析】对话框，如图 8-173 所示。

步骤 2：在【币别】下拉列表框中选择坏账发生的币种；在【分类标准】下拉列表框中选择坏账发生的标准；在【客户类别】下拉列表框中选择客户类别，则可以在坏账分析情况窗口生成坏账分析情况表，如图 8-174 所示。

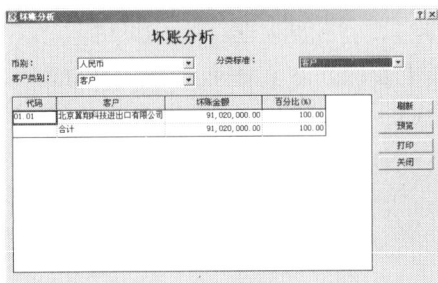

图 8-173 【坏账分析】对话框   图 8-174 生成坏账分析情况表

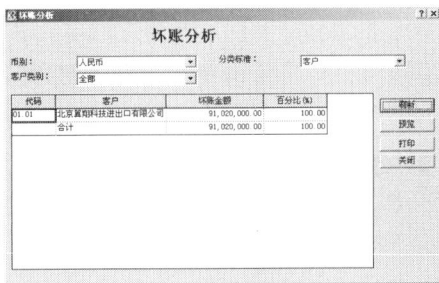

步骤 3：单击【预览】按钮，即可浏览将当前坏账分析情况表的打印效果；单击【打印】按钮，即可将当前坏账分析情况表打印输出。单击【关闭】按钮，即可退出坏账分析窗口，如图 8-175 所示。

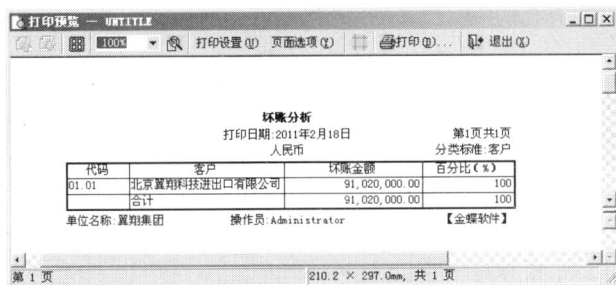

图 8-175 【打印预览】窗口

8.5.5 实训 21 回款分析

回款分析主要是用来统计往来单位(或地区、行业)回款的金额，及占总的回款金额的比例。

查看回款分析的具体操作步骤如下。

步骤 1：在【分析】界面中，双击【回款分析】选项，打开【回款分析-过滤条件】窗口，在其中设置单据日期范围、核算项目类别、地区、行业等选项，如图 8-176 所示。

步骤 2：选择【汇总】标签，进入【汇总】选项卡，在其中选择分析方案、分析标准，以及分级汇总的方式、排序字段及排序方式等选项，如图 8-177 所示。

步骤 3：选择【高级】标签，进入【高级】选项卡，在其中选择单据类型、收款类型，以及单据状态，如图 8-178 所示。

步骤 4：单击【确定】按钮，进入【回款分析】界面，在其中查看回款分析情况，如图 8-179 所示。

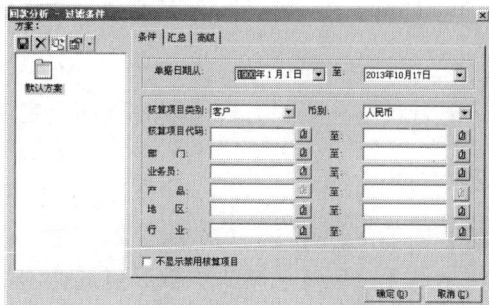

图 8-176 【回款分析-过滤条件】窗口

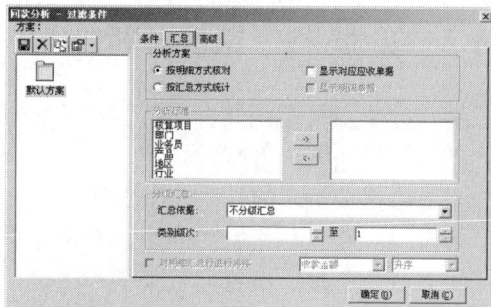

图 8-177 【汇总】选项卡

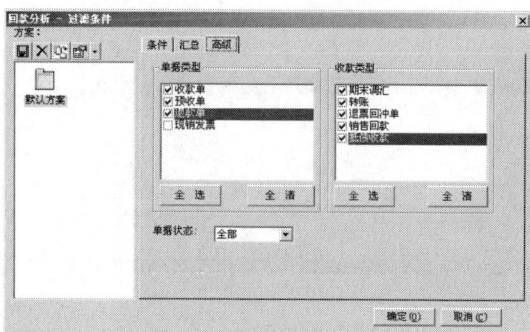

图 8-178 【高级】选项卡

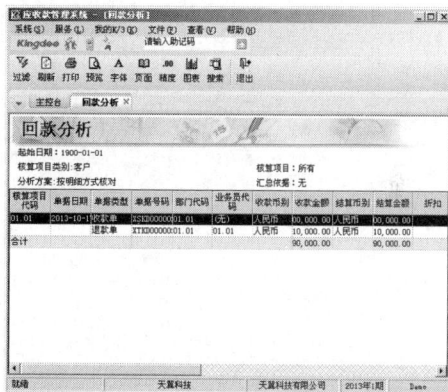

图 8-179 【回款分析】界面

8.5.6 实训 22 收款预测

收款预测主要是根据应收款及已收款金额来统计将来的收款金额。通过收款预测分析，可以指导企业制定产品生产计划以及生产资金的筹集。

查看收款预测表的具体操作步骤如下。

步骤 1：在【分析】界面中，双击【收款预测】选项，打开【收款预测】对话框，在其中设置截止日期、核算项目类别等选项，如图 8-180 所示。

步骤 2：单击【确定】按钮，进入【收款预测】界面，在其中查看收款预测表，如图 8-181 所示。

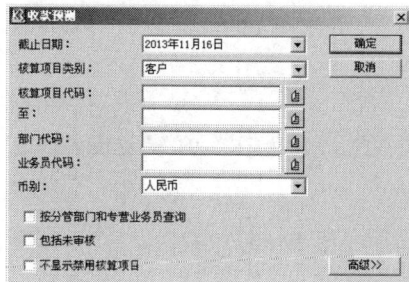

图 8-180 【收款预测】对话框

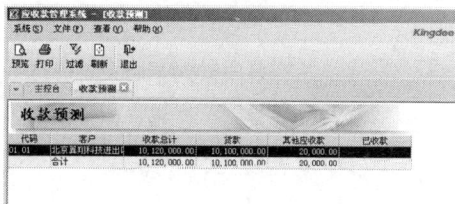

图 8-181 【收款预测】界面

8.5.7　实训 23　销售分析

销售分析主要是统计客户销售发票的发生额。通过销售分析，可以了解企业在一定期间内的实际产品销售情况。

查看销售分析表的具体操作步骤如下。

步骤 1：在【分析】界面中，双击【销售分析】选项，打开【销售分析】对话框，在其中设置分类标准、核算项目类别等选项，并可根据需要选取【包括未审核】复选框，如图 8-182 所示。

步骤 2：单击【确定】按钮，进入【销售分析】界面，如图 8-183 所示。

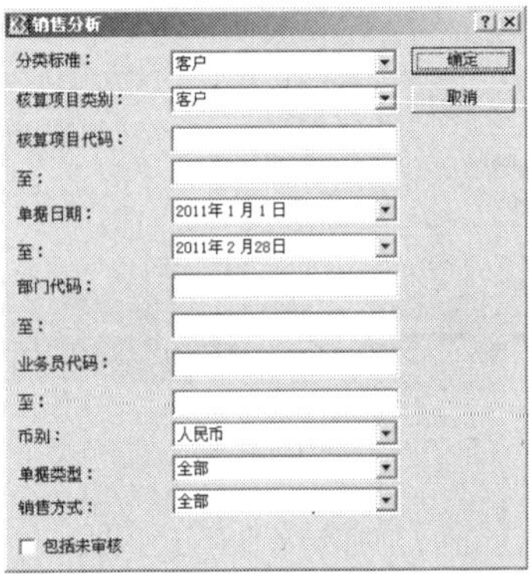

图 8-182　【销售分析】对话框

图 8-183　【销售分析】界面

步骤 3：在【销售分析】界面中选择一条销售记录，单击【单据】按钮，打开相应的单据进行查看，如图 8-184 所示。

步骤 4：通过【文件】菜单下的各命令项，可以将当前窗口中的销售分析表打印输出，如图 8-185 所示。

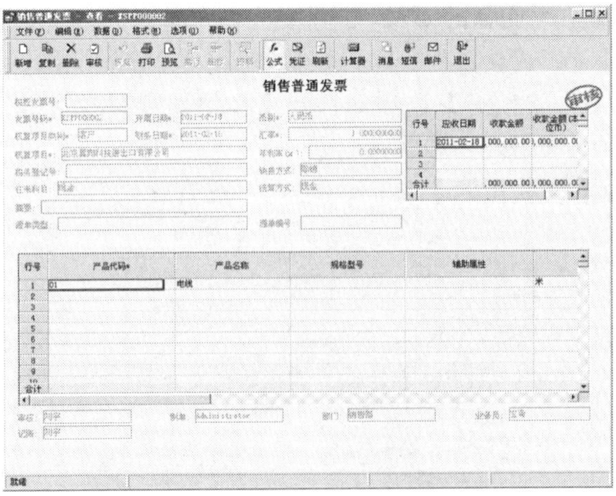

图 8-184　查看单据

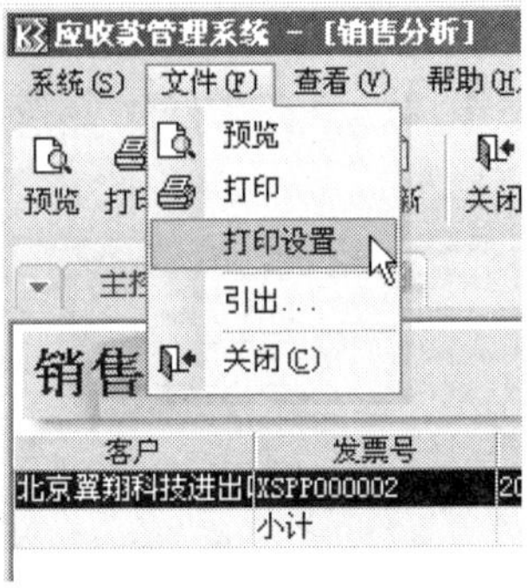

图 8-185　【打印设置】菜单命令

步骤 5：单击工具栏上的【关闭】按钮，结束销售分析的操作。

8.6　账表查询

应收款管理系统提供的账表管理主要是提供各种报表的查询，账表管理主要由以下几个功能模块：应收款汇总表、应收款明细表、往来对账单、到期债权列表、应收计息表等。

8.6.1　实训 24　查询应收款明细表

查询应收款明细表的具体操作步骤如下。

步骤 1：在【主控台】界面中，选择【财务会计】标签，单击【应收款管理】系统功能项下的【账表】子功能项，进入【账表】界面，所有的账表都在此界面中进行查找，如图 8-186 所示。

步骤 2：在【账表】界面中，双击【应收款明细表】选项，打开【过滤条件】对话框，在其中设置相应的过滤条件，如图 8-187 所示。

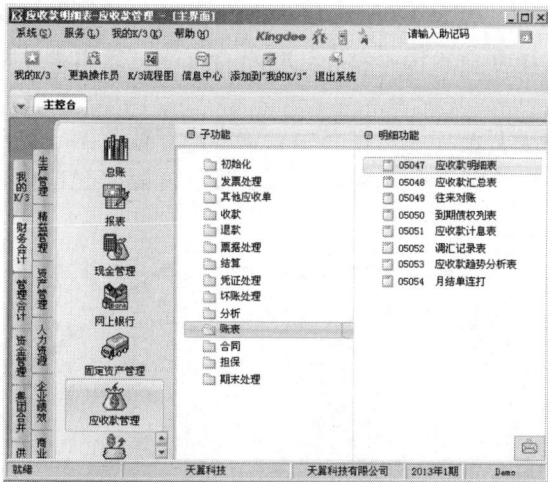

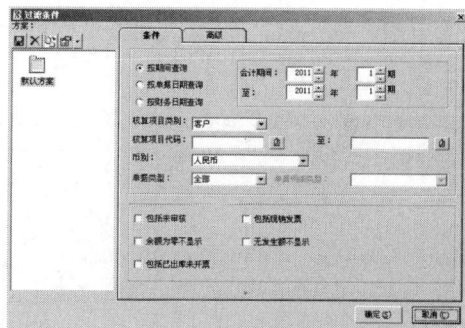

图 8-186　【账表】界面　　　　　　　图 8-187　【过滤条件】对话框

步骤 3：选择【高级】标签，进入【高级】选项卡，在其中设置行业代码范围、地区代码范围、部门代码范围、业务员代码范围和科目代码范围，并根据实际情况选择相应的复选框，如图 8-188 所示。

步骤 4：单击【确定】按钮，进入【应收款明细表】界面，在其中用户可以查看相应的应收款明细表记录，如图 8-189 所示。

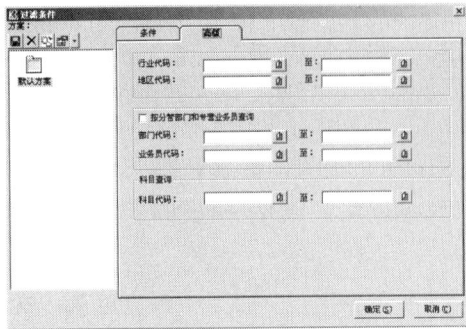

图 8-188 【高级】选项卡

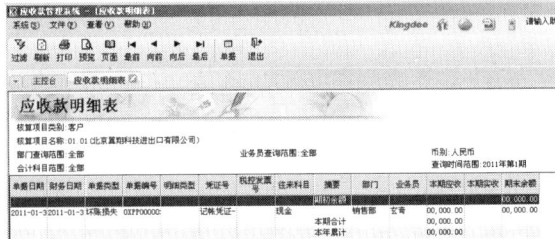

图 8-189 【应收款明细表】界面

8.6.2 实训 25 查询应收款汇总表

应收款汇总表主要是用来反映往来单位在某段时间的本期应收数、本期实收数、本年累计应收数、本年累计实收数、期初余额、期末余额等，以便与总账进行对账。

其具体的操作步骤如下。

步骤 1：在【账表】界面中，双击【应收款汇总表】选项，打开【过滤条件】对话框，设置会计期间的范围、核算项目类别、核算项目代码范围、币别等选项，并根据实际情况选择相应的复选框，如图 8-190 所示。

步骤 2：选择【高级】标签，进入【高级】选项卡，在其中设置客户行业范围、客户地区范围、部门代码范围、业务员代码范围以及科目代码等选项，并根据实际情况选择相应的复选框，如图 8-191 所示。

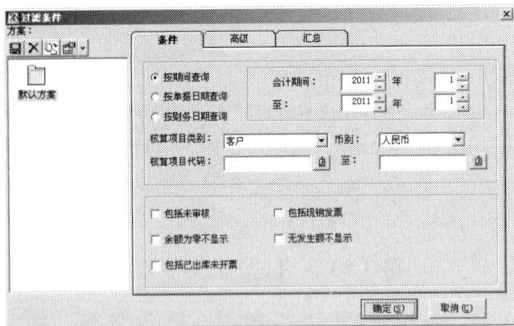

图 8-190 【过滤条件】对话框

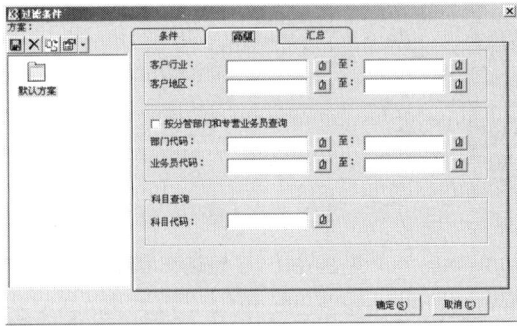

图 8-191 【高级】选项卡

步骤 3：选择【汇总】标签，进入【汇总】选项卡，在其中设置相应的分析标准和分级汇总等选项，如图 8-192 所示。

步骤 4：单击【确定】按钮，打开【应收款汇总表】界面，在其中查看相应的汇总表记录，如图 8-193 所示。

步骤 5：用户如果要查看某一记录的明细表，只需选中此记录，然后单击【明细】按钮，即可打开相应记录的明细表信息，如图 8-194 所示。

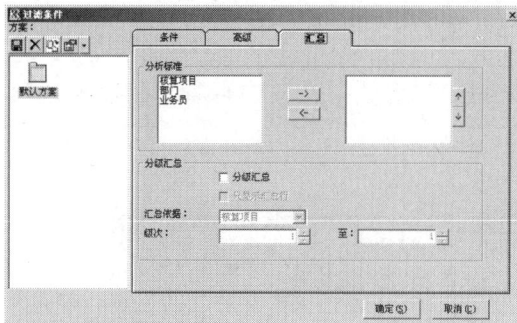

图 8-192　【汇总】选项卡

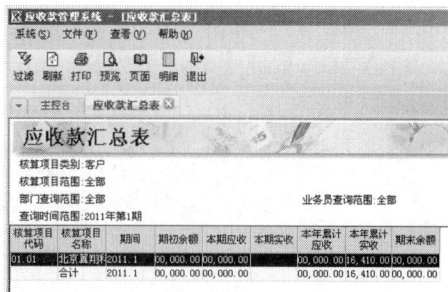

图 8-193　【应收款汇总表】界面

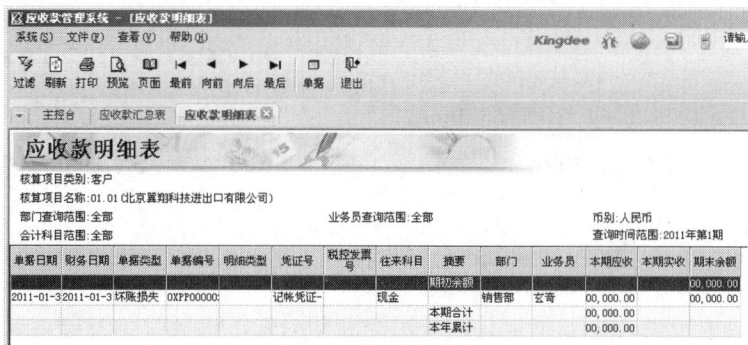

图 8-194　打开明细表信息

8.6.3　实训 26　查询往来对账单

往来对账单主要是用来与客户进行对账，具体的操作步骤如下。

步骤 1：在【账表】界面中，双击【往来对账】选项，打开【过滤条件】对话框，根据实际情况设置相应的过滤条件，如图 8-195 所示。

步骤 2：选择【高级】标签，进入【高级】选项卡，在其中设置相应的单据类型和排序方式，如图 8-196 所示。

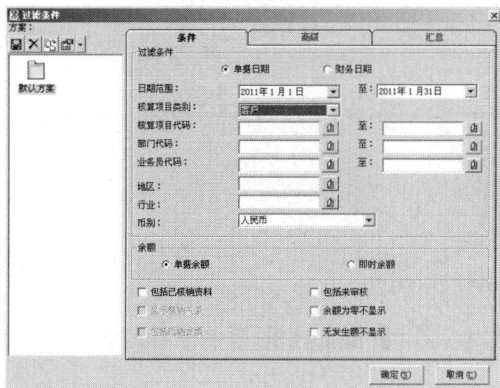

图 8-195　【过滤条件】对话框

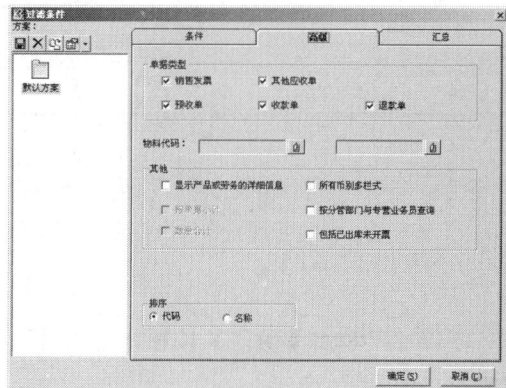

图 8-196　【高级】选项卡

步骤 3：选择【汇总】标签，进入【汇总】选项卡，在其中设置相应的分析标准，如图 8-197 所示。

步骤 4：单击【确定】按钮，进入【往来对账】界面，在其中查看相应往来对账记录，如图 8-198 所示。

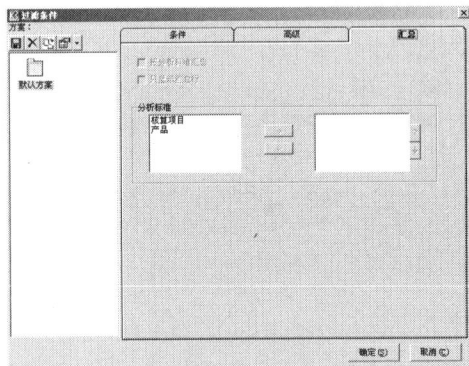

图 8-197　【汇总】选项卡　　　　　　图 8-198　【往来对账】界面

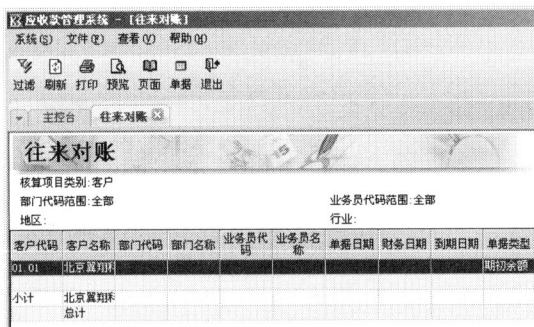

8.6.4　实训 27　查询到期债权列表

到期债权列表反映截止到指定日期，已经到期的未核销应收款及过期天数、未到期的应收款及未过期天数。

其具体的操作步骤如下。

步骤 1：在【账表】界面中，双击【到期债权列表】选项，打开【过滤条件】对话框，根据实际情况设置相应的过滤条件，如图 8-199 所示。

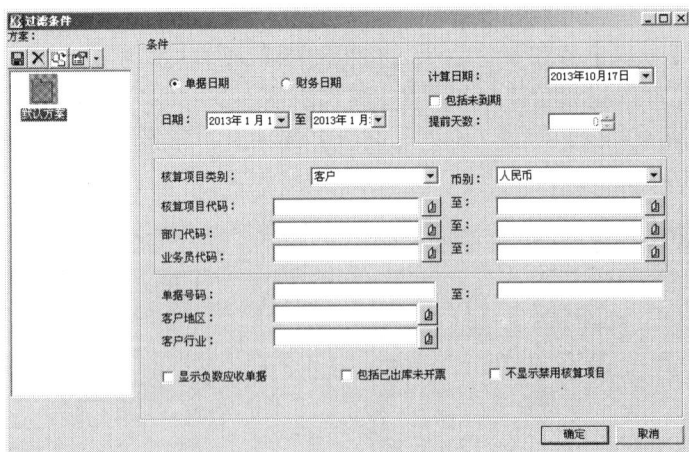

图 8-199　【过滤条件】对话框

步骤 2：单击【确定】按钮，进入【到期债权列表】窗口，在其中查看相应的到期债权列表记录。

8.6.5　实训 28　查询应收款计息表

应收款计息表反映到截止日期，已经到期应收款的应计利息，具体的操作步骤如下。

步骤 1：在【账表】界面中，双击【应收款计息表】选项，打开【计息过滤条件】对话框，在其中选择计息日期、核算项目类别等选项，并根据实际需要选择相应的复选框，如图 8-200 所示。

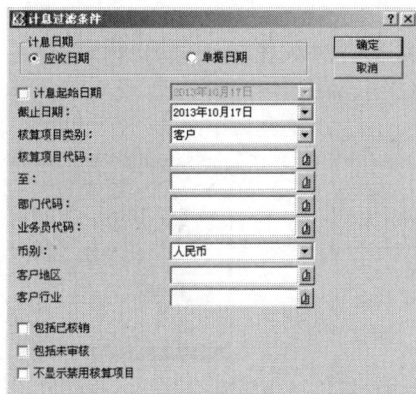

图 8-200　【计息过滤条件】对话框

步骤 2：单击【确定】按钮，进入【应收款计息表】窗口，在其中查看应收款计息表。

8.6.6　实训 29　查询调汇记录表

调汇记录表反映指定期间的调汇历史记录，具体的操作步骤如下。

步骤 1：在【账表】界面中，双击【调汇记录表】选项，打开【过滤条件】对话框，在其中设置相应的查询条件，如图 8-201 所示。

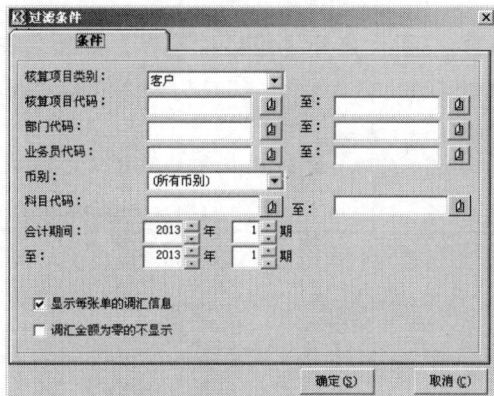

图 8-201　【过滤条件】对话框

步骤 2：单击【确定】按钮，进入【调汇记录表】窗口，在其中查看调汇记录信息。

8.6.7　实训 30　查询应收款趋势分析表

应收款趋势分析表可以对应收款管理系统中各种应收单据的应收款趋势进行分析处理，具体的操作步骤如下。

步骤 1：在【账表】界面中，双击【应收款趋势分析表】选项，打开【趋势分析表过滤条件】对话框，在其中设置报表类型、期间范围等选项，并选择相应的复选框，如图 8-202 所示。

步骤 2：单击【确定】按钮，进入【应收趋势分析表连打】界面，在其中显示符合条件的应收趋势分析表，如图 8-203 所示。

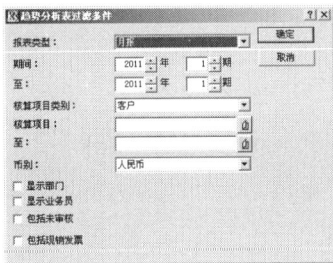

图 8-202　【趋势分析表过滤条件】对话框　　　图 8-203　【应收趋势分析表进行】界面

8.6.8　实训 31　查询月结单连打

月结单反映企业在实际工作中形成的一种与往来单位进行账务核对、单据核对、账龄核对的情况。

其具体的操作步骤如下。

步骤 1：在【账表】界面中，双击【月结单连打】选项，打开【过滤条件】对话框，在其中设置相应的查询条件，如图 8-204 所示。

步骤 2：单击【确定】按钮，打开【月结单连打】界面，在其中显示符合条件的信息，如图 8-205 所示。

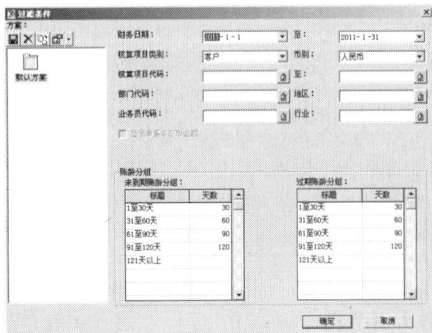

图 8-204　【过滤条件】对话框　　　图 8-205　【月结单连打】界面

步骤 3：单击左下角的【未结算单据】标签，进入【未结算单据】界面，在其中浏览未结算单据的有关信息，如图 8-206 所示。

　　步骤 4：单击左下角的【账龄分析】标签，进入【账龄分析】界面，在其中查看应收款的有关账龄情况，如图 8-207 所示。

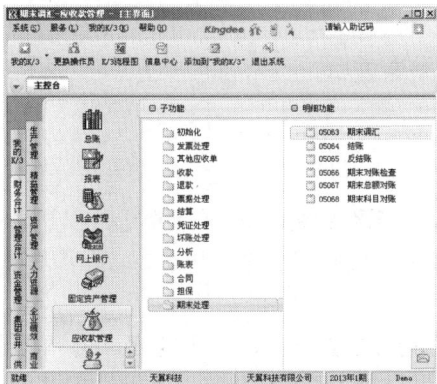

图 8-206　【未结算单据】界面　　　　　　图 8-207　【账龄分析】界面

　　步骤 5：单击【打印】按钮，即可将查询到月结单打印出来。

8.7　应收款管理系统的期末处理

　　与金蝶 K3 中的其他系统一样，应收款管理系统在一个会计期间结束时，也需要进行期末处理。

8.7.1　实训 32　期末科目对账

　　期末科目对账用于在会计期末时，检查应收款管理系统中的受控科目与总账系统中数据是否一致，若有错误，需查找原因并进行更正。

　　其具体的操作步骤如下。

　　步骤 1：在【主控台】界面中，选择【财务会计】标签，单击【应收款管理】系统功能项下的【期末处理】子功能项，进入【期末处理】界面，如图 8-208 所示。

　　步骤 2：双击【期末科目对账】选项，打开【受控科目对账-过滤条件】对话框，在其中设置对账年份、对账期间及应收受控科目等，并可选取【显示核算项目明细】、【考虑未过账的凭证】复选框，如图 8-209 所示。

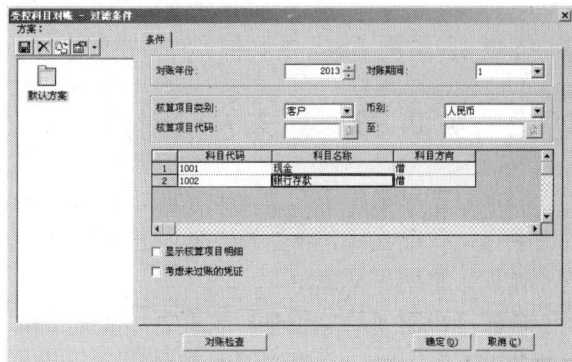

图 8-208　【期末处理】界面　　　　　　图 8-209　【受控科目对账-过滤条件】对话框

步骤 3：单击【确定】按钮，进入【期末科目对账】界面，如图 8-210 所示。

步骤 4：单击【精度】按钮，在弹出的对话框中可设置汇总行的数量精度和单价精度，如图 8-211 所示。

图 8-210　【期末科目对账】界面　　　　　　图 8-211　【汇总行精度设置】对话框

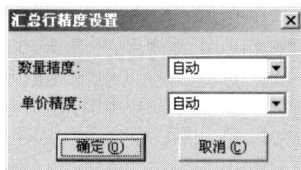

步骤 5：单击【图表】按钮，即可以图表的形式浏览科目对账表，如图 8-212 所示。

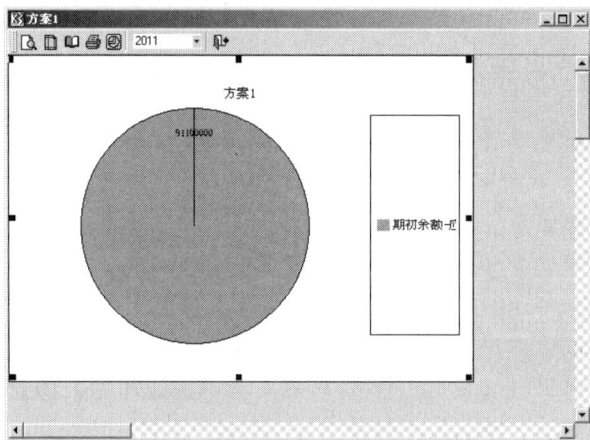

图 8-212　浏览科目对账表

步骤 6：单击【退出】按钮，即可关闭期末科目对账窗口。

8.7.2　实训 33　期末总额对账

期末总额对账用于在会计期末时，检查应收款管理系统中的受控科目数据之和与总账系统中相同科目数据之和是否一致，若有错误，则需要查找原因并进行更正。

其具体的操作步骤如下。

步骤 1：在【期末处理】界面中，双击【期末总额对账】选项，打开【期末总额对账-过滤条件】对话框，在其中设置对账年份、对账期间及应收受控科目等，并可选取【显示核算项目明细】、【考虑未过账的凭证】复选框，如图 8-213 所示。

步骤 2：单击【确定】按钮，进入【期末总额对账】界面，在其中显示符合条件的记录，如图 8-214 所示。

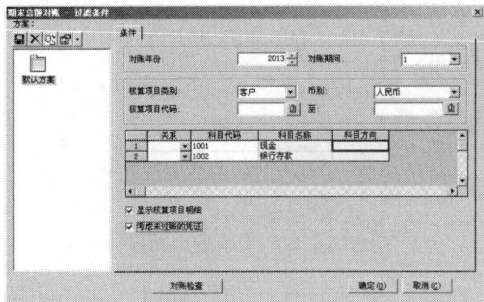

图 8-213   【期末总额对账-过滤条件】对话框

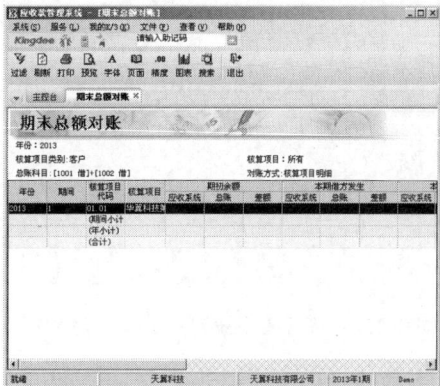

图 8-214   【期末总额对账】界面

步骤 3：单击【精度】按钮，在弹出的对话框中设置汇总行的数量精度和单价精度，然后单击【确定】按钮，如图 8-215 所示。

步骤 4：单击【图表】按钮，在打开的窗口中以图表形式浏览科目对账表，如图 8-216 所示。

图 8-215   【汇总行精度设置】窗口

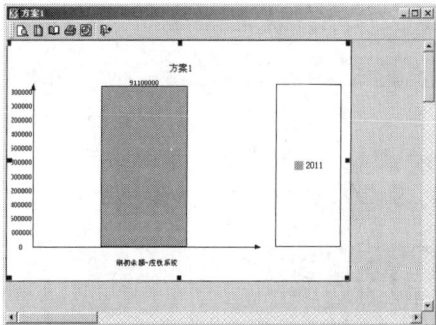

图 8-216   浏览科目对账表

步骤 5：单击【退出】按钮，即可关闭【期末科目对账】界面。

8.7.3   实训 34   期末调汇

对于有外币业务的企业，在会计期末如有外币汇率的变化，通常要进行期末调汇的业务处理。如果要在应收款管理系统中进行期末调汇，则需要将调汇的科目设置为应收应付受控科目，而且在应收款管理系统参数中选取【启用对账与期末调汇的】复选框。

进行期末调汇的具体操作步骤如下。

步骤 1：在【期末处理】界面中，双击【期末调汇】选项，打开【应收系统对账检查】对话框，选择需要设置检查的内容，如图 8-217 所示。

步骤 2：单击【高级】标签，进入【高级】选项卡，在其中设置相应的科目代码，如图 8-218 所示。

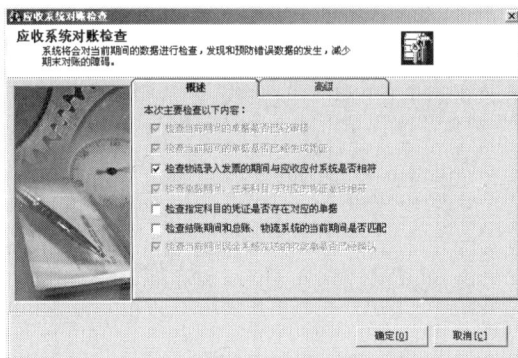

图 8-217 【应收系统对账检查】对话框

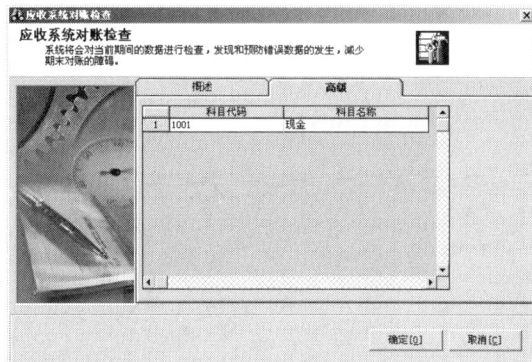

图 8-218 【高级】选项卡

步骤 3：单击【确定】按钮，即可开始进行对账检查。若检查出错误时，将给出错误之处；若没有错误，则给出通过检查的提示信息，如图 8-219 所示。

步骤 4：单击【确定】按钮，系统将显示是否进行期末科目对账，如图 8-220 所示。

图 8-219 金蝶提示信息框

图 8-220 金蝶提示信息框

步骤 5：由于前面已经完成了期末科目对账的工作，所以这里单击【否】按钮，打开【应收应付系统期末调汇】对话框，在其中设置当前外币汇率，如图 8-221 所示。

步骤 6：单击【下一步】按钮，在弹出的对话框中设置汇兑损益科目、凭证日期、凭证字、凭证摘要等选项，如图 8-222 所示。

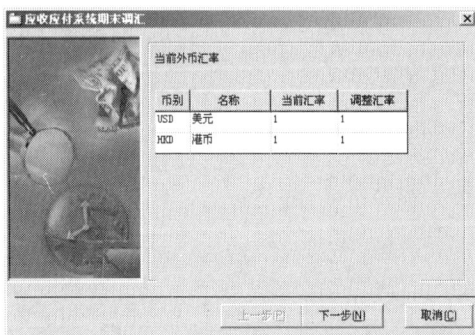

图 8-221 【应收应付系统期末调汇】对话框

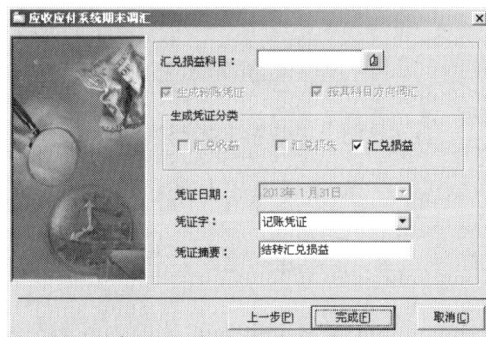

图 8-222 设置凭证信息

步骤 7：单击【完成】按钮，即可生成调汇凭证，并且该调汇记录可以在【调汇记录表】中实现查询。

8.7.4 实训 35 期末结账与反结账

当前面的基础工作都完成，并且确保应收款管理系统中的数据都正确后，就可以进行期末结账了。

应收款管理系统的期末结账的具体操作步骤如下。

步骤 1：在【期末处理】界面中，双击【结账】选项，弹出一个提示信息框，询问是否进行期末检查，如图 8-223 所示。

步骤 2：单击【否】按钮，再次弹出一个信息提示框，提示用户是否进行期末科目对账的提示信息框，如图 8-224 所示。

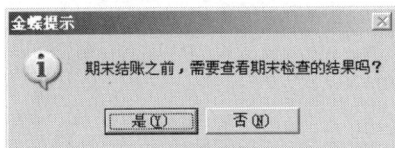

图 8-223　金蝶提示信息框

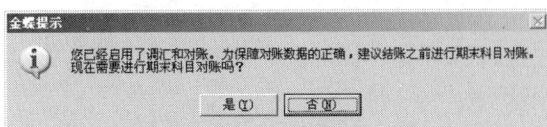

图 8-224　金蝶提示信息框

步骤 3：单击【否】按钮，打开【期末处理】对话框，在其中选中【结账】单选项，如图 8-225 所示。

步骤 4：单击【继续】按钮，即可完成应收款管理系统的期末结账操作，如图 8-226所示。

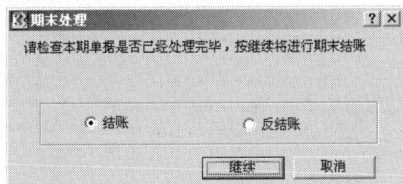

图 8-225　【期末处理】对话框

图 8-226　金蝶提示信息框

提示：　若因某种原因，需要对最近已经结账的会计期间数据进行操作，则可在【期末处理】对话框中选中【反结账】单选按钮，并单击【继续】按钮进行反结账，如图 8-227 所示。

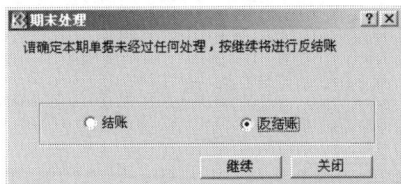

图 8-227　【期末处理】对话框

8.8　疑 难 解 惑

疑问 1：为什么在【单据处理】窗口不能使用单据联查功能？

答：在应收款管理系统的【单据处理】窗口中有单据的联查功能，但使用该功能之前，需要在【过滤】对话框中选中【关联单据】复选框。

疑问 2：在对应收款管理系统的类型维护进行管理的过程中，发现不能删除一些不必要的项目，为什么？

答：检查一下所删除的项目是否是系统预设的项目，因为对于系统预设的项目，用户不能删除，但可以修改。而用户自己增加的项目，可以随意修改和删除。

第 9 章

公司往来业务中的应付款管理

应付款管理系统，通过发票、其他应付单、付款单等单据的录入，对企业的往来账款进行综合管理，及时、准确地提供供应商的往来账款余额资料，提供各种分析报表，通过各种分析报表，帮助用户合理地进行资金的调配，从而提高资金的利用效率。

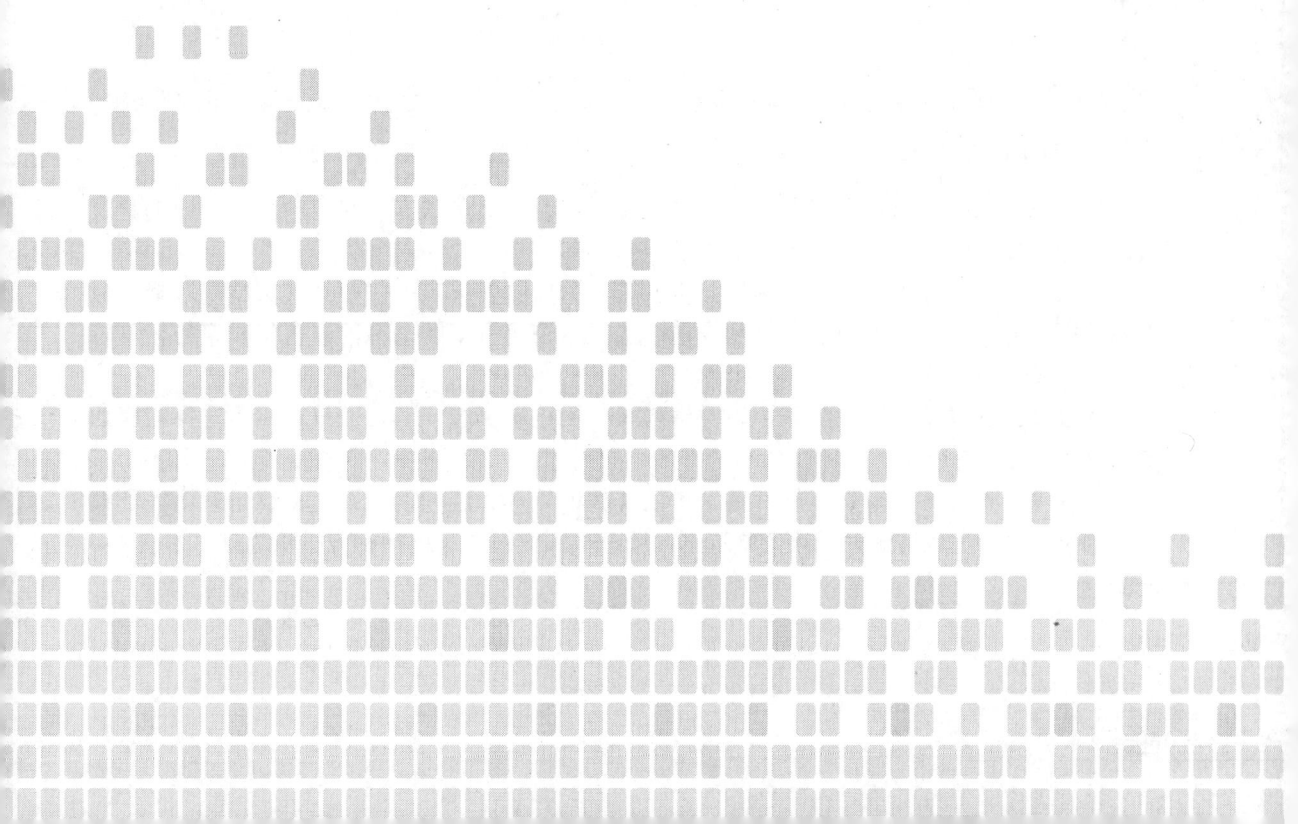

9.1 应付款管理系统初始化配置

与应收款管理系统一样，要想使用应付款管理系统，其首要的工作就是对应付款管理系统进行初始设置，因为只有设置好了初始资料，才能进行更高级的管理工作。

9.1.1 实训 1 应付款系统的参数设置

在应付款管理系统中，系统参数包括基本信息、科目设置、单据控制、核销控制、凭证处理、期末处理等参数的设置。

其具体的操作步骤如下。

步骤 1：在【主控台】界面中，选择【系统设置】标签，单击【系统设置】系统功能项下的【应付款管理】子功能项，进入【应付款管理】界面，如图 9-1 所示。

步骤 2：双击【系统参数】选项，打开【系统参数】对话框，在其中输入公司的名称、地址、电话、税务登记号、开户行和银行账号等内容，并在会计期间列表框中选择相应的内容，如图 9-2 所示。

图 9-1 【应付款管理】界面

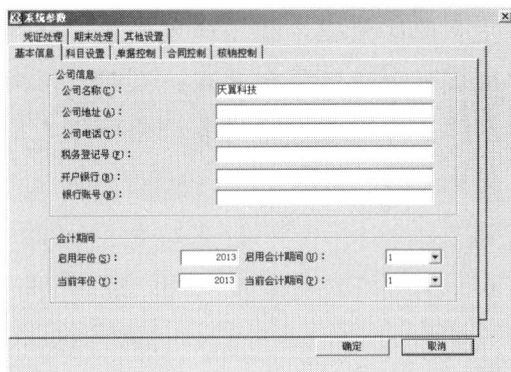

图 9-2 【系统参数】对话框

步骤 3：选择【科目设置】标签，进入【科目设置】选项卡，在其中输入相应的科目代码，并选择相应的核算项目类别，如图 9-3 所示。

步骤 4：选择【单据控制】标签，进入【单据控制】选项卡，根据实际情况选择相应的复选框，并在【税率来源】下拉列表框中选择本公司税率的来源，设置折扣率的精度位数和专用发票单价精度，如图 9-4 所示。

步骤 5：选择【核销控制】标签，进入【核销控制】选项卡，并根据需要选择相应的复选框，如图 9-5 所示。

步骤 6：选择【凭证处理】标签，进入【凭证处理】选项卡，系统提供了使用凭证模板和预付冲应付生成转账凭证两个复选框，用户根据实际情况选择相应的复选框，如图 9-6 所示。

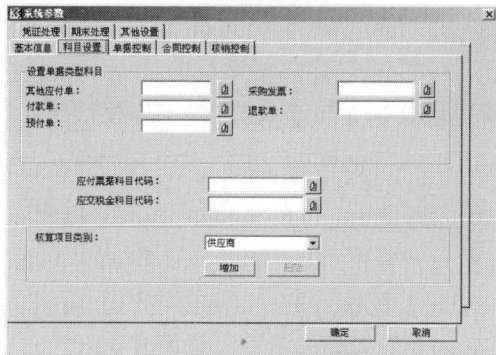

图 9-3　【科目设置】选项卡

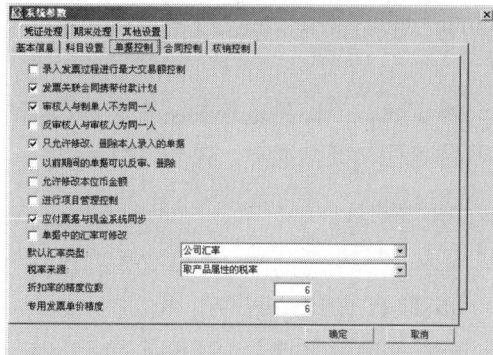

图 9-4　【单据控制】选项卡

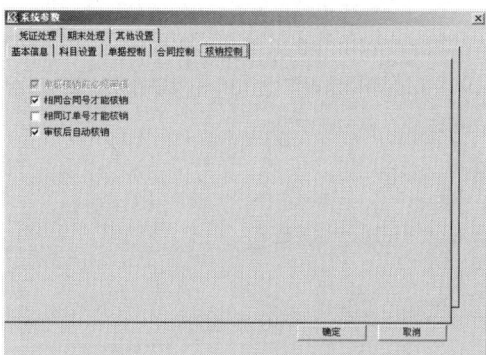

图 9-5　【核销控制】选项卡

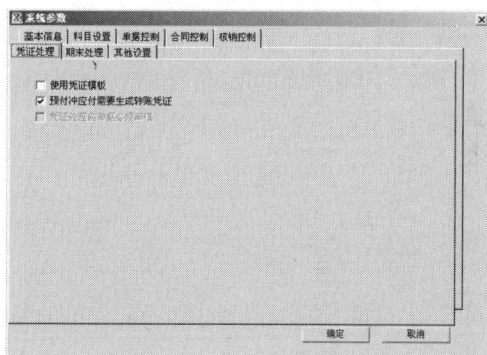

图 9-6　【凭证处理】选项卡

步骤 7：选择【期末处理】标签，进入【期末处理】选项卡，在其中设置相应的期末处理方式，单击【确定】按钮即可完成系统参数的设置操作，如图 9-7 所示。

步骤 8：双击【编码规则】选项，打开【设置】窗口，在其中对应付款管理系统中所用票据的编码规则进行设置，如图 9-8 所示。

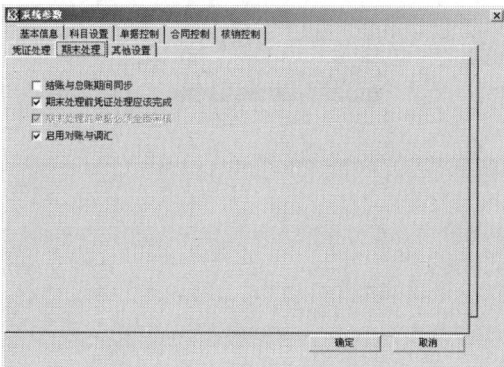

图 9-7　【期末处理】选项卡

图 9-8　【设置】窗口

9.1.2　实训 2　应付款基础资料的设置

在正式使用应付款管理系统之前，用户还需要设置一下与该系统有关的基础数据，包括收款条件、类型维护、凭证模版等。

1. 付款条件

实现系统设置的第一步就是对付款条件进行相应的设置，具体的操作步骤如下。

步骤 1：在【主控台】界面中，选择【系统设置】标签，单击【基础资料】系统功能项下的【应付款管理】子功能项，进入【应付款管理系统设置】界面，如图 9-9 所示。

步骤 2：在【应付款管理系统设置】界面中双击【付款条件】选项，打开【付款条件】窗口，如图 9-10 所示。

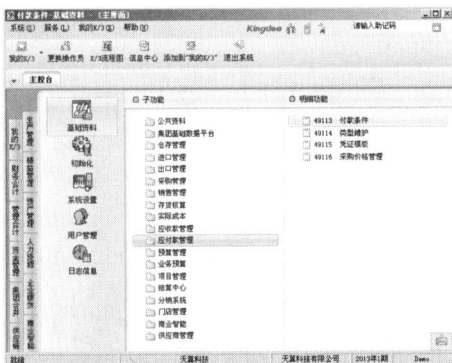

图 9-9　【应付款管理系统设置】界面

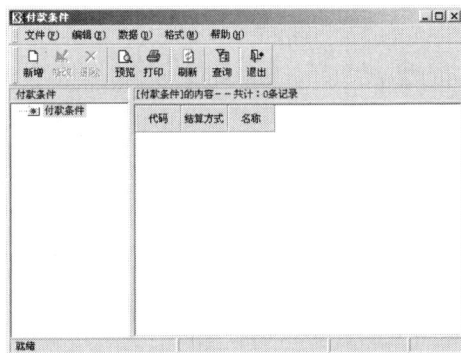

图 9-10　【付款条件】窗口

步骤 3：单击【新增】按钮，打开【付款条件-新增】对话框，在其中输入付款条件的代码、名称以及结算方式等内容，如图 9-11 所示。

步骤 4：单击【保存】按钮，即可完成付款条件的增加操作，如图 9-12 所示。

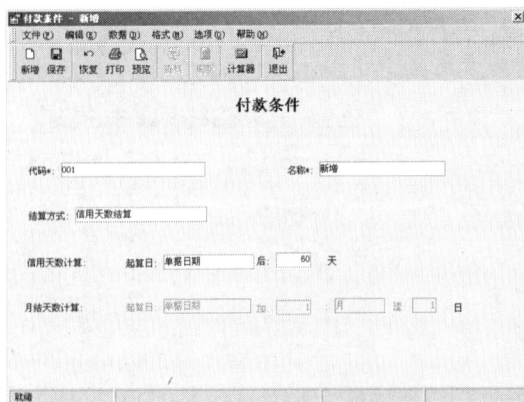

图 9-11　【付款条件-新增】对话框

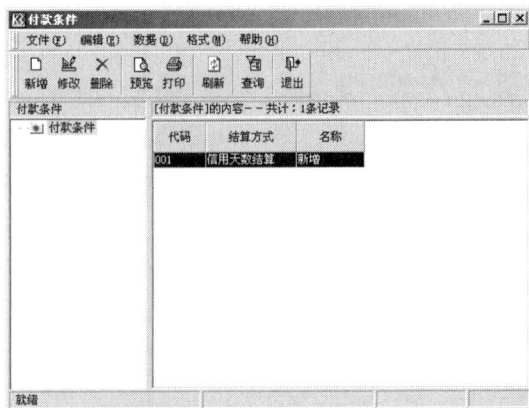

图 9-12　添加付款条件

步骤 5：如果需要修改某付款条件，只需选中该付款条件，然后单击【修改】按钮，打开【付款条件-修改】对话框，在其中即可完成修改操作，如图 9-13 所示。

步骤 6：如果要删除某付款条件，只需选中该付款条件，然后单击【删除】按钮，弹出一个信息提示框，单击【是】按钮即可完成删除操作，如图 9-14 所示。

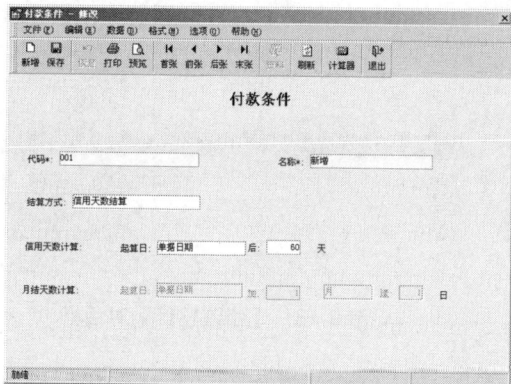

图 9-13　【付款条件-修改】对话框

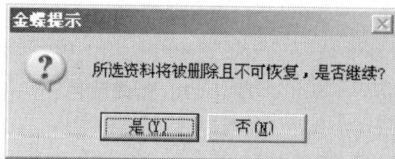

图 9-14　金蝶提示信息框

2. 类型维护

应付款管理系统的类型维护主要是对应付款管理系统的一些特殊项目进行维护，具体的操作步骤如下。

步骤 1：在【应付款管理系统设置】界面中，双击【类型维护】选项，打开【类型维护】对话框，如图 9-15 所示。

步骤 2：在左侧的类型列表中，选择需要操作的类型，然后单击【新增】按钮，打开相应类型的【新增项目】对话框，在其中输入新增项目的代码和名称，如图 9-16 所示。

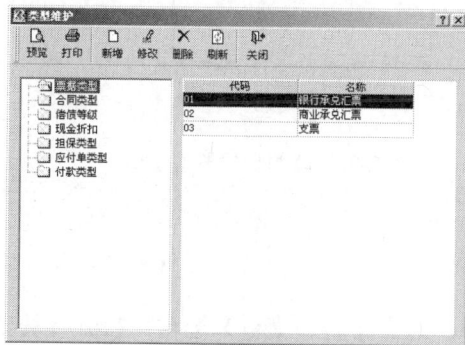

图 9-15　【类型维护】对话框

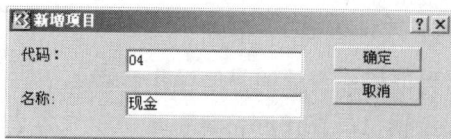

图 9-16　【新增项目】对话框

步骤 3：单击【确定】按钮即可继续新增项目，在新增项目输入完毕之后，单击【取消】按钮，即可关闭该对话框，如图 9-17 所示。

步骤 4：如果要修改某具体的项目，只需选择该具体项目，然后单击【修改】按钮，或直接双击，打开【修改项目】对话框，在其中修改相应的内容，如图 9-18 所示。

步骤 5：如果要删除某具体的项目，只需选择该具体项目，然后单击【删除】按钮，弹出一个信息提示框，单击【是】按钮，即可将所选项目删除，如图 9-19 所示。

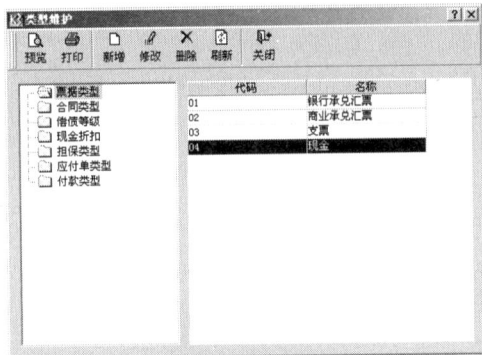

图 9-17　新增项目

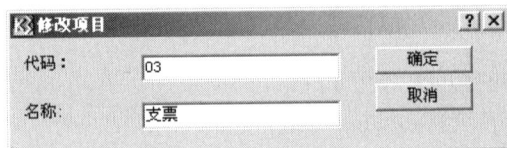

图 9-18　【修改项目】对话框

💡 注意：　对于系统预设的项目，用户不能删除，但可以修改。用户自己增加的项目，可以随意修改和删除。

步骤 6：单击【预览】按钮，即可预览当前窗口中显示内容的打印效果；单击【打印】按钮，即可将当前窗口中显示的内容打印输出。单击【关闭】按钮，即可退出类型维护的操作，如图 9-20 所示。

图 9-19　金蝶提示信息框

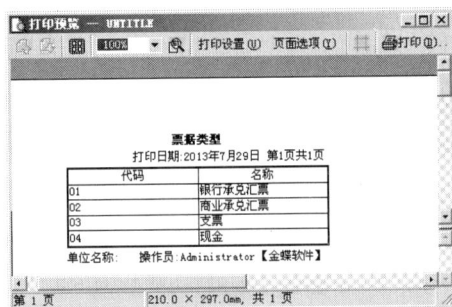

图 9-20　【打印预览】窗口

3. 凭证模板

凭证模板设置的具体操作步骤如下。

步骤 1：在【应付款管理系统设置】界面中，双击【凭证模板】选项，打开【凭证模板设置】窗口，在其中预设了应付款管理系统中所用到的所有票据的模板，如图 9-21 所示。

步骤 2：在左侧票据列表窗口中，单击需要操作的票据类型，然后单击【新增】按钮，打开【凭证模板】对话框，在其中用户可以根据实际情况设置新的票据样式，如图 9-22 所示。

步骤 3：如果要修改某票据类型，只需在【模板设置】对话框左侧票据列表窗口中选中该票据类型，然后单击【修改】按钮，打开相应的凭证模板进行修改，如图 9-23 所示。

步骤 4：如果要删除某票据类型，只需在【凭证模板设置】窗口左侧票据列表窗口中选中该票据类型，然后单击【删除】按钮，弹出一个信息提示框，单击【是】按钮，即可将所选凭证模板删除，如图 9-24 所示。

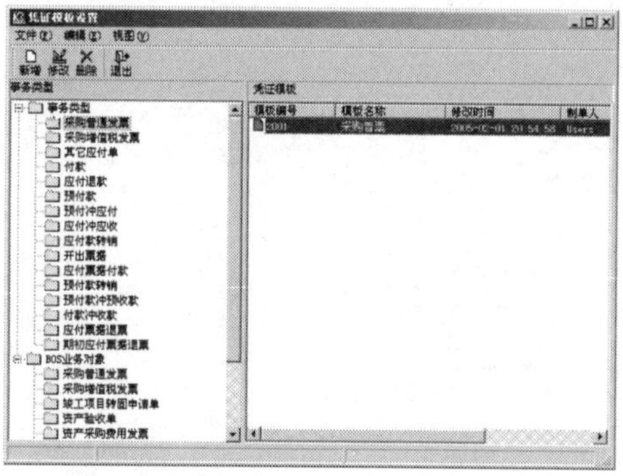

图 9-21　【凭证模板设置】窗口

图 9-22　【凭证模板】对话框

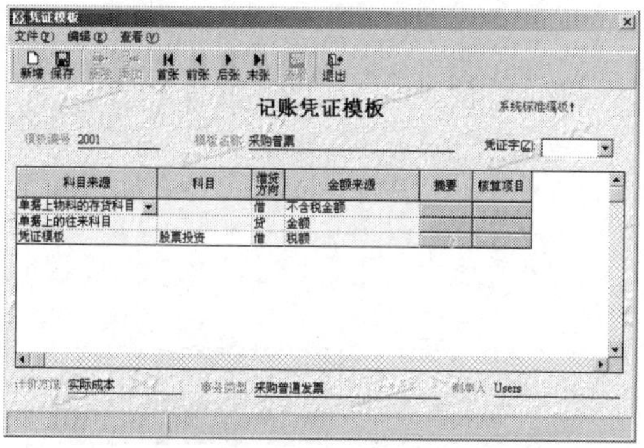

图 9-23　删除凭证模板

图 9-24　金蝶提示信息框

步骤 6：单击【退出】按钮，关闭【凭证模板设置】窗口。

9.1.3　实训 3　初始数据的录入

在应付款管理系统中，初始数据的录入主要包括初始单据和初始票据两种数据。在【主控台】界面中，选择【系统设置】标签，单击【初始化】系统功能项下的【应付款管理】子功能项，进入【应付款管理初始化】界面，应付款的初始化系统操作都在此进行，如图 9-25 所示。

1．录入初始单据

录入初始单据的具体操作步骤如下。

步骤 1：在【应付款管理初始化】界面中，双击【初始应付单据-维护】选项，打开【过滤】对话框，在【事务类型】下拉列表框中选择需要录入的单据类型，这里选择的是【初始化_采购普通发票】选项，如图 9-26 所示。

步骤 2：单击【确定】按钮，进入【初始化_采购普通发票序时簿】界面，如图 9-27 所示。

步骤 3：单击【新增】按钮，打开【初始化_采购普通发票-新增】窗口，设置单据日期、财务日期、核算项目类别以及发生额等内容，并指定部门、业务员等选项。单击【保存】按钮，即可将录入的单据保存到系统中，如图 9-28 所示。

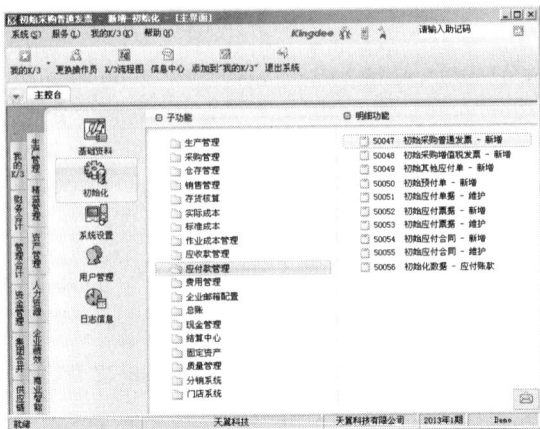

图 9-25 【应付款管理初始化】界面

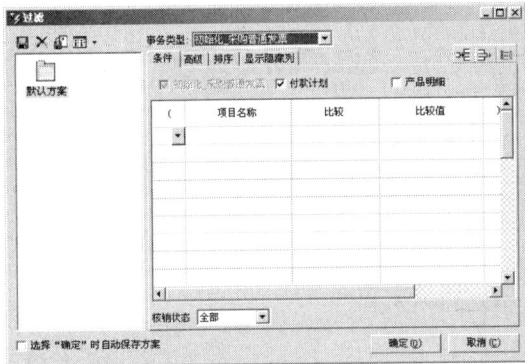

图 9-26 【过滤】对话框

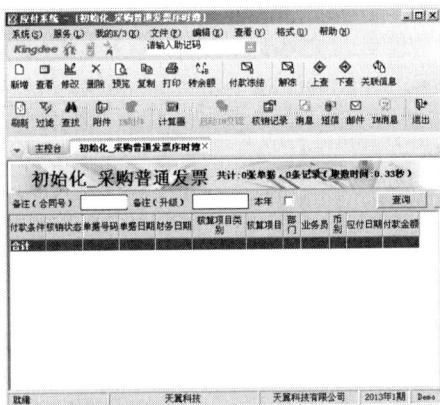

图 9-27 【初始化_采购普通发票序时簿】界面

步骤 4：单击【新增】按钮还可以继续录入新的单据，单击【退出】按钮即可回到【初始化_采购普通发票序时簿】界面中，则增加的记录即可显示出来，如图 9-29 所示。

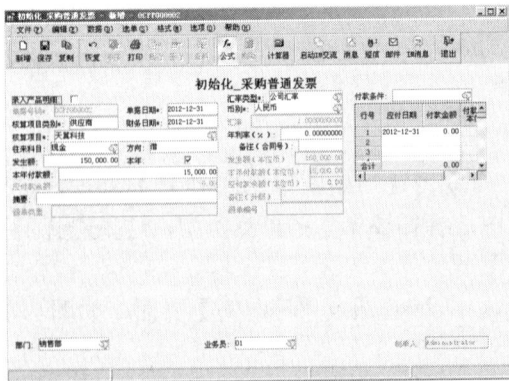

图 9-28 【初始化_采购普通发票-新增】窗口

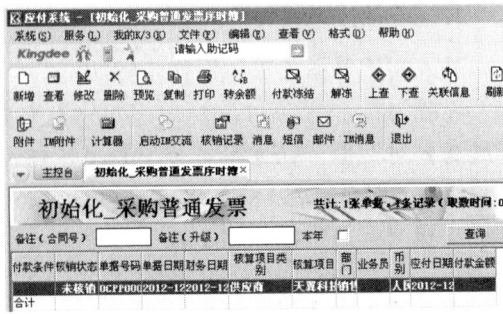

图 9-29 【初始化_采购普通发票序时簿】界面

2. 录入初始票据

初始票据的录入方法很简单，具体的操作步骤如下。

步骤 1：在【应付款管理初始化】界面中，双击【初始应付票据-维护】选项，打开【初始应付票据过滤】对话框，如图 9-30 所示。

步骤 2：单击【确定】按钮，进入【初始化_应付票据序时簿】界面，如图 9-31 所示。

图 9-30　【初始应付票据过滤】对话框

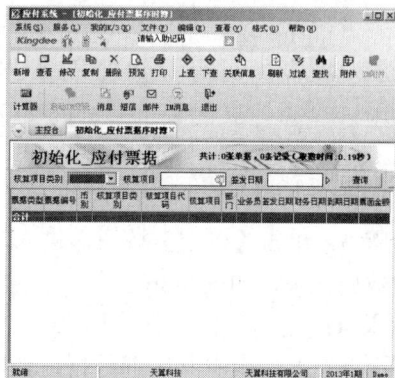

图 9-31　【初始化_应付票据序时簿】界面

步骤 3：单击【新增】按钮，打开【初始化_应付票据-新增】窗口，在其中选择票据类型，设置签发日期、财务日期等信息，并设置部门与业务员等选项。单击【保存】按钮，即可将录入的单据保存到系统中，如图 9-32 所示。

步骤 4：单击【新增】按钮，继续录入新的应付票据，单击【退出】按钮，则返回【初始化_应付票据序时簿】界面，则新增加的记录将显示在该窗口中，如图 9-33 所示。

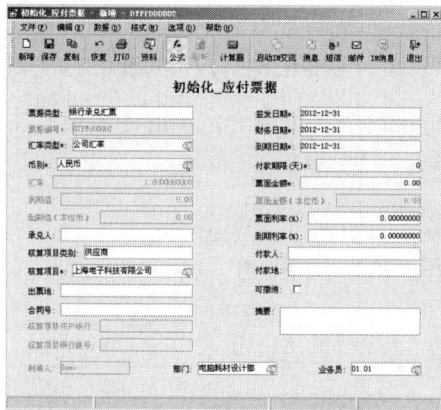

图 9-32　【初始化_应付票据-新增】窗口

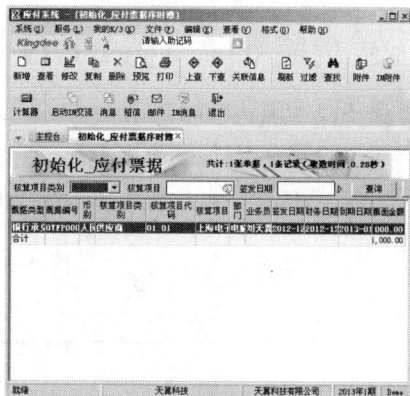

图 9-33　【初始化_应付票据序时簿】界面

3. 查看初始数据

所有的初始数据录入完毕后，用户就可以查看录入的数据，具体的操作步骤如下。

步骤 1：在【应付款管理初始化】界面中，双击【初始化数据_应付账款】选项，打开【初始化数据-应付账款】窗口，并弹出【过滤条件】对话框，在其中设置核算项目代码范围、部门代码范围、业务员代码范围等选项，如图 9-34 所示。

步骤 2：单击过滤方案列表框上方的【保存】按钮，弹出【保存方案】对话框，在其中输入方案名称，即可将设置的过滤方案保存下来，如图 9-35 所示。

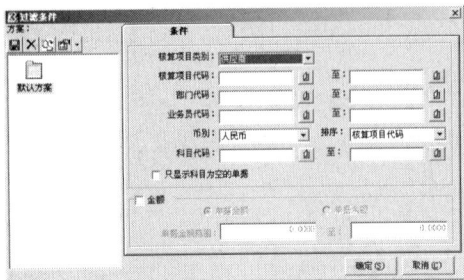

图 9-34 【过滤条件】对话框　　图 9-35 【保存方案】对话框

步骤 3：单击【确定】按钮，进入【初始化数据_应付账款】界面，并按过滤条件汇总出初始数据记录，如图 9-36 所示。

步骤 4：选择需要查看的记录，单击【明细】按钮，打开【初始化数据_应付账款明细】界面，在其中查看其明细数据，如图 9-37 所示。

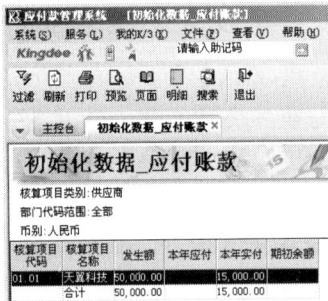

图 9-36 【初始化数据_应付账款】界面　　图 9-37 【初始化数据_应付账款明细】界面

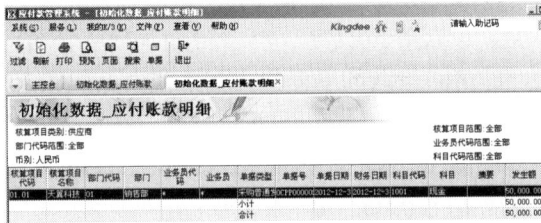

步骤 5：当确认初始数据无误之后，即可将初始数据打印输出。单击【预览】按钮，即可在打开的窗口中预览打印效果，如图 9-38 所示。

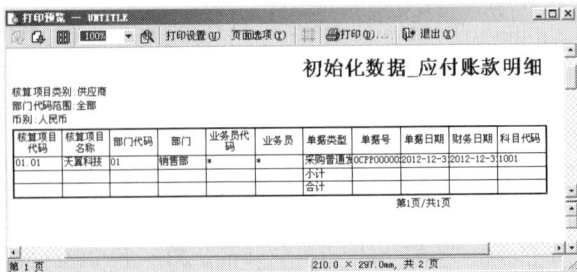

图 9-38 预览打印效果

9.1.4 实训 4 初始化数据检查

初始化数据录入完毕后，还需要对录入的初始化数据进行数据检查，以免存在数据输入的错误。

初始化数据检查的具体操作步骤如下。

步骤 1：只用在【主控台】界面中，选择【财务会计】标签，单击【应付款管理】系统功能项下的【初始化】子功能项，进入【初始化】界面，如图 9-39 所示。

步骤 2：双击【初始化检查】选项，系统将对初始数据设置进行检查，并给出相应的系统提示信息，如图 9-40 所示。

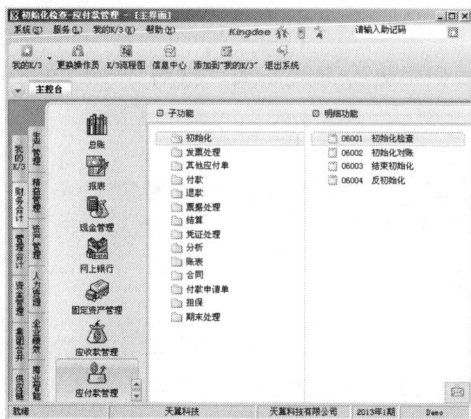

图 9-39　【初始化】界面

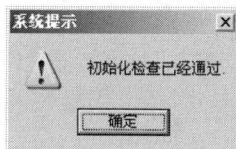

图 9-40　金蝶提示信息框

9.1.5　实训 5　初始化数据对账

在结束初始化系统之前，还需要查看应收款管理系统与总账系统相同科目的数据是否有差异，这就需要对初始数据进行对账操作。

其具体的操作步骤如下。

步骤 1：在【初始化】界面中，双击【初始化对账】选项，打开【初始化对账-过滤条件】对话框，在其中设置对账的科目代码，如图 9-41 所示。

步骤 2：单击【确定】按钮，进入【初始化对账】界面，在该窗口中即可查看应收款管理系统与总账系统相同科目的数据是否有差异，若有差异，应在查明原因、纠正错误之后，再次对账，直到应收款管理系统与总账系统的数据平衡，如图 9-42 所示。

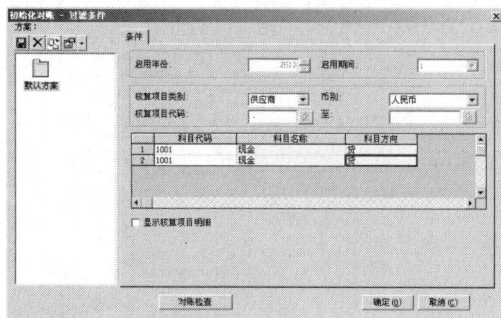

图 9-41　【初始化对账-过滤条件】对话框

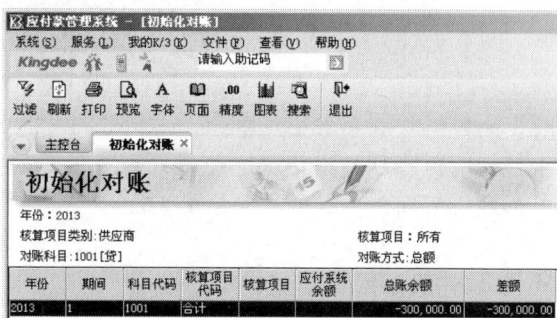

图 9-42　【初始化对账】界面

9.1.6 实训 6 结束系统初始化

当所有初始化数据已经完成，接下来就可以结束初始化操作，启用应付款管理系统了，具体的操作步骤如下。

步骤 1：在【初始化】界面中双击【结束初始化】选项，弹出一个信息提示框，如图 9-43 所示。

步骤 2：单击【否】按钮，表示已经查看初始化检查的结果，接着弹出另一个信息提示框，如图 9-44 所示。

图 9-43 提示信息 1 　　　　　　　　图 9-44 提示信息 2

步骤 3：单击【否】按钮，表示已经查看过初始检查结果与初始对账结果，这样就完成了初始化操作，并弹出一个系统成功启用的信息提示框，表示应付款管理系统已经被启用，如图 9-45 所示。

步骤 4：若因为某种原因，需要对初始数据进行修改，则可双击【初始化】界面中的【反初始化】明细功能项，将系统返回到未初始化状态，如图 9-46 所示。

图 9-45 提示信息 3 　　　　　　　　图 9-46 提示信息 4

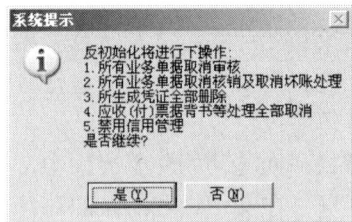

9.2 应付款管理系统的单据处理

应付款管理系统以采购发票、其他应付单为依据来统计应付账款，以付款单、退款单来核销应付账款。本模块的业务处理主要是提供各种单据的录入，如采购发票、其他应付单、应付票据、付款单、退款单等。

9.2.1 实训 7 发票的处理

在应付款管理系统中，对发票的处理，实际上就是对销售发票进行处理，这里所说的发票包括普通发票和增值税发票两种。下面以对普通发票的处理为例，介绍发票处理的具体操作步骤。

步骤 1：在【主控台】界面中，选择【财务会计】标签，单击【应付款管理】系统功能项下的【发票处理】子功能项，进入【发票处理】界面，如图 9-47 所示。

步骤 2：双击【采购发票-维护】选项，打开【过滤】对话框，在【事务类型】下拉列表框中选择【采购普通发票】选项，如图 9-48 所示。

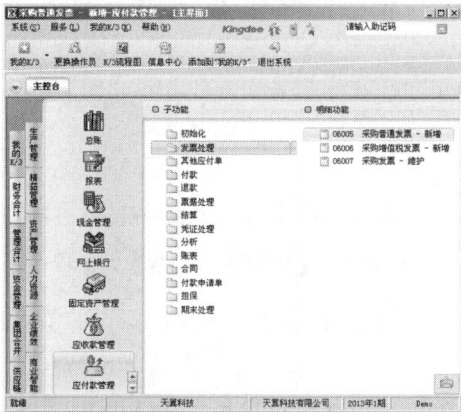

图 9-47　【发票处理】界面

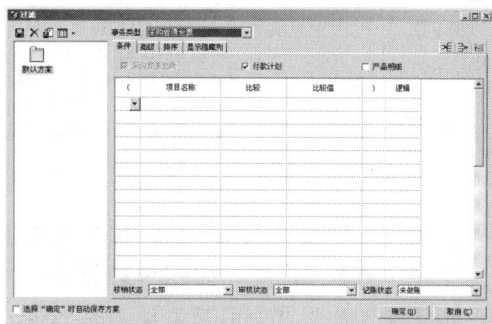

图 9-48　【过滤】对话框

步骤 3：单击【确定】按钮，进入【采购普通发票序时簿】界面，如图 9-49 所示。

步骤 4：单击【新增】按钮，打开【采购普通发票-新增】窗口，在其中指定开票日期、财务日期、应收日期，设置核算项目、往来科目、摘要、结算方式，并录入该发票所采购的产品清单(包括数量与价格)，系统将自动计算出应收金额，然后录入销售部门与业务员，如图 9-50 所示。

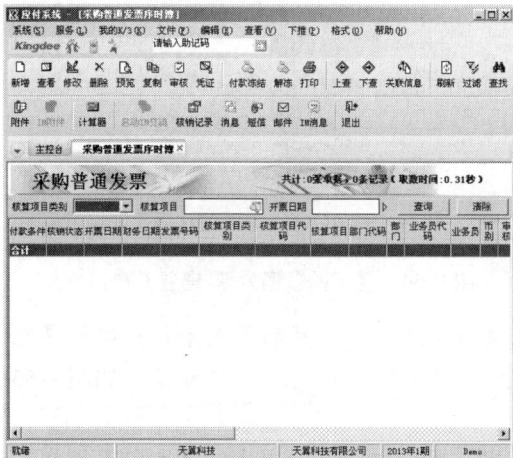

图 9-49　【采购普通发票序时簿】界面

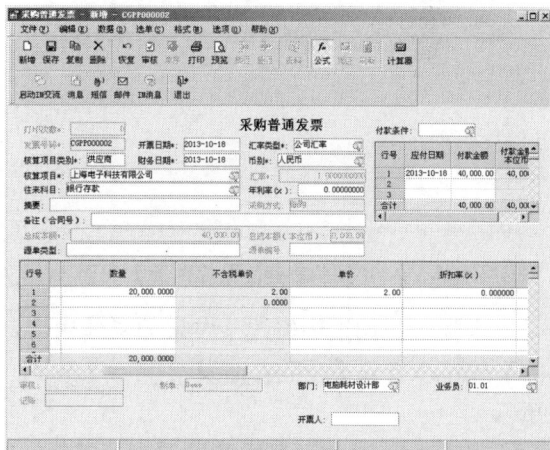

图 9-50　【采购普通发票-新增】窗口

步骤 5：单击【保存】按钮，即可将录入完毕的发票保存到系统中，继续录入下一张发票，如图 9-51 所示。

步骤 6：在保存已经录入完毕的发票之后，选择【数据】➤【附件】菜单项，打开【附件管理-编辑】对话框，在其中添加与该发票相关的资料，如图 9-52 所示。

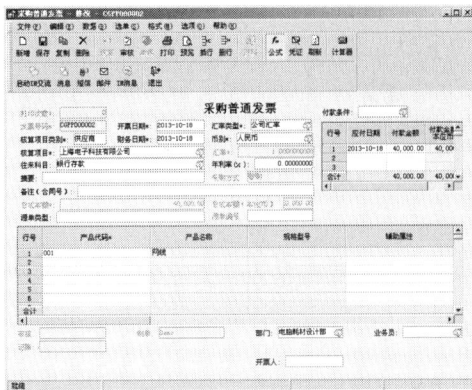

图 9-51　保存发票

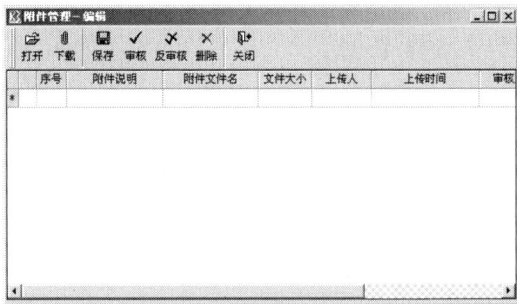

图 9-52　【附件管理-编辑】对话框

步骤 7：发票录入完毕后，单击【退出】按钮，则新录入的发票即可显示在【采购普通发票序时簿】界面中，如图 9-53 所示。

步骤 8：如果要查看某发票的具体内容，只需选中该发票，然后单击工具栏中的【查看】按钮，打开【采购普通发票-查看】窗口，在其中查看该发票的详细信息，如图 9-54 所示。

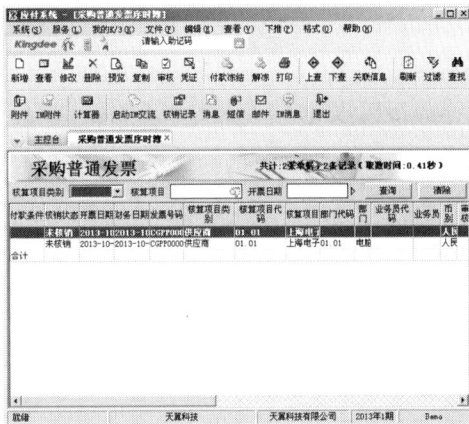

图 9-53　【采购普通发票序时簿】界面

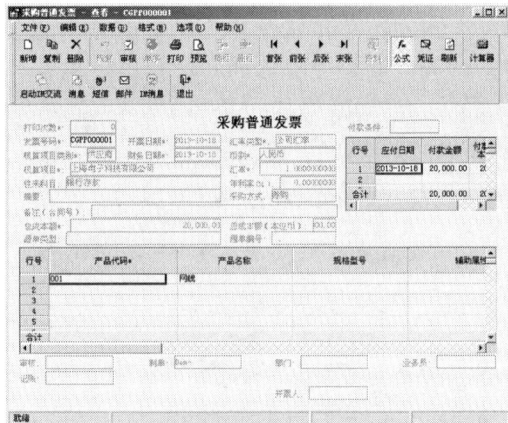

图 9-54　【采购普通发票-查看】窗口

步骤 9：如果要修改某发票的具体内容，只需选中该发票，然后单击工具栏中的【修改】按钮，打开【采购普通发票-修改】窗口，在其中进行相应信息的修改操作，如图 9-55 所示。

步骤 10：如果要删除某发票，只需选中该发票，然后单击工具栏中的【删除】按钮，从弹出的信息提示框中单击【是】按钮，即可完成删除操作，如图 9-56 所示。

步骤 11：如果想要审核某一发票，需要以具有审核权限的用户登录后，在【采购普通发票序时簿】界面中选取需要审核的发票，然后单击【审核】按钮，即可完成发票的审核操作，如图 9-57 所示。

步骤 12：如果要同时审核多条记录，只需选中需要审核的多条记录，然后选择【编辑】➤【成批审核】菜单项，即可完成成批审核操作，如图 9-58 所示。

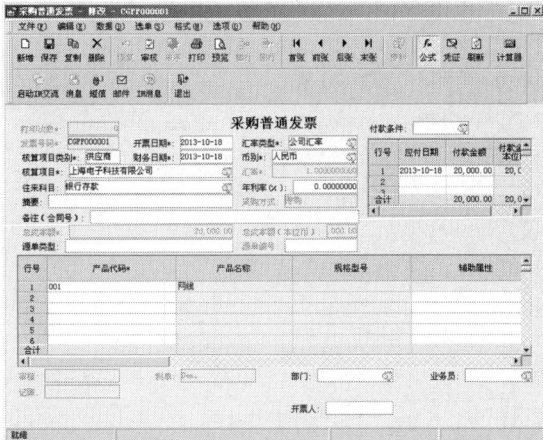

图 9-55 【采购普通发票-修改】窗口

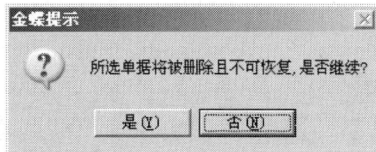

图 9-56 金蝶信息提示框

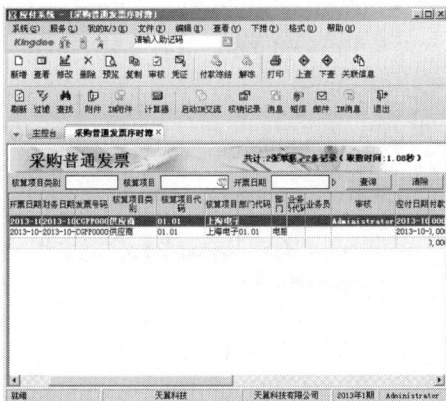

图 9-57 【采购普通发票序时簿】界面

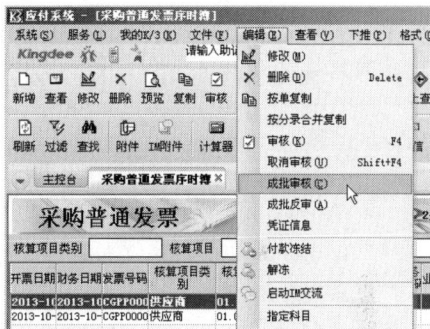

图 9-58 【成批审核】菜单项

注意：在具体的应用过程中，用户如果需要对已经审核的记录进行修改或删除操作，则需要先选择【编辑】➤【取消审核】选项取消审核，然后才能实现修改或删除操作。

步骤 13：如果需要对审核过的记录制成相应的凭证，只需选中相应的记录，然后单击【凭证】按钮，打开【记账凭证-新增】窗口，即可完成该凭证的制作操作，如图 9-59 所示。

步骤 14：选择【格式】➤【行高】菜单项，打开【行高】对话框，在其中可以设置【发票序时簿】窗口的表格行高，如图 9-60 所示。

提示：如果用户用鼠标拖动方式改变了表格中的列宽，则可选择【格式】➤【恢复默认列宽】菜单项，将表格的列宽恢复到系统默认的状态。

步骤 15：选择【格式】➤【冻结列】菜单项，打开【冻结列】对话框，在其中设置【发票序时簿】窗口中冻结列的列数。如图 9-61 所示。

> **提示：**　如果想要取消列的冻结状态，只需选择【格式】➢【取消冻结列】菜单项，
> 将列的冻结状态解除。

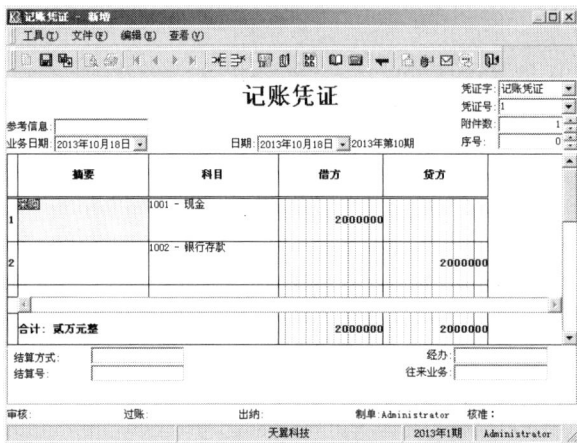

图 9-59　【记账凭证-新增】窗口

图 9-60　【行高】对话框

步骤 16：选择【格式】➢【字体】菜单项，打开【字体】对话框，设置【发票序时簿】窗口中显示的字体样式，如图 9-62 所示。

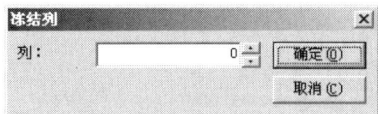

图 9-61　【冻结列】对话框

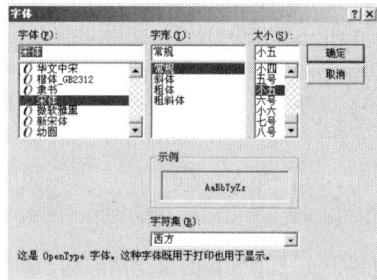

图 9-62　【字体】对话框

步骤 17：选择【格式】➢【选项设置】菜单项，打开【选项设置】对话框，根据实际情况进行相应的设置，如图 9-63 所示。

步骤 18：选择【选中行合计字段】标签，进入【选中行合计字段】选项卡，在其中选择相应的字段，然后单击【确定】按钮即可完成设置操作，如图 9-64 所示。

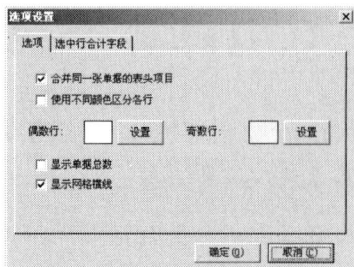

图 9-63　【选项设置】对话框

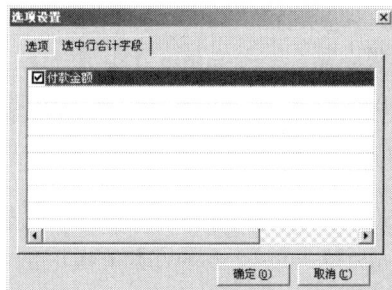

图 9-64　【选中行合计字段】选项卡

步骤 19：选择【文件】➤【页面设置】菜单项，打开【页面设置】对话框，选择纸张大小与方向，并可设置打印的页边距，如图 9-65 所示。

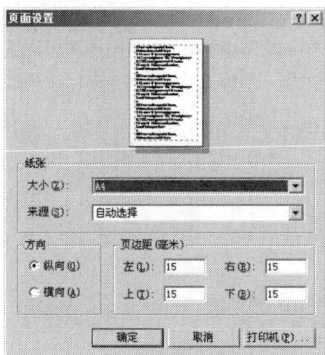

图 9-65　【页面设置】对话框

9.2.2　实训 8　其他应收单的处理

其他应付单主要是指一些不涉及存货内容的单据。管理其他应付单的具体操作步骤如下。

步骤 1：在【主控台】界面中，选择【财务会计】标签，单击【应付款管理】系统功能项下的【其他应付单】子功能项，进入【其他应付单】界面，如图 9-66 所示。

步骤 2：双击【其他应付单-维护】选项，打开【过滤】对话框，从中可以设置过滤的相应条件，如图 9-67 所示。

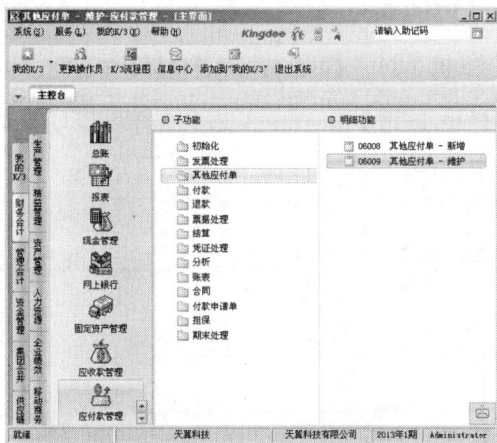

图 9-66　【其他应付单】界面

图 9-67　【过滤】对话框

步骤 3：选择【高级】标签，进入【高级】选项卡，设置相应的高级选项，如图 9-68 所示。

步骤 4：选择【排序】标签，进入【排序】选项卡，在其中设置相应的排序方式，如图 9-69 所示。

步骤 5：选择【显示隐藏列】标签，进入【显示隐藏列】选项卡，如果要显示某项目，只需在此项目的【显示】列中选中【显示】复选框，如图 9-70 所示。

步骤 **6**：单击【确定】按钮，进入【其他应付单序时簿】界面，如图 9-71 所示。

图 9-68 【高级】选项卡

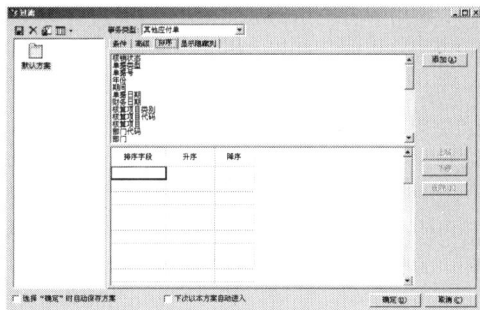

图 9-69 【排序】选项卡

图 9-70 【显示隐藏列】选项卡

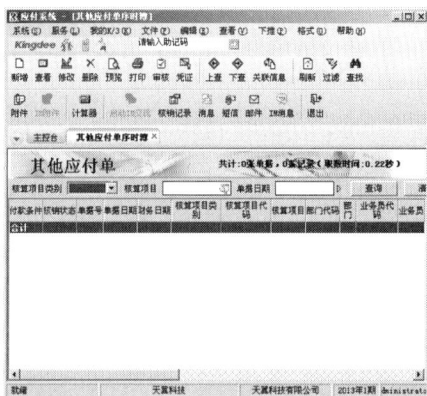

图 9-71 【其他应付单序时簿】界面

步骤 **7**：单击【新增】按钮，打开【其他应付单-新增】窗口，在其中选择核算项目类别、单据类别并设置单据日期、财务日期等，并指定部门与业务员，如图 9-72 所示。

步骤 **8**：单击【保存】按钮，即可将增加的应付单保存到系统中，如图 9-73 所示。

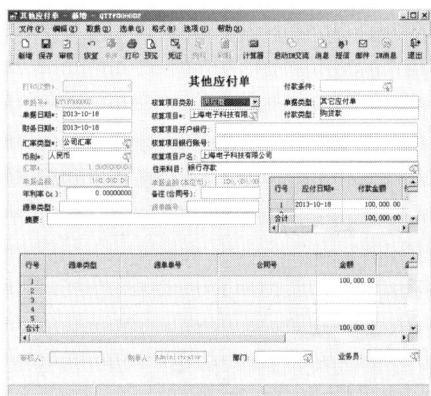

图 9-72 【其他应付单-新增】窗口

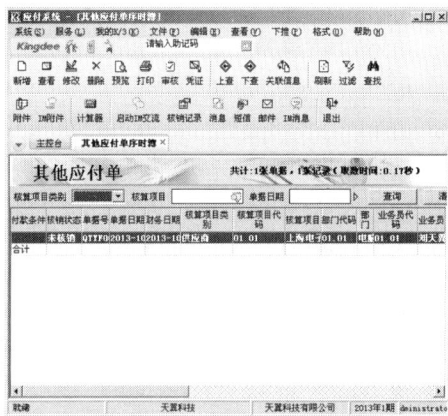

图 9-73 【其他应付单序时簿】界面

步骤 9：如果想要查看某一记录，只需选取该记录，单击【查看】按钮，在打开的窗口中查看该应付单的详细信息，如图 9-74 所示。

步骤 10：如果想要修改某一记录，只需选取该记录，单击【修改】按钮，打开【其他应付单-修改】窗口，对该单据进行修改，并可添加附件，如图 9-75 所示。

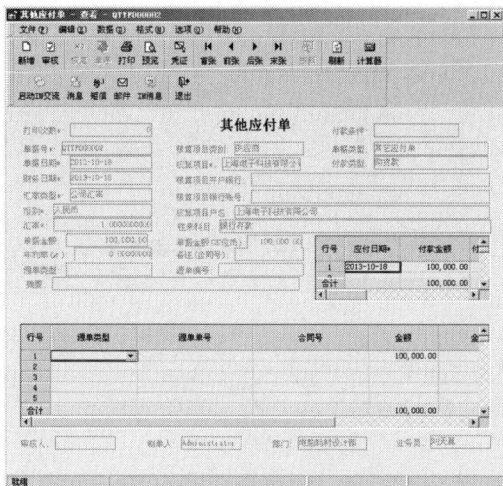

图 9-74　查看该应付单的详细信息

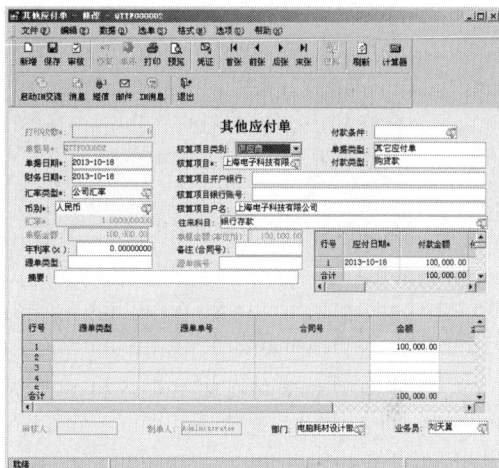

图 9-75　【其他应付单-修改】窗口

步骤 11：如果想要删除某一记录，只需选取该记录，单击【删除】按钮，弹出一个提示信息框，然后单击【是】按钮即可将选中的单据删除，如图 9-76 所示。

提示：　由系统自动生成的其他应付单不能修改和删除。

步骤 12：用具有审核权限的用户登录到金蝶 K3 系统，在【其他应付单序时簿】界面中选取需要审核的单据，单击工具栏上的【审核】按钮，即可完成所选记录的审核操作，如图 9-77 所示。

图 9-76　金蝶提示信息框

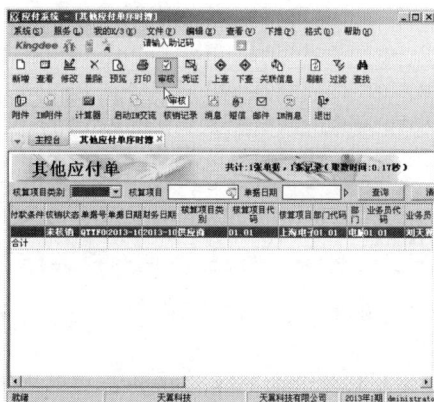

图 9-77　【其他应付单序时簿】界面

步骤 13：若同时选取多条记录，则可选择【编辑】▷【成批审核】菜单项，将所选记录同时审核，如图 9-78 所示。

提示： 若需要将审核后的记录进行反审核，则在选取需要反审记录的条件下，选择【编辑】➤【取消审核】或【成批反审】菜单项，如图 9-79 所示。

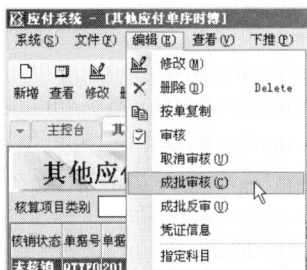

图 9-78 【成批审核】菜单项   图 9-79 【取消审核】菜单项

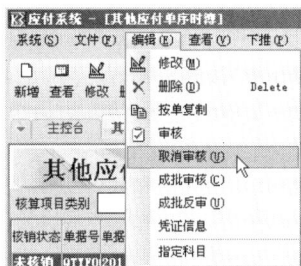

9.2.3 实训 9 付款单处理

付款处理主要是对付款单和预付单进行各种维护，如新增、修改、删除等操作。

其具体的操作步骤如下。

步骤 1：在【主控台】界面中，选择【财务会计】标签，单击【应付款管理】系统功能项下的【付款】子功能项，进入【付款】界面，如图 9-80 所示。

步骤 2：双击【付款单-维护】选项，打开【过滤】对话框，在【事务类型】下拉列表框中用户可以选择【付款单】、【预付单】和【全部付款单】三个选项，这里选取【付款单】选项，如图 9-81 所示。

图 9-80 【付款】界面   图 9-81 【过滤】对话框

提示： (1) 如果选取【付款单】选项，则打开【付款单序时簿】，增加付款单。

(2) 如果选取【预付单】选项，即可打开【预付单序时簿】，增加预付单。

(3) 如果选取【全部付款单】选项，则可打开【全部付款单序时簿】，查看符合条件的付款单和预付单，但不能增加单据。

步骤 3：单击【确定】按钮，进入【付款单序时簿】界面，如图 9-82 所示。

步骤 4：单击【新增】按钮，打开【付款单-新增】窗口，在其中指定单据日期、财务日期、核算项目类别、核算项目等选项，如图 9-83 所示。

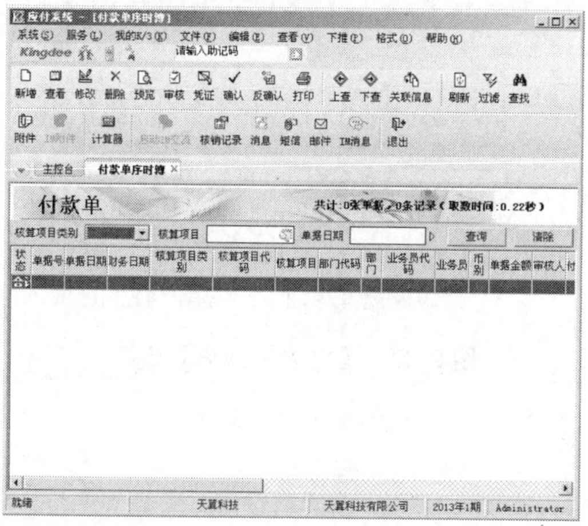

图 9-82　【付款单序时簿】界面

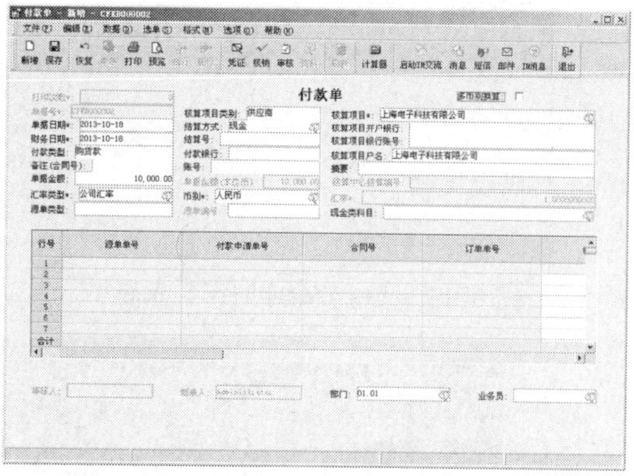

图 9-83　【付款单-新增】窗口

提示：　若选取【多币别核算】复选框，则可将外币结算为人民币。

步骤 5：单击【保存】按钮，即可将该单据保存到系统中，如图 9-84 所示。

步骤 6：保存付款单后，选择【数据】➢【附件】菜单项，打开【附件管理-编辑】对话框，在其中可以为该单据添加附件，如图 9-85 所示。

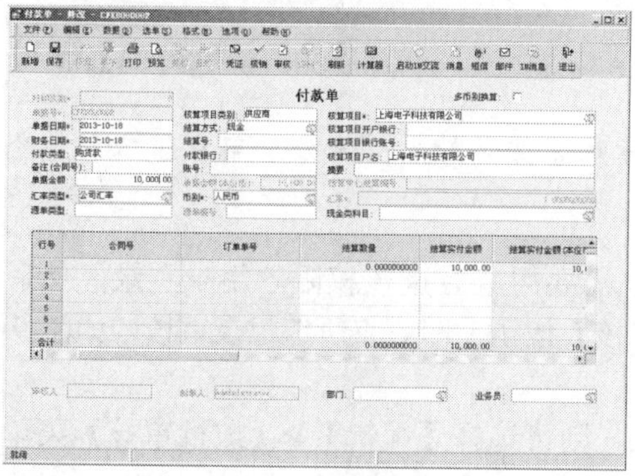

图 9-84　保存单据

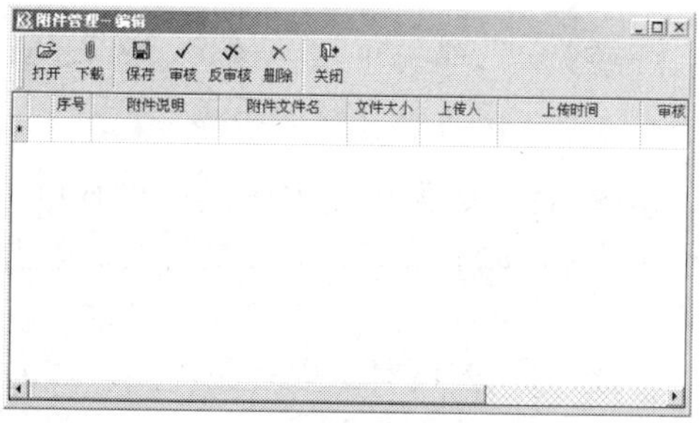

图 9-85　【附件管理-编辑】对话框

步骤 7：单击【退出】按钮，返回【付款单序时簿】界面，则增加的付款单将显示出来，如图 9-86 所示。

步骤 8：如果想要查看某一付款单的详细信息，只需选中该付款单，然后单击【查看】按钮，在打开的对话框中即可查看其详细信息，如图 9-87 所示。

步骤 9：如果想要修改某一付款单的记录，只需选中该付款单，然后单击【修改】按钮，在打开的窗口中即可修改其内容，如图 9- 88 所示。

步骤 10：如果想要删除某一付款单，只需选中该付款单，然后单击【删除】按钮，弹出一个信息提示框。单击【是】按钮，即可将选中的记录删除，如图 9-89 所示。

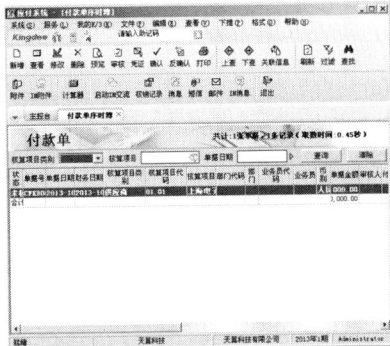

图 9-86　【付款单序时簿】界面

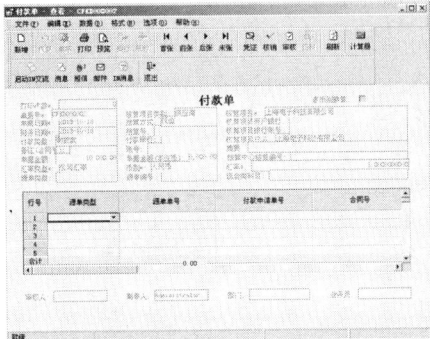

图 9-87　【付款单-查看】窗口

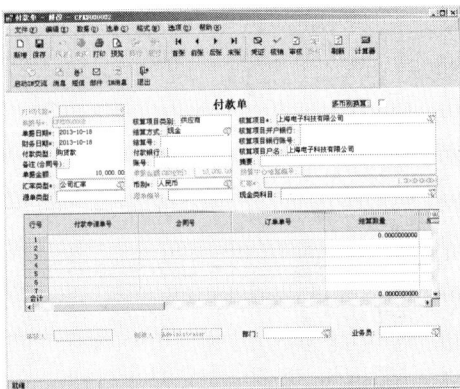

图 9-88　【付款单-修改】窗口

图 9-89　金蝶提示信息框

注意：　已经被审核、核销、生成凭证的单据不能被删除，另外，用户还不能删除系统自动生成的单据。

步骤 11：如果想要审核某一付款单，首先需要用具有审核权限的用户登录，然后在【付款单序时簿】界面选取一条记录，单击【审核】按钮，即可将所选记录审核，如图 9-90 所示。

步骤 12：若同时选取多条需要审核的记录，则可选择【编辑】➢【成批审核】菜单项进行审核，如图 9-91 所示。

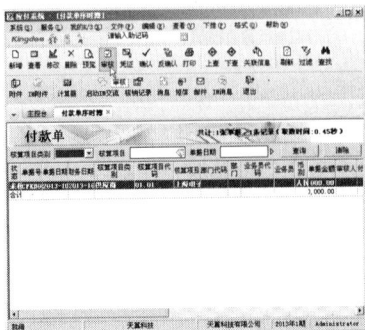

图 9-90　【付款单序时簿】界面

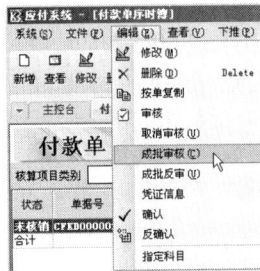

图 9-91　【成批审核】菜单项

步骤 13：若需要进行反审核，则可在选取审核后的记录的情况下，选择【编辑】➤【取消审核】或【成批反审】菜单项，如图 9-92 所示。

步骤 14：在【付款单序时簿】界面选取一条已经审核的记录，单击【凭证】按钮，可将该记录生成凭证，若已经生成凭证，则可查看相应的凭证，如图 9-93 所示。

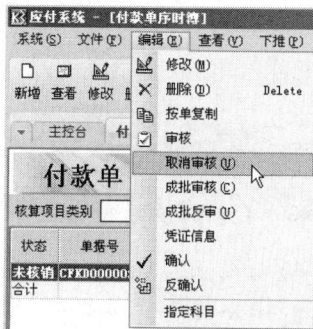

图 9-92　【取消审核】菜单项

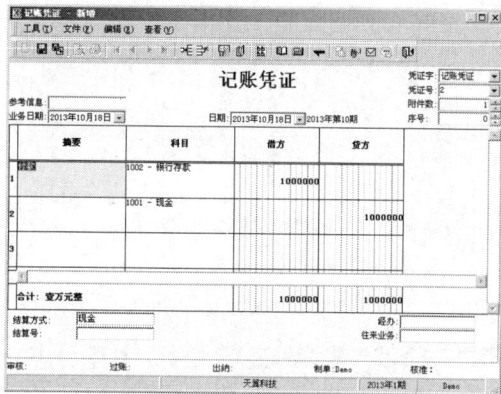

图 9-93　【记账凭证-新增】窗口

步骤 15：选择【文件】➤【打印预览】菜单项，打开【打印预览】窗口，在打开的窗口中可以查看预览效果，如图 9-94 所示。

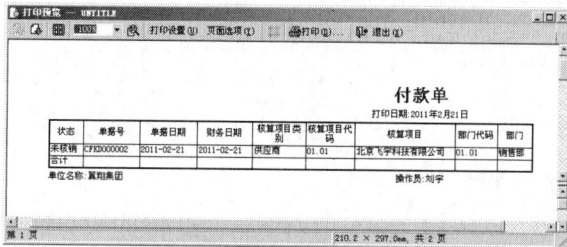

图 9-94　【打印预览】窗口

步骤 16：单击【退出】按钮，即可完成付款单的处理操作。

9.2.4　实训 10　退款单处理

退款处理主要是针对应付退款单进行的新增、修改、删除等维护操作。

其具体的操作步骤如下。

步骤 1：在【主控台】界面中，选择【财务会计】标签，单击【应付款管理】系统功能项下的【退款】子功能项，进入【退款】界面，如图 9-95 所示。

步骤 2：双击【退款单-维护】选项，打开【过滤】对话框，在其中设置过滤的条件，如图 9-96 所示。

步骤 3：单击【确定】按钮，打开【应付退款单序时簿】界面，如图 9-97 所示。

步骤 4：单击【新增】按钮，打开【应付退款单-新增】窗口，在其中指定单据日期、财务日期、核算项目类别、核算项目等选项，如图 9-98 所示。

步骤 5：单击【保存】按钮即可将该单据保存到系统中，单击【退出】按钮，返回

【应付退款单序时簿】界面中，则新增的退款单显示在该界面中，如图 9-99 所示。

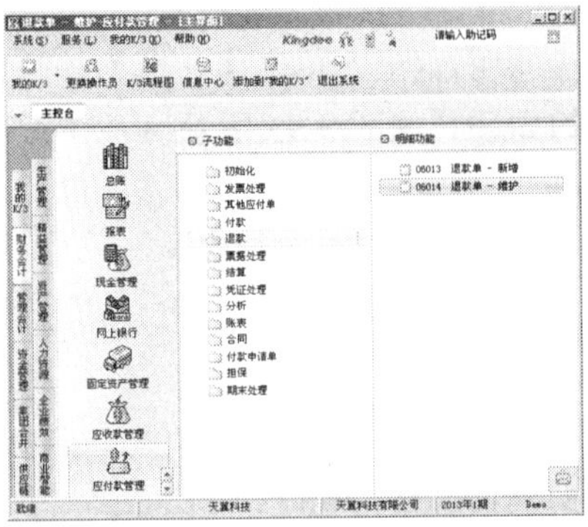

图 9-95　【退款】界面

图 9-96　【过滤】对话框

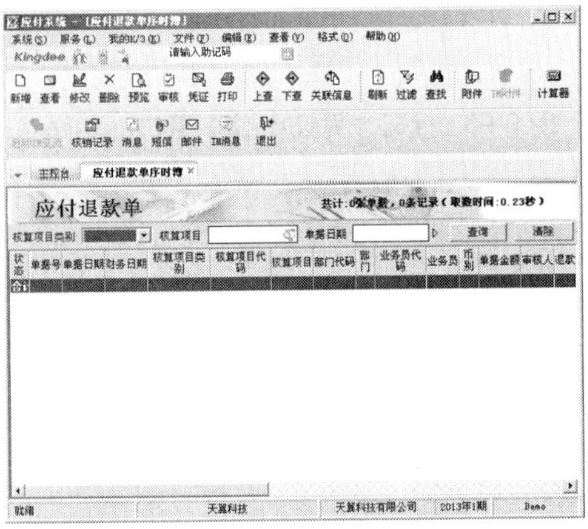

图 9-97　【应付退款单序时簿】界面

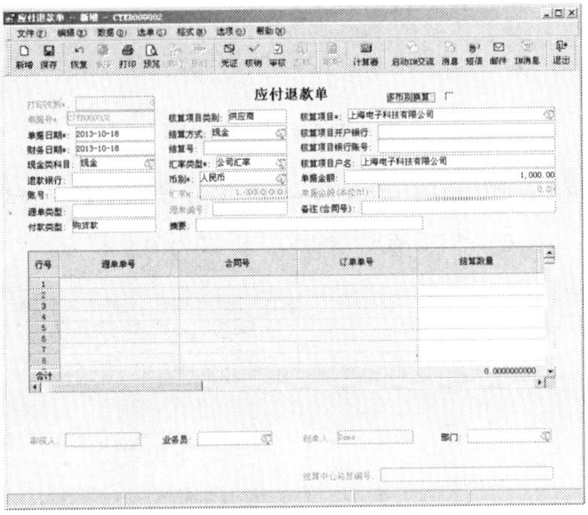

图 9-98　【应付退款单-新增】窗口

步骤 6：如果想要查看某一记录的详细信息，则可选中该记录，然后单击【查看】按钮，打开该退款单查看其详细信息，如图 9-100 所示。

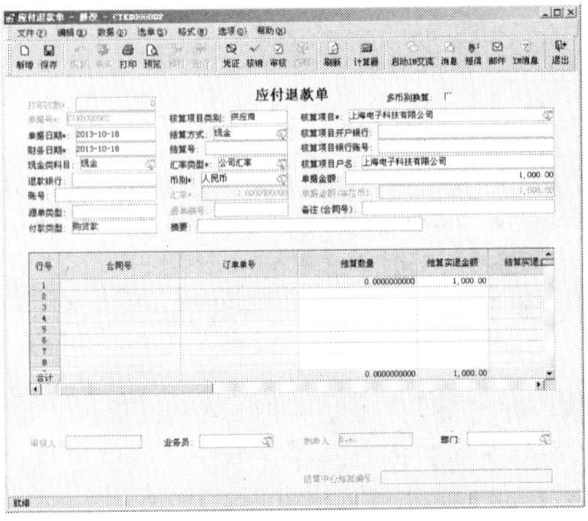

图 9-99　【应付退款单序时簿】界面

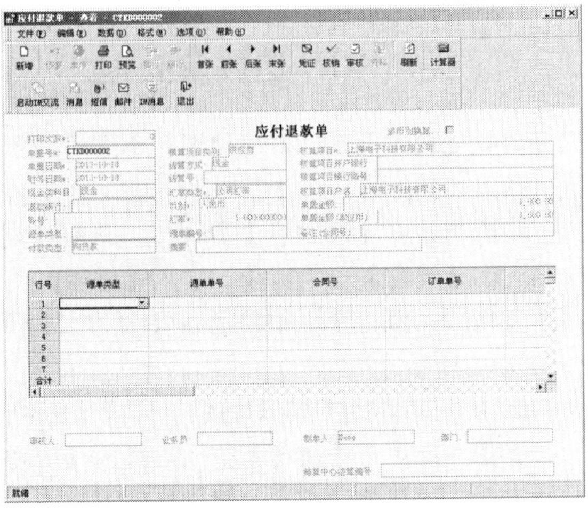

图 9-100　【应付退款单-查看】窗口

步骤 7：如果想要修改某一记录的数据信息，则可选中该记录，然后单击【修改】按钮，打开该应付退款单进行修改，如图 9-101 所示。

步骤 8：如果想要删除某一记录息，则可选中该记录，然后单击【删除】按钮，从弹出的信息提示框中单击【是】按钮，即可完成删除操作，如图 9-102 所示。

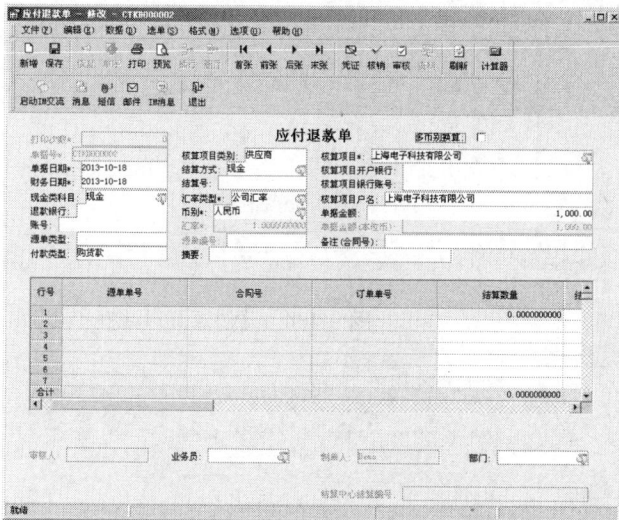

图 9-101　【应付退款单-修改】窗口　　　　图 9-102　金蝶提示信息框

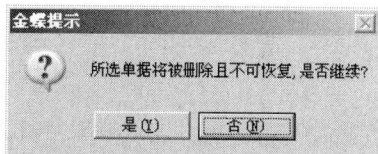

> **注意**：用户不能删除和修改已经审核、核销、生成凭证的等业务操作的单据，也不能删除系统自动生成的单据。

9.2.5　实训 11　票据的处理

应付票据用来核算公司因采购商品、接受劳务等而付出的商业汇票，包括银行承兑汇票和商业承兑汇票。对应付票据的处理主要是对应付票据进行各种维护，如新增、修改、删除及付款、退票等操作。

票据处理的具体操作步骤如下。

步骤 1：在【主控台】界面中，选择【财务会计】标签，单击【应付款管理】系统功能项下的【票据处理】子功能项，进入【票据处理】界面，如图 9-103 所示。

步骤 2：双击【应付票据-维护】选项，打开【过滤】对话框，在【事务类型】下拉列表框中选择【初始化_应付票据】或【全部应付票据】，如果选择【全部应付票据】选项，则进入的【应付票据序时簿】界面，在其中不能新增应付票据，这里选取【应付票据】选项，如图 9-104 所示。

步骤 3：单击【确定】按钮，进入【应付票据序时簿】界面，如图 9-105 所示。

步骤 4：单击【新增】按钮，打开【应付票据-新增】窗口，在其中选择票据类型，设置签发日期等。若该票据允许撤销，则可选取【可撤销】复选框，如图 9-106 所示。

步骤 5：单击【保存】按钮，将票据保存到系统中。单击【退出】按钮，返回【应付票据序时簿】界面中，则增加的应付票据信息将显示在该窗口中，如图 9-107 所示。

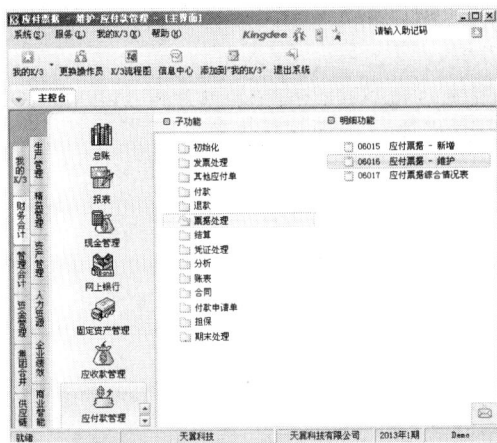

图 9-103　【票据处理】界面

图 9-104　【过滤】对话框

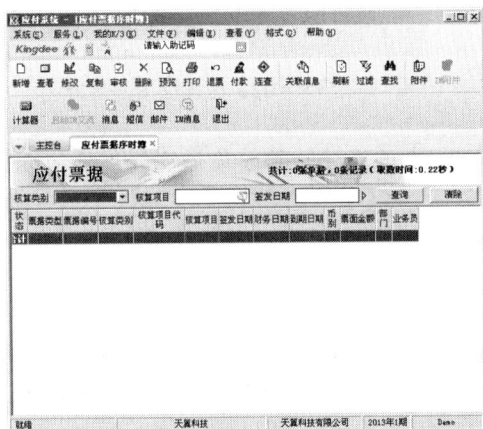

图 9-105　【应付票据序时簿】窗口

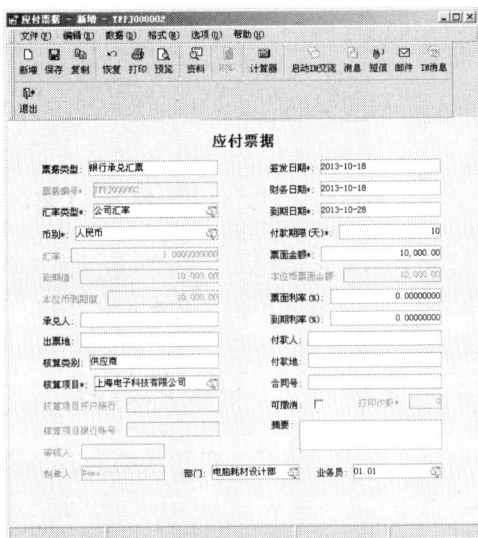

图 9-106　【应付票据-新增】窗口

　　步骤 6：如果想要修改某一票据，则只需选中需要修改的票据，然后单击工具栏中的【修改】按钮，打开【应付票据-修改】窗口，在其中进行相应的修改操作，如图 9-108 所示。

　　步骤 7：如果想要删除某一票据，只需选择该票据后，然后单击工具栏中的【删除】按钮，弹出一个信息提示框，单击【是】按钮，即可将所选票据删除，如图 9-109 所示。

　　步骤 8：如果想要审核某一票据，只需选取需要审核的票据后，然后单击工具栏中的【审核】按钮，打开【请选择】对话框，在其中选择是将所选单据生成付款单还是生成预付单，如图 9-110 所示。

　　步骤 9：单击【确定】按钮，即可完成票据的审核。若需要修改已经审核的票据，则可选取该票据后，选择【编辑】➢【取消审核】菜单项，取消票据的审核操作，如图 9-111 所示。

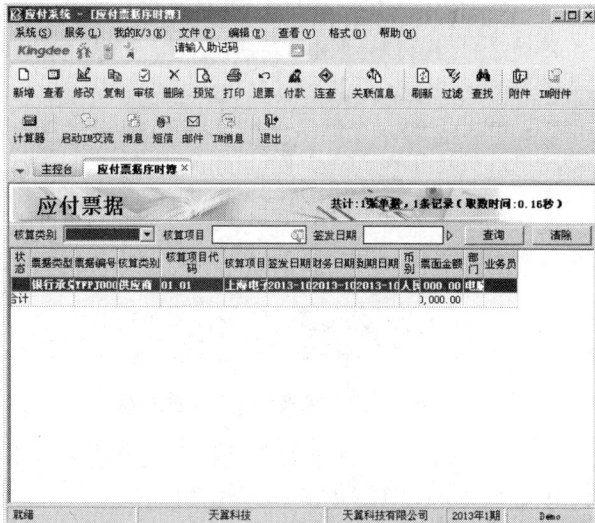

图 9-107　【应付票据序时簿】界面

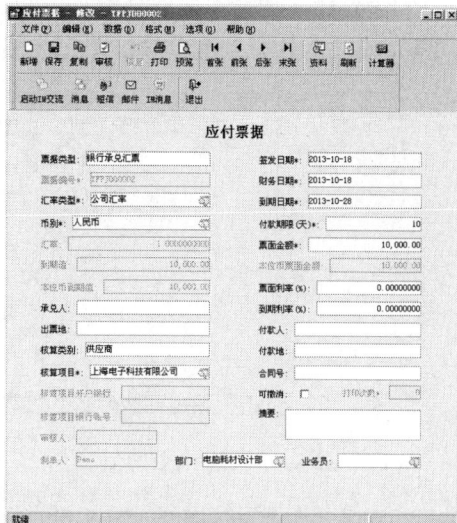

图 9-108　【应付票据-修改】窗口

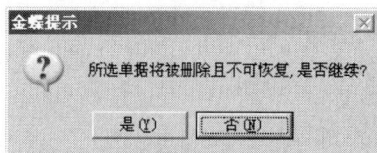

图 9-109　金蝶提示信息框

图 9-110　【请选择】对话框

步骤 10：如果需要将票据作退票处理，则在序时簿窗口中选取该票据之后，单击【退票】按钮，打开【应付票据退票】对话框，在其中设定退票日期与退回金额，单击【确定】按钮，即可完成退票操作，如图 9-112 所示。

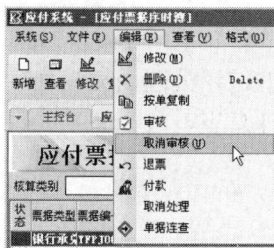

图 9-111　【取消审核】菜单项

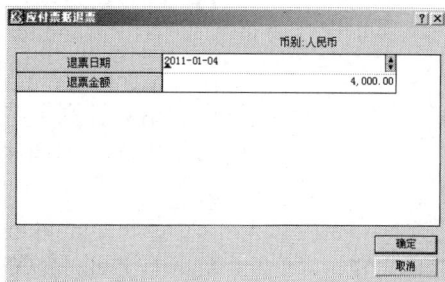

图 9-112　【应付票据退票】对话框

注意： 若所选应付票据没有进行审核或审核后生成的相应单据没有进行审核，则不能作退票处理。若是将背书后的票据进行退票处理，则不能查看原背书记录。

步骤 11：选取需要进行付款处理的票据，单击【付款】按钮，打开【应付票据到期付款】对话框，在其中指定结算日期、金额、利息、费用、结算科目等选项，然后单击【确定】按钮，即可完成应付票据的付款操作，如图 9-113 所示。

步骤 12：如果需要取消票据的付款处理，只要在【应付票据序时簿】界面中选择【编辑】➤【取消处理】菜单项，即可完成取消票据处理的操作，如图 9-114 所示。

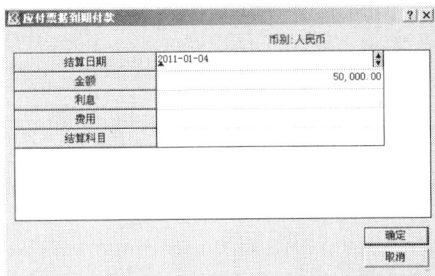

图 9-113 【应付票据到期付款】对话框

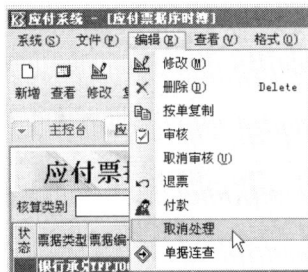

图 9-114 【取消处理】菜单项

步骤 13：如果所选票据已经生成其他单据或凭证，单击【连查】按钮，即可自动调出相应的窗口，并显示应付票据在各种状态下生成的相应单据，如图 9-115 所示。

步骤 14：如果在【应付票据序时簿】界面中为所选票据添加了附件，则可以单击工具栏上的【附件】按钮，查看有关的附件信息，如图 9-116 所示。

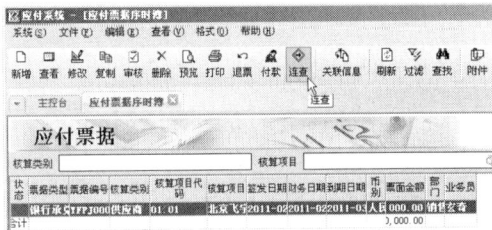

图 9-115 连查票据

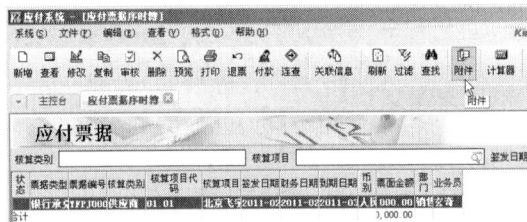

图 9-116 查看附件信息

9.3 应付款管理系统的结算

应付款管理系统提供的结算管理主要是基于应付款的核销处理及凭证处理，进行核销处理后才能正确计算账龄分析表、到期债务列表、应付计息表，进行凭证处理后相应的往来数据才可以传入总账系统。

9.3.1 实训 12 应付款核销管理

核销管理模块主要是用来对往来账款进行各种形式的核销处理，虽然通过单据的录入可以及时获悉往来款的余额资料，如应付款汇总表、应付款明细表，但由于付款到账的时间差异性等特点，要正确计算账龄分析表、到期债权列表、应付计息表等，不能简单地按时间先后顺序以付款日期为基础进行计算，必须通过核销进行处理。

对应付款单据进行处理的具体操作步骤如下。

步骤 1：在【主控台】界面中，选择【财务会计】标签，单击【应付款管理】系统功能项下的【结算】子功能项，进入【结算】界面，如图 9-117 所示。

步骤 2：双击【应付款核销-付款结算】选项，打开【核销(应付)】界面，并弹出【单据核销】对话框，在【核销类型】下拉列表框中选取【付款结算】选项，并设置核算项目类别、核算项目代码范围、部门等选项，如图 9-118 所示。

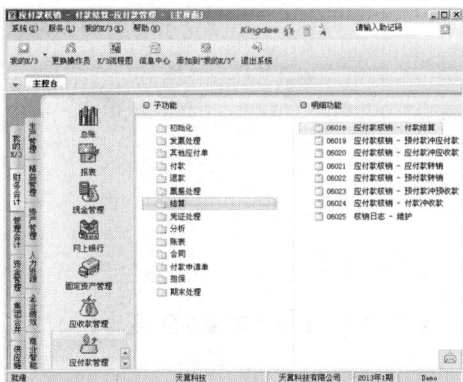

图 9-117　【结算】界面

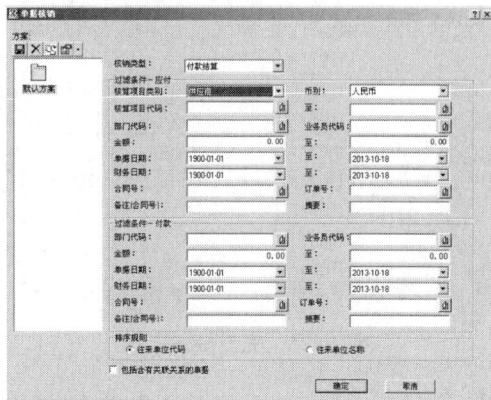

图 9-118　【单据核销】对话框

步骤 3：单击【确定】按钮，进入【核销(应付)】界面，如图 9-119 所示。

步骤 4：在【核销方式】下拉列表框中，用户还可以选择【单据】、【存货数量】、【关联关系】三种核销方式，并在【核销日期】后的日期框中设置相应的核销日期，如图 9-120 所示。

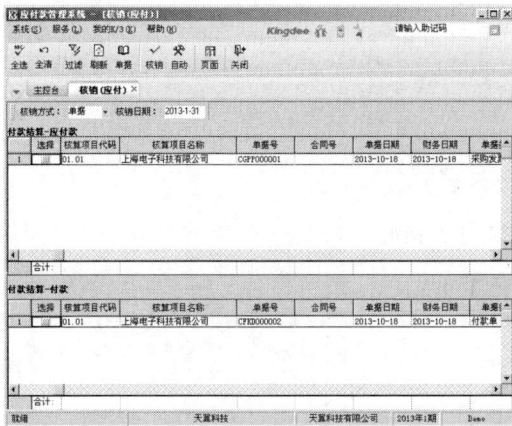

图 9-119　【核销(应付)】界面

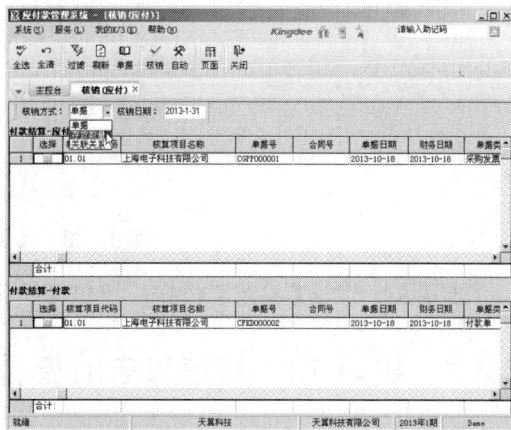

图 9-120　选择核销方式

步骤 5：若要使用自动核销方式，则可单击【自动】按钮，按往来单位余额自动进行核销。若要手动核销，则可在应付款单据列表窗口和付款单据列表窗口中，分别将符合核销条件的单据标上√记号，单击【核销】按钮完成核销操作，如图 9-121 所示。

步骤 6：在【核销操作】窗口中，如果要查看某核销记录的详细信息，只需选中该记录，然后单击【单据】按钮，打开该单据，在其中查看其详细信息，如图 9-122 所示。

步骤 7：单击【页面】按钮，打开【页面选项】对话框，在其中可设置不同的单据列表窗口中显示的字段及其宽度，如图 9-123 所示。

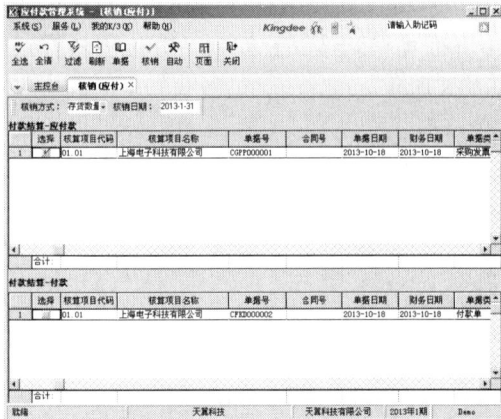

图 9-121　完成核销操作

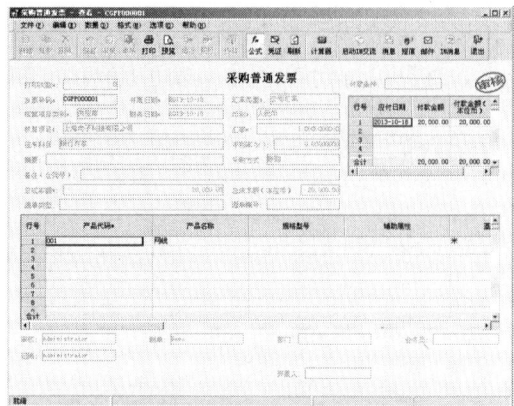

图 9-122　【采购普通发票-查看】窗口

图 9-123　【页面选项】对话框

步骤 8：单击【关闭】按钮，退出【核销操作】窗口。

9.3.2　实训 13　核销日志的查看

如果希望查询应付单据的核销情况，可以按照如下操作步骤来进行。

步骤 1：在【结算】界面中，双击【核销日志-维护】选项，打开【核销日志】界面，并弹出【过滤条件】对话框，在其中设置核销日期、核销人等核销条件，以及核算项目类别、核算项目、部门等单据条件，如图 9-124 所示。

步骤 2：单击【确定】按钮，进入【核销日志(应付)】界面，在其中显示符合条件的核销记录，如图 9-125 所示。

步骤 3：选择需要的反核销记录，单击【反核销】按钮，完成单据的反核销操作，如图 9-126 所示。

步骤 4：如果要查看某记录的详细信息，只需选中该记录，然后单击【单据】按钮，打开该单据查看其详细信息，如图 9-127 所示。

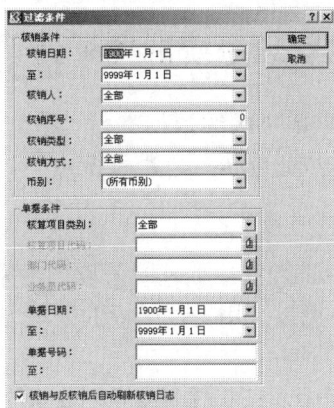

图 9-124　【过滤条件】对话框

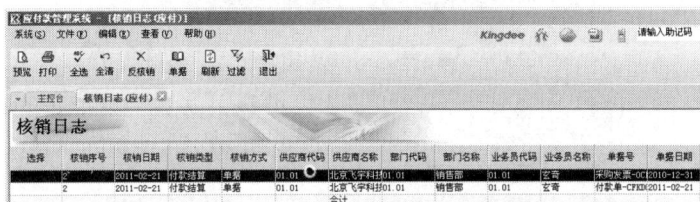

图 9-125　【核销日志(应付)】界面

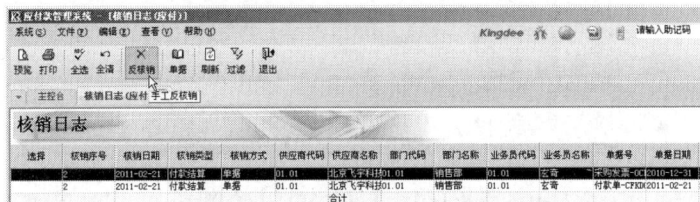

图 9-126　完成单据的反核销操作

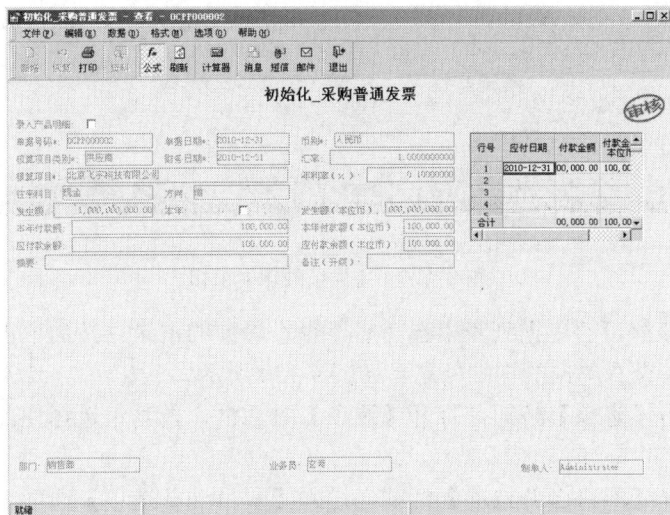

图 9-127　查看单据的详细信息

9.3.3 实训 14 应付款管理系统的凭证处理

为保证应付款管理系统与总账系统的数据保持一致，在应付款管理系统新增单据之后，必须通过凭证处理把单据生成凭证传入总账系统。

1. 应付单据的凭证生成

在应付款管理系统中，集中进行凭证处理时可以分为采用凭证模板的处理方式与不采用凭证模板的处理方式两种，下面以采用凭证模板的处理方式进行介绍。

其具体的操作步骤如下。

步骤 1：在【主控台】界面中，选择【财务会计】标签，单击【应付款管理】系统功能项下的【凭证处理】子功能项，进入【凭证处理】界面，如图 9-128 所示。

图 9-128 【凭证处理】界面

步骤 2：双击【凭证-生成】选项，打开【凭证处理】窗口，如图 9-129 所示。

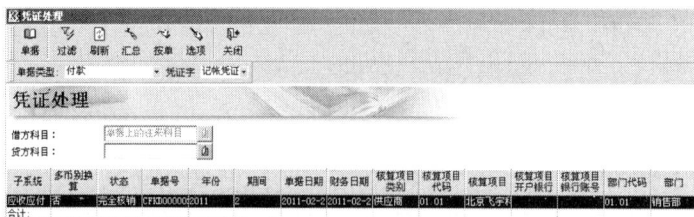

图 9-129 【凭证处理】窗口

步骤 3：在该窗口的单据列表中选择需要查看单据的记录，然后单击【单据】按钮，打开相应的单据，查看单据的详细信息，如图 9-130 所示。

步骤 4：单击【选项】按钮，打开【选项】对话框，在其中选择凭证的生成模式，如图 9-131 所示。

步骤 5：选择【科目合并选项】标签，进入【科目合并选项】选项卡，在其中选择相应的复选框，从而设置科目合并选项，如图 9-132 所示。

步骤 6：单击【确定】按钮，即可完成设置操作。

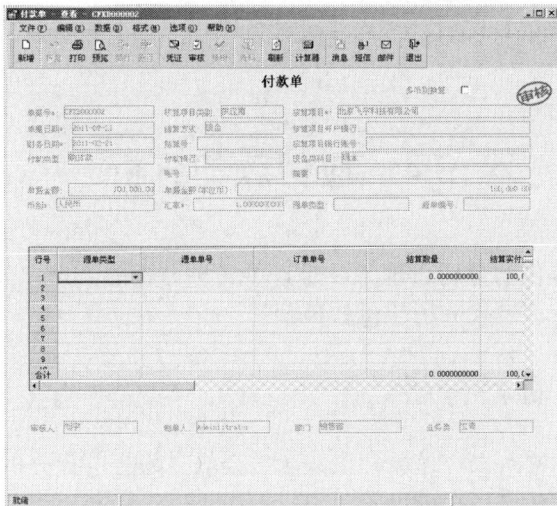

图 9-130　【付款单-查看】窗口

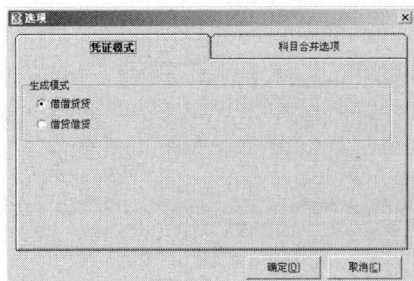

图 9-131　【选项】对话框

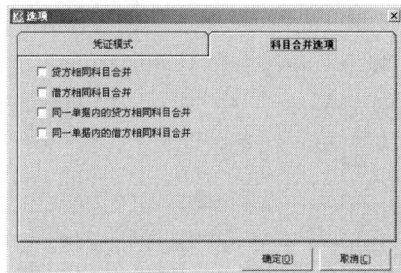

图 9-132　【科目合并选项】选项卡

2. 应付单据的凭证查询

将当期的应付单据制作成凭证后，用户还可以通过会计序时簿对生成的凭证信息进行查询。

其具体的操作步骤如下。

步骤 1：在【凭证处理】界面中，双击【凭证维护】选项，打开【会计分录序时簿】界面，并弹出【会计分录序时簿-过滤条件】对话框，在其中设置过滤条件和排序方式，以及凭证的状态，如图 9-133 所示。

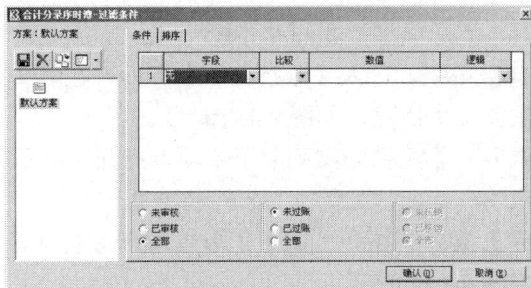

图 9-133　【会计分录序时簿-过滤条件】对话框

步骤 2：单击【确认】按钮，进入【会计分录序时簿】界面，并显示符合条件的凭证记录。

9.4　应付款的分析

应付款管理系统提供的分析管理主要是提供各种分析的查询，分析管理主要有以下几个功能模块：账龄分析、付款分析、付款预测等。

9.4.1　实训 15　账龄分析

账龄分析主要是用来对未核销的往来账款的余额、账龄进行分析。

查看账龄分析的具体操作步骤如下。

步骤 1：在【主控台】界面中，选择【财务会计】标签，单击【应付款管理】系统功能项下的【分析】子功能项，进入【分析】界面，所有的分析都在该界面中进行，如图 9-134 所示。

步骤 2：在【分析】界面中双击【账龄分析】选项，打开【过滤条件】对话框，在其中设置过滤条件、分析对象，以及是否包括未审核单据、是否取查询截止日期的单据余额等选项，如图 9-135 所示。

图 9-134　【分析】界面

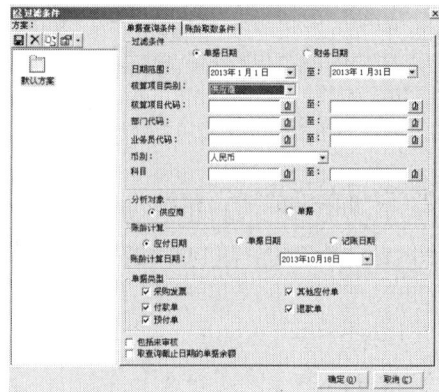

图 9-135　【过滤条件】对话框

步骤 3：选择【账龄取数条件】标签，进入【账龄取数条件】选项卡，在其中设置账龄的分组方式，排序字段、汇总类型，如图 9-136 所示。

步骤 4：单击【确定】按钮，进入【账龄分析】界面，在其中拖曳窗口中的垂直滚动条和水平滚动条以查看账龄分析情况，如图 9-137 所示。

步骤 5：选择【查看】➤【显示/隐藏列】菜单项，打开【显示/隐藏列】对话框，在其中设置表格中显示或隐藏的列标题，如图 9-138 所示。

步骤 6：选择【查看】菜单，在弹出的子菜单中用户可以设置表格的行高、冻结的列数、启用超宽预警等，如图 9-139 所示。

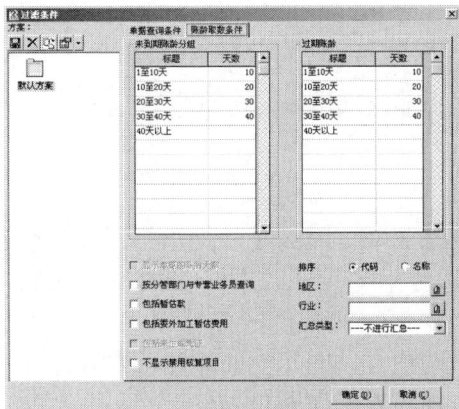

图 9-136　【账龄取数条件】选项卡

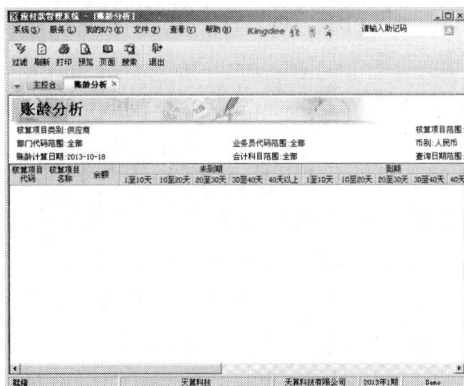

图 9-137　【账龄分析】界面

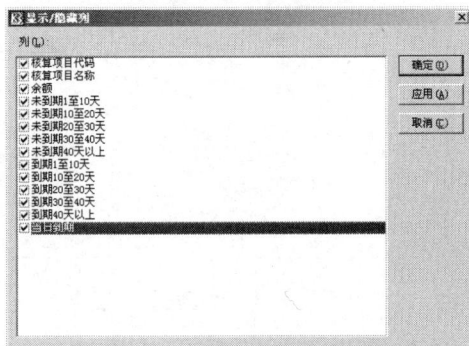

图 9-138　【显示/隐藏列】对话框

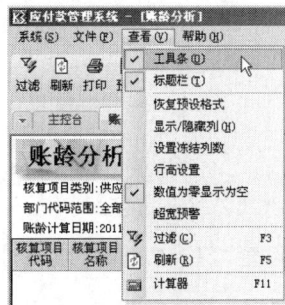

图 9-139　【查看】菜单

步骤 7：选择【文件】菜单，在弹出的子菜单中用户可以将当前窗口中显示的账龄分析表打印输出和引出，如图 9-140 所示。

步骤 8：单击工具栏上的【过滤】按钮，可以再次打开【过滤】对话框，在其中重新设置过滤条件，单击工具栏上的【退出】按钮，即可关闭【账龄分析】窗口，如图 9-141 所示。

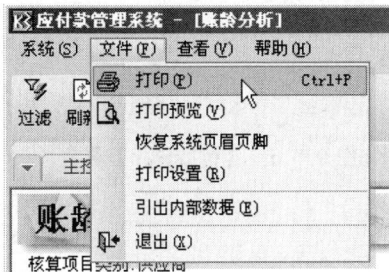

图 9-140　【文件】菜单

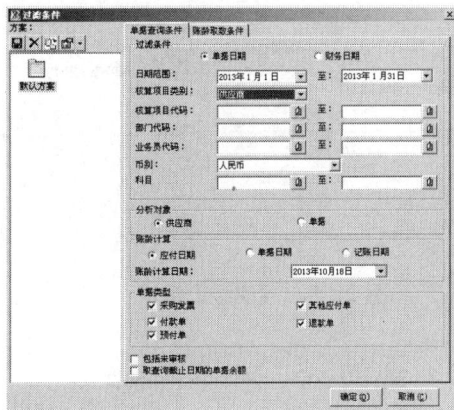

图 9-141　【过滤】对话框

9.4.2 实训 16 付款分析

付款分析主要是用来统计往来单位(或地区、行业)付款的金额，以及占总体的付款金额的比例。

查看付款分析的具体操作步骤如下。

步骤 1：在【分析】界面中，双击【付款分析】选项，打开【付款分析-过滤条件】对话框，设置单据日期范围、核算项目类别、核算项目代码范围、部门、业务员、币别、产品、地区、行业等选项，如图 9-142 所示。

步骤 2：选择【汇总】标签，进入【汇总】选项卡，在其中选择分析方案、分析标准，以及分级汇总的方式、排序字段及排序方式等选项，如图 9-143 所示。

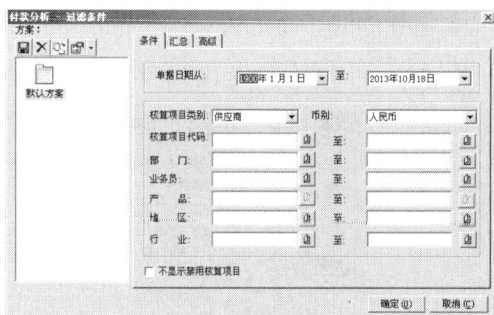

图 9-142 【付款分析-过滤条件】对话框

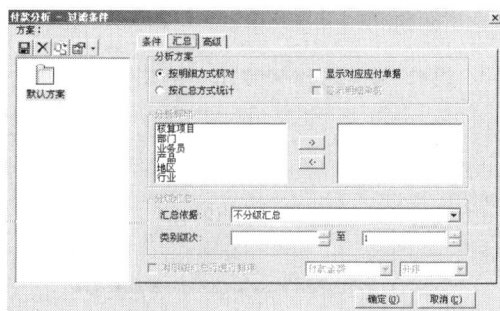

图 9-143 【汇总】选项卡

步骤 3：选择【高级】标签，进入【高级】选项卡，在其中选择单据类型、付款类型，以及单据状态等选项，如图 9-144 所示。

步骤 4：单击【确定】按钮，打开【付款分析】界面，拖动窗口中的垂直和水平滚动条即可查看付款分析情况，如图 9-145 所示。

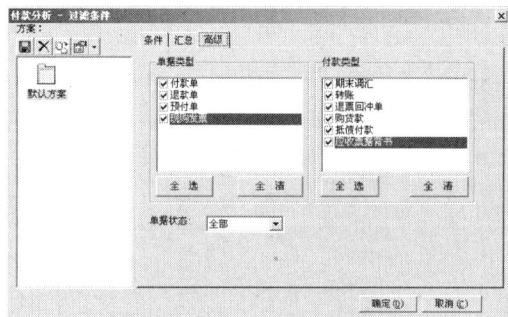

图 9-144 【高级】选项卡

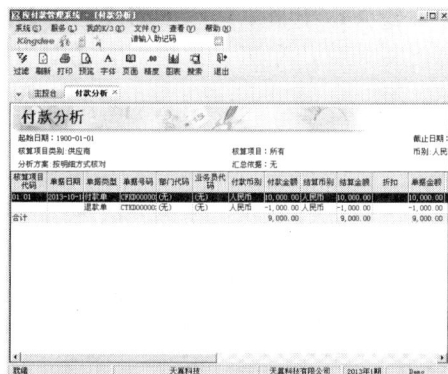

图 9-145 【付款分析】界面

9.4.3 实训 17 付款预测

付款预测主要是根据应付款及已付款金额来统计将来的付款金额。

查看付款预测的具体操作步骤如下。

步骤 1：在【分析】界面中，双击【付款预测】选项，打开【付款预测】对话框，在其中设置截止日期、核算项目类别、核算项目代码范围等选项，如图 9-146 所示。

步骤 2：单击【确定】按钮，即可进入【付款预测】界面，在其中查看付款预测的详细信息，如图 9-147 所示。

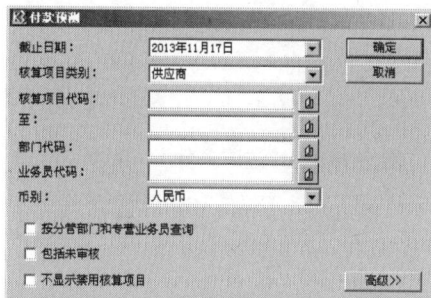

图 9-146　【付款预测】对话框

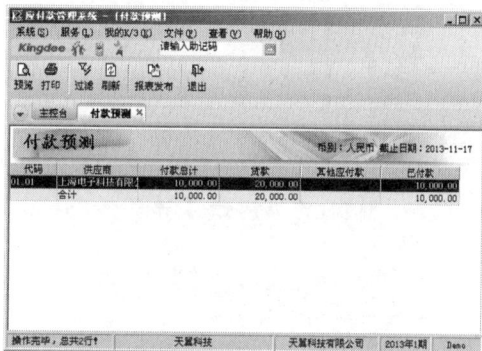

图 9-147　【付款预测】界面

9.5　查 询 账 表

应付款管理系统提供的账表管理主要是提供各种报表的查询，账表管理主要由以下几个功能模块：应付款明细表、应付款汇总表、往来对账单、到期债权列表、应付款计息表、调汇记录表、应付款趋势分析表和月结单连打等报表。

9.5.1　实训 18　查询应付款明细表

应付款汇总表主要是用来反映往来单位在某段时间的本期应付数、本期实付数、本年累计应付数、本年累计实付数、期初余额、期末余额等，方便与总账的对账。

查询应付款明细表的具体操作步骤如下。

步骤 1：在【主控台】界面中，选择【财务会计】标签，单击【应付款管理】系统功能项下的【账表】子功能项，进入【账表】界面，如图 9-148 所示。

步骤 2：双击【应付款明细表】选项，打开【过滤条件】对话框，在其中设置查询方式及其相应选项，选择核算项目类别、核算项目代码范围、币别、单据类型等选项，并根据实际需要选取相应的复选框，如图 9-149 所示。

步骤 3：选择【高级】标签，进入【高级】选项卡，在其中设置行业代码范围、地区代码范围，以及部门代码范围、业务员代码范围和科目代码范围等选项，如图 9-150 所示。

步骤 4：单击【确定】按钮，即可按照用户的设置条件生成应付款明细表，如图 9-151 所示。

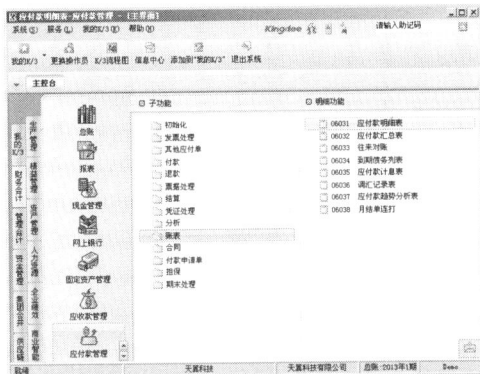

图 9-148　【账表】界面

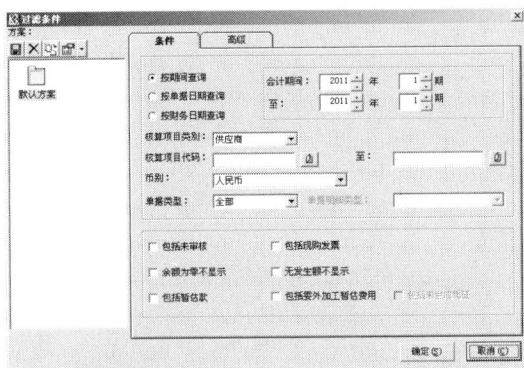

图 9-149　【过滤条件】对话框

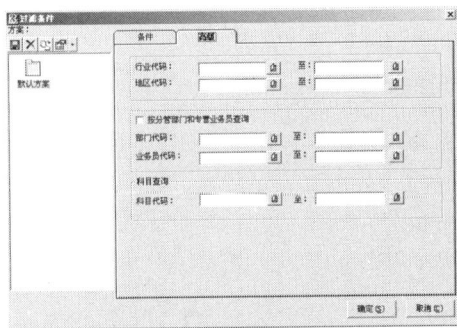

图 9-150　【高级】选项卡

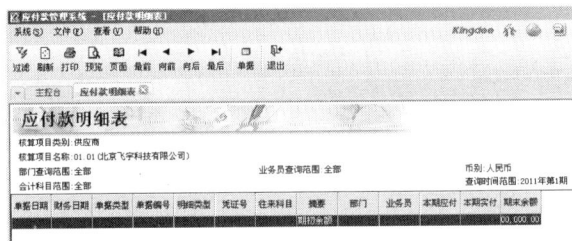

图 9-151　应付款明细表

9.5.2　实训 19　查询应付款汇总表

应付款明细表可以按期间输出，也可以按具体日期输出，用户可以通过应付款明细表查询往来账款的日报表。

查询应付款汇总表的具体操作步骤如下。

步骤 1：在【账表】界面中，双击【应付款汇总表】选项，打开【过滤条件】对话框，在其中根据实际情况设置查询的条件，如图 9-152 所示。

步骤 2：选择【高级】标签，进入【高级】选项卡，在其中设置更高级的查询内容。如图 9-153 所示。

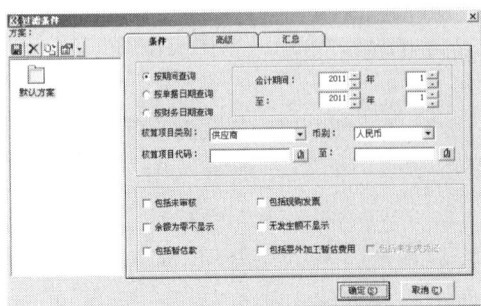

图 9-152　【过滤条件】对话框

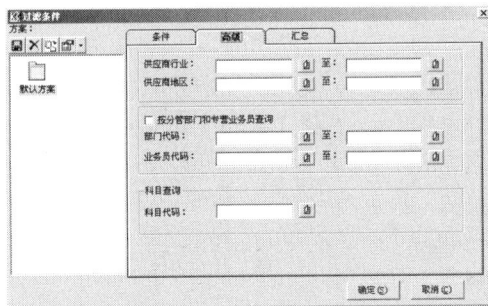

图 9-153　【高级】选项卡

步骤 3：选择【汇总】标签，进入【汇总】选项卡，在其中设置分析标准和分级汇总等选项，如图 9-154 所示。

步骤 4：单击【确定】按钮，进入查询的应付款汇总表，在其中拖动垂直和水平滚动条即可查看应付款汇总表的信息，如图 9-155 所示。

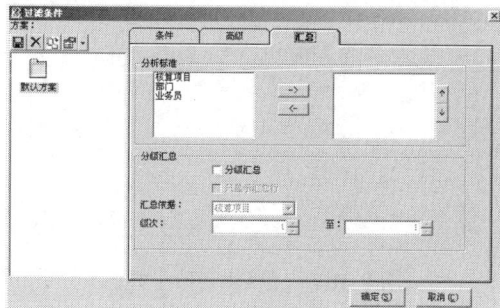

图 9-154　【汇总】选项卡

图 9-155　应付款汇总表

9.5.3　实训 20　查询往来对账单

往来对账单主要是用来与供应商进行对账，查看往来对账单的具体操作步骤如下。

步骤 1：在【账表】界面中，双击【往来对账】选项，打开【过滤条件】对话框，在其中设置过滤的条件、余额类型等选项，并根据实际情况选择相应的复选框，如图 9-156 所示。

步骤 2：选择【高级】标签，进入【高级】选项卡，在其中选择单据类型和排序方式，并根据实际需要选择相应的复选框，如图 9-157 所示。

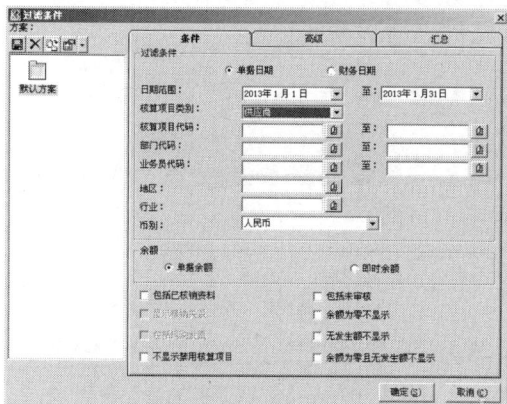

图 9-156　【过滤条件】对话框

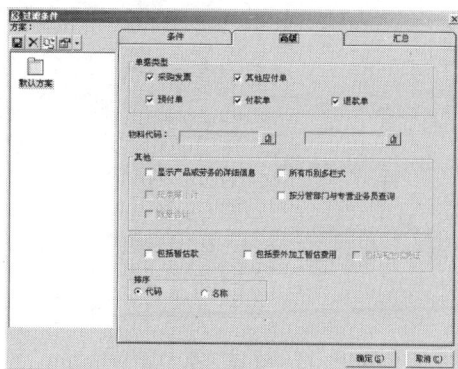

图 9-157　【高级】选项卡

步骤 3：选择【汇总】标签，进入【汇总】选项卡，在其中可以设置往来对账的分析标准，如图 9-158 所示。

步骤 4：单击【确定】按钮进入【往来对账】界面，在其中显示符合条件的往来对账信息，如图 9-159 所示。

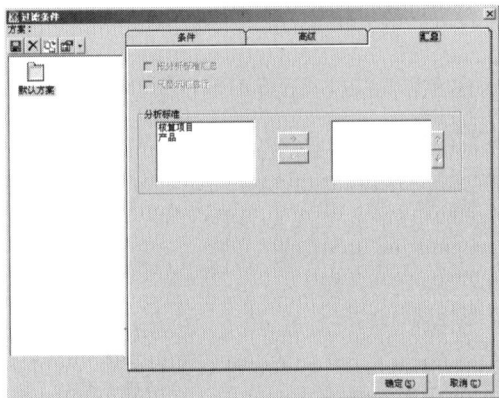

图 9-158　【汇总】选项卡

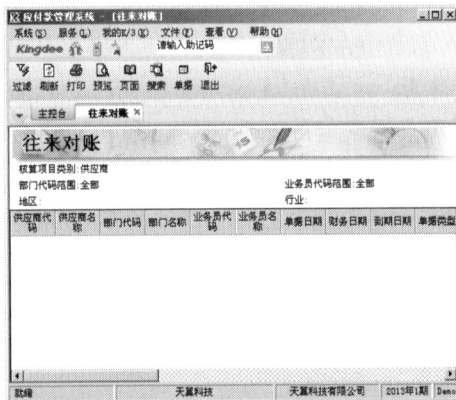

图 9-159　【往来对账】界面

9.5.4　实训 21　查询到期债权列表

到期债务列表反映截止到指定日期止，已经到期的未核销应付款及过期天数、未到期的应付款及未过期天数。

其具体的操作步骤如下。

步骤 1： 在【账表】界面中，双击【到期债务列表】选项，打开【过滤条件】对话框，在其中根据实际情况设置相应的过滤条件，如图 9-160 所示。

步骤 2： 单击【确定】按钮，进入【到期债务列表】界面，在其中查看到期债务列表的相应信息，如图 9-161 所示。

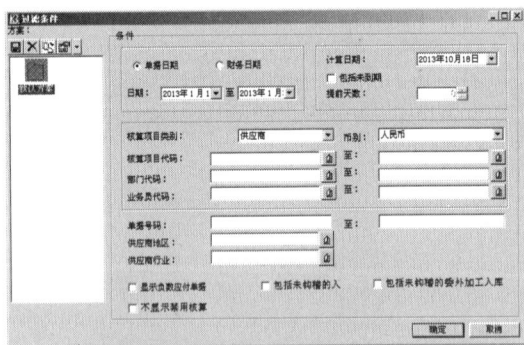

图 9-160　【过滤条件】对话框

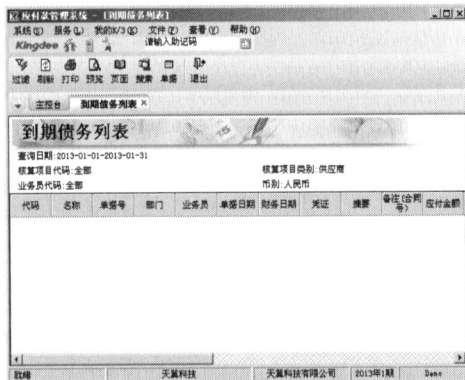

图 9-161　【到期债务列表】界面

9.5.5　实训 22　查询应付款计息表

应付计息表反映到截止日期止，已经到期应付款的应计利息，具体的操作步骤如下。

步骤 1： 在【账表】界面中，双击【应付款计息表】选项，打开【计息过滤条件】对话框，在其中根据实际需要设置相应的查询条件，如图 9-162 所示。

步骤 2： 单击【确定】按钮，进入【应付款计息表】界面，在其中查看相应的信息，如图 9-163 所示。

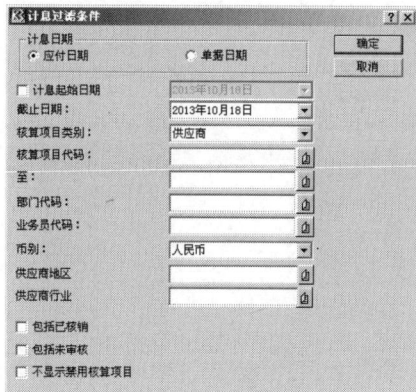

图 9-162 【计息过滤条件】对话框

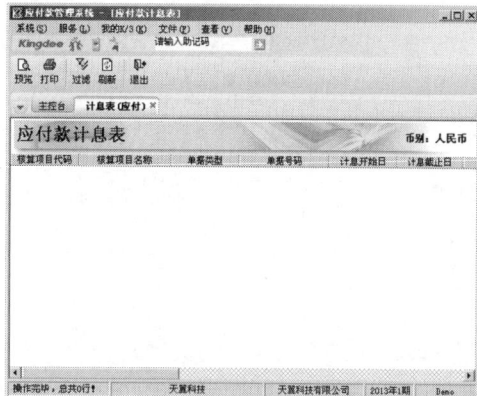

图 9-163 【应付款计息表】界面

9.5.6 实训 23 查询调汇记录表

调汇记录表反映指定期间的调汇历史记录，查询调汇记录表的具体操作步骤如下。

步骤 1：在【账表】界面中，双击【调汇记录表】选项，打开【过滤条件】对话框，在其中设置相应的查询条件，如图 9-164 所示。

步骤 2：单击【确定】按钮，进入【调汇记录表】界面，在其中显示符合条件的调汇记录表信息，如图 9-165 所示。

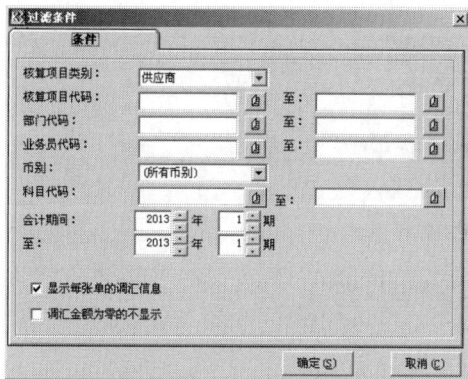

图 9-164 【过滤条件】对话框

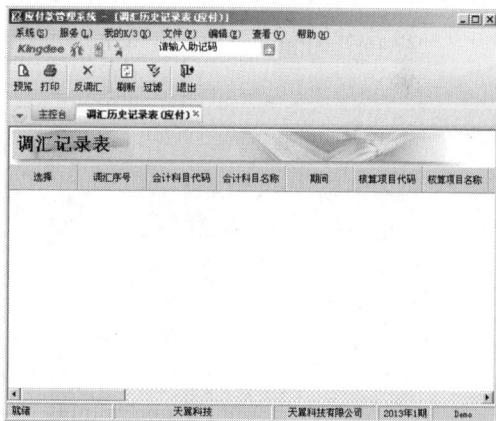

图 9-165 【调汇记录表】界面

9.5.7 实训 24 查询应付款趋势分析表

查询应付款趋势分析表的具体操作步骤如下。

步骤 1：在【账表】界面中，双击【应付款趋势分析表】选项，打开【趋势分析表过滤条件】对话框，在其中根据实际情况设置相应的过滤条件，如图 9-166 所示。

步骤 2：单击【确定】按钮，进入【应付趋势分析表】界面，在其中查看需要查询的应付款趋势分析表的相应信息，如图 9-167 所示。

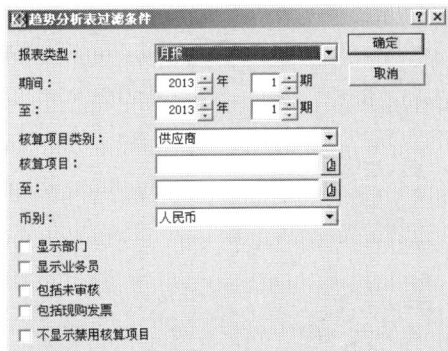

图 9-166　【趋势分析表过滤条件】对话框

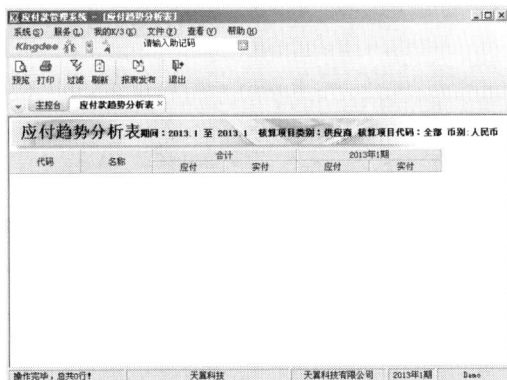

图 9-167　【应付趋势分析表】界面

9.5.8　实训 25　查询月结单连打

月结单反映企业在实际工作中形成的一种与往来单位进行账务核对、单据核对、账龄核对的情况。

查询月结单连打的具体操作步骤如下。

步骤 1：在【账表】界面中，双击【月结单连打】选项，打开【过滤条件】对话框，在其中根据实际需要设置相应的过滤条件，如图 9-168 所示。

步骤 2：单击【确定】按钮，打开【月结单连打】界面，用户即可查看需要的月结单信息，如图 9-169 所示。

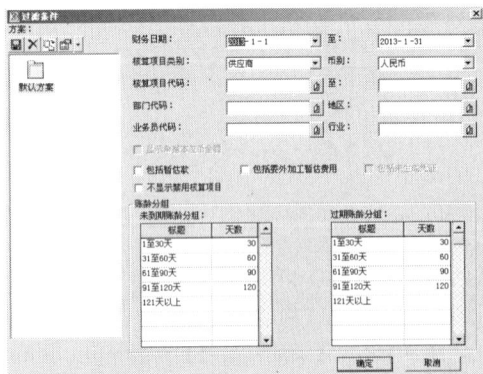

图 9-168　【过滤条件】对话框

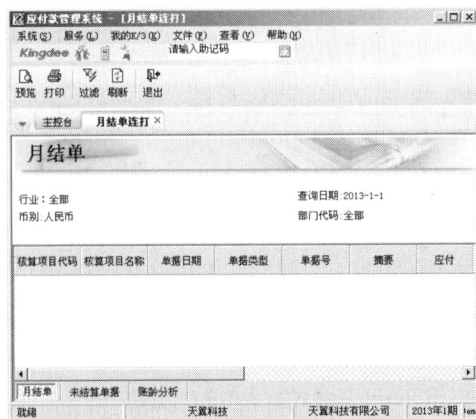

图 9-169　【月结单连打】界面

9.6　应付款的期末处理

与应收款管理系统一样，应付款管理系统在一个会计期间结束时，也需要进行期末处理。

9.6.1　实训 26　期末总额对账

在应付款管理系统中，选择应付系统的余额与总账系统指定科目的合计进行对账的过程就是期末总额对账，具体的操作步骤如下。

步骤 1：在【期末处理】界面中，双击【期末总额对账】选项，如图 9-170 所示。

步骤 2：打开【期末总额对账-过滤条件】对话框，在其中设置对账年份、对账期间及相应的科目等，并可选取【显示核算项目明细】、【考虑未过账的凭证】、【包括暂估款】和【包括委外加工暂估费用】复选框，如图 9-171 所示。

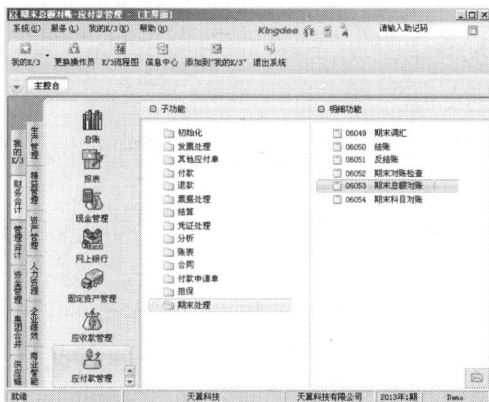

图 9-170　【期末处理】界面

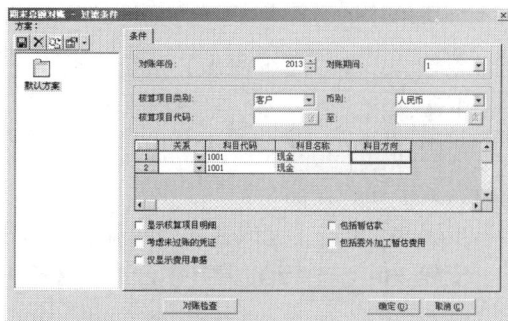

图 9-171　【期末总额对账-过滤条件】对话框

步骤 3：单击【确定】按钮，进入【期末总额对账】界面，如图 9-172 所示。

步骤 4：单击【精度】按钮，打开【汇总行精度设置】对话框，在其中设置数量精度和单价精度，然后单击【确定】按钮即可完成设置操作，如图 9-173 所示。

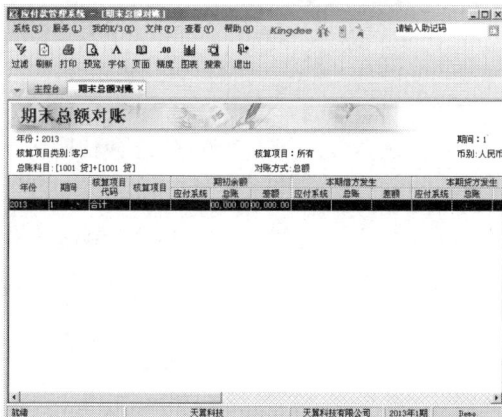

图 9-172　【期末总额对账】界面

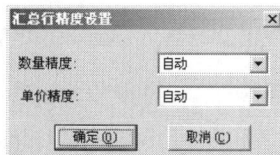

图 9-173　【汇总行精度设置】对话框

步骤 5：单击【图表】按钮，打开【图表反映报表】对话框，如图 9-174 所示。

步骤 6：单击【新建】按钮，打开【图表向导】对话框，在其中输入方案的名称，并在【图表类型】列表框中选择相应的类型，如图 9-175 所示。

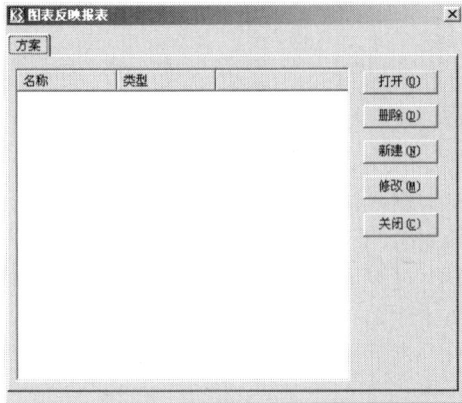

图 9-174 【图表反映报表】对话框

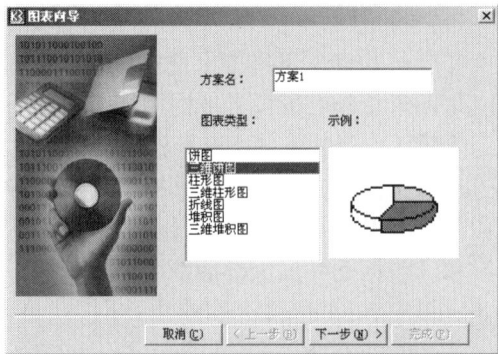

图 9-175 【图表向导】对话框

步骤 7：单击【下一步】按钮，进入【设置关键字】对话框，在【行关键字】下拉列表框中选择相应的内容，并选择系列产生的位置，如图 9-176 所示。

步骤 8：单击【下一步】按钮，进入【选择数据列】对话框，在其中根据实际情况选择数据列字段，如图 9-177 所示。

步骤 9：单击【完成】按钮，即可完成图表方案的创建操作，如图 9-178 所示。

步骤 10：选中新建的方案，单击【打开】按钮，将显示创建的图表样式，如图 9-179 所示。

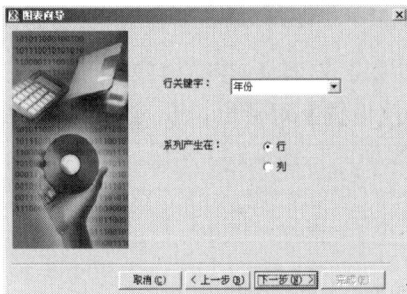

图 9-176 【设置关键字】对话框

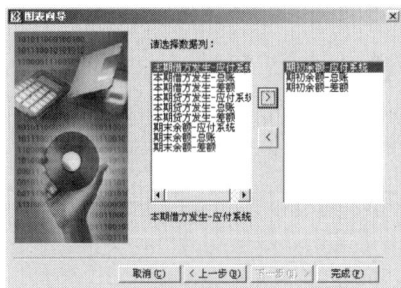

图 9-177 【选择数据列】对话框

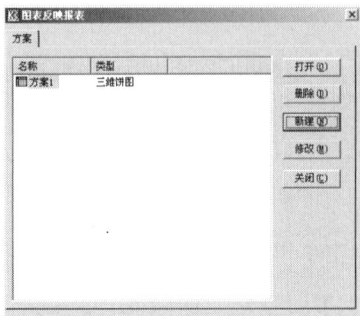

图 9-178 【图表反映报表】对话框

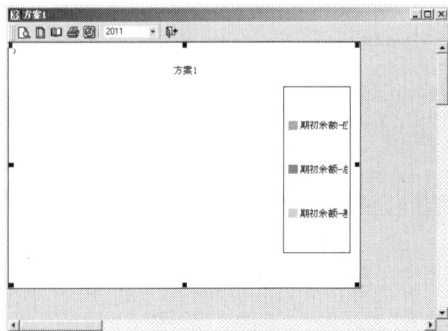

图 9-179 显示创建的图表样式

9.6.2　实训 27　期末科目对账

期末科目对账可以提供应付款管理系统的单据与总账系统的账簿余额，按会计科目进行指定期间的对账，极大地方便会计人员完成应付款管理系统与总账系统的科目对账操作。

其具体的操作步骤如下。

步骤 1： 在【期末处理】界面中，双击【期末科目对账】选项，打开【受控科目对账-过滤条件】对话框，在其中根据实际情况设置相应的过滤条件，如图 9-180 所示。

步骤 2： 单击【确定】按钮，进入【期末科目对账】界面，在其中浏览期末科目对账记录，如图 9-181 所示。

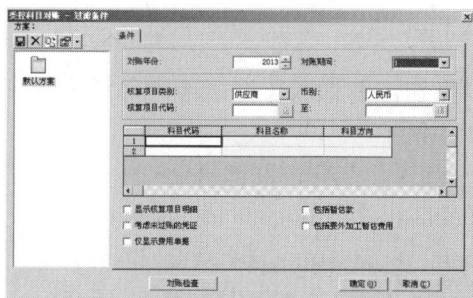

图 9-180　【受控科目对账-过滤条件】对话框

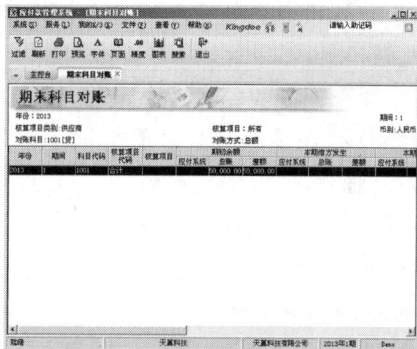

图 9-181　【期末科目对账】界面

9.6.3　实训 28　期末对账检查

应付款管理系统与应收款管理系统一样，在进行期末结账之前，需要对应付款管理系统进行对账检查，可以有效地预防错误数据的产生。

其具体的操作步骤如下。

步骤 1： 在【期末处理】界面中，双击【期末对账检查】选项，打开【应付系统对账检查】对话框，选择设置检查的内容，如图 9-182 所示。

步骤 2： 选择【高级】标签，进入【高级】选项卡，在其中设置相应的科目代码，如图 9-183 所示。

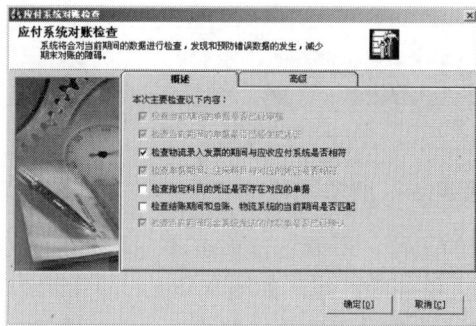

图 9-182　【应付系统对账检查】对话框

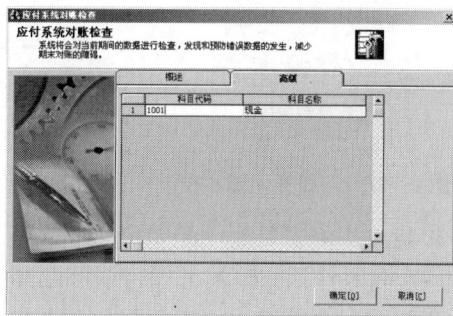

图 9-183　【高级】选项卡

步骤 3：单击【确定】按钮，即可开始对账检查，并把对账结果显示出来，然后单击【确定】按钮即可完成对账检查操作，如图 9-184 所示。

图 9-184　金蝶提示信息框

9.6.4　实训 29　期末调汇

对于有外币业务的企业，在会计期末如有外币汇率的变化，通常要进行期末调汇的业务处理。

进行期末调汇的具体操作步骤如下。

步骤 1：在【期末处理】界面中，双击【期末调汇】选项，打开【应付系统对账检查】对话框，选择需要设置检查的内容，如图 9-185 所示。

步骤 2：单击【高级】标签，进入【高级】选项卡，在其中设置相应的科目代码，如图 9-186 所示。

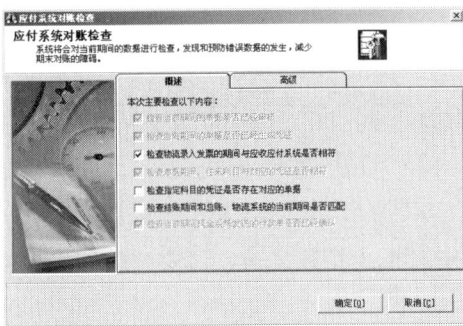

图 9-185　【应付系统对账检查】对话框

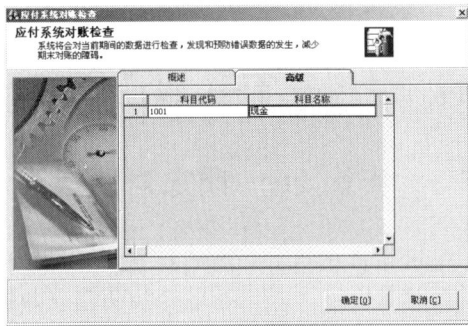

图 9-186　【高级】选项卡

步骤 3：单击【确定】按钮，即可开始进行对账检查。若检查出错误时，将给出错误之处；若没有错误，则给出通过检查的提示信息，如图 9-187 所示。

步骤 4：单击【确定】按钮，系统将显示是否进行期末科目对账，如图 9-188 所示。

图 9-187　对账检测提示框

图 9-188　期末科目对账提示框

步骤 5：由于前面已经完成了期末科目对账的工作，所以这里单击【否】按钮，打开【应收应付系统期末调汇】对话框，在其中设置当前外币汇率，如图 9-189 所示。

步骤 6：单击【下一步】按钮，在打开的对话框中设置汇兑损益科目、凭证日期、凭证字、凭证摘要等选项，如图 9-190 所示。

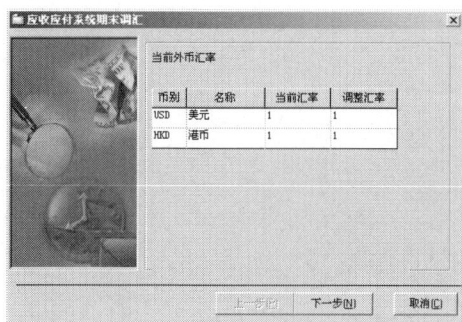

图 9-189　【应收应付系统期末调汇】对话框

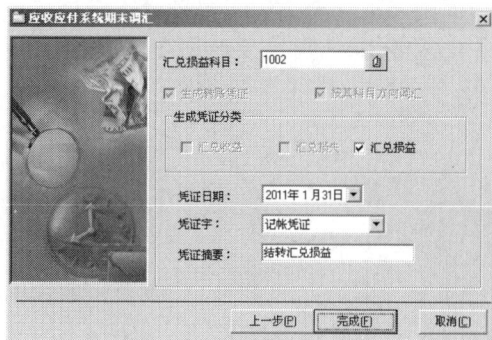

图 9-190　设置具体的参数

步骤 7：单击【完成】按钮，即可生成调汇凭证，并且该调汇记录可以在【调汇记录表】中实现查询。

9.6.5　实训 30　结账与反结账

当一个会计期间中的所有操作完成之后，如所有单据进行了审核、核销处理、相关单据已生成了凭证，同时与总账等系统的数据资料已核对完毕，下面就可以进行期末结账处理了。

其具体的操作步骤如下。

步骤 1：在【期末处理】界面中，双击【结账】选项，弹出一个信息提示框，询问是否进行期末检查，如图 9-191 所示。

步骤 2：单击【否】按钮，弹出一个信息提示框，询问是否进行期末科目对账，如图 9-192 所示。

图 9-191　是否查看期末检测结果提示框

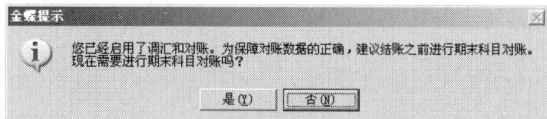

图 9-192　是否进行期末科目对账提示框

步骤 3：单击【否】按钮，打开【期末处理】对话框，在其中选择【继续】单选按钮，如图 9-193 所示。

步骤 4：单击【继续】按钮，即可完成应付款管理系统的期末结账操作，如图 9-194 所示。

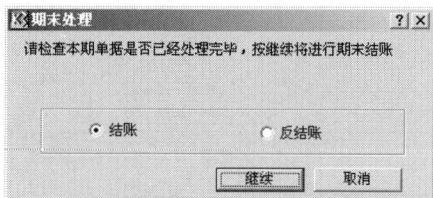

图 9-193　【期末处理】对话框

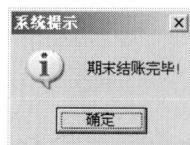

图 9-194　金蝶提示信息框

步骤 5：如果需要对已经结账的应付款管理系统进行某项修改操作，只用在【期末处理】对话框中选择【反结账】单选项，并单击【继续】按钮进行反结账，如图 9-195 所示。

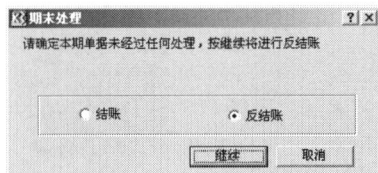

图 9-195 【期末处理】对话框

9.7 疑 难 解 惑

疑问 1：在对应付款系统的退款进行处理的过程中，发现不能删除不需要的退款记录。

答：检查一下删除的退款记录是否已经被审核、核销、生成凭证等业务，如果是已经被审核、核销或者是已经生成凭证的退款记录将不能被删除。

疑问 2：在对应付款系统的票据进行管理的过程中，发现不能对所选票据进行退票处理。

答：检查一下所选应付票据是否已经被审核，只有审核过的应付票据才能进行退票处理。

第10章

公司员工薪资的管理

工资管理系统在金蝶 K3 系统中是相对比较独立的子系统，可以通过组织管理、职员管理模块从总账、人力资源或其他系统中引入部门及职员信息。另提供数据接口管理，可按文本、FoxPro、Access、Excel、mdb 等数据格式引入与引出各种数据。

10.1 工资管理系统初始化配置

实现工资管理的第一步就是对整个公司系统实现初始化操作，从而打开工资管理的大门，实现各种数据处理操作。

10.1.1 实训 1 设置工资类别

工资类别设置用于工资核算分类的设置，用户可以按照部门、人员类别等任意标准进行分类设置。

其具体的操作步骤如下。

步骤 1：在【主控台】界面中，选择【人力资源】标签，单击【类别管理】系统功能项下的【类别管理】子功能项，即可进入【类别管理】界面，如图 10-1 所示。

步骤 2：双击【新建类别】选项，打开【打开工资类别】对话框，如图 10-2 所示。

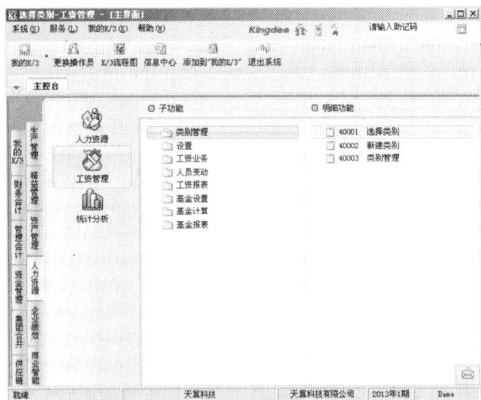

图 10-1 【类别管理】界面

图 10-2 【打开工资类别】对话框

步骤 3：单击【类别向导】按钮，打开【新建工资类别】对话框，在【类别名称】文本框中输入创建的工资类别，如图 10-3 所示。

步骤 4：单击【下一步】按钮，进行工资类别参数的设置，可以更改类别名称，如果要选择"是否多类别"选项，则表示为汇总工资类别，否则表示为单一工资类别，并在"币别"下拉列表框中选择相应的币种，如图 10-4 所示。

💡 **注意**：如果选择"是否多类别"选项，则就不需要进行基础项目的设置。

步骤 5：单击【下一步】按钮，在进入的界面中单击【完成】按钮，即可完成工资类别的创建操作，如图 10-5 所示。

步骤 6：在【类别管理】界面中，双击【选择类别】选项，打开【打开工资类别】对话框，选择某一工资类别，然后单击【选择】按钮，工资管理系统将按所选工资类别进行工资核算，如图 10-6 所示。

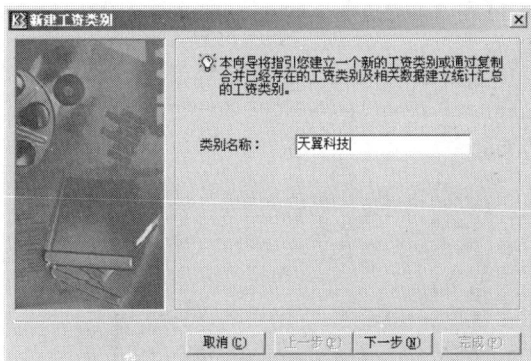

图 10-3　【新建工资类别】对话框

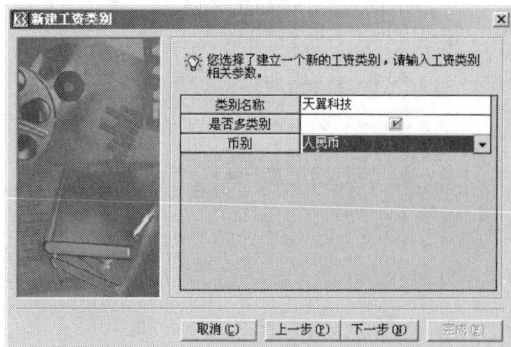

图 10-4　设置工资类别参数

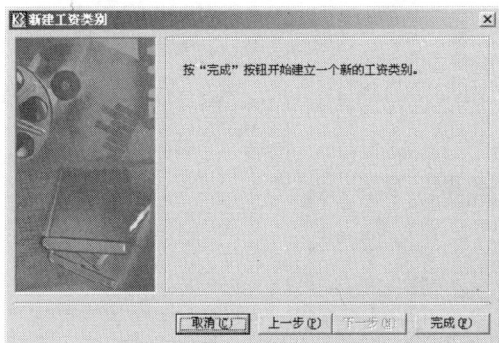

图 10-5　完成工资类别创建

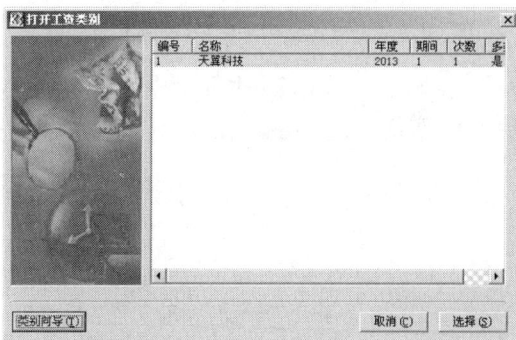

图 10-6　【打开工资类别】对话框

步骤 7：在【类别管理】界面中，双击【类别管理】选项，打开【工资类别管理】对话框，可以查看已经建立的工资类别，如图 10-7 所示。

步骤 8：单击【编辑】标签，进入【编辑】选项卡，用户可以新增、编辑或删除工资类别，如图 10-8 所示。

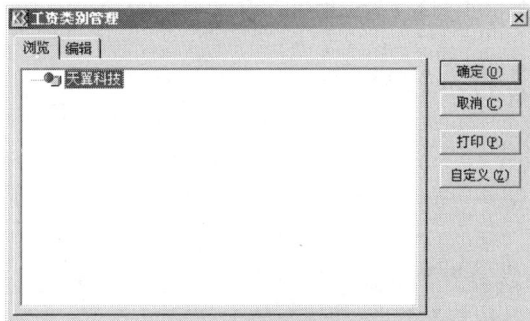

图 10-7　【工资类别管理】对话框

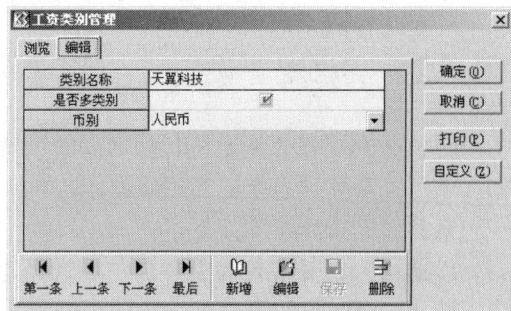

图 10-8　【编辑】选项卡

如果需要对某些工资类别增加自定义属性，则可以按如下操作步骤进行。

步骤 1：在【工资类别管理】对话框中，选中某一工资类别，然后单击【自定义】按钮，打开【自定义附加信息-修改】对话框，如图 10-9 所示。

步骤 2：单击【新增】按钮，即可打开【自定义属性-新增】对话框，输入自定义属性名称，选择自定义属性的数据类型，并选择此自定义属性所归属的人力资源中的信息类型，定义自定义属性的数据长度，如图 10-10 所示。

图 10-9　【自定义附加信息-修改】对话框　　　图 10-10　【自定义属性-新增】对话框

步骤 3：单击【新增】按钮，返回【自定义附加信息-修改】对话框，单击【确定】按钮保存新增属性，如图 10-11 所示。

图 10-11　【自定义附加信息-修改】对话框

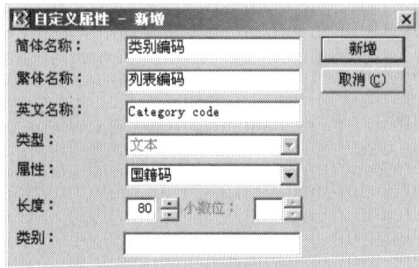

10.1.2　实训 2　设置工资管理系统的系统参数

工资类别设置完毕之后，还需要对工资管理系统的系统参数进行设置，只有这样才能彻底实现工资管理系统的初始化操作。

其具体的操作步骤如下。

步骤 1：在【主控台】界面中，选择【系统设置】标签，单击【系统设置】系统功能项下的【工资管理】子功能项，即可进入【工资管理】界面，如图 10-12 所示。

步骤 2：双击【系统参数】选项，打开【系统参数】对话框，输入账套所属公司名称、地址和电话等内容，如图 10-13 所示。

步骤 3：单击【工资】标签，进入【工资】选项卡，输入工资系统当前所选择的工资类别以及起始会计年度、会计期间等内容，如图 10-14 所示。

步骤 4：单击【保存】按钮保存系统参数的设置。

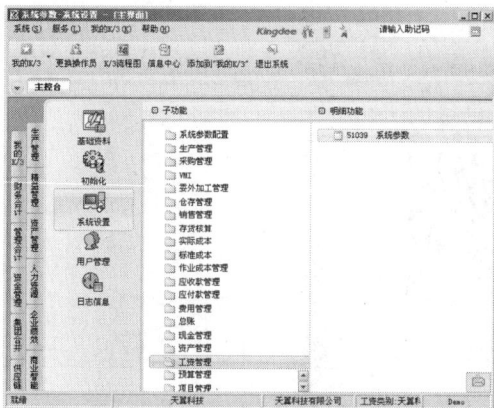

图 10-12　【工资管理】界面

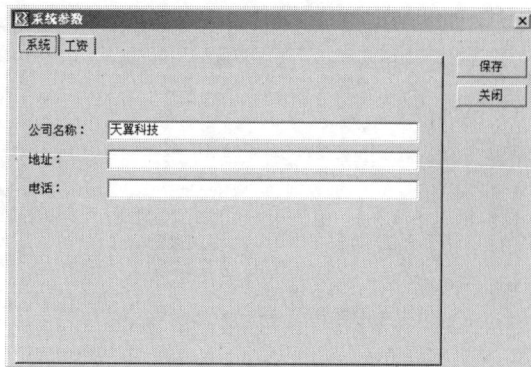

图 10-13　【系统参数】对话框

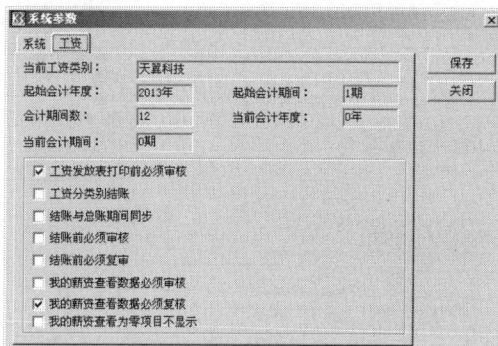

图 10-14　【工资】选项卡

10.2　工资管理设置

工资管理设置是对工资管理系统中的一些基础性内容进行详细分类设定，只有正确地设置相关的资料，才能有效地进行日常的工资计算和报表查询操作。

10.2.1　实训 3　部门管理

进行部门管理的操作步骤如下。

步骤 1：在【主控台】界面中，选择【人力资源】标签，单击【工资管理】系统功能项下的【设置】子功能项，即可进入【设置】界面，如图 10-15 所示。

步骤 2：双击【部门管理】子功能项，打开【打开工资类别】对话框，在其中选择工资类别，如图 10-16 所示。

步骤 3：单击【选择】按钮，即可打开【部门】窗口，如图 10-17 所示。

步骤 4：单击【新增】按钮，即可打开【部门-新增】对话框，并根据实际情况输入相应的部门信息，如图 10-18 所示。

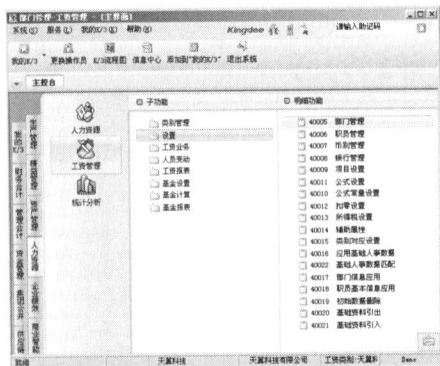

图 10-15 【主控台】界面

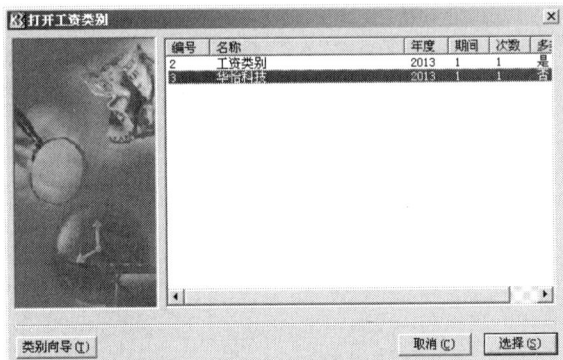

图 10-16 【打开工资类别】对话框

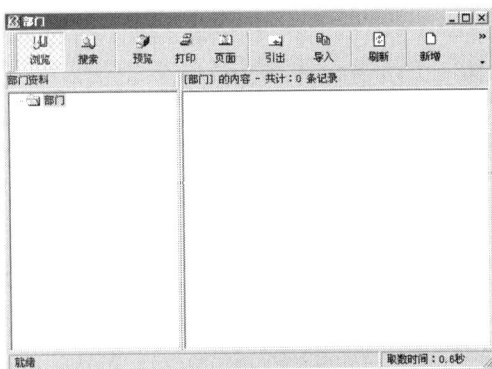

图 10-17 【部门】窗口

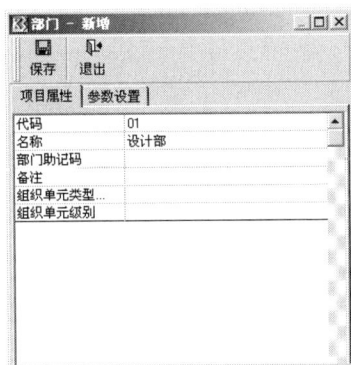

图 10-18 【部门-新增】对话框

步骤 5：单击【参数设置】标签，进入【参数设置】选项卡，根据需要对增加的部门的相关参数进行相应的设置，如图 10-19 所示。

步骤 6：单击【保存】按钮，即可将增加的部门资料保存起来，并显示在【部门】窗口中，如图 10-20 所示。

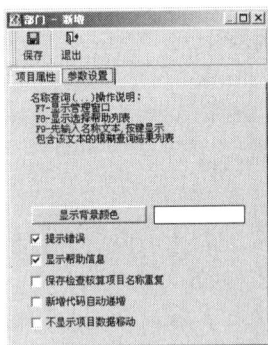

图 10-19 【参数设置】选项卡

图 10-20 【部门】窗口

步骤 7：如果要对某个部门信息进行修改，只需选中该部门，然后单击【修改】按钮，打开【部门-修改】对话框，从中进行相应信息的修改，如图 10-21 所示。

步骤 8：如果要删除某个部门信息，只需选中该部门，然后单击【删除】按钮，即可弹出删除信息提示框，如图 10-22 所示。

图 10-21　【部门-修改】对话框

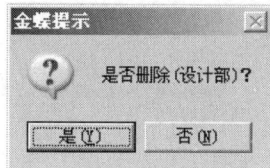

图 10-22　金蝶提示信息框

💡 **注意**：　如果删除的部门已经有了下级的明细部门，需要将下级明细部门从最低起开始删除，如果被删除的某个部门在另外一个工资类别已经被使用，则只在当前类别中被删除。

10.2.2　实训 4　职员管理

在工资管理系统中，职员档案包括身份证号、性别、所属部门、职位、文化程度、类别、入职日期、离职日期、银行账号等信息。

其具体的管理步骤如下。

步骤 1：在【设置】界面中，双击【职员管理】选项，打开【职员】窗口，如图 10-23 所示。

步骤 2：单击【新增】按钮，打开【职员-新增】对话框，录入职员的代码、名称、性别、出生日期、电子邮件以及地址等信息，如图 10-24 所示。

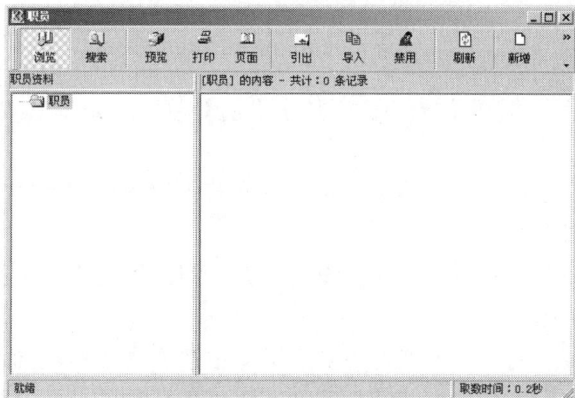

图 10-23　【职员】窗口

图 10-24　【职员-新增】对话框

步骤 3：单击【保存】按钮即可完成职员的添加操作，如果还要继续添加其他的职员，只需继续在【职员-新增】对话框中输入相应的信息即可，则添加的职员即可显示在

【职员】窗口中，如图 10-25 所示。

步骤 4：如果要修改某个职员信息，只需选中该职员，然后单击【修改】按钮即可打开【职员-修改】对话框，从中可以进行职员信息的修改操作，如图 10-26 所示。

图 10-25　【职员】窗口

图 10-26　【职员-修改】对话框

步骤 5：如果要删除某个职员信息，只需选中该职员，然后单击【删除】按钮，即可弹出一个信息提示框，单击【是】按钮即可完成删除操作，如图 10-27 所示。

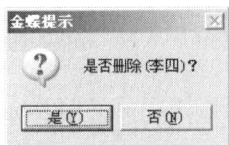

图 10-27　金蝶提示信息框

10.2.3　实训 5　币别管理

进行币别管理的操作步骤如下。

步骤 1：在【设置】界面中，双击【币别管理】选项，打开【币别】窗口，如图 10-28 所示。

步骤 2：双击【新增】按钮，即可打开【币别-新增】对话框，在其中输入币别代码、名称以及记账汇率等信息，如图 10-29 所示。

步骤 3：单击【新增】按钮，即可新增一个币别，单击【关闭】按钮，返回【币别】窗口，在其中可以看到新增的币别，如图 10-30 所示。

步骤 4：如果想要修改币别属性，则只需在【币别管理】对话框中选中需要修改的币别，然后单击【修改】按钮，即可打开【币别-修改】对话框，在其中修改币别的代码、名称等信息，如图 10-31 所示。

步骤 5：如果想要删除某一币别，只需在选中该币别后，单击【删除】按钮，这时将弹出一个信息提示框，单击【是】按钮即可，如图 10-32 所示。

图 10-28　【币别】窗口

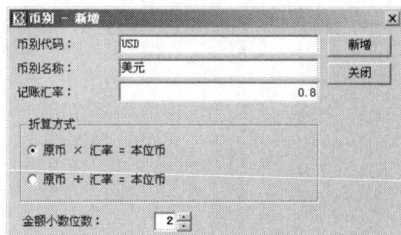

图 10-29　【币别-新增】对话框

图 10-30　【币别管理】窗口

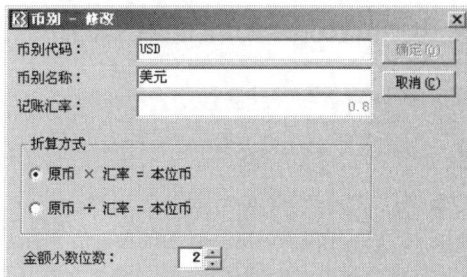

图 10-31　【币别-修改】对话框

图 10-32　金蝶提示信息框

10.2.4　实训 6　项目设置

项目设置是为了对工资核算项目进行相应的设置，从而方便工资计算公式或其他工资报表采用。

其具体的操作步骤如下。

步骤 1：在【设置】界面中双击【项目设置】选项，打开【工资核算项目设置】对话框，如图 10-33 所示。

步骤 2：单击【新增】按钮，打开【工资项目-新增】对话框，输入或选择项目名称和数据类型，并设置数据长度、小数位数和项目属性等选项，如图 10-34 所示。

步骤 3：单击【新增】按钮即可完成添加操作，如图 10-35 所示。

步骤 4：如果要修改某个工资项目，只需选中该工资项目，然后单击【编辑】按钮即可打开【工资项目-修改】对话框，即可对工资项目的属性进行修改操作，如图 10-36 所示。

图 10-33　【工资核算项目设置】对话框

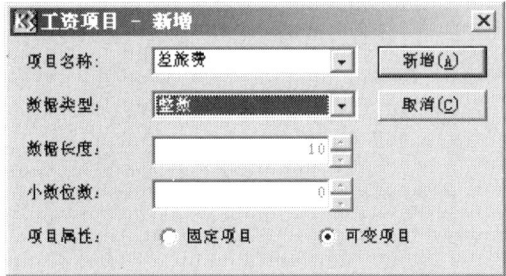

图 10-34　【工资项目-新增】对话框

图 10-35　【工资核算项目设置】对话框

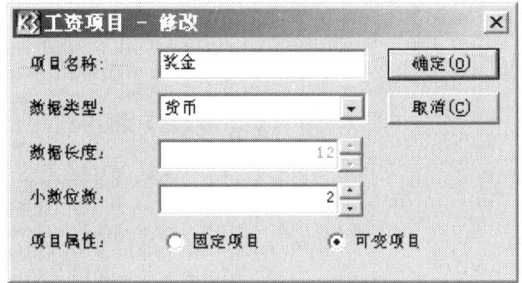

图 10-36　【工资项目-修改】对话框

步骤 5：如果要删除某个工资项目，只需选中该工资项目，然后单击【删除】按钮，即可弹出一个信息提示框，单击【是】按钮即可完成删除操作，如图 10-37 所示。

步骤 6：单击【排序】按钮，打开【设置工资项目显示顺序】对话框，单击【上移】或【下移】按钮，可更改所选项目的排列顺序，如图 10-38 所示。

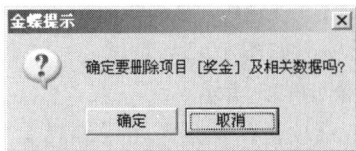

图 10-37　金蝶提示信息框

图 10-38　【设置工资项目显示顺序】对话框

10.2.5　实训 7　银行管理

在工资管理系统中，用户可以定义发放工资的银行，主要内容包括银行名称、账号长度和其他自定义项目。

其具体的操作步骤如下。

步骤 1：在【设置】界面中，双击【银行管理】选项，打开【银行】窗口，如图 10-39 所示。

步骤 2：单击【新增】按钮，打开【银行-新增】对话框，输入银行代码、名称和账号长度等信息，如图 10-40 所示。

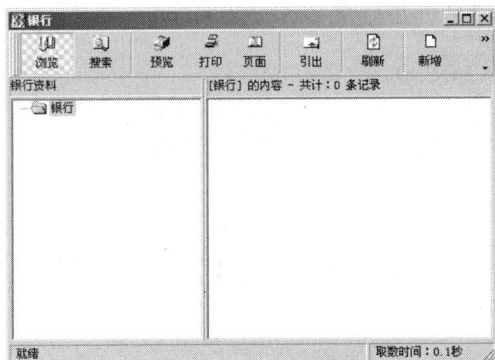

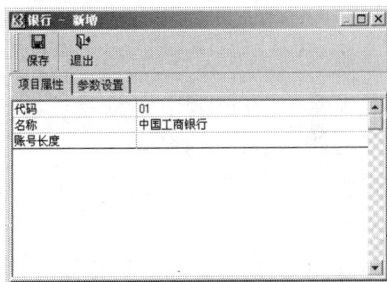

图 10-39　【银行】窗口　　　　　　　　图 10-40　【银行-新增】对话框

步骤 3：单击【保存】按钮即可将添加的银行信息保存起来，继续添加其他的银行信息，添加完毕后添加的银行信息即可在【银行】窗口中显示出来，如图 10-41 所示。

步骤 4：如果要修改某个银行信息，只需选中该银行，然后单击【修改】按钮即可打开【银行-修改】对话框，即可对该条记录信息进行修改，如图 10-42 所示。

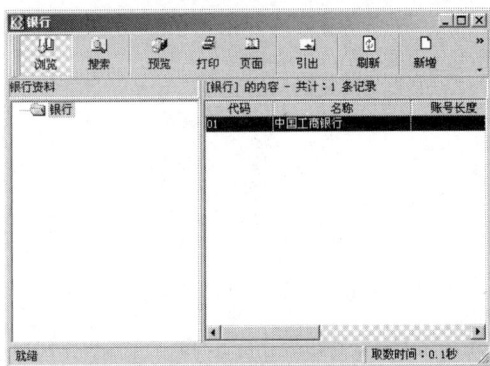

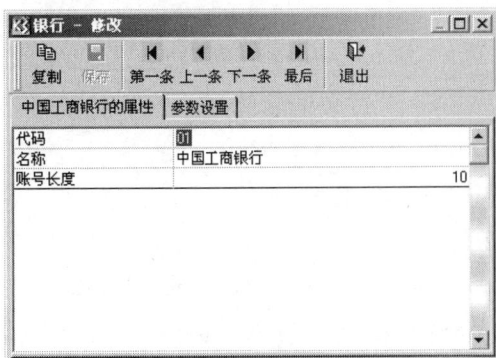

图 10-41　【银行】窗口　　　　　　　　图 10-42　【银行-修改】对话框

步骤 5：如果要删除某个银行，只需选中该银行，然后单击【删除】按钮，即可弹出一个信息提示框，单击【是】按钮即可完成删除操作，如图 10-43 所示。

步骤 6：单击【设置】按钮，即可从打开的对话框中增加、修改和删除银行的自定义附加信息，如图 10-44 所示。

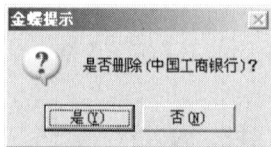

图 10-43 金蝶提示信息框

图 10-44 【自定义附加信息-修改】对话框

10.2.6 实训 8 公式与公式常量的设置

企业不同，其工资的计算方法也就不一样，因此各个公司企业还需要根据本公司的财务制度设置相应的公式。

其具体的操作步骤如下。

步骤 1：在【设置】界面中，双击【公式设置】选项，打开【工资公式设置】对话框，如图 10-45 所示。

步骤 2：单击【新增】按钮，该窗口即可处于编辑状态，用户只用在"公式名称"文本框中输入新增计算公式的名称，并在"条件""运算符""项目"和"项目值"选项区域中选择不同的内容，并按照计算公式制作规则即可设计出符合要求的计算公式，如图 10-46 所示。

图 10-45 【工资公式设置】对话框

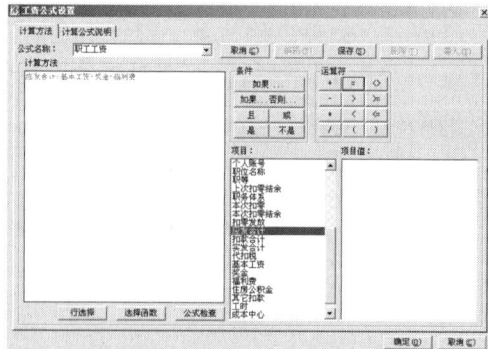

图 10-46 【工资公式设置】对话框

步骤 3：单击【公式检查】按钮，即可对设计的计算公式进行检查，看是否存在错误，并显示出检查结果，如图 10-47 所示。

步骤 4：如果设计的公式存在错误，则只用单击【编辑】按钮即可对错误的公式进行修改操作。如果要删除某公式，只用选中该公式的名称，然后单击【删除】按钮，即可弹出一个信息提示框，单击【确定】按钮即可完成删除操作，如图 10-48 所示。

图 10-47　金蝶提示信息框

图 10-48　金蝶信息提示框

10.2.7　实训 9　所得税设置

通常情况下，企业都需要对个人所得税进行代扣代缴处理，在进行所得税计算和扣减之前，需要在所得税设置中对个人所得税进行初始项目的设置。

其具体的操作步骤如下。

步骤 1：在【设置】界面中，双击【所得税设置】选项，打开【个人所得税初始设置】对话框，如图 10-49 所示。

步骤 2：单击【编辑】选项卡，进入到【编辑】设置界面，如图 10-50 所示。

图 10-49　【个人所得税初始设置】对话框

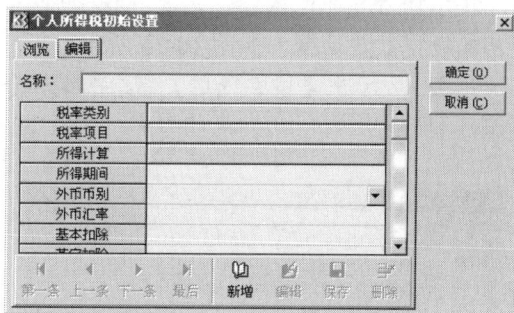

图 10-50　【编辑】设置界面

步骤 3：单击【新增】按钮，则【编辑】设置界面即可处于编辑状态，输入方案的名称，如图 10-51 所示。

步骤 4：单击【税率类别】右边的编辑条，打开【个人所得税税率设置】对话框，如图 10-52 所示。

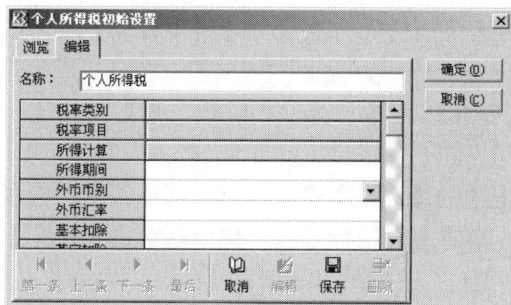

图 10-51　【编辑】设置界面

图 10-52　【个人所得税税率设置】对话框

步骤 5：单击【编辑】标签，进入【编辑】选项卡，如图 10-53 所示。

步骤 6：单击【新增】按钮，即可弹出一个信息提示框，如图 10-54 所示。

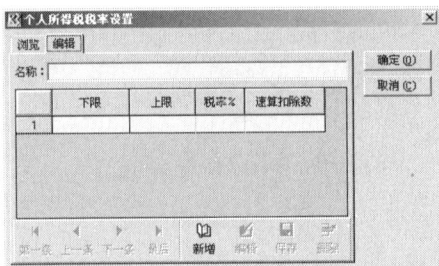

图 10-53　【编辑】设置界面

图 10-54　信息提示框

提示：　"含税级距"和"非含税级距"是按照《税法》规定减除有关费用后的所得额，"含税级距"适用于由纳税人负担税款的工资、薪金所得。"不含税级距"适用于由其他人或单位代付税款的工资、薪金所得。

步骤 7：用户可以根据实际需要单击【是】或【否】按钮，进入【新建税率】界面，根据提示输入相应的内容，定义完税率后单击【保存】和【确定】按钮，回到【个人所得税初始设置】对话框，如图 10-55 所示。

步骤 8：单击【税率项目】右边的编辑条，打开【所得项目计算】对话框，如图 10-56 所示。

图 10-55　【个人所得税初始设置】对话框

图 10-56　【所得项目计算】对话框

步骤 9：单击【新增】按钮，定义应税项目，并选择属性，单击【保存】和【确定】按钮返回【个人所得税初始设置】对话框，然后运用同样的方法设置【所得计算】项，如图 10-57 所示。

步骤 10：输入所得期间、选择币别，输入基本扣除数和其他扣除数，然后单击【保存】按钮保存所得税设置，如图 10-58 所示。

步骤 11：在【个人所得税初始设置】对话框中的【浏览】选项卡下，选中某一所得税方案，然后切换到【编辑】选项卡，即可对该方案的内容进行修改，完成后单击【保存】按钮保存修改信息，如图 10-59 所示。

步骤 12：在【个人所得税初始设置】对话框中的【浏览】选项卡下，选中某一所得税方案，然后切换到"编辑"选项卡，单击【删除】按钮，即可弹出一个的信息提示框，单击【确定】按钮即可删除该所得税方案，如图 10-60 所示。

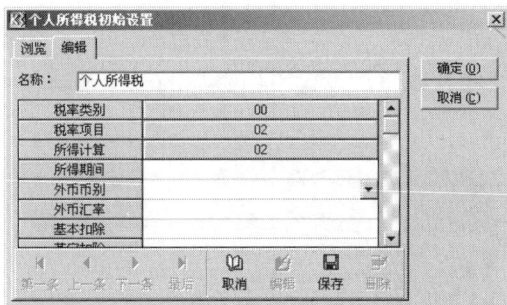

图 10-57　【个人所得税初始设置】对话框

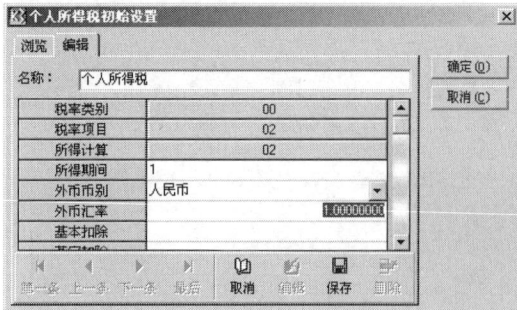

图 10-58　保存所得税设置

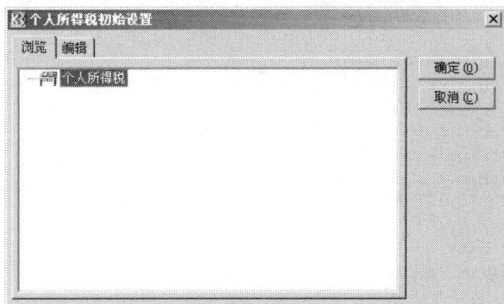

图 10-59　【个人所得税初始设置】对话框

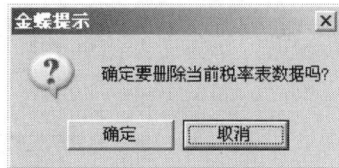

图 10-60　金蝶提示信息框

10.2.8　实训 10　基础资料的引出与引入

基础资料引出的具体的操作步骤如下。

步骤 1：在【设置】界面中，双击【基础资料引出】选项，打开【引出工资基础数据】对话框，如图 10-61 所示。

步骤 2：单击【下一步】按钮，打开【指定数据库】对话框，单击文本框右侧的██按钮，即可打开【指定输出工资基础数据库】对话框，设置引出数据所保存的文件名及路径，如图 10-62 所示。

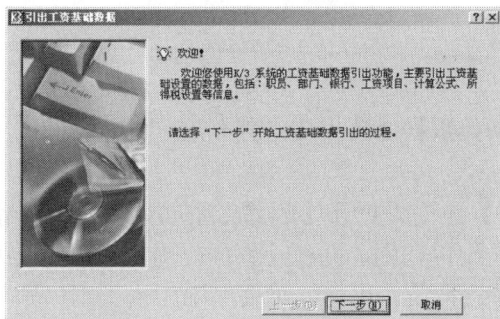

图 10-61　【引出工资基础数据】对话框

图 10-62　【指定输出工资基础数据库】对话框

步骤 3：最后单击【保存】按钮，完成数据库的指定操作，打开【第一步】界面，如图 10-63 所示。

步骤 4：单击【下一步】按钮，打开【第二步】界面，设置引出数据的范围及其相关选项，如图 10-64 所示。

图 10-63 【第一步】界面   图 10-64 【第二步】界面

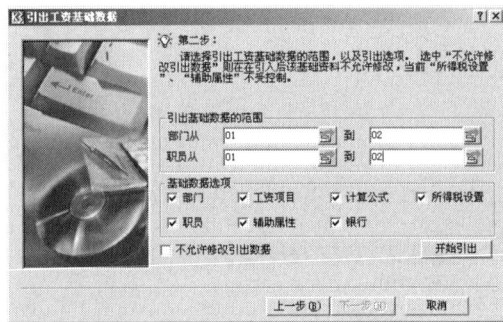

步骤 5：单击【开始引出】按钮，系统即可开始数据的引出，并在结束时会给出相应的引出报告，如图 10-65 所示。

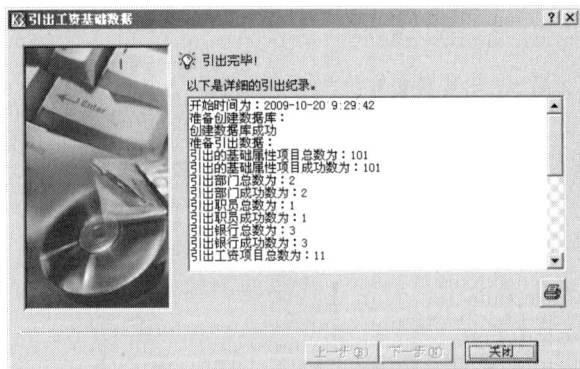

图 10-65 相应的引出报告

提示： 基本资料的引入操作与引出操作相似，用户只需参照引出的方法即可完成基础资料的引入操作，这里就不再赘述了。

10.2.9 实训 11 初始数据删除

在整个工资管理系统过程中，对于无用的初始数据，还需要将其删除，具体的操作步骤如下。

在【设置】界面中，双击【初始数据删除】选项，打开【删除工资初始数据】对话框。在【工资类别】选项区域中选择删除工资类别的范围，并在【数据范围】选项区域中选中【业务数据】或【业务数据+基础数据】单选按钮。用户如果要删除工资类别，则可以选择【同时删除工资类别】复选框，然后单击【确定】按钮即可完成初始数据的删除操作，如图 10-66 所示。

图 10-66　【删除工资初始数据】对话框

💡 **注意：** 这里的删除操作将删除工资系统中包括本期和历史的所有相关数据，而且永远不可恢复，所以用户一定要慎重使用本功能，在确定使用之前，应该先备份好数据以便随时可以恢复账套。

10.3　人员变动管理

人员变动包括人员职务的升降、部门的调动、入职及离职等情况。本节主要讲述人员变动的管理。

10.3.1　实训 12　人员变动处理

工资管理系统中的"人员变动"子功能项可以处理人员与工资相关的项目发生变动后工资的自动计算处理，从而方便财务人员根据人员变动情况制定工资计算标准。

其具体的操作步骤如下。

步骤 1： 在【主控台】界面中，选择【人力资源】标签，单击【工资管理】系统功能项下的【人员变动】子功能项，即可进入【人员变动】界面，如图 10-67 所示。

步骤 2： 双击【人员变动处理】子功能项，即可打开【职员变动】对话框，如图 10-68 所示。

图 10-67　【人员变动】界面

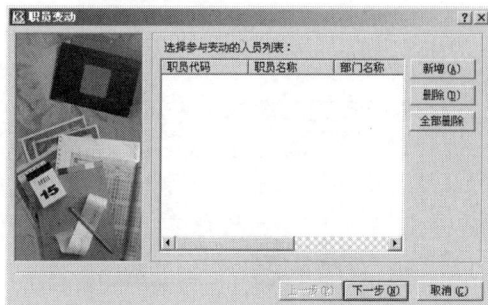

图 10-68　【职员变动】对话框

步骤 3：单击【新增】按钮，打开【职员变动】对话框，选择需要人事变动的人员并将其添加到列表中，如图 10-69 所示。

步骤 4：单击【下一步】按钮，在进入的界面中选中【禁用职员】复选框，并选择工资类别，如图 10-70 所示。

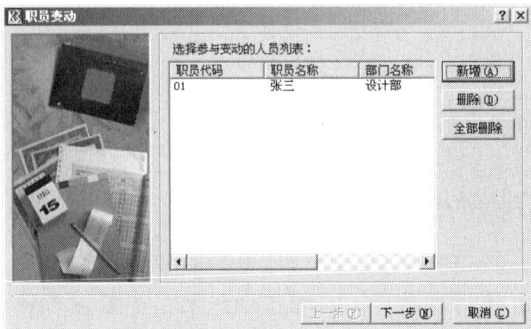

图 10-69　【职员变动】对话框

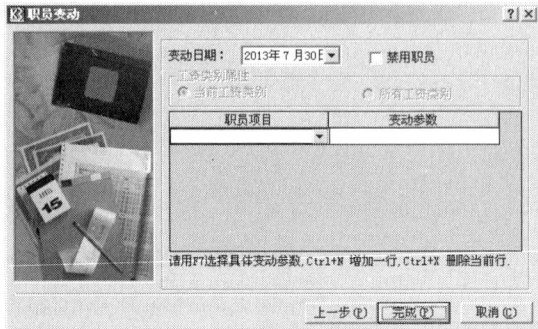

图 10-70　职员变动设置

步骤 5：单击【完成】按钮，完成人员变动处理操作，如图 10-71 所示。

图 10-71　金蝶提示信息框

10.3.2　实训 13　人员变动一览表

用户如果要查询人员变动的具体信息，则可以通过人员变动查询操作来完成。

其具体的操作步骤如下。

步骤 1：在【人员变动】界面中，双击【人员变动一览表】选项，打开【人员变动一览表】窗口，并弹出【请选择过滤条件】对话框，设置职员代码范围，如图 10-72 所示。

步骤 2：单击【确定】按钮，即可进入【人员变动一览表】界面，并列出符合条件的职员名单，如图 10-73 所示。

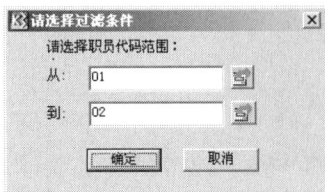

图 10-72　【请选择过滤条件】对话框

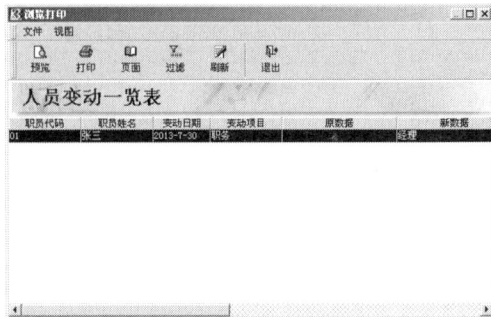

图 10-73　【人员变动一览表】界面

10.4　工资的日常业务处理

工资管理系统的日常业务包括工资的录入、计算、审核、发放、个人所得税的计算、工资费用的分配，工资凭证管理和期末结账等内容。

10.4.1　实训 14　录入工资

工资日常业务处理的第一步就是录入工资，这是工资业务处理的基础，具体的操作步骤如下。

步骤 1：在【主控台】界面中，选择【人力资源】标签，单击【工资管理】系统功能项下的【工资业务】子功能项，进入【工资业务】界面，如图 10-74 所示。

步骤 2：双击【工资录入】选项，打开【过滤器】对话框，如图 10-75 所示。

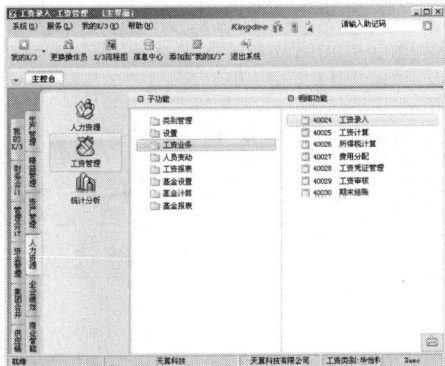

图 10-74　【工资业务】界面　　　　　　　图 10-75　【过滤器】对话框

步骤 3：单击【增加】按钮，打开【定义过滤条件】对话框，输入相应的名称，选择已经设置好的计算公式，也可以单击【公式编辑】按钮，即可在打开的对话框中编辑新的计算公式，并在【工资项目】列表框中选择相应的工资项目，如图 10-76 所示。

步骤 4：单击【条件】标签，进入【条件】选项卡，设置工资项目的过滤条件，如图 10-77 所示。

图 10-76　【定义过滤条件】对话框　　　　　图 10-77　【条件】选项卡

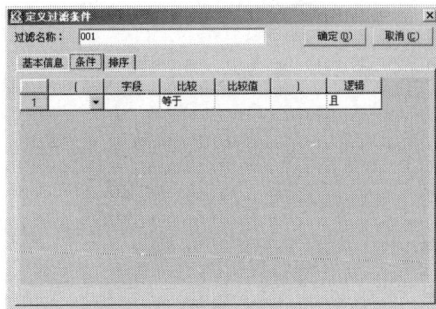

步骤 5：单击【排序】标签，进入【排序】选项卡，设置工资项目的排序方式，如图 10-78 所示。

步骤 6：单击【确定】按钮，弹出一个信息提示框，如图 10-79 所示。

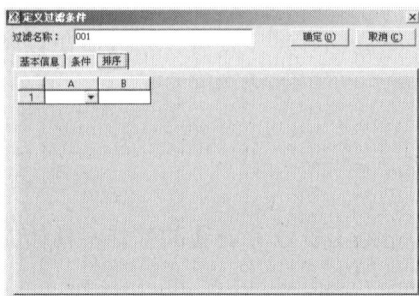

图 10-78　【排序】选项卡

图 10-79　信息提示框

步骤 7：单击【确定】按钮即可将所设置的过滤方案添加到【过滤器】对话框中，如图 10-80 所示。

步骤 8：单击【导入】按钮，即可打开【方案导入】对话框，选择工资类别及过滤方案，如图 10-81 所示。

图 10-80　【过滤器】对话框

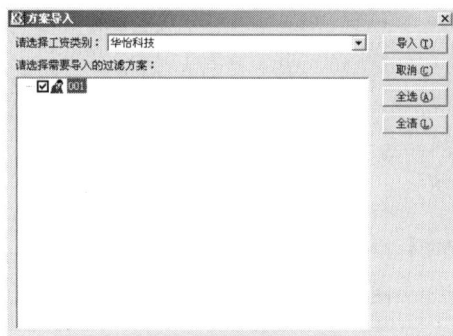

图 10-81　【方案导入】对话框

步骤 9：单击【导入】按钮即可导入过滤方案，另外，为了操作方便，用户还可以在【过滤器】对话框的"职员代码过滤"选项区域中设置职员代码范围，如图 10-82 所示。

步骤 10：单击【确定】按钮即可进入【工资数据录入】窗口，如图 10-83 所示。

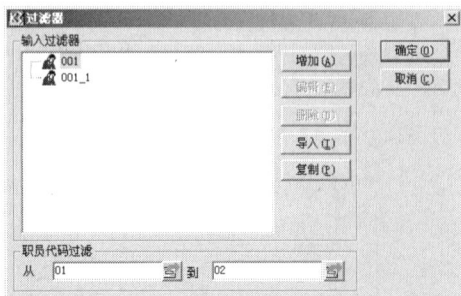

图 10-82　【过滤器】对话框

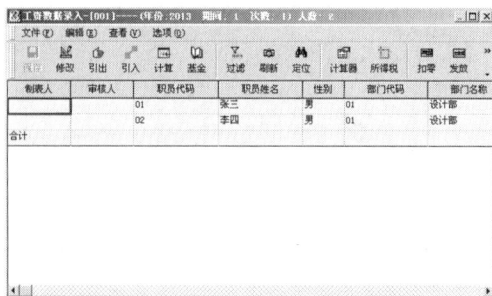

图 10-83　【工资数据录入】窗口

步骤 11：在白色区域中单击，即可录入相应的工资数据，如图 10-84 所示。

图 10-84 录入工资数据

10.4.2 实训 15 计算工资

工资数据录入完毕后，就可以根据录入的数据进行计算，从而得出最终的工资总数，具体的操作步骤如下。

步骤 1：在【工资业务】界面中，双击【工资计算】选项，打开【工资计算向导】对话框。在【工资方案】列表中选择计算工资的方案，如图 10-85 所示。

步骤 2：单击【下一步】按钮，打开【计算】对话框，如图 10-86 所示。

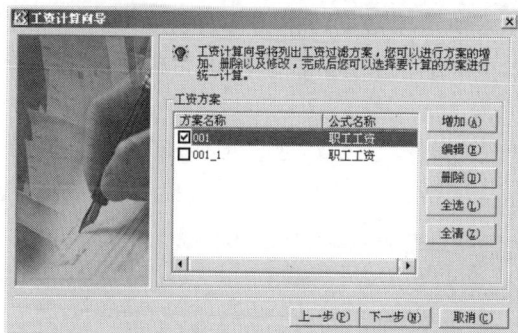

图 10-85 【工资计算向导】对话框

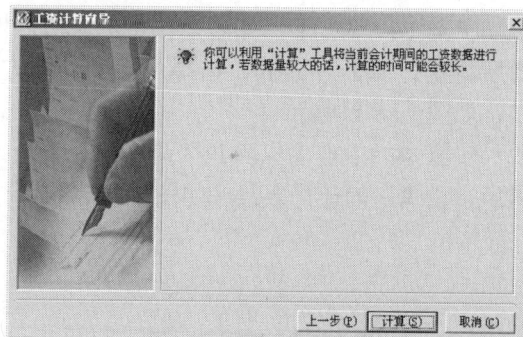

图 10-86 【计算】对话框

步骤 3：单击【计算】按钮，系统即可开始计算，并显示最终报告，单击【完成】按钮即可完成工资的计算操作，如图 10-87 所示。

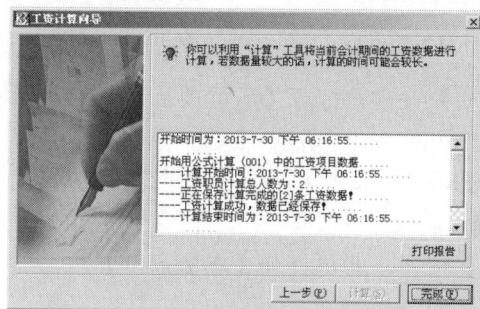

图 10-87 完成计算操作

10.4.3 实训 16 所得税的计算

工资达到一定的金额就需要缴纳相应的个人所得税，所以还需要对这个所得税进行计算，具体的操作步骤如下。

步骤 1：在【工资业务】界面中，双击【所得税计算】选项，打开【过滤器】对话框，如图 10-88 所示。

步骤 2：单击【确定】按钮，即可进入【个人所得税数据录入】窗口，在白色区域中输入所得税数据，如图 10-89 所示。

图 10-88 【过滤器】对话框

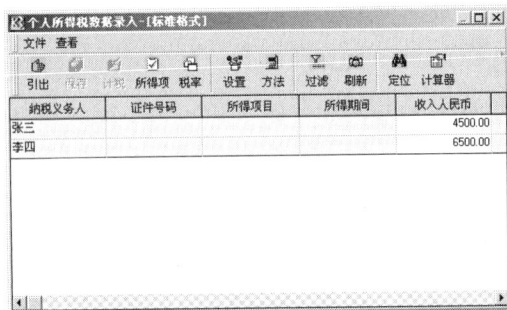

图 10-89 【个人所得税数据录入】窗口

步骤 3：单击【计算器】按钮，即可批量填入所得税数据，单击【方法】按钮，打开【所得税计算】对话框，选择所得税计算方法，单击【确定】按钮即可完成方法选择操作，如图 10-90 所示。

步骤 4：单击【税率】按钮，打开【个人所得税税率设置】对话框，用户可以从中设置所得税税率的计算方案，如图 10-91 所示。

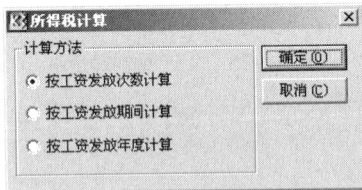

图 10-90 【所得税计算】对话框

图 10-91 【个人所得税税率设置】对话框

步骤 5：单击【所得项】按钮，打开【所得项目计算】对话框，用户可以从中设置所得税的所得项目计算方式，如图 10-92 所示。

步骤 6：单击【设置】按钮，即可打开【个人所得税初始设置】对话框，设置所得税扣除方案，如图 10-93 所示。

步骤 7：单击【定位】按钮，即可打开【职员定位】对话框，定位查找公司职员，如图 10-94 所示。

步骤 8：单击【计税】按钮，即可对所得税数据重新进行计算，如图 10-95 所示。

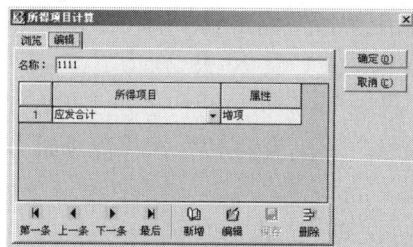

图 10-92　【所得项目计算】对话框

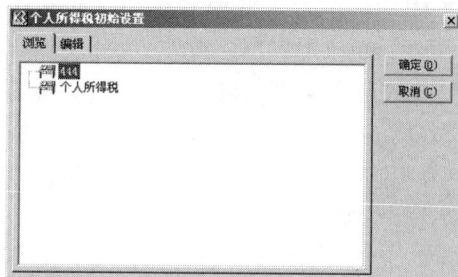

图 10-93　【个人所得税初始设置】对话框

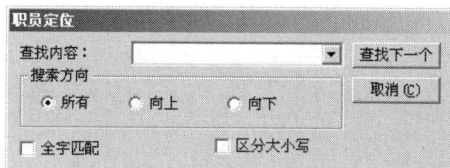

图 10 94　【职员定位】对话框

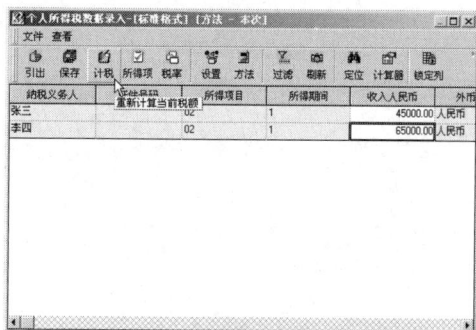

图 10-95　重新计算所得税数据

10.4.4　实训 17　费用的分配

金蝶软件提供了强大、灵活的工资费用分配功能，同时也可对各种费用计提，如计提福利费、计提工会经费、自定义计提等进行分配。

其具体的操作步骤如下。

步骤 1：在【工资业务】界面中，双击【费用分配】选项，打开【费用分配】对话框，如图 10-96 所示。

步骤 2：单击【编辑】标签，进入【编辑】选项卡，如图 10-97 所示。

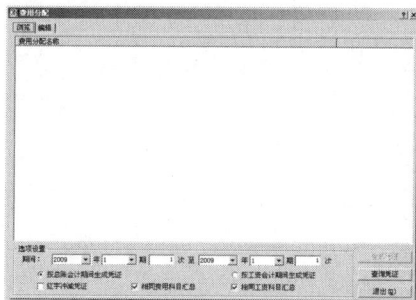

图 10-96　【费用分配】对话框

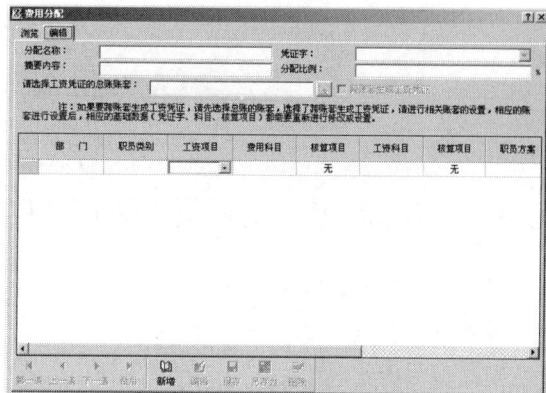

图 10-97　【编辑】选项卡

步骤 3：单击【新增】按钮，即可设置"分配名称"、"凭证字"、凭证"摘要内容"、"分配比例"等内容，若选取"跨账套生成工资凭证"复选框，则可单击 🖃 按钮，打开【选择账套】对话框，选择账套、登录用户名及密码，如图 10-98 所示。

步骤 4：单击【确定】按钮即可完成工资凭证的总账账套，在下方可设置"部门""职员类别""工资项目""费用科目""核算项目""工资科目""核算项目"等内容，如图 10-99 所示。

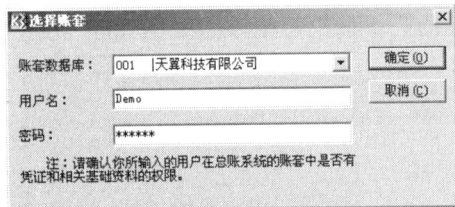

图 10-98　【选择账套】对话框　　　　图 10-99　完成工资凭证的总账账套

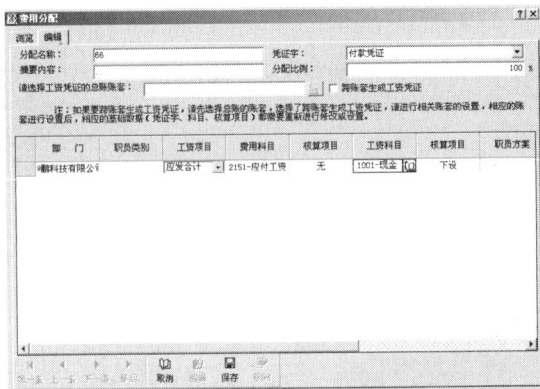

步骤 5：单击【保存】按钮，即可将所费用分配方案保存到系统中，运用同样的方法即可添加其他的费用方案。在【浏览】选项卡中选择费用分配方案及生成凭证方式，然后单击【生成凭证】按钮，即可按费用分配方案生成凭证，如图 10-100 所示。

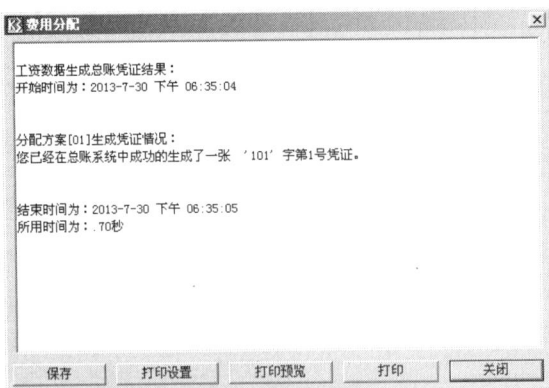

图 10-100　分配方案生成凭证

10.4.5　实训 18　工资凭证的管理

按费用分配方案生成凭证之后，还需要对生成的凭证进行管理，具体的操作步骤如下。

步骤 1：在【工资业务】界面中，双击【工资凭证管理】选项，打开【凭证查询】窗口，如图 10-101 所示。

步骤 2：双击凭证记录，打开【记账凭证-查看】窗口，具体查看凭证内容，如图 10-102 所示。

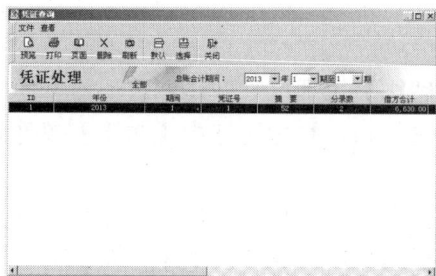

图 10-101　【凭证查询】窗口

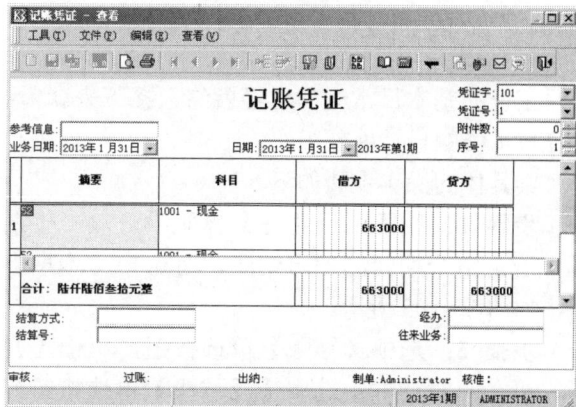

图 10-102　【记账凭证-查看】窗口

10.4.6　实训 19　工资的审核

工资数据牵涉到职工的劳动报酬，为避免出现错误，还需要对录入的工资数据进行审核，具体的操作步骤如下。

步骤 1：在【工资业务】界面中，双击【审核工资】选项，打开【工资审核】对话框。

提示：　若选取【按部门处理】复选框，则审核、反审核等操作按部门进行，否则按登录的职员进行。若选取【级联选择】复选框，则当用户选取上级部门时，其下级部门将自动处于被选中状态，如图 10-103 所示。

步骤 2：选取【审核】单选项，选择需要审核的工资数据，单击【确定】按钮即可完成审核操作，如图 10-104 所示。

图 10-103　【工资审核】对话框

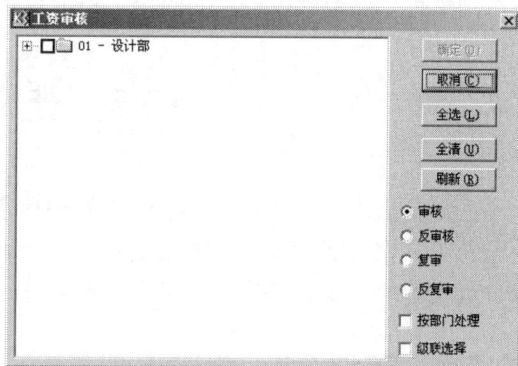

图 10-104　审核工资数据

提示：　如果选取【复审】单选项，选择需要复审的工资数据，单击【确定】按钮，即可完成复审操作。如果工资数据需要修改，则可选取【反复审】、【反审核】单选项，单击【确定】按钮即可完成。

10.4.7　实训 20　期末结账

工资的基本日常处理已经就绪，接下来就需要对这些日常处理工作进行期末结账，彻底完成工资的日常处理工作。

其具体的操作步骤如下。

步骤 1：在【工资业务】界面中，双击【期末结账】选项，打开【期末结账】对话框，若是整个期间的期末结账，可选中【本期】单选按钮，否则可选中【本次】单选按钮，如图 10-105 所示。

步骤 2：选中【结账】单选按钮，单击【开始】按钮，即可完成结账操作。若有必要，可在此对话框中选中【反结账】单选按钮，使已结账的账套恢复到未结账状态，如图 10-106 所示。

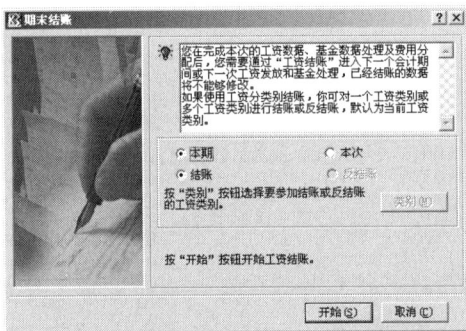

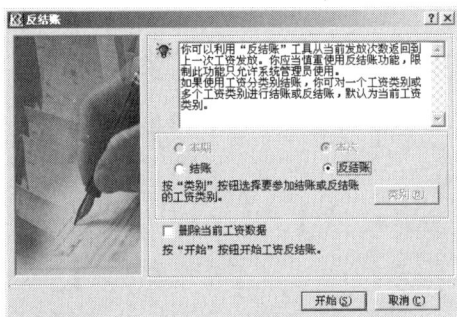

图 10-105　【期末结账】对话框　　　　　图 10-106　【反结账】对话框

步骤 3：若选中【是否删除当前工资和基金数据】复选框，则在反结账到上一期时把本期的工资和工资基金数据全部删除。否则在反结账时，不删除已经存在的工资数据，这样再结账时，保留修改过后的固定工资项目数据。

10.5　查询工资报表

在工资报表中，系统提供了工资管理所需用的一些统计分析报表，如工资发放表、工资汇总表、银行代发表等，通过这些报表，可以全面地掌握企业工资总额、分部门水平构成、人员工龄、年龄结构等，可为制定合理的工资管理提供详细的报表。

10.5.1　实训 21　查询工资条

工资条用于分条输出每位员工的工资数据信息，如果要打印输出职员的工资条，即可进行如下的操作。

步骤 1：在【主控台】界面中，选择【人力资源】标签，单击【查询报表】系统功能项下的【工资报表】子功能项，即可进入【工资报表】界面，如图 10-107 所示。

步骤 2：双击【工资条】选项，打开【过滤器】对话框，如图 10-108 所示。

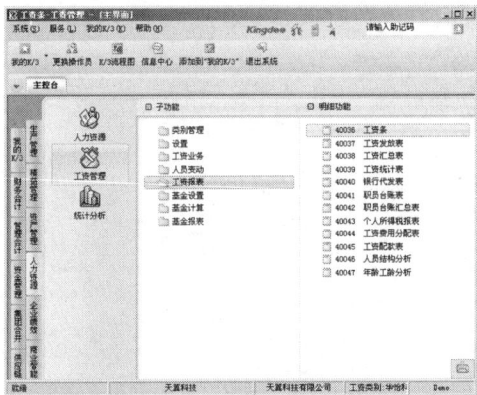

图 10-107　【工资报表】界面

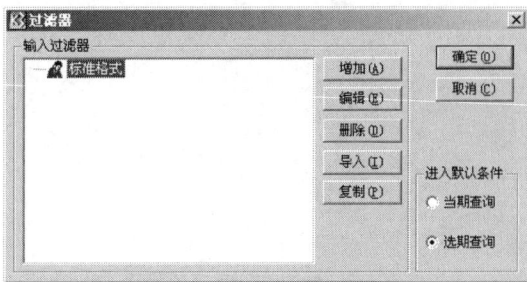

图 10-108　【过滤器】对话框

步骤 3：单击【增加】按钮，即可打开【定义过滤条件】对话框，输入"过滤名称"，并从【工资项目】窗格中选择需要被打印的工资项目，如图 10-109 所示。

步骤 4：单击【确定】按钮，弹出一个建立数据提示框，单击【确定】按钮，即可将新建的过滤条件添加到【过滤器】列表框中，如图 10-110 所示。

图 10-109　【定义过滤条件】对话框

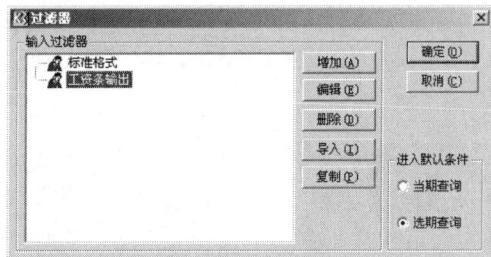

图 10-110　【过滤器】对话框

步骤 5：选择已经设置好的过滤方案，然后单击【确定】按钮，即可打开【工资条打印】对话框，如图 10-111 所示。

提示：选取【当期查询】选项，则进入【工资条打印】界面后不用选择打印的工资条的会计年度、期间以及发放次数。若选取【选期查询】则需要选择打印的工资条的会计年度、期间以及发放次数。

步骤 6：在【字体设置】选项区中，分别单击【更改数值字体】和【更改文本字体】按钮，即可在打开的【字体】对话框中选择字体、字形、字体大小，如图 10-112 所示。

步骤 7：在【显示设置】选项区中，设置工资条的列宽、行高、行距、左边距等选项，在【工资项目】列表中，用户可以设置各工资项目的宽度。根据需要决定是否选中【数据为零不打印工资项目】和【使用套打】复选框，然后单击【打印预览】按钮，即可查看工资条的打印效果。

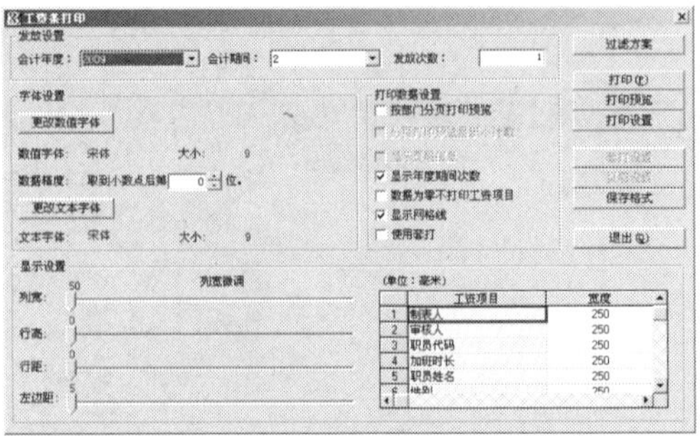

图 10-111　【工资条打印】对话框

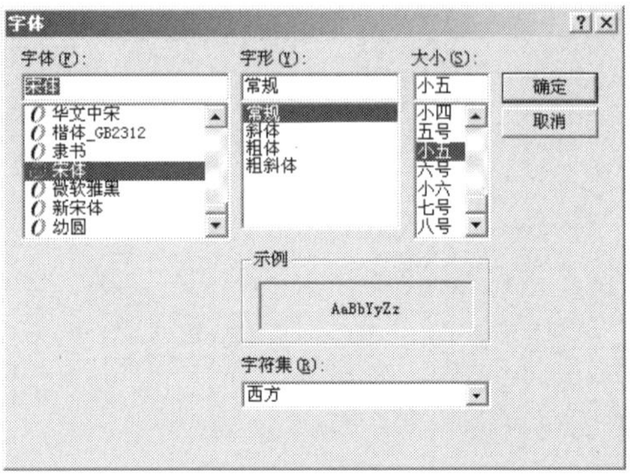

图 10-112　【字体】对话框

10.5.2　实训 22　查询工资发放表

工资发放表可以对工资发放表数据进行分页浏览、打印输出或引出等操作。

其具体的操作步骤如下。

步骤 1：在【工资报表】界面中，双击【工资发放表】选项，打开【过滤器】对话框。其设置方法与【工资条】明细功能项中【过滤器】对话框的设置方法完全相同，如图 10-113 所示。

步骤 2：增加过滤方案之后，选择设置好的过滤方案并单击【确定】按钮，即可打开【工资发放表】窗口，设置期间范围，查看工资发放情况，如图 10-114 所示。

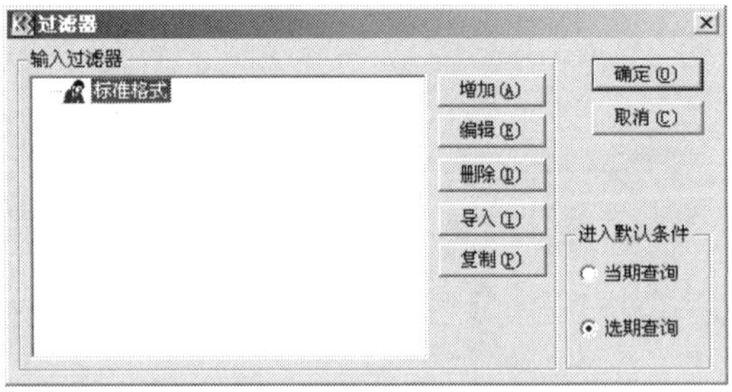

图 10-113　【过滤器】对话框

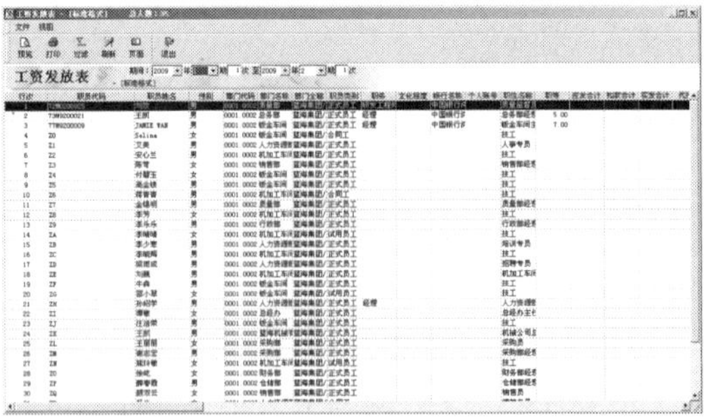

图 10-114　【工资发放表】窗口

10.5.3　实训 23　查询工资汇总表

工资汇总表中存放着所有职工的工资数据，用户可以从中查看工资的发放情况。

其具体的操作步骤如下。

步骤 1：在【工资报表】界面中，双击【工资汇总表】选项，打开【工资汇总表】对话框，并弹出【过滤器】对话框。单击【增加】按钮，打开【定义过滤条件】对话框，并根据实际情况设置相应的选项，如图 10-115 所示。

步骤 2：单击【条件】标签，进入【条件】选项卡，设置相应的过滤条件，如图 10-116 所示。

图 10-115　【定义过滤条件】对话框　　　　图 10-116　【条件】选项卡

步骤 3：单击【其他选项】标签，进入【其他选项】选项卡，设置汇总关键字，如图 10-117 所示。

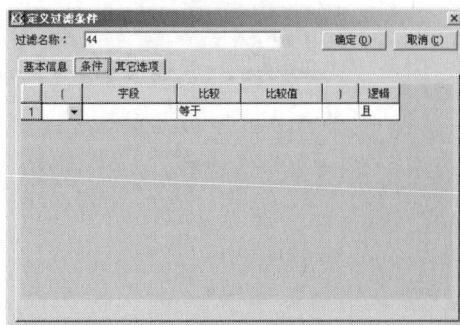

图 10-117　【其他选项】选项卡

步骤 4：单击【确定】按钮，打开【工资汇总表】窗口，如图 10-118 所示。

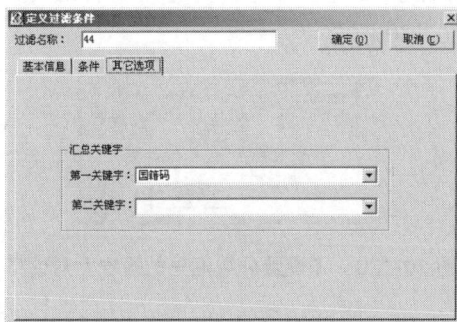

图 10-118　【工资汇总表】窗口

步骤 5：单击【职员】按钮，即可查看每个职员的工资发放情况，如图 10-119 所示。

图 10-119　查看职员的工资发放情况

步骤 6：单击【部门分级】按钮，即可打开【设置分级汇总的级次】对话框，设置分级汇总的级次范围，如图 10-120 所示。

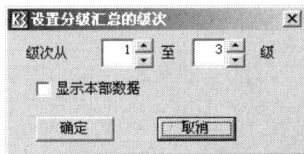

图 10-120　【设置分级汇总的级次】对话框

步骤 7：单击【确定】按钮，即可按所选部门级次进行分级汇总，如图 10-121 所示。

图 10-121　分级汇总

10.5.4　实训 24　查询工资统计表

工资统计表存储着工资的组合体，包括扣零结余、奖金、基本工资等选项，用户可以通过工资统计表对职工的工资详情进行查阅。

其具体的操作步骤如下。

步骤 1：在【工资报表】界面中，双击【工资统计表】选项，打开【过滤器】对话框，选择过滤方案，然后单击【确定】按钮，打开【工资统计表】窗口，如图 10-122 所示。

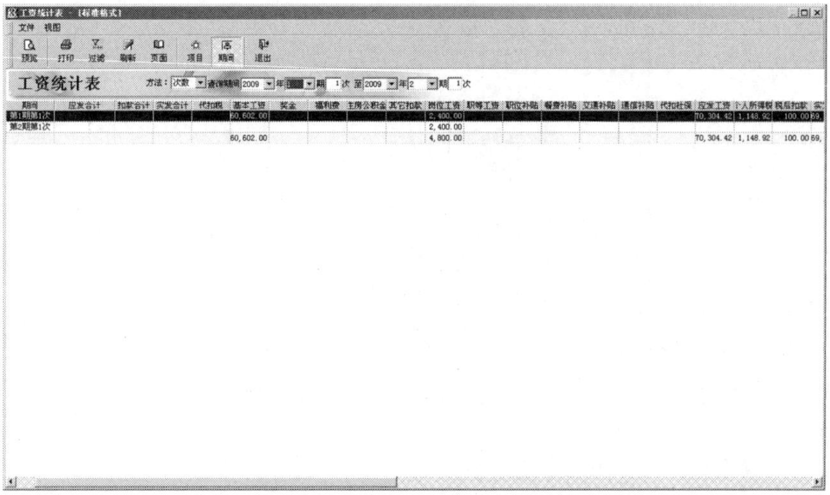

图 10-122　【工资统计表】窗口

步骤 2：单击【项目】按钮，即可按项目查看统计数据，如图 10-123 所示。

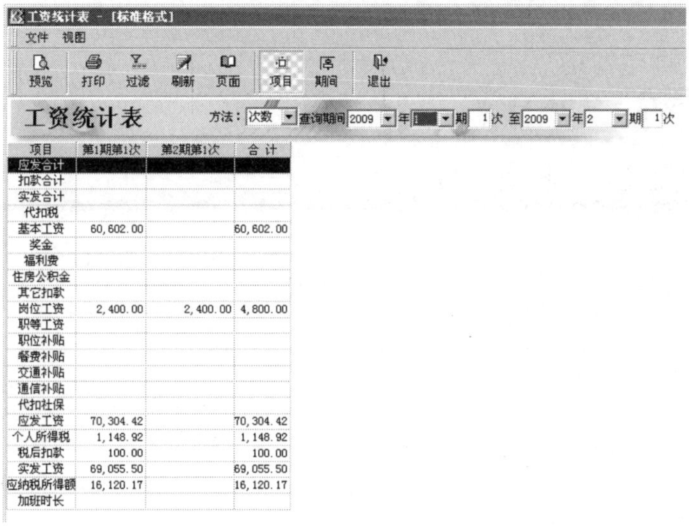

图 10-123　按项目查看统计数据

10.5.5　实训 25　查询银行代发表

在工资报表中，用户还可以查看银行代发表，具体的操作方法为：在【工资报表】界面中，双击【银行代发表】选项，打开【过滤器】对话框，选择过滤方案，然后单击【确定】按钮，即可打开【银行代发表】窗口，查看相应的银行代发信息，如图 10-124 所示。

图 10-124 【银行代发表】窗口

10.5.6 实训 26 查询职员台账表

在工资报表中，也可以查看职员台账表，具体的操作方法为：在【工资报表】界面中，双击【职员台账表】选项，打开【过滤器】对话框，选择过滤方案，然后单击【确定】按钮，即可打开【职员台账表】窗口，查看每位员工在一定期间内的工资发放情况，如图 10-125 所示。

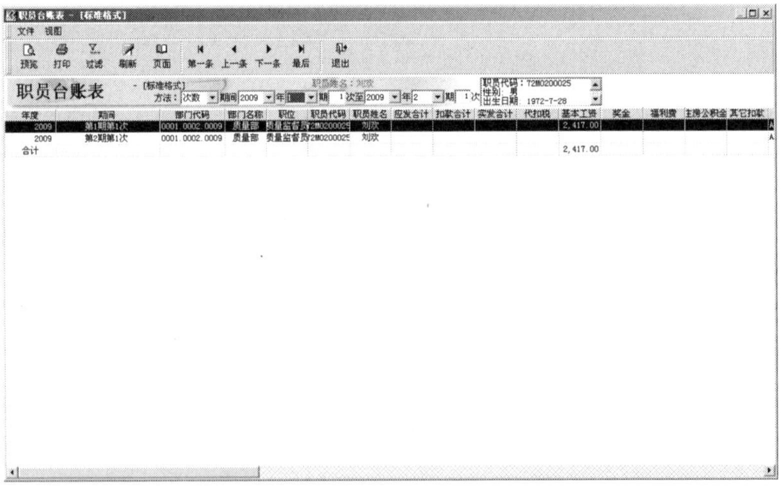

图 10-125 【职员台账表】窗口

10.5.7 实训 27 查询职员台账汇总表

职员台账汇总表是职员台账表的汇总，所以在工资报表中也可以查看职员台账汇总表，具体的操作方法为：在【工资报表】界面中，双击【职员台账汇总表】选项，打开【过滤器】对话框，选择过滤方案，然后单击【确定】按钮，打开【职员台账汇总表】窗口，查看每位员工在一定期间内的工资发放汇总情况，如图 10-126 所示。

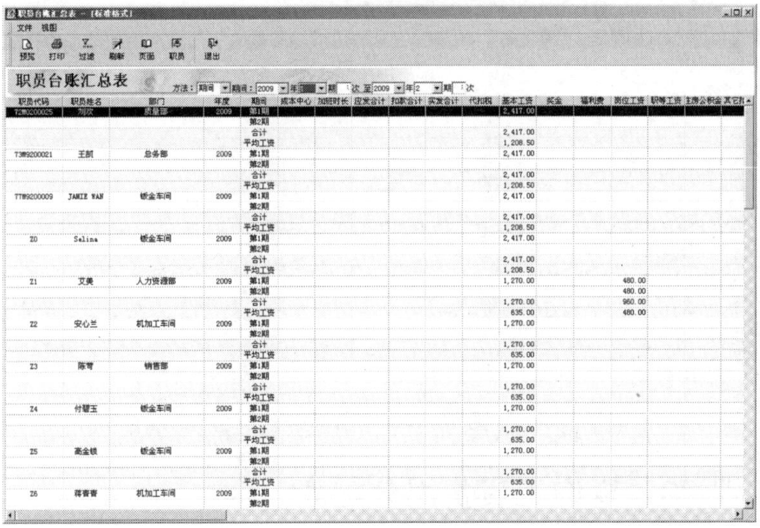

图 10-126　【职员台账汇总表】窗口

10.5.8　实训 28　查询个人所得税报表

用户如果要查看每位员工在一定期间内个人所得税的缴纳情况，就可以通过个人所得税报表来实现。

其具体的操作步骤如下。

步骤 1：在【工资报表】界面中，双击【个人所得税报表】选项，打开【过滤器】对话框。选择过滤方案，然后单击【确定】按钮，打开【个人所得税报表】窗口，查看每位员工在一定期间内个人所得税的缴纳情况，如图 10-127 所示。

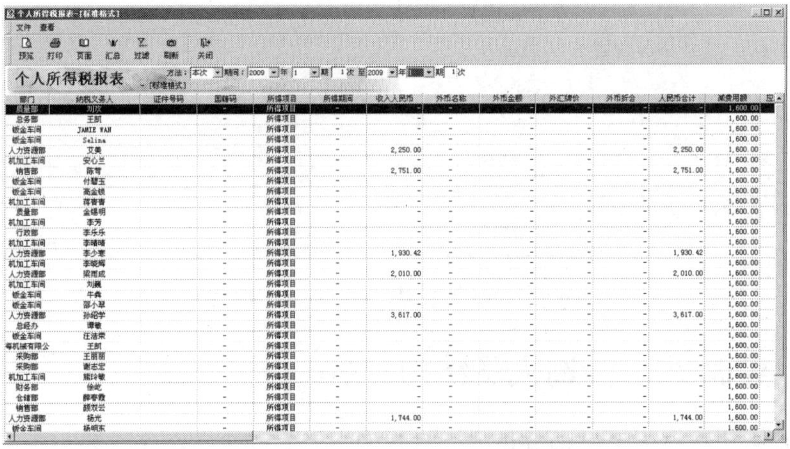

图 10-127　【个人所得税报表】窗口

步骤 2：单击【汇总】按钮，即可按不同税率进行汇总查询，但汇总必须在同年、同月、同期、同次之间进行汇总，如图 10-128 所示。

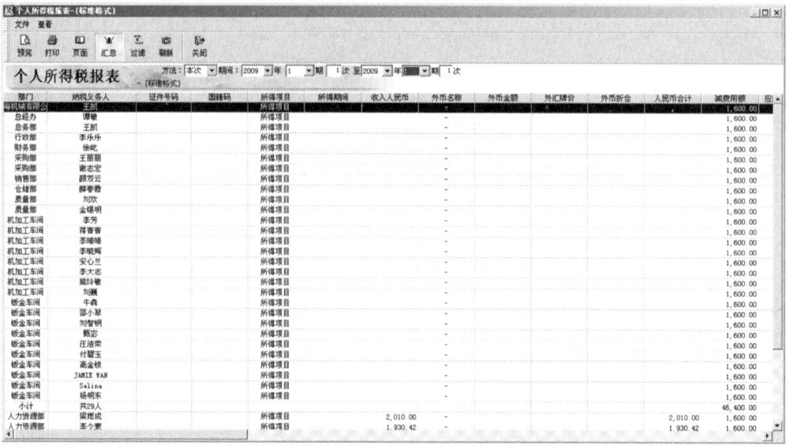

图 10-128　汇总税率

10.5.9　实训 29　查询工资费用分配表

用户如果要查看按不同分配方案进行工资费用分配的情况，就可以通过工资费用分配表来实现。只需在【工资报表】界面中，双击【工资费用分配表】选项，打开【工资费用分配表】窗口，查看按不同分配方案进行工资费用分配的情况，如图 10-129 所示。

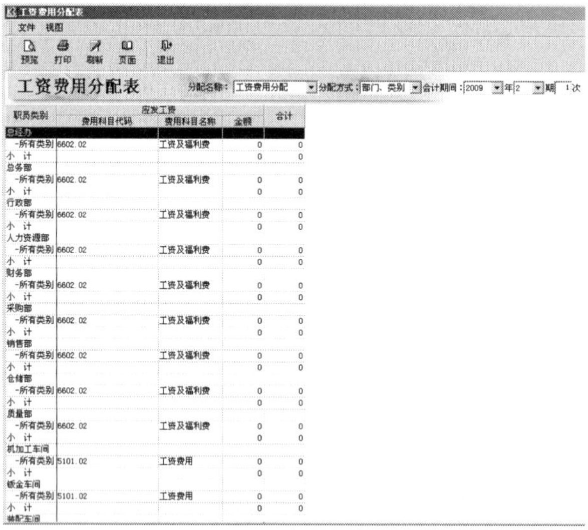

图 10-129　【工资费用分配表】窗口

10.5.10　实训 30　查询人员结构分析

在工资报表中还有人员结构分析表，具体的查看方法为：在【工资报表】界面中，双击【人员结构分析】选项，打开【人员工资结构分析】窗口，在其中可以进行人员结构的分析，如图 10-130 所示。

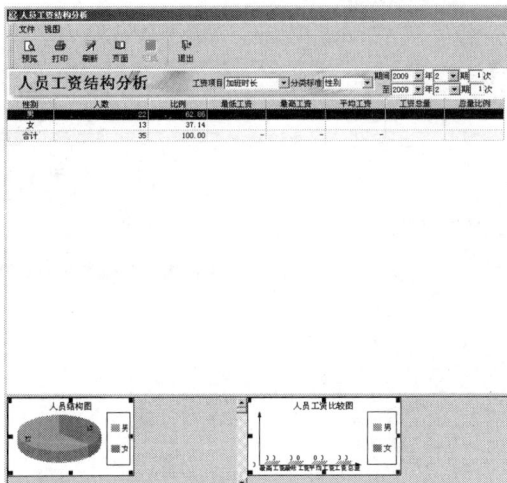

图 10-130　【人员工资结构分析】窗口

10.5.11　实训 31　查询年龄工龄分析表

一个公司企业的员工年龄是不同的，每个员工进公司的时间不同，其待遇也就不同，针对这些年龄工龄问题，用户可以通过查看工资报表中的年龄工龄分析表来了解相应的情况。

查看年龄工龄分析表的具体操作步骤如下。

步骤 1：在【工资报表】界面中，双击【年龄工龄分析】选项，打开【年龄工龄定义】对话框，选中【工龄分析】单选按钮，可设置相应分析表的第一关键字、第二关键字及截止日期、分段标准。若需要统计禁用人员，则选择【是否统计禁用人员】复选框，如图 10-131 所示。

步骤 2：单击【确定】按钮，打开【年龄工龄分析表】窗口，如图 10-132 所示。

图 10-131　【年龄工龄定义】对话框

图 10-132　【年龄工龄分析表】窗口

步骤 3：如果要定义年龄分析情况，则可以在【年龄工龄定义】对话框中选择【年龄分析】单选按钮，对年龄分析进行相应的设置，如图 10-133 所示。

步骤 4：单击【确定】按钮，返回【年龄工龄分析表】窗口，如图 10-134 所示。

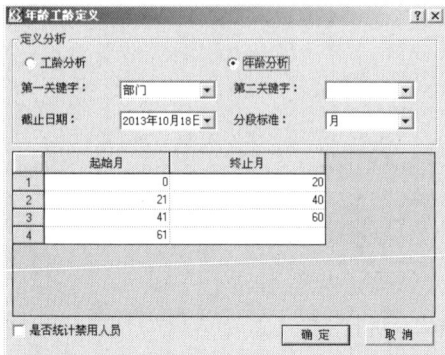

图 10-133 　【年龄工龄定义】对话框

图 10-134 　【年龄工龄分析表】窗口

10.6　疑　难　解　惑

疑问 1：在对本公司的部门进行管理的过程中，发现不能删除不需要的部门信息。

答：检查一下需要删除的部门是否已经有了下级的明细部门，如果删除的部门已经有了下级的明细部门，需要将下级明细部门从最低起开始删除，另外，还需要检查一些被删除的部门是否被另一个工资类别使用，如果被删除的某个部门在另外一个工资类别中已经被使用，则只在当前类别中被删除。

疑问 2：在对工资系统进行基础设置时，发现不能进行基础项目的设置。

答：检查一下工资的类别，在设置工资类别时如果选择【是否多类别】选项，则就不需要进行基础项目的设置，如图 10-135 所示。

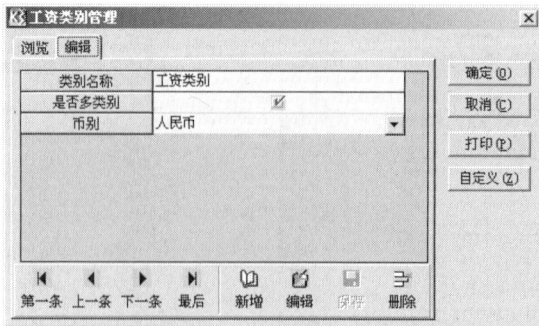

图 10-135 　【工资类别管理】对话框

第11章

公司现金的管理

现金管理系统是基于三层结构体系开发的管理子系统，是金蝶 K3 系统的组成部分之一，它既可同总账系统联合起来使用，也可单独提供给出纳人员使用。现金管理系统能处理企业中的日常出纳业务，包括现金业务、银行业务、票据管理及其相关报表、系统维护等内容，同时会计人员能在该系统中根据出纳录入的收付款信息生成凭证并传递到总账系统。

11.1　现金管理系统的初始设置

要想使用现金管理系统处理企业日常的出纳业务，首先必须对现金管理系统进行初始化设置，主要包括现金管理系统的初始录入与现金管理系统的系统设置两个方面。

11.1.1　实训 1　现金管理系统的初始录入

现金管理系统的初始录入包括单位的现金科目、银行存款科目的期初余额、累计发生额的引入和录入，银行未达账、企业未达账初始数据的录入，余额调节表的平衡检查、综合本位币的定义等内容。

录入现金管理系统初始数据的具体操作步骤如下。

步骤 1：在【主控台】界面中，选择【系统设置】标签，单击【初始化】系统功能项下的【现金管理】子功能项，进入【现金管理】界面，如图 11-1 所示。

步骤 2：双击【初始数据录入】选项，打开【初始数据录入】界面，如图 11-2 所示。

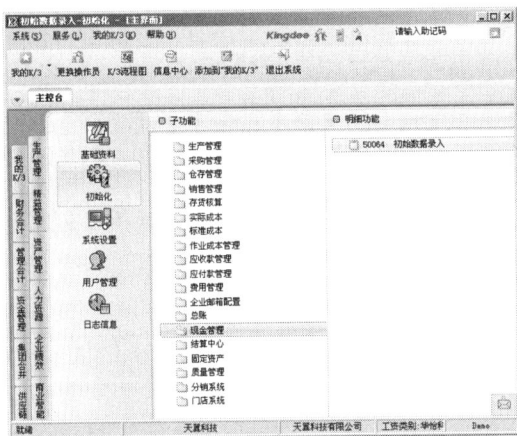

图 11-1　【现金管理】界面　　　　图 11-2　【初始数据录入】界面

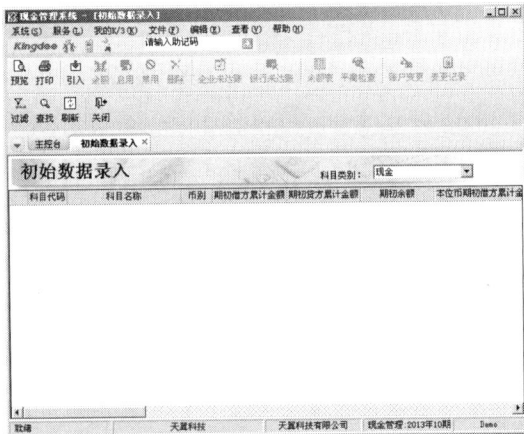

步骤 3：单击【引入】按钮，打开【从总账引入科目】对话框，在其中设置引入科目的会计期间，并根据实际情况选择相应的复选框，如图 11-3 所示。

步骤 4：单击【确定】按钮，系统将按照用户的设置引入科目，如图 11-4 所示。

💡 **注意**：　在现金管理系统中，用户不能将总账系统中银行存款科目下挂的核算项目作为明细科目引入，只能将核算项目设为银行科目的下级明细科目引入。此外，从总账引入的科目属性必须是"科目设置"中的现金科目或银行科目，且只有明细科目才能被引入。

步骤 5：如果在引入总账科目时没有引入总账余额，还需要单击【余额】按钮，打开【从总账引入期初余额和发生额】对话框，在其中设置相应的引入期间，如图 11-5 所示。

步骤 6：单击【确定】按钮，完成科目余额的引入操作，如图 11-6 所示。

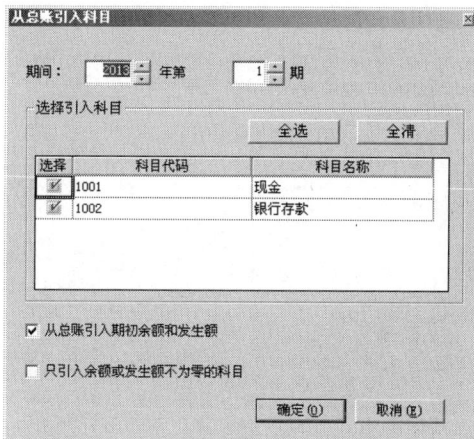

图 11-3　【从总账引入科目】对话框

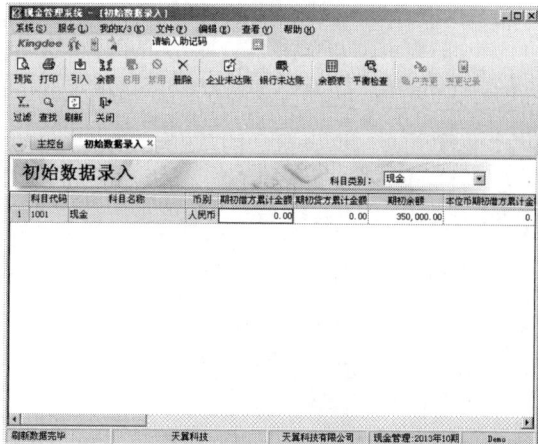

图 11-4　引入科目

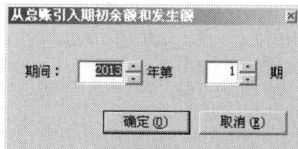

图 11-5　【从总账引入期初余额
和发生额】对话框

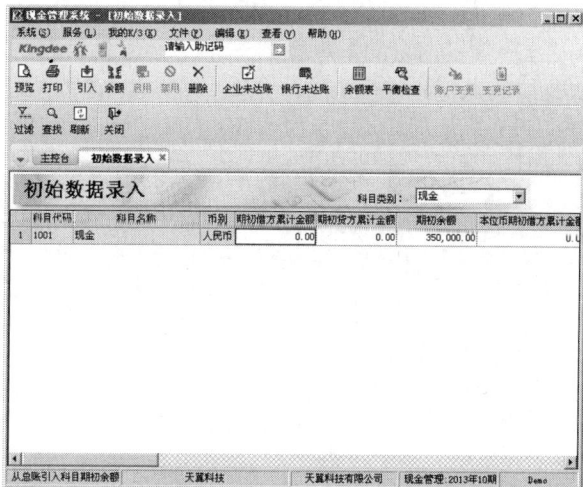

图 11-6　引入科目余额

11.1.2　实训 2　现金管理系统的系统设置

在现金管理系统的【系统参数】界面当中，可以设置显示建立账套时设置的系统参数、会计期间以及进行账套操作时的相关选项等。

其具体的操作步骤如下。

步骤 1：在【主控台】界面中，选择【系统设置】标签，单击【系统设置】系统功能项下的【现金管理】子功能项，进入【现金管理】界面，如图 11-7 所示。

步骤 2：双击【系统参数】选项，打开【系统参数】对话框，在【系统】选项卡中用户可以输入公司名称、地址、电话等信息，如图 11-8 所示。

步骤 3：选择【总账】标签，进入【总账】选项卡，在其中查看总账系统的启用会计年度、启用会计期间、当前会计年度、当前会计期间、本位等信息，如图 11-9 所示。

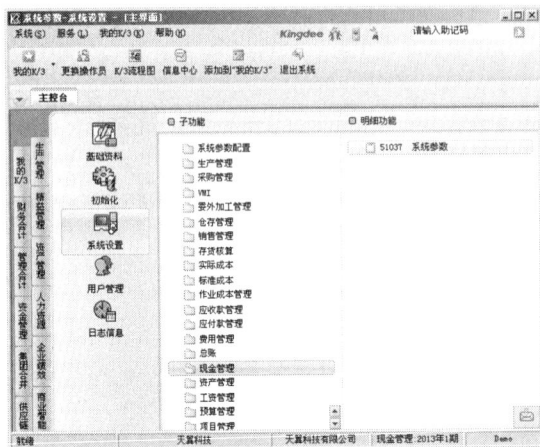

图 11-7　【现金管理系统设置】界面　　　　图 11-8　【系统参数】对话框

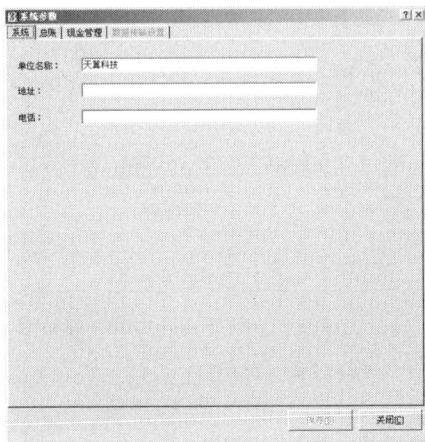

步骤 4：选择【现金管理】标签，进入【现金管理】选项卡，在其中设置现金日记账和银行存款日记账的汇率模式与汇率小数位长度，并启用支票密码，如图 11-10 所示。

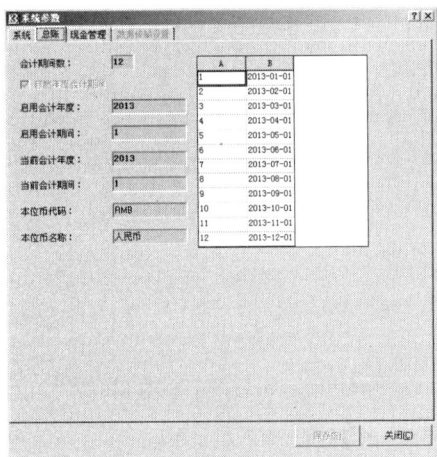

图 11-9　【总账】设置界面　　　　　　　图 11-10　【现金管理】选项卡

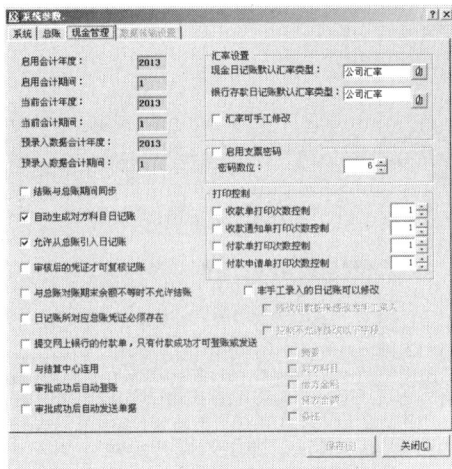

步骤 5：单击【保存】按钮，即可将设置保存下来。单击【关闭】按钮，完成系统参数的设置操作。

11.1.3　实训 3　结束初始化与反初始化

当所有的初始数据录入完毕，并对系统参数进行设置之后，下面就可以对现金管理系统进行初始化操作了。

其具体的操作步骤如下。

步骤 1：在【初始数据录入】窗口中，选择【编辑】➤【结束初始化】菜单项，打开【启用会计期间-结束初始化】对话框，在其中选择该系统的启用会计期间，如图 11-11 所示。

步骤 2：单击【确定】按钮，将打开是否继续初始化的提示信息框，如图 11-12 所示。

图 11-11　【启用会计期间-结束初始化】对话框　　　　图 11-12　金蝶提示信息框

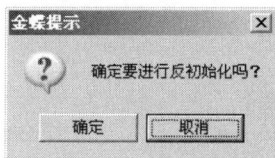

步骤 3：单击【确定】按钮，即可完成系统结束初始化操作，并弹出一个信息提示框，此时所有的现金管理科目都将自动处于启用状态，如图 11-13 所示。

步骤 4：在系统初始化完毕之后，如果发现某些初始数据还没有录入或需要修改，可选择【编辑】➢【反初始化】菜单项，弹出一个信息提示框，如图 11-14 所示。

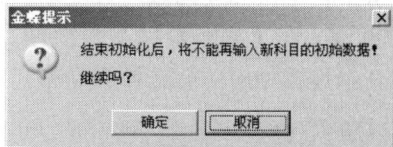

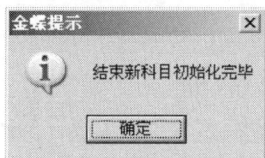

图 11-13　金蝶提示信息框　　　　　　　　　图 11-14　金蝶提示信息框

步骤 5：单击【确定】按钮即可实现反初始化操作，操作结束后将弹出反初始化完毕的信息提示框。单击【确定】按钮，使现金管理系统返回到未初始化的状态，如图 11-15 所示。

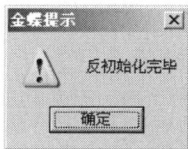

图 11-15　金蝶提示信息框

11.2　现金管理系统的总账数据处理

现金管理系统的总账数据模块处理的是现金管理系统与总账系统的数据关系，并与总账系统的数据进行对比，主要可以实现复核记账、引入日记账、与总账对账三种功能。

11.2.1　实训 4　复核记账

复核记账实际上就是出纳人员对总账的现金和银行存款凭证进行复核登账的过程，是将总账的有关现金、银行存款数据引入到现金管理系统的一种方式。在这里，用户还可以通过复核凭证的方式登记现金或银行存款日记账的操作。

其具体的操作步骤如下。

步骤 1：在【主控台】界面中，选择【财务会计】标签，单击【现金管理】系统功能项下的【总账数据】子功能项，进入【总账数据】界面，从中可以发现总账数据包括复核记账、引入日记账和与总账对账三项操作，如图 11-16 所示。

步骤 **2**：在【总账数据】界面中，双击【复核记账】选项，打开【复核记账】对话框，在其中设置相应的会计期间和科目范围，如图 11-17 所示。

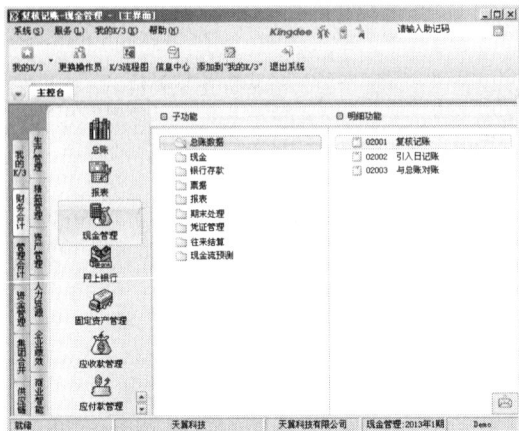

图 11-16　【总账数据】界面　　　　　图 11-17　【复核记账】对话框

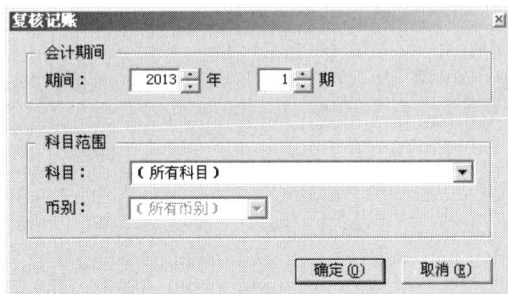

步骤 **3**：单击【确定】按钮，进入【复核记账】界面，如图 11-18 所示。

步骤 **4**：选择【文件】➤【登账设置】菜单项，打开【登账设置】对话框，在其中根据实际需要选择相应的选项，如图 11-19 所示。

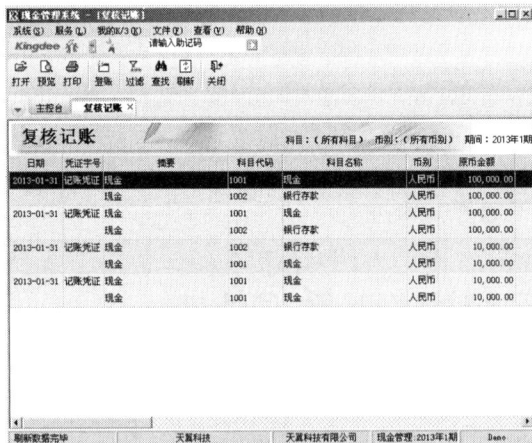

图 11-18　【复核记账】界面　　　　　图 11-19　【登账设置】对话框

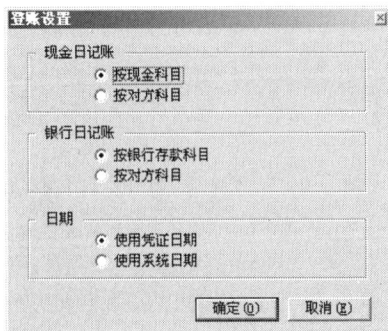

步骤 **5**：单击【确定】按钮，进入【复核记账】界面，在其中选择需要登账的记录，如图 11-20 所示。

步骤 **6**：单击【登账】按钮或双击该条记录，即可实现数据的登账操作。登账后的该条记录不再显示在复核记账的查询界面上，如图 11-21 所示。

步骤 **7**：单击【查找】按钮，打开【复核记账 查找】对话框，在其中输入查询条件，然后单击【确定】按钮，即可显示出查找结果，如图 11-22 所示。

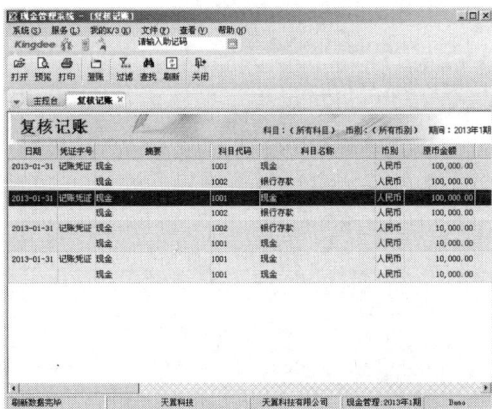

图 11-20　【复核记账】窗口

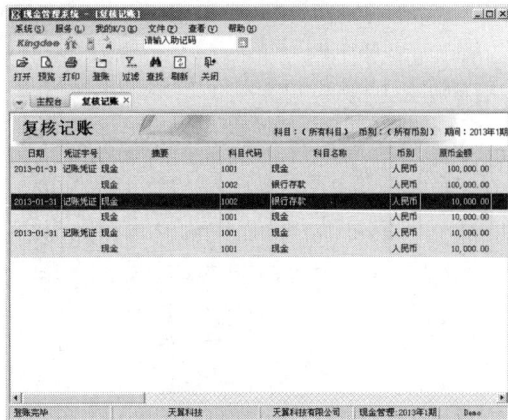

图 11-21　登账操作

步骤 8：选择【查看】➤【页面设置】菜单项，打开【页面设置】对话框，用户可以设置页面的相应选项，最后单击【确定】按钮进行保存，如图 11-23 所示。

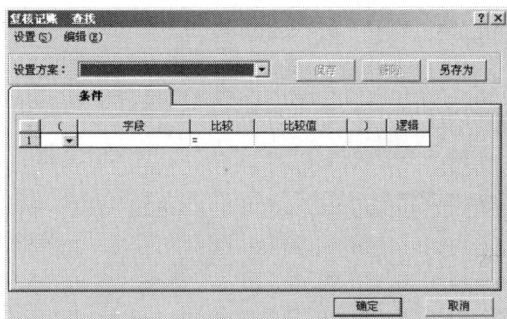

图 11-22　【复核记账 查找】对话框

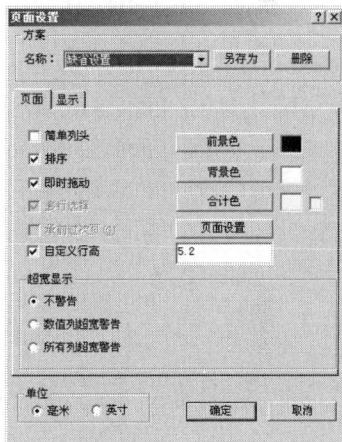

图 11-23　【页面设置】对话框

11.2.2　实训 5　引入日记账

引入日记账包括引入现金日记账和银行存款日记账两种。引入日记账的具体操作步骤如下。

步骤 1：在【总账数据】界面中，双击【引入日记账】选项，打开【引入日记账】对话框，在其中选择引入账套的会计期间、引入方式、使用日期、引入期间模式、引入的凭证范围和科目范围等选项，如图 11-24 所示。

☼ **注意**：　已经被禁用的科目将不会显示出来，用户可以自定义选择所引入的科目，当凭证号为空时，系统将默认为全部，输入凭证号时不能输入"0"。

步骤 2：如果要引入银行存款日记账，需要选择【银行存款日记账】选项卡，进入

【银行存款日记账】设置界面，在其中设置相应的选项，如图 11-25 所示。

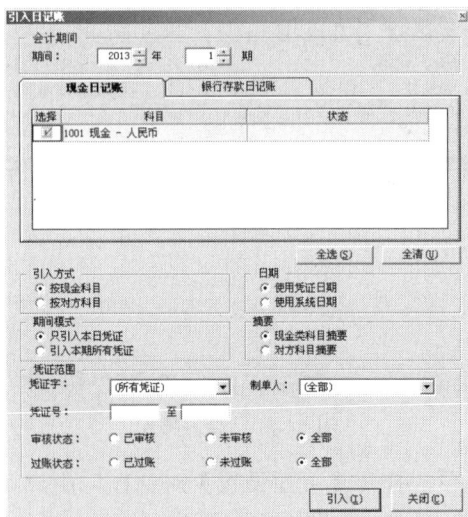

图 11-24 【引入日记账】对话框

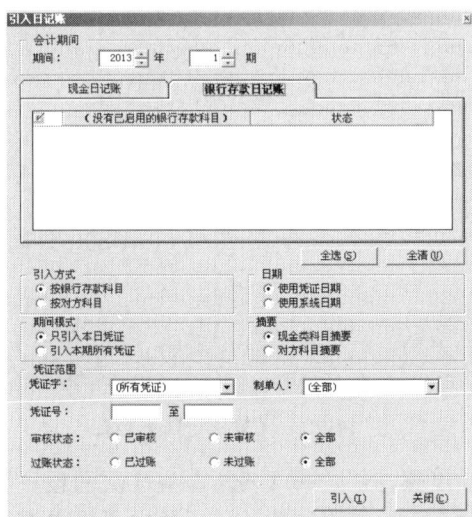

图 11-25 【银行存款日记账】选项卡

步骤 3：单击【引入】按钮，即可开始引入相应的科目日记账，引入完毕后，将弹出引入完毕的信息提示框，如图 11-26 所示。

图 11-26 金蝶提示信息框

11.2.3 实训 6 与总账对账

与总账对账是指现金管理系统中的现金、银行存款日记账与总账中的日记账进行核对，以保证现金管理系统的日记账和总账登账的一致性。

与总账对账的具体操作步骤如下。

步骤 1：在【总账数据】界面中，双击【与总账对账】选项，打开【与总账对账】对话框，在其中设置会计期间、科目范围等条件，如图 11-27 所示。

步骤 2：单击【确定】按钮，进入【与总账对账】界面，在其中查看相应的对账信息，如图 11-28 所示。

步骤 3：单击【自动查找】按钮，将自动查找出现金管理系统日记账凭证字号为空的记录，自动查找到的记录为蓝色，对查找到的凭证字号，可以选择【编辑】菜单下的【保存当前凭证号】或【保存全部凭证号】选项进行保存，如图 11-29 所示。

步骤 4：选择【文件】➤【引出】菜单项，打开【引出'与总账对账-现金管理系统数据'】对话框，在其中用户可以将相关的数据信息以其他形式引出，如图 11-30 所示。

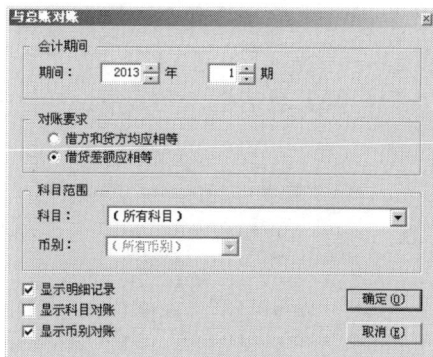

图 11-27　【与总账对账】对话框

图 11-28　【与总账对账】窗口

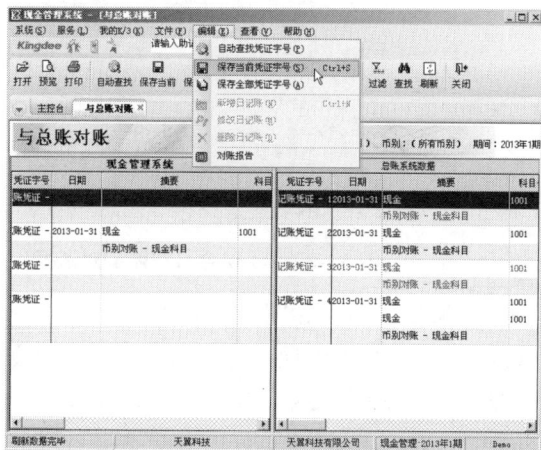

图 11-29　自动查找记录

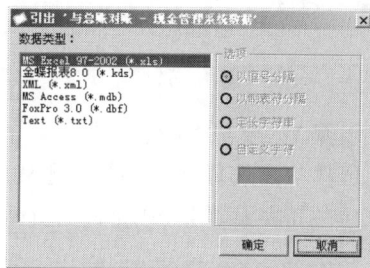

图 11-30　【引出'与总账对账-现金管理系统数据'】对话框

11.3　现 金 管 理

出纳工作是重要的会计工作岗位，负责核算与管理企业、事业单位最活跃的资金。现金模块的管理是企事业单位财务部门按照国家的政策和规定，对现金收入、付出和库存进行预算、监督和控制，是财务管理中资金管理的重要内容，也是出纳会计的一项重要工作。

11.3.1　实训 7　现金日记账

现金日记账是用来逐日逐笔反映库存现金的收入、支出和结存情况，以便于对现金的保管、使用及现金管理制度的执行情况进行严格的日常监督及核算的账簿，现金日记账的登记依据是经过复核无误的收款记账凭证和付款记账凭证。

录入现金日记账的具体操作步骤如下。

步骤 1：在【主控台】界面中，选择【财务会计】标签，单击【现金管理】系统功能项下的【现金】子功能项，进入【现金】界面，如图 11-31 所示。

步骤 2：双击【现金日记账】选项，打开【现金日记账】对话框，在其中设置相应的过滤条件，如图 11-32 所示。

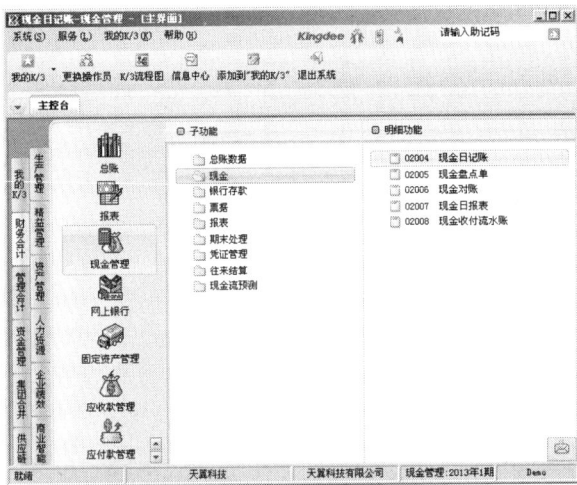

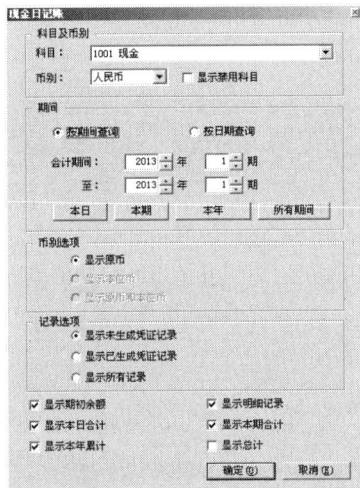

图 11-31　【现金】界面　　　　　　　　图 11-32　【现金日记账】对话框

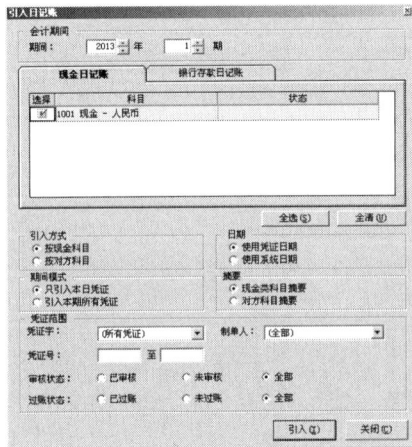

步骤 3：单击【确定】按钮，打开【现金日记账】界面，如图 11-33 所示。

步骤 4：选择【文件】➤【从总账引入现金日记账】菜单项，打开【引入日记账】对话框，在其中设置会计期间、会计科目、引入方式和期间模式等，如图 11-34 所示。

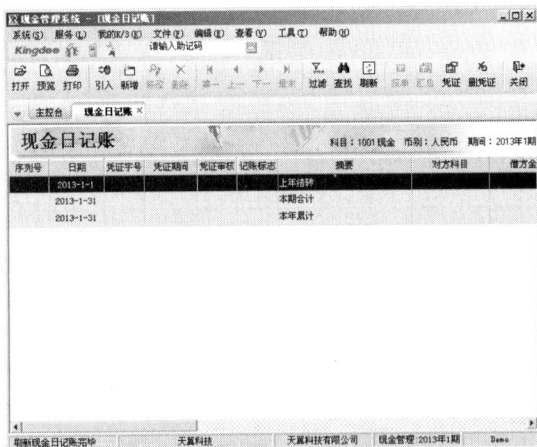

图 11-33　【现金日记账】界面　　　　　　图 11-34　【引入日记账】对话框

步骤 5：单击【引入】按钮，开始引入日记账，完成之后将弹出信息提示框，如图 11-35 所示。

步骤 6：单击【新增】按钮，打开【现金日记账录入】界面，用户还可以手工录入现金日记账，如图 11-36 所示。

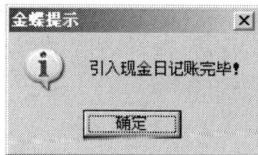

图 11-35　金蝶信息提示框

图 11-36　【现金日记账录入】界面

注意：　手工增加现金日记账时，如果输入对方科目是银行科目，那么在保存的时候应该将该笔日记账保存到对方科目所制定的对应银行科目中，而在查看该银行科目的银行日记账时，只需双击即可显示出该笔日记账，而此时对方科目则是该现金科目。

11.3.2　实训 8　现金盘点单

现金盘点单是指出纳人员在每天业务终了以后，对现金进行盘点的结果。

对现金盘点单进行操作的具体操作步骤如下。

步骤 1：在【现金】界面中，双击【现金盘点单】选项，打开【现金盘点单】界面，如图 11-37 所示。

步骤 2：单击【新增】按钮，打开【现金盘点单-新增】对话框，在其中选择科目、现金的币种、盘点单的日期，在相应的币值面额行中输入实际的数量、备注等信息，如图 11-38 所示。

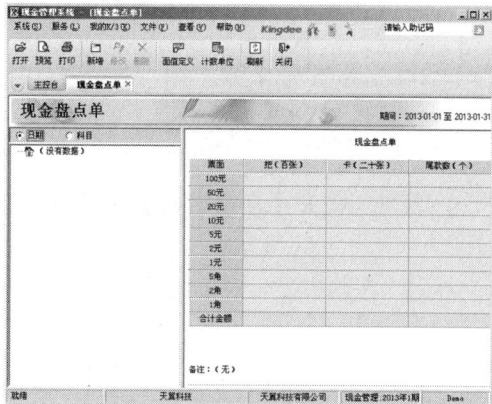

图 11-37　【现金盘点单】界面

图 11-38　【现金盘点单-新增】对话框

步骤 3：单击【保存】按钮进行保存，当返回【现金盘点单】界面后，在其中可以查看新增的现金盘点信息，如图 11-39 所示。

提示： 如果所盘点的数目与上次盘点的数目完全一致，可以单击【取上次盘点数】按钮。

步骤 4：选择【文件】➤【修改】菜单项，打开【现金盘点单-修改】对话框，在其中用户可以对需要修改的现金盘点单进行修改，最后单击【保存】按钮进行保存，如图 11-40 所示。

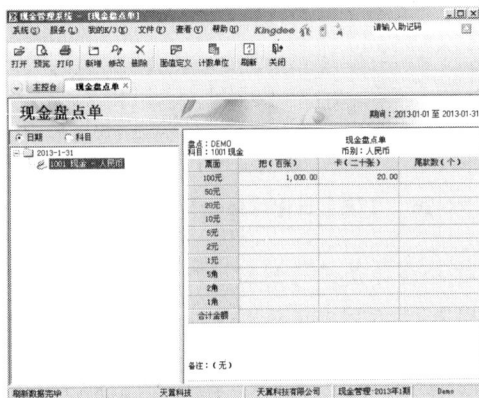

图 11-39　【现金盘点单】界面　　　　图 11-40　【现金盘点单-修改】对话框

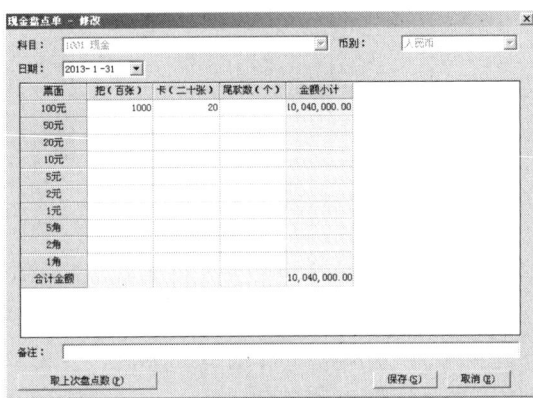

步骤 5：如果要删除某一条盘点单记录，只需选中该记录，然后单击【删除】按钮，弹出删除信息提示框，单击【是】按钮即可完成删除操作，如图 11-41 所示。

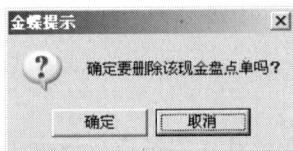

图 11-41　金蝶提示信息框

11.3.3　实训 9　现金对账

现金对账是指系统自动将出纳账与日记账(总账)当期现金发生额，现金余额进行核对，并生成对账表。

其具体的操作步骤如下。

步骤 1：在【现金】界面中，双击【现金对账】选项，打开【现金对账】对话框，在其中设置相应的条件，如图 11-42 所示。

步骤 2：单击【确定】按钮，打开【现金对账】界面，在其中显示对账结果，如图 11-43 所示。

步骤 3：单击【预览】和【打印】按钮，可以预览和打印现金对账情况，如图 11-44 所示。

步骤 4：选择【文件】➤【引出】菜单项，可以将现金对账引出为各种格式的文件，如图 11-45 所示。

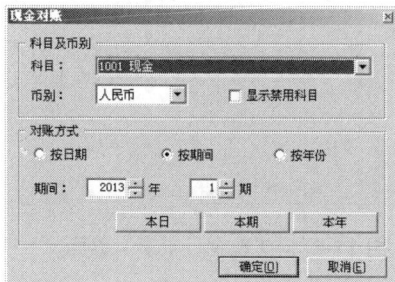

图 11-42   【现金对账】对话框

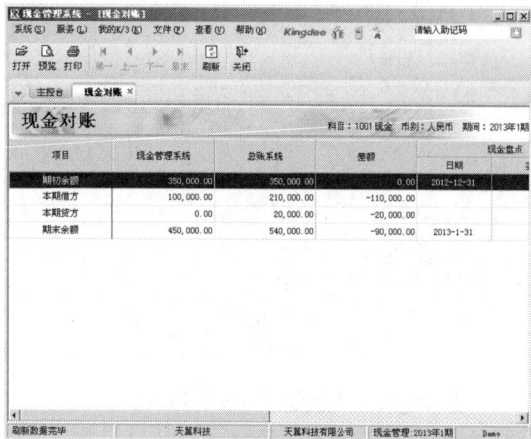

图 11-43   【现金对账】界面

图 11-44   预览和打印现金对账情况

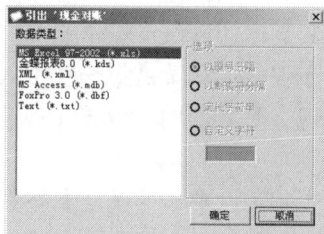

图 11-45   引出文件

11.3.4   实训 10   现金日报表

系统的现金部分提供了现金日报表，通过当日现金收支及账面余额的输出，不仅为企业现金的管理提供了方便，而且为管理层及时了解和掌握本企业的资金状况和合理运用资金提供了参考数据。

其具体的操作步骤如下。

步骤 1：在【现金】界面中，双击【现金日报表】选项，打开【现金日报表】对话框，并设置相应的过滤条件，如图 11-46 所示。

步骤 2：单击【确定】按钮，进入【现金日报表】界面，在其中可以查看当前的现金日报表信息，如图 11-47 所示。

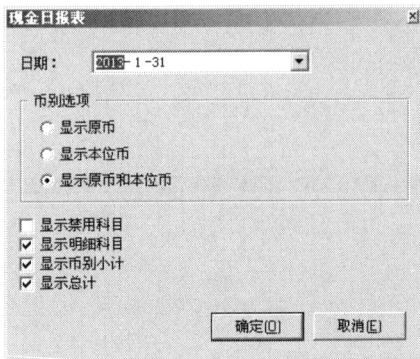

图 11-46　【现金日报表】对话框

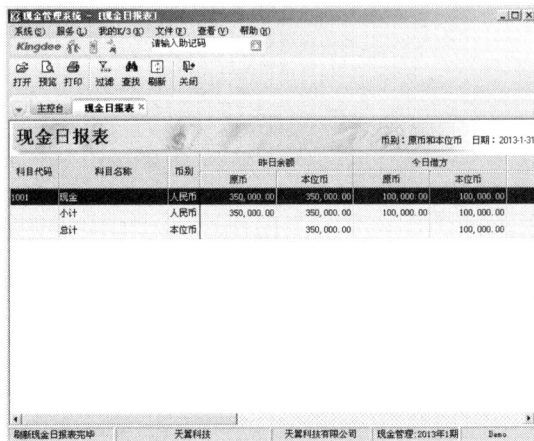

图 11-47　【现金日报表】界面

11.3.5　实训 11　现金收付流水账

现金收付流水账是指出纳根据现金收付的时间顺序登记流水账，在现金收付流水账中，会计可以根据收付款信息直接生成凭证，传递到总账，为会计人员节省大量的时间。

其具体的操作步骤如下。

步骤 1：如果是第一次进入现金收付流水账，则需要进行现金收付流水账的初始化。在【现金】界面中，双击【现金收付流水账】选项，将弹出一个信息提示框，如图 11-48 所示。

步骤 2：单击【确定】按钮，打开【初始数据录入】界面，在其中根据需要录入初始数据，如图 11-49 所示。

图 11-48　金蝶信息提示框

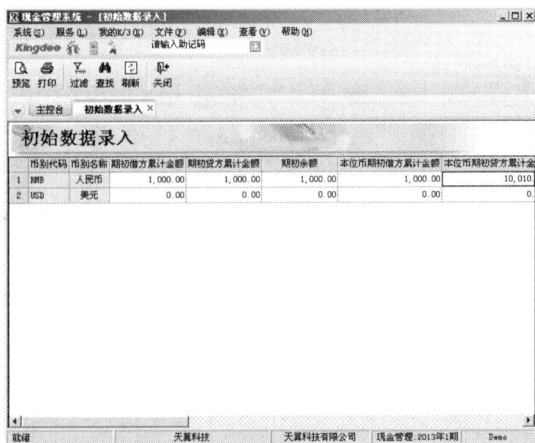

图 11-49　【初始数据录入】界面

步骤 3：选择【编辑】➤【结束初始化】菜单项，弹出结束初始化的信息提示，如图 11-50 所示。

步骤 4：单击【确定】按钮，弹出信息提示框提示完成初始化，然后单击【确定】按钮，完成初始化操作，如图 11-51 所示。

图 11-50　是否继续提示框

图 11-51　初始化完毕提示框

步骤 5：再次在【现金】界面中，双击【现金收付流水账】选项，弹出【现金收付流水账】对话框，在其中设置相应的条件，如图 11-52 所示。

步骤 6：单击【确定】按钮，进入【现金收付流水账】界面，如图 11-53 所示。

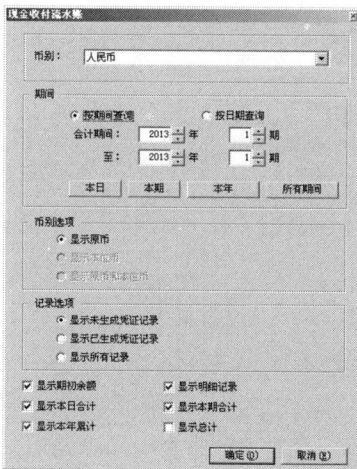

图 11-52　【现金收付流水账】对话框

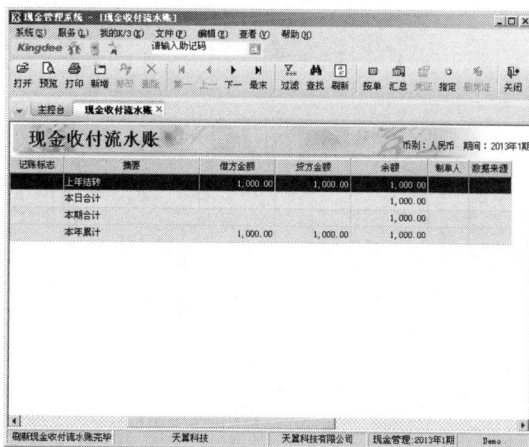

图 11-53　【现金收付流水账】界面

步骤 7：单击【新增】按钮，打开【现金收付流水账录入】界面，在其中手工录入每一笔现金收付流水账，然后单击【保存】按钮完成流水账的录入操作，如图 11-54 所示。

步骤 8：如果想要修改某一记录，在选择该记录后，单击【修改】按钮，打开【现金收付流水账-修改】对话框，在其中对该条记录进行修改，如图 11-55 所示。

图 11-54　【现金收付流水账录入】界面

图 11-55　【现金收付流水账-修改】对话框

步骤 9：在【现金收付流水账】界面中选择一条记录之后，单击【按单】按钮，调出【记账凭证-新增】窗口，系统会根据币别自动搜索出对应的现金科目，会计只需录入对应的会计科目即可。如果选中多条流水账记录，进行按单生成凭证时，将按顺序一条一条的单笔生成凭证，如图 11-56 所示。

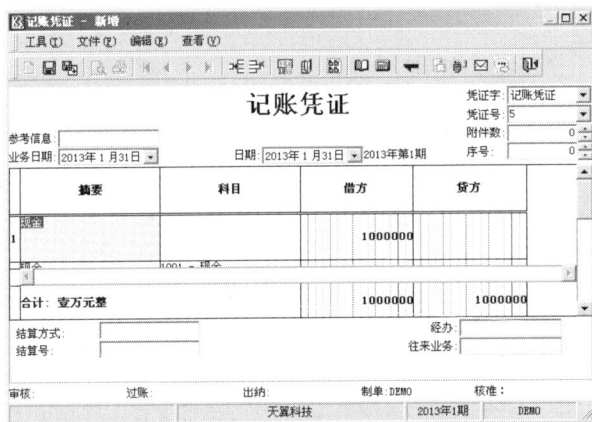

图 11-56　【记账凭证-新增】窗口

提示：　在生成凭证成功后，系统将自动将凭证字号、凭证年期填入流水账对应的位置。生成了凭证的流水账将不允许修改和删除。如果想要查看凭证，则可以单击【凭证】按钮，打开生成的凭证进行查看。

11.4　银 行 存 款

现金管理系统的银行存款部分主要是银行日记账、银行对账单、银行存款对账、余额调节表、银行存款日报表等业务的处理。

11.4.1　实训 12　银行存款日记账

银行存款日记账是用来逐日逐笔反映银行存款增减变化和结余情况的账簿。通过银行存款日记账，可以提供每一笔银行存款收付的具体信息，全面反映银行存款的增减变化与结存情况。

其具体的操作步骤如下。

步骤 1：在【主控台】界面中，选择【财务会计】标签，单击【现金管理】系统功能项下的【银行存款】子功能项，进入【银行存款】界面，所有的银行存款管理操作都在这里进行，如图 11-57 所示。

步骤 2：在【银行存款】界面中，双击【银行存款日记账】选项，打开【银行存款日记账】对话框，在其中根据实际需要设置相应的条件，如图 11-58 所示。

步骤 3：单击【确定】按钮，打开符合条件的【银行存款日记账】界面，如图 11-59 所示。

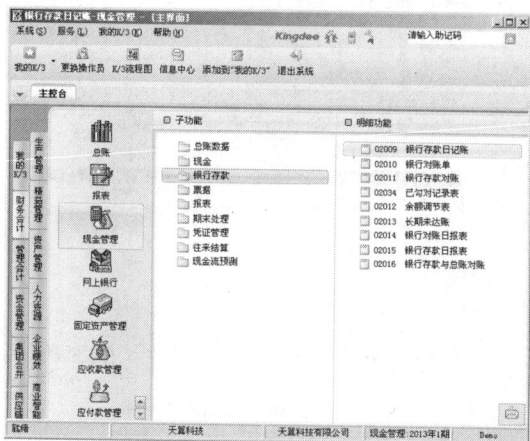

图 11-57　【银行存款】界面

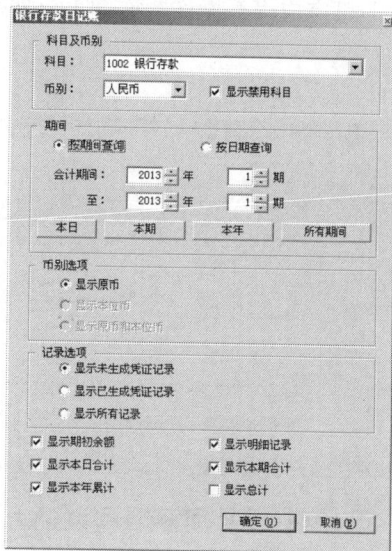

图 11-58　【银行存款日记账】对话框

步骤 4：选择【文件】➤【从总账引入银行日记账】菜单项，打开【引入日记账】对话框，系统将会自动引入银行存款类所有凭证，如图 11-60 所示。

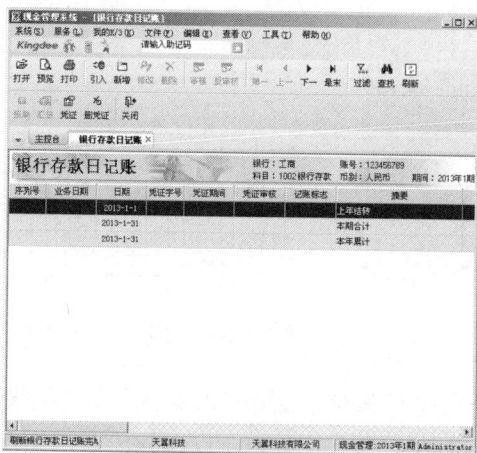

图 11-59　【银行存款日记账】界面

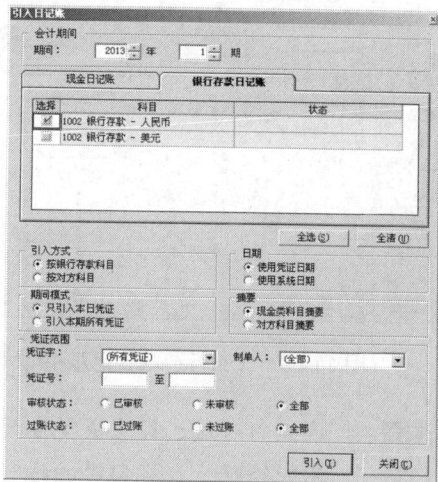

图 11-60　【引入日记账】对话框

📑 **提示**：　使用凭证日期引入日记账时，可以将凭证中的记账日期和业务日期一起引入到银行存款日记账中。

步骤 5：单击【新增】按钮，打开【银行存款日记账录入】界面，在其中可以根据实际情况输入相应的内容，如图 11-61 所示。

步骤 6：单击【保存】按钮，即可将输入的新内容保存起来，如图 11-62 所示。

步骤 7：如果要修改某一条银行日记账记录，只需选中该记录，然后单击【修改】按钮，打开【银行存款日记账-修改】对话框，从中进行相应内容的修改，最后单击【保存】

按钮即可完成修改操作，如图 11-63 所示。

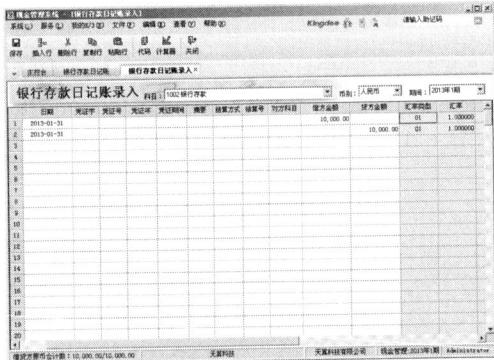

图 11-61　【银行存款日记账录入】界面

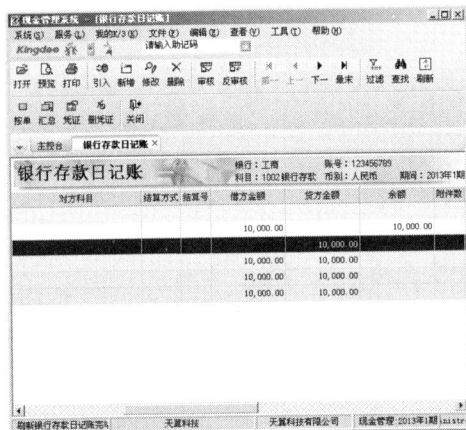

图 11-62　保存新内容

步骤 8：如果要删除某一条银行日记账记录，只需选中该记录，然后单击【删除】按钮，弹出一个信息提示框，单击【是】按钮，即可完成删除操作，如图 11-64 所示。

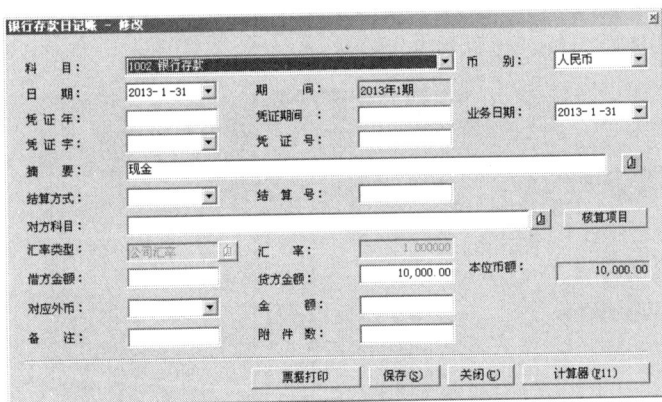

图 11-63　【银行存款日记账-修改】对话框

图 11-64　金蝶信息提示框

注意：　已经勾对或已经生成凭证的日记账或收付单登账生成的日记账，只能查看，不能修改。已经勾对的银行存款日记账也不允许删除，以前期间的记录也不允许删除。

步骤 9：用户在输入银行日记账时，可以不录入凭证字的信息，而只录入日期、摘要、金额等信息，根据这些信息，系统可以自动生成凭证。与现金日记账相同，系统也提供了按单和汇总两种方式生成凭证。单击【按单】按钮，将打开【记账凭证-新增】窗口，在其中对其相关信息进行修改，最后单击【保存】按钮即可，如图 11-65 所示。

步骤 10：生成凭证后，单击工具栏上的【凭证】按钮，打开【记账凭证-查看】窗口，查看相应的凭证信息，如图 11-66 所示。

步骤 11：在【银行存款日记账录入】界面中单击工具栏上的【删凭证】按钮，可以将已经生成的凭证删除。删除该凭证后，在日记账中凭证字号的信息显示为空，如

图 11-67 所示。

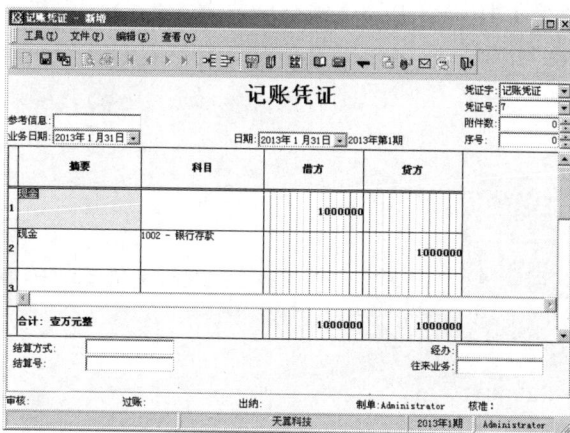

图 11-65　【记账凭证-新增】窗口

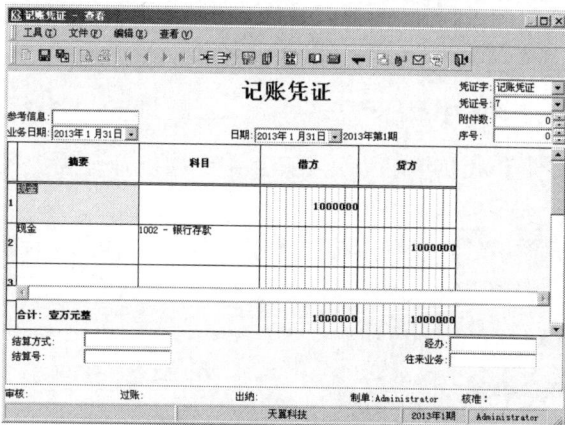

图 11-66　【记账凭证-查看】窗口

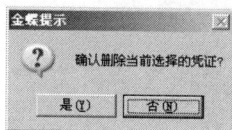

图 11-67　金蝶提示信息框

💡 **注意**：　日记账生成凭证后，如果已经审核或过账，则审核和过账的信息将显示在日记账中，该凭证不能被删除。

11.4.2　实训 13　银行对账单

银行对账单可以逐笔登记，也可以从外部直接进入文档，由银行出具的对账单均在此处进行管理。

其具体的操作步骤如下。

步骤 1：在【银行存款】界面中，双击【银行对账单】选项，打开【银行对账单】对话框，在其中设置相应的条件，如图 11-68 所示。

步骤 2：单击【确定】按钮，进入【银行对账单】界面，在其中显示符合条件的银行对账单信息，如图 11-69 所示。

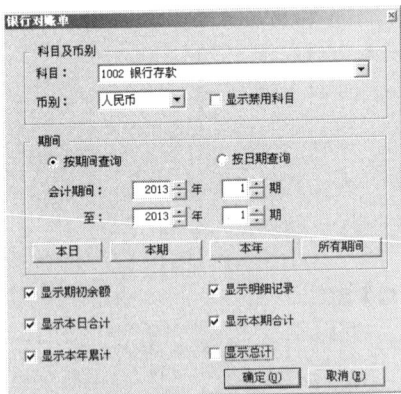

图 11-68　【银行对账单】对话框

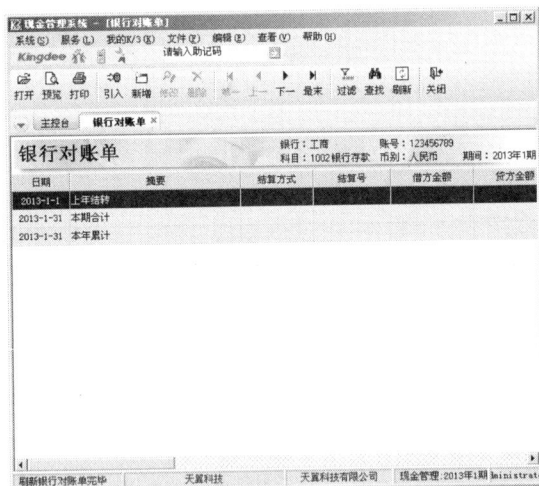

图 11-69　【银行对账单】界面

步骤 3：选择【文件】➤【定义引入方案】菜单项，打开【定义引入方案】对话框，如图 11-70 所示。

步骤 4：单击【新增方案】按钮，打开【新增引入方案】对话框，在其中输入方案名称，然后单击【确定】按钮保存方案名称，如图 11-71 所示。

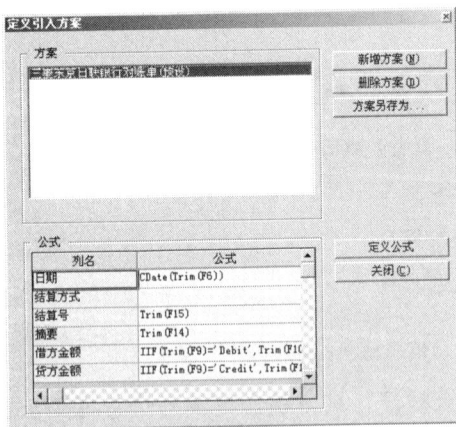

图 11-70　【定义引入方案】对话框

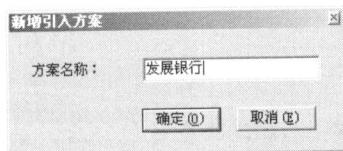

图 11-71　【新增引入方案】对话框

步骤 5：方案名称定义完毕后，接下来就需要进入字段公式定义，如果要定义借方金额，则将光标放在【借方金额】一栏，然后单击【定义公式】按钮，打开【定义引入公式】对话框，根据实际需要定义相应的公式，如图 11-72 所示。

步骤 6：单击【确定】按钮，返回【定义引入方案】对话框，最后单击【关闭】按钮退出，如图 11-73 所示。

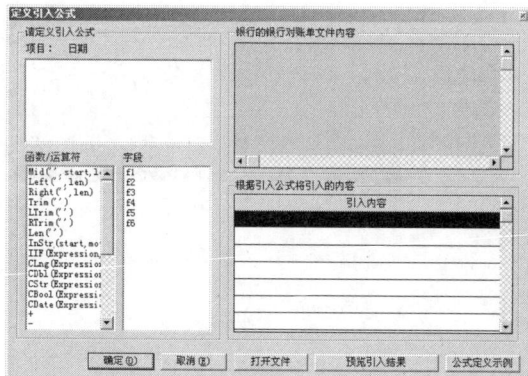

图 11-72　【定义引入公式】对话框

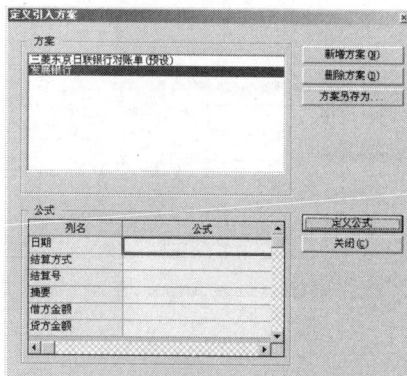

图 11-73　【定义引入方案】对话框

步骤 7：单击【引入】按钮，打开【从文件引入银行对账单】对话框，如图 11-74 所示。

步骤 8：单击【打开文件】按钮，打开【打开】对话框，在其中选择要引入的文件，如图 11-75 所示。

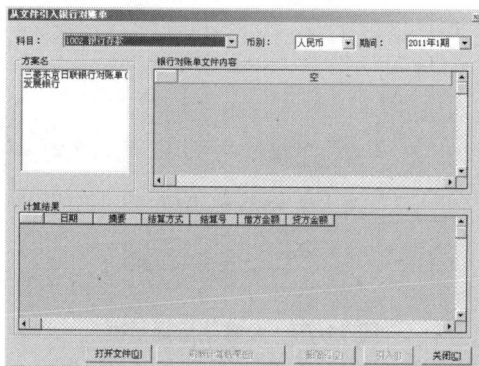

图 11-74　【从文件引入银行对账单】对话框

图 11-75　【打开】对话框

步骤 9：单击【打开】按钮，返回【从文件引入银行对账单】对话框，单击【刷新计算结果】按钮，然后再单击【引入】按钮即可引入银行对账单，如图 11-76 所示。

提示：　引入对账单的文件只能是 TXT 格式的文件，如果是其他格式的文件则只能转换成 TXT 格式后才能引入。

步骤 10：如果需要手工录入银行对账单的内容，则单击【新增】按钮，打开【银行对账单】界面，录入银行存款日记账也可以采用单行输入或多行输入两种方式，录入完毕后单击【保存】按钮即可，如图 11-77 所示。

步骤 11：如果想要修改某一银行对账单，只需选中该银行对账单，单击【修改】按钮，打开【银行对账单-修改】对话框，在其中对其进行修改，完成修改后单击【保存】按钮即可，如图 11-78 所示。

步骤 12：如果想要删除某一银行对账单，只需选中该对账单，然后单击【删除】按钮，弹出一个信息提示框，单击【是】按钮即可，如图 11-79 所示。

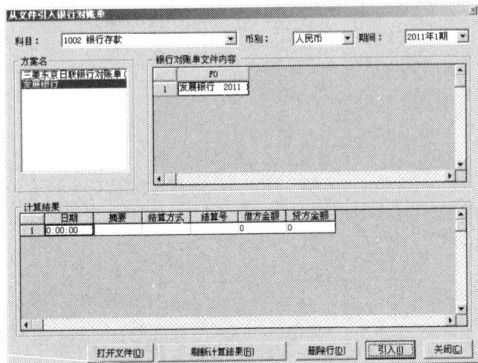

图 11-76 【从文件引入银行对账单】对话框

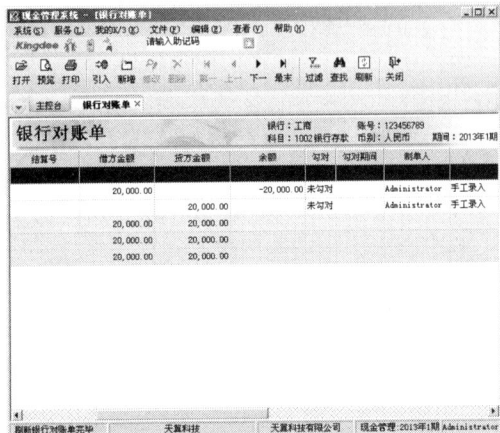

图 11-77 【银行对账单】界面

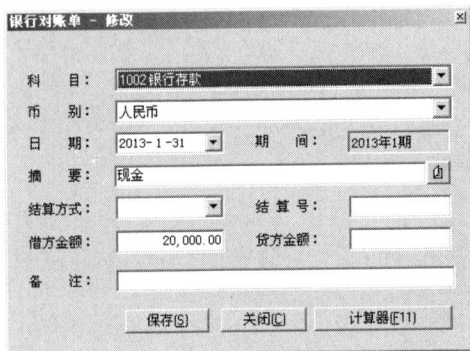

图 11-78 【银行对账单-修改】对话框

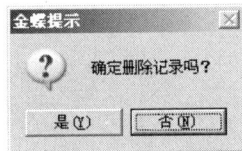

图 11-79 金蝶信息提示框

提示: 已经勾对的银行对账单不能修改或删除，如果一定要进行修改或删除，则必须先取消勾对。

11.4.3 实训 14 银行存款对账

银行存款对账是企业的银行存款日记账与银行出具的银行对账单之间的核对。银行对账是企业银行出纳员的最基本工作之一，企业的结算业务大部分要通过银行进行结算，但由于企业与银行的账务处理和入账时间的不一致，往往会发生双方账面不一致的情况。为了防止记账发生差错，准确地掌握银行存款的实际金额，企业必须定期将企业银行存款日记账与银行出具的对账单进行核对。

其具体的操作步骤如下。

步骤 1：在【银行存款】界面中，双击【银行存款对账】选项，打开【银行存款对账】对话框，在其中设置相应的查询条件，如图 11-80 所示。

步骤 2：单击【确定】按钮，进入【银行存款对账】界面，在其中将显示符合条件的银行存款对账信息，如图 11-81 所示。

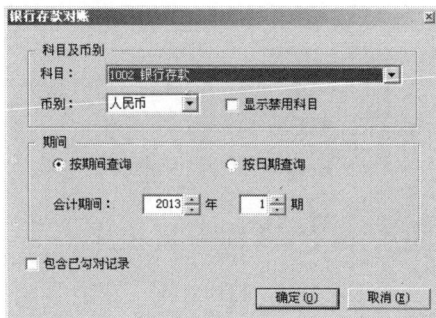

图 11-80　【银行存款对账】对话框

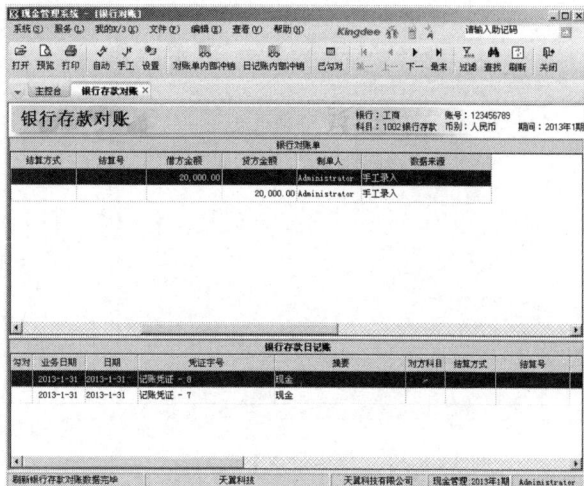

图 11-81　【银行存款对账】窗口

步骤 3：单击【设置】按钮，打开【银行存款对账设置】对话框，在【自动对账设置】选项卡中可以对自动对账进行相应的设置，如图 11-82 所示。

步骤 4：选择【手工对账设置】标签，进入【手工对账设置】选项卡，在其中设置手工对账的相应选项，如图 11-83 所示。

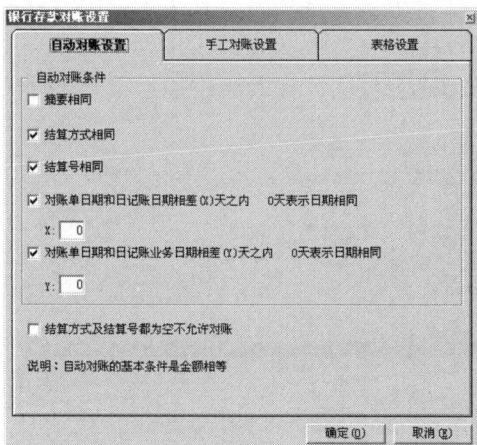

图 11-82　【银行存款对账设置】对话框

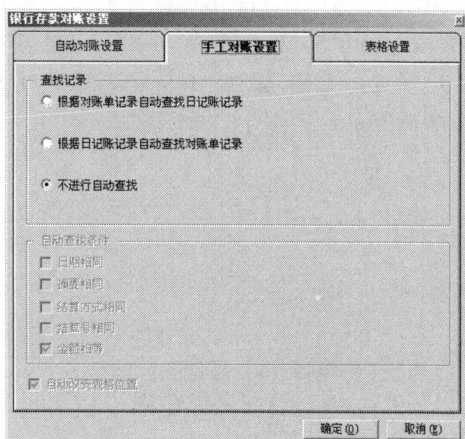

图 11-83　【手工对账设置】选项卡

步骤 5：选择【表格设置】标签，进入【表格设置】选项卡，在其中对相应的表格进行设置操作，如图 11-84 所示。

步骤 6：单击【确定】按钮，再单击【自动对账】按钮，即可按照相关设置进行自动对账，如图 11-85 所示。

提示：　当银行对账单中存在调账或内部冲销记录时，如借贷方向相同、金额相同、一正一负或借贷方向相反、金额相同的记录等，可选择【编辑】➢【对账单内部冲销】菜单项，将对账单内部的记录核销。

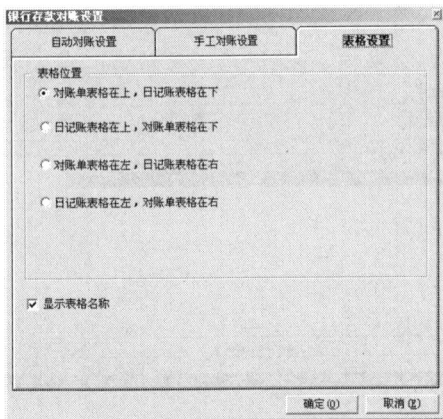

图 11-84　【表格设置】选项卡

图 11-85　自动对账

11.4.4　实训 15　余额调节表

对账完毕，为检查对账结果是否正确、查询对账结果，应编制银行存款余额调节表，系统提供的编制银行存款余额调节表功能就是自动完成本工作的。

其具体的操作步骤如下。

步骤 1：在【银行存款】界面中，双击【余额调节表】选项，打开【余额调节表】对话框，在其中设置相应的查询条件，如图 11-86 所示。

步骤 2：单击【确定】按钮，进入【余额调节表】界面，在其中将显示符合条件的余额调节表信息，如图 11-87 所示。

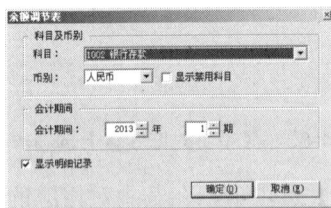

图 11-86　【余额调节表】对话框

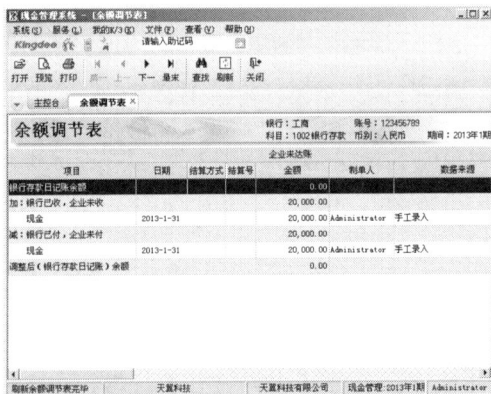

图 11-87　【余额调节表】界面

11.4.5　实训 16　长期未达账项

由于主客观等方面的原因，有时会出现个别业务长期未达的情况，这说明企业记账或银行结算或银行对账等环节出现了差错。长期未达账的功能就是协助用户查询输出这类长期未达账项，以辅助财会人员分析查找造成长期未达的原因，避免资金丢失。

其具体的操作步骤如下。

步骤 1：在【银行存款】界面中，双击【长期未达账】选项，打开【长期未达账】对话框，在其中设置相应的查询条件，如图 11-88 所示。

步骤 2：单击【确定】按钮，即可显示出符合条件的长期未达账记录，如图 11-89 所示。

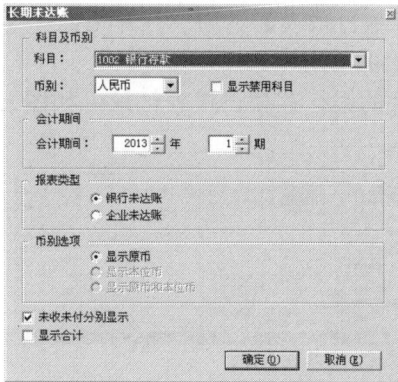

图 11-88　【长期未达账】对话框

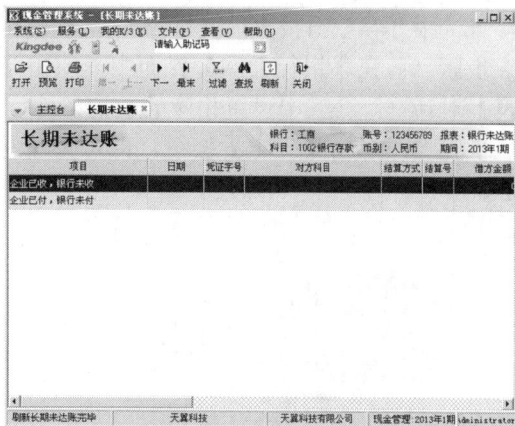

图 11-89　【长期未达账】界面

11.4.6　实训 17　银行对账日报表

为了方便客户了解企业某一天各银行的实际存款，系统提供了银行对账日报表，通过当日银行存款的收支和对账单余额的输出，使企业了解到存在银行资金的实际余额。

查询银行对账日报表的具体操作步骤如下。

步骤 1：在【银行存款】界面中，双击【银行对账日报表】选项，打开【银行对账日报表】对话框，在其中选择相应的日期和相应的复选框，如图 11-90 所示。

步骤 2：单击【确定】按钮，打开【银行对账日报表】界面，在此用户可以对银行对账日报表进行预览、打印、输出等操作，如图 11-91 所示。

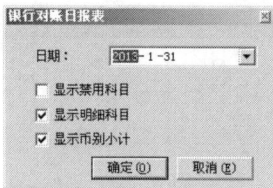

图 11-90　【银行对账日报表】对话框

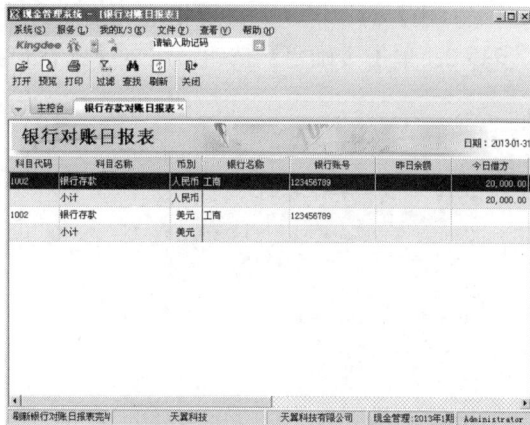

图 11-91　【银行对账日报表】界面

11.4.7　实训 18　银行存款日报表

银行存款日报表通过当日银行存款收支及账面余额的输出，不仅为企业银行存款的管理提供了方便，而且为管理者及时了解和掌握本企业的资金状况和合理运用资金提供了参考数据。

查询银行存款日报表的具体操作步骤如下。

步骤 1：在【银行存款】界面中，双击【银行存款日报表】选项，打开【银行存款日报表】对话框，在其中设置相应的查询条件，如图 11-92 所示。

步骤 2：单击【确定】按钮，即可查看符合条件的银行存款日报表记录，如图 11-93 所示。

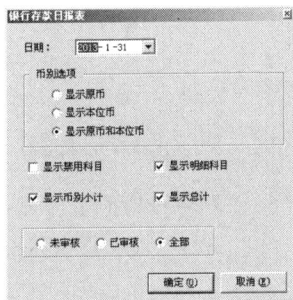

图 11-92　【银行存款日报表】对话框

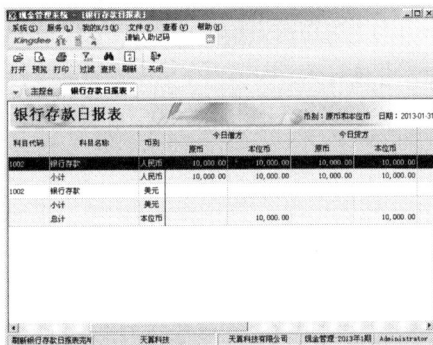

图 11-93　【银行催款日报表】界面

11.4.8　实训 19　银行存款与总账对账

银行存款与总账对账是指系统自动将出纳账与日记账(总账)当期银行存款发生额、余额进行核对，并生成对账表。

其具体的操作步骤如下。

步骤 1：在【银行存款】界面中，双击【银行存款与总账对账】选项，打开【银行存款与总账对账】对话框，并设置相应的条件，如图 11-94 所示。

步骤 2：单击【确定】按钮，进入【银行存款与总账对账】界面，如图 11-95 所示。

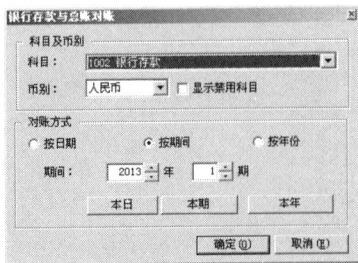

图 11-94　【银行存款与总账对账】对话框

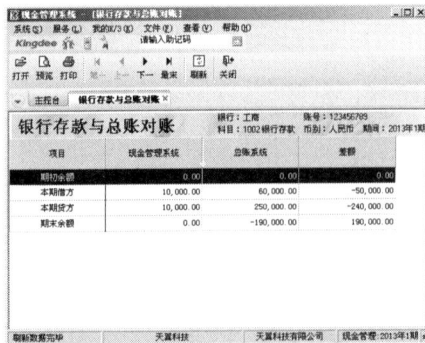

图 11-95　【银行存款与总账对账】界面

提示：　银行存款与总账对账也就是现金管理系统出纳账和总账日记账之间的对账。因此，可以根据借贷方发生金额的核对情况，来查找银行存款与总账之间是否存在差异。

11.5　票据与报表管理

现金管理系统的票据实际上是一个广义的结算凭证概念，具体包括支票、本票、汇票等，在票据备查簿中，还提供了会计可以根据出纳录入的票据信息生成凭证的功能，报表则提供了资金头寸表和到期预警表的查询功能。

11.5.1　实训 20　票据备查簿

票据备查簿是对建账单位除空头支票以外的所有票据信息的登记和管理。查询票据备查簿的操作步骤如下。

步骤 1： 在【主控台】界面中，选择【财务会计】标签，单击【现金管理】系统功能项下的【票据】子功能项，进入【票据】界面，所有的票据管理都是在这里进行的，如图 11-96 所示。

步骤 2： 在【票据】界面中，双击【票据备查簿】选项，打开【票据备查簿】对话框，并设置相应的查询条件，如图 11-97 所示。

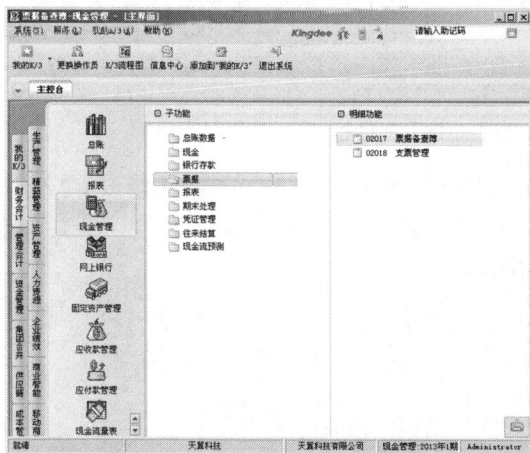

图 11-96　【票据】界面

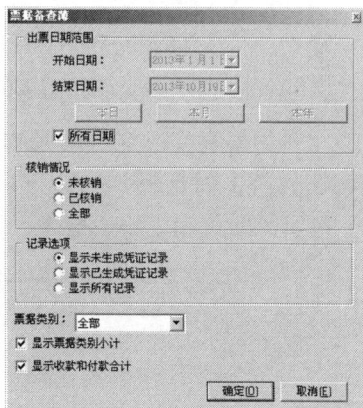

图 11-97　【票据备查簿】对话框

步骤 3： 单击【确定】按钮，即可显现符合条件的票据备查簿记录，如图 11-98 所示。

步骤 4： 在【票据类别】列表框中，单击某一具体类别，即可在右边的窗口中展开详细内容，如图 11-99 所示。

步骤 5： 单击【新增】按钮，打开【收款票据-新增】对话框，在其中根据需要输入新增票据的内容，然后单击【保存】按钮，即可将新增的票据保存到系统当中，如图 11-100 所示。

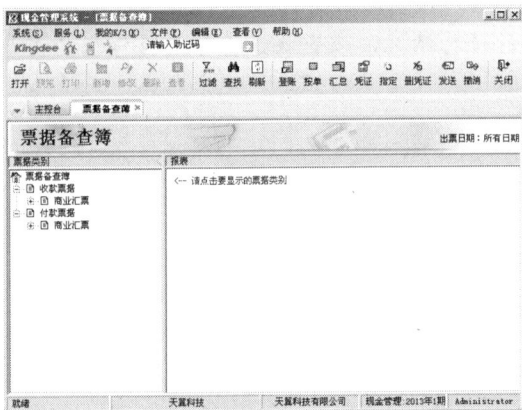

图 11-98 显现票据备查簿记录

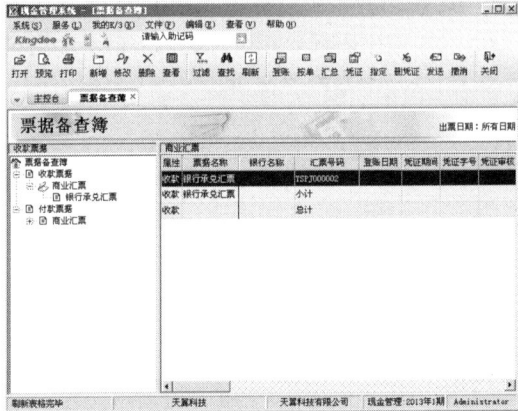

图 11-99 查看票据列表

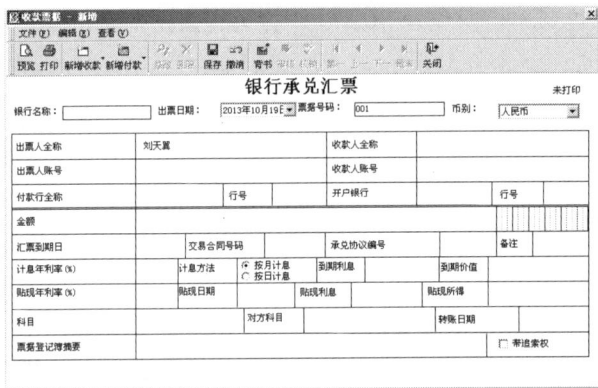

图 11-100 【收款票据-新增】对话框

步骤 6：如果要修改某一票据信息，只需选中该票据记录，然后单击【修改】按钮，打开【票据修改】对话框，用户可以对需要修改的票据信息进行相应的修改，最后单击【保存】按钮，即可完成修改操作，如图 11-101 所示。

图 11-101 【收款票据-修改】对话框

注意：　在对票据进行修改时，已经审核或已经生成了凭证的票据除了贴现率和贴现日期外，其余内容均不允许修改；已经核销的票据不能修改；已经生成凭证的票据在应收应付系统中不能修改。

步骤 7：如果要删除某一票据信息，只需选中该票据记录，然后单击【删除】按钮，弹出一个删除信息提示框，单击【是】按钮，即可将其删除掉，如图 11-102 所示。

注意：　已经审核、已经核销或者已经生成凭证的票据不允许删除。

步骤 8：双击某一票据，打开【票据查看】对话框，如图 11-103 所示。

图 11-102　金蝶提示信息框　　　　图 11-103　【收款票据-查看】对话框

步骤 9：用户如果要审核某票据，只需双击该票据，在【票据查看】对话框中单击【审核】按钮，即可对票据进行审核。最后单击【按单】按钮，即可生成凭证，如图 11-104 所示。

图 11-104　【收款票据-查看】对话框

提示：　如果要取消审核，只需选择【编辑】➤【反审核】菜单项，即可取消该票据的审核签章；另外，审核和制单不能为同一个人，否则系统拒绝签章。

11.5.2　实训 21　支票管理

支票是指由出票人签发的、委托办理支票存款业务的银行或其他金融机构，在见票时无条件支付确定的金额给收款人或持票人的票据。由于支票是资金支付业务的重要凭证，因此，必须要加强管理，严禁支票出现遗漏、丢失等现象，避免给企业带来巨大的损失，对购买过来的空白支票必须登记，严加管理。

支票管理的具体操作步骤如下。

步骤 1：在【票据】界面中，双击【支票管理】选项，打开【支票管理】界面，如图 11-105 所示。

步骤 2：单击【购置】按钮，打开【支票购置】窗口，如图 11-106 所示。

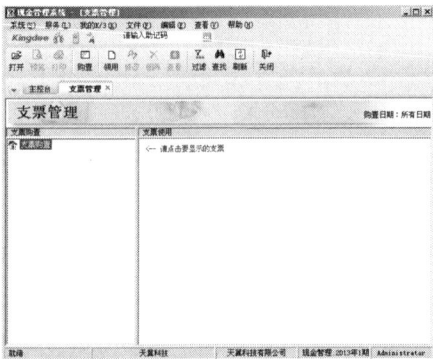

图 11-105　【支票管理】界面

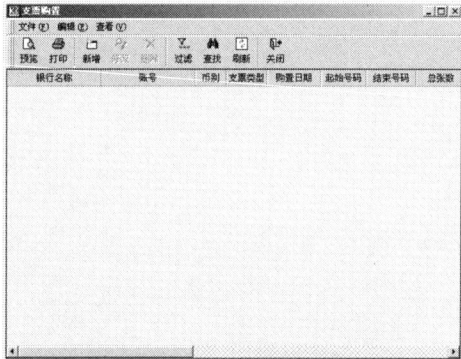

图 11-106　【支票购置】窗口

步骤 3：单击【新增】按钮，打开【新增支票购置】对话框，在【账号和币别】列表框中选择购置支票的银行，在【支票号码】选项区中选择支票类型、设置支票规则、起始号码、结束号码、购置日期等选项，如图 11-107 所示。

> **提示**：　新增购置支票时，支票号码不是必录项，但如果录入了支票号码规则，则该规则的录入必须按照支票新增购置界面中的提示来设定支票规则。

步骤 4：单击【确定】按钮，则新增的购置支票将显示在【支票购置】窗口中，如图 11-108 所示。

图 11-107　【新增支票购置】对话框

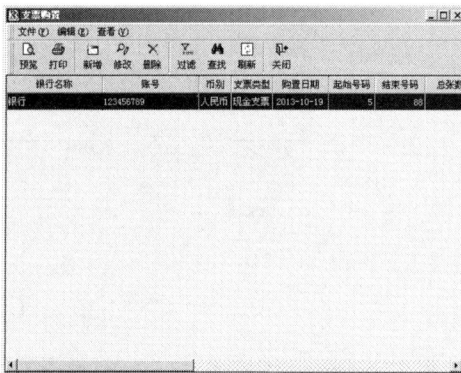

图 11-108　【支票购置】窗口

步骤 5：如果要修改已经购置支票的购置信息，只需选中该支票记录，单击【修改支票购置】按钮，打开【修改支票购置】对话框，在其中进行相应信息的修改，如图 11-109 所示。

步骤 6：如果要删除已经购置支票的购置信息，只需选中该支票记录，单击【删除】按钮，弹出一个信息提示框。单击【确定】按钮，即可完成删除操作，已经领用的支票不能修改或删除，如图 11-110 所示。

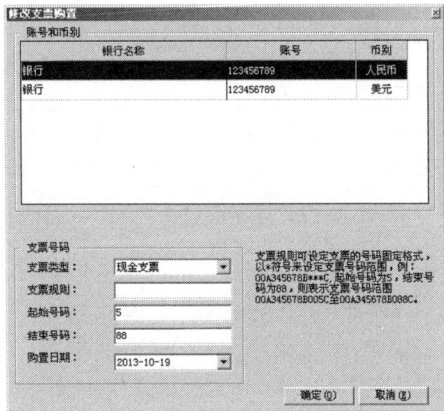

图 11-109　【修改支票购置】对话框　　　　图 11-110　金蝶信息提示框

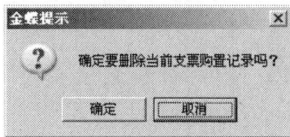

步骤 7：在【支票管理】窗口中单击【领用】按钮，打开【支票领用】对话框，在其中选择支付资金的银行及支票类型，输入领取的支票号码、领用部门、领用人、领用用途、对方单位，设置领用日期、预计报销日期和该支票所能够支付的最大限额，如图 11-111 所示。

步骤 8：单击【确定】按钮，即可完成支票的领用操作。如果要查看某支票记录的详细信息，只需选中该记录，单击【查看】按钮，打开【支票-查看】对话框，在其中查看相应的详细信息，如图 11-112 所示。

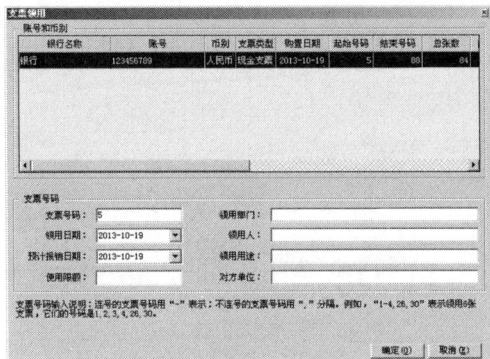

图 11-111　【支票领用】对话框　　　　图 11-112　【支票-查看】对话框

步骤 9：如果要修改已经领用的支票记录，只需选中该记录，单击【修改】按钮，打开【支票-修改】对话框，在其中对支票领用信息进行修改，如录入签发日期、收款人银行及账号、收款人名称、支付金额、用途、报销日期、报销人等信息，如图 11-113 所示。

371

步骤 10：单击【保存】按钮，即可完成该支票的报销操作，如图 11-114 所示。

图 11-113　【支票-修改】对话框

图 11-114　保存报销操作

步骤 11：如果要作废某支票，只需双击该记录，进入【支票-查看】对话框，然后单击【作废】按钮，即可将当前支票打上作废标记，不得使用，如图 11-115 所示。

步骤 12：以具有审核权限的用户登录到该系统，在【支票-查看】对话框中单击【审核】按钮，可以将当前支票进行审核，如图 11-116 所示。

图 11-115　【支票-查看】对话框

图 11-116　【支票-查看】对话框

步骤 13：单击【核销】按钮，即可将当前支票进行核销，如图 11-117 所示。

图 11-117　核销支票

11.5.3　实训 22　资金头寸表

资金头寸表用于查阅各个日期或期间的资金(现金和银行存款)余额。

资金寸头表的具体查询步骤如下。

步骤 1：在【主控台】界面中，选择【财务会计】标签，单击【现金管理】系统功能项下的【报表】子功能项，进入【报表】界面，所有的报表管理都是在这里进行的，如图 11-118 所示。

步骤 2：在【报表】界面中，双击【资金头寸表】选项，打开【资金头寸表】对话框，并设置相应的查询条件，如图 11-119 所示。

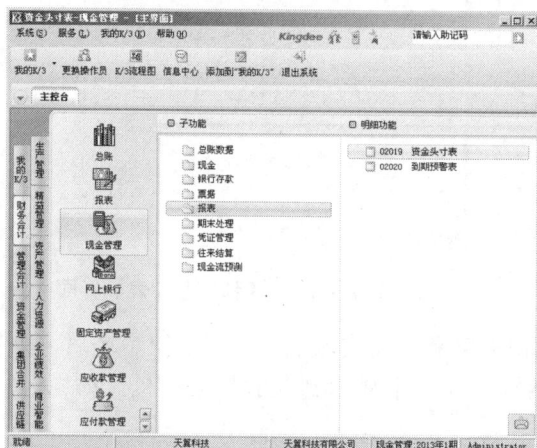

图 11-118　【报表】界面

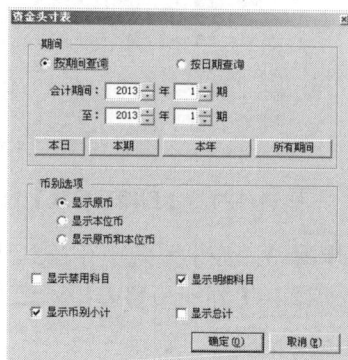

图 11-119　【资金头寸表】对话框

步骤 3：单击【确定】按钮，进入【资金头寸表】界面，如图 11-120 所示。

图 11-120　【资金头寸表】界面

11.5.4　实训 23　到期预警表

到期预警表主要是提供应收商业票据及应付商业票据的到期预警功能。

到期预警表的具体查询步骤如下。

步骤 1：在【报表】界面中，双击【到期预警表】选项，打开【到期预警表】对话框，并设置相应的条件选项，如图 11-121 所示。

步骤 2：单击【确定】按钮，进入【到期预警表】界面，在其中显示符合条件的到期预警表信息，如图 11-122 所示。

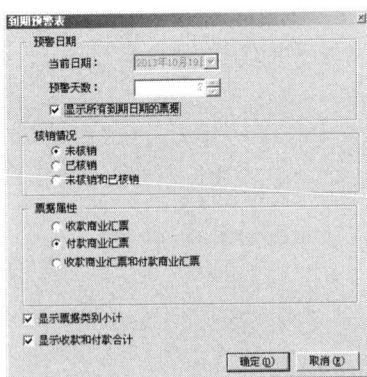

图 11-121 【到期预警表】对话框

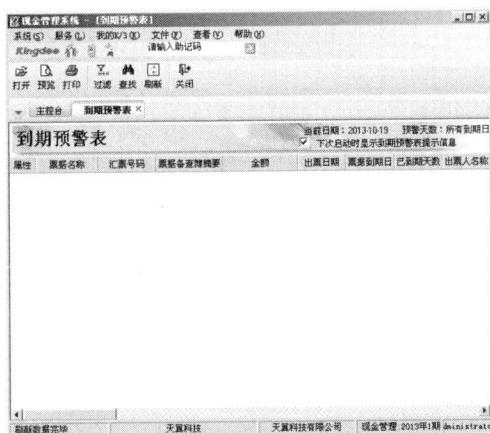

图 11-122 【到期预警表】界面

步骤 3：如果系统中存在到期预警的相关信息，在进入现金管理系统中之后，则系统会自动弹出【到期预警表提示信息】对话框，在其中显示到期的相关信息，如图 11-123 所示。

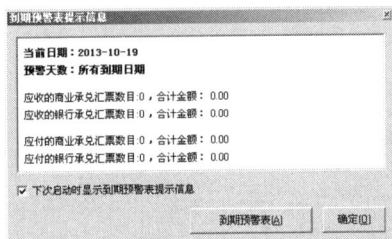

图 11-123 【到期预警表提示信息】对话框

11.6 实训 24 现金管理系统的凭证管理

为了方便用户查询在现金管理系统生成的凭证，在现金管理系统中提供会计凭证序时簿，可对现金管理系统生成的凭证进行查看、修改、审核等操作。

其具体的操作步骤如下。

步骤 1：在【主控台】界面中，选择【财务会计】标签，单击【现金管理】系统功能项下的【凭证管理】子功能项，进入【凭证管理】界面，如图 11-124 所示。

步骤 2：双击【会计分录序时簿】选项，打开【会计分录序时簿 过滤】对话框，在其中设置相应的过滤条件，如图 11-125 所示。

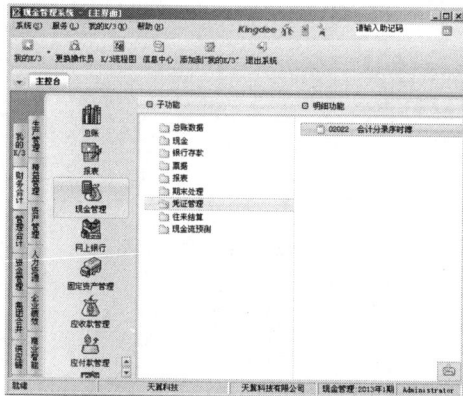

图 11-124　【凭证管理】界面

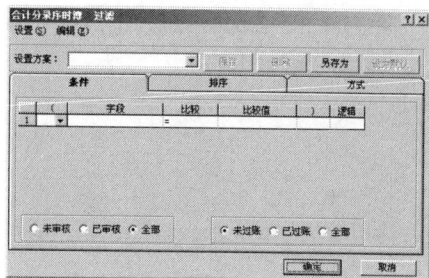

图 11-125　【会计分录序时簿 过滤】对话框

步骤 3：单击【确定】按钮，进入【会计分录序时簿】界面，在其中显示符合条件的凭证信息，如图 11-126 所示。

步骤 4：选中需要修改的凭证，单击【修改】按钮，打开【记账凭证-修改】窗口，在其中可以进行相应的修改操作，如图 11-127 所示。

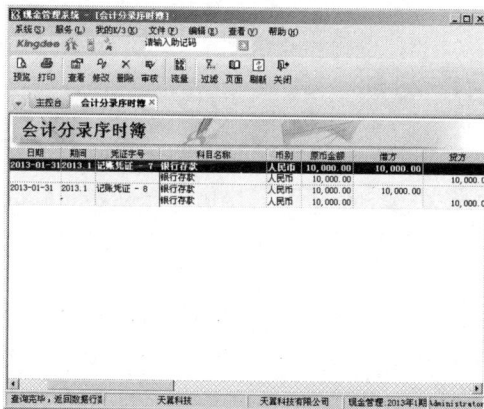

图 11-126　【会计分录序时簿】界面

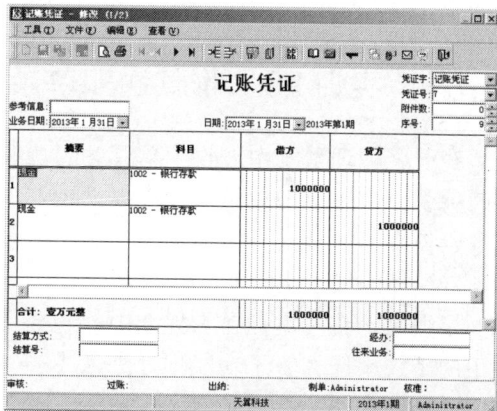

图 11-127　【记账凭证-修改】窗口

📑 **提示：**　如果是已经审核的记账凭证，则只能查看，不能修改，只有未审核、未过账的凭证才能修改，如果修改了凭证字号，则修改后的凭证字号将会自动更新对应日记账凭证字号的信息。

步骤 5：如果要对凭证进行审核，则需要选中该凭证，然后选择【编辑】➤【审核凭证】菜单项，即可进入到相关界面对其进行审核，如图 11-128 所示。

步骤 6：选中某一条不需要的凭证，单击【删除】按钮，系统会提示是否确认删除该张凭证，确认后即可删除，如图 11-129 所示。

💡 **注意：**　在进行审核时，审核和制单人不能是同一个人，否则系统将拒绝审核签章。

此外，只有未过账和未审核的凭证才能删除，如果确实需要删除已经过账或已经审核的凭证，则需要先进行饭锅张或消除签章处理。

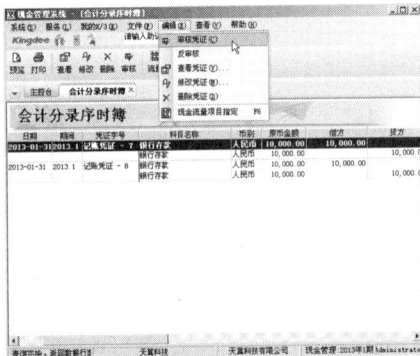

图 11-128　【审核凭证】菜单项

图 11-129　金蝶提示信息框

11.7　往　来　结　算

现金系统中提供了往来结算的功能，主要处理企业资金结算业务，与应收应付系统集成使用。

11.7.1　实训 25　收款通知单录入与序时簿

在现金管理系统中，收款单业务的功能模块包括【收款通知单录入】和【收款通知单序时簿】，收款通知单录入模块提供录入功能，收款通知单序时簿提供单据新增、修改、删除、查询、审核。

其具体的操作步骤如下。

步骤 1：在【主控台】界面中，选择【财务会计】标签，单击【现金管理】系统功能项下的【往来结算】子功能项，进入【往来结算】界面，对现金管理系统的往来结算进行相应的管理，如图 11-130 所示。

步骤 2：在【往来结算】界面中，双击【收款通知单录入】选项，打开【现金收款通知单-新增】窗口，在其中根据实际需要录入各个单据要素，如图 11-131 所示。

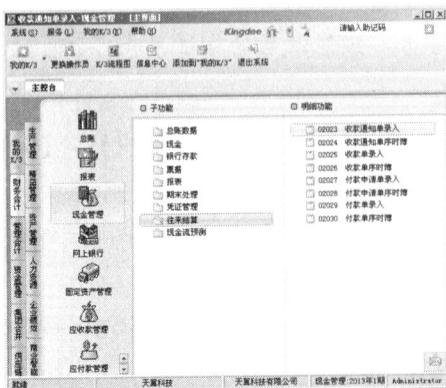

图 11-130　【往来结算】界面

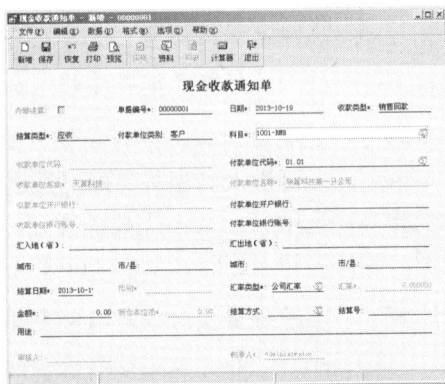

图 11-131　【现金收款通知单-新增】窗口

步骤 3：当所有信息输入完毕之后，单击【保存】按钮即可保存单据，录入的收款通知单，如果没有进行审核，则可以进行修改和删除，如图 11-132 所示。

步骤 4：双击【收款通知单序时簿】选项，打开【过滤】对话框，在其中设置相应的过滤条件，如图 11-133 所示。

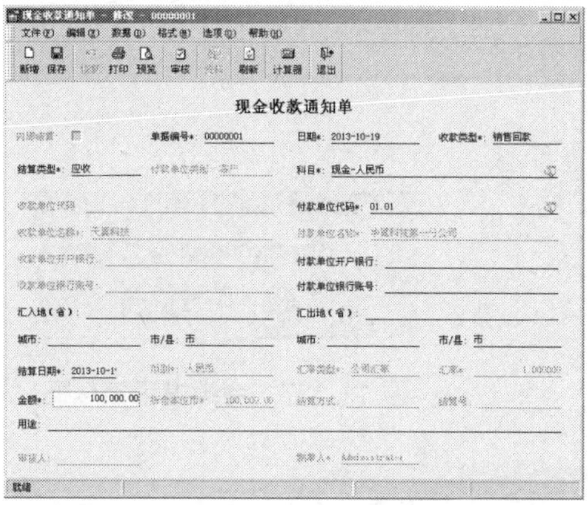

图 11-132　保存单据

图 11-133　【过滤】对话框

步骤 5：单击【确定】按钮，打开【现金收款通知单序时簿】界面，如图 11-134 所示。

步骤 6：如果想要查看某一记录，只需选中该条记录，单击【查看】按钮，在打开的窗口中查看相应的现金收款通知单信息，如图 11-135 所示。

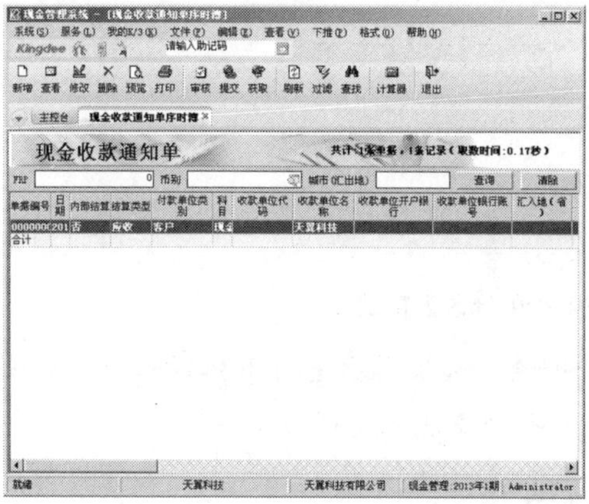

图 11-134　【现金收款通知单序时簿】界面

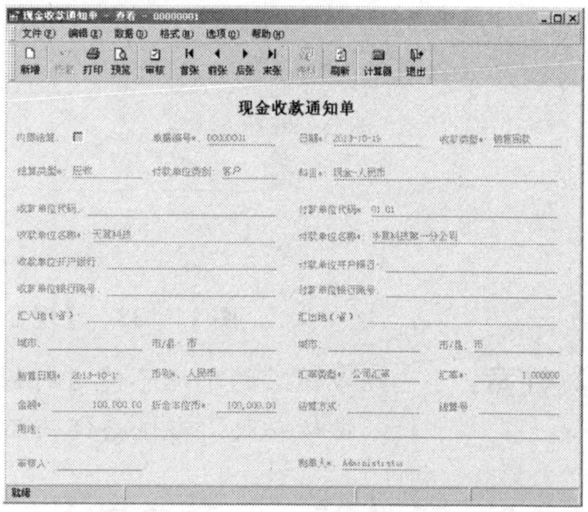

图 11-135　查看现金收款通知单信息

步骤 7：如果要修改某条记录的信息，只需选中该记录，然后单击【修改】按钮，打开【现金收款通知单-修改】窗口，从中即可进行相应信息的修改操作，如图 11-136 所示。

步骤 8：如果要删除某条记录的信息，只需选中该记录，然后单击【删除】按钮，即可弹出删除提示框，单击【是】按钮，即可完成删除操作，如图 11-137 所示。

步骤 9：选中某一条记录，然后单击【审核】按钮，打开【现金收款通知单-修改】窗口，单击【审核】按钮即可进行审核，如图 11-138 所示。

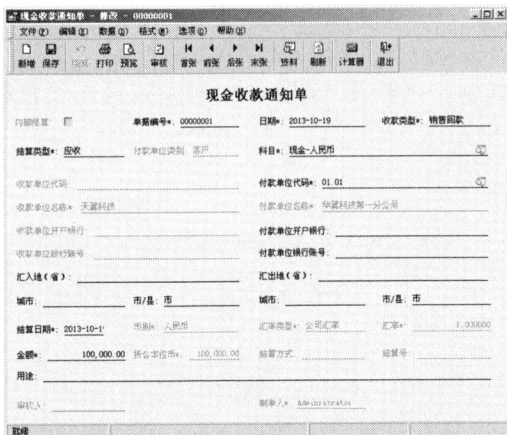

图 11-136 【现金收款通知单-修改】窗口

图 11-137 金蝶提示信息框

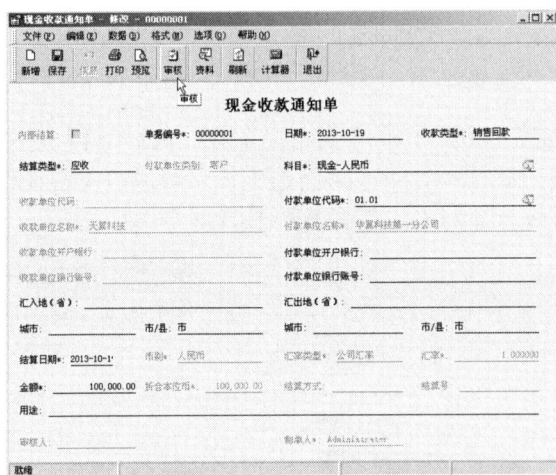

图 11-138 【现金收款通知单-修改】窗口

💡 注意： 已经审核后的单据不能进行修改和删除。如果再次进行审核操作则为取消审核。审核和取消审核必须为同一人，否则不能取消审核。

11.7.2 实训 26 收款单录入与序时簿

在现金管理系统中，收款单业务包括【收款单录入】和【收款单序时簿】两个功能模块，【收款单录入】模块提供单据录入功能，【收款单序时簿】模块中可以对单据进行新增、修改和删除等操作。

其具体的操作步骤如下。

步骤 1： 在【往来结算】界面中，双击【收款单录入】选项，打开【现金收款单-新增】窗口，在其中根据实际需要录入各个单据要素，如图 11-139 所示。

步骤 2： 当所有信息输入完毕之后，单击【保存】按钮即可保存单据，录入的收款通知单，如果没有进行审核，则可以进行修改和删除，如图 11-140 所示。

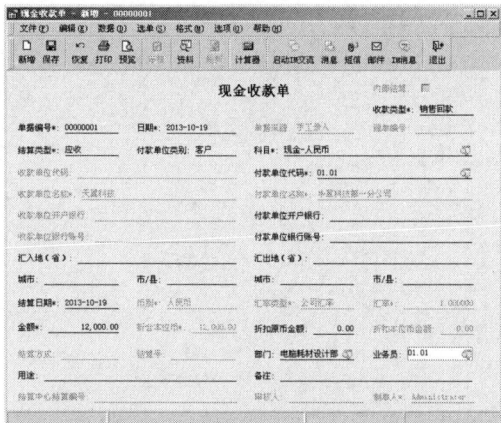

图 11-139　【现金收款单-新增】窗口

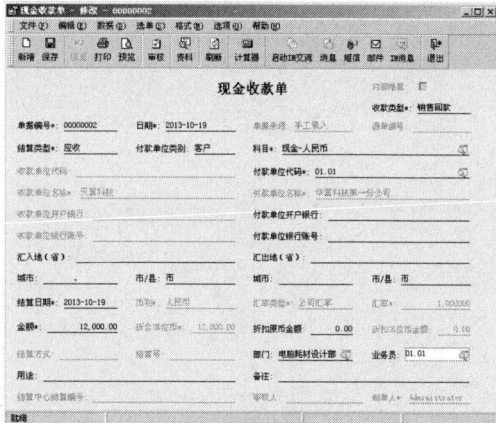

图 11-140　保存单据

步骤 3：双击【收款单序时簿】选项，打开【过滤】对话框，在其中设置相应的过滤条件，如图 11-141 所示。

步骤 4：单击【确定】按钮，打开【现金收款单序时簿】窗口，如图 11-142 所示。

图 11-141　【过滤】对话框

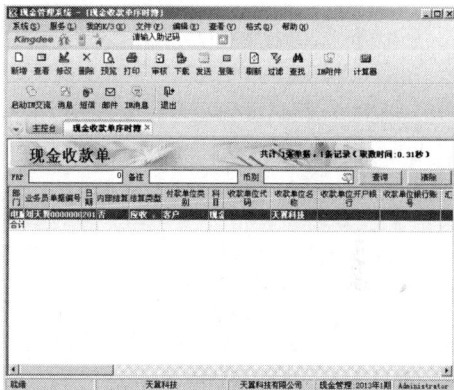

图 11-142　【现金收款单序时簿】窗口

步骤 5：如果想要查看某一记录，只需选中该条记录，单击【查看】按钮，在打开的窗口中查看相应的现金收款单信息，如图 11-143 所示。

步骤 6：如果要修改某条记录的信息，只需选中该记录，然后单击【修改】按钮，打开【现金收款单-修改】窗口，从中即可进行相应信息的修改操作，如图 11-144 所示。

步骤 7：如果要删除某条记录的信息，只用选中此记录，然后单击【删除】按钮，即可弹出删除提示框，单击【是】按钮，即可完成删除操作，如图 11-145 所示。

步骤 8：选中某一条记录，然后单击【审核】按钮，打开【现金收款单-查看】窗口，单击【审核】按钮即可进行审核，如图 11-146 所示。

💡 **注意**：　已经审核后的单据不能进行修改和删除。如果再次进行审核操作则为取消审核。审核和取消审核必须为同一人，否则不能取消审核。

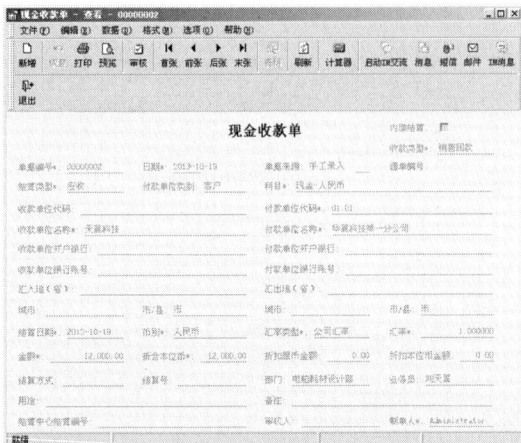

图 11-143　查看现金收款单信息

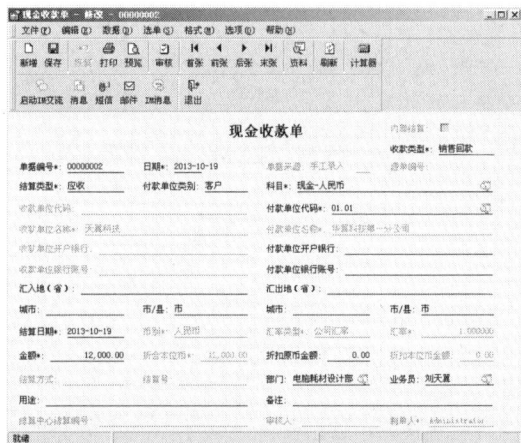

图 11-144　【现金收款单 修改】窗口

图 11-145　金蝶提示信息框

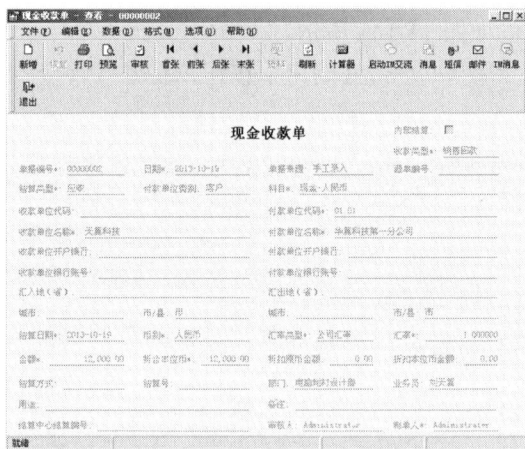

图 11-146　【现金收款单-查看】窗口

步骤 9：选中某一记录，单击【登账】按钮，即可进行发送，发送成功后，系统将会给出单据登账成功的提示，如图 11-147 所示。

图 11-147　金蝶提示信息框

提示：　　登账指的是将收款单内容在现金/银行存款日记账中显示成为日记账中的一条记录。至于是登记现金日记账还是银行存款日记账，则由收款单上的科目是现金科目还是银行存款科目来决定。如果科目是现金科目，则登记到现金日记账上；如果是银行科目，则登记到银行存款日记账中。此外，只有审核后的收款单才能进行登账。

11.7.3　实训 27　付款申请单录入与序时簿

在现金管理系统中，付款申请单业务的功能模块包括【付款申请单录入】和【付款申请单序时簿】，【付款申请单录入】模块提供录入功能，【付款申请单序时簿】提供单据新增、修改、删除、查询、审核、审批、生成(生成付款单)等功能。

对付款申请单进行操作的具体步骤如下。

步骤 1：在【往来结算】界面中，双击【付款申请单录入】选项，打开【现金付款申请单-新增】窗口，在其中根据实际需要录入各个单据要素，如图 11-148 所示。

步骤 2：当所有的信息输入完毕之后，单击【保存】按钮即可保存单据，录入现金付款申请单，如果没有进行审核，则可以进行修改和删除，如图 11-149 所示。

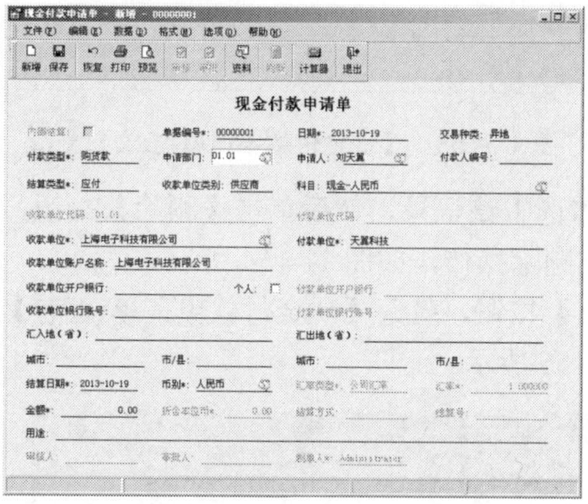

图 11-148　【现金付款申请单-新增】窗口

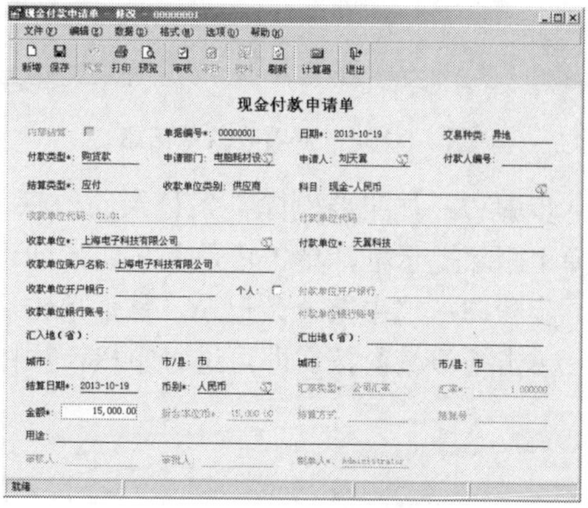

图 11-149　保存单据

步骤 3：双击【付款申请单序时簿】选项，打开【过滤】对话框，在其中设置相应的过滤条件，如图 11-150 所示。

步骤 4：单击【确定】按钮，打开【现金付款申请单】界面，如图 11-151 所示。

图 11-150　【过滤】对话框

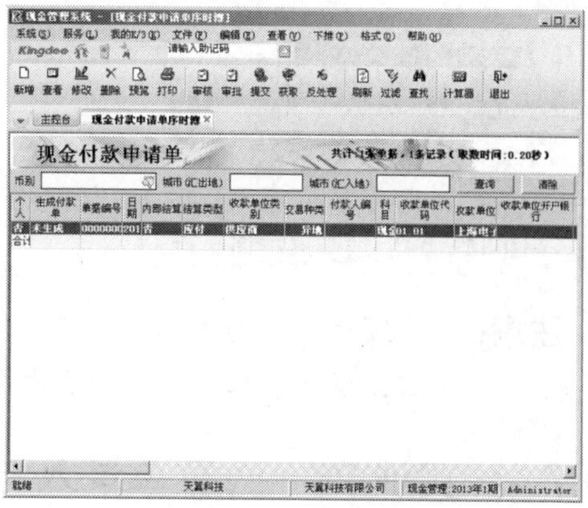

图 11-151　【现金付款申请单】界面

步骤 5：如果想要查看某一记录，只需选中该条记录，单击【查看】按钮，在打开的窗口中查看相应的现金收款单信息，如图 11-152 所示。

步骤 6：如果要修改某条记录的信息，只需选中该记录，然后单击【修改】按钮，打开【现金付款申请单-修改】窗口，从中即可进行相应信息的修改操作，如图 11-153 所示。

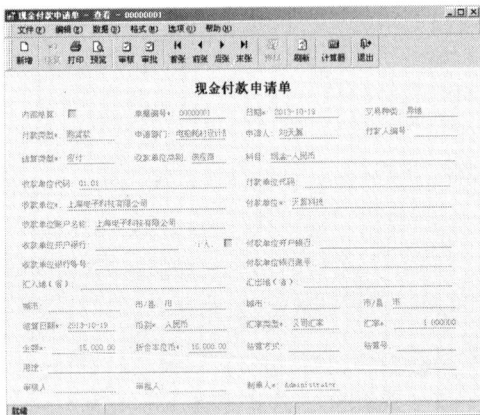

图 11-152　查看收款单信息

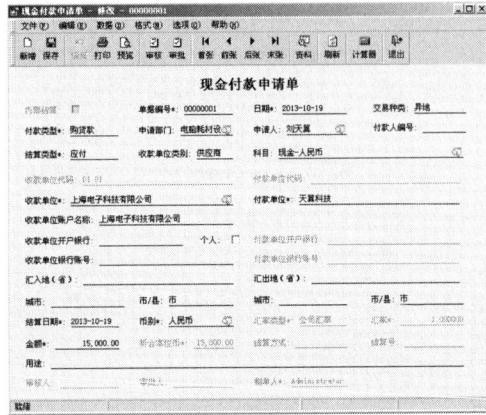

图 11-153　【现金付款申请单-修改】窗口

步骤 7：如果要删除某条记录的信息，只需选中该记录，然后单击【删除】按钮，即可弹出删除提示框，单击【是】按钮，即可完成删除操作，如图 11-154 所示。

步骤 8：选中某一条记录，然后单击【审核】按钮，打开【现金付款申请单-查看】窗口，单击【审核】按钮即可进行审核，如图 11-155 所示。

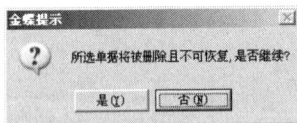

图 11-154　金蝶提示信息框

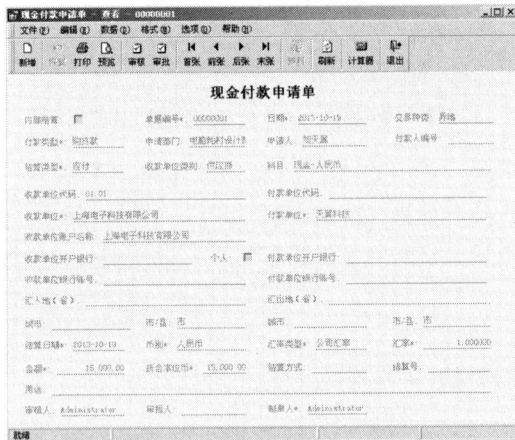

图 11-155　【现金付款申请单-查看】窗口

💡 **注意**：　已经审核后的单据不能进行修改和删除，如果再次进行审核操作则为取消审核。审核和取消审核必须为同一人，否则不能取消审核。

11.7.4　实训 28　付款单录入与序时簿

付款单业务的功能模块包括【付款单录入】和【付款单序时簿】，【付款单录入】模块提供录入功能，【付款单序时簿】提供单据新增、修改、删除、查询、审核、审批、登账、发送(指发送应收/应付系统)、引出(将付款单引出为银行系统的支付格式文件)等。付款单与收款单是两个相对的操作，但具体的操作方法与收款单的操作相似，这里就不再重述了。

11.8　实训 29　期末处理

为了总结会计期间(如月度和年度)资金的经营活动情况，必须定期进行结账。定期进行结账可以总结会计期间资金的经营活动情况，会计期末结账，会结出本会计期间借、贷发生额、期末余额，并将其结转到下期会计期间。

其具体的操作步骤如下。

步骤 1： 在【主控台】界面中，选择【财务会计】标签，单击【现金管理】系统功能项下的【期末处理】子功能项，进入【期末处理】界面，如图 11-156 所示。

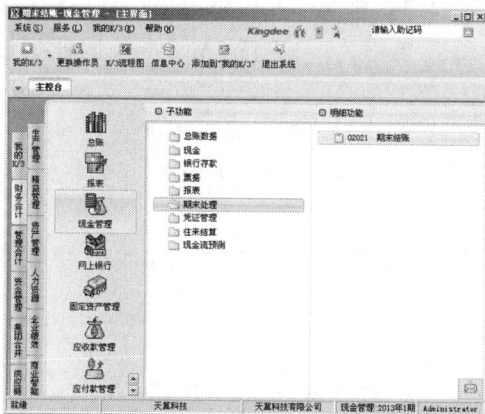

图 11-156　【期末处理】界面

步骤 2： 双击【期末结账】选项，打开【期末结账】对话框，在其中勾选【结转未达账】复选框与【结账】单选按钮，如图 11-157 所示。

步骤 3： 单击【开始】按钮，系统即可自动结账，如图 11-158 所示。

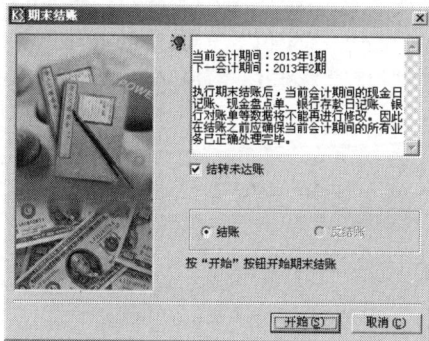

图 11-157　【期末结账】对话框

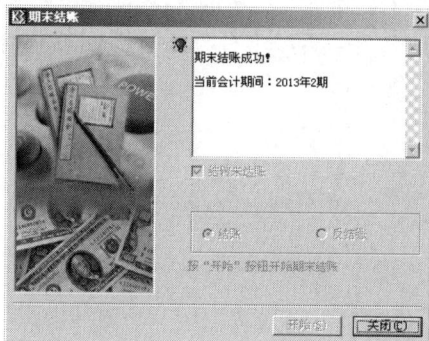

图 11-158　自动结账

11.9 疑难解惑

疑问 1：在凭证录入过程中，如何录入往来业务编号及业务日期？

答：在凭证录入时需要录入业务编号。在录入凭证时，录入相应的业务编号和业务发生日期。对于业务编号，系统不做控制，因此两张凭证可以录入相同的业务编号。

业务编号不是必录项，只有在设置了往来核算的科目录入时才会弹出录入业务编号的录入框，如果不是往来核算，则在界面上不允许填入。业务编号同会计分录关联，在录入了进行往来业务核算的会计科目后进行录入业务编号的信息。

录入凭证中的业务日期时，如果未对业务日期进行指定，系统默认凭证的记账日期为业务日期。业务日期可以是业务发生的日期，如发票上记录的日期，收款时可以是收到款项时的日期，也可以是凭证的记账日期，具体采用哪一种日期作为业务日期，需视业务而定。业务日期与账龄的计算直接相关，只有录入了准确的业务日期，才能计算出准确的账龄。

疑问 2：在对某些票据进行修改操作时，发现不能进行修改。

答：当出现这种现象时，用户不妨检查一下所要修改的票据状态，如果是如下几种状态的票据将不能进行修改操作。

(1) 已审核或已生成凭证的票据除了贴现率和贴现日期可修改外，其他地方均不能修改。

(2) 已核销的票据不能修改。

(3) 已生成凭证的票据，在应收应付系统中不允许修改。

疑问 3：当现金管理系统与应收款管理系统、应付款管理系统同时使用时，如何进行汇票的管理？

答：当票据备查簿管理的是商业承兑汇票和银行承兑汇票时，现金管理系统与应收款、应付款管理系统中的应收、应付票据实现完全共享。用户可选择在现金管理或应收款、应付款管理系统录入外来票据，这些票据会同时在另一系统中出现。当然，其中一个系统尚未启用时，不影响启用系统的操作。也可以说，它们是启用后才同步，初始化的信息必须在两个系统中分别建立。在现金管理系统与应收款、应付款管理系统同步时，设计的作业规则最好使票据在一个系统录入(如现金管理系统)，这更利于企业的管理和控制。

第12章

编制公司财务报表

金蝶 K3 系统的各个模块可以为用户提供丰富的通用报表，还提供了报表子系统帮助用户快速、准确地编制各种个性化的报表，而金蝶 K3 系统的财务分析是财务管理的重要组成部分，是企业对已有的财务状况和经营成果及未来前景的一种评价和决策分析。

12.1　编制公司财务报表

金蝶 K3 报表系统主要处理资产负债表、利润表等常用的财务报表，并可以根据管理需要自定义报表，但是要想制作好这些报表，首先必须要了解报表的一些基本操作。

12.1.1　实训 1　新建报表

金蝶 K3 的自定义报表是一个独立的系统，与 Excel 的操作窗口与操作方法都很相似。新建报表的具体操作步骤如下。

步骤 1：在【主控台】界面中，选择【财务会计】标签，单击【报表】系统功能项下的【新建报表】子功能项，进入【新建报表】界面，如图 12-1 所示。

步骤 2：双击【新建报表文件】选项，打开一个新的空白报表文件，如图 12-2 所示。

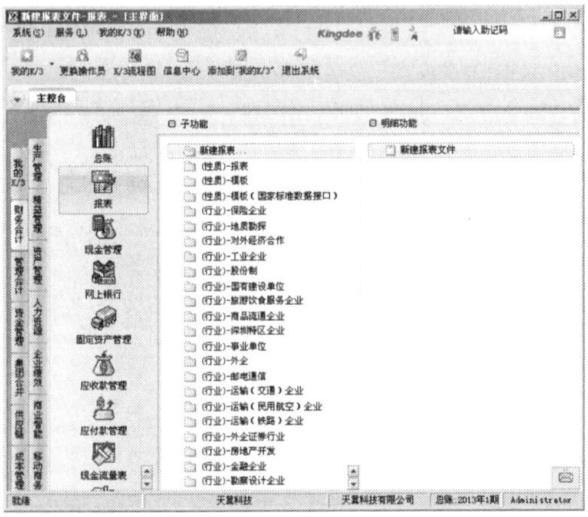

图 12-1　【新建报表】界面 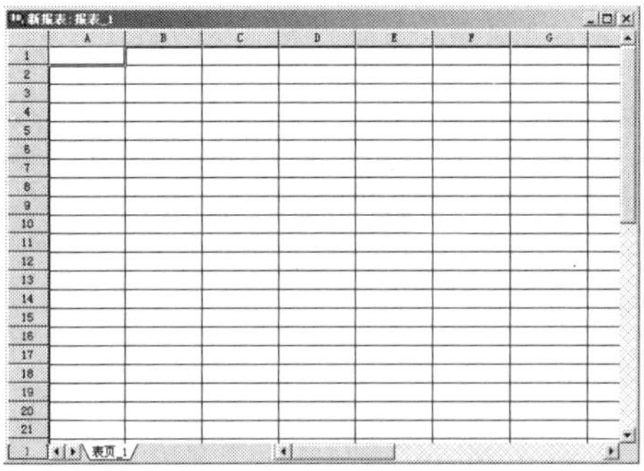　　　　　　图 12-2　【新报表：报表_1】窗口

💡 **注意：**　在报表系统中，每一张报表都会保存为后缀为 kds 的文件，如果是报表模板，则会保存为后缀为 kdt 的文件。

12.1.2　实训 2　保存报表

对于新建的报表文件，用户还需要对其进行保存，保存报表的具体操作步骤如下。

步骤 1：在【报表系统-新建报表】窗口中单击【保存报表】按钮，打开【另存为】对话框，在【报表名】文本框中输入报表的名称，并指定保存的位置，如图 12-3 所示。

步骤 2：单击【保存】按钮，即可将当前报表保存到系统中。

📋 **提示：**　如果用户打开了一张已经存在的报表，并进行了操作需要保存，这时就可以直接单击【保存报表】按钮；如果用户同时打开了多个报表，并进行了操作需要保存，则可以选择【文件】➤【全部保存】菜单项，对所有正在编辑的报表进行一次性的全部保存。

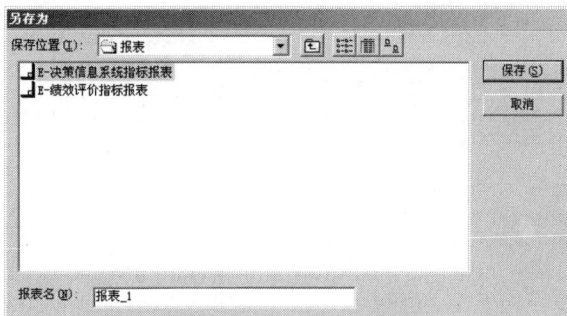

图 12-3　【另存为】对话框

12.1.3　实训 3　打开报表

如果需要打开一个已经保存过的报表文件，则可以按照如下的操作步骤进行。

步骤 1：在【主控台】界面中，选择【财务会计】标签，单击【报表】系统功能项下的【(性质)-报表】子功能项，进入【(性质)-报表】界面，系统会列出已有的报表文件以供用户选择，如图 12-4 所示。

步骤 2：选择好需要打开的报表并双击，即可打开相应的报表，如图 12-5 所示。

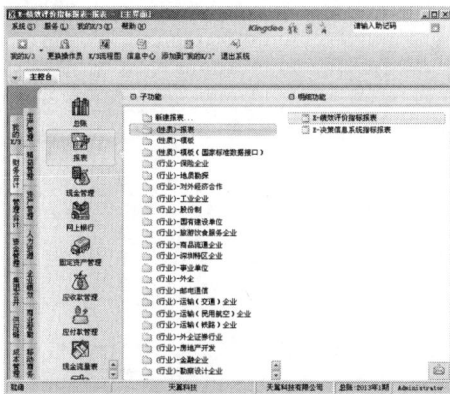

图 12-4　【(性质)-报表】界面

图 12-5　报表窗口

📋 **提示**：　系统还为用户预先设置了一些基本的报表模板，在报表模板状态下，用户可以选择所需要的报表格式打开，也可以将所做的报表作为模板保留下来，以便日后直接调出并作简单修改即可。

步骤 3：选择【文件】➢【打开】菜单项，打开【打开】对话框，如图 12-6 所示。

📋 **提示**：　报表默认的分类标准时按报表的性质分为两类，一类是具体的报表，另一类是报表模板。用户可以在此基础上增加其他的分类标准，但按报表性质分类始终被列为第一顺序。

步骤 4：单击【分类】按钮，打开【分类方案管理】对话框，如图 12-7 所示。

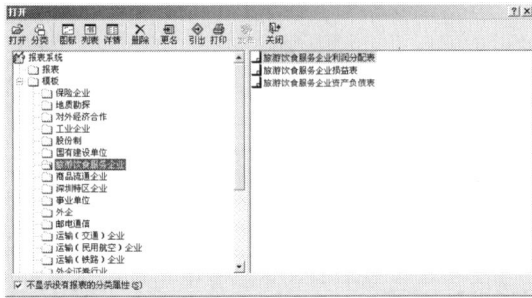

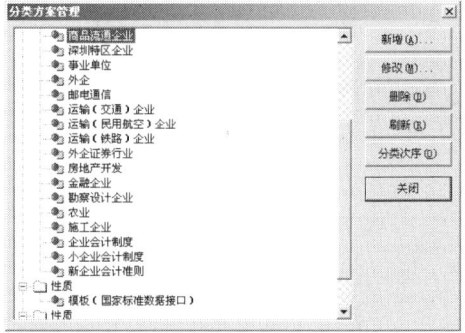

图 12-6　【打开】对话框　　　　　　　图 12-7　【分类方案管理】对话框

步骤 5：单击【新增】按钮，打开【分类标准-新增】对话框，在其中输入分类标准的名称，如图 12-8 所示。

步骤 6：单击【新增】按钮，即可将添加的分类标准保存起来，如图 12-9 所示。

图 12-8　【分类标准-新增】对话框　　　图 12-9　【分类方案管理】对话框

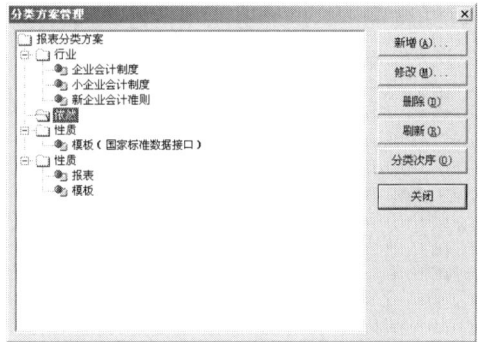

步骤 7：将光标移动到某一条分类标准上，单击【修改】按钮，打开【分类属性-修改】对话框，用户可以根据需要修改相应的选项，单击【确定】按钮，即可完成修改操作，如图 12-10 所示。

步骤 8：如果要删除某条分类标准，只需选中该选项，单击【删除】按钮，弹出一个删除信息提示框，单击【是】按钮，即可完成删除操作，如图 12-11 所示。

图 12-10　【分类属性-修改】对话框　　　图 12-11　金蝶提示对话框

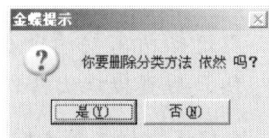

步骤 9：单击【分类次序】按钮，打开【分类次序】对话框，单击【添加】或【删除】按钮可以增减分类次序标准，如图 12-12 所示。

步骤 10：在【打开】对话框中选中某一报表名称，单击【更名】按钮，即可对其进行相应的名称的更改操作，如果单击【删除】按钮则可以将该报表删除掉，如图 12-13 所示。

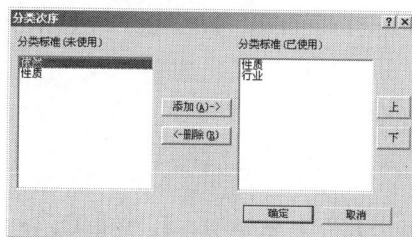

图 12-12　【分类次序】对话框

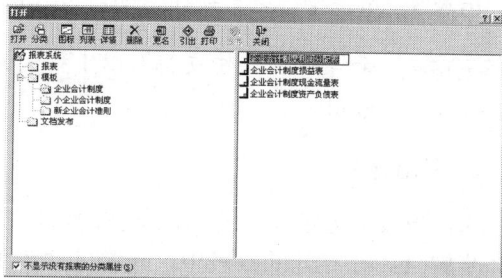

图 12-13　【打开】对话框

12.1.4　实训 4　关闭报表

编辑完报表后就可以关闭报表，只需在打开的报表窗口中选择【文件】➢【关闭】菜单项，弹出一个信息提示框，用户可以根据实际需要选择相应的按钮，从而关闭打开的报表，如图 12-14 所示。

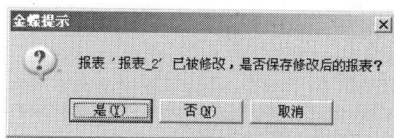

图 12-14　信息提示框

12.1.5　实训 5　引入与引出文件

在金蝶 K3 的报表系统中为用户提供了引入与引出功能，利用该功能可以将一些外部文件自动转换为金蝶报表的格式，然后用户再通过各种编辑功能对其进行编辑，以使其更加符合要求。

1. 引入文件

引入文件的具体操作步骤如下。

步骤 1： 在打开的报表中，选择【文件】➢【引入文件】菜单项，打开【打开】对话框，在其中选择引入文件的文件类型、文件所在的路径以及需要的引入文件，如图 12-15 所示。

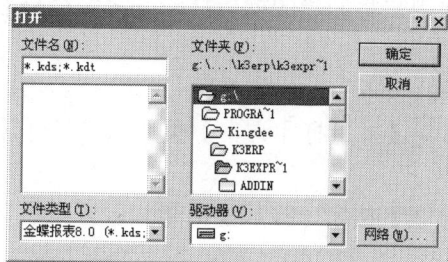

图 12-15　【打开】对话框

步骤 2: 单击【确定】按钮，即可将其引入。

💡 **注意:**　金蝶 K3 系统支持对以下格式的文件执行引入: kds、kdt、dbf、excel、txt、html。

2. 引出报表

引出报表的方法非常简单，具体的操作步骤如下。

步骤 1: 在打开的报表中，选择【文件】➤【引出文件】菜单项，打开【保存】对话框，在其中输入文件名、保存位置、保存类型等，如图 12-16 所示。

步骤 2: 单击【保存】按钮，即可将其进行保存，如图 12-17 所示。

图 12-16　【保存】对话框　　　　图 12-17　金蝶提示信息框

💡 **注意:**　系统支持的引出文件格式有: kds、kdt、dbf、excel、txt、html。用户通过引出功能可以对报表格式进行转换，可实现一些在报表系统中无法实现的功能。此外，只有拥有了引出报表权限的用户才能对报表执行引出操作。

12.1.6　实训 6　打印报表

金蝶的报表系统除了提供单张打印报表的功能外，还提供了批量打印功能，选择【文件】➤【批量打印】菜单项，打开【批量打印】对话框，选择需要打印的报表，然后单击【打印】按钮即可开始打印，如图 12-18 所示。

另外，金蝶系统除了提供批量打印功能之外，还有一种更为简便的打印功能，那就是批量打印方案的功能，只要用户将创建的批量打印方案保存起来，这样就可以在日后随时调用。

其具体的操作步骤如下。

步骤 1: 选择【文件】➤【批量打印方案】菜单项，打开【报表批量打印方案】对话框，如图 12-19 所示。

步骤 2: 单击【新建方案】按钮，打开【批量打印方案定义】对话框，在其中选中报表，如图 12-20 所示。

步骤 3: 单击【增加】按钮，可以将该方案增加到【批量打印方案中的报表名称】列表框中，并在【方案名称】文本框中输入方案的名称，如图 12-21 所示。

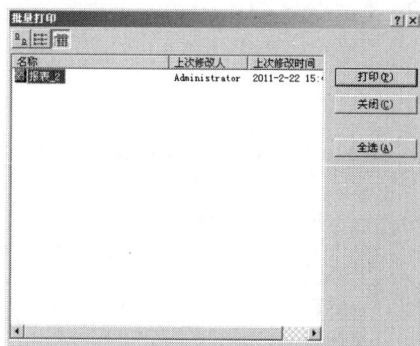

图 12-18 【批量打印】对话框

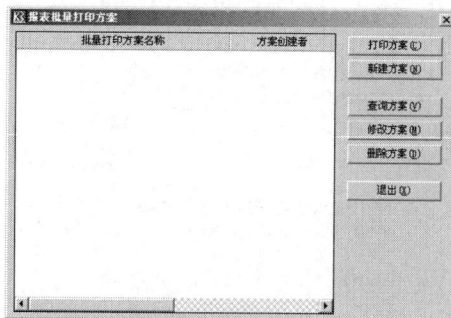

图 12-19 【报表批量打印方案】对话框

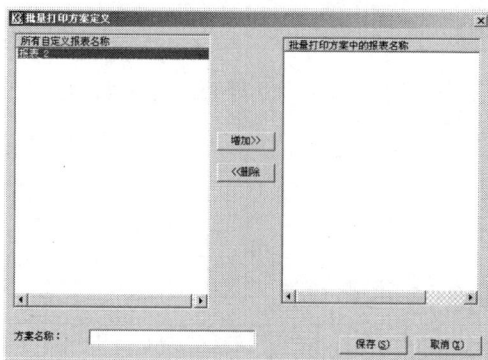

图 12-20 【批量打印方案定义】对话框

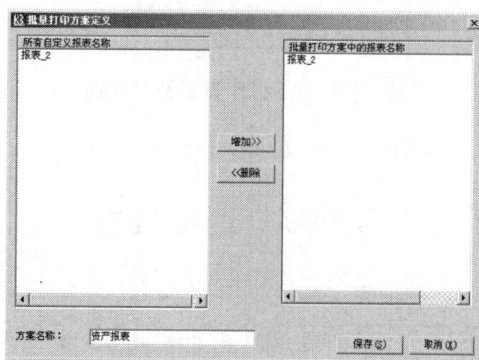

图 12-21 新增方案

步骤 4：单击【保存】按钮即可进行保存，如图 12-22 所示。

步骤 5：依次单击【确定】按钮与【取消】按钮，返回【报表批量打印方案】对话框，选中需要打印的方案，如图 12-23 所示。

图 12-22 金蝶提示信息框

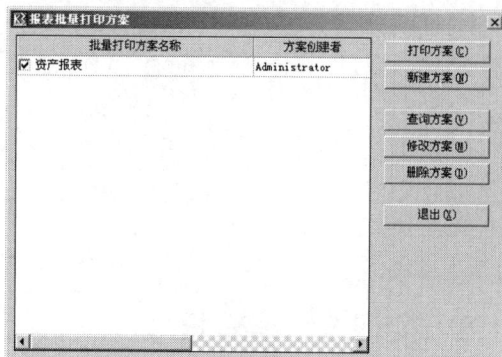

图 12-23 【报表批量打印方案】对话框

步骤 6：单击【打印方案】按钮，即可打开【打印设置】对话框，对打印机和纸张进行设置后单击【确定】按钮即可开始进行打印，如图 12-24 所示。

另外，如果只想打印报表的一部分，则可以通过选定区域打印的功能来实现，具体的操作步骤如下。

步骤 1：选定需要打印的区域，选择【文件】➤【选定区域打印】菜单项，打开【打印预览-资产负债表】窗口，如图 12-25 所示。

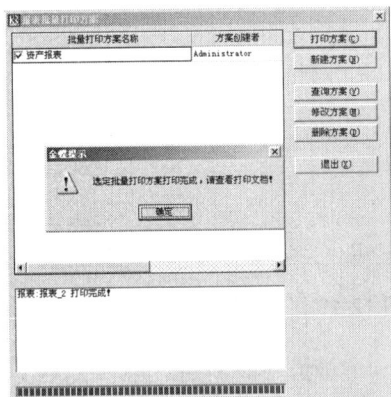

图 12-24　【打印设置】对话框　　　　图 12-25　【打印预览-资产负债表】窗口

步骤 2：单击【打印】按钮即可开始打印。

12.1.7　实训 7　退出报表

当对报表编辑完毕并保存后，就需要退出报表了，退出报表的操作很简单，只需在打开的报表中选择【文件】➤【退出】菜单项或单击右上角的【关闭】按钮，都可以退出报表系统，如图 12-26 所示。

图 12-26　报表系统

12.1.8　实训 8　编辑报表

在报表系统中，编辑报表的操作与编辑 Excel 报表相似，包括复制、粘贴、删除行、插入行等，还可以通过鼠标拖动快速地向具有相同或一定规律数据的相邻单元格填充数据。

1．鼠标拖动填充数据

例如：在单元格 C 1、C 2、C 3、C 4、C 5 中分别输入内容如表 12-1 所示。

表 12-1　填充的数据

单　元　格	输入内容 1	输入内容 2
C1	=SUM(A1:B1)	=A1/B#1
C2	=SUM(A2:B2)	=A2/B#1
C3	=SUM(A3:B3)	=A3/B#1
C4	=SUM(A4:B4)	=A4/B#1
C5	=SUM(A5:B5)	=A5/B#1

其具体的操作步骤如下。

步骤 1：在编辑的报表中选中 C1 单元格，并使用公式向导输入公式"=SUM(A1:B1)"，然后将鼠标箭头移动至 C1 单元格的右下角，此时鼠标箭头的右下角将显示"填充"字样，如图 12-27 所示。

步骤 2：按下鼠标左键并向下移动至 C5 单元格，即可自动按要求将公式填充到相应的单元格中，如图 12-28 所示。

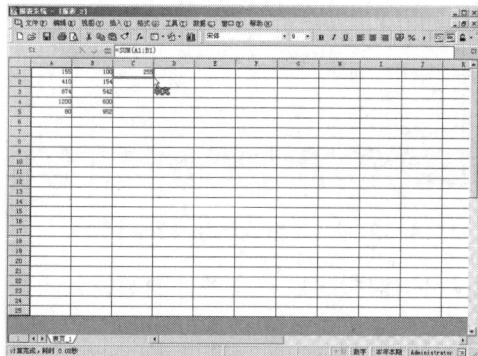

图 12-27　输入公式

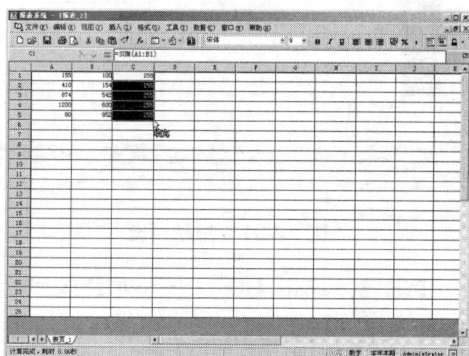

图 12-28　填充公式

步骤 3：运用同样的方法即可将内容 2 输入到单元格 D1:D5 中(内容 2 公式中的"#"符号表示填充时后续号不变，此符号也不会影响最终的计算结果)，如图 12-29 所示。

步骤 4：如果在 C1 单元格中输入的不是公式而是一个文本，通过鼠标拖动可以向相邻的单元格中快速填充相同的内容，如图 12-30 所示。

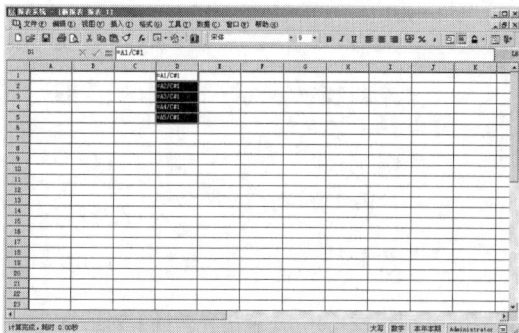

图 12-29　填充公式

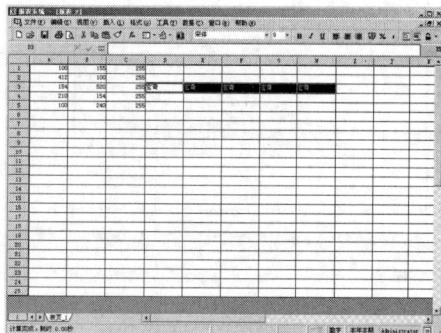

图 12-30　填充内容

步骤 5: 若通过鼠标拖动向相邻的单元格填充连续的日期或序号,则需要向相邻的两个单元格中分别输入不同数据,同时选取这两个单元格,再使用鼠标拖动进行填充,如图 12-31 所示。

2. 查找与替换功能

使用系统提供的查找替换功能,用户可以查找出自己的数据,并将查找到的内容替换为新内容。

其具体的操作步骤如下。

步骤 1: 选择【编辑】➢【查找替换】菜单项,打开【查找和替换】对话框,并在【查找内容】文本框中输入需要查找的内容,如图 12-32 所示。

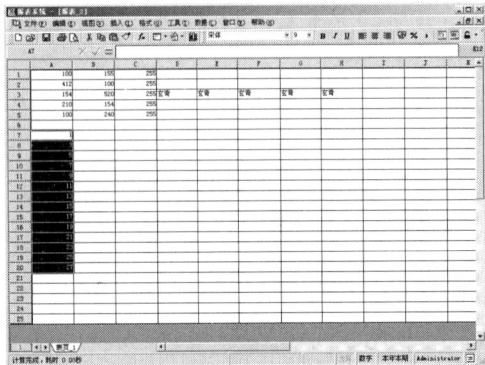

图 12-31 拖动填充

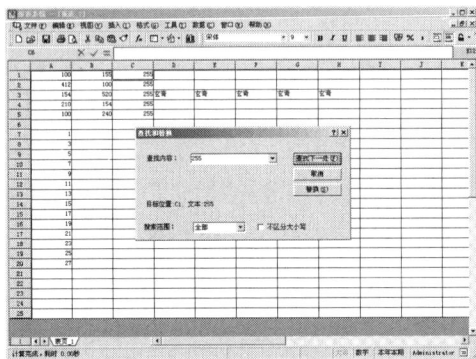

图 12-32 【查找和替换】对话框

步骤 2: 单击【查找下一处】按钮,即可查找出当前报表中符合条件的数据,再次单击【查找下一处】按钮,即可查找出符合条件的下一处数据,如图 12-33 所示。

步骤 3: 单击【替换】按钮,打开【查找和替换】对话框,然后在【查找内容】文本框中输入需要查找的内容,在【替换为】文本框中输入需要替换的新内容,如图 12-34 所示。

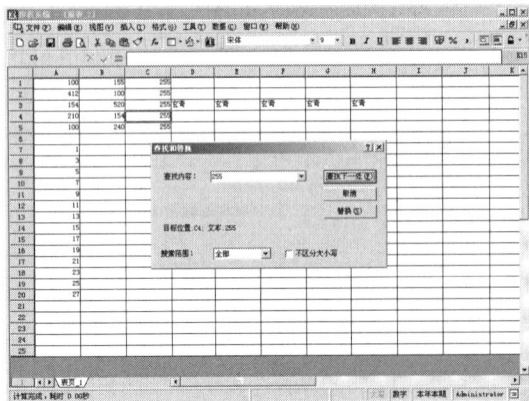

图 12-33 查找数据

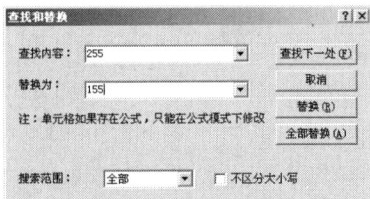

图 12-34 【查找和替换】对话框

步骤 4: 单击【替换】按钮可将查找到的内容替换为新内容,如图 12-35 所示。

步骤 5：再次单击【查找下一处】按钮，继续查找下一个符合条件的内容，单击【替换】按钮进行替换。如此重复操作，直至全部替换完毕为止。若单击【全部替换】按钮，则可将当前报表中所有符合条件的内容都替换为新内容，如图 12-36 所示。

图 12-35　替换数据

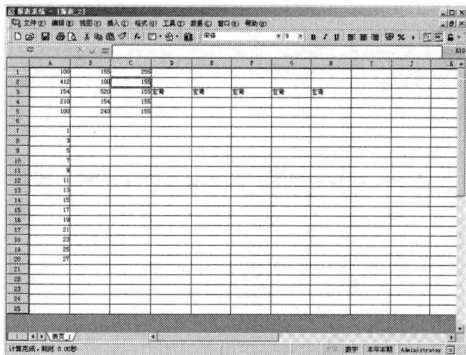

图 12-36　全部替换数据

提示： 上述操作的方式是逐个数据进行查找和替换，虽然速度较慢、操作较复杂，但可以避免那些不需要替换的内容也被替换。如果想要快速替换需要的内容，则可以单击【全部替换】按钮，替换速度很快，但可能将不需要替换的内容也替换成了新内容，用户应根据情况选择。

3．删除单元格

自定义报表窗口提供了多种单元格删除功能，其中包括横向删除、纵向删除、整行删除、整列删除等。

其具体的操作步骤如下。

步骤 1：选择需要删除的单元格，选择【编辑】➤【横向删除单元格】菜单项，则将当前单元格删除，其右边的单元格补充当前的位置，如图 12-37 所示。

步骤 2：选择【编辑】➤【纵向删除单元格】菜单项，则将当前单元格删除，其下边的单元格补充当前的位置，如图 12-38 所示。

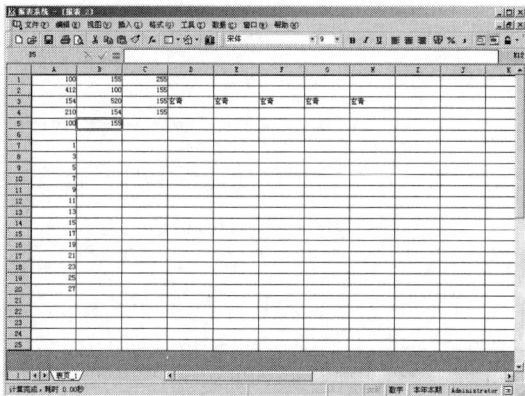

图 12-37　横向删除单元格

图 12-38　纵向删除单元格

步骤 3：选择【编辑】➢【整行删除】菜单项，可将单元格所在行全部删除，如图 12-39 所示。

步骤 4：选择【编辑】➢【整列删除】菜单项，则可将单元格所在列全部删除，如图 12-40 所示。

图 12-39　整行删除单元格

图 12-40　整列删除单元格

步骤 5：选择【编辑】➢【清除】菜单项，则将光标所在单元格内容清除，但不删除单元格，如图 12-41 所示。

图 12-41　清除单元格的内容

4．单元格的插入

与单元格的删除相反，自定义报表系统也提供了单元格的插入功能，具体功能介绍如下。

(1) 将光标放置于需要在其左边插入单元格的单元格中，选择【插入】➢【横向插入单元格】菜单项，则在当前单元格的左边插入一个单元格；将光标放置于需要在其上方插入单元格的单元格中，选择【插入】➢【纵向插入单元格】菜单项，如图 12-42 所示。

(2) 选择【插入】➢【整行插入】菜单项，则在当前单元格的上方插入一个空白行。选择【插入】➢【整列插入】选项，则在当前单元格的左边插入一个空白列，如图 12-43 所示。

图 12-42　纵向插入单元格

图 12-43　整列插入单元格

12.1.9　实训 9　设置报表视图显示

在报表的【视图】菜单下，选择不同的命令，可以呈现出不同的界面。

1. 工具栏、状态栏和编辑栏

工具栏、状态栏和编辑栏在整个报表的编辑过程中起着重要的作用，所以要想利用这些工具，就需要先启动这些工具使其显示。

其具体的操作步骤如下。

步骤 1：在新建的报表中，如果选择【视图】➤【工具条】➤【常用】菜单项，即可显示出常用工具栏，将鼠标移动到相应的按钮上，即可弹出该按钮的名称，用户可以根据名称操作相应的按钮，达到文档编辑的目的，如图 12-44 所示。

图 12-44　常用工具栏

步骤 2：选择【视图】➤【工具条】➤【格式】菜单项，即可显示出格式工具栏，利用这些工具栏可以定义报表单元格内容的格式，如图 12-45 所示。

图 12-45　格式工具栏

步骤 3：选择【视图】➤【状态条】菜单项，即可在报表最下方显示出状态条，提示用户当前报表文件的状态，如图 12-46 所示。

步骤 4：在报表系统的视图中还有一个编辑栏，显示当前选中单元格内的内容，编辑栏的中央为一个文本框，选定某个单元格后，输入"="后即可直接输入该单元格的公式，单击 ▤ 按钮可以查看输入公式后的计算结果。如果确认输入正确则可以单击 ✓ 按钮将公式或计算结果填入到单元格中，如果输入有误，则可以单击 ✕ 按钮取消，如图 12-47 所示。

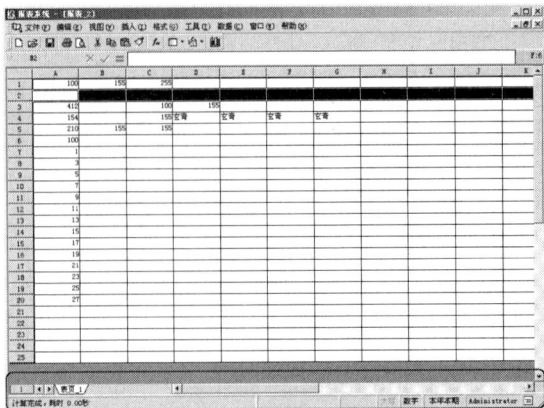

图 12-46 状态条

图 12-47 编辑栏

💡 **注意：** 如果在文本框中没有输入"="号就直接输入公式了，则系统将把文本框中的内容默认为一个常值，单击 ✓ 按钮之后，报表所有表页中相应的单元格都将接受该常值的值。

2. 显示报表

在金蝶报表系统中，可以有两种方式来显示报表，一种是显示公式，另一种是显示数据。在显示公式的状态下，报表将显示出用户设置的计算公式；而在显示数据的状态下，报表则将显示出所有公式的计算结果。选择【视图】▶【显示公式】菜单项，即可进入公式显示状态，如图 12-48 所示。如果选择【视图】▶【显示数据】菜单项，则显示出所有的计算结果。

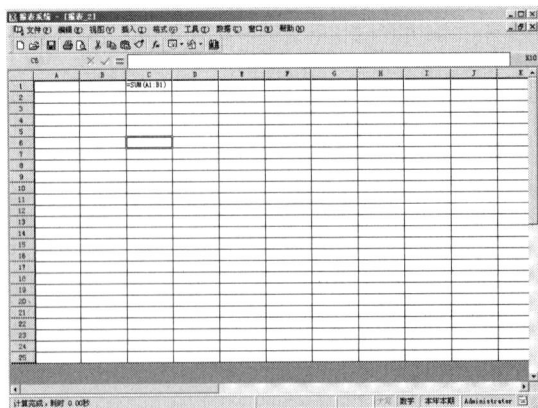

图 12-48 【报表系统】窗口

💡 **注意：** 在数据状态下输入的文字信息在公式状态下显示不出来，因此如果用户需要在公式状态下也显示文字信息，则必须在公式状态下输入文字。

3. 屏幕刷新

如果屏幕上显示的信息不能及时更新，用户可以选择【视图】➤【屏幕刷新】菜单项，将报表中的所有单元格刷新，使其显示的信息能够及时根据用户的设置而进行变化，如图 12-49 所示。

图 12-49　刷新屏幕

12.1.10　实训 10　定义报表格式

报表内容编辑完毕后，就需要对报表的格式进行编辑定义，具体的操作步骤如下。

步骤 1：在报表中，选择需要定义属性的单元格，然后选择【格式】➤【单元属性】菜单项，打开【单元属性】对话框，在【字体颜色】选项卡中用户可以根据需要设置字体的颜色，如果希望运用系统默认的设置，只需单击【缺省设置】按钮即可，如图 12-50 所示。

步骤 2：如果要自定义设置字体，只需单击【字体】按钮，从打开的【字体】对话框中设置字体、字形、大小等选项，如图 12-51 所示。

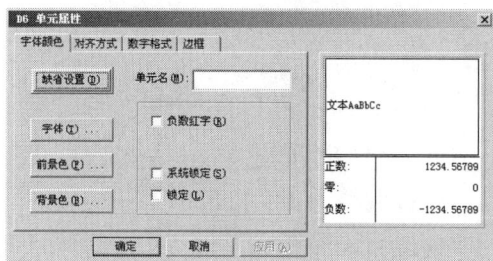

图 12-50　【单元属性】对话框

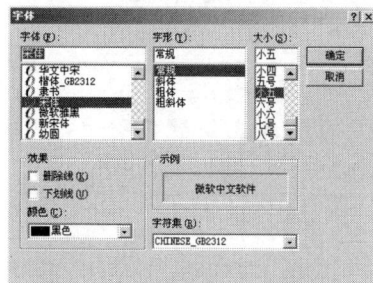

图 12-51　【字体】对话框

步骤 3：如果要设置前景色和背景色，只需单击【前景色】或【背景色】按钮，从打开的【颜色】对话框中选择相应的颜色选项即可，如图 12-52 所示。

步骤 4：选择【对齐方式】标签，进入【对齐方式】选项卡，从中设置文本的对齐方式，如图 12-53 所示。

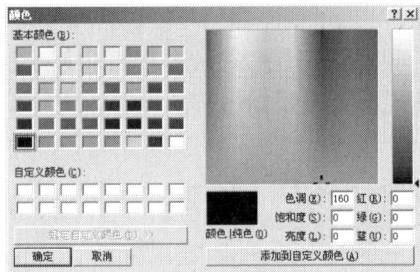

图 12-52 【颜色】对话框

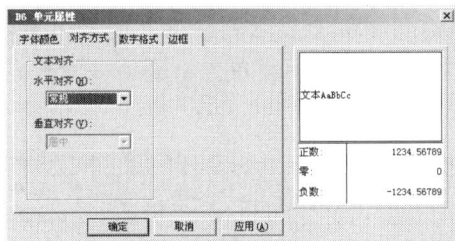

图 12-53 【对齐方式】选项卡

步骤 5：选择【数字格式】标签，进入【数字格式】选项卡，在其中设置相应的数据格式选项，如图 12-54 所示。

步骤 6：选择【边框】标签，进入【边框】选项卡，从而设置所选单元格的边框形式，如图 12-55 所示。

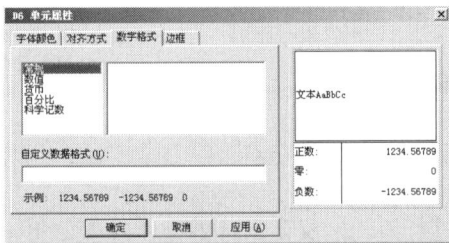

图 12-54 【数字格式】选项卡

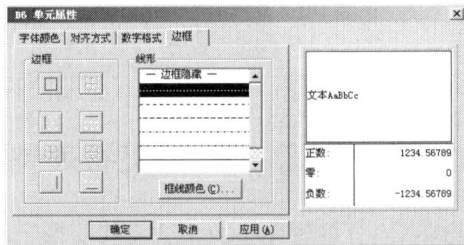

图 12-55 【边框】选项卡

步骤 7：选中需要设置的行，然后选择【格式】➤【行属性】菜单项，打开【行属性】对话框，从中对行高、对齐方式和数字格式进行相应的设置，如图 12-56 所示。

步骤 8：选中需要设置的列，然后选择【格式】➤【列属性】菜单项，打开【列属性】对话框，用户可对对列宽、对齐方式和数字格式进行设置，如图 12-57 所示。

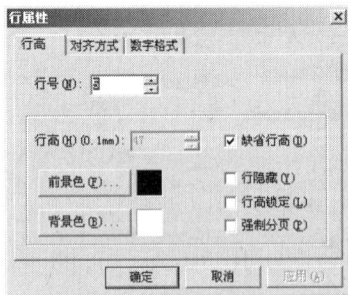

图 12-56 【行属性】对话框

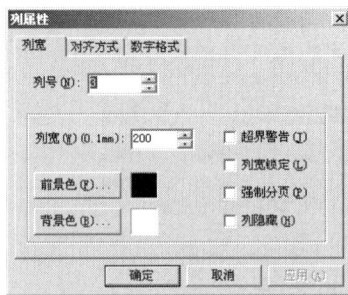

图 12-57 【列属性】对话框

步骤 9：选择【格式】➤【表属性】菜单项，打开【报表属性】对话框，设置行列的相关设置，如图 12-58 所示。

步骤 10：选择【外观】标签，进入【外观】选项卡，在其中设置前景色、背景色和网络色，并根据需要选择相应的复选框，如图 12-59 所示。

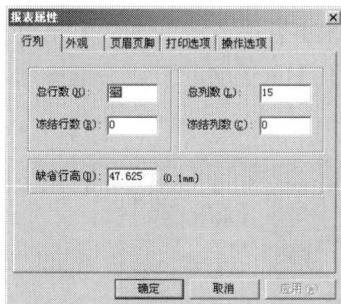

图 12-58　【报表属性】对话框

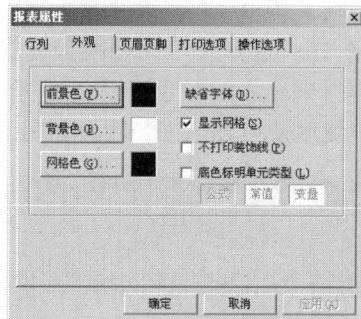

图 12-59　【外观】选项卡

步骤 11：单击【页眉页脚】标签，进入【页眉页脚】选项卡，在其中设置相应的页眉页脚，如图 12-60 所示。

步骤 12：选择【打印选项】标签，进入【打印选项】选项卡，在其中设置相应的选项，如图 12-61 所示。

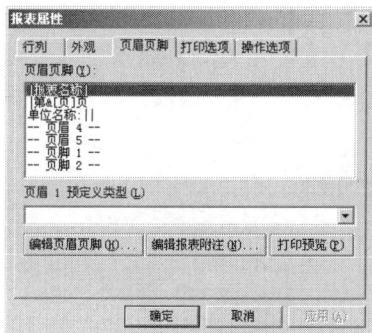

图 12-60　【页眉页脚】选项卡

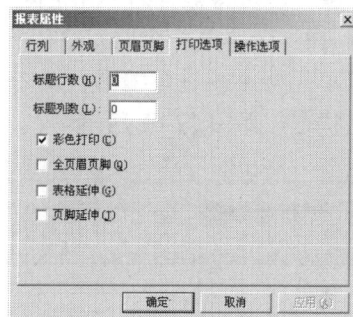

图 12-61　【打印选项】选项卡

步骤 13：选择【操作选项】标签，进入【操作选项】选项卡，在其中设置相应的操作选项，如图 12-62 所示。

步骤 14：选择【格式】➢【表页管理】菜单项，打开【表页管理】对话框，在其中根据需要对表页进行相应的设置，如图 12-63 所示。

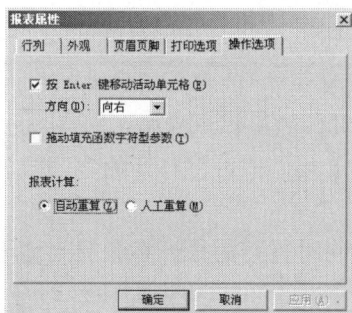

图 12-62　【操作选项】选项卡

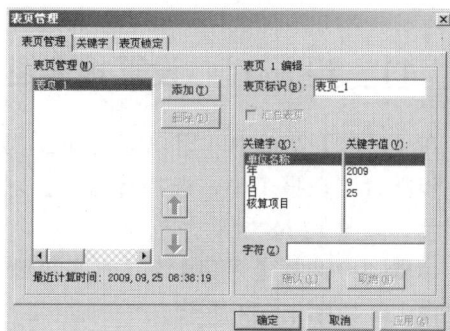

图 12-63　【表页管理】对话框

步骤 15：如果要为某个单元格设置斜线，只需选中该单元格，然后选择【格式】➢

【定义斜线】菜单项，打开【单元属性】对话框，如图 12-64 所示。

　　步骤 16：选择【单元斜线】标签，进入【单元斜线】选项卡，在其中设置斜线的类型、内容排列、斜线颜色以及线宽等选项。选择【格式】➤【删除斜线】菜单项，即可将设置的斜线以及内容全部删除，如图 12-65 所示。

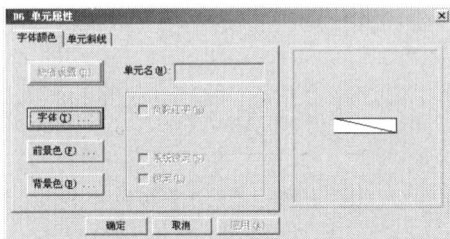

图 12-64　【单元属性】对话框

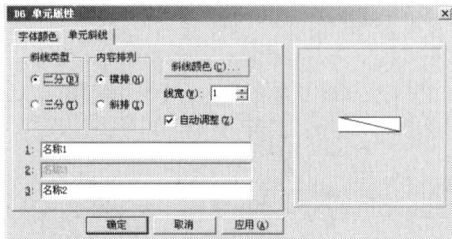

图 12-65　【单元斜线】选项卡

　　步骤 17：如果希望将某单元格区域融合成一个，就需要选中此单元格区域，然后选择【格式】➤【单元融合】选项，即可实现单元格的融合操作，选择【格式】➤【解除融合】菜单项，即可将融合的单元格区域恢复原样，如图 12-66 所示。

　　步骤 18：选定某一个单元格，然后选择【格式】➤【单元锁定】选项，即可锁定单元格，使其单元格不能进行编辑。反之，选择【格式】➤【单元解锁】选项，即可解除单元格的锁定状态，如图 12-67 所示。

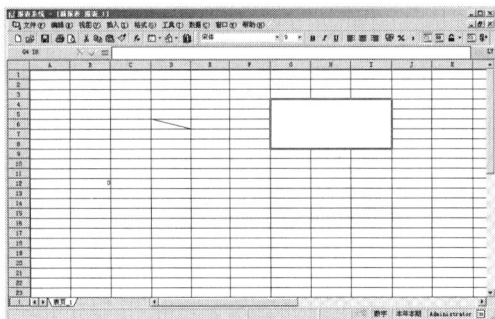

图 12-66　融合区域

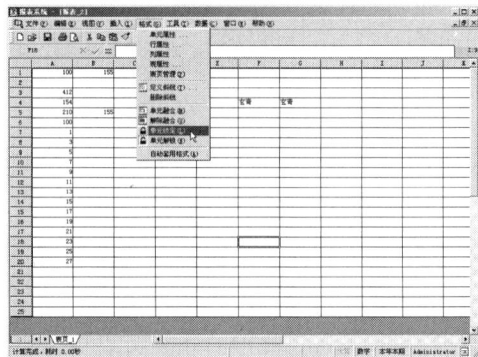

图 12-67　锁定单元格

12.1.11　实训 11　设置报表窗口

　　在【窗口】菜单中，用户可以对窗口进行设置，具体的操作步骤如下。

　　步骤 1：在报表中，选择【窗口】➤【层叠】菜单项，即可将打开的多张报表进行逐层显示，如图 12-68 所示。

　　步骤 2：选择【窗口】➤【水平平铺】菜单项，同时打开的报表将会横向地平均分布在桌面上，如图 12-69 所示。

　　步骤 3：选择【窗口】➤【垂直平铺】菜单项，同时打开的报表将会纵向地平均分布在桌面上，如图 12-70 所示。

　　步骤 4：当各界面为图标状态时，选择【窗口】➤【排列图标】菜单项，可以将这些图标排列整齐，如图 12-71 所示。

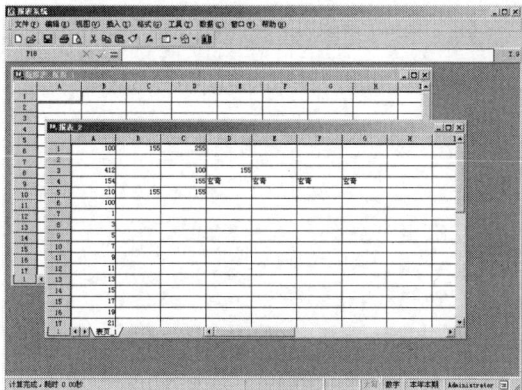

图 12-68　层叠显示窗口

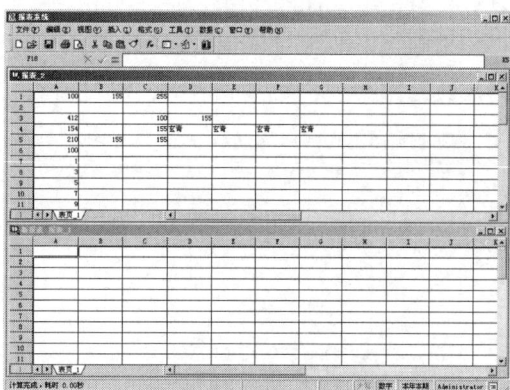

图 12-69　平铺窗口

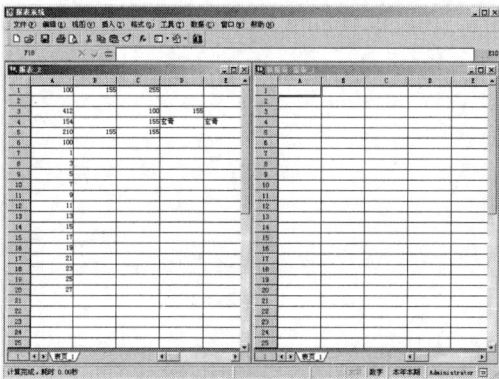

图 12-70　垂直平铺窗口

图 12-71　排列图标

12.2　报　表　业　务

通常情况下，报表业务处理分为自定义报表和合并报表两方面，其中最重要的是自定义报表的相关操作。

12.2.1　实训 12　报表处理

报表业务的主要工作就是对报表进行相应的处理，这样可以帮助用户快速、准确地制作出需要的报表。

1. 多账套管理

由于报表的数据一般是来源于账套的，所以，必须先定义取数账套，才能使用报表正确取数，生成一个数据正确、真实的财务报表。

其具体的操作步骤如下。

步骤 1：在报表窗口中，选择【工具】➤【多账套管理】菜单项，打开【设置多账套取数】对话框，如图 12-72 所示。

步骤 2：单击【新增】按钮，打开【配置取数账套】对话框，在其中设置账套配置名称、数据库类型、账套数据库、用户名及其密码等选项，如图 12-73 所示。

图 12-72　【设置多账套取数】对话框 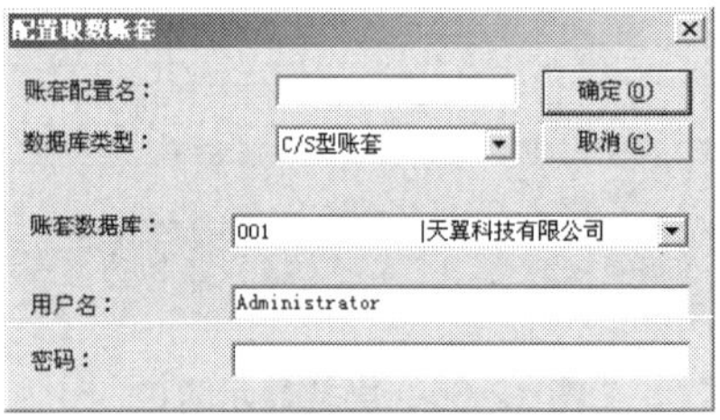　　　　图 12-73　【配置取数账套】对话框

💡 **注意**：　如果在【数据库类型】下拉列表框中选择【ACCESS 账套】选项，则必须指定【系统数据库】和【账套数据库】的路径。

步骤 3：单击【确定】按钮，弹出一个信息提示框，提示用户连接账套成功，如图 12-74 所示。

步骤 4：单击【是】按钮，即可在【设置多账套取数】对话框中显示出所设置的取数账套，如图 12-75 所示。

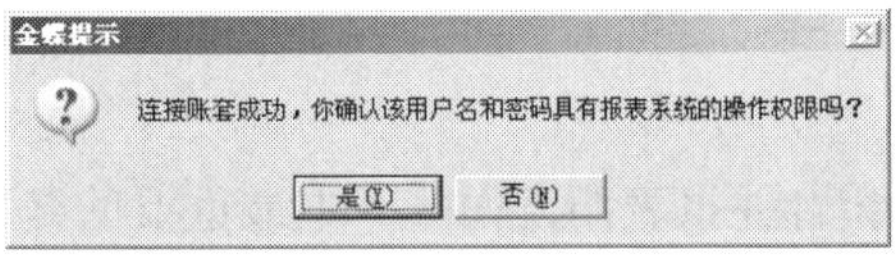

图 12-74　信息提示框 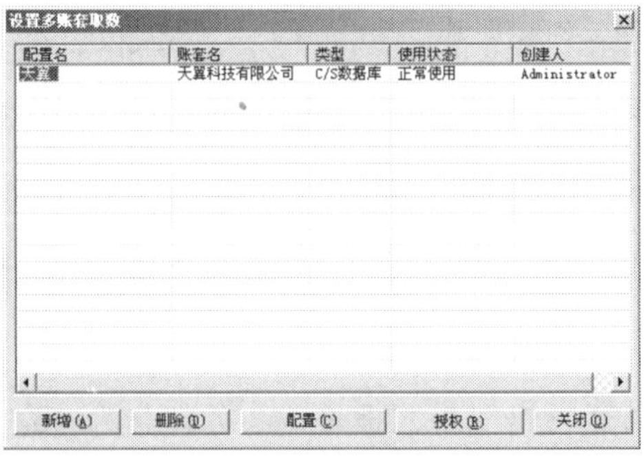　　　　　　　　图 12-75　【设置多账套取数】对话框

步骤 5：选择已经配置好的取数账套，然后单击【配置】按钮，打开【配置取数账套】对话框，对其中的选项进行修改，如图 12-76 所示。

步骤 6：单击【授权】按钮，在【设置多账套取数】对话框的右侧将显示出授权操作区域。只有已被授权的用户才可以使用已配置的账套信息，如果未被授权，则无法使用账套配置的信息，如图 12-77 所示。

步骤 7：如果要删除某配置的账套，只需选中该账套，单击【删除】按钮，弹出删除信息提示框，单击【确定】按钮，即可完成删除操作，如图 12-78 所示。

💡 **注意**：　只有账套配置的创建人才能删除所设置的账套配置。

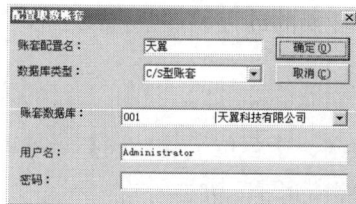

图 12-76　【配置取数账套】对话框

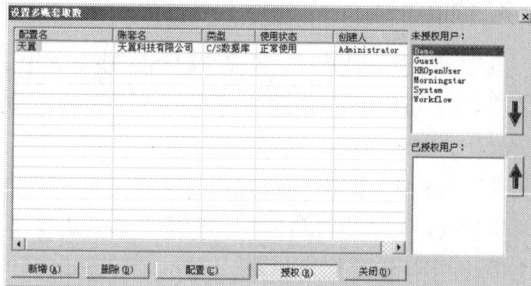

图 12-77　【设置多账套取数】对话框

步骤 8：在设置多个取数账套之后，选择【工具】➤【设置默认取数账套】菜单项，打开【默认取数账套】对话框，在其中选择某个账套为默认取数账套，如图 12-79 所示。

图 12-78　金蝶提示信息框

图 12-79　【默认取数账套】对话框

2. 报表分析

财务分析中报表分析和报表系统是集成到一起的，在报表系统中同样也可以进行相应的报表分析。在报表分析中，用户可以执行的财务分析有结构分析、比较分析和趋势分析。

其具体的操作步骤如下。

步骤 1：在报表窗口中，选择【工具】➤【报表分析】菜单项，打开【报表分析】对话框，在【分析方法】选项区中选择适当的分析方法，并在【选项】、【报告期间类别】选项区中设置适当的分析条件，如图 12-80 所示。

步骤 2：单击【确定】按钮，即可将分析结果生成一张分析报表，如图 12-81 所示。

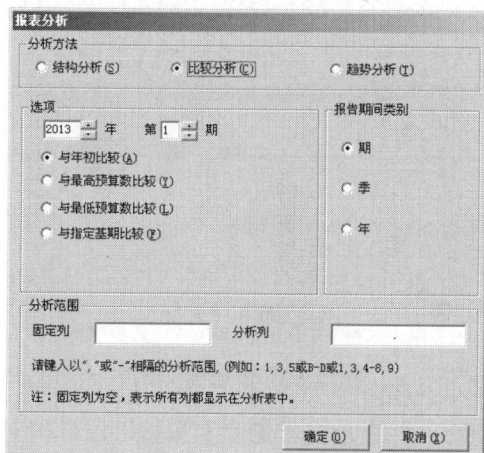

图 12-80　【报表分析】对话框

图 12-81　生成分析报表

3. 舍位平衡

将报表进行外报时，根据统计的需要报出的金额通常以万元为单位，而在日常的处理中又多以元为单位，因此就需要一个转换的过程，这个转换的过程就需要借助于舍位平衡功能来实现。

其具体的操作步骤如下。

步骤 1：在报表窗口中，选择【工具】➤【舍位平衡】➤【舍位平衡公式】菜单项，打开【舍位平衡公式】对话框，在其中设置相应的参数，如图 12-82 所示。

步骤 2：单击【确定】按钮，完成设置，然后选择【工具】➤【舍位平衡】➤【舍位平衡】菜单项，弹出一个信息提示框，单击【是】按钮继续舍位平衡，如果单击【否】按钮，则会在不锁定单元格的情况下继续舍位平衡，如图 12-83 所示。

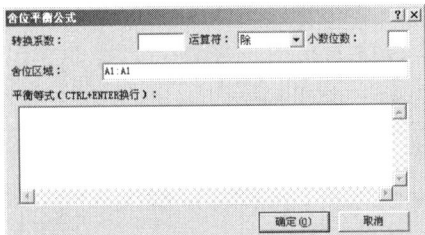

图 12-82 【舍位平衡公式】对话框

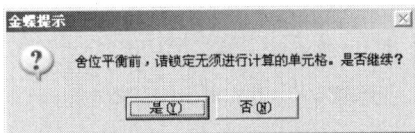

图 12-83 金蝶信息提示框

4. 控制报表权限

金蝶报表系统提供了报表权限的控制功能，用户可以针对每张报表设置读取、修改、打印等的权限，这种权限管理是独立于系统用户管理的。

其具体的操作步骤如下。

步骤 1：在报表窗口中，选择【工具】➤【报表权限控制】菜单项，打开【授权】对话框，在【待授权用户】列表框中选择需要进行授权的用户，在【访问类型】下拉列表中选择要授权的权限类型，如图 12-84 所示。

步骤 2：单击【添加】按钮，则该待授权用户进入已授权用户组中，如图 12-85 所示。

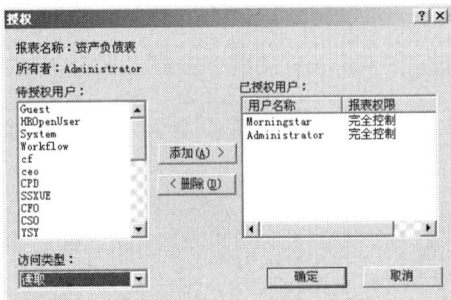

图 12-84 【授权】对话框

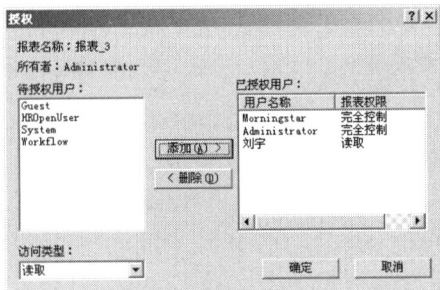

图 12-85 添加授权用户

步骤 3：在【已授权用户】列表框中选择用户，然后单击【删除】按钮可以取消对该用户的授权，如图 12-86 所示。

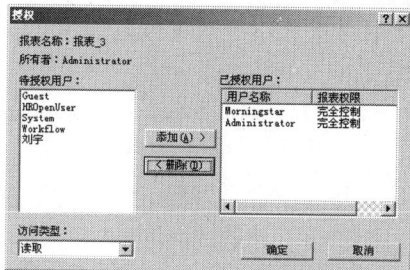

图 12-86　删除授权用户

💡 **注意：** 报表的创建者和用户管理 Administrator 组中的用户自动拥有"完全控制"权
限，不能被修改。

5. 批量填充

对于有规律的公式，使用批量填充可以减少用户重复定义公式的工作量。批量定义主
要用于编制按核算项目类别编制报表时的自动公式定义或定义一些费用明细表方面，大大
地减少了编制报表的工作量。

其具体的操作步骤如下。

步骤 1：选择【工具】➢【批量填充】菜单项，打开【批量填充】对话框，在【取数
公式】下拉列表框中选择需要的取数公式，并设置其他的相关参数，如图 12-87 所示。

步骤 2：在【批量填充】对话框中单击【SQL 查询】标签，打开【SQL 查询】选项
卡，在【SQL 查询语句】列表框中输入 SQL 语句，并设置【起始位置】和填充方式，如
图 12-88 所示。

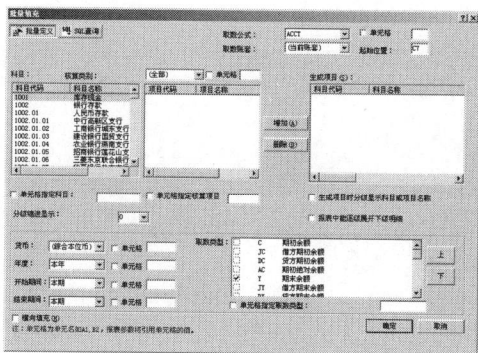

图 12-87　【批量填充】对话框

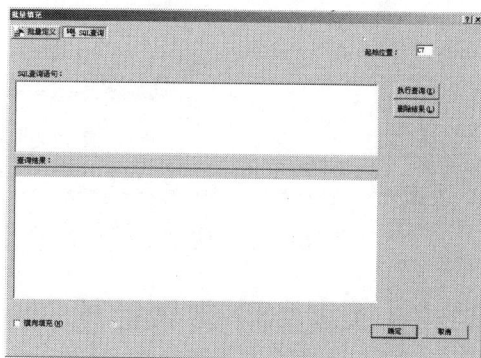

图 12-88　【SQL 查询】选项卡

步骤 3：单击【执行查询】按钮，即可在【查询结果】列表框中显示出查询结果。

6. 表页汇总

表页汇总功能可自动把一个报表中不同表页的数据项进行汇总，表页汇总生成的汇总
报表可以选择追加到当前报表作为当前报表的最后一张表页，也可以生成新的报表。

其具体的操作步骤如下。

步骤 1：在报表窗口中，选择【工具】➢【表页汇总】菜单项，将弹出一个打开保存
报表的提示信息框，如图 12-89 所示。

步骤 2：单击【是】按钮保存报表，单击【否】按钮则不进行保存，并弹出【表页汇总】对话框，如图 12-90 所示。

图 12-89   金蝶提示信息框

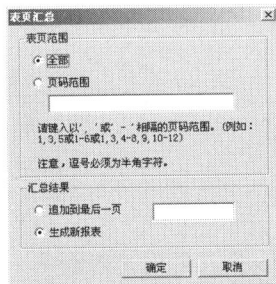

图 12-90   【表页汇总】对话框

步骤 3：根据实际情况，对表页范围和汇总结果进行设置，然后单击【确定】按钮，即可完成表页汇总操作，如图 12-91 所示。

图 12-91   完成表页汇总

注意：由于表页汇总是把数据相加，因此有些数字如序号、文字内容等不需要进行汇总，对于这些区域，用户可以先将其锁定，然后再进行汇总。

12.2.2   实训 13   报表计算

报表的【计算】菜单提供了关于报表计算的两种计算方式，包括【自动计算】和【手动计算】。如果用户选择的是自动计算方式，当报表中的数据或是公式发生变动时，系统将自动进行报表的重新计算；如果用户选择的是手工计算的方式，当报表中的数据或公式发生变动时，选择【数据】➤【报表重算】菜单项，可以对报表进行重新计算，报表数据才会改变，如图 12-92 所示。

另外，对于正在计算中的报表，选择【数据】➤【终止计算】菜单项或按 Ctrl+T 快捷键，将正在计算中的报表强行终止计算，自动计算与手动计算可通过工具条上的 按钮进行切换。如果屏幕上出现一些不正常的线或点等情况时，选择【视图】➤【刷新屏幕】菜单项，可以对屏幕进行刷新，但该命令不做任何报表运算，如图 12-93 所示。

图 12-92　对报表进行重新计算

图 12-93　刷新屏幕

12.2.3　实训 14　编制资产负债表

资产负债表是反映企业某一个特定时期财务状况的会计报表，是根据资产、负债和所有者权益之间的相互关系，按照一定的分类标准和一定的顺序，将企业一定时期的资产、负债和所有者权益各项目进行组合排列编制而成的报表。

编制资产负债表的具体操作步骤如下。

步骤 1： 在【主控台】界面中，选择【财务会计】标签，单击【报表】系统功能项下的【(行业)-企业会计制度】子功能项，进入【(行业)-企业会计制度】界面，如图 12-94 所示。

步骤 2： 双击【(行业)-企业会计制度】选项，打开【报表系统-[企业会计制度资产负债表]】窗口，如图 12-95 所示。

图 12-94　【(行业)-企业会计制度】界面

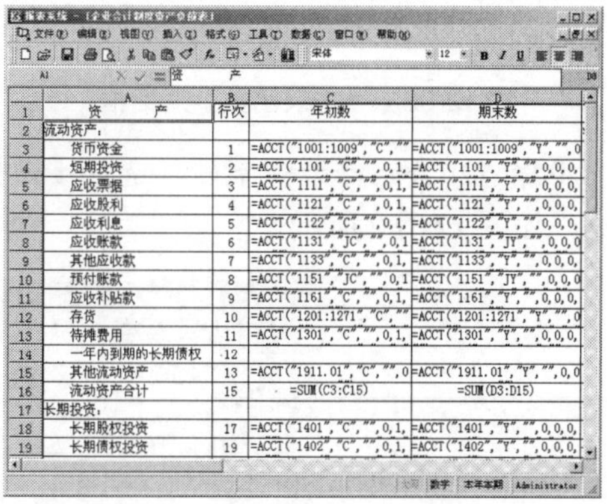

图 12-95　【报表系统-[企业会计制度资产负债表]】窗口

步骤 3： 选择【文件】➢【另存为】菜单项，打开【另存为】对话框，用户可以根据需要修改报表名称，然后单击【保存】按钮进行保存，如图 12-96 所示。

步骤 4： 在【(性质)-报表】界面中，双击【资产负债表】选项，打开【报表系统-[资产负债表]】窗口，如图 12-97 所示。

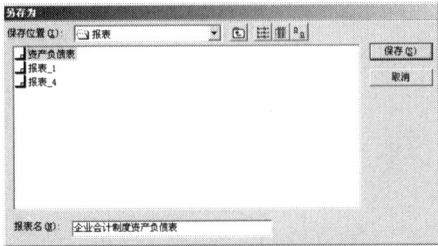

图 12-96 【另存为】对话框

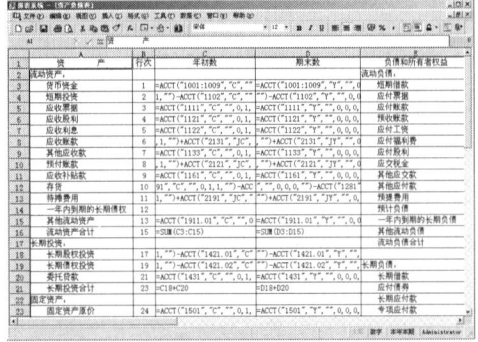

图 12-97 【报表系统-[资产负债表]】窗口

步骤 5： 如果有需要修改的公式，选中该单元格，然后在公式编辑栏清除原公式，选择【插入】➤【函数】菜单项，打开【报表函数】对话框，如图 12-98 所示。

步骤 6： 选择相应的函数，单击【确定】按钮，进入函数向导，根据函数向导的提示输入相应的参数，最后单击【确认】按钮即可返回，如图 12-99 所示。

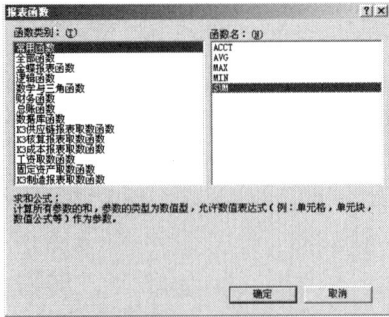

图 12-98 【报表函数】对话框

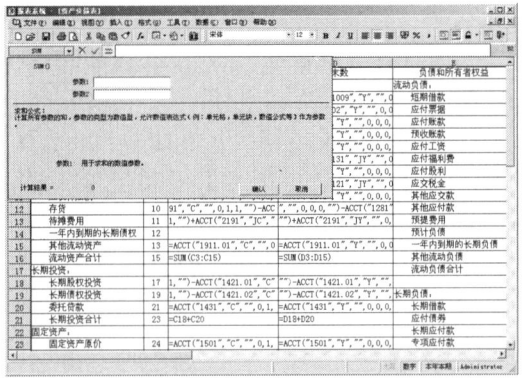

图 12-99 函数向导窗口

步骤 7： 公式修改完毕后，选择【数据】➤【报表重算】菜单项，即可重新计算报表数据，如图 12-100 所示。

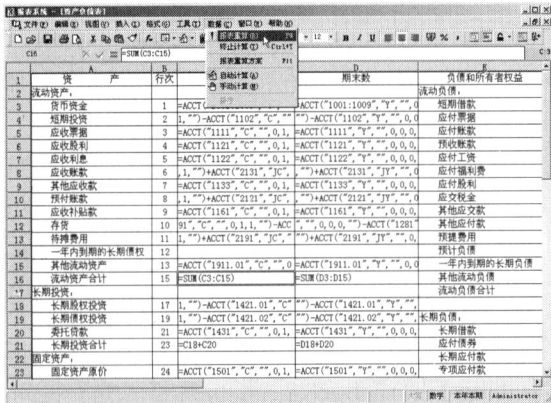

图 12-100 报表重算

12.3　财务分析系统概述

在企业的财务管理中，对企业的财务报告进行分析是重要的环节，财务分析是运用财务报表数据对企业过去的财务状况和经营成果及未来前景的一种评价，通过这种评价，可以为财务决策、计划和控制提供广泛的帮助。

12.3.1　系统概述

金蝶财务分析同其他的财务分析系统相比较，该系统功能完善、设计灵活，可分析各种数据来源的财务数据，为企业的管理当局提供各种分析方法，进行数据分析，是企业进行预算、分析及投资管理决策的理想分析工具。

系统为用户提供了基本报表如资产负债表、损益表以及各种自定义报表的结构分析、比较分析、趋势分析等各类分析，提供各种项目的预算和数据管理以及一些基本的财务指标分析，用户还可以根据本单位的实际需要补充追加其他指标、各种因素分析，帮助用户实现对某一特定因素的深入分析。

12.3.2　财务分析的内容

财务分析的基础是企业的财务报告，它反映过去的财务状况和经营成果不是报表使用者的最终目的，真正的价值是通过对财务报表的分析来预测未来的盈余、股利、现金流量以及其风险，以帮助管理人员规划未来。可以说，不掌握财务报表分析，就不能把反映历史状况的数据转变成预计未来的有用信息。

金蝶财务软件的财务分析主要提供了报表分析、指标分析、因素分析、预算管理分析的内容，用户可以根据系统提供的各种分析工具，对自己的财务状况进行一个比较全面的分析，了解公司的财务状况的经营收益，为投资决策提供有力的依据。

1. 报表分析

金蝶财务分析系统提供了对资产负债表、损益表和自定义报表的分析，对每一报表系统提供了结构分析、比较分析、趋势分析三种分析方法。

1) 结构分析

结构分析是指对构成某一指标的各个组成部分占总体的比重所进行的分析。结构分析可用于任何一个由部分构成总体的指标，如应收账款中各客户余额的百分比、产品销售收入中各个产品占总收入的比重等。

2) 比较分析

比较分析是指对同口径的任何一个财务指标在两个会计期间或一个会计期间与它的预算数之间的比较，借以揭示其增减金额及增减幅度的方法。

考虑到财务分析的会计期间可能为月，也可能为季、年，因此，财务分析系统为您提供了月、季、年和预算数四个选项的比较。选择月、季、年时，您还可以对对比期(报告期)

和被对比期(基期)进行选择，即可在任何两个口径相同的会计期间之间进行比较。

若选择与预算比较，则表示本期指标与它的预算数对比，您也可以得到某指标与其预算数对比的情况。

3) 趋势分析

所谓趋势分析，是指同一事物在时间阶段上的变化趋势，趋势分析往往能够揭示企业财务指标或损益指标的变动规律，借以对企业未来的经济活动进行很好的预测和规划。

趋势分析由于分析的角度不一样，又可以分为绝对数趋势分析和相对数趋势分析两种趋势分析方法。绝对数趋势是指某一指标在本年各月度之间、各季度之间，进而在各个年度之间并行排列，借以观察其发展的动态趋势和规律；相对数趋势分析是指某期与一个基期相比的变化趋势，由于其基础的不同，又可以分为定基分析和环比分析。

(1) 定基分析。

定基分析是指各期与指定基期相比的变动额、变动幅度等趋势。

(2) 环比分析。

环比分析是指各个会计期间指标分别与上期相比的发展趋势。

(3) 指标分析。

指标分析是指通过计算各种财务指标的方法来了解企业的经营和收益情况，如通过计算应收账款周转率可以了解企业资金回笼的速度，资产负债率可以了解企业的负债总额占总资产的比重，确定企业的融资和投资方案等。

2. 因素分析

因素分析是指选定某一个因素，可以是收入、利润，也可以是某一个产品的成本构成，因素的设定由用户自己确定，在确定了因素和因素分析的方法之后，用户就可以对该因素进行各种分析了。

3. 预算管理

预算管理是对未来的一些经济指标和财务内容的预计和测算，一个全面的预算可以为企业的经营和管理提供极大的帮助。

12.4　系　统　设　置

在系统设置中，用户可以对数字格式、打印、页面、标题脚注等进行设置，以满足使用的需要，同时在【操作】菜单下提供了多账套管理，设置默认取数账套，工作区设置等功能。

12.4.1　实训 15　设置报表的显示格式

要想进行财务分析，首先需要对财务分析系统中的默认显示格式进行设置，包括数字显示格式、打印设置、页面设置以及标题脚注等，以满足不同情况下的不同需要。

其具体的操作步骤如下。

步骤 1：在【主控台】界面中，选择【财务会计】标签，单击【财务分析】系统功能项，进入【财务分析】界面，如图 12-101 所示。

步骤 2：双击其任何子功能项下的任何明细功能项，都将进入【财务分析系统】窗口，其中左侧窗格为工作区，右侧窗口为操作区，如图 12-102 所示。

图 12-101　【财务分析】界面

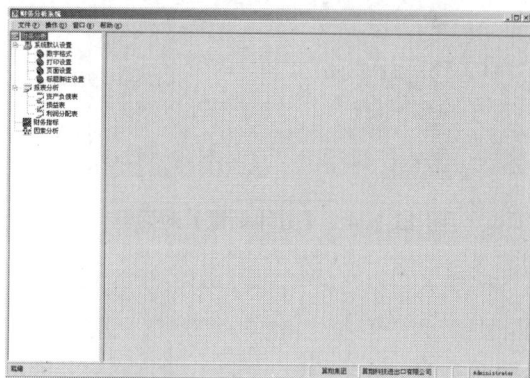

图 12-102　【财务分析系统】窗口

步骤 3：双击【系统默认设置】下的【数字格式】选项，在弹出的数字格式列表框中选择所需的数字格式，如图 12-103 所示。

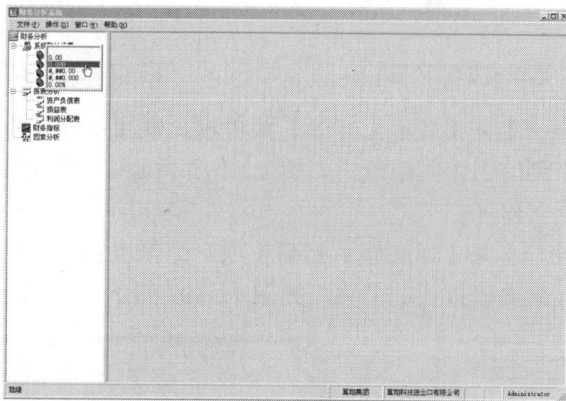

图 12-103　选择所需的数字格式

步骤 4：双击【系统默认设置】下的【打印设置】选项，打开【打印设置】对话框，在其中选择使用的默认打印机、纸张大小与方向，如图 12-104 所示。

步骤 5：双击【系统默认设置】下的【页面设置】选项，打开【页面设置】对话框，设置默认的纸张大小与方向、打印页边距等选项，如图 12-105 所示。

步骤 6：单击【打印机】按钮，在弹出的【页面设置】对话框中选择默认的打印机，如图 12-106 所示。

步骤 7：双击【系统默认设置】下的【标题脚注设置】选项，打开【设置】对话框，在其中根据提示输入标题、脚注、页眉、页号打印位置等。最后单击【确定】按钮，即可完成财务分析系统的默认选项的设置操作，如图 12-107 所示。

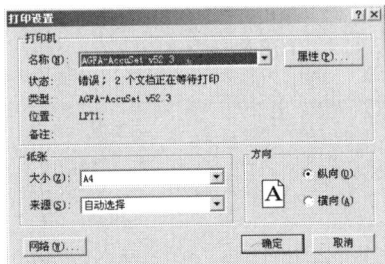

图 12-104 【打印设置】对话框

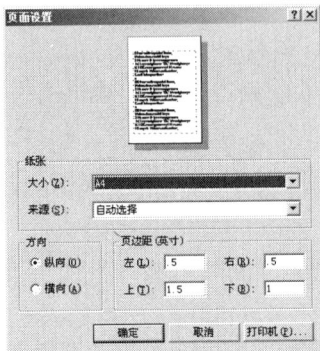

图 12-105 【页面设置】对话框

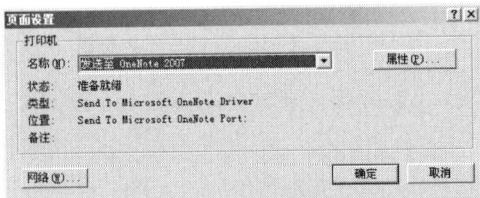

图 12-106 【页面设置】对话框

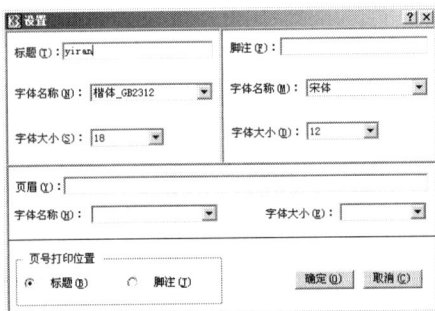

图 12-107 【设置】对话框

步骤 8：选择【操作】➤【显示工作区】菜单项，使【显示工作区】菜单命令项前的 √ 消失，则当前窗口左侧的工作区隐藏，如图 12-108 所示。再次选择【操作】➤【显示工作区】菜单项，则显示工作区。

步骤 9：选择【操作】➤【标准显示】菜单项，则报表窗格中的工具栏按钮除了显示按钮图标之外，还将显示出该按钮的名称，如图 12-109 所示。

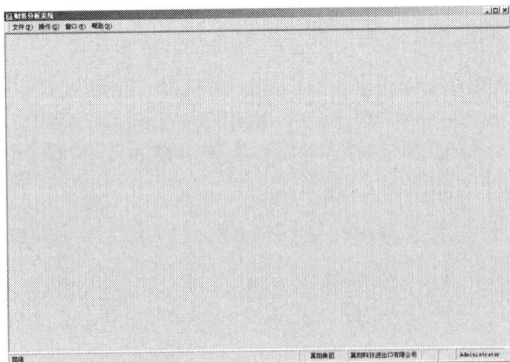

图 12-108 隐藏左侧的工作区

图 12-109 显示按钮的名称

步骤 10：单击【字体】右侧的下拉按钮，用户可以选择报表的字体，如图 12-110 所示。单击【字体大小】右侧的下拉按钮即可改变报表文字的大小。

步骤 11：如果用户在报表分析窗口中打开了多个窗口，则可通过选择【窗口】菜单对打开的窗口进行排列，如图 12-111 所示。

图 12-110　改变报表文字的大小

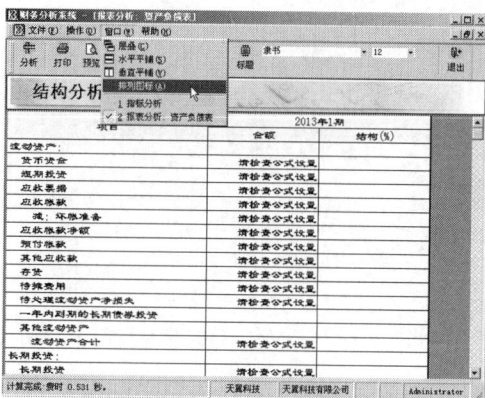

图 12-111　排列窗口

12.4.2　实训 16　设置报表的取数公式

财务分析系统中的取数公式的设置方法和基本原则与自定义报表系统中的取数公式设置和原则基本相同。下面以设置"利润分配表"中取数公式为例进行介绍。

其具体的操作步骤如下。

步骤 1：在【财务分析系统】窗口中，右击【利润分配表】选项，从弹出的快捷菜单中选择【报表项目】菜单项，进入【报表项目录入：利润分配表】界面，如图 12-112 所示。

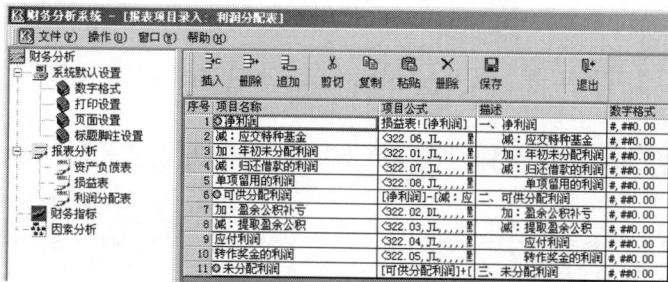

图 12-112　【报表项目录入：利润分配表】界面

步骤 2：双击需要重新设置取数公式的公式栏，打开【财务分析—公式定义向导】对话框，在其中设置取数账套名称、科目代码范围、取数类型等选项，如图 12-113 所示。

步骤 3：单击【填入公式】按钮，则设置的条件生成取数公式显示在对话框上方的文本框中。单击【清除公式】按钮，则可将显示的取数公式删除，如图 12-114 所示。

步骤 4：选择【表间取数】标签，进入【表间取数】选项卡，在左侧报表窗口中选择需要取数的报表，然后在右侧窗口中选择需要取数的单元，如图 12-115 所示。

步骤 5：选择【填入公式】按钮，如果表间取数公式前已经存在取数公式，则两公式之间以"+"连接，如图 12-116 所示。

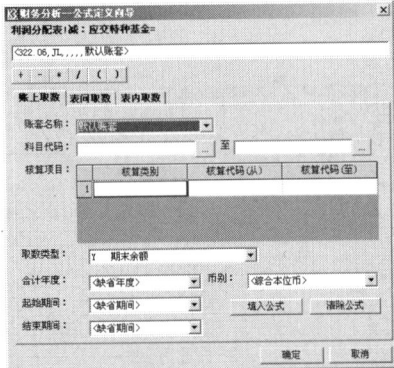

图 12-113 【财务分析—公式定义向导】对话框

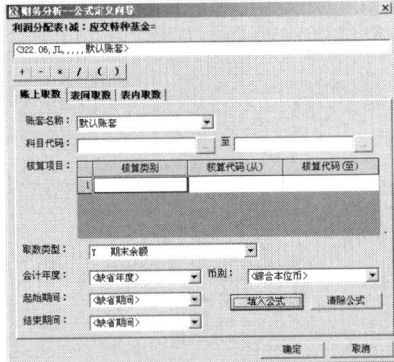

图 12-114 输入和删除公式

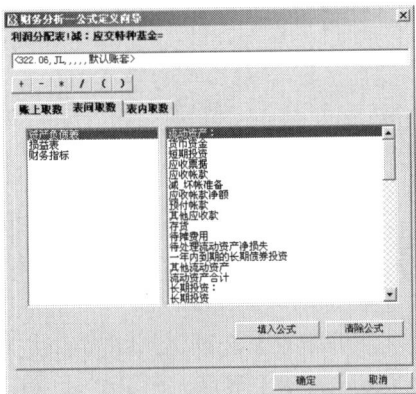

图 12-115 【表间取数】选项卡

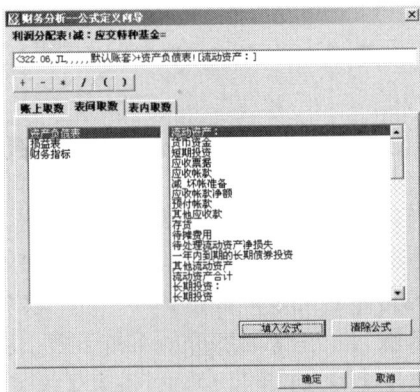

图 12-116 填入公式

步骤 6：选择【表内取数】选项卡，进入【表内取数】设置界面，在其中选择需要取数的单元，如图 12-117 所示。

步骤 7：单击【填入公式】按钮，即可将其添加到取数公式栏中，如图 12-118 所示。

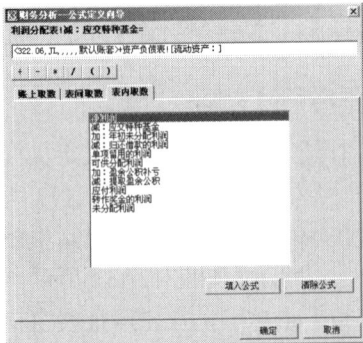

图 12-117 【表内取数】设置界面

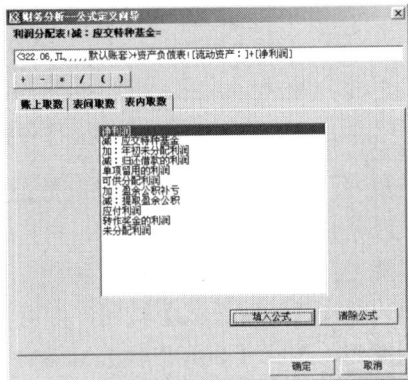

图 12-118 填入公式

步骤 8：单击【确定】按钮，关闭对话框并将设置的取数公式填入所选的报表单元格中。将所有出现错误的取数公式重新设置好后，单击【退出】按钮，结束报表项目的设置操作，如图 12-119 所示。

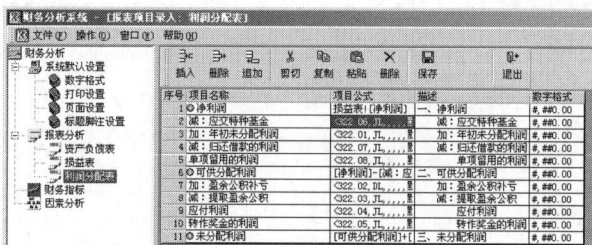

图 12-119　结束报表项目的设置操作

12.5　报　表　分　析

财务分析系统为用户提供了完善的分析方法，可以与金蝶报表、金蝶账套以及其他来源的各种数据进行挂接，实现数据分析。

12.5.1　实训 17　资产负债表分析

在【财务分析系统】窗口中的【报表分析】选项下，金蝶 K3 系统为用户预设了资产负债表、损益表和利润分配表三种基本的报表，这里以分析资产负债表为例进行介绍。

其具体的操作步骤如下。

步骤 1：双击【资产负债表】选项，进入【报表分析：资产负债表】界面，如图 12-120 所示。

步骤 2：单击【分析】按钮，打开【报表分析方式】对话框，在其中选择【结构分析】单选按钮，并设置相应的选项，如图 12-121 所示。

图 12-120　【报表分析：资产负债表】界面

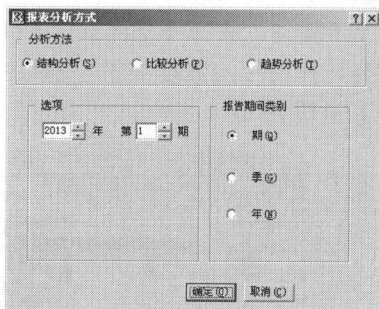

图 12-121　【报表分析方式】对话框

步骤 3：单击【确定】按钮，即可对报表进行结构分析，并显示出分析结果，如图 12-122 所示。

步骤 4：如果选择【比较分析】单选按钮，则设置比较分析的相关选项，如图 12-123 所示。

图 12-122　显示出分析结果

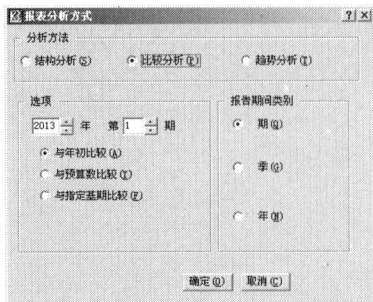

图 12-123　【报表分析方式】对话框

步骤 5：单击【确定】按钮，即可对报表进行比较分析，并显示出分析结果，如图 12-124 所示。

步骤 6：如果选择【趋势分析】单选按钮，则需要设置趋势分析的相关选项，如图 12-125 所示。

图 12-124　显示出分析结果

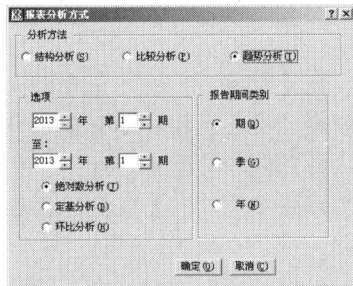

图 12-125　【报表分析方式】对话框

步骤 7：单击【确定】按钮，即可对报表进行趋势分析，并显示出分析结果，如图 12-126 所示。

步骤 8：选择【文件】➤【引出】菜单项，打开【引出'报表分析'】对话框，根据需要选择相应的数据类型，然后单击【确定】按钮，即可完成报表分析的引出操作，如图 12-127 所示。

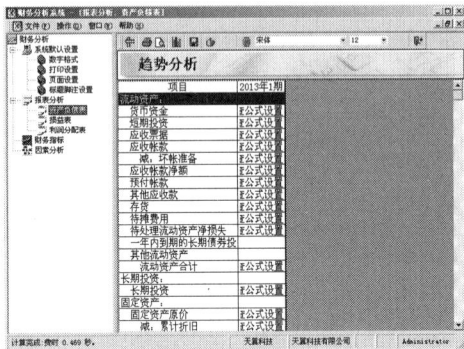

图 12-126　显示出分析结果

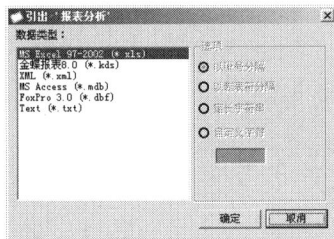

图 12-127　【引出'报表分析'】对话框

12.5.2　实训 18　自定义报表分析

用户除了可以对系统预设的报表进行分析，还可以对自行创建的报表进行相应数据的分析，具体的操作步骤如下。

步骤 1：在【财务分析系统】窗口中单击【报表分析】选项，从弹出的快捷菜单中选择【新建报表】菜单项，打开【新建报表向导】对话框，在其中输入新建报表的名称，如图 12-128 所示。

步骤 2：单击【下一步】按钮，打开【数据源设置】对话框，如图 12-129 所示。

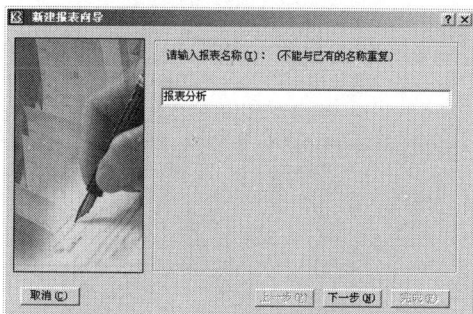

图 12-128　【新建报表向导】对话框

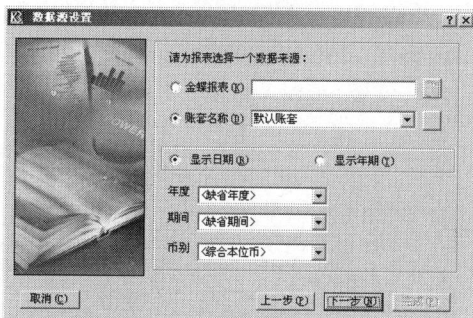

图 12-129　【数据源设置】对话框

步骤 3：如果选择【金蝶报表】单选按钮，则需要单击 按钮，打开【选择文件】对话框，在其中选择需要引入的文件，如图 12-130 所示。

步骤 4：单击【打开】按钮，即可将文件选择进去，并根据需要选择相应的选项，如图 12-131 所示。

图 12-130　【选择文件】对话框

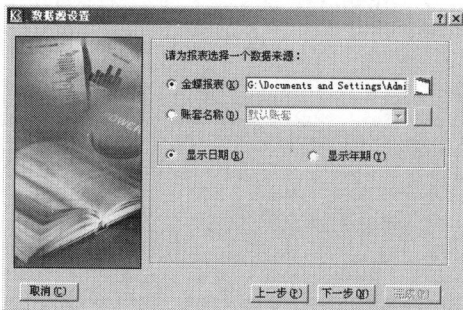

图 12-131　【数据源设置】对话框

步骤 5：单击【下一步】按钮，打开【报表年期设置】对话框，在其中选择报表的起始期间，从而对报表进行年期的设置，如图 12-132 所示。

步骤 6：单击【完成】按钮，即可生成新的报表，并弹出一个信息提示框，用于提示是否立即定义报表项目，如图 12-133 所示。

步骤 7：单击【是】按钮，进入【报表项目录入：报表分析】界面。如果用户在提示信息框中单击【否】按钮，则可在财务分析窗口中，右击新建报表的名称并执行【报表项目】选项，进入【报表项目录入：报表分析】界面，如图 12-134 所示。

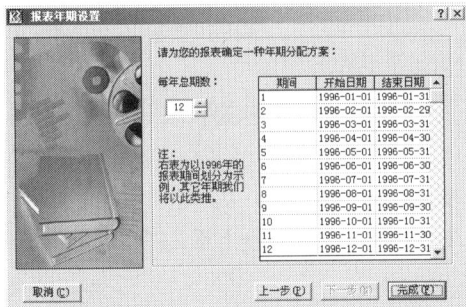

图 12-132 【报表年期设置】对话框

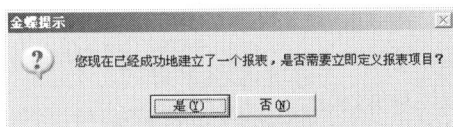

图 12-133 金蝶信息提示框

步骤 8：在【数据源设置】对话框中如果选择【账套名称】单选按钮，则需要选择账套，然后设置年度、期间、币别等选项，如图 12-135 所示。

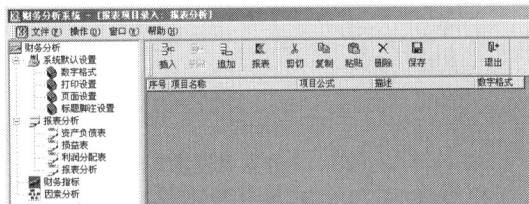

图 12-134 【报表项目录入：报表分析】界面

图 12-135 【数据源设置】对话框

步骤 9：单击【下一步】按钮，打开【报表项目生成器】对话框，在【核算类别】下拉列表中选择需要核算的类别，在【核算科目】及【核算项目】列表中选择需要核算科目及项目，并在【取数类型】下拉列表框中选择报表的取数类型，如图 12-136 所示。

步骤 10：单击【增加】按钮，即可将所生成的项目添加到【生成项目】列表中，如图 12-137 所示。

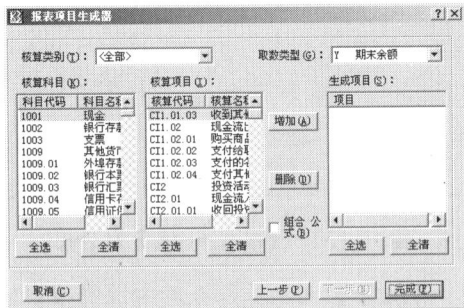

图 12-136 【报表项目生成器】对话框

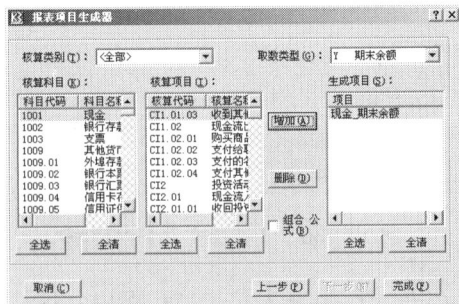

图 12-137 增加项目

步骤 11：单击【完成】按钮，即可生成新的报表，进入【报表项目录入：报表分析1】界面，如图 12-138 所示。

步骤 12：选择需要编辑的行，然后单击【插入】按钮，即可在当前行的上方插入一个空白行，如图 12-139 所示。

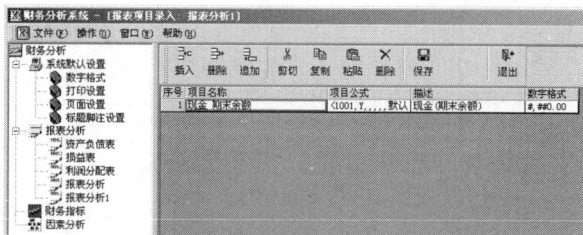

图 12-138　【报表项目录入：报表分析 1】界面

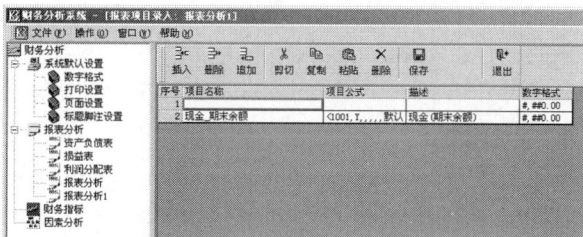

图 12-139　插入一个空白行

步骤 13：用户可以根据需要添加报表项目，如图 12-140 所示。

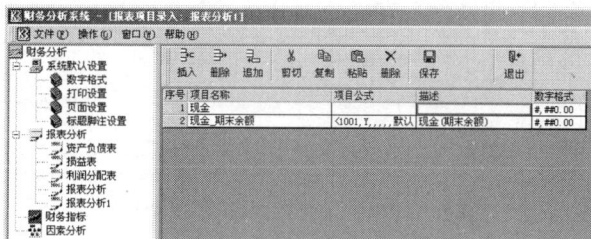

图 12-140　添加报表项目

步骤 14：单击【删除】按钮，即可将光标所在行删除。单击【追加】按钮，则可在报表的最后添加一个空白行，供用户添加报表项目，如图 12-141 所示。

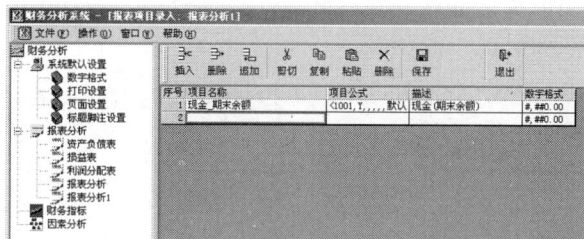

图 12-141　删除和追加报表项目

步骤 15：单击【保存】按钮，即可将用户所做的修改保存到系统中。单击【退出】按钮，即可结束报表项目的设置操作，如图 12-142 所示。

步骤 16：右击新建报表的名称，从弹出的快捷菜单中选择【报表分析】菜单项，即可在右侧窗口中查看生成的报表数据，如图 12-143 所示。

图 12-142 结束报表项目的设置操作

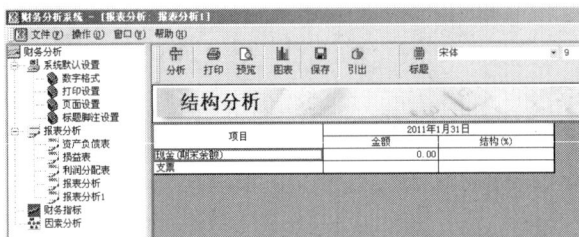

图 12-143 查看生成的报表数据

步骤 17：单击【分析】 按钮，打开【报表分析方式】对话框，根据实际情况选择相应的分析方式，如选择【比较分析】方式，则分析结果如下图所示，如图 12-144 所示。

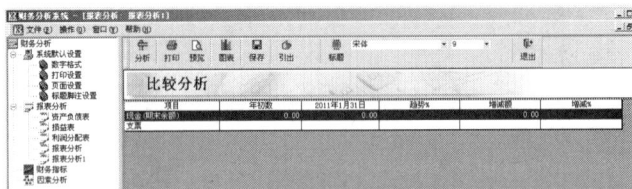

图 12-144 【报表分析方式】对话框

步骤 18：右击新建报表的名称，从弹出的快捷菜单中选择【导入数据】菜单项，打开【引用报表数据】对话框，在其中选择相应的选项，如图 12-145 所示。

步骤 19：单击【打开】按钮，即可打开导入数据提示，单击【导入数据】按钮，即可完成数据的导入操作，如图 12-146 所示。

图 12-145 【引用报表数据】对话框

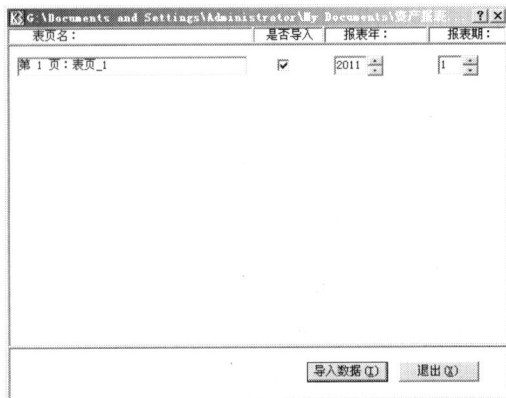

图 12-146 完成数据的导入操作

注意：　如果设置的数据源为金蝶的账套数据，就不需要执行此功能。

步骤 20：右击需要删除的报表，从弹出的快捷菜单中选择【删除报表】菜单项，弹出删除报表提示，单击【是】按钮即可删除该报表，如图 12-147 所示。

步骤 21：右击需要重命名的报表，从弹出的快捷菜单中选择【重命名】菜单项，即可对其进行重命名操作，如图 12-148 所示。

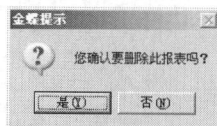

图 12-147　金蝶信息提示框

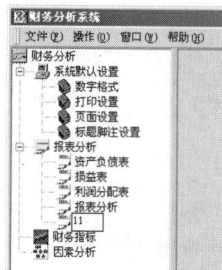

图 12-148　重命名报表

12.6　指　标　分　析

财务指标反映的是企业的财务状况、资金运作能力、偿债能力以及盈利能力等，通过对财务指标的分析，用户可以对企业的财务状况和经营成果做一个总结，并为以后的生产经营活动提供宝贵的经验和素材。

12.6.1　实训 19　定义财务指标

如果要进行财务指标分析，首先要做的就是定义财务指标，具体的操作步骤如下。

步骤 1：在【财务分析系统】窗口中，右击【财务指标】选项，从弹出的快捷菜单中选择【指标定义】菜单项，进入【财务指标录入：财务指标】界面，系统为用户预设了一些基本的常用指标，这些指标的公式已经设置完成，不能进行删除，如图 12-149 所示。

步骤 2：单击【插入】 按钮，即可在当前行的上方插入一个空的栏目，如图 12-150 所示。

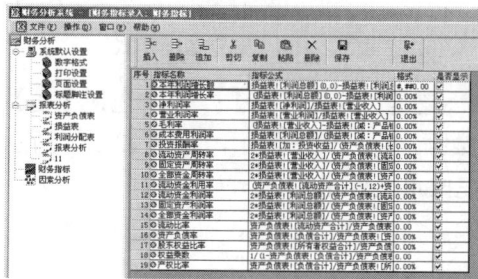

图 12-149　【财务指标录入：财务指标】界面

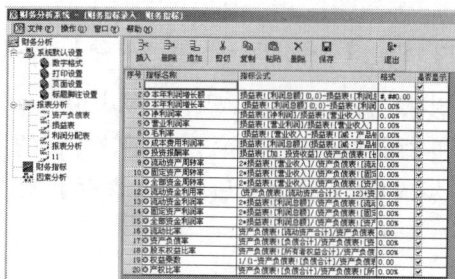

图 12-150　插入一个空的栏目

步骤 3：选中非系统预设的指标，然后单击【删除】按钮，即可将其删除。如果用户选中的是系统预设的指标，则系统将进行提示，如图 12-151 所示。

步骤 4：单击【追加】 按钮，则可在报表的最后一个指标的后面追加一个新的栏目，如图 12-152 所示。

图 12-151　金蝶提示信息框

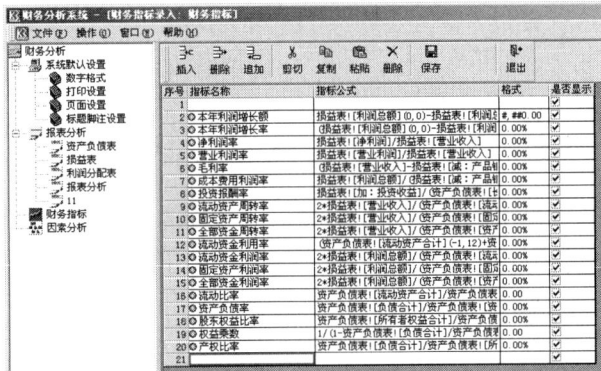

图 12-152　追加一个新的栏目

步骤 5：在新添加的栏目行中输入指标名称，然后双击需要输入公式的栏目处，打开【财务分析—公式定义向导】对话框，对指标的公式进行定义。最后单击【确定】按钮，即可完成退出，如图 12-153 所示。

步骤 6：双击数据格式栏，系统为用户提供了五种数据格式，单击鼠标即可确认选定，如图 12-154 所示。

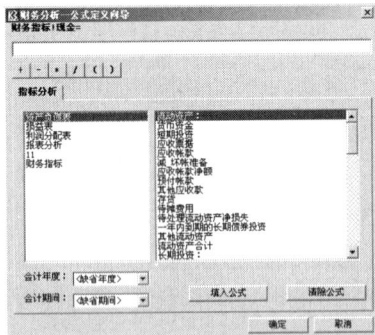

图 12-153　【财务分析—公式定义向导】对话框

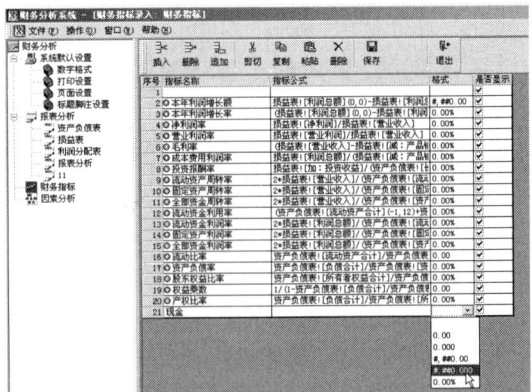

图 12-154　选定数据格式

步骤 7：在【是否显示】列中根据实际情况决定是否选择【是】，如果选择【是】，则在进行指标分析的时候，显示该指标的名称和数据，反之则不显示，如图 12-155 所示。

步骤 8：定义完毕后单击【保存】按钮即可完成定义操作。

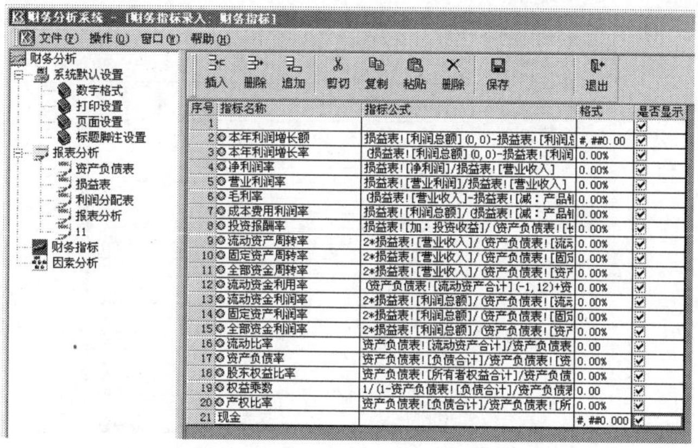

图 12-155　显示指标的名称和数据

12.6.2　实训 20　指标分析

财务指标定义完毕之后，接下来就可以实现指标分析操作，具体的操作步骤如下。

步骤 1：在【财务分析系统】窗口中，右击【财务指标】选项，从弹出的快捷菜单中选择【指标分析】选项，进入【指标分析】界面，如图 12-156 所示。

步骤 2：单击【分析】按钮，打开【数据期间】对话框，设置指标分析的期间，如图 12-157 所示。

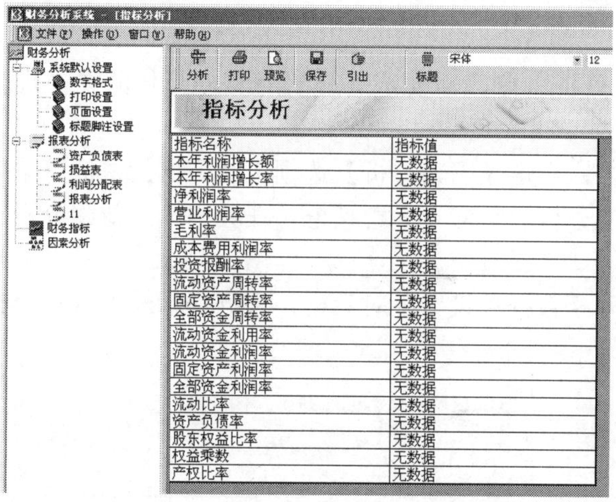

图 12-156　【指标分析】界面

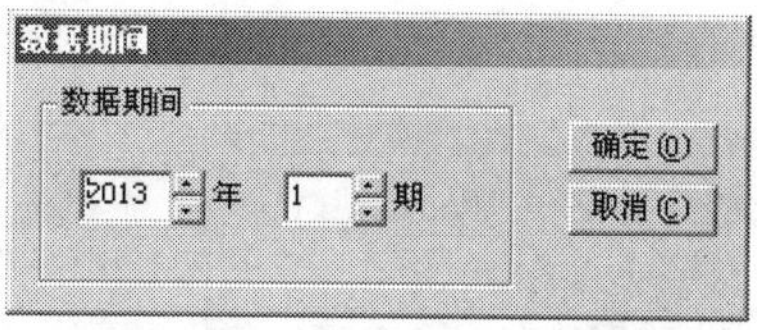

图 12-157　【数据期间】对话框

步骤 3：单击【确定】按钮，系统将根据用户所设置的指标公式自动执行计算功能，如图 12-158 所示。

图 12-158 自动执行计算功能

12.7 因 素 分 析

因素分析是指选定某一个因素，可以是收入、利润，也可以是某一个产品的成本构成，因素的设定由用户自己确定，在确定因素和因素分析的方法之后，就可以对该因素进行各种分析。

12.7.1 实训 21 定义分析对象

因素分析与指标分析一样，在实现分析之前，需要定义分析对象，具体的操作步骤如下。

步骤 1：在【财务分析系统】窗口中，右击【因素分析】选项，从弹出的快捷菜单中选择【新建分析对象】选项，打开【新建分析对象向导】对话框，在其中输入新建分析对象的名称，如图 12-159 所示。

步骤 2：单击【下一步】按钮，打开【数据源设置】对话框，根据提示输入因素分析对象的数据源选项，如图 12-160 所示。

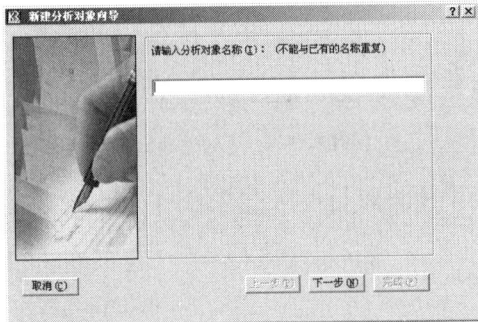

图 12-159 【新建分析对象向导】对话框

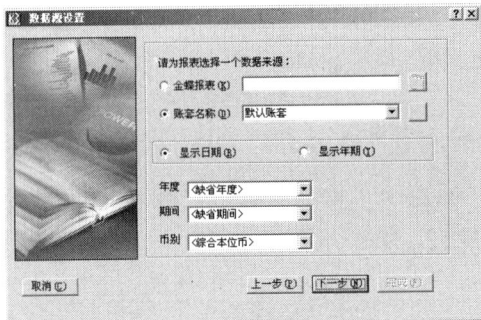

图 12-160 【数据源设置】对话框

步骤 3：单击【下一步】按钮，打开【因素生成器】对话框，在【核算类别】下拉列表中选择需要核算的类别，在【核算科目】及【核算项目】列表中选择需要核算科目及项目，并在【取数类型】下拉列表框中选择报表的取数类型，如图 12-161 所示。

步骤 4：单击【增加】按钮，即可将所生成的项目添加到【生成因素】列表框中，如图 12-162 所示。

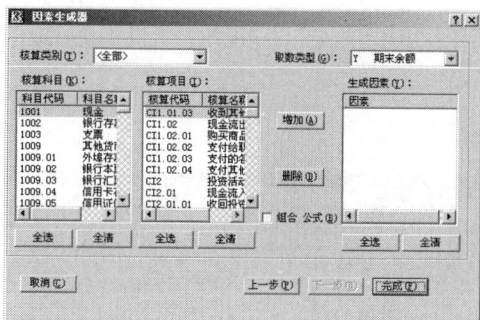

图 12-161　【因素生成器】对话框

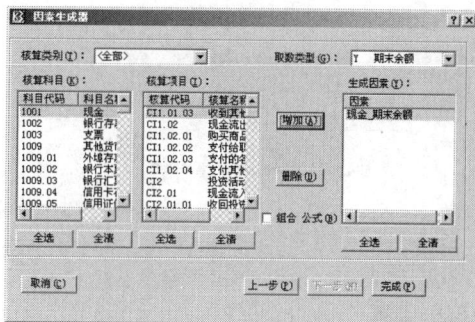

图 12-162　【生成因素】列表框

步骤 5：单击【完成】按钮，弹出信息提示框，如图 12-163 所示。

步骤 6：单击【是】按钮即可建立分析对象，在【因素分析】菜单项下即可显示一个新建的分析对象名称，如图 12-164 所示。

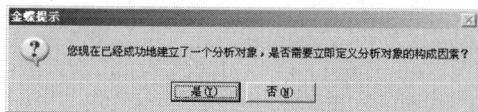

图 12-163　金蝶信息提示框

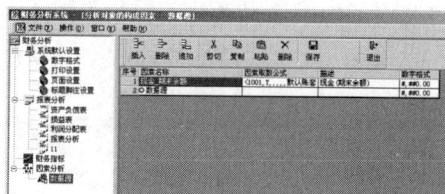

图 12-164　建立分析对象

12.7.2　实训 22　因素分析

因素分析的方法很简单，具体的操作步骤如下。

步骤 1：右击新建的分析因素，从弹出的快捷菜单中选择【分析对象定义】菜单项，如图 12-165 所示。

步骤 2：打开【分析对象的构成因素：数据源】界面，如图 12-166 所示。

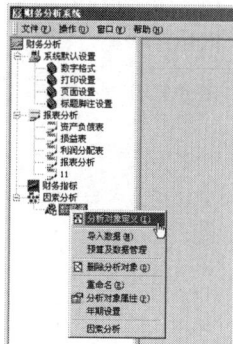

图 12-165　选择【分析对象定义】菜单项

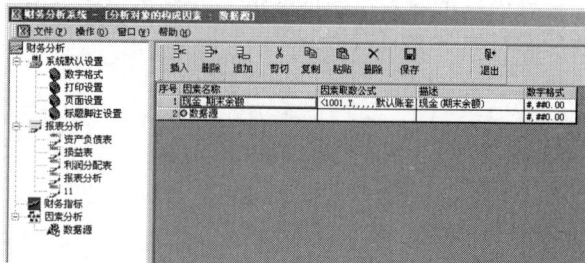

图 12-166　【分析对象的构成因素：数据源】界面

步骤 3：双击【因素取数公式】选项，打开【公式定义向导】对话框，根据实际情况定义相应的公式，然后单击【确定】按钮即可返回，如图 12-167 所示。

步骤 4：右击新建的分析因素，从弹出的菜单中选择【因素分析】菜单项，进入因素分析窗口，如图 12-168 所示。

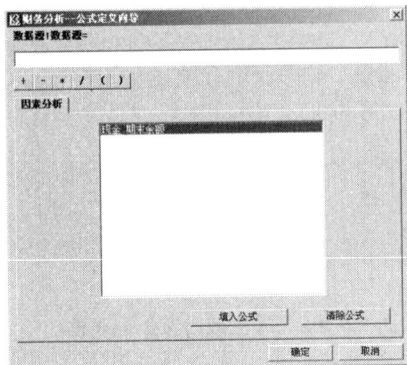

图 12-167　【公式定义向导】对话框

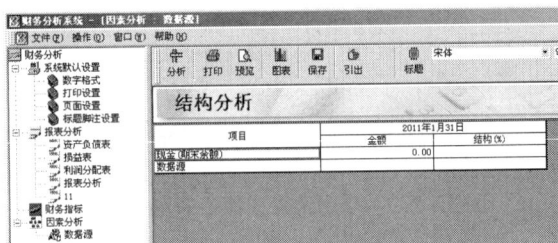

图 12-168　因素分析窗口

步骤 5：单击【分析】按钮，打开【报表分析方式】对话框，根据实际需要选择相应的选项，如果选择【比较分析】单选项，则分析结果如图 12-169 所示。

步骤 6：如果选择趋势分析，则分析的结果如图 12-170 所示。

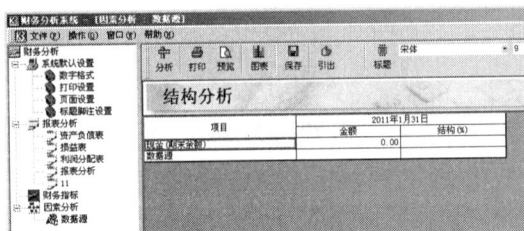

图 12-169　【报表分析方式】对话框

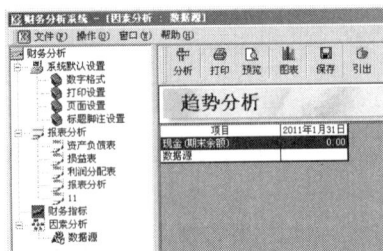

图 12-170　【趋势分析】界面

12.8　疑难解惑

疑问 1：右击报表分析下的分析对象，发现快捷菜单处于非激活状态。

答：这是因为没有退出报表分析状态，只有退出报表分析状态才能使快捷菜单处于激活状态，如图 12-171 所示。

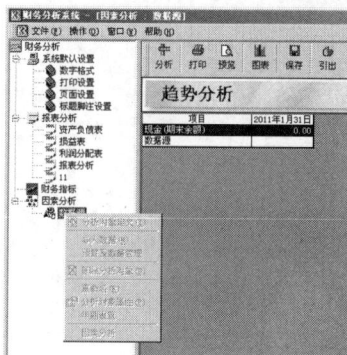

图 12-171　【趋势分析】界面

疑问 2：在报表中输入的文字信息为什么有时显示不出来？

答：检查一下报表所处的状态，在数据状态下输入的文字信息在公式状态下显示不出来，因此如果用户需要在公式状态下也显示文字信息，则必须在公式状态下输入文字。

疑问 3：在对编制的三个报表进行批量打印时，发现有两个打印的报表显示不出来。

答：检查一下显示不出来的报表的保存路径是否是在系统设置的【报表】之下，只有保存在系统设置的【报表】之下的报表在使用批量打印时才可以显示出打印的报表，如图 12-172 所示。

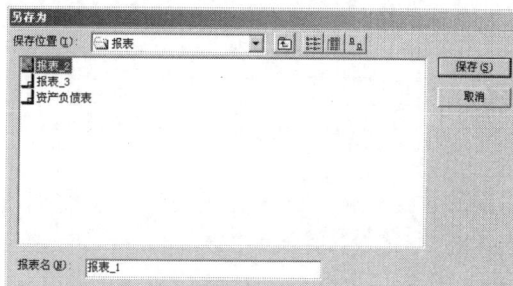

图 12-172　【另存为】对话框

第13章

金蝶软件的安全管理

在日常工作中，管理员必须经常对公司财务系统进行维护，一旦系统出现问题，可以及时查看系统上机日志，了解系统运行时间、登录的用户等信息。更重要的是，管理员应经常对账套进行备份，以便当由于某种原因导致账套确实出现严重问题时，可以恢复账套，从而避免一些不必要的损失。

13.1　账套的备份、删除与恢复

为了确保金蝶 K3 系统能够正常运行，避免因系统瘫痪造成损失，管理员有必要了解和掌握金蝶 K3 系统的一些高级维护技巧，以便能够在系统出现问题时及时修复，将损失降到最低。

13.1.1　实训 1　手动备份账套

账套的备份方式有两种：一种是手动备份，一种是自动备份。手动备份账套一次只能备份一个，为了提高系统运行的效率，减少账套的备份时间，金蝶 K3 系统提供了多种账套备份方式，包括完全备份、增量备份、日志备份，但第一次备份时必须使用完全备份方式。

其具体的操作步骤如下。

步骤 1：在【金蝶 K3 账套管理】窗口中，选择需要备份的账套，然后选择【数据库】➤【备份账套】菜单项，打开【账套备份】对话框，如图 13-1 所示。

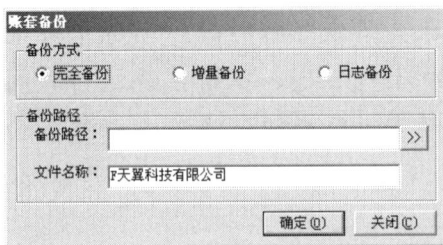

图 13-1　【账套备份】对话框

对话框中各种备份方式的含义如下。

❑ 【完全备份】：选择该选项，系统将备份账套中的所有数据。备份后，生成完全备份文件。

❑ 【增量备份】：选择该选项，则系统记录自上次完整数据库备份后对数据库数据所做的更改，也就是只备份上次完整数据库备份后发生变动的数据。备份后，生成增量备份文件。

❑ 【日志备份】：事务日志是自上次备份事务日志后对数据库执行的所有事务的一系列记录。使用事务日志备份可以将账套恢复到特定的即时点(如输入多余数据前的那一点)或恢复到故障点。一般情况下，事务日志备份比数据库备份使用的资源少。因此，可以比数据库备份更经常地创建事务日志备份。

步骤 2：根据实际情况选择相应的备份方式。如果是第一次备份，就选择【完全备份】单选按钮，并输入备份文件的名称和备份路径，然后单击【确定】按钮，即可弹出一个信息提示框。单击【确定】按钮，即可完成备份操作，如图 13-2 所示。

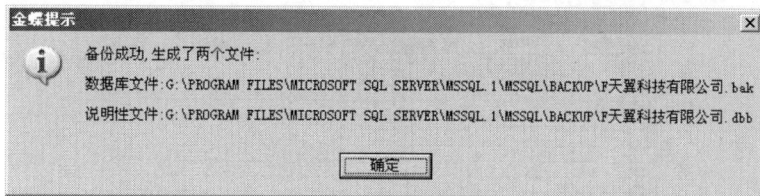

图 13-2　信息提示框

提示：　增量备份比完全备份小且备份速度快，可以经常备份以减少丢失数据的危险。但增量备份是基于完全备份之上的，因此，在进行增量备份之前，必须先做完全备份。事务日志备份有时比数据库备份大。例如，数据库的事务率很高，从而导致事务日志迅速增大。在这种情况下，应更经常地创建事务日志备份。

13.1.2　实训 2　删除账套

为了保证金蝶软件的顺畅使用，对于一些无用的账套需要适时进行删除。

其具体的操作步骤如下。

步骤 1：在【金蝶 K3 账套管理】窗口中，选择需要删除的账套，然后选择【数据库】➤【删除账套】菜单项，即可弹出删除账套提示框，如图 13-3 所示。

步骤 2：单击【是】按钮，即可弹出账套备份提示框。如果需要备份，则单击【是】按钮，如果不需要备份，则单击【否】按钮，然后系统将根据用户的选择删除账套，如图 13-4 所示。

图 13-3　金蝶信息提示框

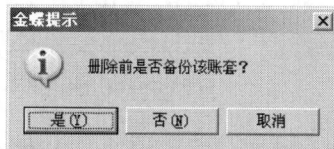

图 13-4　金蝶信息提示框

提示：　在删除账套之前，系统会做一些检测账套信息的工作：在账套真正删除之前，系统会检测当前账套是否正在使用。如果检测到当前账套正在使用，则不会删除当前账套，并会给出相应的提示；如果检测到当前账套有其他中间层注册信息，系统会给出提示；如果已经确定要删除，则单击【是】按钮。

如果要对需要删除的账套进行批量删除，可以采用金蝶 K3 系统提供的批量删除功能，将需要删除的多个账套选定之后一次性删除。

其具体的操作步骤如下。

步骤 1：在【金蝶 K3 账套管理】窗口中，选择【数据库】➤【账套批量删除】菜单项，即可打开【账套批量删除工具】窗口，如图 13-5 所示。

图 13-5 【账套批量删除工具】窗口

步骤 2: 选择需要删除的账套，然后在选中账套的【是否删除】列单击，如果需要备份，则需要在【是否备份】列上单击，并设置相应的备份路径，如图 13-6 所示。

图 13-6 设置删除和备份

步骤 3: 如果需要彻底删除账套的所有信息，则可选中【同步删除账套的其他注册信息】复选框，设置完毕之后，单击【删除】按钮，即可将所选账套删除。

13.1.3 实训 3 从备份账套中恢复数据

恢复账套是为了在财务数据丢失或操作失误时，将原来备份的数据恢复到金蝶 K3 财务系统中，从而减少财务工作人员及公司的损失。

其具体的操作步骤如下。

步骤 1: 在【金蝶 K3 账套管理】窗口中，单击【恢复】按钮，打开【选择数据库服务器】对话框，选择数据服务器及登录方式，如图 13-7 所示。

步骤 2: 单击【确定】按钮，打开【恢复账套】对话框，在【服务器端备份文件】列表框中选择需要恢复账套数据的备份文件，在【备份文件信息】框中可以看到所选文件的相关信息，如图 13-8 所示。

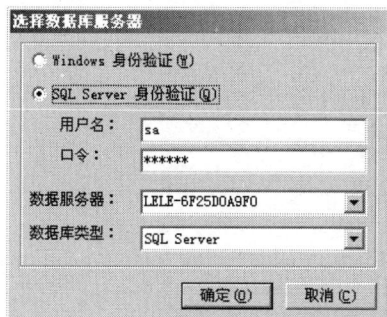

图 13-7　【选择数据库服务器】对话框

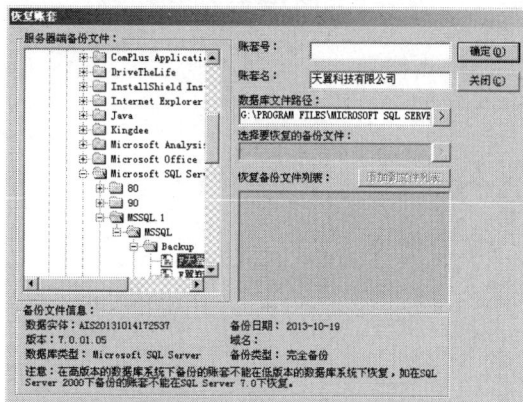

图 13-8　【恢复账套】对话框

步骤 3：单击【确定】按钮，弹出一个信息提示框。如果还要恢复其他的账套，则单击【是】按钮，即可开始其他账套的恢复操作。如果不恢复其他账套，则单击【否】按钮，即可完成恢复操作，如图 13-9 所示。

图 13-9　金蝶信息提示框

13.1.4　实训 4　自动备份账套

自动备份账套是一种高级的备份方式，一次可以备份多个账套，并可以设定备份的时间间隔。在完成了完全备份账套之后，以增量备份方式进行账套后续备份，可以大大减少管理员的工作量。

其具体的操作步骤如下。

步骤 1：在【金蝶 K3 账套管理】窗口中，选择需要备份的多个账套，然后选择【数据库】▶【账套自动批量备份】菜单项，打开【账套批量自动备份工具】对话框，在其中对需要进行自动备份的账套设置增量备份的时间间隔和完全备份的时间间隔；同时在【是否备份】和【是否立即执行完全备份】列中单击，以确定是否执行备份和立即执行完全备份操作，如图 13-10 所示。

步骤 2：单击【备份路径】列右侧的 按钮，从打开的【选择数据库文件路径】对话框中选择对应账套数据文件的存储路径，如图 13-11 所示。

步骤 3：单击【确定】按钮，返回【账套批量自动备份工具】对话框，单击【保存方案】按钮，即可打开【方案保存】对话框，在文本框中输入保存方案的名称，如图 13-12 所示。

步骤 4：单击【确定】按钮，即可将备份方案保存下来。单击【方案】按钮，打开【账套批量自动备份方案】对话框，在其中可以看到保存的方案，如图 13-13 所示。

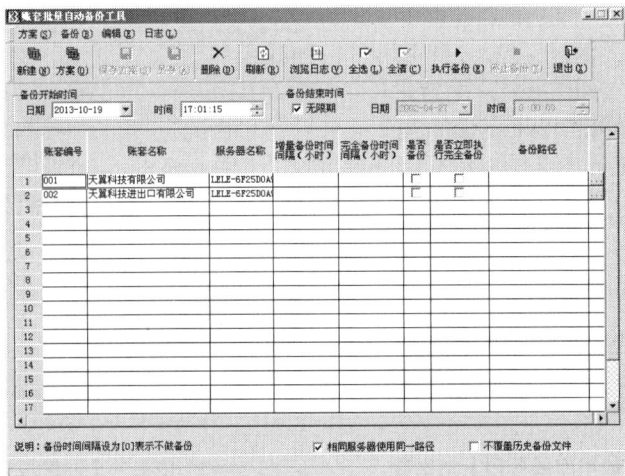

图 13-10　【账套批量自动备份工具】对话框

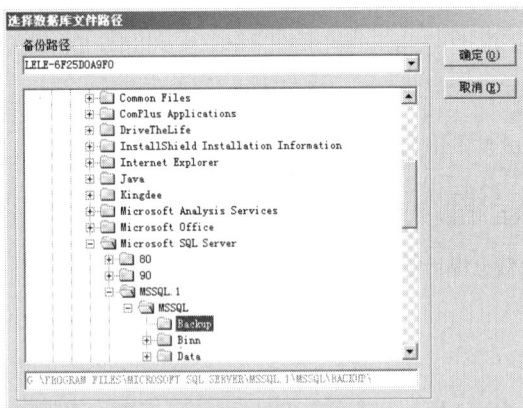

图 13-11　【选择数据库文件路径】对话框

图 13-12　【方案保存】对话框

[图示] **提示：** 可以设置账套备份的开始时间和结束时间，从而确定账套数据自动备份的时间段。

　　步骤 5： 单击工具栏中的【浏览日志】按钮，打开【账套自动批量备份日志过滤条件】对话框，在其中可以设置日志的查看条件，如图 13-14 所示。

　　步骤 6： 单击【确定】按钮，打开【账套批量自动备份日志】窗口，从中可以查看各账套自动备份的相关信息，如图 13-15 所示。

　　步骤 7： 运用这种方法可以保存多种账套自动备份方案。需要执行某个备份方案时，只用在【账套批量自动备份工具】对话框中选择【方案】➤【打开】菜单项，即可打开【账套批量自动备份方案】对话框，在其中选择要执行的备份方案，单击【打开】按钮，即可进入相应的方案，如图 13-16 所示。

[图示] **提示：** 在执行批量备份过程中，中间层服务器【任务管理器】中的 KdSvrmgr 不能关闭，否则系统无法执行批量的备份。

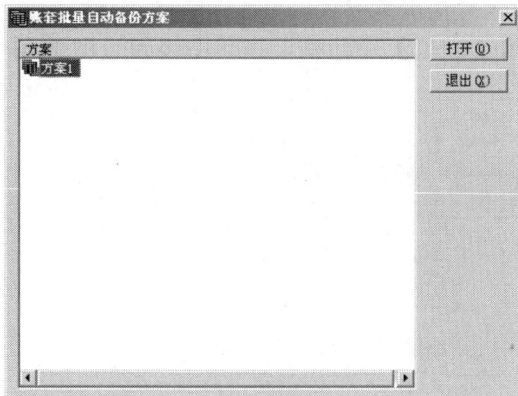

图 13-13　【账套批量自动备份方案】对话框

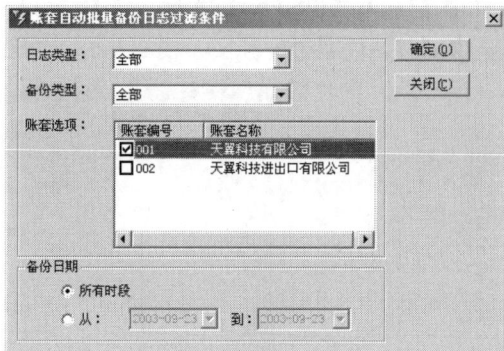

图 13-14　【账套自动批量备份日志过滤条件】对话框

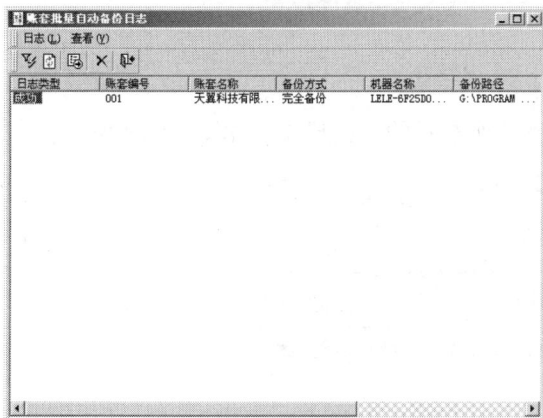

图 13-15　【账套批量自动备份日志】窗口

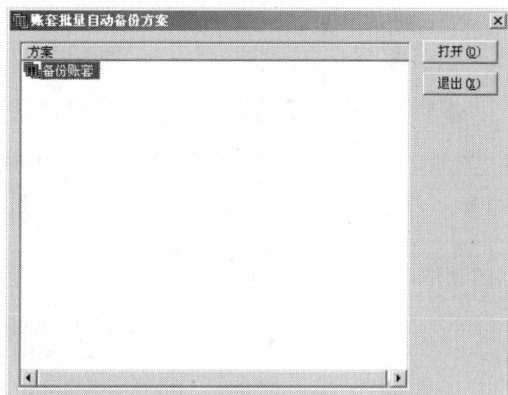

图 13-16　【账套批量自动备份方案】对话框

13.2　上机日志的基本操作

上机日志是查看日常系统运行是否正常、有哪些人员登录等信息的窗口，管理员可以根据上机日志推断系统问题的症结所在。

13.2.1　实训 5　查询上机日志

在金蝶 K3 系统的【金蝶 K3 账套管理】窗口和金蝶 K3【主控台】界面中，都设置有上机日志查询功能，但记录的对象却并不相同。在【金蝶 K3 账套管理】窗口中的上机日志，记录了用户登录【金蝶 K3 账套管理】窗口的有关信息，而金蝶 K3【主控台】界面中的上机日志，记录的却是用户登录金蝶 K3【主控台】界面的相关信息。

下面介绍在【金蝶 K3 账套管理】窗口中查看上机日志的方法，具体的操作步骤如下。

步骤 1：在【金蝶 K3 账套管理】窗口中，选择需要查看上机日志的账套，然后选择【账套】➤【上机日志】选项，系统将自动显示【过滤】对话框，在其中设置过滤的条件，如图 13-17 所示。

图 13-17　【过滤】对话框

步骤 2：单击【确定】按钮，即可过滤出所需要查看的上机日志，如图 13-18 所示。

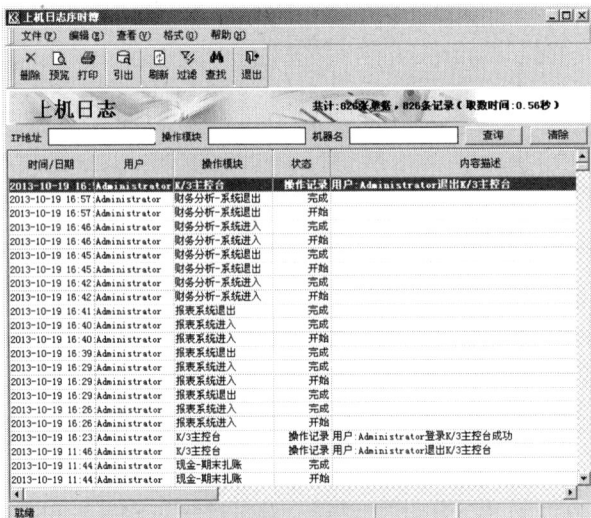

图 13-18　查看上机日志

13.2.2　实训 6　删除上机日志

由于金蝶 K3 系统的长期运行，系统中将会记录大量的日志信息。若在查看上机日志时，发现某些日志已经不再需要，就可以将其从日志中删除。

其具体的操作步骤如下。

步骤 1：在【上机日志序时簿】窗口中，选择需要删除的日志记录，使用 Shift 或 Ctrl 键可以同时选择多条日志记录，如图 13- 19 所示。

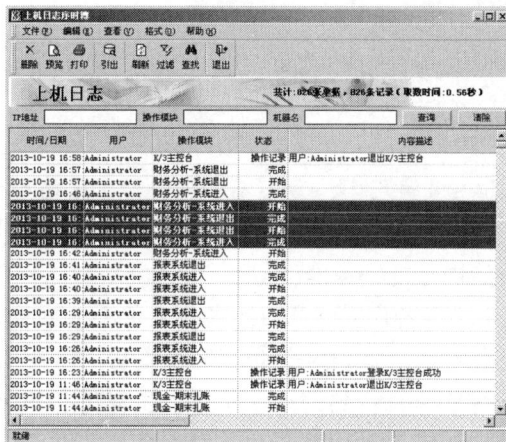

图 13-19　【上机日志】窗口

步骤 2：选择【文件】➤【删除当前日志】菜单，即可弹出一个信息提示框，单击【是】按钮，即可删除所选记录，如图 13- 20 所示。

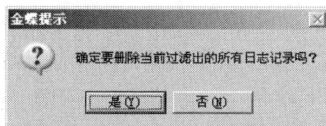

图 13-20　信息提示框

13.2.3　实训 7　备份上机日志

为了将系统日志永久保存，用户可以将其引出为特定的文件，并将其保存到其他磁盘中。其具体的操作步骤如下。

步骤 1：在【上机日志序时簿】窗口中，选择【文件】➤【引出内部数据】菜单项，系统打开【引出 '上机日志'】对话框，从中选择引出文件的类型，如图 13-21 所示。

步骤 2：单击【确定】按钮，系统弹出【选择 EXCEL 文件】对话框，从中设置引出文件的保存路径和文件名，然后单击【保存】按钮，系统即可开始引出操作，如图 13-22 所示。

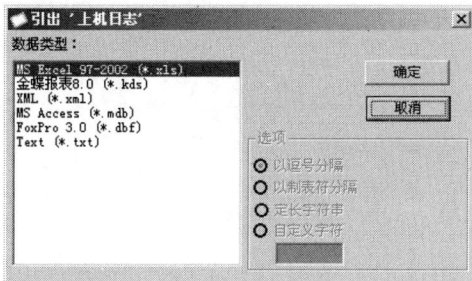

图 13-21　【引出 '上机日志'】对话框

图 13-22　【选择 EXCEL 文件】对话框

13.3　疑　难　解　惑

疑问 1：在执行批量备份的过程中，发现不能完成批量备份操作。

答：检查一下中间层服务器"任务管理器"中的 KdSvrmgr 进程是否被关闭，如果关闭则需要打开，否则就不能进行批量备份。

疑问 2：为什么只使用增量备份文件和日志备份文件不能恢复账套数据？

答：因为增量备份文件和日志备份文件是在完全备份的基础上的备份。在进行账套增量备份和日志备份时，必须先进行账套的完全备份。恢复账套数据时，若选取增量备份文件和日志备份文件，则还必须选择其前的完全备份文件，才能进行账套数据的恢复，否则不能恢复账套数据。